PROBLEMAS DE MARKETING ESTRATÉGICO

K39p   Kerin, Roger A.
       Problemas de marketing estratégico : comentários e casos selecionados / Roger A. Kerin, Robert A. Peterson ; tradução Lene Belon Ribeiro. – 11. ed. – Porto Alegre : Bookman, 2009.
       504 p. ; 28 cm.

       ISBN 978-85-7780-340-8

       1. Marketing. I. Peterson, Robert A. II. Título.

       CDU 658.8

Catalogação na publicação: Renata de Souza Borges CRB-10/Prov-021/08

ROGER A. KERIN
Southern Methodist University

ROBERT A. PETERSON
University of Texas at Austin

PROBLEMAS DE MARKETING ESTRATÉGICO

COMENTÁRIOS E CASOS SELECIONADOS

11ª Edição

Tradução:
Lene Belon Ribeiro

Consultoria, supervisão e revisão técnica desta edição:
Cassio Sclovsky Grinberg
Mestre em Marketing pelo Programa de Pós-Graduação em Administração da UFRGS
Professor da Faculdade de Comunicação Social da PUC-RS

2009

Obra originalmente publicada sob o título
Strategic Marketing Problems: Cases and Comments, 11th Edition
ISBN 978-0-13-187152-6

© 2007 by Pearson Education, Inc.

Tradução autorizada a partir do original em língua inglesa da obra publicada por Pearson Education, Inc., sob o selo de Prentice Hall.

Capa: *Rogério Grilho*

Leitura final: *Ana Paula Bahlis, Alana Zanardo Mazur e Natália Bombardi Lucas*

Supervisão editorial: *Arysinha Jacques Affonso*

Editoração eletrônica: *Techbooks*

Reservados todos os direitos de publicação, em língua portuguesa, à
ARTMED® EDITORA S.A.
(BOOKMAN® COMPANHIA EDITORA é uma divisão da ARTMED® EDITORA S. A.)
Av. Jerônimo de Ornelas, 670 – Santana
90040-340 – Porto Alegre – RS
Fone: (51) 3027-7000   Fax: (51) 3027-7070

É proibida a duplicação ou reprodução deste volume, no todo ou em parte, sob quaisquer formas ou por quaisquer meios (eletrônico, mecânico, gravação, fotocópia, distribuição na Web e outros), sem permissão expressa da Editora.

SÃO PAULO
Av. Angélica, 1.091 – Higienópolis
01227-100 – São Paulo – SP
Fone: (11) 3665-1100   Fax: (11) 3667-1333

SAC 0800 703-3444

IMPRESSO NO BRASIL
PRINTED IN BRAZIL

Às nossas famílias

Prefácio

A tomada de decisão em *marketing* é, antes de mais nada, uma habilidade. Como a maioria das habilidades, exige ferramentas e terminologia. Como todas as habilidades, se aprende melhor com a prática. Este livro é dedicado ao desenvolvimento de habilidades de tomada de decisão em *marketing*. O texto introduz conceitos e ferramentas úteis na estruturação e solução de problemas de *marketing*. Estudos de caso descrevendo problemas de *marketing* reais proporcionam a oportunidade para que esses conceitos e ferramentas sejam empregados na prática. Em cada estudo de caso, o responsável pelas decisões deve desenvolver uma estratégia coerente com os fatores subjacentes na situação apresentada e considerar as implicações dessa estratégia para a organização e seu ambiente.

A décima primeira edição de *Problemas de marketing estratégico: comentários e casos selecionados** busca um equilíbrio entre o conteúdo e o processo de gerenciamento de *marketing*. O livro consiste de 10 capítulos e 24 casos que apresentam perspectivas e práticas de *marketing* contemporâneas.

O Capítulo 1, "Fundamentos de gerenciamento de *marketing* estratégico", fornece um panorama do processo de gerenciamento de *marketing* estratégico. A principal ênfase recai sobre a definição do negócio, da missão e das metas da organização; identificação e estruturação de oportunidades organizacionais; formulação de estratégias de produto-mercado; orçamento; e controle do trabalho de *marketing*. O apêndice do Capítulo 1 contém um plano de *marketing* para uma empresa real, a Paradise Kitchens®, Inc. O plano apresenta anotações voltadas para elementos importantes, bem como sugestões de elementos de estilo e de *layout*.

O Capítulo 2, "Aspectos financeiros do gerenciamento de *marketing*", faz uma revisão dos conceitos básicos da contabilidade e das finanças administrativas que são úteis no gerenciamento de *marketing*. Enfatizam-se conceitos como estrutura de custos, custos relevantes *versus* custos irrecuperáveis, margens, análise de contribuição, liquidez, fluxo de caixa descontado, alavancagem operacional e preparação de declarações de renda *pro forma*.

O Capítulo 3, "Tomadas de decisão em *marketing* e análise de caso", introduz um processo sistemático para tomada de decisão e oferece uma visão geral de vários aspectos de análise de caso e de decisão. Também são apresentadas sugestões para preparação e apresentação de uma análise de caso. A análise ilustra a natureza e o escopo de uma apresentação de caso por escrito, incluindo as análises qualitativas e quantitativas essenciais para uma boa apresentação.

O Capítulo 4, "Análise de oportunidade, segmentação de mercado e alvos de *marketing*", concentra-se na identificação e avaliação de oportunidades de *marketing* doméstico e global. Os conceitos de segmentação de mercado, de alvos de mercado e de potencial e lucratividade de mercado são descritos de maneira aprofundada.

O Capítulo 5, "Estratégia de produtos e serviços e gerenciamento de marca", focaliza o gerenciamento do que a organização tem a oferecer. O desenvolvimento de novos produtos/serviços, o gerenciamento do ciclo de vida, o posicionamento do produto ou do serviço, decisões sobre a marca, *brand equity* e estratégias para crescimento e valorização são enfatizados.

O Capítulo 6, "Estratégia e gerenciamento de comunicação integrada de *marketing*", levanta questões de *design*, execução e avaliação de um *mix* de comunicação integrada. Decisões voltadas

---

* N. de R.: A edição brasileira desta obra selecionou para publicação 24 dos 44 casos constantes da edição original.

para os objetivos, estratégia, orçamento, programação e eficácia da comunicação são abordadas. Além disso, questões relativas ao gerenciamento de vendas e ao desafio de promover a publicidade e a venda pessoal com *sites* de *marketing* da Web são salientadas.

O Capítulo 7, "Estratégia e gerenciamento de canal de *marketing*", introduz uma série de considerações que afetam a seleção e modificação de canal, bem como as relações comerciais. Áreas de decisão específicas abordadas incluem: distribuição direta *versus* indireta, distribuição dupla e *marketing* de vários canais, análise de custo-benefício da escolha e gerenciamento de um canal, e conflito e coordenação de canal de *marketing*.

O Capítulo 8, "Estratégia e gerenciamento de preços", destaca conceitos e aplicações na determinação e modificação de preços. Enfatizam-se a demanda de avaliação, custo e influências competitivas na seleção ou modificação de estratégias de preços para produtos e serviços. O preço de linha de produtos também é abordado.

O Capítulo 9, "Reformulação de estratégia de *marketing*: o processo de controle", focaliza a apreciação das ações de *marketing* com o objetivo de desenvolver estratégias de reformulação e recuperação. Considerações e técnicas aplicáveis ao controle estratégico e de operações em um contexto de *marketing* são introduzidas.

O Capítulo 10, "Programas de *marketing* abrangentes", traz questões relativas ao desenvolvimento de estratégias integradas de *marketing*. Destacam-se as decisões de programa de *marketing* para produtos e serviços novos e já existentes, incluindo tópicos relacionados com interações de *mix* de *marketing*, implementação de programa e organização de *marketing*.

O empenho de muitas pessoas reflete-se aqui. Primeiro, agradecemos às instituições e às pessoas que gentilmente nos concederam permissão para incluir seus casos nesta edição. Os casos contribuem significativamente para a qualidade do livro como um todo, e os responsáveis mencionados no Sumário e no pé da página onde o caso começa a ser apresentado. Gostaríamos de agradecer especificamente a Harvard Business School, Northwestern University e The University of West Ontario por nos permitirem reproduzir os casos de autoria de seus docentes. Em segundo lugar, queremos agradecer a inúmeros colaboradores, cujos esforços fizeram a diferença entre bons casos e casos excelentes. Em terceiro lugar, agradecemos às pessoas que adotaram as dez edições anteriores deste livro por seus comentários e sugestões para aprimoramento. Finalmente, agradecemos aos diversos revisores desta e das edições anteriores por seu trabalho consciencioso e construtivo. Naturalmente, assumimos total responsabilidade por quaisquer erros de omissão e de autoria no produto final.

Roger A. Kerin

Robert A. Peterson

Sumário

CAPÍTULO 1
Fundamentos de Gerenciamento de *Marketing* Estratégico — 11

    Apêndice: Exemplo de Plano de *Marketing* — 27

CAPÍTULO 2
Aspectos Financeiros do Gerenciamento de *Marketing* — 43

CAPÍTULO 3
Tomada de Decisão em *Marketing* e Análise de Casos — 63

CAPÍTULO 4
Análise de Oportunidade, Segmentação de Mercado e Determinação do Mercado-alvo — 75

    Shoes For MOOs, Inc. — 87
    Kenneth G. Hardy e Herb MacKenzie

    Jones • Blair Company — 95
    Roger A. Kerin

    South Delaware Coors, Inc. — 105
    James E. Nelson e Eric J. Karson

CAPÍTULO 5
Estratégia de Produtos e Serviços e Gerenciamento de Marca — 115

    Dr Pepper/Seven Up, Inc. — 131
    Roger A. Kerin

    Procter & Gamble, Inc. — 151
    Gordon H. G. McDougall e Franklin Ramsoomair

    Frito-Lay Company — 163
    Roger A. Kerin

CAPÍTULO 6
Gerenciamento e Estratégia de Comunicação Integrada de *Marketing* — 189

    Cadbury Beverages, Inc.
    Marca Crush® — 201
    Roger A. Kerin

    Amber Inn & Suites, Inc. — 216
    Roger A. Kerin

    Craft Marine Corporation — 229
    Roger A. Kerin e Robert A. Peterson

    Godiva Europa — 236
    Jean-Jacques Lambin

CAPÍTULO 7
Gerenciamento e Estratégia de Canal de *Marketing* — 255

    Swisher Mower and Machine Company
    Avaliação de uma oportunidade de distribuição de marca própria — 267
    Roger A. Kerin e Wayne Swisher

    Goodyear Tire and Rubber Company — 278
    Roger A. Kerin

    Merton Industries
    A decisão sobre distribuição por atacados — 290
    Roger A. Kerin

CAPÍTULO 8
Estratégia e Gerenciamento de Preços — 299

    EMI Group, PLC
    Precificação do CD na indústria musical — 309
    Roger A. Kerin

    Southwest Airlines — 324
    Roger A. Kerin

Superior Supermarkets
Preço baixo todos os dias 344
Roger A. Kerin

Burroughs Wellcome Company Retrovir 356
Roger A. Kerin e Angela Bullard

Virgin Mobile USA
Estabelecendo preços pela primeira vez 368
Gail McGovern

CAPÍTULO 9
**Reformulação da Estratégia de *Marketing*:
O Processo de Controle** 385

Pharmacia & Upjohn, Inc.
Tratamento Rogaine para Calvície 395
Roger A. Kerin

Marshant Museum of Art and History 412
Roger A. Kerin

Circle K Corporation 422
Roger A. Kerin

CAPÍTULO 10
Programas de *Marketing* Abrangentes 433

Keurig Residencial
Administração do lançamento de um novo produto 438
*Elizabeth L. Anderson e
Eric T. Anderson*

Graneer Systems, Inc.
Entrada no mercado indiano 455
James E. Nelson

Carvão Kingsford 470
Das Narayandas e Alison Berkley Wagonfeld

**Glossário de Termos e Conceitos
Selecionados de *Marketing*** 487

Índice 491

Índice de empresas e marcas 497

CAPÍTULO 1

Fundamentos de Gerenciamento de *Marketing* Estratégico

O objetivo primordial do *marketing* é criar relações de troca de longo prazo e mutuamente benéficas entre uma entidade e o público (indivíduos e organizações) com os quais ela interage. Embora esse seja sempre o objetivo fundamental do *marketing*, a maneira como as organizações o atingem continua a evoluir. Os gerentes de *marketing* não atuam mais apenas na direção de operações cotidianas; eles também devem tomar decisões estratégicas. Tal elevação das perspectivas de *marketing* a uma posição estratégica nas organizações resultou em maiores responsabilidades para os gerentes de *marketing*. Cada vez mais, os gerentes de *marketing* vêem-se envolvidos no mapeamento da direção a ser tomada pela empresa e nas decisões que criarão e sustentarão uma vantagem competitiva e que afetarão o desempenho organizacional a longo prazo.

A transição do gerente de *marketing* de mero implementador a criador da estratégia organizacional resultou (1) na criação da função de gerente de *marketing* (CMO) e (2) na popularidade do gerenciamento de *marketing* estratégico como área de estudo e de prática. Hoje, quase metade das empresas da *Fortune 1000* tem um gerente de *marketing*. Embora as responsabilidades variem entre as empresas, uma expectativa comum é que o gerente de *marketing* assuma um papel de liderança na definição da missão empresarial; na análise das situações ambientais, competitivas e empresariais; no desenvolvimento de objetivos, metas e estratégias; e na definição de produto, distribuição de mercado e planos de qualidade para implementar as estratégias da empresa. O conjunto de habilidades exigidas dos gerentes de *marketing* inclui capacidade analítica para interpretar extensas informações operacionais e de mercado, senso intuitivo no que diz respeito ao cliente e às motivações da concorrência e criatividade na estruturação de iniciativas de *marketing* estratégico à luz das considerações de implementação e das metas e resultados financeiros.[1] O *gerenciamento de marketing estratégico* consiste de cinco processos analíticos complexos e inter-relacionados:

1. Definição do tipo de negócio, da missão e das metas da organização.
2. Identificação e estruturação das oportunidades de crescimento organizacional.
3. Formulação de estratégias de produto e mercado.
4. Orçamento de recursos financeiros, de *marketing* e de produção.
5. Desenvolvimento de estratégias de reformulação e recuperação.

O restante deste capítulo discute cada um desses processos e suas relações uns com os outros.

■ DEFINIÇÃO DE NEGÓCIO, MISSÃO E METAS DA ORGANIZAÇÃO

A prática de gerenciamento de *marketing* estratégico começa com uma clara definição da empresa, sua missão e suas metas ou objetivos. A definição do negócio delineia o escopo das operações de uma organização. A missão é uma declaração por escrito do propósito organizacional. As metas ou objetivos especificam o que a organização pretende alcançar. Cada um desses elementos desempenha um papel importante na descrição do caráter de uma organização e do que ela busca realizar.

Definição de negócio

A determinação do negócio em que uma organização está não é uma tarefa óbvia nem fácil. Em muitos casos, uma única organização pode operar diversos tipos de negócios, como acontece com grandes empresas listadas entre as 500 da *Fortune*. A definição de cada um desses negócios é o primeiro passo necessário no gerenciamento de *marketing* estratégico.

As perspectivas de *marketing* estratégico atuais indicam que uma organização deve definir o negócio pelo tipo de clientes que deseja atender, as necessidades específicas desses grupos de clientes que quer satisfazer e os meios ou a tecnologia pelos quais a organização satisfará as necessidades desses clientes.[2] Definindo-se o negócio pela perspectiva do cliente ou do mercado, a organização é vista adequadamente como empreendimento voltado para a satisfação dos clientes, e não como algo que oferece serviços ou fabrica produtos. Produtos e serviços são transitórios, assim como a tecnologia ou os meios utilizados para produzi-los ou oferecê-los. As necessidades básicas e os grupos de clientes são mais duradouros. Por exemplo, o método para oferecer gravações de música passou por mudanças significativas nos últimos 30 anos. Durante esse período, as principais tecnologias e os produtos de gravação de música evoluíram dos discos de vinil para fitas de oito trilhas, depois para fitas cassete e, mais recentemente, para CDs. Hoje, o *downloading* digital de músicas está em ascensão. Enquanto isso, os principais segmentos de consumidores e suas necessidades tiveram pouca variação.

Grande parte da recente reestruturação e redirecionamento resultou do fato de os altos executivos das empresas terem formulado a seguinte pergunta: em que negócio estamos? A experiência da *Encyclopaedia Britannica* é um caso a ser apontado.[3] A famosa editora é conhecida por sua abrangente série de 32 livros de referência encadernados em couro, impressa pela primeira vez em 1768. No final da década de 1990, no entanto, a empresa viu-se em um ambiente competitivo complicado. Os CD-ROMs e a Internet tornaram-se as ferramentas de aprendizagem preferidas pelos estudantes, e o *joint venture* do CD-ROM Encarta da Microsoft e do CD-ROM da IBM com o *World Book* estavam atraindo os principais clientes da *Britannica*. O resultado? As vendas de livros caíram 83% entre 1990 e 1997. A alta administração da *Britannica* acreditava que a necessidade de informações confiáveis entre seus clientes curiosos e inteligentes continuava a existir. Contudo, a tecnologia para satisfazer essa necessidade havia mudado. Essa percepção fez com que a *Britannica* redefinisse seus negócios. De acordo com um dirigente da empresa: "estamos reinventando nosso negócio. Não estamos no ramo de livros. Estamos no setor de informações". No início do ano de 2003, a empresa estava em vias de tornar-se um dos principais *sites* de informações na Internet. O serviço de assinatura da *Britannica* (www.eb.com) comercializa informações arquivadas para escolas, bibliotecas públicas e empresas. Seu *site* para consumidores na Web (www.britannica.com) é uma fonte de informações e dispositivo de busca que leva a cerca de 150.000 *sites* selecionados pela equipe da *Britannica* pela qualidade e precisão de suas informações.

Missão da empresa

A missão de uma organização complementa a definição do tipo de negócio. Em forma de declaração por escrito, a missão sustenta o escopo das operações de uma organização demonstrado na definição de negócio e reflete a visão da administração quanto ao que a organização deseja realizar. Embora não haja uma definição global para todas as afirmações da missão, a maioria delas descreve o objetivo da empresa em relação a seus clientes, produtos ou serviços, mercados, filosofia e tecnologia. Algumas declarações de missão são colocadas de modo geral, como a da Xerox Corporation:

> Nosso objetivo estratégico é ajudar as pessoas a encontrar melhores maneiras de fazer um ótimo trabalho – constantemente na liderança de tecnologias, produtos e serviços de documentação que melhoram os processos de trabalho e os resultados empresariais de nossos clientes.

Outras são mais específicas, como a da Hendison Electronics Corporation. A Hendison aspira a

> servir os compradores de produtos de lazer doméstico que fazem sua compra de forma deliberada, considerando seriamente os benefícios de longo prazo. Serão enfatizados os produtos de entretenimento doméstico com desempenho superior, estilo, confiabilidade e valor que exigem apresentação representativa, venda profissional, serviço qualificado e aceitação de marca – comercializados por meio de especialistas eletrônicos de boa reputação para consumidores a quem a empresa pode atender de maneira mais eficaz.

As declarações de missão podem também aplicar-se a organizações sem fins lucrativos. Por exemplo, a missão da Cruz Vermelha Americana é

> Melhorar a qualidade da vida humana; promover a autoconfiança e o interesse pelos outros; e ajudar as pessoas a evitar emergências, a se preparar e a lidar com elas.

Uma declaração de missão cuidadosamente elaborada, que transmita sucintamente o objetivo organizacional, pode oferecer inúmeros benefícios para uma organização, incluindo o foco em seu trabalho de *marketing*. Pode (1) cristalizar a visão da administração da direção e do caráter a longo prazo da organização; (2) fornecer orientação na identificação, busca e avaliação de oportunidades de mercado e de produtos; e (3) inspirar e desafiar os colaboradores a fazerem as coisas que são valorizadas pela organização e por seus clientes. Também serve como direção para o estabelecimento das metas e dos objetivos empresariais.

Metas empresariais

As metas ou objetivos convertem a missão da organização em ações e resultados tangíveis que devem ser concretizados, freqüentemente dentro de prazos específicos. Por exemplo, a 3M Company enfatiza a pesquisa, o desenvolvimento e a inovação em sua missão empresarial. Essa visão torna-se tangível em uma das metas da empresa: 30% da receita anual da 3M deve provir de produtos com menos de quatro anos.[4]

As metas ou objetivos dividem-se em três grandes categorias: de produção, financeiras e de *marketing*. As metas ou objetivos de produção aplicam-se ao uso da capacidade de fabricação e de serviço e à qualidade do produto e do serviço. As metas ou objetivos financeiros concentram-se no retorno do investimento e das vendas, lucro, fluxo de caixa e nos ganhos dos acionistas. As metas ou objetivos de *marketing* enfatizam a fatia de mercado, produtividade de *marketing*, volume de vendas, lucros, satisfação do cliente e criação de valor para o cliente. As metas de produção, financeiras e de *marketing*, quando combinadas, representam um quadro do propósito organizacional dentro de uma estrutura de tempo específica; dessa forma, elas devem ser complementares entre si.

O estabelecimento de metas ou objetivos deve centrar-se em problemas e orientar-se para o futuro. Como as metas ou objetivos representam afirmações do que a organização deseja realizar dentro de certo prazo, implicitamente surgem da compreensão da situação atual. Portanto, os administradores precisam de uma avaliação de operações ou uma *análise de situação* para determinar as razões para a lacuna entre o que era ou é esperado e o que aconteceu ou acontecerá. Se o desempenho atingiu as expectativas, a questão envolvida refere-se às futuras direções a serem tomadas. Se o desempenho não atingiu as expectativas, os administradores devem diagnosticar as razões para essa diferença e elaborar um programa de recuperação. O Capítulo 3 fornece uma ampla discussão sobre a realização de uma análise de situação.

IDENTIFICAÇÃO E ESTRUTURAÇÃO DE OPORTUNIDADES DE CRESCIMENTO ORGANIZACIONAL

Assim que o caráter e a direção da organização estiverem delineados na definição de negócio, missão e metas ou objetivos, a prática do gerenciamento de *marketing* estratégico entra na fase empreendedora. Utilizando a definição do tipo de negócio, a missão e as metas ou objetivos como guias, a busca e a avaliação de oportunidades de crescimento organizacional podem começar.

Conversão de oportunidades do ambiente em oportunidades organizacionais

Três questões auxiliam os gerentes de *marketing* a decidir se certas situações do ambiente representam oportunidades de crescimento organizacional viáveis:

- O que poderíamos fazer?
- O que fazemos melhor?
- O que devemos fazer?

Cada uma dessas questões ajuda a identificar e estruturar oportunidades de crescimento organizacional. Elas também põem em evidência os principais conceitos de gerenciamento de *marketing*.

A pergunta *o que poderíamos fazer* introduz o conceito de *oportunidade de ambiente*. Necessidades do consumidor que estejam mudando ou que não foram atingidas, grupos de compradores insatisfeitos e novos métodos ou tecnologias para agregar valor a compradores potenciais representam fontes de oportunidades de ambiente para as organizações. A esse respeito, as oportunidades de ambiente não têm limites. Entretanto, a mera presença de uma oportunidade de ambiente não significa que exista uma oportunidade de crescimento organizacional. Duas outras questões ainda devem ser formuladas.

A questão *o que fazemos melhor* introduz o conceito de capacidade organizacional ou de competência distintiva. A *competência distintiva* descreve os pontos fortes ou qualidades únicas de uma organização, incluindo habilidades, tecnologias ou recursos que a distinguem de outras organizações.[5] A fim de que qualquer um dos pontos fortes ou das qualidades de uma organização seja considerado como verdadeiramente diferenciado e fonte de vantagem competitiva, dois critérios devem ser satisfeitos. Primeiro, o ponto forte não deve ser passível de imitação perfeita por parte dos concorrentes. Ou seja, os concorrentes não conseguem reproduzir uma habilidade (tais como a competência de *marketing* direto da Dell Computer) facilmente ou sem um considerável investimento de tempo, esforço e dinheiro. Segundo, o ponto forte deve trazer uma contribuição significativa para os benefícios percebidos pelos clientes e, assim fazendo, oferecer-lhes um valor superior. Por exemplo, a capacidade de atuar com uma inovação tecnológica que é desejada pelos clientes e que lhes oferece valor é uma competência distintiva. Consideremos a Safety Razor Division da Gillette Company.[6] Suas competências distintivas residem em três áreas: (1) desenvolvimento e tecnologia de produtos para barbear e depilar, (2) alto volume de fabricação de produtos de precisão em plástico e metal e (3) *marketing* de produtos embalados de consumo e distribuição em massa. Essas competências foram responsáveis pelas lâminas Fusion e Vênus, que sustentam o domínio da Gillette no mercado masculino e feminino de lâminas de barbear e depilar.

Finalmente, a questão *o que devemos fazer* introduz o conceito de exigências para o sucesso em uma indústria ou mercado. As *exigências para o sucesso* (também chamadas de "principais fatores para o sucesso") são tarefas básicas que uma organização deve desempenhar em um mercado ou setor para competir de modo bem-sucedido. Tais exigências são de natureza sutil e muitas vezes passam despercebidas. Por exemplo, a distribuição e o controle de estoque são fatores críticos para o sucesso na indústria de cosméticos. Empresas que competem no setor de computadores pessoais reconhecem que as exigências para o sucesso incluem capacidades de produção a baixo custo, acesso a canais de distribuição e inovação contínua no desenvolvimento de *software*.

A ligação entre oportunidade de ambiente, competência distintiva e exigências para o sucesso determinará se existe uma oportunidade organizacional. Uma declaração claramente definida das exigências para o sucesso serve como um dispositivo para combinar uma oportunidade de ambiente com competências distintivas da organização. Se a questão *o que devemos fazer* não for coerente com *o que pode ser feito* para capitalizar sobre uma oportunidade de ambiente, a oportunidade de crescimento organizacional não será materializada. Com muita freqüência, as organizações ignoram essa ligação e buscam oportunidades de ambiente aparentemente lucrativas, que estão predestinadas ao fracasso desde o início. A Exxon Mobil Corporation aprendeu essa lição dolorosamente após investir 500 milhões de dólares no mercado de material para escritório por mais de 10 anos só para ver o empreendimento fracassar. Depois de a empresa ter abandonado esse empreendimento, um ex-executivo da Exxon sintetizou o que tinha sido aprendido: "Não se envolva com coisas para as quais você não está habilitado. Já é difícil ganhar dinheiro com o que você consegue fazer bem".[7] Estabelecendo com clareza as ligações necessárias para o sucesso antes de tomar uma medida, a organização pode minimizar seu risco de fracasso. Um executivo da fabricante de meias L´eggs ilustra esse ponto ao especificar seus critérios para um novo empreendimento:

> Produtos que podem ser vendidos em lojas de alimentos e em farmácias, que são comprados por mulheres... que podem ser facilmente embalados de forma diferenciada e abrangem um mercado varejista de no mínimo 500 milhões de dólares, ainda não dominado por um ou dois grandes produtores.[8]

Quando se consideram os últimos sucessos da L´eggs, nota-se que, sejam quais forem as oportunidades de ambiente buscadas, elas serão coerentes com o que a empresa faz melhor, como é ilustrado por suas conquistas em mercados cujas exigências de sucesso são semelhantes. Uma discussão abrangente desses pontos pode ser encontrada no Capítulo 4.

Análise SWOT

A *análise SWOT* é uma estrutura formal para identificar e estruturar oportunidades de crescimento organizacional. SWOT é um acrônimo para as palavras inglesas que designam os pontos fortes e os pontos fracos de uma empresa e as oportunidades e ameaças.* Trata-se de uma estrutura de fácil utilização para focalizar o fato de que uma oportunidade de crescimento organizacional resulta de uma boa adequação entre as capacidades internas da organização (evidentes em seus pontos fortes e pontos fracos) e seu ambiente externo, refletido na presença de oportunidades e ameaças de ambiente. Muitas organizações também realizam a análise SWOT como parte do processo de estabelecimento de suas metas ou objetivos.

A Figura 1.1 apresenta uma estrutura de análise SWOT com entradas representativas para pontos fortes e fracos internos e oportunidades e ameaças externas. Um ponto forte é algo que uma organização realiza bem ou alguma característica que lhe confere uma capacidade importante. Algo que uma organização não possui ou que realiza mal em relação a outras empresas é um ponto fraco. As oportunidades representam desenvolvimentos ou condições externas no ambiente que têm implicações favoráveis para a organização. As ameaças, por outro lado, colocam perigos ao bem-estar da organização.

Uma análise SWOT bem-realizada vai além da simples preparação de listas. É necessário que se dedique atenção à avaliação de pontos fortes, pontos fracos, oportunidades e ameaças e que se chegue a conclusões sobre como cada elemento poderia afetar a organização. As seguintes questões podem ser feitas assim que os pontos fortes, pontos fracos, oportunidades e ameaças tiverem sido identificados:

1. Que pontos fortes representam competências distintivas? Esses pontos fortes comparam-se favoravelmente com o que se acredita serem exigências para o sucesso na indústria ou no mercado? Na Figura 1.1, por exemplo, o ponto forte "habilidade comprovada em inovação" representa uma competência distintiva e uma exigência para o sucesso no mercado?

2. Que pontos fracos internos desqualificam a organização para certas oportunidades? Olhe novamente a Figura 1.1 e observe que a organização reconhece que tem "uma rede de distribuição fraca e uma equipe de vendas insuficiente". Como esse ponto fraco organizacional poderia afetar a oportunidade descrita como "novos canais de distribuição em evolução que atingem uma população de clientes mais ampla"?

---

* N. de T.: Em inglês: *Strengths and Weaknesses and Opportunities and Threats*.

FIGURA 1.1

Estrutura de análise SWOT e exemplos representativos

Fatores internos selecionados	*Pontos fortes*	*Pontos fracos*	*Fatores externos selecionados*	*Oportunidades*	*Ameaças*
Administração	Talento administrativo com experiência	Falta de profundidade administrativa	Economia	Elevação no ciclo de negócios; evidência de crescimento na renda individual	Mudanças adversas nas taxas de câmbio
Marketing	Bem conceituado entre os compradores; programa publicitário eficaz	Fraca rede de distribuição; equipe de vendas insuficiente	Concorrência	Complacência entre concorrentes domésticos	Entrada de concorrentes estrangeiros com custo mais baixo
Fabricação	Capacidade de fabricação disponível	Maiores custos totais de produção em relação aos concorrentes	Tendências dos consumidores	Necessidades dos clientes não estão satisfeitas na categoria do produto, sugerindo a possibilidade de expansão da linha de produtos	Preferência crescente por produtos com marcas próprias
P&D	Habilidades de inovação comprovadas	Pouco histórico de inovações levadas ao mercado	Tecnologia	Proteção de patente de tecnologia complementar	Iminência de tecnologias substitutas mais novas
Finanças	Poucas dívidas em relação à média da indústria	Fraca posição de fluxo de caixa	Legais/ Regulamentares	Queda de barreiras comerciais em mercados estrangeiros atraentes	Maior regulamentação dos procedimentos de testagem e de classificação dos produtos nos Estados Unidos
Ofertas	Produtos únicos de alta qualidade	Linha de produtos muito reduzida	Indústria/ estrutura de mercado	Novos canais de distribuição em evolução que alcançam uma população de clientes mais ampla	Baixo nível de barreiras para ingresso de novos concorrentes

3. Há um padrão na lista de pontos fortes, pontos fracos, oportunidades e ameaças? A análise da Figura 1.1 revela que um nível baixo de barreiras para ingresso no mercado/setor pode contribuir para a entrada de concorrentes externos de custo mais baixo. Isso não parece bom para concorrentes domésticos rotulados como "complacentes" e para os altos custos de produção da organização.

FORMULAÇÃO DE ESTRATÉGIAS DE PRODUTO-MERCADO

Na prática, as oportunidades organizacionais freqüentemente surgem de mercados já existentes da organização ou de mercados recém-identificados. As oportunidades também surgem para aperfeiçoamento de produtos e serviços existentes ou para novos produtos e serviços. A combinação de produtos e mercados para formar estratégias de produto-mercado é o tópico do próximo conjunto de processos de decisão.

As estratégias de produto-mercado consistem de planos para combinar as ofertas atuais ou potenciais da organização com as necessidades dos mercados, informar os mercados sobre a existência dessas ofertas, disponibilizar as ofertas na hora e no lugar certos para facilitar a troca e colocar preços nas ofertas. Em suma, uma estratégia de produto-mercado envolve selecionar mercados específicos e atingi-los de forma lucrativa através de um programa integrado chamado de *mix de marketing*.

A Figura 1.2 classifica estratégias de produto-mercado de acordo com a combinação entre ofertas e mercados.[9] As implicações e exigências operacionais de cada estratégia são brevemente descritas nas seções seguintes.

Estratégia de penetração de mercado

Uma *estratégia de penetração de mercado* determina que a organização deve tentar obter maior domínio em um mercado onde ela já coloca uma oferta. Essa estratégia envolve tentativas de aumentar as atuais taxas de uso ou consumo da oferta entre seus compradores, atrair compradores de ofertas concorrentes ou estimular a experimentação do produto entre clientes potenciais. O conjunto de atividades de *marketing* poderia incluir preços mais baixos para as ofertas, maior distribuição para proporcionar uma cobertura mais ampla de um mercado existente e esforços promocionais mais intensos, exaltando as vantagens "únicas" da oferta da organização em relação às dos concorrentes. Por exemplo, após adquirir o Gatorade da Quaker Oats, a PepsiCo anunciou que espera aumentar a fatia do Gatorade no mercado de bebidas para a prática de esportes através de distribuição mais ampla e publicidade mais agressiva.[10]

Diversas organizações tentaram adquirir domínio de mercado promovendo o uso mais variado e mais freqüente de sua oferta. Por exemplo, a Associação de Produtores de Laranja da Florida defende o consumo de suco de laranja durante o dia inteiro e não só no café da manhã. Companhias aéreas incentivam sua utilização através de uma série de programas de tarifas reduzidas e diversos pacotes de viagem para famílias, criados para atingir o cônjuge e os filhos do viajante principal.

Os gerentes de *marketing* devem considerar inúmeros fatores antes de adotar uma estratégia de penetração. Primeiro, devem examinar o crescimento do mercado. Uma estratégia de penetração é geralmente mais eficaz em um mercado em crescimento. Tentativas de aumentar a fatia de mercado quando o volume é estável muitas vezes resultam em ações de retaliação agressiva dos concorrentes. Segundo, deve-se considerar a reação da concorrência. A Procter & Gamble implementou uma estratégia de penetração para o seu café Folger's em cidades selecionadas na Costa Leste, vindo a

FIGURA 1.2

Estratégias de produto-mercado

		Mercados	
		Existentes	*Novos*
Ofertas	*Existentes*	Penetração de mercado	Desenvolvimento de mercado
	Novas	Desenvolvimento de novas ofertas	Diversificação

enfrentar a reação igualmente agressiva da Maxwell House Division da Kraft Foods. De acordo com um observador da situação competitiva:

> Quando a Folger's enviou pelo correio milhões de cupons oferecendo aos consumidores 45 centavos de desconto em uma lata de café de 400g, a Maxwell House contra-atacou com seus próprios cupons no jornal. Quando a Folger's deu aos varejistas 15% de desconto no preço (...), a Maxwell House fez o mesmo. A Maxwell House deixou a Folger's começar uma campanha na TV (...) e então saturou as vias de telecomunicação.[11]

A batalha não resultou em mudança na fatia de mercado para nenhuma das empresas. Em terceiro lugar, os gerentes de *marketing* devem considerar a capacidade do mercado para aumentar as taxas de uso ou de consumo e a disponibilidade de novos compradores. Ambas são especialmente relevantes quando vistas da perspectiva dos custos de conversão envolvidos na captação de compradores dos concorrentes, no estímulo ao uso e na atração de novos usuários.

Estratégia de desenvolvimento de mercado

Uma *estratégia de desenvolvimento de mercado* prescreve que uma organização introduza suas ofertas já existentes em mercados diferentes daqueles que está atualmente atendendo. Exemplos incluem a introdução de produtos existentes em diferentes áreas geográficas (incluindo a expansão internacional) ou diferentes públicos compradores. Por exemplo, a Harley-Davidson envolveu-se em uma estratégia de desenvolvimento de mercado quando entrou no Japão, na Alemanha, na Itália e na França. A Lowe's, a rede de artigos domésticos, empregou essa estratégia quando concentrou sua atenção em atrair compradoras para suas lojas.

O *mix* de atividades de *marketing* utilizado deve ser variado para atingir diferentes mercados com diferentes padrões de compras e exigências. O alcance de novos mercados freqüentemente exige modificação da oferta básica, diferentes pontos de distribuição ou mudança nas vendas e na publicidade.

Assim como a estratégia de penetração de mercado, o desenvolvimento de mercado envolve a consideração cuidadosa dos pontos fortes, dos pontos fracos e do potencial de retaliação da concorrência. Além disso, como a empresa busca novos compradores, ela deve entender seu número, sua motivação e padrões de compra a fim de desenvolver atividades de *marketing* bem-sucedidas. Finalmente, a empresa deve considerar seus pontos fortes em termos de adaptabilidade a novos mercados para avaliar o sucesso potencial do empreendimento.

O desenvolvimento do mercado na arena internacional cresceu em importância e geralmente assume uma de quatro formas: (1) exportação, (2) licenciamento, (3) *joint venture* ou (4) investimento direto.[12] Cada opção apresenta vantagens e desvantagens. A exportação envolve fazer o *marketing* da mesma oferta em outro país diretamente (através de escritórios de vendas) ou por intermediários. Como essa abordagem tipicamente requer um mínimo de investimento de capital e é fácil de iniciar, é uma opção popular para o desenvolvimento de mercados estrangeiros. A Procter & Gamble, por exemplo, exporta desodorantes, sabonetes, fragrâncias, xampus e outros produtos de beleza e saúde para a Europa Oriental e a Rússia. O licenciamento é um acordo contratual em que uma empresa (licenciada) recebe os direitos a patentes, marcas registradas, *know-how* e outros bens intangíveis da empresa proprietária (empresa que licencia) em troca de *royalty* (geralmente 5% das vendas brutas) ou uma taxa. Por exemplo, a Cadbury Schweppes PLC, uma empresa multinacional com sede em Londres, licenciou a Hershey Foods para vender suas guloseimas nos Estados Unidos por uma taxa de 300 milhões de dólares. O licenciamento proporciona uma entrada rápida, de baixo risco e livre de capital em um mercado estrangeiro. No entanto, a empresa que concede o licenciamento geralmente não tem controle algum sobre a produção e o *marketing* da empresa licenciada. Uma *joint venture*, muitas vezes chamada de aliança estratégica, envolve investimento tanto da empresa estrangeira quanto da empresa local para a criação de uma nova entidade no país anfitrião. As duas empresas compartilham a sociedade, o controle e os lucros da entidade. As *joint ventures* são populares porque uma das empresas pode não possuir os recursos financeiros, técnicos ou administrativos necessários para entrar sozinha em um mercado. Essa abordagem também traz garantia contra barreiras comerciais impostas à empresa estrangeira pelo governo da empresa anfitriã. Empresas japonesas freqüentemente participam de *joint ventures* com empresas americanas e européias para ter acesso a mercados estrangeiros. Um problema que muitas vezes surge nas *joint ventures* é que os parceiros nem sempre concordam sobre o modo como a nova entidade deve ser administrada. O investimento direto em uma instalação de fabricação e/ou de montagem em um mercado estrangeiro é a opção mais arriscada e a que exige o maior comprometimento. Entretanto, aproxima mais a empresa de seus clientes e pode ser a abordagem mais lucrativa para o desenvolvimento de mercados estrangeiros. Por essas razões, o investimento direto deve ser avaliado detidamente em termos de benefícios e custos. O investimento direto quase sempre segue uma das três outras abordagens para entrada em mercado estrangeiro. Por exemplo, a Mars, Inc. originalmente exportava M&Ms, Snickers e barras Mars para a Rússia, mas agora opera uma fábrica de guloseimas no valor de 200 milhões de dólares nos arredores de Moscou.

Estratégia de desenvolvimento de produto

Uma *estratégia de desenvolvimento de produto* dita que a organização crie novas ofertas para mercados existentes. A abordagem adotada pode desenvolver ofertas totalmente novas (inovação de produto) para aumentar o valor aos clientes das ofertas já disponíveis (aumento de produto) ou ampliar a linha de ofertas existente, acrescentando diferentes tamanhos, formas, sabores, etc. (extensão da linha de produtos). O iPod, da Apple Computers, é um exemplo de inovação de produto. O aumento de produto pode ser alcançado de diversas maneiras. Uma delas é agrupar itens ou serviços complementares com as ofertas existentes. Por exemplo, serviços de programação, auxílio de aplicação e programas de treinamento para os compradores elevam o valor de computadores pessoais. Outro modo é melhorar o desempenho funcional da oferta. Os fabricantes de câmeras digitais fizeram isso melhorando a qualidade das fotografias. Muitos tipos de extensões de linhas de produtos são possíveis. As empresas que fabricam produtos para cuidados pessoais comercializam desodorantes em pó, *spray* e líquido; o Gatorade é vendido em mais de 20 sabores; e a Frito-Lay oferece batatas fritas em embalagens de vários tamanhos.

As empresas que são bem-sucedidas no desenvolvimento e na comercialização de novas ofertas lideram seus respectivos setores em crescimento de vendas e em lucratividade. A probabilidade de sucesso aumenta se o esforço de desenvolvimento resulta em ofertas que satisfazem uma necessidade claramente compreendida do comprador. Na indústria de brinquedos, por exemplo, essas necessidades se traduzem em produtos com três qualidades: (1) durabilidade; (2) possibilidade de ser compartilhado com outras crianças e (3) capacidade de estimular a imaginação da criança.[13] A comercialização bem-sucedida ocorre quando a oferta pode ser comunicada e levada a um grupo de compradores bem definido a um preço que eles desejem e possam pagar.

Importantes considerações no planejamento de uma estratégia de desenvolvimento de produto são as que dizem respeito ao tamanho e ao volume do mercado necessários para que a ação seja lucrativa, à magnitude e ao tempo de reação da concorrência, ao impacto do novo produto sobre as ofertas existentes e à capacidade da organização (em termos de investimento financeiro, humano e tecnológico) para levar as ofertas ao(s) mercado(s). O que é ainda mais importante: novas ofertas bem-sucedidas devem ter um "ponto de diferença" significativo, refletido em características superiores do produto ou serviço que ofereçam aos consumidores, benefícios únicos e desejados. Dois exemplos da General Mills ilustram essa visão.[14] A empresa introduziu o Fringos, flocos de cereais adoçados do tamanho dos cereais de milho. A intenção era que as pessoas os consumissem como lanche, mas não foi o que aconteceu. O ponto de diferença não era significativo o suficiente para fazer com que os consumidores deixassem os lanches concorrentes, tais como pipoca, batata frita ou *chips* de *tortilla*. Por outro lado, a barra de cereais Big G Milk'n, da General Mills, que combina cereais com leite, foi bem-sucedida por satisfazer consumidores orientados pelo aspecto da conveniência do produto – aqueles que desejam "sair comendo".

O potencial para canibalismo deve ser considerado em uma estratégia de desenvolvimento de produto. O *canibalismo* ocorre quando as vendas de um novo produto ou serviço acontece à custa das vendas de produtos ou serviços existentes já comercializados pela empresa. Por exemplo, estima-se que 75% do volume da lâmina Fusion da Gillette provêm de outras lâminas e sistemas de barbear da empresa. Canibalismo desse nível pode ocorrer em muitos programas de desenvolvimento de produto. A questão enfrentada pelo gerente é se isso deprecia a lucratividade global do conjunto total de ofertas da empresa. Na Gillette, a taxa de canibalismo para a lâmina Fusion é vista favoravelmente, já que sua margem de lucro bruto é três vezes maior do que a das outras lâminas da empresa.[15]

Diversificação

A *diversificação* envolve o desenvolvimento ou aquisição de ofertas novas para a empresa e a introdução dessas ofertas para públicos ainda não atendidos pela organização. Muitas empresas adotaram essa estratégia nos últimos anos para tirar vantagem de oportunidades de crescimento percebidas. Contudo, a diversificação é freqüentemente uma estratégia de alto risco, pois tanto as ofertas (e, muitas vezes, a tecnologia subjacente) quanto o público ou o mercado atendidos são novos para a organização.

Consideremos os seguintes exemplos de diversificação fracassada. A Anheuser-Busch registrou 17 anos de perdas com a Eagle Snacks Division e incorreu em um cancelamento de 206 milhões de dólares quando a divisão finalmente foi fechada. A Gerber Products Company, que detém 70% do mercado de alimentos para bebês nos Estados Unidos, não tem conseguido muito sucesso na diversificação para centros de cuidado infantil, brinquedos, móveis e alimentos e bebidas para adultos. As várias tentativas da Coca-Cola em termos de diversificação – adquirindo indústrias de vinho, um estúdio cinematográfico e uma indústria de massas e produzindo *game shows* para a TV – também têm sido muito malsucedidas. Esses exemplos salientam a importância de se compreender o elo entre as exigências de sucesso do mercado e a competência distintiva da organização. Em cada um desses casos, não foi construída uma ponte entre os dois conceitos e, desse modo, uma oportunidade organizacional não foi efetivada.[16]

Ainda assim, as diversificações podem alcançar sucesso. Diversificações bem-sucedidas geralmente resultam da tentativa de uma organização de aplicar sua competência distintiva na aquisição de novos mercados com novas ofertas. Com base em seu conhecimento de *marketing* e extenso sistema de distribuição, a Procter & Gamble obteve sucesso com ofertas que vão desde misturas para bolo até fraldas descartáveis e detergentes.

Seleção de estratégia

Uma questão recorrente no gerenciamento de *marketing* estratégico é a determinação da coerência de estratégias de produto-mercado com a definição, a missão e as capacidades da organização, com a capacidade e o comportamento do mercado, com forças ambientais e com atividades competitivas. A análise apropriada desses fatores depende da disponibilidade e da avaliação de informações relevantes. As informações sobre os mercados devem incluir dados sobre tamanho, comportamento de compra e exigências. Informações sobre forças ambientais, tais como mudanças sociais, legais, políticas, demográficas e econômicas, são necessárias para determinar a futura viabilidade das ofertas da organização e dos mercados atendidos. Nos últimos anos, por exemplo, as organizações têm tido que alterar ou adaptar suas estratégias de produto-mercado devido a medidas políticas (desregulamentação), flutuações econômicas (variação de renda e mudanças na renda pessoal disponível), tendências demográficas (crescente diversidade étnica e racial), atitudes (consciência de valores), avanços tecnológicos (crescimento da Internet) e movimentos populacionais (da cidade para o subúrbio e do norte para o sul dos Estados Unidos) – para citar apenas algumas mudanças ambientais. As atividades competitivas devem ser monitoradas para assegurar suas estratégias existentes ou possíveis e o desempenho na satisfação das necessidades dos compradores.

Na prática, a decisão de seleção de estratégia baseia-se em uma análise dos custos e benefícios de alternativas e suas probabilidades de sucesso. Por exemplo, um gerente pode comparar os custos e benefícios envolvidos na penetração em um mercado existente com os custos e benefícios associados

FIGURA 1.3

Formato da árvore de decisão

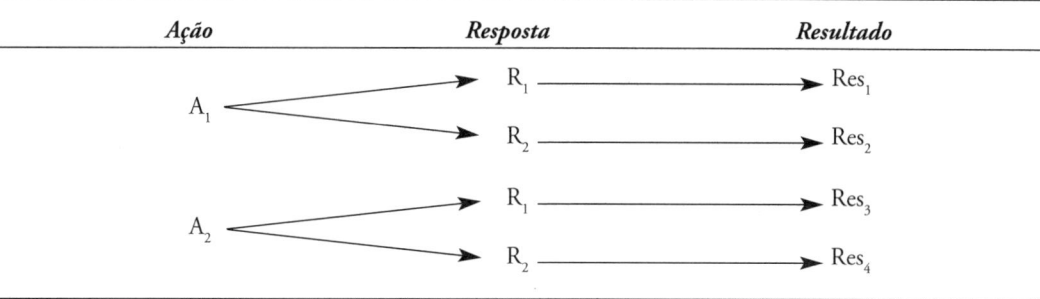

com a introdução de um produto existente em um novo mercado. É importante realizar uma análise cuidadosa da estrutura competitiva; do crescimento, declínio ou mudanças do mercado; e dos custos de oportunidade (benefícios potenciais não obtidos). O próprio produto ou serviço pode ditar uma mudança de estratégia. Se o produto é adquirido por todos os compradores que ele pode atrair em um mercado existente, as oportunidades para crescimento para além das compras de reposição são reduzidas. Essa situação indicaria uma necessidade de buscar novos compradores (mercados) ou de desenvolver novos produtos ou serviços para os mercados atuais.

As probabilidades de sucesso das várias estratégias devem, pois, ser consideradas. A A. T. Kearney, uma empresa de consultoria administrativa, indica estimativas aproximadas de probabilidade de sucesso para cada uma das quatro estratégias básicas.[19] A probabilidade de uma diversificação bem-sucedida é de 1 em 20. A probabilidade de se introduzir um produto existente em um novo mercado com sucesso (estratégia de desenvolvimento de mercado) é de 1 em 4. Há uma chance de 50% de sucesso para um novo produto introduzido em um mercado existente (estratégia de desenvolvimento de produto). Finalmente, uma pequena modificação em uma oferta direcionada para um mercado já existente (estratégia de penetração de mercado) apresenta a maior probabilidade de sucesso.

Uma técnica útil para aferir os resultados potenciais de estratégias de *marketing* alternativas é listar as possíveis ações, a reação a elas e seus resultados na forma de uma árvore de decisão, assim chamada devido à ramificação de respostas que se originam da ação empreendida. Isso implica que, para qualquer ação, certas respostas podem ser previstas, cada uma com seus resultados específicos. A Figura 1.3 ilustra uma árvore de decisão.

Como exemplo, consideremos uma situação em que um gerente de *marketing* deve decidir entre uma estratégia de penetração de mercado e uma estratégia de desenvolvimento de mercado. Suponhamos que o gerente reconheça que os concorrentes podem reagir agressiva ou passivamente a qualquer uma das estratégias. Essa situação pode ser demonstrada claramente utilizando-se o esquema de árvore de decisão, como mostra a Figura 1.4. Essa representação permite que o gerente considere ações, respostas e resultados simultaneamente. A árvore de decisão mostra que maiores lucros resultarão se uma estratégia de desenvolvimento de mercado for adotada e se os concorrentes reagirem passivamente. O gerente deve resolver a questão da reação competitiva, pois uma reação agressiva afundará o lucro para um milhão de dólares, o que é menos do que qualquer um dos resultados na estratégia de penetração de mercado. O gerente deve confiar no discernimento informado para avaliar subjetivamente a probabilidade de resposta competitiva. O Capítulo 3 oferece uma descrição mais detalhada da análise de decisão e sua aplicação.

O *mix* de *marketing*

A combinação de ofertas e mercados requer reconhecimento de outras atividades de *marketing* disponíveis para o gerente de *marketing*. Combinadas com a oferta, tais atividades formam o *mix*, ou composto, de *marketing*.

Um *mix* de *marketing* tradicionalmente compreende atividades controláveis pela organização. Estas incluem o tipo de produto, serviço ou idéia oferecida (estratégia de produto), como a oferta será comunicada aos compradores (estratégia de comunicação), o método para distribuí-la aos compradores (estratégia de canal) e a quantia que os compradores pagarão por ela (estratégia de preço). Cada uma dessas estratégias será descrita posteriormente neste livro. Aqui é suficiente observar que cada elemento do *mix* de *marketing* desempenha um papel ao estimular a disposição e a habilidade de um mercado (compradores) para comprar e a criação de valor ao cliente. Por exemplo, as comunicações – venda pessoal, publicidade, promoção de venda e relações públicas – informam e certificam os compradores de que a oferta satisfará suas necessidades. Os canais de *marketing* satisfazem os padrões e exigências de compra dos compradores em termos de informações no ponto de compra e disponibilidade da oferta. O preço representa o valor ou benefícios proporcionados pela oferta.

Formulação do *mix* de *marketing* O *mix* de *marketing* adequado para um produto ou serviço depende das exigências de sucesso dos mercados para o qual é direcionado. A "exatidão" de uma estratégia de produto, comunicação, canal ou preço pode ser interpretada somente no contexto dos mercados atendidos. Consideremos o caso da Cover Girl Cosmetics, na China. O *mix* de *marketing* para a Cover Girl naquele país compartilha apenas um elemento comum com o *mix* de *marketing* da empresa em outros países – o nome da marca. Todas as tonalidades, texturas e cores tiveram que ser ajustadas para garantir um bom desempenho na pele chinesa. Os produtos são embalados em pequenos recipientes parecidos com balas coloridas, diferentemente do que acontece em outros mercados. O trabalho de propaganda e vendas é localizado expressamente para a população chinesa, e consultoras de beleza auxiliam as compradoras nas lojas de departamento – não em farmácias ou supermercados de auto-atendimento, como nos outros mercados. Os preços praticados pela Cover Girl refletem condições competitivas locais. De acordo com o diretor de *marketing* da Cover Girl, "aqui não dá para simplesmente importar cosméticos. As empresas precisam entender o que a beleza significa para as mulheres chinesas e o que elas procuram; os produtos, a distribuição, os preços e a comunicação devem ser ajustados de acordo com o mercado".[18]

As tecnologias baseadas na Internet criaram outro ambiente de *marketing*, chamado de espaço de mercado (*marketspace*). Empresas que chegaram ao sucesso no novo espaço de mercado proporcionam valor ao cliente através das capacidades interativas dessas tecnologias, o que permite maior flexibilidade no gerenciamento de elementos do *mix* de *marketing*. Por exemplo, os vendedores *online* rotineiramente ajustam os preços de acordo com as condições de ambiente, situações de compra e comportamentos dos compradores *online*. Além disso, as capacidades interativas de duas vias da Internet no espaço de mercado possibilitam que o comprador diga ao vendedor exatamente quais são seus interesses e ne-

FIGURA 1.4

Exemplo de árvore de decisão

Ação	Resposta	Resultado
Estratégia de penetração de mercado	Concorrência agressiva	Lucro estimado em 2 milhões de dólares
	Concorrência passiva	Lucro estimado em 3 milhões de dólares
Estratégia de desenvolvimento de mercado	Concorrência agressiva	Lucro estimado em 1 milhão de dólares
	Concorrência passiva	Lucro estimado em 4 milhões de dólares

cessidades de compra, tornando possível a transformação de um produto ou serviço em uma solução personalizada para o comprador. Mais ainda, o propósito e o papel das comunicações e dos canais de *marketing* nesse mercado mudam, conforme será descrito nos Capítulos 6 e 7, respectivamente.

Além de ser coerente com as necessidades do mercado atendido, um *mix* de *marketing* deve ser coerente com a capacidade da organização, e as atividades individuais devem se complementar. Várias perguntas indicam uma direção na avaliação do *mix* de *marketing* de uma organização. Primeiro, o *mix* de *marketing* é coerente internamente? As atividades individuais se complementam para formar um todo, ao contrário de peças fragmentadas? O *mix* é adequado à organização, ao mercado e ao ambiente em que será introduzido? Segundo, os compradores são mais sensíveis a algumas atividades do *mix* de *marketing* do que a outras? Por exemplo, eles estão mais inclinados a responder favoravelmente a uma redução de preço, a um aumento de publicidade ou a uma promoção de vendas? Terceiro, quais são os custos de realizar atividades de *mix* de *marketing* e os custos de atrair e reter compradores? Esses custos excedem os benefícios? A organização pode arcar com as despesas do *mix* de *marketing*? Finalmente, o *mix* de *marketing* está adequadamente controlado em termos de tempo? Por exemplo, as comunicações estão programadas para coincidir com a disponibilidade do produto? O *mix* de *marketing* é oportuno em relação ao ciclo de compra dos consumidores, às ações da concorrência e aos altos e baixos das forças ambientais?

Implementação do *mix* de *marketing* A implementação do *mix* de *marketing* tem tanto de arte quanto de ciência. A implementação bem-sucedida requer uma compreensão dos mercados, das forças ambientais, da capacidade organizacional e atividades de *mix* de *marketing* com um respeito saudável pelas reações dos concorrentes. Esses tópicos serão abordados novamente no Capítulo 10. Um exemplo de implementação com resultados que deixaram a desejar é o programa WEO (Where Economy Originates) da A&P. Antes de implementar o programa, a A&P tinha estado em um platô de volume de vendas com lucros menores, enquanto outras redes de supermercados continuavam a aumentar seus lucros e seu volume de vendas. Quando o programa WEO foi iniciado, enfatizava os descontos nos preços (estratégia de preço) com grandes gastos promocionais (estratégia de comunicação). O programa aumentou o volume de vendas em 800 milhões de dólares, mas produziu uma perda de lucro de mais de 50 milhões de dólares. Nas palavras de um observador do setor na época:

> Seus concorrentes estavam convencidos de que o ataque da A&P com o WEO estava condenado desde o início. Muitas de suas lojas são remanescentes de uma outra era. Muitas estão mal localizadas [estratégia de distribuição]... Elas não são grandes o suficiente para sustentar o tremendo volume necessário para tornar lucrativa uma operação de descontos [capacidade]... As lojas não têm espaço nas prateleiras para itens gerais, como utensílios domésticos e roupas infantis [estratégia de produto].[19]

A estratégia de produto-mercado empregada pela A&P poderia ser classificada como uma estratégia de penetração de mercado. Sua implementação, no entanto, poderia ser questionada em termos de coerência interna, custos das atividades do *mix* de *marketing* e adequação com a capacidade organizacional. Além disso, o setor de varejo na época estava prejudicado pelos custos crescentes dos alimentos, uma força ambiental que teve efeito destrutivo sobre o sucesso da estratégia.

■ ORÇAMENTO DE RECURSOS DE *MARKETING*, FINANCEIROS E DE PRODUÇÃO

A quarta fase no processo de gerenciamento de *marketing* estratégico é o orçamento. Um orçamento é uma expressão formal quantitativa do planejamento e das iniciativas estratégicas de uma organização expressos em termos financeiros. Um orçamento bem preparado engrena e equilibra os recursos financeiros, de produção e de *marketing* de uma organização de modo que as metas ou objetivos organizacionais gerais sejam alcançados.

O orçamento de uma organização consiste de duas partes: (1) um orçamento de operação e (2) um orçamento financeiro. O orçamento de operação concentra-se na declaração de renda da organização. Como o orçamento de operação projeta futuras receitas e despesas, às vezes é chamado de declaração de renda *pro forma* ou plano de lucros. O orçamento financeiro focaliza o efeito que o orçamento de operação e outras iniciativas (como gastos de capital) terão na posição financeira da organização. Por exemplo, o orçamento da General Motors incluiu uma declaração de renda que detalhava receitas, despesas e lucro para o modelo Hummer existente. Seu orçamento financeiro incluiu o gasto de capital para fabricar o novo modelo Hummer H3.

Além do orçamento de operação e do orçamento financeiro, muitas organizações elaboram orçamentos especiais suplementares, tais como orçamento de publicidade e vendas, e relatórios relacionados com o orçamento principal. Por exemplo, freqüentemente se elabora um relatório mostrando como as receitas, custos e lucros mudam sob diferentes decisões de *marketing* e condições econômicas e competitivas. Conforme se vê, o orçamento é mais do que uma função de contabilidade. É um elemento essencial do gerenciamento de *marketing* estratégico.

Uma descrição completa do processo de elaboração de orçamento está além do escopo desta seção. Entretanto, o Capítulo 2, "Aspectos financeiros do gerenciamento de *marketing*", oferece um panorama de comportamento e de conceitos de custos. Também descreve ferramentas analíticas úteis para lidar com as dimensões financeiras do gerenciamento de *marketing* estratégico, incluindo análise de custo-volume-lucro, fluxo de caixa descontado e preparação de declarações de renda *pro forma*.

■ DESENVOLVIMENTO DE ESTRATÉGIAS DE REFORMULAÇÃO E RECUPERAÇÃO

As estratégias de reformulação e recuperação formam o alicerce do comportamento adaptativo nas organizações. As estratégias raramente são permanentes. Mercados, condições econômicas e comportamento competitivo sempre em mutação exigem ajustes periódicos, quando não repentinos, na estratégia.

Procedimentos de controle e de auditoria de *marketing* são fundamentais para o desenvolvimento de estratégias de reformulação e recuperação. A *auditoria de marketing* é definida como segue:

> Uma auditoria de *marketing* é um exame abrangente, sistemático, independente e periódico do ambiente, objetivos, estratégias e atividades de *marketing* de uma empresa – ou unidade de negócios – com o propósito de determinar áreas problemáticas e oportunidades e recomendar um plano de ação para melhorar o desempenho de *marketing* da empresa.[20]

O processo de auditoria dirige a atenção do gerente para a adequação estratégica da organização ao ambiente e aos aspectos operacionais do programa de *marketing*. Os aspectos estratégicos da auditoria de *marketing* abordam a questão: "estamos fazendo a coisa certa?". Os aspectos operacionais abordam outra questão – "estamos fazendo as coisas direito?".

A distinção entre perspectivas estratégicas e operacionais, bem como a implementação de cada uma delas, será examinada no Capítulo 9. Basta dizer aqui que a auditoria de *marketing* e os procedimentos de controle subjazem processos de definição do negócio, missão e metas ou objetivos da empresa, de identificação de oportunidades e ameaças externas e de pontos fortes e fracos internos, de formulação de estratégias de produto-mercado e de atividades do *mix* de *marketing*, e de elaboração do orçamento de recursos. O processo intelectual de desenvolvimento de estratégias de reformulação e recuperação, durante o processo de planejamento, serve a dois importantes propósitos. Primeiro, força o gerente a considerar as perguntas do tipo "e se". Por exemplo, "e se surge uma ameaça ambiental inesperada que torna uma estratégia obsoleta?" ou "e se a resposta competitiva e de mercado for incoerente com o que originalmente se esperava?". Tais perguntas focam a atenção do gerente na sensibilidade dos resultados de suposições feitas no processo de desenvolvimento de estratégia. Segundo, o pré-planejamento de estratégias de reformulação e recuperação, ou *planos de contingência*, produz um tempo de reação menor na implementação da ação de recuperação. Dispor e reorientar recursos é um processo demorado por si só sem perda de tempo adicional no planejamento.

■ ESBOÇO DE UM PLANO DE *MARKETING*

Um plano de *marketing* corporifica o processo de gerenciamento de *marketing* estratégico. É um documento formal por escrito que descreve o contexto e o escopo do esforço de *marketing* de uma organização para alcançar metas ou objetivos definidos dentro de um período de tempo futuro específico. Os planos de *marketing* recebem uma variedade de nomes, dependendo de seu foco particular. Por exemplo, há planos de *marketing* de negócios, planos de *marketing* de produto e planos de *marketing* de marca. Na Frito-Lay, Inc., por exemplo, um plano de *marketing* é delineado para um negócio específico (*chips* para lanches), para uma classe de produtos (*chips* de batata, de *tortilla* e de milho) e para marcas específicas (*chips* de batata Lay, *chips* de *tortilla* Doritos e *chips* de milho Fritos). Os planos de *marketing* também compreendem uma dimensão de tempo. Planos de *marketing* de curto prazo tipicamente concentram-se em um período de um ano e são chamados de planos de *marketing* anuais. Os planos de *marketing* de longo prazo com freqüência contam com um horizonte de três a cinco anos de duração.

Um plano de *marketing* formal por escrito representa a atenção e o pensamento dedicados aos cinco processos analíticos inter-relacionados apresentados neste capítulo. É o resultado tangível de um esforço intelectual. Como documento escrito, um plano de *marketing* também exibe certos elementos estilísticos. Embora não haja nenhum plano de *marketing* "genérico" que se aplique a todas as organizações e em todas as situações, os planos de *marketing* seguem um formato geral. O apêndice no final deste capítulo fornece um exemplo real de um plano de *marketing* condensado para a Paradise Kitchens®, Inc., uma empresa que produz e comercializa uma linha única de produtos à base de *chili* congelado, ao estilo mexicano e do sudoeste americano, em porções individuais que podem ser aquecidas em forno de microondas. Esse exemplo ilustra o conteúdo e o estilo de um plano de *marketing* de cinco anos.

■ ÉTICA E RESPONSABILIDADE SOCIAL EM *MARKETING*

Em uma última observação, devemos enfatizar que as questões de ética e de responsabilidade social permeiam todos os aspectos do processo de gerenciamento de *marketing* estratégico. De fato, a maioria das decisões de *marketing* envolve algum grau de julgamento moral e reflete a orientação de uma organização em relação ao público com que interage. Executivos de *marketing* esclarecidos não mais se filiam à visão de que, se uma ação é legal, também é ética e socialmente responsável. Esses executivos são sensíveis ao fato de que o mercado é povoado por indivíduos e grupos com sistemas de valores diversos. Mais ainda, reconhecem que suas ações serão julgadas publicamente por outros indivíduos com diferentes valores e interesses.

Decisões éticas e socialmente responsáveis emergem da habilidade dos especialistas em *marketing* em discernirem as questões precisas envolvidas e sua disposição de tomar uma medida mesmo quando o resultado pode afetar negativamente sua posição em uma organização ou os interesses financeiros de uma empresa. Embora os fundamentos morais sobre os quais as decisões de *marketing* são tomadas variem entre indivíduos e organizações, o fracasso em identificar problemas e tomar a medida apropriada é a abordagem menos ética e mais irresponsável no âmbito social. Uma abordagem positiva ao comportamento ético e socialmente responsável é ilustrada pela Anheuser-Busch, que gastou mais de 500 milhões de dólares desde 1982 para promover o consumo responsável de bebidas alcoólicas através de programas comunitários e campanhas publicitárias nacionais. Os executivos da empresa reconhecem o potencial para o abuso do álcool e estão dispostos a renunciar aos negócios gerados pelo mal uso de seus produtos. Esses executivos distinguiram os problemas e reconheceram uma obrigação ética diante de clientes potenciais. Também reconheceram a responsabilidade social da empresa com o público em geral encorajando hábitos responsáveis no consumo de álcool e na direção de veículos com segurança.[21]

NOTAS

1. Roger A. Kerin, "Strategic *Marketing* and the CMO," *Journal of Marketing* (October 2005):12–14;and Gail McGovern and John A. Quelch,"The Fall and Rise of the CMO,"*Strategy & Business* (Winter 2004):44–48ff.
2. Derek E. Abell, *Defining the Business: The Starting Point of Strategic Planning* (Upper Saddle River, NJ: Prentice Hall, 1980); and Roger A. Kerin, Vijay Mahajan, and P. Rajan Varadarajan, *Contemporary Perspectives on Strategic Market Planning* (Boston: Allyn and Bacon, 1990).
3. "New Britannica Keeps Pace with Change," Encyclopaedia Britannica News Release, March 23, 2005.
4. Eric von Hippel, Stephan Thomke, and Mary Sonnack,"Creating Breakthroughs at 3M," *Harvard Business Review* (September–October 1999):47–56.
5. Robert A. Pitts and David Lei, *Strategic Management: Building and Sustaining Competitive Advantage*, 4th ed. (St. Paul, MN:West Publishing Company, 2006): 6.
6. "Gillette Safety Razor Division," Harvard Business School case #9-574-058; and "Gillette's Edge,"BRANDWEEK (May 28, 2001): 5.
7. "Exxon's Flop in Field of Office Gear Shows Diversification Perils,"*Wall Street Journal* (September 3, 1985): 1ff.
8. "Hanes Expands L'eggs to the Entire Family,"*Business Week* (June 14, 1975): 57ff.
9. Essa classificação foi adaptada de H. Igor Ansoff,, *Corporate Strategy* (New York: McGraw-Hill, 1964): Chapter 6. Para uma ampla discussão sobre estratégias de produto-mercado, ver Roger A. Kerin,Vijay Mahajan, and P. Rajan Varadarajan, *Contemporary Perspectives on Strategic Market Planning* (Boston: Allyn and Bacon, 1990): Chapter 6.
10. "In Lean Times, Big Companies Make a Grab for Market Share," *Wall Street Journal* (September 5, 2003): A1, A6.
11. H. Menzies,"Why Folger's Is Getting Creamed Back East,"*Fortune* (July 17, 1978): 69.
12. Philip R. Cateora and John L. Graham, *International Marketing*, 12th ed. (Burr Ridge, IL:McGraw-Hill/ Irwin, 2005): Chapter 11.
13. "Hasbro, Inc.," in Eric N. Berkowitz, Roger A. Kerin, Steven N. Hartley, and William Rudelius (eds.), *Marketing*, 5th ed. (Chicago: Richard D. Irwin, 1997):656–657.
14. Greg Burns,"Has General Mills Had Its Wheaties?"*Business Week* (May 8, 1995):68–69; and Julie Forster,"The Lucky Charm of Steve Sanger,"*Business Week* (March 26, 2001):75–76.
15. "Gillette's New Edge,"*Business Week* (February 6, 2006): 44.
16. Tentativas de diversificação fracassadas, juntamente com recomendações, são detalhadas em Chris Zook com James Allen, *Profit from the Core* (Cambridge, MA: Harvard Business School Press, 2001).
17. Essas estimativas foram relatadas em "The Breakdown of U.S. Innovation,"*Business Week* (February 16, 1976): 56ff.
18. "P&G Introduces Cover Girl: U.S. Beauty Brand Gets Local Color," AdAgeChina.com, baixado da Internet em 25 de outubro de 2005.
19. Robert F. Hartley, *Marketing Mistakes*, 5th ed. (New York: John Wiley & Sons, 1992). Itens entre parênteses acrescentados para fins ilustrativos.
20. Philip Kotler and Kevin Lane Keller, *Marketing Management*, 12th ed. (Upper Saddle River, NJ: Prentice Hall, 2006): 719.
21. "Our Commitment to Preventing Alcohol Abuse and Underage Drinking," beerresponsible.com, baixado da Internet em 10 de janeiro de 2006.

APÊNDICE

Exemplo de Plano de *Marketing*

A elaboração de um plano de *marketing* é uma tarefa difícil, mas que dá satisfação. Ao ser finalizado, um plano de *marketing* serve como roteiro que detalha o contexto e o escopo das atividades de *marketing*, incluindo, mas não se limitando a uma declaração de missão, metas e objetivos, uma análise de situação, oportunidades de crescimento, mercado(s) alvo e programa de (*mix*) *marketing*, um orçamento e um cronograma de implementação.

Como documento escrito, o plano transmite em palavras a análise, as idéias e as aspirações de seu autor em relação ao trabalho de *marketing* de um negócio, produto e/ou marca. O modo como um plano de *marketing* é redigido comunica não só a substância do trabalho de *marketing*, como também o profissionalismo do autor. O estilo de redação não superará limitações na substância. Entretanto, um plano de *marketing* mal escrito pode prejudicar a substância percebida do plano.

■ CONSIDERAÇÕES SOBRE REDAÇÃO E ESTILO

Dada a importância de um plano de *marketing* cuidadosamente elaborado, os autores dos planos seguem certas orientações. As seguintes recomendações de estilo e de redação geralmente se aplicam:

- Usar um estilo direto e profissional. Usar termos apropriados de *marketing* e administração sem jargão. Os tempos verbais presente e futuro na voz ativa geralmente são melhores do que o passado e a voz passiva.
- Ser positivo e específico. Ao mesmo tempo, evitar superlativos ("ótimo", "maravilhoso"). A especificidade é melhor do que a generalidade ostentosa. Utilizar números para causar impacto, justificando os cálculos e projeções com fatos ou suposições razoáveis quando possível.
- Apresentar itens marcados por pontos, com o propósito de ser sucinto e enfático. Como na lista que você está lendo, os pontos possibilitam que os tópicos principais sejam salientados eficazmente e com grande eficiência.
- Usar cabeçalhos de "nível A" (o primeiro nível) e de "nível B" (segundo nível) sob os cabeçalhos das seções principais para auxiliar os leitores a fazer transições fáceis de um tópico a outro. Isso também força o redator a organizar o plano mais cuidadosamente. Usar esses cabeçalhos à vontade, pelo menos a cada 200 ou 300 palavras.
- Empregar recursos visuais onde for apropriado. Ilustrações, gráficos e quadros possibilitam que grandes quantidades de informação sejam apresentadas sucintamente.
- Projetar um plano que tenha entre 15 e 35 páginas, não incluindo projeções financeiras e apêndices. Uma empresa pequena simples pode necessitar de apenas 15 páginas, enquanto uma grande empresa pode precisar de mais de 35 páginas.
- Ser cuidadoso com o *layout*, *design* e apresentação. Impressoras a laser ou de jato de tinta dão um aspecto mais profissional do que as impressoras matriciais ou máquinas de escrever. Um relatório encadernado com capa e uma página de rosto clara acrescenta profissionalismo.

Este apêndice foi adaptado de Roger A. Kerin, Steven W. Harley, Eric N. Berkowitz e William Rudelius, *Marketing*, 8th ed. (Burr Ridge. IL: McGraw-Hill/Irwin, 2006). Usado mediante permissão.

EXEMPLO DE PLANO DE *MARKETING* DE CINCO ANOS COM ANOTAÇÕES PARA A PARADISE KITCHENS® INC.

Este plano de *marketing* para a Paradise Kitchens® Inc. foi baseado em um plano real desenvolvido pela empresa. Para proteger informações de propriedade da empresa, uma série de detalhes e certos dados foram alterados, mas a lógica básica do plano foi preservada. Vários apêndices foram omitidos devido a limitações de espaço.

As anotações nas margens do plano de *marketing* da Paradise Kitchens recaem em duas categorias:

1. *Anotações de conteúdo*, que elaboram melhor o raciocínio ou importância de um elemento no plano de *marketing*.
2. *Anotações de redação, estilo e layout*, que explicam a lógica visual ou editorial de um elemento.

Enquanto lê o plano de *marketing*, você pode acrescentar nas margens suas próprias anotações relativas à discussão no texto. Por exemplo, você pode desejar comparar a aplicação da análise SWOT e a referência aos "pontos de diferença" no plano de *marketing* da Paradise Kitchens Inc. com a discussão no Capítulo 1. Quando você ler os outros capítulos do livro, poderá retornar ao plano de *marketing* e inserir anotações adicionais referentes à terminologia utilizada e às técnicas empregadas.

> O Sumário oferece acesso rápido aos tópicos do plano, geralmente organizados em seções e subseções.

> Visto por muitos especialistas como o elemento mais importante do plano, o Resumo Executivo, com um máximo de duas páginas, "vende" o documento para os leitores com clareza e brevidade.

> A Descrição da Empresa salienta a história e os sucessos recentes da organização.

> O Foco e Plano Estratégico estabelecem a direção estratégica para toda a organização, uma direção com a qual as ações propostas no plano de *marketing* devem ser coerentes. Essa seção não é incluída em todos os planos de *marketing*.

> A Declaração de Missão focaliza as atividades da Paradise Kitchens para os *stakeholders* a serem atendidos.

PLANO DE *MARKETING* PARA CINCO ANOS
Paradise Kitchens®, Inc.

Sumário

1. **Resumo Executivo**

2. **Descrição da Empresa**

A Paradise Kitchens, Inc. foi fundada por Randall F. Peters e Leah E. Peters para desenvolver e comercializar Howlin' Coyote® Chili, uma linha de produtos congelados a base de *chili*, ao estilo mexicano e do sudoeste americano, em porções únicas que podem ser aquecidas em forno de microondas. A linha Howlin' Coyote® de *chili* foi introduzida no mercado de Minneapolis-St. Paul, sendo subseqüentemente expandida para Denver dois anos mais tarde e ainda para Phoenix dois anos depois.

Segundo o conhecimento da Empresa, Howlin' Coyote® é o único *chili* congelado no autêntico estilo mexicano e do sudoeste americano, de primeira qualidade, vendido em lojas de alimentos nos Estados Unidos. Sua alta qualidade obteve rápida e ampla aceitação nesses mercados. De fato, as vendas nas mesmas lojas duplicaram no último ano do qual há dados disponíveis. A empresa acredita que a marca Howlin' Coyote® pode ser ampliada para outras categorias de produtos alimentícios típicos mexicanos e do sudoeste americano, tais como *tacos*, *enchiladas* e *burritos*.

A Paradise Kitchens acredita que sua estratégia de alta qualidade e alto preço provou ser bem-sucedida. Este plano de *marketing* delineia o modo como a empresa estenderá sua cobertura geográfica de três para 20 mercados no ano de 2010.

3. **Foco e Plano Estratégico**

Esta seção abrange três aspectos da estratégia corporativa que influenciam o plano de *marketing*: (1) a missão, (2) metas e (3) competência central/vantagem competitiva sustentável da Paradise Kitchens.

MISSÃO

A missão e visão da Paradise Kitchens é comercializar linhas de produtos alimentícios de alta qualidade no estilo mexicano e do sudoeste americano a preços compensadores que satisfaçam os consumidores nesse segmento de alimentos, que tem se desenvolvimento rapidamente, enquanto oferece desafiadoras oportunidades de carreira para funcionários e retorno acima da média para seus acionistas.

Metas

Nos próximos cinco anos, a Paradise Kitchens procura alcançar as seguintes metas:

- Metas não-financeiras
    1. Manter sua atual imagem como a linha de produtos mexicanos e do sudoeste americano da mais alta qualidade na categoria de alimentos em que compete.
    2. Ingressar em 17 novos mercados metropolitanos.
    3. Atingir distribuição, em nível nacional, através de duas redes de lojas de conveniência ou de supermercados em 2005 e cinco em 2006.
    4. Acrescentar uma nova linha de produtos a cada três anos.
    5. Estar entre as três melhores linhas de *chili* – seja qual for o tipo de embalagem (congelado, enlatado) – em um terço dos mercados metropolitanos em que compete em 2006 e em dois terços em 2008.
- Metas financeiras
    1. Conseguir um crescimento real (inflação ajustada) em ganhos por ação no valor de 8% por ano, no decorrer do tempo.
    2. Obter um retorno sobre o patrimônio de no mínimo 20%.
    3. Abrir o capital em 2006.

Competência Central e Vantagem Competitiva Sustentável

Em termos de competência central, a Paradise Kitchens procura concretizar uma habilidade única (1) de oferecer *chili* diferenciado de alta qualidade e produtos afins utilizando receitas mexicanas e do sudoeste americano que atraem e estimulam os paladares contemporâneos para esses produtos e (2) levar esses produtos à mesa do cliente usando sistemas eficazes de fabricação e distribuição que mantenham os padrões de qualidade da Empresa.

Para traduzir essas competências centrais em uma vantagem competitiva sustentável, a Empresa trabalhará cuidadosamente com fornecedores e distribuidores importantes para construir as relações e alianças necessárias para satisfazer os altos padrões de nossos clientes.

4. Análise da Situação

Esta análise de situação começa com um rápido panorama do atual ambiente em que a Paradise Kitchens se encontra, apresentando uma breve análise SWOT (pontos fortes, pontos fracos, oportunidades, ameaças). Após esse panorama, a análise sonda níveis ainda mais altos de detalhamento: indústria, concorrência, empresa e consumidores.

A seção de Metas estabelece os alvos financeiros e não-financeiros – onde possível em termos quantitativos – em relação aos quais o desempenho da empresa será avaliado.

As listas apresentam paralelismo para melhorar a leitura – nesse caso, uma série de verbos no infinitivo.

A Análise da Situação é uma seção rápida para responder a pergunta: "onde estamos agora?".

> A Análise SWOT identifica pontos fortes, pontos fracos, oportunidades e ameaças, a fim de oferecer uma fundamentação sólida como ponto de partida para a identificação de *ações* subseqüentes no plano de *marketing*.

ANÁLISE SWOT

A Figura 1 mostra os fatores internos e externos que afetam as oportunidades de mercado da Paradise Kitchens. De maneira sucinta, esta análise SWOT destaca os grandes passos dados pela Empresa nestes oito anos, desde que seus produtos apareceram pela primeira vez nas prateleiras de supermercados. A favor da Empresa, estão os pontos fortes internos de sua equipe administrativa experiente e sua diretoria, a excelente aceitação de suas linhas nos três mercados metropolitanos em que atua e um forte sistema de fabricação e distribuição para atender a esses mercados limitados. Os fatores favoráveis externos (oportunidades) incluem o crescente apelo de alimentos mexicanos e do sudoeste americano, a força do mercado de alto poder aquisitivo para os produtos da Empresa e as inovações tecnológicas no processamento de alimentos, o que torna a competição mais fácil para os pequenos produtores do setor alimentício.

FIGURA 1 Análise SWOT para a Paradise Kitchens

Fator Interno	Pontos Fortes	Pontos Fracos
Administração	Administração e direção empresarial experientes	Pequeno porte pode restringir as opções
Ofertas	Produtos únicos de alta qualidade e preço alto	Muitos concorrentes de preço mais baixo e menor qualidade
Marketing	Distribuição em três mercados com excelente aceitação	Sem reconhecimento e distribuição em nível nacional; espaço restrito na gôndola, na seção de congelados.
Pessoal	Boa mão-de-obra, embora pequena; pouca rotatividade	Grande lacuna se um funcionário importante sai da empresa
Finanças	Excelente crescimento em receitas de vendas	Recursos limitados podem restringir as oportunidades de crescimento quando comparados com os de grandes concorrentes
Fabricação	Fornecedor único garante a alta qualidade	Falta de economias de escala dos grandes concorrentes
P&D	Esforço contínuo para assegurar a qualidade dos produtos oferecidos	Falta de conhecimento para enlatar e processar alimentos que vão ao microondas

> Cada tabela, gráfico ou figura recebe um número e um título, aparecendo logo que possível após sua primeira referência no texto, acomodando as quebras de página necessárias. Isso também evita interromper longas tabelas como esta. Tabelas ou gráficos pequenos com menos de 1,5 polegada são quase sempre inseridos no texto sem número, pois não causam problemas sérios com a quebra de página.

FIGURA 1 Análise SWOT para a Paradise Kitchens (*continuação*)

Fatores Externos	Oportunidades	Ameaças
Consumidor/ Sociais	Mercado de alto poder aquisitivo; a categoria de alimentos mexicanos e do sudoeste americano é um segmento de crescimento rápido, devido ao aumento da população hispano-americana e ao desejo por alimentos mais picantes	O preço alto pode limitar o acesso aos mercados de massa; consumidores valorizam uma marca forte
Competitivos	Nome e embalagem diferenciados em seus mercados	Não-patenteável; os concorrentes podem tentar copiar o produto; outros conseguem mais condições de pagar taxas aleatórias
Tecnológicos	Inovações técnicas permitem que os produtores de menor porte atinjam muitas economias disponíveis para os grandes concorrentes	Concorrentes conquistaram fatias de mercado com alimentos enlatados e de microondas
Econômicos	A renda do consumidor é alta; a conveniência é importante para os lares americanos	Muitas famílias "comem fora" e trazem comida pronta para casa
Legais/ reguladores	Altos padrões da U.S. Food and Drug Administration eliminam os concorrentes não-confiáveis	Fusões entre grandes concorrentes estão sendo aprovadas pelo governo

> A seção de Análise da Indústria oferece a base para a subseqüente análise mais detalhada da concorrência, da empresa e de seus clientes. Sem uma compreensão aprofundada do setor, a análise remanescente pode ser mal conduzida.

Entre os fatores desfavoráveis, o principal ponto fraco é o tamanho limitado da Paradise Kitchens em relação a seus concorrentes, em termos da profundidade da equipe administrativa, recursos financeiros disponíveis e reconhecimento e distribuição em nível nacional das linhas de produtos. As ameaças incluem o perigo de que os altos preços da Empresa possam limitar o acesso a mercados de massa e a concorrência dos mercados de quem "come fora" e "traz comida pronta" para casa.

ANÁLISE DA INDÚSTRIA: TENDÊNCIAS EM ALIMENTOS MEXICANOS E CONDIMENTADOS

> Embora seja relativamente breve, esse tratamento aprofundado do setor de alimentos condimentados mexicanos e do sudoeste americano demonstra aos leitores do plano como a empresa compreende o setor em que compete. Os leitores acreditam que a empresa entende completamente sua própria indústria.

Alimentos congelados. De acordo com *Grocery Headquarters*, os consumidores estão se aglomerando na seção de congelados dos supermercados. Razões: estilos de vida agitados demandam aumento da conveniência e abundância de produtos novos, mais gostosos e nutritivos. Em 2004, as vendas totais de alimentos congelados em supermercados (excluindo-se Wal-Mart), alcançou 27,6 bilhões de dólares. As refeições congeladas preparadas, definidas como os pratos ou entradas que são congelados e que exigem preparo mínimo, foram responsáveis por 7,3 bilhões de dólares, ou 26% do mercado total de alimentos congelados, conforme mostra a Figura 2.

FIGURA 2 Alguns alimentos incluídos na categoria de produtos congelados preparados, 2004

Refeições congeladas	$ 1.323	18%
Pratos italianos	1.231	17
Pratos à base de carne	721	10
Pratos mexicanos	**506**	**7**
Pratos orientais	479	7
Pratos à base de aves	1.617	22
Pratos de frutos do mar	190	3
Outros pratos	1.281	16
Total	$7.348	100%

> Este resumo de vendas na categoria de alimentos congelados preparados, mostrando que os pratos mexicanos são importantes, indica uma série de futuras oportunidades para a Paradise Kitchens.

Comidas como Hot Pockets (1,1 bilhão de dólares) formam uma porção significativa da categoria "Outros pratos". No entanto, pizzas/lanches congelados, que não estão incluídos nessa categoria, constituíram 3,3 bilhões de dólares adicionais nas vendas de congelados em 2004. Os grandes consumidores de comida congelada, que chegam a consumir cinco ou mais refeições a cada duas semanas, tendem a ser crianças, adolescentes e jovens adultos, com idade entre 35 e 44 anos.

Comidas mexicanas. Atualmente, as comidas mexicanas, como *burritos*, *enchiladas* e *tacos*, são consumidas em dois terços dos lares americanos. Essa tendência reflete uma atitude geralmente mais favorável por parte de todos os americanos em relação a alimentos condimentados que incluem pimentas vermelhas do tipo *chili*. Os supermercados e lojas de alimentos tentam capitalizar com essa tendência desenvolvendo pratos direcionados para os consumidores que desejam esse tipo de comida. Considerando-se o atual desejo por conveniência, vários dos grandes processadores de alimentos, como Hormel, Tyson Foods e ConAgra, bem como empresas hispânicas, como Goya (Missions Foods), Ruiz Foods e Don Miguel's, lançaram muitos pratos mexicanos novos nos últimos anos. A crescente população hispânica nos Estados Unidos, cerca de 36 milhões de pessoas, com quase 600 bilhões de dólares em poder aquisitivo em 2004, explica parcialmente o aumento na demanda por comida mexicana.

CONCORRENTES NO MERCADO DE *CHILI*

O mercado de *chili* representa mais de 500 milhões de dólares em vendas anuais. Em média, os consumidores compram de cinco a seis porções por ano. Os produtos são divididos em dois grupos: *chili* enlatado (70% das vendas) e *chili* desidratado (25% das vendas). Os restantes 5% das vendas referem-se aos produtos de *chili* congelados. Além do Howlin' Coyote®, a Stouffeurs oferece *chili* congelado (Slowfire Classic Chunky Beef & Bean Chili) como parte de sua ampla linha de refeições e pratos congelados. As principais marcas de *chili* enlatado incluem Hormel, Wolf, Dennison, Stagg, Austin's e Castleberry's. Seus preços de varejo variam de 1,49 a 2,49 (dólar americano). No outono de 2004, a Campbell's, maior

> Como na Análise da Indústria, a Análise da Concorrência demonstra que a empresa tem uma compreensão realista de quais são seus principais concorrentes e suas estratégias de *marketing*. Novamente, uma avaliação realista dá confiança aos leitores de que as ações de *marketing* subseqüentes do plano estão solidamente fundamentadas.

fabricante de sopas do mundo, e a Bush Brothers, empresa privada que comercializa feijão cozido, entrarão no mercado de *chili* enlatado. No entanto, a Bush usará recipientes de vidro para embalar sua marca, a Homestyle Chili. Claramente falando, a principal desvantagem do produto dominante no segmento, o *chili* enlatado, é que não tem um sabor muito bom. Um teste de sabor, descrito em uma edição da revista *Consumer Reports*, classificou 26 tipos de *chili* enlatados como "ruim" ou "regular" em termos de qualidade geral do sabor. O estudo concluiu: "o *chili* não precisa ser temperado para ser bom. Mas o *chili* realmente bom, temperado ou não, não sai de uma lata".

Marcas de misturas desidratadas incluem as conhecidas McCormick (que detém 40% desse mercado), Lawry's, French's e Durkee, juntamente com as menores Wick Fowler's e Carroll Shelby's. Seus preços de varejo variam de 0,99 a 1,49 (dólar americano). O estudo da *Consumer Reports* foi mais favorável para *chilis* desidratados, classificando-os de "regulares" a "muitos bons".

ANÁLISE DA EMPRESA

> A Análise da Empresa fornece detalhes dos pontos fortes e das estratégias de *marketing* da empresa que possibilitarão que se concretizem a missão e as metas identificadas anteriormente.

Atualmente, os produtos Howlin' Coyote competem nos segmentos de *chili* e entradas congeladas mexicanas do mercado mexicano e do sudoeste americano. Enquanto o *chili* obviamente compete como produto único, sua excepcional qualidade significa que pode complementar pratos como *burritos*, *nachos* e *enchiladas* e que pode ser prontamente utilizado como molho para massas, arroz ou batatas. Essa flexibilidade de uso é relativamente rara no mercado de comidas prontas. Com Howlin' Coyote, a Paradise Kitchens está ampliando a posição de *chili* congelado de uma maneira que pode levar a uma impressionante fatia de mercado para a categoria do novo produto.

A Empresa agora utiliza um único produtor externo com que trabalha de perto para manter de forma sistemática a alta qualidade exigida em seus produtos. O maior volume aumentou a eficiência da produção, resultando em um decréscimo constante no custo das mercadorias vendidas.

> Essa frase de "visão introdutória" apresenta para o leitor os tópicos abordados na seção – neste caso, as características do cliente e questões de saúde e nutrição. Embora essa frase possa ser omitida em memorandos e planos curtos, ela ajuda os leitores a verem para onde o texto está levando. Essas frases são usadas em todo este plano.

> O "cabeçalho A", de nível mais alto, da Análise do Cliente tem tipo e posição mais dominantes do que o "cabeçalho B", de Características do Cliente. Esses cabeçalhos introduzem o leitor na seqüência e nível de tópicos abordados.

> Para satisfazer os clientes e oferecer-lhes valor genuíno é que existem as organizações em uma economia de mercado. Essa seção aborda a questão: "quem são os clientes para os produtos da Paradise Kitchens?".

ANÁLISE DO CLIENTE

Em termos de análise do cliente, esta seção descreve (1) as características dos clientes que se espera que comprem produtos Howlin' Coyote® e (2) questões de saúde e nutrição que interessam aos americanos atualmente.

Características do Cliente. Demograficamente, os produtos de *chili* em geral são comprados por consumidores que representam uma ampla gama de históricos socioeconômicos. O *chili* Howlin' Coyote® é comprado principalmente por consumidores com nível mais alto de educação, cuja renda é de 50.000 dólares ou mais. Esses consumidores representam 50% dos usuários de *chili* enlatado e de misturas desidratadas.

A economia doméstica que compra Howlin' Coyote® tem de uma a três pessoas. Entre os casais, Howlin' Coyote® é predominantemente comprado por lares em que ambos os cônjuges trabalham. Embora as mulheres sejam a maioria dos compradores, homens sozinhos representam um segmento significativo. Howlin' Coyote® tem ouvido dizer que pais de meninos adolescentes mantêm o *freezer* cheio de *chili* porque os garotos o devoram.

Como o *chili* representa uma maneira rápida de preparar uma refeição saborosa, os maiores usuários do produto tendem a ser os que mais sofrem as pressões do tempo. O preço superior de Howlin' Coyote® também significa que seus compradores se encontram na extremidade mais alta de renda. Em termos de idade, os compradores variam de 25 a 54 anos. Como os consumidores do oeste dos Estados Unidos adotaram alimentos condimentados mais prontamente do que os do resto do país, o empenho inicial de expansão de *marketing* de Howlin' Coyote® será concentrado nessa região.

> Esta seção demonstra as percepções da empresa quanto a uma tendência de grande potencial de impacto.

Questões de Saúde e Nutrição. A cobertura de questões referentes a alimentos na mídia dos Estados Unidos é freqüentemente errática e ocasionalmente alarmista. Como os americanos se preocupam com sua dieta, estudos de organizações cuja credibilidade varia amplamente muitas vezes recebem uma atenção significativa de importantes novas organizações. Por exemplo, um estudo sobre os níveis de gordura da pipoca vendida em cinemas foi referido em todos os grandes veículos da mídia. De forma semelhante, estudos sobre a comida mexicana têm recebido um "papel" importante em reportagens na imprensa e nos veículos de radiodifusão. Os altos níveis calóricos de grande parte da comida típica do México e do sudoeste dos Estados Unidos têm sido amplamente reportados e muitas vezes exagerados. Alguns concorrentes na categoria de alimentos congelados, tais como Don Miguel, Mission Foods, Ruiz Foods e Jose Ole, planejam oferecer ou recentemente passaram a oferecer produtos com menos calorias e gordura em resposta a essas preocupações.

O Howlin' Coyote® já tem menos calorias, gordura e sódio do que seus concorrentes. Essas qualidades não estão sendo enfatizadas em suas promoções. Em vez disso, no espaço e tempo disponíveis para promoções, o sabor, a conveniência e a flexibilidade de Howlin' Coyote® é que são destacados.

5. Foco de Produto-Mercado

Esta seção descreve os objetivos do produto e do *marketing* no período de cinco anos para a Paradise Kitchens e os mercados alvo, pontos de diferença e posicionamento de suas linhas de *chilis* Howlin' Coyote®.

OBJETIVOS DO PRODUTO E DE *MARKETING*

A intenção do *marketing* de Howlin Coyote® é tirar total vantagem de seu potencial de marca enquanto se constrói uma base a partir da qual outras fontes de receita podem ser exploradas – dentro e fora do negócio de vendas em supermercados. Isso está detalhado em quatro áreas:

- Mercados atuais. Os mercados atuais serão ampliados com a expansão da marca e a distribuição de sabores no nível de varejo. Além disso, as vendas nas mesmas lojas serão incrementadas pelo aumento da consciência do consumidor e pelas compras repetidas. Com esse crescimento nas vendas nas mesmas lojas, o canal de distribuição mais desejável – intermediário/depósito – será disponibilizado, aumentando a eficiência e reduzindo custos.

> As chances de sucesso de um novo produto são significativamente elevadas se os objetivos são estabelecidos para o próprio produto e se os segmentos do mercado alvo são identificados. Esta seção torna esses pontos explícitos para a Paradise Kitchens. Os objetivos também servem como alvos planejados em relação aos quais as atividades de *marketing* são avaliadas na implementação e no controle do programa.

- Novos mercados. No final do Ano 5, o negócio de *chili*, *salsa*, *burrito* e *enchilada* será expandido para um total de 20 áreas metropolitanas. Isso representará 70% das vendas em lojas de alimentos nos Estados Unidos.
- Serviços que envolvem alimentos. As vendas de serviços que envolvem alimentos incluirão produtos de *chili* e molhos temperados. Espera-se que as vendas atinjam 693.000 dólares no final do Ano 3 e 1,5 milhão de dólares no final do Ano 5.
- Novos produtos. A presença da marca Howlin' Coyote® será expandida em nível de varejo através da adição de novos produtos na seção de alimentos congelados. Isso será realizado por meio da triagem do conceito de novo produto no Ano 1 para identificar novos produtos potenciais. Esses produtos serão levados ao mercado nos Anos 2 e 3. Além disso, a marca será licenciada em categorias selecionadas.

MERCADOS-ALVO

O principal mercado-alvo para os produtos Howlin' Coyote® é o de economias domésticas de uma a três pessoas, em que quase sempre ambos os adultos trabalham, com renda normalmente acima de 50.000 dólares anuais. Essas economias domésticas possuem consumidores mais experientes e curiosos no que se refere à comida mexicana e do sudoeste americano e querem produtos de alta qualidade.

> Esta seção identifica os nichos específicos ou mercados-alvo para os quais os produtos da empresa se dirigem. Quando for apropriado e houver espaço, a seção pode incluir uma matriz de produto-mercado.

PONTOS DE DIFERENÇA

Os "pontos de diferença" – características que tornam os *chilis* Howlin' Coyote® únicos em relação a seus concorrentes – recaem em três importantes áreas:

- Sabor e praticidade únicos. Nenhum concorrente conhecido oferece um "autêntico" *chili* congelado de alta qualidade em vários sabores. E nenhum outro *chili* proporciona a mesma combinação de preparação rápida e sabor caseiro.
- Tendências em termos de sabores. O paladar americano está cada vez mais voltado para temperos picantes, e as marcas Howlin' Coyote® oferecem maior "sensação" do que a maioria dos outros *chilis* prontos.
- Excelente embalagem. A cuidadosa apresentação das embalagens Howlin' Coyote® transmitem a imagem de produto único de alta qualidade ali contido e o posicionamento não-tradicional do produto.

> Uma organização não pode crescer oferecendo apenas produtos do tipo "eu também". O mais importante fator no fracasso de um novo produto é a falta de "pontos de diferença" significativos que o destaquem em relação aos substitutos da concorrência. Esta seção explicita esses pontos de diferença.

Uma estratégia de posicionamento ajuda a comunicar os pontos de diferença únicos dos produtos da empresa para clientes potenciais de uma forma clara e simples. Esta seção descreve tal posicionamento.	**POSICIONAMENTO** Ao longo do tempo, os produtos de *chili* têm se mostrado convenientes ou saborosos, mas não ambas as coisas. Howlin' Coyote® combina essas duas características desejáveis para obter um posicionamento na mente dos consumidores como autênticos *chilis* de sabor mexicano e do sudoeste americano de alta qualidade, que podem ser preparados de maneira fácil e rápida.
Tudo o que foi apresentado anteriormente no plano de *marketing* prepara o terreno para as ações de *mix* de *marketing* compreendidas pelo programa de *marketing*.	**6. Programa de *Marketing*** Os quatro elementos do *mix* do programa de *marketing* dos *chilis** Howlin' Coyote® estão detalhados abaixo. **ESTRATÉGIA DE PRODUTO** Apresentamos a seguir uma síntese da linha de produtos e uma descrição de sua qualidade e embalagem. *Linha de Produtos.* O *chili* Howlin' Coyote®, vendido por 3,99 dólares a porção de 300g, está disponível em cinco sabores. São eles:
Esta seção descreve com detalhes três elementos-chave da estratégia de produto da empresa: a linha de produtos, sua qualidade e como ela é obtida e ainda sua embalagem "inovadora".	• *Chili* verde: carne de porco extra magra cozida com pimenta *chili* verde torrada, cebola, pedaços de tomate, condimentos marcantes e pimenta *jalapeno*, ao gosto do sudoeste americano. • *Chili* vermelho: cubos de carne de porco extra magra, pimenta *chili* vermelha e cebola adocicada; conhecido como "Prato Vermelho do Texas". • *Chili* de carne com feijão preto: carne magra cozida com feijão preto, pedaços de tomate e a própria mistura Howlin' Coyote de pimenta *chili* vermelha e temperos autênticos. • *Chili* de frango: pedaços de frango macios, pimenta *chili* verde torrada, feijão preto, feijão pintado, cubos de cebola e temperos picantes.
Com uso de paralelismo, a lista apresenta a linha de produtos de maneira eficiente e dinâmica.	• *Chili* de feijão: vegetariano, com nove variedades de feijão, pimenta *chili* verde torrada, pedaços de tomate, cebola e uma rica combinação de condimentos e pimenta *chili* vermelha. *Qualidade Única dos Produtos.* Os sabores dos *chilis* Howlin' Coyote® são patenteados. O sabor dos produtos deve-se ao extremo cuidado dedicado aos ingredientes durante a produção. Os ingredientes utilizados são de qualidade excepcional. As carnes contêm baixos teores de gordura e não são congeladas, o que preserva a estrutura celular e umidade. As pimentas *chili* são torradas para se obter um sabor mais fresco, não sendo utilizadas as variedades enlatadas encontradas em produtos mais comuns. Os tomates e legumes são selecionados. Não são utilizados conservantes nem sabores artificiais.

* N. de T.: A palavra *chili* é utilizada para designar tanto o tipo de pimenta usada como condimento quanto o prato que é preparado com ela.

Embalagem. Refletindo a estratégia de *marketing* inovadora de seus produtores, Howlin' Coyote® coloca a sabedoria convencional em suas embalagens. Evita apresentar imagens previsíveis do produto em seus recipientes. (Dirija-se a qualquer congelador de supermercado e você dificilmente encontrará um produto que não mostre uma imagem bastante estilizada do seu conteúdo.) Ao contrário, a embalagem de Howlin' Coyote® apresenta um motivo do sudoeste americano que comunica o posicionamento extraordinário do produto. Essa abordagem aponta as qualidades não-tradicionais do produto: comida "diferente" com o mínimo de preocupação – uma refeição congelada para pessoas que normalmente não gostam de comida congelada.

ESTRATÉGIA DE PREÇO

Howlin' Coyote, ao custo de 3,99 dólares por embalagem de 300g, tem preço comparável ao de outros *chilis* congelados e mais alto do que as variedades enlatadas e desidratadas. Entretanto, as vantagens significativas do sabor em relação aos enlatados e as vantagens de praticidade comparadas às dos *chilis* desidratados justificam essa estratégia de preço.

> Esta seção de Estratégia de Preço torna clara a colocação de preços da empresa, juntamente com a posição de preços de substitutos potenciais. Quando for apropriado e houver espaço, a seção poderá conter uma análise de ponto de equilíbrio.

ESTRATÉGIA DE PROMOÇÃO

Os principais programas de promoção apresentam degustação em lojas, receitas e cupons de desconto.

Degustação em lojas. As degustações serão realizadas de forma a proporcionar aos consumidores a oportunidade de experimentar os produtos Howlin' Coyote e conhecer suas qualidades únicas. As degustações serão feitas regularmente em todos os mercados para difundir a marca e estimular a compra para experimentação pelo consumidor.

Receitas. Como a flexibilidade de utilização é um aspecto importante nas vendas, receitas serão oferecidas aos consumidores para estimular o uso. As receitas serão fornecidas em todas as degustações nas lojas, no verso das embalagens e com a oferta de um livro de receitas pelo correio. Além disso, serão incluídas receitas em cupons enviados por mala direta ou em suplementos gratuitos. Para novos mercados, as receitas serão oferecidas em cupons incluídos nas embalagens.

> Elementos da Estratégia de Promoção são destacados aqui com cabeçalhos em três atividades promocionais principais que a empresa está enfatizando para sua linha de produtos: degustação em lojas, receitas com os *chilis* Howlin' Coyote® e cupons de desconto.

Cupons de desconto. Para gerar a experimentação e compra repetida de produtos Howlin' Coyote®, cupons serão distribuídos de quatro maneiras:

- Em suplementos de jornais dominicais. Os suplementos são muito lidos e ajudam a gerar conhecimento. Associada com degustações nas lojas, essa técnica tem demonstrado bastante sucesso até agora.

> Uma outra lista acrescenta muitos detalhes para o leitor, incluindo métodos de gerar consciência no consumidor, experimentação e repetição de compra à medida que Howlin' Coyote® entra em novas áreas metropolitanas.

- Em cupons nas embalagens. Dentro de cada caixa de *chili* Howlin' Coyote®, haverá cupons para desconto de um dólar para mais duas embalagens do produto. Esses cupons serão incluídos nos três primeiros meses do produto em um novo mercado. Isso incentiva a repetição da compra pelos novos usuários.
- Em cupons em mala direta. Os lares domésticas que se enquadram na demografia de Howlin' Coyote® descrita acima receberão cupons pelo correio. É provável que esse tipo de promoção seja eficiente devido à maior seletividade do público.
- Em degustações em lojas. Cupons serão distribuídos nas degustações em lojas para propiciar mais um incentivo à compra.

ESTRATÉGIA DE DISTRIBUIÇÃO

> A Estratégia de Distribuição é descrita aqui em termos de (1) método atual e (2) novo método a ser usado quando o maior volume de vendas torná-lo viável.

Howlin' Coyote® é distribuído em seus atuais mercados através de um distribuidor de alimentos. O distribuidor compra o produto, armazena-o e revende-o, entregando-o nas lojas varejistas. Isso é típico de produtos que têm vendas moderadas – se comparados, por exemplo, com produtos como leite ou pão. À medida que as vendas forem aumentando, passaremos para um sistema mais eficiente, utilizando um intermediário que vende o produto para redes do varejo e atacadistas.

7. Dados e Projeções Financeiras

RECEITAS DE VENDAS ANTERIORES

> Todas as decisões do *mix* de *marketing* abrangidas pelo programa de *marketing* têm efeitos de ganhos e de despesas. Estes são sintetizados nesta seção do plano de *marketing*.

Historicamente, Howlin' Coyote® tem apresentado um aumento constante nas vendas desde sua introdução em 1997. Em 2001, as vendas deram um salto, em grande parte devido a novas estratégias de promoção. As vendas continuaram a crescer, mas com menor impacto. A tendência na receita de vendas aparece na Figura 3.

FIGURA 3 Receita de vendas para a Paradise Kitchens, Inc.

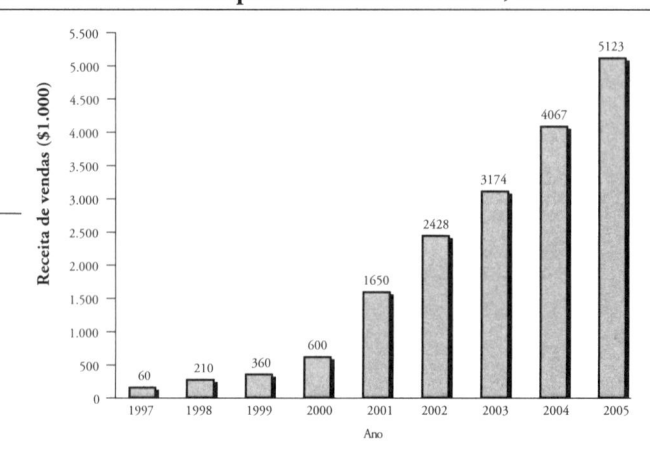

> O gráfico mostra o drástico crescimento nas vendas de forma mais clara do que dados apresentados em tabelas.

Ano	Receita de vendas ($1.000)
1997	60
1998	210
1999	360
2000	600
2001	1650
2002	2428
2003	3174
2004	4067
2005	5123

Como a tabela é bem pequena, aparece incluída no texto, sem receber um número e um título.

A seção de Projeções Financeiras para Cinco Anos começa com a previsão de caixas vendidas e as vendas líquidas resultantes. O lucro bruto e o lucro operacional – fundamentais para a sobrevivência da empresa – são projetados. Um plano real quase sempre contém muitas páginas de projeções em planilhas geradas em computador, geralmente apresentadas em um apêndice.

PROJEÇÕES PARA CINCO ANOS

As projeções financeiras para cinco anos da Paradise Kitchens são apresentadas abaixo:

Elemento Financeiro	Unidades	Real 2006	Projeções				
			Ano 1 2006	Ano 2 2007	Ano 3 2008	Ano 4 2009	Ano 5 2010
Caixas vendidas	1.000	353	684	889	1.249	1.499	1.799
Vendas líquidas	$1.000	5.123	9.913	12.884	18.111	21.733	26.080
Lucro bruto	$1.000	2.545	4.820	6.527	8.831	10.597	12.717
Despesas gerais, administrativas e de vendas	$1.000	2.206	3.835	3.621	6.026	7.231	8.678
Lucro operacional (prejuízo)	$1.000	339	985	2.906	2.805	3.366	4.039

Essas projeções refletem o contínuo crescimento no número de caixas vendidas (com oito pacotes de Howlin' Coyote® em cada uma) e as crescentes economias de escala de produção e distribuição à medida que o volume de vendas aumenta.

> O Plano de Implementação mostra como a empresa transformará os planos em resultados. Gráficos Gantt são freqüentemente usados para estabelecimento de prazos e atribuição de responsabilidades para muitas das decisões táticas de *marketing* necessárias para o ingresso em um novo mercado.

8. Plano de Implementação

A introdução de *chilis* Howlin' Coyote® em 17 novas áreas metropolitanas é uma tarefa complexa e requer o uso de atividades promocionais criativas para gerar sem demora a consciência do consumidor e a experimentação inicial entre as economias domésticas do mercado-alvo identificado anteriormente. O cronograma de expansão, projetado para entrada nos mercados metropolitanos, aparece na Figura 4.

FIGURA 4 Cronograma de Expansão para Entrada em Novos Mercados nos Estados Unidos

Ano	Novos Mercados Acrescentados	Mercados Acumulados	Porcentagem Acumulada do Mercado Americano
Atual (2005)	2	5	16
Ano 1 (2006)	3	8	21
Ano 2 (2007)	4	12	29
Ano 3 (2008)	2	14	37
Ano 4 (2009)	3	17	45
Ano 5 (2010)	3	20	53

As diferentes preferências regionais de *chili* serão monitoradas cuidadosamente para avaliar se pequenas modificações serão necessárias nas receitas. Por exemplo, o que é tido como "picante" em Boston pode não o ser em Dallas. À medida que a expansão para novas áreas metropolitanas continuar, a Paradise Kitchens avaliará as concessões a serem feitas em termos de fabricação e distribuição. Isso é importante para determinar o início de nova produção com empresas empacotadoras regionais de alta qualidade.

9. Avaliação e Controle

> A essência da seção de Avaliação e Controle é comparar as vendas reais com os valores almejados no plano e tomar as medidas apropriadas. Observe que a seção descreve brevemente um plano de contingência para ações alternativas, dependendo do alcance de sucesso da entrada em um novo mercado.

Metas de vendas mensais foram estabelecidas para o *chili* Howlin' Coyote® para cada área metropolitana. A venda real de caixas do produto será comparada com as metas, e programas táticos serão modificados para refletir os conjuntos peculiares de fatores em cada área metropolitana. A velocidade do programa de expansão pode aumentar ou diminuir, dependendo do desempenho da Paradise Kitchens nos sucessivos mercados metropolitanos em que ingressar. De forma semelhante, como descrito na seção sobre o plano de implementação, a Paradise Kitchens pode optar por responder às variações de gosto regional utilizando empresas empacotadoras contratadas, o que reduzirá os custos de transporte e armazenagem, mas exigirá esforços especiais para monitoramento da qualidade de produção.

10. Apêndices

> Vários apêndices podem aparecer no final do plano, dependendo do propósito e do público. Por exemplo, planilhas financeiras detalhadas muitas vezes são apresentadas nos apêndices.

CAPÍTULO 2

Aspectos Financeiros do Gerenciamento de *Marketing*

Os gerentes de *marketing* são responsáveis pelo impacto de suas ações sobre os lucros e o fluxo de caixa. Portanto, precisam ter um conhecimento básico sobre contabilidade e finanças. Este capítulo oferece uma visão geral de vários conceitos que são úteis no gerenciamento de *marketing*: (1) custos variáveis e fixos, (2) custos relevantes e custos irrecuperáveis, (3) margens, (4) análise de contribuição, (5) liquidez, (6) alavancagem operacional, (7) fluxo de caixa descontado e (8) análise do valor de duração do cliente. Além disso, são descritos aspectos a serem considerados na preparação de demonstrativos de resultados.

■ CUSTOS VARIÁVEIS E CUSTOS FIXOS

Os custos de uma organização dividem-se em duas amplas categorias: custos variáveis e custos fixos.

Custos variáveis

Custos variáveis são despesas uniformes por unidade produzida dentro de um período de tempo relevante (geralmente definido como ano orçamentário); contudo, os custos variáveis flutuam em proporção direta ao volume de unidades produzidas. Em outras palavras, à medida que o volume aumenta, os custos variáveis também aumentam.

Os custos variáveis são divididos em duas categorias, uma das quais é o *custo de mercadorias vendidas*. Para um fabricante ou um fornecedor de serviços, o custo de mercadorias vendidas abrange os materiais, o trabalho e as despesas gerais de fabricação aplicadas diretamente à produção. Para um revendedor (atacadista ou varejista), o custo de mercadorias vendidas consiste principalmente do custo do produto. A segunda categoria de custo variável consiste das despesas que não são diretamente ligadas à produção, mas que, ainda assim, variam diretamente com o volume. Exemplos incluem as comissões de vendas, os descontos e as despesas com entrega.

Custos fixos

Custos fixos são despesas que não flutuam com o volume de saída dentro de um período de tempo relevante (o ano orçamentário), mas que se tornam progressivamente menores por unidade de saída à medida que o volume aumenta. O decréscimo no custo fixo por unidade resulta do aumento no número de unidades produzidas sobre as quais os custos fixos são alocados. Observe, porém, que não importa o quanto o volume aumente, o tamanho absoluto dos custos fixos permanece inalterado.

Os custos fixos dividem-se em duas categorias: custos programados e custos comprometidos. Os *custos programados* resultam de tentativas de gerar volume de vendas. *Despesas de marketing geralmente são classificadas como custos programados.* Exemplos incluem propaganda, promoção de vendas e salários de vendedores. Os *custos comprometidos* são aqueles exigidos para manter a organização. Geralmente são gastos não relacionados com *marketing*, tais como aluguel e salários administrativos e burocráticos.

É importante compreender o conceito de custo fixo. Lembre-se de que os custos fixos totais não se alteram durante o ano orçamentário, não importando as mudanças no volume. Uma vez que as despesas fixas para um programa de *marketing* são feitas, permanecem as mesmas se o programa causar ou não mudanças no volume de unidades.

Apesar da clara classificação de custos em variáveis e fixos, conforme sugerido aqui, ela nem sempre é evidente na prática. Muitas vezes, os custos têm um componente fixo e um componente variável. Por exemplo, as despesas de venda freqüentemente possuem um componente fixo (tais como salário) e um componente variável (como as comissões ou gratificações) que nem sempre são evidentes à primeira vista.

■ CUSTOS RELEVANTES E CUSTOS IRRECUPERÁVEIS

Custos relevantes

Custos relevantes são despesas que (1) se espera que ocorram no futuro como resultado de alguma ação de *marketing* e (2) diferem entre alternativas de *marketing* que estão sendo consideradas. Resumindo, os custos relevantes são gastos futuros, peculiares às alternativas de decisão levadas em consideração.

O conceito de custo relevante pode ser mais bem ilustrado por um exemplo. Suponhamos que um gerente pense em adicionar um novo produto ao *mix* de produtos. Os custos relevantes incluem gastos potenciais para fabricação e comercialização do produto, mais custos de salários relativos ao tempo do pessoal de vendas que será destinado ao novo produto em detrimento de outros. Se esse produto adicional não afetar os custos de salário do pessoal de vendas, os salários não serão custos relevantes.

Como regra geral, os custos de oportunidade também são custos relevantes. Os custos de oportunidade são os benefícios não alcançados de uma alternativa que não foi escolhida.

Custos irrecuperáveis

Custos irrecuperáveis são o oposto direto dos custos relevantes. Os custos irrecuperáveis são os gastos passados de uma dada atividade e são tipicamente irrelevantes no todo ou em parte para futuras decisões. Em um contexto de *marketing*, os custos irrecuperáveis incluem gastos anteriores com pesquisa e desenvolvimento (incluindo testes de *marketing*) e a despesa com propaganda no ano anterior. Esses gastos, embora reais, não voltarão a ocorrer no futuro, nem influenciarão futuras despesas. Quando os gerentes de *marketing* tentam incorporar os custos irrecuperáveis em futuras decisões que afetam as novas despesas, freqüentemente são pegos pela *falácia dos custos irrecuperáveis* – isto é, tentam recuperar dinheiro gasto despendendo ainda mais dinheiro no futuro.

■ MARGENS

Um outro conceito útil para gerentes de *marketing* é o de *margem*, que se refere à diferença entre o preço de venda e o "custo" de um produto ou serviço. As margens são expressas em base de volume total ou de unidade individual, em termos de moeda ou de porcentagens. Os três tipos descritos a seguir são: margem bruta, margem-padrão e margem de lucro líquido.

Margem bruta

Margem bruta, ou lucro bruto, é a diferença entre a receita total de vendas e o custo total de mercadorias vendidas, ou, em uma base por unidade, a diferença entre o preço de venda em unidade e o custo unitário de mercadorias vendidas. A margem bruta pode ser expressa em termos de moeda ou como porcentagem.

Margem bruta total	*Quantia em moeda*	*Porcentagem*
Vendas líquidas	$100	100%
Custo de mercadorias vendidas	– 40	– 40
Margem bruta de lucro	$60	60%
Margem bruta por unidade		
Preço de venda em unidade	$1,00	100%
Custo unitário de mercadorias vendidas	– 0,40	– 40
Margem de lucro bruto por unidade	$0,60	60%

A análise de margem bruta é uma ferramenta útil, pois implicitamente inclui preços de venda por unidade de produtos ou serviços, custos unitários e volume em unidades. Um decréscimo na margem é motivo de preocupação imediata para um gerente de *marketing*, uma vez que tal mudança tem impacto direto sobre os lucros, desde que outras despesas permaneçam inalteradas. Mudanças na margem bruta total devem ser examinadas em profundidade para determinar se surgiram devido a flutuações no volume em unidades, mudanças no preço ou custo unitário de mercadorias vendidas ou uma modificação no *mix* de vendas dos produtos ou serviços da empresa.

Margem-padrão

Margem-padrão é a diferença entre preço de vendas em unidade e custo unitário em cada nível de um canal de *marketing* (por exemplo, fabricante → atacadista → varejista). A margem-padrão é freqüentemente referida como *markup* ou *mark-on* pelos membros do canal e é quase sempre expressa em porcentagem.

As margens-padrão são ocasionalmente confusas, já que a porcentagem de margem pode ser computada com base no custo ou no preço de venda. Consideremos o seguinte exemplo. Suponhamos que um varejista compre um item por $10 e o venda por $20 – ou seja, com uma margem de $10. Qual é a porcentagem da margem do varejista?

A margem do varejista como porcentagem do custo é

$$\frac{\$10}{\$10} \times 100 = 100\%$$

A margem do varejista como porcentagem do preço de venda é

$$\frac{\$10}{\$20} \times 100 = 50\%$$

Diferenças nas porcentagens de margem mostram a importância de conhecer a base (custo ou preço de venda) sobre a qual a porcentagem é determinada. *Porcentagens de margem-padrão geralmente são determinadas com base no preço de venda*, mas as práticas variam entre empresas e setores.

As margens-padrão afetam o preço de itens individuais de duas formas. Primeiro, suponhamos que um atacadista compre um item por $2 e tente alcançar uma margem de 30% sobre esse item com base no preço de venda. Qual seria o preço de venda?

$2,00 = 70% do preço de venda

ou

Preço de venda = $2,00 / 0,70 = $2,86

Segundo, suponhamos que um fabricante sugira um preço de varejo de $6 em um item para revenda final ao consumidor. O item será vendido através de varejistas cuja política é vender para obter uma margem de 40% com base no preço de venda. Por qual preço o fabricante deve vender o item para o varejista?

$$\frac{x}{\$6,00} = 40\% \text{ do preço de venda}$$

onde x é a margem do varejista. A resolução de x indica que o varejista deve obter $2,40 por esse item. Portanto, o fabricante deve estabelecer o preço para o varejista em $3,60 ($6,00 − $2,40).

O problema do fabricante de sugerir um preço para revenda final ao consumidor torna-se mais complexo à medida que o número de intermediários entre ele e o consumidor final aumenta. Tal complexidade pode ser ilustrada expandindo-se o exemplo acima para incluir um atacadista entre o fabricante e o varejista. O varejista recebe uma margem de 40% do preço de venda. Se o varejista deve receber $2,40 por unidade, o atacadista deve vender o item por $3,60 a unidade. A fim de que o atacadista receba uma margem de 20%, por qual preço o fabricante deve vender a unidade para o atacadista?

$$\frac{x}{\$36,60} = 20\% \text{ da margem do atacadista sobre o preço de venda}$$

onde x é a margem do atacadista. A resolução de x mostra que a margem do atacadista é de $0,72 para esse item. Portanto, o fabricante deve estabelecer o preço de $2,88 para o atacadista.

Esse exemplo demonstra que um gerente deve retroceder a partir do preço final para o consumidor através do canal de *marketing* para chegar ao preço de venda do produto. Supondo-se que o custo das mercadorias vendidas do fabricante seja de $2, podemos calcular as seguintes margens, que mostram que a margem bruta do fabricante é 30,6%.

	Custo (unitário) de mercadoria vendida	*Preço de venda (unitário)*	*Margem bruta como % do preço de venda*
Fabricante	$2,00	$2,88	30,6%
Atacadista	$2,88	$3,60	20%
Varejista	$3,60	$6,00	40%
Consumidor	$6,00		

Margem de lucro líquido (antes dos impostos)

A última margem a ser considerada é a do lucro líquido antes dos impostos. Essa margem é expressa como valor em moeda ou em porcentagem. A *margem de lucro líquido* é o que sobra depois que o custo de mercadoria vendida, outros custos variáveis e custos fixos são subtraídos da receita de vendas. A apresentação da margem de lucro líquido no demonstrativo de resultados de uma organização é ilustrada a seguir:

	Em moeda	*Em porcentagem*
Vendas líquidas	$100.000	100%
Custo de mercadoria vendida	−30.000	−30
Margem (ou lucro bruto)	$70.000	70%
Despesas de venda	−20.000	−20
Custos fixos	−40.000	−40
Lucro líquido	$10.000	10%

O lucro líquido representa uma fonte importante de fundos para a organização. Como será mostrado posteriormente, o lucro líquido influencia a posição de patrimônio líquido da organização; assim, decididamente afeta a habilidade da organização de pagar seu custo de mercadoria vendida mais suas despesas administrativas e de vendas. Além disso, o lucro líquido afeta a posição de fluxo de caixa da empresa.

■ ANÁLISE DE CONTRIBUIÇÃO

A análise de contribuição é um importante conceito em gerenciamento de *marketing*. *Contribuição* é a diferença entre receita total de vendas e custos variáveis totais, ou, com base em unidade, a diferença entre preço de venda unitário e custo variável unitário. A análise de contribuição é especialmente útil na avaliação de relações entre custos, preços e volumes de produtos e serviços no que diz respeito ao lucro.

Análise do ponto de equilíbrio

A análise do ponto de equilíbrio é uma das aplicações mais simples da análise de contribuição. A *análise de ponto de equilíbrio* identifica o volume de vendas (em unidades ou em moeda) com o qual uma organização nem produz lucro, nem incorre em prejuízo, conforme a equação:

Receita total = custos variáveis totais + custos fixos totais

Como a análise de ponto de equilíbrio identifica o nível de volume de vendas no qual os custos totais (fixos e variáveis) e a receita total são iguais, ela é uma ferramenta valiosa para avaliar as metas de lucros de uma organização e verificar o risco das ações a empreender.

A análise de ponto de equilíbrio exige três tipos de informação: (1) uma estimativa dos custos variáveis por unidade, (2) uma estimativa dos custos fixos totais para produzir e comercializar a unidade de produto ou serviço (observe que somente os custos relevantes se aplicam) e (3) o preço de venda para cada unidade de produto ou serviço.

A fórmula para determinar o número de unidades exigidas para o ponto de equilíbrio é a seguinte:

$$\text{Volume de ponto de equilíbrio (em unidades)} = \frac{\text{custos fixos totais}}{\text{preço de venda unitário} - \text{custo unitário variável}}$$

O denominador, nessa fórmula (preço de venda unitário menos custo variável unitário), é chamado de *contribuição unitária*. A contribuição unitária é a quantia com que cada unidade vendida "contribui" para o pagamento de custos fixos.

Consideremos o seguinte exemplo. Um fabricante planeja vender um produto por $5. Os custos variáveis unitários são de $2, e os custos fixos totais atribuídos ao produto são $30.000. Quantas unidades devem ser vendidas para o ponto de equilíbrio?

$$\text{Custos fixos} = \$30.000$$
$$\text{Contribuição unitária} = \text{preço de venda unitário} - \text{custo variável unitário}$$
$$= \$5 - \$2 = \$3$$
$$\text{Volume de ponto de equilíbrio unitário} = \$30.000 / \$3 = 10.000 \text{ unidades}$$

Esse exemplo mostra que, para cada unidade vendida por $5, $2 são usados para pagar custos variáveis. O saldo de $3 "contribui" para pagar os custos fixos.

Uma questão relacionada é qual deve ser o volume de vendas (em moeda) do fabricante para o ponto de equilíbrio. O gerente precisa somente multiplicar o volume de ponto de equilíbrio unitário pelo preço de venda unitário para determinar o volume de ponto de equilíbrio em moeda: 10.000 unidades × $5 = $50.000.

Um gerente pode calcular o ponto de equilíbrio em moeda diretamente, sem primeiro computar o volume de ponto de equilíbrio em unidades. Primeiro, a *margem de contribuição* deve ser determinada a partir da fórmula:

$$\text{Margem de contribuição} = \frac{\text{preço de venda unitário} - \text{custo variável unitário}}{\text{preço de venda unitário}}$$

Utilizando-se os números de nosso exemplo, encontramos uma margem de contribuição de 60%:

$$\text{Margem de contribuição} = \frac{\$5 - \$2}{\$5} = 60\%$$

Assim, o ponto de equilíbrio em moeda é calculado como segue:

$$\text{Volume de ponto de equilíbrio em moeda} = \frac{\text{custos fixos totais}}{\text{margem de contribuição}} = \frac{\$30.000}{0,60} = \$50.000$$

Em muitos casos, é útil desenvolver uma representação gráfica de uma análise de ponto de equilíbrio. A Figura 2.1 fornece uma solução visual ao problema colocado anteriormente. A linha horizontal em $30.000 representa os custos fixos. A linha inclinada para cima, iniciando em $30.000, representa o custo total, que é igual à soma de custos fixos mais custos variáveis. Essa linha tem uma inclinação de $2 – cada aumento unitário de volume resulta em um aumento de $2 no custo total. A linha inclinada para cima, iniciando em zero, representa a receita e tem uma inclinação de $5 – cada aumento unitário nas vendas produz um aumento de $5 na receita. A distância entre a linha de receita e a linha de custo total representa o lucro (acima do ponto de equilíbrio) ou o prejuízo (abaixo do ponto de equilíbrio).

FIGURA 2.1

Gráfico de análise de ponto de equilíbrio

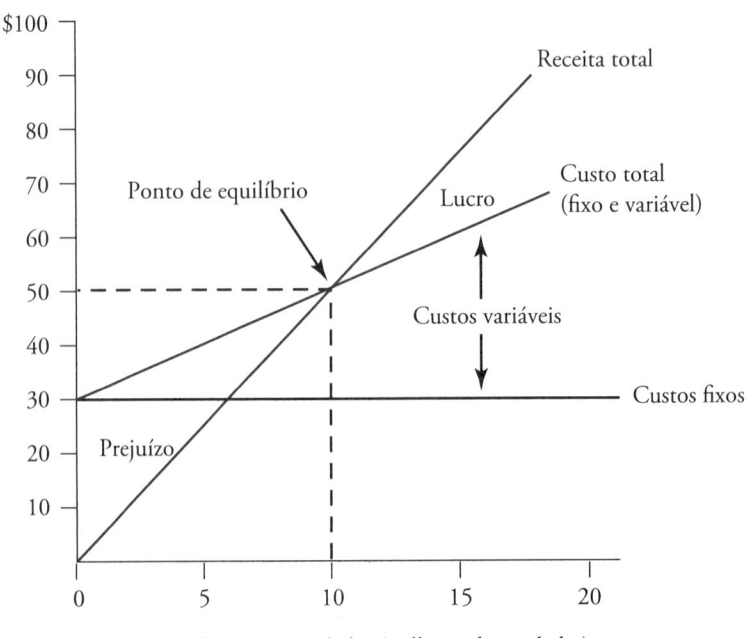

Análise de sensibilidade

A análise de contribuição pode ser aplicada de vários modos diferentes, dependendo das necessidades do gerente. A seguir, mostramos como os pontos de equilíbrio em nosso exemplo podem variar, mudando-se preço, custos variáveis e custos fixos.

1. Qual seria o volume de equilíbrio se os custos fixos aumentassem para $40.000 enquanto o preço de venda e os custos variáveis se mantivessem inalterados?

$$\text{Custos fixos} = \$40.000$$
$$\text{Contribuição por unidade} = \$3$$
$$\text{Volume de equilíbrio em unidades} = \$40.000/\$3 = 13.333 \text{ unidades}$$
$$\text{Volume de equilíbrio em moeda} = \$40.000/0,60 = \$66.667$$

Observe que a diferença entre o volume de equilíbrio em moeda, calculada a partir da margem de contribuição, e o resultado de simplesmente multiplicar o preço de venda unitário pelo volume de equilíbrio por unidade (13.333 × $5 = $66,665) deve-se ao arredondamento.

2. Qual seria o volume de equilíbrio se o preço de venda caísse de $5 para $4 enquanto os custos fixos e variáveis se mantivessem inalterados?

$$\text{Custos fixos} = \$30.000$$
$$\text{Contribuição por unidade} = \$2$$
$$\text{Volume de equilíbrio em unidades} = \$30.000/\$2 = 15.000 \text{ unidades}$$
$$\text{Volume de equilíbrio em moeda} = \$30.000/0,50 = \$60.000$$

3. Finalmente, qual seria o volume de equilíbrio se o custo unitário fixo por unidade fosse reduzido para $1,50, o preço de venda permanecesse em $5 e os custos fixos fossem $30.000?

$$\text{Custos fixos} = \$30.000$$
$$\text{Contribuição por unidade} = \$3,50$$
$$\text{Volume de equilíbrio em unidades} = \$30.000/\$3,50 = 8.571 \text{ unidades}$$
$$\text{Volume de equilíbrio em moeda} = \$30.000/0,70 = \$42.857$$

Análise de contribuição e impacto sobre os lucros

Nenhum gerente se contenta em operar no ponto de equilíbrio. Os lucros são necessários para a continuidade de operação de uma organização. Uma análise modificada de ponto de equilíbrio é usada para incorporar uma meta de lucro.

Para modificar a fórmula de equilíbrio a fim de incorporar uma meta de lucro, precisamos somente considerar a meta de lucro como um custo fixo adicional, como segue:

$$\frac{\text{Volume em unidades para}}{\text{atingir a meta de lucro}} = \frac{\text{custos fixos totais em moeda + meta de lucro em moeda}}{\text{contribuição por unidade}}$$

Suponhamos que uma empresa tenha custos fixos de $200.000 orçados para um produto ou serviço, o preço de venda unitário seja $25 e os custos variáveis unitários sejam de $10. Quantas unidades devem ser vendidas para se atingir uma meta de lucro de $20.000?

$$\text{Custos fixos + meta de lucro} = \$200.000 + \$20.000 = \$220.000$$
$$\text{Contribuição por unidade} = \$25 - \$10 = \$15$$
$$\text{Volume em unidades para atingir a meta de lucro} = \$220.000/\$15$$
$$= \$14.667 \text{ unidades}$$

Muitas empresas especificam sua meta de lucro como porcentagem de vendas, em vez de valores monetários ("nossa meta de lucro é de 20% das vendas"). Esse objetivo pode ser incorporado na fórmula de ponto de equilíbrio subtraindo-se a meta de lucro da contribuição por unidade. Se a meta é alcançar 20% de lucro nas vendas, cada unidade monetária de vendas deve "contribuir" com $0,20 para o lucro. Em nosso exemplo, cada unidade vendida por $25 deve contribuir com $5 para o lucro (0,20 × $25,00). A fórmula de ponto de equilíbrio incorporando um lucro em porcentagem na meta de vendas é a seguinte:

$$\text{Volume em unidades para atingir a meta de lucro} = \frac{\text{custos fixos totais em moeda}}{\text{contribuição por unidade} - \text{meta de lucro por unidade}}$$

O ponto de equilíbrio de volume em unidades para atingir uma meta de lucro de 20% é 20.000 unidades:

$$\text{Custos fixos} = \$200.000$$
$$\text{Contribuição por unidade} - \text{meta de lucro em unidade} = \$25 - \$10 - \$5 = \$10$$
$$\text{Volume em unidades para atingir a meta de lucro} = \$200.000/\$10$$
$$= 20.000 \text{ unidades}$$

Análise de contribuição e abrangência do mercado

Uma importante consideração na análise de contribuição é a relação entre o volume de ponto de equilíbrio (em unidades ou moeda) e o tamanho do mercado. Consideremos a situação em que um gerente faz uma análise de ponto de equilíbrio e encontra o volume para o equilíbrio igual a 50.000 unidades. Esse número só tem significado quando comparado com o tamanho potencial do segmento-alvo de mercado. Se o potencial do mercado é de 100.000 unidades, o produto ou serviço deve captar 50% do mercado-alvo para atingir o ponto de equilíbrio. Uma questão importante a ser resolvida é se tal porcentagem pode ser alcançada. Um gerente pode avaliar a viabilidade de um empreendimento comparando o volume de equilíbrio com o tamanho do mercado e a porcentagem de captação de mercado.

Análise de contribuição e avaliação de desempenho

Uma segunda aplicação da análise de contribuição está na avaliação de desempenho. Por exemplo, um gerente de *marketing* pode desejar examinar o desempenho de produtos. Consideremos uma organização com dois produtos, X e Y. Uma descrição do desempenho financeiro de cada produto é apresentada a seguir:

	Produto X (volume = 10.000)	*Produto Y* (volume = 20.000)	*Total* (volume = 30.000)
Preço unitário	$ 10	$ 3	
Receita de vendas	100.000	60.000	$ 160.000
Custo variável unitário	4	1,50	
Custo variável total	40.000	30.000	70.000
Contribuição unitária	6	1,50	
Contribuição total	60.000	30.000	90.000
Custos fixos	45.000	10.000	55.000
Lucro líquido	$ 15.000	$ 20.000	$ 35.000

O lucro líquido mostra que o Produto Y é mais lucrativo do que o Produto X. No entanto, o Produto X é quatro vezes mais lucrativo do que o Produto Y em contribuição por unidade e gera duas vezes a contribuição em moeda para despesas gerais. A diferença em lucratividade provém da alocação de custos fixos aos produtos. Na avaliação do desempenho, é importante considerar quais produtos contribuem mais para os custos fixos totais da organização ($55.000 nesse exemplo) e, portanto, para o lucro total.

Se o gerente considerasse somente o lucro líquido, a decisão de abandonar o Produto X seria possível. O Produto Y então teria que cobrir os custos fixos totais. Se os custos fixos permanecessem em $55.000 e somente o Produto Y fosse vendido, essa organização teria um *prejuízo líquido* de $25.000, supondo-se que não houvesse alteração no volume do Produto Y.

Avaliação de canibalização

Uma terceira aplicação da análise de contribuição está na avaliação dos efeitos da canibalização. A canibalização é o processo pelo qual um produto ou serviço vendido por uma empresa obtém uma porção de sua receita ao desviar as vendas de um produto ou serviço também oferecido por essa empresa. Por exemplo, as vendas do novo gel dental da Marca X podem ocorrer à custa das vendas do creme dental da Marca X já existente. O problema enfrentado pelo gerente de *marketing* é avaliar o efeito financeiro da canibalização.

Consideremos os seguintes dados:

	Creme dental existente	*Novo gel dental*
Preço de venda unitário	$1,00	$1,10
Custos variáveis unitários	–0,20	–0,40
Contribuição unitária	$0,80	$0,70

O gel dental pode ser vendido a um preço ligeiramente maior devido à sua formulação e sabor, mas os custos variáveis também são mais altos. Assim, o gel tem uma contribuição menor por unidade. Portanto, para cada unidade de gel vendida no lugar de uma unidade de creme dental, a empresa "perde" $0,10. Suponhamos ainda que a empresa esperasse vender um milhão de unidades do novo gel no primeiro ano após sua introdução e que, dessa quantidade, 500.000 unidades fossem desviadas do creme dental, do qual a empresa esperava vender um milhão de unidades. A tarefa do gerente de *marketing* seria determinar como a introdução do novo gel afetaria a contribuição total da Marca X.

Uma abordagem para avaliar o impacto financeiro da canibalização é apresentada a seguir:

1. A Marca X espera perder $0,10 para cada unidade desviada do creme dental para o novo gel.
2. Uma vez que 500.000 unidades do creme dental serão canibalizadas, a contribuição total *perdida* é de $50.000 ($0,10 × 500.000 unidades).
3. Entretanto, o novo gel dental venderá 500.000 unidades adicionais com uma contribuição de $0,70 por unidade, o que significa que $350.000 ($0,70 × 500.000 unidades) serão gerados como contribuição adicional.
4. Portanto, o efeito financeiro líquido é um aumento positivo na contribuição de $300.000 ($350.000 – $50.000).

Uma outra abordagem para avaliar o efeito de canibalização é a seguinte:

1. Esperava-se que somente o creme dental branco vendesse um milhão de unidades com uma contribuição unitária de $0,80. Portanto, a contribuição em moeda sem o gel seria igual a $800.000 ($0,80 × 1.000.000 unidades).
2. Espera-se que só o gel dental venda um milhão de unidades com uma contribuição unitária de $0,70.
3. Dada a taxa de canibalismo igual a 50% (isto é, metade do volume do gel dental é desviada do creme dental branco), a contribuição combinada pode ser calculada como segue:

Produto	Volume em unidades	Contribuição por unidade	$ de contribuição
Creme dental	500.000	$0,80	$400.000
Gel dental:			
Volume canibalizado	500.000	0,70	350.000
Volume acrescentado	500.000	0,70	350.000
Total	1.500.000		$1.100.000
Menos volume original previsto do creme dental	1.000.000	0,80	800.000
Total	+500.000		+$300.000

Ambas as abordagens chegam à mesma conclusão: a Marca X se beneficiará em $300.000 com a introdução do gel dental. O gerente deve usar a abordagem com que se sentir mais à vontade no sentido analítico.

Deve ser enfatizado, no entanto, que o acréscimo de custos fixos associados com propaganda e promoção de vendas ou quaisquer adições ou mudanças na capacidade de fabricação devem ser considerados para completar a análise. Se os custos fixos aproximarem-se de $300.000 ou excederem esse valor, o novo produto deverá ser visto de uma forma bem diferente.

■ LIQUIDEZ

A *liquidez* refere-se à habilidade de uma organização em cumprir suas obrigações financeiras de curto prazo (geralmente dentro de um ano orçamentário). Uma medida importante da posição de liquidez de uma organização é seu patrimônio líquido. *Patrimônio líquido* é o valor em moeda dos *bens atuais* de uma organização (tais como dinheiro, contas a receber, despesas pré-pagas, estoque) *menos* o valor monetário das *obrigações atuais* (tais como contas a pagar de curto prazo relativas a mercadorias e serviços, e imposto de renda).

Um gerente deve estar consciente do impacto das ações de *marketing* sobre o patrimônio líquido. Os gastos de *marketing* precedem o volume de vendas; portanto, as despesas com atividades de *marketing* reduzem os bens atuais. Se as despesas de *marketing* não podem ser cobertas com receita de vendas, as contas a pagar são afetadas. Em cada caso, o patrimônio líquido é reduzido. Em uma perspectiva positiva, a criação de volume de vendas pelo gerente de *marketing*, com os aumentos correspondentes no lucro líquido, contribui para o patrimônio líquido. Como geralmente transcorre algum tempo entre os gastos de *marketing* e o volume de vendas, o gerente deve conhecer as atividades de *marketing* que desnecessariamente esgotam patrimônio líquido e deve avaliar a probabilidade de vendas potenciais, dado um nível específico de gastos.

■ ALAVANCAGEM OPERACIONAL

Um conceito financeiro intimamente próximo à análise de ponto de equilíbrio é a alavancagem operacional. A *alavancagem operacional* refere-se ao ponto até onde os custos fixos e variáveis são utilizados na produção e na comercialização de produtos e serviços. As empresas que têm custos fixos totais altos em relação aos custos variáveis totais são definidas como de alta alavancagem operacional. Exemplos de empresas com alta alavancagem operacional incluem companhias aéreas e fabricantes de máquinas pesadas. Empresas com custos fixos totais baixos em relação aos custos variáveis totais são definidas como de baixa alavancagem operacional. Empresas que tipicamente apresentam baixa alavancagem operacional incluem empreiteiras e distribuidores atacadistas.

Quanto mais alta a alavancagem operacional de uma empresa, mais rápido seus lucros totais aumentam, uma vez que as vendas excedem o volume de equilíbrio. Do mesmo modo, no entanto, essas empresas com alta alavancagem operacional incorrem em perdas mais rapidamente com o volume de vendas abaixo do ponto de equilíbrio.

FIGURA 2.2

Efeito da alavancagem operacional sobre o lucro

	Caso Básico		Aumento de 10% nas vendas		Redução de 10% nas vendas	
	Empresa de alto custo fixo	Empresa de alto custo variável	Empresa de alto custo fixo	Empresa de alto custo variável	Empresa de alto custo fixo	Empresa de alto custo variável
Vendas	$100.000	$100.000	$110.000	$110.000	$90.000	$90.000
Custos variáveis	20.000	80.000	22.000	88.000	18.000	72.000
Custos fixos	80.000	20.000	80.000	20.000	80.000	20.000
Lucro	$0	$0	$8.000	$2.000	($8.000)	($2.000)

A Figura 2.2 ilustra o efeito da alavancagem operacional sobre o lucro. Os casos básicos mostram duas empresas com idênticos volumes de vendas para o equilíbrio. As estruturas de custo das empresas diferem, no entanto, com uma tendo custos fixos altos e custos variáveis baixos e a outra tendo custos fixos baixos e custos variáveis altos. Observe que, quando o volume de vendas aumenta 10%, a empresa com altos custos fixos e baixos custos variáveis alcança um lucro muito maior do que a empresa que tem custos fixos baixos e custos variáveis altos. Quando o volume de vendas declina, porém, acontece o oposto. Ou seja, a empresa com custos fixos altos e custos variáveis baixos incorre em prejuízos mais rapidamente do que a empresa com custos variáveis altos e custos fixos baixos, quando as vendas estão abaixo do ponto de equilíbrio.

A mensagem da alavancagem operacional deve ficar clara a partir desse exemplo. Empresas com alta alavancagem operacional beneficiam-se mais dos ganhos de vendas do que empresas com baixa alavancagem operacional. Ao mesmo tempo, empresas com alta alavancagem operacional são mais sensíveis a declínios no volume de vendas, e as perdas são percebidas mais rapidamente. O conhecimento da estrutura de custos de uma empresa, portanto, será valioso na avaliação de ganhos e perdas em mudanças no volume de vendas originadas pelas atividades de *marketing*.

■ FLUXO DE CAIXA DESCONTADO

Um outro conceito útil da área de finanças é o de fluxo de caixa descontado. O fluxo de caixa descontado incorpora a teoria do valor de tempo do dinheiro ou análise de valor presente. A idéia por trás do valor presente do dinheiro é que uma unidade monetária recebida no ano seguinte não equivale a uma unidade monetária recebida hoje, pois o uso do dinheiro tem um valor relacionado a risco, inflação e custo de oportunidade. Para ilustrar, se $500 podem ser investidos hoje a 10%, $550 serão recebidos um ano depois ($500 + 10% de $500). Em outras palavras, $550 a serem recebidos no ano seguinte têm um valor atual de $500 se 10% podem ser ganhos ($550 / 1,10 = $500). Seguindo essa linha de raciocínio, os resultados estimados de um investimento (por exemplo, um negócio) podem ser definidos como um equivalente em dinheiro no tempo presente (isto é, seu valor atual). *Fluxos de caixa descontados* são fluxos de caixa futuros, expressos em termos de seu valor no presente.

A técnica de fluxo de caixa descontado emprega esse raciocínio, avaliando o valor atual de um *fluxo de caixa* (entradas menos saídas) líquido de um negócio. Uma visão simplificada de fluxo de caixa é o "fluxo de caixa de operações", que é a receita líquida mais custos de depreciação, pois a depreciação é uma despesa que não envolve desembolso de dinheiro, para determinar a renda líquida. O valor presente de um fluxo de caixa é obtido selecionando-se uma taxa de juros ou de descontos em que esses fluxos devem ser valorizados, ou descontados, e o tempo de cada um. A taxa de juros ou de descontos freqüentemente é definida pelo *custo de oportunidade do capital* – o custo das oportunidades de ganhos abandonadas ao investir-se em um negócio com seus conseqüentes riscos, ao invés de investir em negócios sem riscos, tais como ações do Tesouro dos Estados Unidos.

FIGURA 2.3

Aplicação de análise de fluxo de caixa descontado com um fator de desconto de 15%

Ano	Fator de desconto	Negócio A			Negócio B		
		Fluxo de caixa	Fluxo de caixa acumulado	Fluxo de caixa descontado	Fluxo de caixa	Fluxo de caixa acumulado	Fluxo de caixa descontado
0	1,000	($105.000)	($105.000)	($105.000)	($105.000)	($105.000)	($105.000)
1	0,870	25.000	(80.000)	21.750	50.000	(55.000)	43.500
2	0,756	35.000	(45.000)	26.460	55.000	0	41.580
3	0,658	50.000	5.000	32.900	60.000	60.000	39.480
4	0,572	70.000	75.000	40.040	65.000	125.000	37.180
5	0,497	90.000	165.000	44.730	70.000	195.000	34.790
Totais				$60.880			$91.530

Uma aplicação simples da análise de fluxo de caixa descontado ilustra a mecânica envolvida. Suponhamos, por exemplo, que uma empresa está considerando investir $105.000 em uma de duas alternativas de negócio. A empresa prevê os fluxos de caixa de ambos os negócios para os cinco anos seguintes. A taxa de descontos adotada pela empresa é 15%. Dada a taxa de desconto de 15%, o fluxo de caixa quando o investimento é feito é de $105.000 negativos (nenhuma entrada, somente saídas). O fluxo de caixa no primeiro ano para o negócio A é descontado pelo fator $1/(1 + 0,15)^1$, ou $25.000 \times 0,870 = 21.750$. O fluxo de caixa do segundo ano para o negócio A é descontado pelo fator $1/(1 + 0,15)^2$, ou $35.000 \times 0,756 = 26.460$, e assim por diante. A Figura 2.3 mostra a análise completa para os negócios A e B em um planejamento de cinco anos.

Três pontos são de especial interesse. Primeiro, uma série importante de números é o *fluxo de caixa acumulado*. Essa série mostra que os fluxos de caixa acumulados do negócio B são maiores do que os do negócio A. Segundo, o *período de retorno* é de dois anos para o negócio B e de três anos para o negócio A. Em outras palavras, o negócio B recuperará seu investimento antes que o negócio A. Finalmente, os fluxos de caixa descontados incorporando o valor de tempo do dinheiro são claramente indicados. O negócio A produzirá um fluxo de caixa mais alto, porém mais tarde do que o negócio B. Entretanto, o valor presente desses fluxos de caixa, quando descontados, é menor do que o valor dos fluxos de caixa que o negócio B produzirá.

Da perspectiva da tomada de decisão, ambos os negócios produzem um valor presente líquido positivo. Isso é importante, dada a regra de decisão ao interpretar-se o valor presente líquido: um investimento deve ser aceito se o valor presente líquido é positivo e deve ser rejeitado se o valor é negativo. Em qual negócio a empresa deveria investir seu capital? Supondo-se que a empresa deseja criar valor para seus acionistas, a opção pelo valor presente líquido mais alto (negócio B) é a recomendada.

Uma característica importante da análise de valor presente é que os fatores de desconto e o valor descontado são aditivos. Se os fluxos de caixa projetados a partir de um investimento são iguais durante um período de tempo específico, somando-se os fatores de desconto para cada um dos períodos (digamos, três anos) e multiplicando-se esse número pela estimativa de fluxo de caixa anual, teremos o valor presente.

Suponhamos, por exemplo, que uma empresa pode esperar um fluxo de caixa constante de $10 milhões por ano durante três anos e que a taxa de desconto é de 15%. O valor presente desse fluxo de caixa pode ser computado como segue (em milhões de dólares):

$0,870 \times \$10 = \$8,70$
$0,756 \times \$10 = \$7,56$
$\underline{0,658 \times \$10 = \$6,58}$
$2,284 \times \$10 = \$22,84$

Qualquer livro básico sobre finanças aborda o fluxo de caixa descontado com mais detalhes e deve ser consultado para um estudo aprofundado. A aplicação da análise de fluxo de caixa descontado é enganosamente simples. Determinar as taxas de desconto apropriadas e projetar fluxos de caixa futuros não são tarefas fáceis. Estimativas conservadoras e o uso de diversos cenários do tipo "e se" fazem com que a técnica de fluxo de caixa descontado identifique oportunidades de investimento que criam valor para a empresa e seus acionistas.

■ VALOR DE DURAÇÃO DO CLIENTE

Muitos gerentes de *marketing* contemporâneos aplicam a análise do valor presente para identificar as conseqüências financeiras das relações de longo prazo entre uma organização e seus clientes. Isso é feito calculando-se o valor de duração do cliente. O *valor de duração do cliente* (VDC) é o valor atual de futuros fluxos de caixa, advindos do relacionamento com um cliente. Lembremo-nos de que, conforme a discussão anterior sobre análise do valor presente, o valor atual de fluxos de caixa futuros se destina a avaliar, no dia de hoje, o valor total em moeda de fluxos de caixa futuros. O VDC é simplesmente o valor total em moeda de uma relação com um cliente. Uma vez conhecido, o VDC estimado estabelece o limite superior para o quanto a empresa está disposta a pagar para atrair e manter um cliente.

Diversas abordagens são usadas para calcular o VDC. A abordagem aqui descrita inclui as variáveis básicas usadas e suas relações para se chegar ao VDC. O cálculo do VDC exige três informações: (1) margem por período (mês ou ano) por cliente ($M), definida como receita de vendas menos custos variáveis e outras despesas identificáveis em dinheiro necessárias para manter o cliente; (2) a taxa de retenção (r), definida como a probabilidade por período de o cliente ser mantido; e (3) a taxa de juros (j) usada para descontar futuros fluxos de caixa. Uma fórmula para cálculo do VDC, supondo-se uma margem por período constante, uma taxa de retenção por período constante e um horizonte de tempo infinito, pode ser:

$$\text{Valor de Duração do Cliente} = \$M \left[\frac{1}{1+i-r} \right]$$

Essas suposições simplificadoras são feitas para fins expositivos. Fórmulas de VDC mais complexas incorporam margens e taxas de retenção diferentes por período e horizontes de tempo limitados (cinco ou 10 anos). Sua descrição está além do escopo desta discussão. Entretanto, se as margens por período variarem pouco entre períodos, as taxas de retenção por período forem 80% ou menos e a taxa de juros para descontar futuros fluxos de caixa for 20% ou menos, as suposições simplificadoras resultarão em um cálculo de VDC mais próximo do derivado de fórmulas mais complexas.

Para ilustrar o cálculo do VDC, consideremos uma empresa de cartões de crédito. Ela possui um associado com uma margem anual de $2.000. A típica taxa de retenção para associados é 80%. A taxa de juros aplicável para descontar fluxos de caixa futuros é 10%. Portanto, esse associado tem um VDC de $6.666,67:

$$\text{CDC} = \$2.000 \left[\frac{1}{1 + 0{,}10 - 0{,}80} \right] = \$6.666{,}67$$

Se a empresa de cartões de crédito aumenta a taxa de retenção do associado para 90% (o que representa um aumento de 12,5%), então o VDC quase duplica para $10.000,00:

$$\text{VDC} = \$2.000 \left[\frac{1}{1 + 0{,}10 - 0{,}90} \right] = \$10.000{,}00$$

Esse exemplo demonstra o efeito financeiro favorável do aumento da taxa de retenção, ou lealdade, entre clientes lucrativos.

Suponhamos que a empresa de cartões de crédito observe que a atividade dos associados aumenta com o tempo e que a margem cresce a uma razão constante (g) de 6% ao ano. A fórmula do VDC pode ser ligeiramente modificada para incluir essa taxa de crescimento de margem constante:

$$\text{Valor de Duração do Cliente com crescimento de margem constante} = \$M \left[\frac{1}{1+i-r-g} \right]$$

Portanto, para um cliente com uma margem inicial de $2.000 que cresce a uma razão constante de 6% ao ano, uma taxa de retenção de 80% e uma taxa de desconto da empresa de 10%, o VDC é $8.333,33:

$$\text{VDC (crescimento de margem constante)} = \$2.000 \left[\frac{1}{1 + 0{,}10 - 0{,}80 - 0{,}6} \right] = \$8.333{,}33$$

Esse exemplo ilustra o efeito financeiro favorável de aumentar os negócios com um cliente lucrativo.

As atividades de *marketing* desempenham um papel importante em dois dos três determinantes do VDC: (1) margem do cliente, incluindo o crescimento da margem, e (2) a retenção do cliente. Por exemplo, a margem resulta do(s) preço(s) pago(s) pelo(s) produto(s) de uma empresa, bem como da quantidade comprada. As empresas tentam aumentar a margem fazendo vendas cruzadas de ofertas relacionadas para os clientes e aumentando o ticket médio. A retenção obviamente resulta da satisfação do cliente com as ofertas da empresa. Além disso, as empresas com freqüência utilizam programas de lealdade que recompensam os clientes leais por comprarem repetidamente e em quantidades substanciais.

Algumas empresas modificam a fórmula do VDC para incluir o custo de aquisição de um cliente. Nesse caso, o custo de aquisição (CA) é subtraído para que se chegue a um CFV de valor presente líquido conforme mostramos abaixo:

$$\text{Valor de Duração do Cliente incluindo-se o Custo de Aquisição} = \$M \left[\frac{1}{1+i-r} \right] - CA$$

Embora o cálculo do VDC seja direto, sua aplicação exige considerável compreensão das relações de uma empresa com seus clientes. A margem por período e as taxas de retenção podem ser determinadas através de análise dos dados de clientes da empresa ou pelas normas do setor. Contudo, a tarefa é desafiadora. Por exemplo, embora seja fácil de identificar a receita de um cliente, o mapeamento dos gastos com aquisição e retenção de um determinado cliente costuma ser difícil.

■ PREPARAÇÃO DE UM DEMONSTRATIVO DE RESULTADOS

Como os gerentes de *marketing* são responsáveis pelo impacto de suas ações no lucro, eles devem traduzir suas estratégias e táticas em demonstrativos de resultados. Um demonstrativo de resultados apresenta a projeção de receitas, despesas orçadas e lucro líquido estimado para uma organização, produto ou serviço durante um período específico de planejamento, geralmente um ano. Demonstrativos de resultados incluem uma previsão de vendas e uma listagem de custos fixos e variáveis que podem ser programados ou comprometidos.

Demonstrativos de resultados podem ser elaborados de diferentes maneiras e refletem diferentes níveis de especificidade. A Figura 2.4 mostra uma apresentação típica para um demonstrativo de resultados, consistindo de seis categorias principais ou itens de linha:

1. *Vendas* – volume (em unidades) previsto vezes preço unitário de venda.
2. *Custo de mercadorias vendidas* – custos relativos à compra ou produção de produtos e serviços. De forma geral, esses custos são constantes por unidade dentro de certas faixas de volume e variam com o volume total.

FIGURA 2.4

Demonstrativo de resultados para um período de 12 meses, terminando em 31 de dezembro de 2006

Vendas		$1.000.000
Custo de mercadorias vendidas		500.000
Margem bruta		$ 500.000
Despesas de marketing		
Despesas de vendas	$170.000	
Despesas de propaganda	90.000	
Despesas de frete ou entrega	40.000	300.000
Despesas gerais e administrativas		
Salários administrativos	$120.000	
Depreciação de prédios e equipamentos	20.000	
Despesa de juros	5.000	
Impostos e seguro de propriedade	5.000	
Outras despesas administrativas	5.000	155.000
Lucro líquido antes do imposto de renda		$ 45.000

3. *Margem bruta* (também chamada *de lucro bruto*) – representa o saldo após o custo de mercadorias ter sido subtraído das vendas.

4. *Despesas de marketing* – geralmente são despesas programadas, orçadas para produzir vendas. Despesas de propaganda normalmente são fixas. As despesas de vendas podem ser fixas, tais como salários da equipe de vendas, ou variáveis, tais como comissões. Despesas de frete ou entrega são tipicamente constantes por unidade e variam com o volume total.

5. *Despesas gerais e administrativas* – geralmente, custos fixos comprometidos para o período de planejamento, os quais não podem ser evitados, para que a organização opere. Esses custos são freqüentemente chamados de despesas gerais.

6. *Renda líquida antes de imposto de renda* (freqüentemente chamada de *lucro líquido antes de impostos*) – o saldo depois que todos os custos são subtraídos das vendas.

Um demonstrativo de resultados reflete as expectativas de vendas de um gerente de *marketing*, a partir de certos dados (custos). Isso significa que, ao preparar um demonstrativo de resultados, o gerente deve pensar especificamente sobre a resposta do cliente a estratégias e táticas e focar a atenção nos objetivos financeiros de lucratividade e crescimento da organização.

■ RESUMO

Este capítulo oferece um panorama de conceitos básicos de contabilidade e finanças. É necessário ter cautela, no entanto. A análise financeira de ações de *marketing* é um critério necessário, mas insuficiente, para justificar programas de *marketing*. Uma análise cuidadosa de outras variáveis que influenciam a decisão é exigida. Assim, o discernimento faz parte desse quadro. Os "números" servem somente para complementar habilidades gerais de análise de *marketing* e não são um fim em si mesmos. A esse respeito, seria recomendável considerarmos algumas palavras de Albert Einstein: "nem tudo que conta pode ser contado, e nem tudo que pode ser contado conta".

EXERCÍCIOS

1. Executivos do Studio Recordings, Inc. produziram o último CD da Starshine Sisters Band, intitulado *Sunshine/Moonshine*. As informações de custos relativas ao novo CD são:

Embalagem e disco (matéria-prima e mão-de-obra)	$1,25/CD
Royalties dos compositores	$0,35/CD
Royalties dos músicos	$1,00/CD
Propaganda e promoção	$275.000
Despesas gerais do Studio Recordings, Inc.	$250.000
Preço de venda para o distribuidor	$9,00

   Calcule o seguinte:
   - **a.** Contribuição por unidade.
   - **b.** Volume de equilíbrio em unidades e em moeda.
   - **c.** Lucro líquido se um milhão de CDs forem vendidos.
   - **d.** Volume unitário necessário para alcançar lucro de $200.000.

2. A Video Concepts, Inc. (VCI) comercializa filmes e equipamentos de vídeo através de uma variedade de lojas de varejo. Atualmente, a VCI está envolvida na decisão de obter ou não os direitos de distribuição de um filme ainda não lançado, intitulado *Touch of Orange*. Se esse filme for distribuído diretamente pela VCI aos grandes varejistas, o investimento da empresa no projeto será de $150.000. A VCI estima que o mercado total para o filme seja de 100.000 unidades. Outros dados disponíveis são os seguintes:

Custo dos direitos de distribuição do filme	$125.000
Design do rótulo	5.000
Design da embalagem	10.000
Propaganda	35.000
Reprodução de cópias (por 1.000)	4.000
Fabricação de rótulos e embalagens (por 1.000)	500
Royalties (por 1.000)	500

   O preço de varejo sugerido pela VCI pelo filme é $20 a unidade. A margem do varejista é 40%.
   - **a.** Qual é a contribuição unitária e a margem de contribuição da VCI?
   - **b.** Qual é o ponto de equilíbrio em unidades? E em moeda?
   - **c.** Que fatia do mercado o filme teria que conseguir para obter 20% de retorno do investimento da VCI no primeiro ano?

3. O gerente de produto do grupo de pomadas da American Therapeutic Corporation estava revisando alternativas de preços e de promoção para dois produtos: Rash-Away e Red-Away. Ambos os produtos foram criados para reduzir irritações da pele, mas o Red-Away é mais um tratamento cosmético, enquanto que o Rash-Away também inclui um composto que elimina irritações.

   As alternativas de preços e de promoção recomendadas para os dois produtos pelos seus respectivos gerentes de marca incluíam a possibilidade de usar promoção adicional ou uma redução de preço para estimular o volume de vendas. Um resumo dos dados de volume, preço e custo para os dois produtos é apresentado abaixo:

	Rash-Away	*Red-Away*
Preço unitário	$2,00	$1,00
Custos variáveis unitários	1,40	0,25

Contribuição unitária	$0,60	$0,75
Volume em unidades	1.000.000 unidades	1.500.000 unidades

Ambos os gerentes de marca incluíram uma recomendação para reduzir o preço em 10% ou investir mais $150.000 em propaganda.

a. Qual será o aumento absoluto em vendas em unidades e em moeda necessário para pagar o acréscimo nos gastos com propaganda para o Rash-Away? E para o Red-Away?

b. Quantas unidades monetárias em vendas adicionais (em dólares) devem ser produzidas para cobrir cada unidade monetária adicional de propaganda para o Rash-Away? E para o Red-Away?

c. Qual será o aumento absoluto em vendas, em unidades e em moeda, se o preço de cada produto for reduzido em 10%?

4. Depois de gastar $300.000 em pesquisa e desenvolvimento, químicos da Diversified Citrus Industries desenvolveram uma nova bebida para o café da manhã. A bebida, chamada Zap, fornecerá ao consumidor duas vezes a quantidade de vitamina C atualmente disponível em bebidas matinais. Zap será acondicionado em uma lata de 240g e será introduzido no mercado de bebidas para o café da manhã, estimado no país em 21 milhões de latas de 240g.

Uma grande preocupação administrativa é a falta de recursos disponíveis para o *marketing*. Desse modo, a administração decidiu usar o jornal (em vez da televisão) para promover Zap no ano de sua introdução e distribuí-lo nas principais áreas metropolitanas, que são responsáveis por 65% do volume de bebidas para o café da manhã no país. A propaganda no jornal oferecerá um cupom que dará ao consumidor 20 centavos de desconto na primeira lata comprada. O varejista receberá a margem regular e será reembolsado pelos cupons pela Diversified Citrus Industries. A experiência passada indica que, para cada cinco latas vendidas durante o ano de introdução, um cupom será retornado. O custo da campanha no jornal (excluindo os retornos de cupons) será de $250.000. Outros custos fixos em despesas gerais deverão chegar a $90.000 por ano.

A administração decidiu que o preço sugerido para venda ao consumidor, para a lata de 240g, seja $0,50. Os custos variáveis unitários para o produto são $0,18 para materiais e $0,06 para a mão-de-obra. A empresa pretende dar aos varejistas uma margem de 20% do preço sugerido para o varejo e aos atacadistas uma margem de 10% do custo do item para o varejo.

a. Por qual preço a Diversified Citrus Industries venderá seu produto aos atacadistas?

b. Qual é a contribuição por unidade de Zap?

c. Qual é o volume de equilíbrio em unidades no primeiro ano?

d. Qual é a fatia de mercado para atingir o ponto de equilíbrio no primeiro ano?

5. A Video Concepts, Inc. (VCI) fabrica uma linha de aparelhos de DVDs que são distribuídos para grandes varejistas. A linha consiste de três modelos de DVDs. Os seguintes dados referem-se a cada um dos modelos:

Modelo	*Preço de venda por unidade*	*Custo variável por unidade*	*Demanda/Ano (unidades)*
Modelo LX1	$175	$100	2.000
Modelo LX2	250	125	1.000
Modelo LX3	300	140	500

A VCI está considerando a adição de um quarto modelo à sua linha de DVDs. Esse modelo seria vendido aos varejistas por $375. O custo variável dessa unidade é $225. A demanda pelo novo Modelo LX4 está estimada em 300 unidades por ano. Espera-se que 60% das vendas em unidades do novo modelo provenham de outros modelos que já estão sendo fabricados pela VCI (10% do Modelo LX1, 30% do Modelo LX2 e 60% do Modelo LX3). A VCI terá um custo fixo de $20.000 para adicionar o novo modelo à linha. Com base nesses dados, a VCI deve adicionar o novo Modelo LX4 à sua linha de DVD's? Por quê?

6. Max Leonard, vice-presidente de *marketing* da Disk Computer, Inc., deve decidir se introduz ou não uma versão de preço médio na linha de computadores pessoais DC6900 da empresa – o DC6900-X. O DC6900-X seria vendido por $3.900, com custos unitários variáveis de $1.800. Projeções feitas por uma empresa independente de pesquisa de *marketing* indicam que o DC6900-X alcançaria um volume de vendas de 500.000 unidades no ano seguinte, seu primeiro ano de comercialização. Metade do volume do primeiro ano viria dos computadores pessoais dos concorrentes e do crescimento do mercado. Entretanto, um estudo de pesquisa junto a consumidores indica que 30% do volume de vendas do DC6900-X viria do computador pessoal DC6900-Omega, de preço mais elevado, vendido por $5.900 (com custos variáveis unitários de $2.200). Outros 20% do volume de vendas do DC6900-X viriam do computador pessoal DC6900-Alpha, de preço econômico, vendido por $2.500 (com custos variáveis unitários de $1.200). Espera-se que o volume do DC6900-Omega seja de 400.000 unidades no ano seguinte e que o do DC6900-Alpha seja de 600.000 unidades. Os custos fixos de lançamento do DC6900-X foram previstos em $2.000.000 durante o primeiro ano de comercialização. Max Leonard deve acrescentar o modelo DC6900-X à linha de computadores pessoais? Por quê?

7. Uma empresa de nutrição para esportistas está examinando se uma nova bebida para praticantes de esportes de alto desempenho deve ser acrescentada à sua linha de produtos. Uma análise preliminar de viabilidade indicou que a empresa precisaria investir $17,5 milhões em uma nova instalação fabril para produzir e embalar o produto. Uma análise financeira utilizando dados de vendas e custos fornecidos pelo pessoal de produção e *marketing* indicou que o fluxo de caixa líquido (entradas menos saídas) seria de $6,1 milhões no primeiro ano de comercialização, $7,4 milhões no ano 2, $7 milhões no ano 3 e $5,5 milhões no ano 4.

    Altos executivos da empresa estavam indecisos quanto a ir adiante com o desenvolvimento do novo produto. Os executivos solicitaram que fosse feita uma análise de fluxo de caixa descontado, utilizando-se duas taxas de desconto diferentes: 20% e 15%.

    a. A empresa deve prosseguir com o desenvolvimento do produto se a taxa de desconto for 20%? Por quê?

    b. A decisão de prosseguir com o desenvolvimento do produto muda se a taxa de desconto for 15%? Por quê?

8. A Net-4-You é um Provedor de Serviços de Internet que cobra $19,95 por mês de seus clientes por seus serviços. Os custos variáveis da empresa são de $0,50 por cliente por mês. Além disso, a empresa gasta $ 0,50 por mês por cliente, ou seis milhões de dólares anuais, em um programa de lealdade com objetivo de reter os clientes. Como resultado, a taxa mensal de retenção de clientes da empresa é de 78,8%. A Net-4-You tem uma taxa de desconto mensal de 1%.

    a. Qual é o valor de duração do cliente?

    b. Suponhamos que empresa quisesse aumentar a taxa de retenção mensal dos clientes e decidisse gastar mais $0,20 por mês por cliente para melhorar os benefícios do programa de lealdade. Em quanto a Net-4-You deve aumentar sua taxa mensal de retenção de cliente para reduzir o valor de duração do cliente, resultante de uma margem de cliente mais baixa?

9. O processo de planejamento anual na Century Office Systems, Inc. havia sido árduo, mas produzira uma série de importantes iniciativas de *marketing* para o ano seguinte. O que era mais notável é que os executivos da empresa tinham decidido reestruturar sua equipe de *marketing* de produtos, dividindo-a em dois grupos: (1) Corporate Office Systems e (2) Home Office Systems. Angela Blake ficou responsável pelo grupo Home Office Systems, que comercializaria *hardware* e *software* de processamento de textos para uso doméstico e em escritórios residenciais (*home-offices*). Seu plano de *marketing*, que incluía uma previsão de vendas para o ano seguinte na ordem de $25 milhões, resultou de uma detalhada análise de mercado e negociações com indivíduos dentro e fora da empresa. Discussões com o diretor de vendas indicaram que 40% da equipe de vendas da empresa seriam dedicados à venda dos produtos do grupo Home Office Systems. Os representantes de vendas receberiam uma comissão de 15% das vendas de sistemas residenciais. Sob a nova estrutura organizacional, o grupo Home Office Systems seria encarregado de 40% dos gastos orçados da equipe de vendas. O orçamento do diretor de vendas para salários e benefícios adicionais da equipe de vendas e custos de venda não relacionados com comissões para ambos os grupos era de $7,5 milhões.

O orçamento de propaganda e promoção continha três elementos: propaganda em revista comercial, propaganda em jornal cooperativo de negociantes da Century Office Systems, Inc. e materiais de promoção de vendas, que incluíam brochuras, manuais técnicos, catálogos e *displays* em pontos de venda. Os anúncios nas revistas comerciais e os materiais de promoção de vendas deveriam ser desenvolvidos pela agência de propaganda e relações públicas da empresa. Os custos de produção e de colocação na mídia estavam orçados em $300.000. A propaganda cooperativa no jornal e no rádio tinha custos de produção orçados em $100.000. A política de alocação de propaganda cooperativa da Century Office Systems, Inc. estabelecia que a empresa alocaria 5% das vendas para os distribuidores promoverem seus sistemas de escritório. Os distribuidores sempre usaram na totalidade seus recursos de propaganda cooperativa.

Reuniões com as equipes de fabricação e de operações indicaram que os custos diretos de material e mão-de-obra e despesas diretas de fabricação para produzir a linha de produtos Home Office Systems representavam 50% das vendas. O departamento financeiro destinaria $600.000 em despesa direta de fabricação (por exemplo, depreciação, manutenção) para a linha de produtos e $300.000 para despesas administrativas (burocracia, telefone, espaço de escritório, etc.). O frete para a linha de produtos representaria uma média de 8% das vendas.

A equipe de Blake consistia de dois gerentes de produtos e um assistente de *marketing*. Salários e benefícios adicionais para Blake e sua equipe perfaziam $250.000 por ano.

   a. Prepare um demonstrativo de resultados para o grupo Home Office Systems a partir das informações fornecidas.

   b. Prepare um demonstrativo de resultados para o grupo Home Office Systems a partir de vendas anuais de somente $20 milhões.

   c. Em qual nível de venda (em valor) o grupo Home Office Systems estará em ponto de equilíbrio?

CAPÍTULO 3

Tomada de Decisão em *Marketing* e Análise de Casos

A habilidade para tomar decisões é um pré-requisito para um gerente de *marketing* eficiente. De fato, Herbert Simon, ganhador do prêmio Nobel, via a administração e a tomada de decisão como sendo a mesma coisa.[1] Um outro teórico da administração, Peter Drucker, diz que a carga da tomada de decisão pode ser aliviada e que as melhores decisões surgem quando um administrador reconhece que "a tomada de decisão é um processo racional e sistemático cuja organização é uma seqüência definida de passos, cada um deles, por sua vez, sendo também racional e sistemático".[2]

Um objetivo deste capítulo é introduzir um processo sistemático para a tomada de decisão; outro é apresentar considerações básicas em análise de casos. Assim como a tomada de decisão e a administração podem ser vistas como sendo idênticas em termos de escopo, também o processo de decisão e a análise de caso seguem o mesmo percurso. Por essa razão, muitas empresas de hoje utilizam estudos de casos ao entrevistarem um candidato para avaliar sua habilidade em tomar decisões. As empresas descobriram que a abordagem do caso tomada pelo candidato demonstra seu pensamento estratégico, sua habilidade e discernimento analítico e uma série de habilidades de comunicação, incluindo a capacidade de ouvir, questionar e lidar com o confronto.[3]

■ O PROCESSO DE TOMADA DE DECISÃO

Embora não exista uma fórmula simples que possa garantir sempre uma solução correta para todos os problemas, o uso de um processo sistemático na tomada de decisões pode aumentar a probabilidade de se chegar a soluções melhores.[4] O processo de tomada de decisão descrito aqui é chamado de DECIDA:[5]

Definir o problema.
Enumerar os fatores de decisão.
Considerar informações relevantes.
Identificar a melhor alternativa.
Desenvolver um plano para implementar a alternativa escolhida.
Avaliar a decisão e o processo de decisão.

A seguir, apresentamos a definição e uma discussão de cada um desses passos.

Definir o problema

O filósofo John Dewey observou que "um problema bem definido já está em parte resolvido". O que essa afirmação significa em um ambiente de *marketing* é que um problema bem definido delineia a estrutura da qual uma solução pode derivar. Essa estrutura inclui os *objetivos* do responsável pela decisão, o reconhecimento de *restrições* e uma *medida de sucesso*, ou meta, claramente articulada para avaliar o progresso em direção à solução do problema.

Consideremos a situação enfrentada pela El Nacho Foods, que comercializa comidas mexicanas. A empresa havia posicionado sua linha de comidas mexicanas como uma marca de alta qualidade e tinha usado a propaganda de maneira eficaz para transmitir essa mensagem. Logo após a introdução dos pratos congelados da empresa, dois de seus concorrentes começaram a diminuir o preço de seus alimentos congelados. A empresa perdeu participação no mercado e vendas em função dessa redução de preços; essa perda levou a reduções da contribuição de valores disponíveis para propaganda e promoção de vendas. Como o problema poderia ser definido nessa situação? Uma definição do problema leva à pergunta: "devemos reduzir nosso preço?" Uma definição bem melhor do problema leva-nos a perguntar: "como podemos manter nossa imagem de qualidade (objetivo) e reconquistar a fatia de mercado perdida (medida de sucesso), dada a limitação de fundos para propaganda e promoção de vendas (restrição)?"

A primeira definição do problema pede uma resposta para uma questão imediata que a empresa está enfrentando. Ela não articula as considerações mais amplas e mais importantes do posicionamento competitivo. Desse modo, a definição do problema falha em captar o significado da questão levantada. A segunda definição oferece uma perspectiva mais ampla sobre a questão imediata e possibilita ao gerente maior latitude na busca de soluções.

Em um estudo de caso, a análise freqüentemente tem alternativas de ação a serem consideradas. A abordagem restrita na análise de casos é simplesmente comparar essas diferentes opções. Tal abordagem muitas vezes leva à seleção da alternativa A ou B sem considerar o significado da escolha no contexto mais amplo da situação que a empresa ou o responsável pela decisão estão enfrentando.

Enumerar os fatores de decisão

Dois grupos de fatores de decisão devem ser enumerados no processo de tomada de decisão: (1) *linhas de ação alternativas* e (2) *incertezas* no ambiente competitivo. As linhas de ação alternativas são fatores de decisão controláveis porque o responsável pela decisão tem total domínio sobre eles. As alternativas geralmente são estratégias de produto-mercado ou mudanças nos diversos elementos do *mix* de *marketing* da organização (descrito no Capítulo 1). As incertezas, por outro lado, são fatores incontroláveis que o administrador não consegue influenciar. Em um contexto de *marketing*, elas freqüentemente incluem as ações de concorrentes, a dimensão do mercado e a resposta do comprador à ação de *marketing*. Muitas vezes se fazem suposições a respeito desses fatores. Tais suposições precisam ser expressas, especialmente se vão influenciar a avaliação das linhas de ação alternativas.

A experiência da Cluett Peabody and Company, fabricante das camisas Arrow, ilustra como a combinação de uma ação com incertezas pode ser desastrosa. A Arrow desviou-se de sua prática normal de vender camisas masculinas clássicas para oferecer uma linha com cores mais vivas, padrões mais diversificados e preços mais altos (ação). A empresa logo percebeu que o gosto masculino havia mudado para estilos mais conservadores (incertezas ambientais). O resultado? A empresa arcou com um prejuízo de 4,5 milhões de dólares. De acordo com o presidente da empresa: "Tentamos ser diferentes e não observamos bem o mercado".[6]

A análise de caso oferece uma oportunidade de relacionar alternativas com incertezas, e esses fatores *devem* ser relacionados para que a decisão seja eficaz. Nenhum dos resultados esperados, sejam eles financeiros ou outros, de uma determinada linha de ação pode ser realisticamente considerado fora do ambiente em que se apresenta.

Considerar informações relevantes

O terceiro passo no processo de tomada de decisão é a consideração de informações relevantes. As *informações relevantes*, assim como os custos, discutidos no Capítulo 2, são aquelas que se relacionam com as alternativas identificadas pelo gerente como capazes de afetar eventos futuros. Mais especificamente, as informações relevantes podem incluir características do setor ou do ambiente competitivo, características da organização (tais como seus pontos fortes e sua posição) e características das próprias alternativas.

A identificação de informações relevantes é difícil tanto para o gerente quanto para o analista de casos. Quase sempre há uma abundância de fatos, números e pontos de vista presentes na situação de tomada de decisão. Na verdade, costuma-se dizer que "os administradores e líderes realmente bem-sucedidos do século [XXI] (...) não serão caracterizados pelo modo como conseguem acessar informações, mas, sim, pela forma como conseguem acessar as informações mais relevantes e diferenciá-las da enorme massa de informações irrelevantes".[7] A determinação do que interessa e do que não interessa é uma habilidade que se desenvolve melhor com a experiência. Analisar muitos casos diferentes é um modo de desenvolver tal habilidade.

É necessário que prestemos atenção em duas coisas. Primeiro, o analista de casos deve resistir à tentação de considerar *tudo* em um caso como sendo "fatos". Muitos casos, incluindo situações de *marketing* reais, apresentam dados conflitantes. Parte da tarefa em qualquer análise de caso é exercitar o discernimento ao avaliar a validade dos dados apresentados. Segundo, em muitas situações, as informações relevantes devem ser criadas. Um exemplo de criação de informações relevantes é a combinação de vários dados, como no cálculo de um ponto de equilíbrio.

Deve estar claro, a esta altura, que, embora a consideração de informações relevantes seja o terceiro passo no processo de tomada de decisão, essas informações também afetarão os dois passos anteriores. À medida que o administrador ou o analista de casos se envolve mais profundamente na consideração e avaliação das informações, a definição do problema pode ser modificada ou podem mudar os fatores de decisão.

Com a conclusão dos três primeiros passos, o gerente ou analista de casos completa uma *análise de situação*. A análise de situação deve produzir uma resposta à questão sinóptica: "onde estamos agora?" (questões específicas relativas à análise de situação podem ser encontradas na Figura 3.4., na página 70)

Identificar a melhor alternativa

A identificação da melhor alternativa é o quarto passo no processo de decisão. A seleção de uma linha de ação não é simplesmente uma questão de escolher a Alternativa A dentre outras opções, mas, sim, de avaliar as alternativas identificadas e as incertezas evidentes na situação do problema.

Uma estrutura para identificar a melhor alternativa é a *análise de decisão*, que foi apresentada no Capítulo 1. Em sua forma mais simples, a análise de decisão combina cada alternativa identificada pelo gerente com as incertezas existentes no ambiente e atribui um valor quantitativo para o resultado associado com cada combinação. Os gerentes implicitamente usam uma árvore de decisão e uma tabela de compensações para descrever a relação entre alternativas, incertezas e resultados potenciais. O uso da análise de decisão e a aplicação de árvores de decisão e de tabelas de compensação podem ser ilustrados voltando-se à situação enfrentada pela El Nacho Foods.

Suponhamos que, na conclusão do passo 2 no processo DECIDA (isto é, enumerar os fatores de decisão), os executivos da El Nacho identificassem duas alternativas: (1) reduzir o preço de pratos congelados ou (2) manter o preço. Eles também teriam reconhecido duas incertezas: (1) os concorrentes poderiam manter o preço mais baixo ou (2) os concorrentes poderiam reduzir os preços ainda mais. Suponhamos ainda que, na conclusão do terceiro passo no processo DECIDA (considerar informações relevantes), os executivos da El Nacho examinassem as mudanças na participação de mercado e no volume de vendas que seriam geradas pelas ações sobre os preços. Eles também teriam calculado a contribuição por unidade de pratos congelados para cada alternativa em cada resposta da concorrência. Teriam realizado uma análise de contribuição, pois o problema estava definido em

FIGURA 3.1

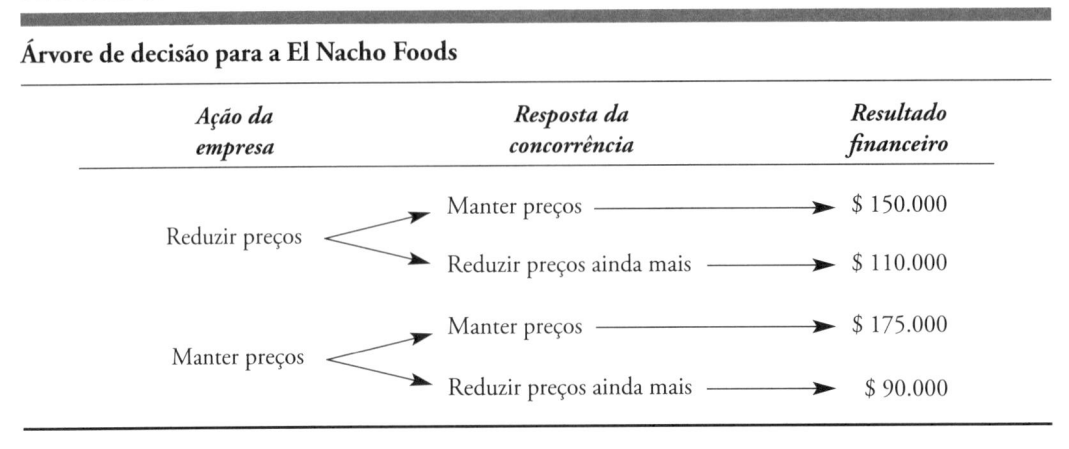

Árvore de decisão para a El Nacho Foods

Ação da empresa	Resposta da concorrência	Resultado financeiro
Reduzir preços	Manter preços	$ 150.000
	Reduzir preços ainda mais	$ 110.000
Manter preços	Manter preços	$ 175.000
	Reduzir preços ainda mais	$ 90.000

termos de contribuição para publicidade e promoção de vendas no Passo 1 do processo DECIDA (definir o problema).

Das duas alternativas, das duas respostas da concorrência e de uma contribuição calculada por unidade para cada combinação, eles identificaram quatro resultados financeiros. Eles são mostrados na árvore de decisão ilustrada na Figura 3.1.

A partir da árvore de decisão, pode-se ver que a maior contribuição será gerada se a El Nacho mantiver os preços das refeições congeladas *e* se os concorrentes mantiverem seus preços mais baixos. No entanto, se a El Nacho continuar com seus preços e os concorrentes reduzirem os seus ainda mais, isso dará origem à menor contribuição entre os quatro resultados identificados. A escolha de uma alternativa obviamente depende da probabilidade de ocorrência de incertezas no ambiente.

Uma *tabela de compensações* é uma ferramenta útil para mostrar as alternativas, incertezas e resultados com que uma empresa se vê confrontada. Além disso, uma tabela de compensações inclui outra dimensão – a determinação subjetiva da administração quanto à probabilidade de ocorrência de uma incerteza. Suponhamos, por exemplo, que a administração da El Nacho acredite que os concorrentes também estejam operando com pequenas margens de contribuição; desse modo, há maior probabilidade de manterem o preço menor, independentemente do que a El Nacho fizer. A administração também acredita que haja uma chance de 10% de os concorrentes reduzirem os preços ainda mais.[8] Como somente duas incertezas foram identificadas, a probabilidade subjetiva de os concorrentes manterem seus preços é de 90% (observe que as probabilidades atribuídas às incertezas devem totalizar 1,0 ou 100%). De acordo com essas probabilidades, a tabela de compensações para a El Nacho Foods é apresentada na Figura 3.2.

A tabela de compensações permite que o gerente ou analista de casos calcule o "valor monetário esperado" (VME) para cada alternativa. O valor monetário esperado é calculado multiplicando-se o resultado de cada incerteza por sua probabilidade de ocorrência e, então, totalizando-se as incertezas

FIGURA 3.2

Tabela de compensação para a El Nacho Foods

		Incertezas	
		Concorrentes mantêm preços (Probabilidade = 0,9)	*Concorrentes reduzem preços (Probabilidade = 0,1)*
Alternativas	*Reduzir preços*	$150.000	$110.000
	Manter preços	$175.000	$90.000

para cada alternativa. O valor monetário esperado de uma alternativa pode ser visto como o valor que seria obtido se o gerente tivesse que escolher a mesma alternativa muitas vezes sob as mesmas condições.

O valor monetário esperado da alternativa de redução de preços é igual à probabilidade de que os concorrentes mantenham os preços, multiplicada pela contribuição financeira se os concorrentes mantiverem os preços, mais a probabilidade de que os concorrentes reduzam os preços ainda mais, multiplicada pela contribuição financeira se os concorrentes reduzirem mais ainda os seus preços. O cálculo é

$$(0,9)(\$150.000) + (0,1)(\$110.000) = \$135.000 + \$11.000 = \$146.000$$

O valor monetário esperado da manutenção dos preços é

$$(0,9)(\$175.000) + (0,1)(\$90.000) = \$157.500 + \$9.000 = \$166.500$$

A maior contribuição média de 166.500 dólares para manutenção dos preços indica que a administração da El Nacho deveria manter seus preços. A contribuição é maior porque se espera que os concorrentes mantenham seus preços em nove dentre dez vezes. Sob as mesmas condições (mesmos resultados, mesmas estimativas de probabilidade), a El Nacho atingiria uma contribuição média de 146.000 dólares se a alternativa de redução de preços fosse escolhida. Uma administração racional, portanto, selecionaria a alternativa de manutenção dos preços.

A familiaridade com a análise de decisão é importante por quatro razões. Primeiro, a análise de decisão é uma ferramenta fundamental para considerar situações do tipo "e se". Organizando alternativas, incertezas e resultados dessa maneira, um gerente ou analista de casos torna-se sensível aos processos dinâmicos presentes em um ambiente competitivo. Segundo, a análise de decisão força o analista de casos a quantificar resultados associados com ações específicas. Terceiro, a análise de decisão é útil em uma variedade de ambientes. Por exemplo, a Warner-Lambert Canada, Ltd. aplicou a análise de decisão para fabricar e distribuir pastilhas Listerine para a garganta no Canadá; a Ford Motor Company utilizou a análise de decisão para ver se produziria seus próprios pneus; e a Pillsbury empregou-a para determinar se um determinado produto deveria mudar da embalagem em caixas para pacotes.[9] Quarto, uma extensão da análise de decisão pode ser usada para determinar o valor das informações "perfeitas".

FIGURA 3.3

Análise de decisão e valor das informações

		Incertezas da tabela de compensação	
		Concorrentes mantêm preços (Probabilidade = 0,9)	*Concorrentes reduzem preços (Probabilidade = 0,1)*
Alternativas	A_1: Reduzir preços	$150.000	$110.000
	A_2: Manter preços	$175.000	$90.000

Cálculo do Valor Monetário Esperado (VME):

$VME_{A1} = 0,9 (\$150.000) + 0,1 (\$110.000) = \$146.000$

$VME_{A2} = 0,9 (\$175.000) + 0,1 (\$90.000) = \$166.500$

Cálculo do Valor Monetário Esperado de Informações Perfeitas (VMEIP):

$VME_{certeza} = 0,9 (\$175.000) + 0,1 (\$110.000) = \$168.500$

$VMEIP = VME_{certeza} - VME_{melhor\ alternativa}$

$VMEIP = \$168.500 - \$166.500 = \$2.000$

A Figura 3.3 mostra como o valor monetário esperado de informações "perfeitas" (VMEIP – *expected monetary value of "perfect" information*, ou VMEIP em português) pode ser calculado utilizando-se o exemplo da El Nacho Foods. Falando de maneira simples, o VMEIP é a diferença entre o que a El Nacho alcançaria em contribuição (em dólares) se a administração soubesse com certeza o que os concorrentes iriam fazer e a média de contribuição (em dólares) sem tais informações. Em outras palavras, se a El Nacho soubesse com certeza que seus concorrentes manteriam seus preços, a alternativa "manter preços" seria selecionada. Se a administração da El Nacho tivesse certeza de que seus concorrentes reduziriam seus preços, porém, a alternativa escolhida seria a de "reduzir preços". Pressupondo-se que a administração da El Nacho enfrentasse essa decisão dez vezes e sempre soubesse qual seria a reação da concorrência, a empresa tomaria a decisão apropriada todas as vezes. O resultado seria um valor monetário esperado de 165.500 dólares. A diferença de 2.000 dólares entre 168.500 e 166.500 (a melhor alternativa sem tais informações) é vista como o limite superior a pagar por informações "perfeitas". O VMEIP é um guia útil para determinar quanto dinheiro deve ser gasto em informações de pesquisa de *marketing* para identificar a melhor alternativa ou a melhor linha de ação.

Desenvolver um plano para implementar a alternativa escolhida

A seleção de uma linha de ação deve ser acompanhada pelo desenvolvimento de um plano para sua implementação. Simplesmente decidir o que fazer não levará a uma ação. A fase de execução é crítica, e seu planejamento obriga o analista de casos a considerar a alocação de recursos e questões relativas ao tempo. Por exemplo, se o lançamento de um novo produto for recomendado, será importante considerar como os recursos administrativos, financeiros e de fabricação serão alocados para essa linha de ação. Se a redução de preços for recomendada, será importante verificar se essa redução está chegando ao consumidor final e não está sendo absorvida por revendedores no canal de *marketing*. A programação é crucial, já que um plano de *marketing* leva tempo para ser desenvolvido e implementado.

Como observação final, vale lembrar que a formulação e implementação de estratégia não são processos necessariamente separados. Na verdade, um dar e receber interativo ocorre entre a formulação e a implementação até o analista de casos constatar que "o que poderia ser feito pode ser feito", tendo em vista os pontos fortes da organização e as exigências do mercado. Outra leitura da discussão sobre o *mix* de *marketing* no Capítulo 1 esclarecerá esses pontos.

Avaliar a decisão e o processo de decisão

O último passo no processo de tomada de decisão é avaliar a decisão tomada e o próprio processo. Com relação à decisão, duas questões devem ser levantadas. Primeiro: *Tomou-se uma decisão?* Essa pergunta aparentemente estranha aborda uma dificuldade nas análises de casos, em que um analista não toma uma decisão, e sim "fala sobre" a situação enfrentada pela organização.

A segunda questão é: *A decisão foi adequada em vista da situação identificada no ambiente de caso?* Essa pergunta refere-se à questão da insuficiência de informações, por um lado, e da falha em considerar e interpretar informações, por outro. Em muitos casos de *marketing* e, de fato, em algumas situações administrativas reais, algumas das informações necessárias para a tomada de decisão simplesmente não estão disponíveis. Quando as informações são incompletas, devem-se fazer suposições. Freqüentemente, espera-se que um analista de casos faça suposições para preencher as lacunas, mas tais suposições devem ser desenvolvidas e articuladas de forma lógica. Meramente fazer suposições para que a "solução" se enquadre em uma noção preconcebida da resposta correta é prenúncio de morte na análise de casos e na prática administrativa.

O analista de casos deve constantemente monitorar o modo como aplica o processo de tomada de decisão. O simples fato de que uma decisão estava correta não é razão suficiente para pensar que o processo de decisão foi apropriado. Por exemplo, todos nós já nos perdemos tentando localizar uma residência ou uma empresa a partir de um endereço. No fim das contas, acabamos encontrando o lugar, mas de novo nos vemos perdidos quando tentamos explicar para outra pessoa como chegar lá. De maneira análoga, o analista de casos pode chegar à solução "correta", mas ser incapaz de esboçar um roteiro (mapa) do processo envolvido.

Após completar uma discussão de caso em aula, um trabalho por escrito ou apresentação de grupo, o analista de casos deve examinar criticamente seu desempenho respondendo as seguintes questões:

1. Defini o problema de forma adequada?
2. Identifiquei todas as alternativas e incertezas pertinentes? Minhas suposições eram realistas?
3. Considerei todas as informações relevantes para o caso?
4. Recomendei a linha de ação adequada? Se recomendei, minha lógica demonstrou ser coerente com a recomendação? Se não, minhas suposições eram diferentes das suposições dos outros? Passei por cima de alguma informação importante?
5. Considerei o modo como minha recomendação poderia ser implementada?

Respostas honestas para essas perguntas aumentarão as chances de melhores decisões no futuro.

■ PREPARAÇÃO E APRESENTAÇÃO DE UMA ANÁLISE DE CASO

Como se prepara e se apresenta um caso? Essa pergunta é feita por virtualmente todos os estudantes expostos ao método de casos pela primeira vez. Uma das mais difíceis tarefas na preparação de um caso para apresentação – ou, de maneira mais geral, na resolução de um problema real de *marketing* – é estruturar seu processo de raciocínio para abordar as forças relevantes confrontadas pela organização em questão. A discussão prévia do processo de tomada de decisão deve mostrar-se útil nessa situação. O restante deste capítulo oferece algumas dicas para ajudá-lo a preparar e apresentar um caso de *marketing*.

Abordagem do caso

Na primeira leitura de um caso de *marketing*, devemos nos concentrar em conhecer a situação em que a organização se encontra. Essa primeira leitura deve propiciar algumas percepções do problema que está demandando uma resolução, bem como fornecer informações sobre o ambiente e a organização.

Depois disso, lê-se o caso novamente, prestando-se atenção especial a fatos e suposições importantes. Nesse ponto, devemos determinar a relevância e a confiabilidade dos dados quantitativos fornecidos no contexto do que vemos como questões ou problemas enfrentados pela organização. Percepções valiosas muitas vezes surgem da análise de uma ou mais informações quantitativas simultaneamente. É essencial que se façam muitas anotações durante a segunda leitura. Trabalhar escrevendo é muito importante; simplesmente destacar afirmações ou números não é suficiente. Cientistas do comportamento estimam que a mente humana pode concentrar-se somente em oito fatos de cada vez e que nossa habilidade mental para conectar esses fatos de maneira significativa fica limitada se não tiver auxílio.[10] Analistas e administradores experientes sempre elaboram idéias no papel – estejam eles trabalhando em grupo ou não.

Há três armadilhas a serem evitadas durante a segunda leitura. Primeiro, *não tire conclusões apressadas*. Se você fizer isso, é provável que algumas informações sejam ignoradas ou possivelmente distorcidas para encaixar-se em uma noção preconcebida da resposta. Segundo, *não trabalhe*

FIGURA 3.4

Planilha de análise de caso de *marketing*

	Pontos específicos de indagação
Natureza da indústria, do mercado e comportamento de compra	1. Qual a natureza da estrutura, condução e desempenho do setor?
	2. Quem são os concorrentes e quais seus pontos fortes e pontos fracos?
	3. Como os consumidores compram nesse setor ou mercado?
	4. O mercado pode ser segmentado? Como? Os segmentos podem ser quantificados?
	5. Quais são as exigências para o sucesso nesse setor?
A organização	1. Qual é a missão da organização e quais seus objetivos e competência distintiva?
	2. Qual é sua oferta no mercado? Como pode ser caracterizado seu desempenho passado e atual? Qual é seu potencial?
	3. Em que situação o gerente ou a organização se encontra?
	4. Que fatores contribuem para a atual situação?
Um plano de ação	1. Que medidas estão disponíveis para a organização?
	2. Quais são os custos e os benefícios da ação em termos qualitativos e quantitativos?
	3. Existe disparidade entre o que a organização quer fazer, deveria fazer, pode fazer e deve fazer?
Resultados potenciais	1. Qual será a resposta do negócio, do comprador e da concorrência a cada linha de ação?
	2. Como cada linha de ação satisfará as exigências do comprador, do negócio e da organização?
	3. Qual é o potencial de lucratividade de cada linha de ação?
	4. A ação aumentará ou reduzirá a habilidade da organização para competir no futuro?

com os números antes de compreender seu significado e origem. Terceiro, *não tome suposições como fatos*. Muitas afirmações são feitas em um caso, tais como "nossa empresa segue o conceito de *marketing*". Isso é um fato, baseado em uma avaliação das ações e do desempenho da empresa, ou é uma suposição?

Formulação da análise de caso

As observações anteriores devem oferecer alguma orientação quanto à abordagem de um caso de *marketing*. A planilha de análise de caso de *marketing* mostrada na Figura 3.4 provê uma estrutura para organizar as informações. Quatro categorias analíticas são apresentadas, com questões ilustrativas referentes a cada uma. Será útil considerar cada categoria analítica ao preparar um caso.

Natureza da indústria, do mercado e do comportamento de compra A primeira categoria analítica concentra-se no ambiente da organização – o contexto em que a organização opera. Tópicos específicos de interesse incluem (1) uma avaliação da estrutura, condução e desempenho da indústria e da concorrência e (2) uma compreensão de quem são os compradores e por que, onde, como, o que e quanto eles compram.

A organização É importante desenvolver um entendimento dos recursos financeiros, humanos e materiais da organização, de seus pontos fortes e fracos e das razões para seu sucesso ou fracasso. De especial importância é a compreensão do que a organização deseja fazer. O "encaixe" entre a organização e seu ambiente representa a primeira conexão importante na análise de caso. Essa conexão é a essência da análise de situação, uma vez que é uma interpretação de onde a organização está situada no momento. A análise SWOT, como foi descrita no Capítulo 1, pode ser útil para organizar o raciocínio nesse ponto.

Um plano de ação   Devemos estar preparados para identificar possíveis linhas de ação com base na análise de situação. Com muita freqüência, várias alternativas são possíveis, e cada uma deve ser totalmente articulada. Cada linha de ação tipicamente traz custos e ganhos associados. Estes devem ser cuidadosamente calculados com base em estimativas realistas da magnitude do esforço esperado para alcançá-los.

Resultados potenciais   Finalmente, os resultados potenciais de todas as linhas de ação identificadas devem ser avaliados. Com base na avaliação dos resultados, uma linha de ação ou estratégia deve ser recomendada. A avaliação, no entanto, deve indicar não por que uma determinada recomendação foi feita, mas também por que outras ações foram descartadas.

Embora sempre seja útil considerar cada uma das categorias analíticas recém-descritas, a maneira como são organizadas pode variar. Não há somente um modo de analisar um caso, da mesma forma como não há apenas uma maneira correta de lidar com um problema de *marketing*. Devemos ter certeza de que abordamos os aspectos básicos.

Formulação da análise de caso em equipes   Assim como as organizações atualmente encarregam equipes de examinar questões de *marketing*, grupos de alunos freqüentemente também recebem um caso para analisar. A análise de caso feita por uma equipe também considerará as quatro categorias analíticas discutidas. Entretanto, uma análise de caso em equipe introduz considerações adicionais que podem afetar a qualidade da experiência em grupo e a própria análise.

Se o professor pedir que os estudantes formem suas próprias equipes, deve-se ter cuidado na seleção desses componentes. A formação de equipes com base na amizade é comum, mas nem sempre melhor. Em vez disso, é bom tentar formar equipes em que várias habilidades se complementem (habilidades financeiras, de apresentação oral, de redação, etc.). É aconselhável procurar indivíduos comprometidos e dignos de confiança.

O comportamento da equipe também pode afetar a qualidade de uma decisão de *marketing* de e uma análise de caso.[11] Deve-se ter cuidado para evitar "pensar em grupo" – a tendência de produzir decisões pouco refletidas nos grupos que trabalham juntos durante algum tempo. O "pensar em grupo" torna-se evidente quando as pressões sociais e a fuga de conflitos superam o desejo de questionar rigorosamente as análises e alternativas em favor da conformidade e do consenso. Resultados comuns do "pensamento em grupo" são levantamentos incompletos de questões e alternativas, falha em considerar os riscos da decisão do grupo, falha em reavaliar alternativas inicialmente rejeitadas, reconhecimento e avaliação limitados das informações sobre o caso e falha em elaborar planos de contingência devido ao excesso de confiança na probabilidade de sucesso de uma linha de ação escolhida e da correção da decisão.[12] Alfred Sloan, o lendário presidente da General Motors, estava bastante ciente do "pensamento em grupo" entre seus executivos. Freqüentemente, ouvia-se ele dizer: "Acho que estamos em completo acordo sobre a decisão aqui. Então, proponho que adiemos a discussão do assunto até nossa próxima reunião para termos tempo de discordar e talvez, assim, obter alguma compreensão do que se trata essa decisão".[13] As equipes de estudo de casos podem fazer o mesmo para evitar as armadilhas do "pensamento em grupo".

Comunicação da análise de caso

Existem três meios para comunicar análises de casos: (1) discussão em aula, (2) apresentação oral e (3) relatório escrito.

Discussão em aula   A discussão de estudos de casos na sala de aula pode ser uma experiência animadora, desde que cada aluno se prepare e participe ativamente da discussão. A preparação envolve mais do que simplesmente ler o caso antes da aula – o caso deve ser cuidadosamente analisado, utilizando-se as quatro categorias analíticas descritas anteriormente. Geralmente são necessárias de quatro a cinco horas de preparação para cada caso. As anotações feitas durante a preparação devem ser levadas para a aula.

De modo semelhante, a participação envolve mais do que falar. Os outros colegas devem ser observados e ouvidos com atenção durante a discussão em aula. A atenção aos pontos de vista dos outros é necessária para que se complementem os comentários e análises. A maioria das discussões em aula segue um formato parecido. A análise em aula começa com a discussão sobre a organização e seu ambiente. Essa discussão é seguida primeiro por uma discussão das alternativas de linhas de ação e depois pela consideração de possíveis estratégias de implementação. Saber onde a turma está na discussão é importante tanto para organizar a multiplicidade de idéias e análises apresentadas quanto para preparar observações para os passos subseqüentes na discussão em aula.

Imediatamente após a discussão, deve-se preparar uma síntese da análise desenvolvida em aula. Essa síntese, que deverá incluir fatos específicos, idéias, análises e generalizações desenvolvidas, será útil para comparar e contrastar situações de casos.

Apresentação oral   A apresentação oral de um caso requer um conjunto ligeiramente distinto de habilidades. Em geral, um grupo de três a cinco alunos conduz uma análise rigorosa de um caso e a apresenta para os colegas. A representação de papéis pode ser realizada: os componentes da turma podem atuar como um comitê executivo que testemunha a apresentação de uma força-tarefa ou de uma equipe de projetos.

Um estilo elegante é muito importante em uma apresentação oral.[14] Por isso, o grupo deve ensaiar sua apresentação, e seus componentes devem criticar seriamente o desempenho uns dos outros. As apresentações orais oferecem uma oportunidade de verbalizar a análise e as recomendações e de visualmente incrementar as observações com transparências, *slides* eletrônicos ou outros recursos visuais cuidadosamente elaborados. No mínimo, os *slides* ou transparências devem abordar as seguintes áreas:

1. Um *slide* de abertura mostrando o "título" da apresentação e os nomes dos apresentadores.
2. Um *slide* delineando a apresentação (talvez com os nomes dos apresentadores por tópico).
3. Um ou mais *slides* detalhando os principais problemas e as questões estratégicas que a administração precisa abordar.
4. Uma série de *slides* abrangendo a análise da situação ou problema da empresa.
5. Uma série de *slides* contendo as recomendações, os argumentos e a fundamentação para cada uma delas – um *slide* para cada recomendação e para sua fundamentação é um recurso de muito valor.

Lembre-se de que *slides* e transparências ajudam a comunicar suas idéias para o público. Eles não têm a função de substituir a apresentação oral. *Slides* e transparências podem ser mencionados, mas *nunca* lidos para o público. Tenha em mente que o excesso de gráficos, imagens, cores e transições pode desviar a atenção do público e perturbar o andamento da apresentação. Finalmente, lembre-se de que *slides* e transparências fascinantes não esconderão uma análise superficial ou falha diante de um público perspicaz.

Relatório escrito   O que você precisa para produzir uma análise de caso por escrito assemelha-se ao que você deve fazer para preparar-se para uma discussão em aula. A única diferença é na entrega da análise; um relatório escrito deve ser cuidadosamente organizado, legível (é preferível que seja digitado) e gramaticalmente correto.

Não existe apenas uma abordagem correta para organizar uma análise de caso por escrito. No entanto, geralmente é bom pensar no relatório como sendo composto por três seções principais: (1) identificação dos problemas e das questões estratégicas, (2) análise e avaliação e (3) recomendações. A primeira seção deve conter um parágrafo que defina o problema e especifique as restrições e opções disponíveis para a organização. O material da segunda seção deve oferecer uma avaliação bem desenvolvida do setor, do mercado e do comportamento de compra, bem como da organização e dos caminhos alternativos de ação. *A análise e a avaliação devem constituir a maior parte do relatório escrito.* A seção não deve conter uma reafirmação das informações sobre o caso; deve apresentar uma avaliação dos fatos, dados quantitativos e visões administrativas. A última seção deve consistir de um conjunto de recomendações. Tais recomendações devem ser documentadas com referências à seção anterior e devem ser operacionais, tendo em vista a situação. De todo modo, comprometa-se com uma decisão!

Um caso e uma análise por escrito feita por um estudante são apresentados no apêndice, no final do livro. Recomenda-se que o caso seja cuidadosamente analisado antes da leitura da análise.

NOTAS

1. Leigh Buchanon and Andrew O'Connell,"A Brief History of Decision Making," *Harvard Business Review* (January 2006):32–41.
2. "What Executives Should Remember: Classic Advice from Peter Drucker," *Harvard Business Review* (February 2006):144–152.
3. Melissa Raffoni, "Use Case Interviewing to Improve Your Hiring," *Harvard Management Update* (July 1999): 10.
4. Loren Gary,"Want Better Results? Boost Your Problem-Solving Power," *Harvard Management Update* (October 2004): 1–4.
5. Acrônimo DECIDA, copyright © by William Rudelius. Usado com permissão.
6. "Cluett Peabody & Co. Loses Shirt Trying to Jazz Up the Arrow Man," *Wall Street Journal* (July 28, 1988): 24.
7. Mark David Nevins and Stephen A. Stumpf, "21st-Century Leadership: Redefining Management Education," *Strategy & Business* (Third Quarter, 1999):41–51.
8. Uma questão que surge freqüentemente no desenvolvimento de probabilidades subjetivas é como selecioná-las. Uma fonte é a experiência anterior, na forma de estatísticas, tais como as probabilidades de sucesso para estratégias alternativas de A. T. Kearney, apresentadas no Capítulo 1. As informações sobre o caso também podem ser utilizadas para desenvolver estimativas de probabilidade. No mínimo, quando existem duas incertezas possíveis, uma probabilidade subjetiva de 0,5 pode ser atribuída a cada uma. Isso significa que cada uma das duas incertezas tem igual chance de ocorrer. Essas probabilidades podem então ser revisadas, dependendo das informações sobre o caso.
9. Esses exemplos e uma leitura posterior da análise de decisão podem ser encontrados em Peter C. Bell, *Management Science/Operations Research: A Strategic Perspective* (Cincinnatti, OH: South-Western Publishing, 1999): Chapter 3.
10. Amitai Etzioni, "Humble Decision Making," *Harvard Business Review* (July–August 1989):122–126.
11. Jared Sandberg, "Some Ideas Are So Bad That Only Team Efforts Can Account for Them," *Wall Street Journal* (September 29, 2004): B1.
12. Max Bazerman, *Judgment in Managerial Decision Making*, 6th ed. (New York: John Wiley & Sons, 2006).
13. Essa citação aparece em David A. Garvin e Michael A. Roberto, "What You Don't Know About Making Decisions", *Harvard Business Review* (September 2001): 108-116.
14. Essa discussão foi baseada em material de Arthur A. Thompson, Jr. e A. J. Strickland, *Strategic Management: Concepts and Cases*, 13th ed. (Burr Ridge, IL: McGraw-Hill/Irwin, 2001): C12-C13.

Capítulo 4

Análise de Oportunidade, Segmentação de Mercado e Determinação do Mercado-alvo

O desenvolvimento e a implementação de estratégias de *marketing* são tarefas complicadas e desafiadoras. Em essência, a estratégia de *marketing* envolve a seleção de mercados e o desenvolvimento de programas para atingir esses mercados. Esse processo é realizado de uma maneira que simultaneamente beneficia os mercados selecionados (satisfazendo as necessidades ou desejos dos compradores) e a organização (tradicionalmente, em termos de lucro financeiro).

Dentro dessa estruturação, as primeiras tarefas necessárias são a análise de oportunidades, a segmentação de mercado e a determinação do mercado-alvo. Este capítulo descreve conceitos e ferramentas analíticas que os gerentes de *marketing* consideram úteis ao analisar oportunidades, segmentar mercados, selecionar mercados-alvo e calcular o potencial de mercado e de vendas.

■ ANÁLISE DE OPORTUNIDADE

A *análise de oportunidade* consiste de três atividades inter-relacionadas:

- Identificação da oportunidade.
- Combinação oportunidade – organização.
- Avaliação da oportunidade.

As oportunidades surgem da identificação de novos tipos ou classes de compradores, da descoberta de suas necessidades não satisfeitas ou da criação de novos modos ou meios para satisfazer suas necessidades. A análise de oportunidade concentra-se na descoberta de mercados que uma organização pode atender de maneira lucrativa.

O sucesso da Reebok International, Ltd. ilustra uma abordagem disciplinada da *identificação de oportunidade*. Em 1981, a Reebok teve vendas de 1,5 milhão de dólares, sendo conhecida principalmente por seus calçados de corrida de alta qualidade. No entanto, o interesse do consumidor pela corrida tinha chegado a um platô, e novas oportunidades deveriam ser identificadas para que a empresa crescesse. Ao longo dos 25 anos seguintes, a Reebok sistematicamente procurou oportunidades com base nos tipos e necessidades dos compradores e na inovação tecnológica como um meio de satisfazer as necessidades dos consumidores. A Reebok identificava necessidades dos compradores "orientadas pelo desempenho", com foco em atividades atléticas específicas (tais como tênis, basquete, golfe e caminhada) e necessidades "não-atléticas", com ênfase no conforto e no estilo, para três tipos de compradores – homens, mulheres e crianças. A inovação tecnológica, mais recentemente com a adição de *chips* de computador e detectores de movimentos, atende às necessidades de compradores interessados em mensurar seu desempenho atlético. O resultado? A Reebok ampliou sua presença no *marketing* global após a fusão com a Adidas em 2006[1] e agora resgistra vendas anuais de 4 bilhões de dólares.

A *combinação oportunidade – organização* determina se uma oportunidade de mercado identificada é coerente com a definição do negócio, da missão e das competências distintas da organização. Essa determinação geralmente envolve uma avaliação dos pontos fortes e fracos da organização e a identificação de exigências para o sucesso na operação lucrativa em um mercado. A análise SWOT, conforme descrevemos no Capítulo 1, com freqüência é empregada para avaliar a combinação entre oportunidades de mercado identificadas e a organização.

Para algumas empresas, oportunidades de mercado que prometem vendas e lucros consideráveis não são procuradas porque não se adaptam ao caráter da organização. O Starbucks é um exemplo. A empresa construiu um próspero negócio servindo café fresco especial e de qualidade. Entretanto, a empresa recusa-se a utilizar café artificialmente aromatizado, apesar de seu potencial de crescimento.

FIGURA 4.1

Matriz de avaliação de oportunidade: critérios de atração

Critérios de nicho de mercado	*Atividade competitiva*	*Exigências do comprador*	*Oferta/Demanda*	*Forças políticas, tecnológicas e socioeconômicas*	*Capacidades organizacionais*
Tipo de comprador	Quantas e quais empresas estão competindo por esse grupo de usuários?	O que afeta o desejo e a capacidade de comprar do comprador?	Os diferentes tipos de compradores têm diferentes níveis de demanda efetiva? Qual é a importância das fontes adequadas de oferta?	Qual é a sensibilidade dos diferentes compradores a essas forças?	Podemos ter acesso a compradores através de variáveis no mix de *marketing*? Podemos suprir esses compradores?
Necessidades dos compradores	Que empresas estão satisfazendo quais necessidades dos compradores?	Há necessidades dos compradores que não estão sendo satisfeitas? Quais são?	É provável que as necessidades dos compradores sejam de longo prazo? Temos ou podemos adquirir recursos para satisfazer as necessidades dos compradores?	Qual é a sensibilidade das necessidades dos compradores a essas forças?	Que necessidades dos compradores nossa organização pode satisfazer?
Meios para satisfazer as necessidades dos compradores	Que estratégias estão sendo empregadas para satisfazer as necessidades dos compradores?	A tecnologia para satisfazer as necessidades dos compradores está mudando?	Até que ponto os meios para satisfazer as necessidades dos compradores são afetadas pelas fontes de oferta? A demanda pelos meios de satisfazer as necessidades dos compradores está mudando?	Qual é a sensibilidade dos meios para satisfazer as necessidades dos compradores a essas forças?	Temos o conhecimento financeiro, humano, tecnológico e de *marketing* para satisfazer as necessidades dos compradores?

De acordo com o presidente da empresa, Howard Schultz, "o maior segmento para crescimento em nossa categoria é o café aromatizado artificialmente; isso nos traria, talvez, um aumento de 40% no volume, mas não queremos fazer". Ele acrescenta: "não está no nosso DNA".[2]

A *avaliação de oportunidade* normalmente tem duas fases distintas – uma qualitativa e outra quantitativa. A fase qualitativa focaliza a combinação da capacidade de atração de uma oportunidade com o potencial de revelar um nicho de mercado. A capacidade de atração depende: (1) da atividade competitiva; (2) das exigências dos compradores; (3) da demanda do mercado e fontes de fornecedores; (4) das forças sociais, políticas, econômicas e tecnológicas; e (5) das capacidades organizacionais. Cada um desses fatores, por sua vez, deve ser ligado ao seu impacto sobre os tipos de compradores procurados, as necessidades desses compradores e os meios para satisfazê-las. A Figura 4.1 é uma matriz de avaliação de oportunidade, contendo questões ilustrativas úteis na análise qualitativa de uma oportunidade de mercado. A fase quantitativa produz estimativas do potencial de vendas do mercado e previsões de vendas. Também dá origem a orçamentos para recursos financeiros, humanos, de *marketing* e de produção que são necessários para avaliar a lucratividade de uma oportunidade de mercado.

■ O QUE É UM MERCADO?

O fato de que uma oportunidade foi identificada não necessariamente implica que existe um mercado para a organização. Embora as definições variem, um *mercado* pode ser considerado como compradores potenciais (indivíduos ou organizações), desejosos e capazes de comprar uma oferta (produto ou serviço) já existente ou potencial de uma organização.

Essa definição de mercado tem várias implicações em termos administrativos. Primeiro, a definição concentra-se nos compradores, não nos produtos ou serviços. As pessoas e organizações, cujas idiossincrasias ditam se e como os produtos e serviços serão adquiridos, consumidos ou usados, formam os mercados. Segundo, destacando o desejo e a habilidade de compra de um produto ou serviço, essa definição introduz o conceito de *demanda efetiva*. Mesmo se os compradores estiverem dispostos

FIGURA 4.2

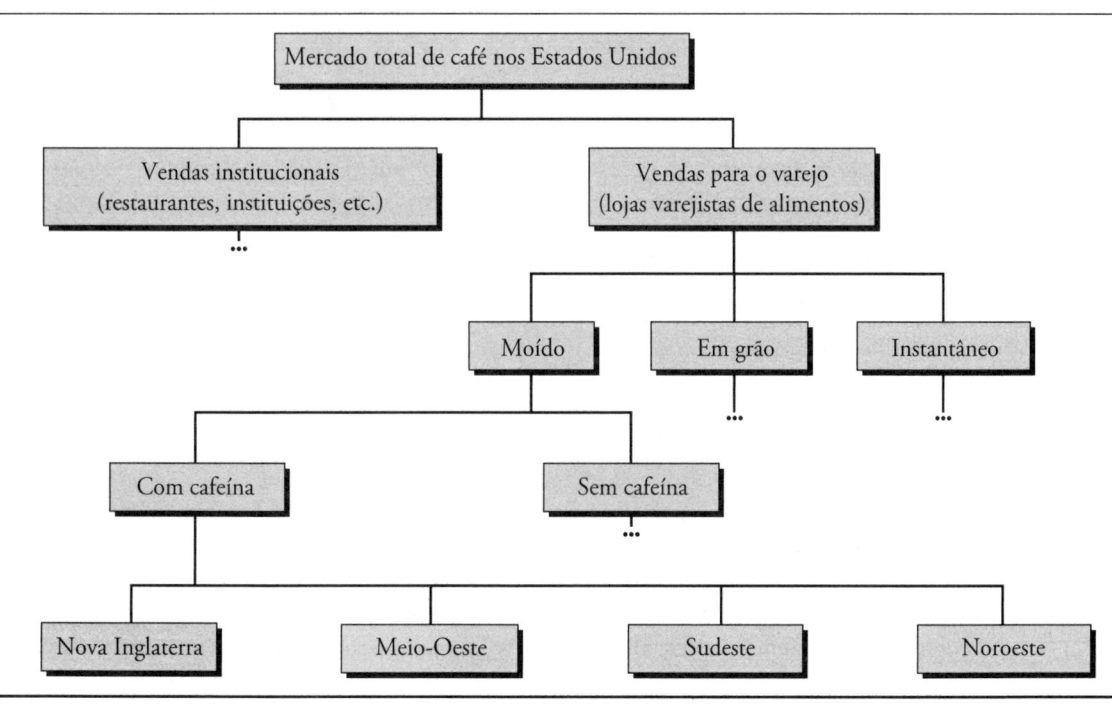

Estrutura de mercado para café nos Estados Unidos

a comprar um produto ou serviço, a troca não pode ocorrer a menos que eles consigam realizá-la. Do mesmo modo, se os compradores podem comprar um produto ou serviço, mas não estão dispostos a fazê-lo, a troca não ocorrerá. É importante entender essas relações, pois um estrategista de *marketing* deve certificar-se do alcance da demanda efetiva para uma oferta, a fim de determinar se existe um mercado. Em grande parte, o alcance da demanda efetiva dependerá das atividades do *mix* de *marketing* da organização. Terceiro, o uso do termo *oferta*, em vez de *produto* ou *serviço*, expande a definição do que as organizações oferecem aos compradores. Produtos e serviços não são comprados pela compra em si; são adquiridos pelos valores ou benefícios que os compradores esperam obter com eles. É por essa razão que o falecido Charles Revson, da Revlon Cosmetics, continuamente reiterava que sua empresa não vendia cosméticos, mas esperança. A expansão da definição de oferta exige que os estrategistas considerem os benefícios oferecidos por um produto ou serviço além de sua natureza tangível.

Freqüentemente, ouve-se ou lê-se sobre o mercado de automóveis, o mercado de refrigerantes ou o mercado de serviços de saúde. Esses termos podem ser enganosos, pois cada um refere-se a um composto de diversos pequenos mercados. Ver um mercado como sendo composto de pequenos mercados permite que se avaliem melhor as oportunidades. Consideremos, por exemplo, o "mercado de café". A Figura 4.2 mostra como o mercado de café nos Estados Unidos poderia ser subdividido em vários mercados por um gerente de *marketing* da Maxwell House ou Folgers. Com essa subdivisão, o gerente pode identificar com maior eficiência quem está competindo nos mercados de café com e sem cafeína e como ocorre essa competição, pode monitorar as mudanças nos volumes de vendas de café instantâneo versus café moído e avaliar as diferenças nas preferências dos compradores, bem como a concorrência nas regiões sudeste e noroeste dos Estados Unidos. Por essas razões, entre outras, o *marketing* regional é uma prática comum. Por exemplo, a administração da Folgers observou que as embalagens a vácuo eram relativamente mais populares do que as latas na região sul. A empresa, então, colocou o café da marca Folgers em embalagens a vácuo naqueles mercados e desenvolveu uma nova campanha publicitária. As vendas do café Folgers aumentaram 32% nos mercados-alvo.[3]

O modo como um mercado é definido tem um papel crucial na determinação da participação de mercado. A *participação de mercado* é definida como as vendas (em unidades ou moeda) de uma empresa, produto ou marca divididas pelas vendas do "mercado", expressas como porcentagem. Consideremos o cálculo da participação de mercado da Atlantic Brand, uma marca de café moído com cafeína, vendido somente em lojas e supermercados da região meio-Atlântico dos Estados Unidos por uma empresa que torra café no estado de Nova York. As vendas da Atlantic Blend perfazem 80 milhões de dólares. Dependendo da definição de mercado, a participação da marca variará de 1% a 32%, como mostra a seguinte tabela.

Definição de mercado	Vendas de café em dólares	Vendas da Atlantic Blend	Participação de mercado
Mercado de café nos EUA	$8 bilhões	$80 milhões	1,0%
Mercado varejista de café nos EUA	$6 bilhões	$80 milhões	1,3%
Mercado varejista de café moído	$4,5 bilhões	$80 milhões	1,8%
Mercado varejista de café moído com cafeína nos EUA	$3,0 bilhões	$80 milhões	2,7%
Mercado varejista de café moído com cafeína na região meio-Atlântico	$230 milhões	$80 milhões	32,0%

Como produto e marca regional (meio-Atlântico), Atlantic Blend é claramente um ator menor no mercado total de café nos Estados Unidos, com 1% de participação no mercado total. No entanto, Atlantic Blend capta uma porção significativa (32%) do mercado varejista de café moído com cafeína na região meio-Atlântico, onde é comercializado. O mercado varejista de café moído com cafeína na região do meio-Atlântico dos Estados Unidos é o mercado atendido pela Atlantic Blend. Um *mercado atendido* é aquele em que uma empresa, produto, serviço ou marca compete pelos clientes-alvo.

Os gerentes de *marketing* costumam deter-se na participação do mercado atendido ao considerarem opções estratégicas. Por exemplo, se uma empresa tem uma "alta" participação no mercado atendido, uma estratégia de penetração de mercado para obter uma porção maior do mercado servido será mais difícil. Estratégias de desenvolvimento de mercado podem ser mais aconselháveis, tais como a busca de crescimento de vendas em um mercado geográfico adjacente; ou seja, Atlantic Blend poderia entrar no mercado da Nova Inglaterra. Por outro lado, se uma empresa tem uma "baixa" participação no mercado atendido, uma estratégia de desenvolvimento de produto ou de penetração de mercado poderia ser percebida como um meio de aumentar a participação de mercado.

SEGMENTAÇÃO DE MERCADO

Uma técnica útil para estruturar mercados é a *segmentação de mercado* – a subdivisão ou combinação de compradores potenciais em grupos. Esses grupos são geralmente chamados de *segmentos de mercado*. Supõe-se que cada segmento possua algum tipo de característica homogênea em relação ao seu comportamento de consumo ou de compra, o que, basicamente, se reflete na sua resposta a programas de *marketing*. A segmentação de mercado desenvolveu-se a partir do reconhecimento de que, em geral, uma organização não consegue ser tudo para todas as pessoas.

Embora o lendário Henry Ford tenha a reputação de ter dito que os compradores dos automóveis Ford poderiam ter um carro da marca em qualquer cor que quisessem, desde que fosse preta, quase todos os profissionais de *marketing*, hoje em dia, concordam que uma tal estratégia de *marketing* não-diferenciada não é adequada. A idéia de que uma organização pode eficazmente aplicar uma única estratégia de *marketing* para satisfazer todos os compradores possíveis não é viável no ambiente de *marketing* atual.

No outro extremo, a menos que a organização seja altamente especializada e venda somente, digamos, para um comprador, freqüentemente não é possível tratar cada comprador potencial como sendo o único. Assim, como um especialista em *marketing* escreveu muito bem, a segmentação de mercado "é um meio-termo entre a ineficácia de tratar todos os clientes do mesmo modo e a ineficiência de tratar cada um de um modo diferente".[4]

Avanços na tecnologia de informação e sistemas flexíveis de fabricação e de oferta de serviços tornaram os "segmentos de um só" uma realidade em alguns ambientes. A *customização em massa* – adequação de produtos e serviços aos gostos e preferências de compradores individuais em grandes volumes e a um custo relativamente baixo – combina a eficiência da produção em massa com a eficácia da criação de ofertas para as necessidades peculiares de um único comprador.

Benefícios da segmentação de mercado

A segmentação oferece três benefícios principais em relação ao desenvolvimento de estratégias de *marketing*.[5] A segmentação de mercado:

1. *Identifica oportunidades para o desenvolvimento de novos produtos.* A análise de vários segmentos de compradores atuais e potenciais pode revelar um ou mais grupos cujas necessidades específicas não estão sendo satisfeitas. Esses segmentos representam possíveis oportunidades para o desenvolvimento de novos produtos. A Frito-Lay, Inc. é um exemplo disso. A empresa identificou dois segmentos de mercado de acordo com atitudes e estilo de vida. Os "indulgentes" são os consumidores que sabem que devem restringir seu consumo de gorduras, mas que não conseguem fazê-lo, e aqueles que simplesmente não se importam com isso. Esse segmento representa 47% dos compradores de salgadinhos que são grandes consumidores desse tipo de lanche pronto. Os outros 53% de consumidores são os "transigentes", que apreciam os salgadinhos, mas limitam seu consumo devido a preocupações nutricionais. A Frito-Lay, Inc. decidiu investir pesado no segmento dos "transigentes" com produtos do tipo "o melhor para você", no final da década de 1990. Os salgadinhos de batata assada da Lay registraram vendas de 250 milhões de dólares em seu primeiro ano de mercado. Esse sucesso foi seguido por uma linha de salgadinhos Ruffles, Doritos e Tostitos preparados com óleo de baixo teor de gorduras

e calorias. A linha, em seu primeiro ano, alcançou vendas de 350 milhões de dólares e foi o lançamento mais bem-sucedido de alimento na década passada.[6]

2. *Auxilia na criação de programas de marketing mais eficazes para atingir grupos homogêneos de consumidores.* Além do desenvolvimento de produtos, a segmentação permite aperfeiçoamentos nos preços, na propaganda e promoção e nos elementos de distribuição do *mix* de *marketing*. Por exemplo, a Procter & Gamble comercializa seu creme dental Crest com diferentes campanhas publicitárias e promocionais dirigidas para seis segmentos de mercado distintos, incluindo crianças, hispânicos e idosos.

3. *Melhora a alocação de recursos de marketing.* A segmentação de mercado também pode proporcionar orientação quanto ao direcionamento de recursos de *marketing*. Os segmentos de mercado não são necessariamente iguais em termos da habilidade de uma organização para servi-los de forma eficaz e lucrativa. Como em qualquer avaliação de oportunidade, os pontos fortes e as capacidades de uma empresa em relação às necessidades identificadas em um segmento e à situação competitiva devem ser considerados. Retornando ao mercado de calçados esportivos discutido anteriormente, vejamos como a New Balance compete com a Nike, a Adidas e a Reebok, três empresas voltadas para os calçados esportivos de alto desempenho. Em vez de alocar recursos para competir diretamente com a Nike, a Adidas e a Reebok no segmento de "desempenho", a New Balance concentra-se no segmento não-atlético da geração *baby boomer* (de 40 a 58 anos de idade). A empresa oferece calçados confortáveis para homens e mulheres de mais idade e despende seus recursos de *marketing* junto a ortopedistas, não entre atletas.[7]

Bases para a segmentação de mercado

Duas categorias amplas de variáveis são comumente usadas para a segmentação de mercado. Características socioeconômicas dos consumidores, tais como gênero, idade, ocupação, renda, ciclo de vida familiar, educação e localização geográfica, formam uma categoria. A outra consiste de variáveis comportamentais, incluindo benefícios esperados dos produtos e serviços, comportamento de uso, estilo de vida e atitudes. Para compradores industriais, as características socioeconômicas podem incluir o tamanho e a localização da empresa e o setor ou clientes atendidos. As variáveis comportamentais podem abranger os objetivos e as práticas de compra, bem como os benefícios do produto ou do serviço. A adequação de qualquer combinação das variáveis em uma situação específica dependerá do fato de uma variável relacionar-se ou não com o comportamento de compra, uso ou consumo e com a resposta a programas de *marketing*.

A escolha de variáveis para utilizar na segmentação de um mercado freqüentemente depende do entendimento do comportamento do comprador, obtido por meio de pesquisas criativas. A segmentação do mercado de telefones celulares da Nokia ilustra esse ponto. De acordo com o diretor de *marketing* da marca Nokia para a América, "pessoas diferentes apresentam diferentes necessidades de uso. Algumas pessoas querem e precisam de todas as características e funções mais avançadas e mais recentes, enquanto outras ficam satisfeitas com a conexão básica de voz. Até mesmo pessoas com necessidades semelhantes muitas vezes têm diferentes estilos de vida, representando diversos conjuntos de valores. Por exemplo, algumas pessoas levam uma vida ativa em que os esportes e a boa forma desempenham um papel importante, ao passo que, para outras, as artes, a moda e as tendências podem ser mais importantes".[8]

Uma pesquisa sobre usos, estilos de vida e preferências individuais do consumidor feita pela Nokia identificou seis segmentos de mercado: os consumidores "básicos", que desejam conexão de voz e preço baixo; os consumidores "expressivos", que querem customizar e personalizar características; os consumidores "ativos", que procuram um produto resistente para fazer frente a um estilo de vida ativo; os consumidores "clássicos", que preferem telefones de aparência mais tradicional, com algumas funções e de preço acessível; os consumidores "*fashion*", que apreciam um telefone bem pequeno, como um acessório de moda; e os consumidores "*premium*", interessados em todas as características tecnológicas e de serviços. A empresa, a partir da pesquisa, desenvolveu e comercializou modelos de telefones celulares para cada um desses segmentos. (Ver a Figura 4.4 na página 84.)

Exigências para uma segmentação de mercado eficaz

Essencialmente, a segmentação de mercado é um meio para um determinado fim: identificar e fazer o perfil de grupos distintos de compradores que diferem em suas necessidades, preferências e respostas aos programas de *marketing* de uma organização. A segmentação de mercado eficaz deve dar respostas para seis perguntas fundamentais relativas aos compradores para cada segmento de mercado:

1. Quem são eles?
2. O que querem comprar?
3. Como querem comprar?
4. Quando querem comprar?
5. Onde querem comprar?
6. Por que querem comprar?

Quase sempre, as respostas devem ser expressas de forma narrativa, documentadas com pesquisa quantitativa e qualitativa.

De uma perspectiva administrativa, a segmentação de mercado eficaz significa que cada segmento identificado e caracterizado satisfaz quatro exigências fundamentais.[9] Cada segmento de mercado deve ser:

1. *Mensurável.* O tamanho e o poder de compra de um segmento de mercado podem ser quantitativamente determinados.
2. *Diferenciável.* Um segmento de mercado é distinguível de outros segmentos e responde diferentemente a diversos programas de *marketing*.
3. *Acessível.* Um segmento pode ser eficazmente atingido e atendido através de um programa de *marketing* economicamente viável.
4. *Substancial.* Um segmento deve ser grande o suficiente em termos de potencial de volume de vendas para cobrir o custo da organização que o atende e dar um retorno satisfatório em termos de lucros.

Como essas exigências são aplicadas na prática? Consideremos a Harley-Davidson, Inc., líder americana em vendas de motocicletas pesadas.[10] Após dois anos de extensa pesquisa para estudar grupos específicos de consumidores, a empresa concluiu que as mulheres representam um segmento de mercado viável com base nessas exigências. As mulheres respondem por cerca de 10% do total de proprietários de motocicletas nos Estados Unidos, e essa porcentagem está aumentando. Elas buscam aventura, liberdade e individualidade – do mesmo modo que os homens. "O que elas não querem é um produto especial, uma motocicleta cor-de-rosa, por exemplo, mas, sim, um produto mais adequado a elas", disse o vice-presidente de *marketing* da empresa.

O programa de *marketing* da Harley-Davidson adequado para as mulheres inclui um produto que exige menos força para operar e que tem assentos mais baixos. O programa de comunicações traz propagandas em revistas, tais como *Jane, Allure, Vanity Fair, Glamour* e *Self,* e eventos, em revendedores locais, para apresentar o produto e o motociclismo para mulheres motoristas de primeira viagem. Para a Harley-Davidson, o segmento feminino é mensurável, diferenciável do masculino, acessível através de comunicações e canais de distribuição e substancial o suficiente em termos de vendas e lucros para demandar atenção da empresa.

■ MATRIZ OFERTA-MERCADO

Um procedimento útil para investigar mercados é a construção de uma *matriz oferta-mercado*. Essa matriz relaciona as ofertas a grupos selecionados de compradores. A Figura 4.3 mostra uma matriz para calculadoras comercializadas pelas empresas Texas Instruments, Casio, Citizen Business

FIGURA 4.3

Matriz oferta-mercado para calculadoras

	Segmentos de mercado (grupos de usuários)			
Características da oferta	*Comercial*	*Científico*	*Doméstico*	*Escolar*
Simples (somente operações aritméticas)				
Moderada (operações aritméticas, potências e raiz quadrada)				
Complexa (todas as características acima, mais funções comerciais, científicas e estatísticas)				
Muito complexa (todas as características acima, mais funções programáveis)				

Machines e Hewlett-Packard, entre outras. Quatro grupos possíveis de usuários (ou segmentos de mercado) são os comerciais, científicos, domésticos e escolares. A apresentação de ofertas e grupos de usuários dessa maneira facilita a identificação de concorrentes, de suas ofertas e das possíveis lacunas no mercado de calculadoras, que aparecem na matriz como espaços em branco. Saber onde os concorrentes se destacam oferece uma base para determinar se existe uma oportunidade de mercado. A identificação de lacunas no mercado e o conhecimento de atividades competitivas em espaços específicos de oferta-mercado devem auxiliar o gerente de *marketing* a avaliar a demanda efetiva da oferta de uma organização e a probabilidade de desenvolvimento de um programa de *marketing* lucrativo.

Consideremos, por exemplo, as ofertas de calculadoras para o grande mercado de escolas primárias e secundárias. A Hewlett-Packard, uma grande concorrente nos segmentos comerciais e científicos, concluiu que existia uma oportunidade no mercado escolar para *computadores de mão*, incluindo o iPaq Pocket PC, que oferece as mesmas características das calculadoras, mais programas de avaliação de dados científicos e gráficos. Calendários e listas de endereços também são disponibilizados. Existe uma oportunidade de mercado para a Hewlett-Packard? Dependerá muito da resposta da Texas Instruments, uma vez que essa empresa domina o segmento escolar, com ofertas que captam 80% desse mercado para calculadoras.[11]

ESTABELECIMENTO DE MERCADO-ALVO

Depois de um mercado ser segmentado, é necessário selecionar o(s) segmento(s) onde o trabalho de *marketing* se concentrará. O *estabelecimento de mercado-alvo* é simplesmente a especificação do(s) segmento(s) que a organização deseja atingir. Uma vez selecionado(s) o(s) mercado(s)-alvo, a organização deve decidir quais estratégias de *marketing* empregar.

Por exemplo, percebendo que a Wal-Mart, a Lowe's e uma série de concorrentes regionais estavam se direcionando para o segmento "faça você mesmo" de consertos e decoração residencial, a Home Depot decidiu buscar o segmento "profissional" para desenvolvê-lo juntamente com o segmento "faça você mesmo". Esse segmento consistia de administradores de grandes complexos de apartamentos, condomínios e redes de hotéis e de empreiteiros profissionais. Após a decisão, a empresa modificou sua gama de produtos para atender às necessidades do segmento "profissional" e ampliou seus serviços, incluindo expansão do horário de atendimento das lojas, entregas, crédito comercial, aluguel de caminhões e equipamentos e possibilidade de pedidos por telefone, fax ou Internet.[12]

Duas abordagens de estabelecimento de mercado-alvo freqüentemente utilizadas são as de *marketing diferenciado* e de *marketing concentrado*. Na abordagem de *marketing* diferenciado, a organização busca simultaneamente diversos segmentos de mercado diferentes, geralmente com uma estratégia de *marketing* única para cada um deles. Um exemplo desse tipo de *marketing* é a estratégia da Nokia, que seguiu sua pesquisa de segmentação, conforme descrito anteriormente. A Figura 4.4 mostra a matriz de oferta-mercado da Nokia no início do ano 2005, apresentando nove modelos diferentes de telefones celulares, criados para seis segmentos de mercado.[13] A abordagem de *marketing* diferencial da Nokia, juntamente com contínuos avanços tecnológicos, contribuiu para sua posição como a maior empresa de telefones celulares do mundo. Como regra, a implementação do *marketing* diferenciado é onerosa. O gerenciamento de vários produtos em diversos segmentos de mercado aumenta os custos com *marketing*, estoque, administração, propaganda e promoção, bem como as despesas para desenvolvimento de produtos.

Em uma abordagem concentrada, a organização foca um único segmento de mercado. Um caso extremo seria o de uma organização que comercializasse um único produto para um único segmento de mercado. Mais comumente, uma organização oferece um ou mais produtos para um único segmento. Por muitos anos, a Gerber afirmou: "os bebês são nosso único negócio". A empresa concentrou-se quase exclusivamente em alimentos infantis. A Gerber ainda oferece esses produtos, que constituem seu principal negócio. No entanto, hoje também oferece linhas de produtos para a saúde e cuidado da pele infantil, além de mamadeiras, chupetas, brinquedos, roupas, acessórios e seguros.[14] Por meio de uma abordagem de *marketing* concentrada, uma empresa pode obter um grande conhecimento das necessidades de um segmento e alcançar uma forte posição no mercado – a Gerber detém 70% da participação de mercado em alimentos infantis. Além disso, o *marketing* concentrado proporciona economia operacional através da especialização na fabricação e *marketing*. Entretanto, o *marketing* concentrado tem seus riscos. A especialização em um segmento pode limitar as perspectivas de crescimento da empresa, principalmente se houver redução no tamanho do segmento. Além disso, os concorrentes também podem invadir o segmento.

■ POTENCIAL DE VENDAS E LUCRATIVIDADE DO MERCADO

Uma atividade essencial na avaliação de oportunidade é a determinação do potencial de vendas e lucratividade do mercado. Estimar o potencial de vendas de um mercado é uma tarefa difícil mesmo para um executivo de *marketing* experiente. Os mercados e as ofertas podem ser definidos de inúmeras formas, que podem levar a diferentes estimativas do tamanho do mercado e de seu potencial de vendas. Isso foi exemplificado anteriormente com a descrição de uma estrutura de mercado e as resultantes participações no setor de café, nos Estados Unidos. Para ofertas inovadoras ou novos mercados, os analistas de *marketing* devem basear-se quase inteiramente no discernimento e na criatividade ao estimar o potencial de vendas. Portanto, é compreensível que as estimativas variem muito para televisores de alta definição (HDTV) e automóveis híbridos (movidos a gasolina e bateria). A tecnologia subjacente para ambas as ofertas ainda está evoluindo, assim como sua forma física. Em ambientes dinâmicos como esses, as medidas para identificação de possíveis segmentos de mercado são incertas.

FIGURA 4.4

Matriz Oferta-Mercado da Nokia para Telefones Celulares em uma Estratégia de *Marketing* Diferenciado (apresentando mercados-alvo da linha de produtos no início de 2005)

Características da oferta	Segmentos de mercado					
	BÁSICO	**EXPRESSIVO**	**ATIVO**	**CLÁSSICO**	***FASHION***	***PREMIUM***
	Usuários iniciantes. Adolescentes que precisam se conectar.	Compradores mais jovens que procuram produtos customizados e personalizados	Adultos jovens e ativos que desejam conectar-se com amigos; fãs de esportes.	Viajantes com várias necessidades comerciais que dão preferência à funcionalidade.	Compradores que querem "exibir-se" com um sentido próprio de estilo.	Viajantes internacionais que querem PDA, conexão e jogos.
Duráveis, fáceis de usar, preço baixo	Séries 1000/ Séries 2000					
Parte externa pode ser trocada, mostradores coloridos, possibilidade de *download* de toques, músicas e imagens		Séries 3000				
Pequenos, com muito estilo, fáceis de usar, duráveis, mostradores coloridos e monitor de exercícios			Séries 5000			
Estilo tradicional, *browser*, agenda telefônica, calendário e câmera				Séries 6000		
MP3, estilo, jogos, câmera, mostrador colorido e acesso à Internet					Séries 7000	
Melhor interface com o usuário, mostrador colorido, mensagens multimídia, PDA						Séries 8000

Estimativas de potencial de vendas do mercado

O potencial de vendas do mercado é uma aproximação quantitativa da demanda efetiva. Especificamente, o *potencial de vendas do mercado* é o nível máximo de vendas que pode estar disponível para todas as organizações que atendem um determinado mercado em certo período de tempo, segundo (1) as atividades do *mix* de *marketing* e o trabalho de todas as organizações e (2) um conjunto de condições ambientais. Como a definição aponta, o potencial de venda do mercado não é uma quantia fixa. Ao contrário, é função de uma série de fatores, alguns dos quais podem ser controlados pelas organizações, outros não. Por exemplo, nas organizações, as atividades controláveis de *mix* de *marketing* e despesas relacionadas com *marketing* podem influenciar o potencial de vendas do mercado. Por outro lado, a renda disponível do consumidor, leis governamentais e outras condições sociais, econômicas e políticas não podem ser controladas pelas organizações, mas afetam o potencial de vendas do mercado. Esses fatores incontroláveis são particularmente relevantes na estimativa de potencial de vendas de um mercado em países em desenvolvimento.

Três variáveis são geralmente consideradas quando se calcula o potencial de vendas do mercado.[15] Elas incluem: (1) o número de possíveis compradores (C) que querem e podem comprar uma oferta; (2) a quantidade (Q) de uma oferta comprada por um comprador médio em um dado período de tempo, normalmente um ano; e (3) o preço (P) de uma unidade média da oferta. O potencial de vendas do mercado é o produto dessas três variáveis.

Potencial de vendas do mercado = $C \times Q \times P$

Embora simples, essa expressão contém os elementos para o desenvolvimento de uma formulação mais complexa através do que é chamado de método de proporções em cadeia, que envolve a multiplicação de um número base por vários fatores de ajuste que supostamente influenciam o potencial de vendas do mercado. Uma aplicação desse método pela Coca-Cola e pela Pepsi-Cola é ilustrada no cálculo do potencial da bebida gaseificada sabor cola em um país da América do Sul:

Potencial de vendas do mercado para refrigerantes à base de cola em um país = [População com 8 anos ou mais × proporção da população que consome refrigerantes gaseificados diariamente × proporção da população que prefere refrigerantes gaseificados à base de cola × número médio de ocasiões para beber refrigerantes gaseificados por dia × quantidade média consumida por ocasião de consumo (expressa em litros) × 365 dias em um ano × preço médio por litro de cola]

O método de proporções em cadeia serve a três propósitos importantes. Primeiro, produz uma estimativa quantitativa do potencial de vendas do mercado. Segundo, destaca fatores controláveis e não-controláveis pelas organizações. Claramente, sabemos que a população com oito anos ou mais de um determinado país é um fator incontrolável. Contudo, os outros fatores são controláveis ou podem ser influenciados até certo ponto. Por exemplo, as organizações podem influenciar a proporção de uma população que consome refrigerantes gaseificados através de propaganda de demanda primária, assim como o custo de refrigerantes à base de cola através do preço. Se um desses fatores muda, modifica-se o potencial de vendas do mercado, mesmo com os outros fatores permanecendo iguais. Finalmente, o método dá ao gerente de *marketing* flexibilidade para estimar o potencial de vendas do mercado para diferentes grupos de compradores e diferentes ofertas. Por exemplo, incluindo-se outro fator, como a proporção da população que prefere refrigerantes *diet* à base de cola, o potencial para essa oferta pode ser calculado.

Previsão de vendas e lucros

A previsão de vendas e lucros segue-se à estimativa do potencial de vendas do mercado. Uma *previsão de vendas* é o nível de vendas que uma organização espera alcançar com base em uma determinada estratégia de *marketing* e em um suposto ambiente competitivo. As vendas previstas de uma organização normalmente são uma fração do potencial de vendas do mercado estimado.

As vendas previstas refletem o tamanho do(s) mercado(s)-alvo escolhido(s) pela organização e o *mix* de *marketing* selecionado para esse(s) mercado(s). As vendas previstas também refletem o suposto número de concorrentes e a intensidade da competição no(s) mercado(s)-alvo escolhido(s). Por exemplo, suponhamos que o mercado-alvo de uma organização represente um quarto de um milhão de compradores potenciais para uma determinada oferta. O canal de *marketing* escolhido para a oferta oferece acesso a cerca de três quartos desses compradores, e o programa de comunicação (propaganda) atinge esses mesmos compradores. Suponhamos ainda que a taxa de compra média seja de 20 unidades de uma oferta por ano e que a média do preço unitário da oferta seja $10,00. Usando-se uma versão do método de proporções em cadeia, as vendas previstas poderiam ser calculadas como segue:

Total de compradores potenciais estimado	1 milhão
vezes	
Mercado-alvo (25% do total de compradores)	× 0,25
vezes	
Distribuição/Cobertura de comunicação (75% do mercado-alvo)	× 0,75
vezes	
Taxa de compra anual (20 unidades por ano)	× 20
vezes	
Preço médio unitário da oferta ($10,00)	× $10,00
Vendas previstas	$ 37,5 milhões

A previsão de vendas de $37,5 milhões não considera o número de concorrentes que competem pelo mesmo mercado-alvo, nem leva em conta a intensidade competitiva. Portanto, a previsão de vendas deve ser ajustada para refletir essas realidades.

A previsão de vendas, assim como a estimativa do potencial de vendas do mercado, não é tarefa fácil. No entanto, é fundamental para a avaliação de oportunidade e deve ser realizada. Por essa razão, a previsão de vendas será abordada novamente no Capítulo 5, em relação aos ciclos de vida de produtos e serviços.

Finalmente, um demonstrativo de resultados deve ser preparado, mostrando as vendas previstas, as despesas orçamentárias e o lucro líquido estimado (Capítulo 2). Ao final, o analista de *marketing* pode revisar as oportunidades identificadas e decidir quais as que poderão apresentar mais lucros, dadas as capacidades organizacionais.

NOTAS

1. O exemplo da Reebok é detalhado em Roger A. Kerin, Steven Hartley, Eric N. Berkowitz, and William Rudelius, *Marketing*, 8th ed. (Burr Ridge, IL: McGraw-Hill/Irwin, 2006): 231–235; and "Deal Sets Stage for Full-Scale War with Nike," *Advertising Age* (August 8, 2005): 5.
2. Terry Lefton, "Schultz' Caffeinated Crusade," *BRANDWEEK* (July 5, 1999):20–25.
3. Para mais exemplos de *marketing* regional, ver S. McKenna, *The Complete Guide to Regional Marketing* (Homewood, IL: Richard D. Irwin, 1992).
4. Ben M. Enis, *Marketing Principles: The Management Process*, 2nd ed. (Pacific Palisades, CA:Goodyear, 1977): 241.
5. Orville C. Walker Jr., Harper W. Boyd, John Mullins, and Jean-Claude Larréche, *Marketing Strategy: A Decision-Focused Approach* (Burr Ridge, IL:McGraw-Hill/Irwin, 2003) 152–153.
6. "American *Marketing* Association Edison Award Best New Product," *Marketing News* (January 16, 1999): special supplement.
7. www.newbalance.com, January 15, 2006.
8. "Nokia: A Phone for Every Segment," in Roger A. Kerin, Steven Hartley, Eric N. Berkowitz, William Rudelius, *Marketing* 8th ed. (Burr Ridge, IL:McGraw-Hill/Irwin, 2006):255–257.
9. Philip Kotler and Kevin Lane Keller, *Marketing Management*, 12th ed. (Upper Saddle River, NJ:Prentice Hall, 2006):262; and Daniel Yankelovich and David Meer, "Rediscovering Market Segmentation," *Harvard Business Review* (February 2006):122–131.
10. Cynthia Koons, "Harley-Davidson Markets to Women," *Wall Street Journal* (February 22, 2006): B7.
11. "Competition for Classrooms," *Dallas Morning News* (November 12, 2002): 1D, 6D; and www.ti.com, August 25, 2004.
12. Dean Foust, "Home Depot's Remodeling Project," Business Week Online, January 9, 2004.
13. "The Giant in the Palm of Your Hand," *The Economist* (February 12, 2005): 67–69; and "Nokia: A Phone for Every Segment" (reference cited).
14. www.gerber.com, January 5, 2006.
15. Partes dessa discussão foram baseadas em Phillip Kotler & Kevin Lane Keller, *Marketing Management* (referência citada): Capítulo 4.

CASO

Shoes for MOOs, Inc.

Jim Wells, proprietário de Well's Work e Casual Wear em Elmira, Ontário, estava entusiasmado com seu novo produto. Ele sabia que havia necessidade do produto, mas estava preocupado com o preço que teria que cobrar para ter lucro, e com a forma de promovê-lo e distribuí-lo.

■ O PRODUTO

"Shoes for MOOS" são calçados de alta qualidade feitos de borracha revestida com tecido, criados especialmente para as patas de vacas. Os calçados tinham uma sola amarela de textura áspera para melhor tração em superfícies escorregadias. Duas tiras amarelas mantinham o calçado no lugar e tornavam quase impossível seu deslocamento, já que uma tira era atada abaixo e outra acima do Jarrete. O amarelo vivo permitia ver que as vacas estavam usando o calçado. A estrutura e o material facilitavam a limpeza e tornavam o calçado durável e reutilizável.

A idéia dos calçados desenvolveu-se mais ou menos por acaso. De acordo com Jim:

> Eu realmente não sabia muita coisa sobre vacas, mas muitos dos meus clientes eram fazendeiros locais e freqüentemente me falavam de problemas que tinham com seus rebanhos. Houve uma época em que quatro ou cinco clientes me contaram que tiveram que abater uma vaca doente por causa de problemas nos cascos. Então, um fazendeiro menonita foi à minha loja querendo comprar botas de borracha para suas vacas. Comecei a pensar sobre o problema e, por fim, fui falar com um veterinário local, Murrel Bauman. Ele tinha muita experiência com vacas e me passou várias informações interessantes.
>
> Uma das primeiras coisas que me surpreenderam foi que realmente não havia muita oferta em termos de calçados para problemas nas patas. Só conseguimos identificar dois produtos que estavam sendo comercializados. Um concorrente vendia um calçado para os cascos nas cores rosa, amarela e azul, dependendo do tamanho; o calçado podia ser plano (tipo padrão) ou elevado no lado direito ou esquerdo, para animais com problemas estruturais nas patas. No entanto, a baixa altura do calçado possibilitava que umidade e sujeira penetrassem em qualquer ferimento, e as infecções quase sempre pioravam. Esses calçados eram anunciados em catálogos de mala direta dos Estados Unidos e custavam US$21,80.
>
> Um segundo concorrente produzia botas para hidroterapia. As botas eram vendidas em pares e vinham acompanhadas de meias, suspensórios e um compressor. Ar comprimido era usado para produzir uma forte ação de turbilhão para massagear e relaxar músculos inchados ou distendidos, especialmente em cavalos. Essas botas tinham somente finalidade clínica e em geral não estavam

---

Herb MacKenzie preparou este caso sob a supervisão do professor Kenneth G. Hardy somente como material para discussão em aula. Os autores não objetivam ilustrar o manejo eficaz ou ineficaz de uma situação administrativa. Os autores podem ter trocado alguns nomes e outras informações de identificação para garantir sigilo. A Ivey Management Services proíbe qualquer forma de reprodução, armazenamento ou transmissão sem sua permissão por escrito. Este material não está sob a abrangência de autorização de CanCopy ou de qualquer organização de direitos de reprodução. Para pedir cópias ou permissão para reproduzir os materiais, contatar a Ivey Publishing. Ivey Management Services, c/o Richard Ivey School of Business, The University of Western Ontario, London, Ontario, Canada N6A 3K7; telefone (519)661-3208; fax (519)661-3882; *e-mail* cases@ivey.uwo.ca. Copyright © Ivey Management Services. Versão: (A) 2002-11-23. Permissão para reprodução concedida por Ivey Management Services em 6 de janeiro de 2006.

disponíveis para venda aos fazendeiros, já que eram muito caras. O custo era de aproximadamente US$400 por par. Seria impossível deixar que as vacas usando essas botas andassem juntamente com o rebanho. Esses dois produtos não eram amplamente utilizados para o tratamento da doença dos cascos.

Mais comumente, quando os rebanhos apresentavam problemas nas patas, os fazendeiros usavam seus próprios remédios caseiros. Em casos menos sérios, os fazendeiros simplesmente aplicavam uma pomada ou bálsamo no casco com problema. Nos casos mais sérios, o casco exigia cuidado intensivo. Às vezes, as infecções precisavam ser removidas com uma faca para eliminar o pus antes de o casco ser tratado. Um tratamento comum era aplicar uma cataplasma na área infectada. As cataplasmas eram massas úmidas e moles feitas de pão, farinha de milho, argila ou outras substâncias adesivas, que geralmente eram aquecidas, espalhadas sobre tecido e então aplicadas nas áreas doloridas ou inflamadas para estimulá-las ou nas áreas infectadas para drenar a infecção. Não importa qual o remédio caseiro utilizado, após o tratamento, a pata geralmente era envolvida com um saco plástico e a vaca era colocada em um local especial para não caminhar pelo campo, onde estragaria o invólucro plástico. Se isso acontecesse, o problema na pata poderia piorar, ou, se fosse contagioso, outras vacas poderiam ser infectadas.

Comecei a pensar em desenvolver um calçado especial para vacas, mas primeiro queria ver se havia um mercado potencial. Levei o assunto para minha aula de *marketing*, em Conestoga College, onde eu lecionava em regime de meio-turno; nos meses seguintes, os alunos começaram a coletar algumas informações de mercado para mim. Fiquei surpreso ao saber que havia 1,1 milhão de vacas leiteiras no Canadá e mais de 9,2 milhões nos Estados Unidos. Indo em frente com a idéia, meu cunhado, Tom Byers, que trabalhava na Holstein Association of Canada, envolveu-se na questão e ajudou na criação do calçado. Juntos, marcamos uma reunião na Kaufman Footwear, em Kitchener, Ontário.

Lembro-me de que, num sábado de manhã, fomos à fábrica da Kaufman. Estávamos muito entusiasmados. Oito ou nove dos principais executivos da Kaufman, inclusive o presidente, assistiram à nossa apresentação na sala da diretoria. Enquanto apresentávamos a proposta, ouvimos muitas piadas e risadas por toda a sala e saímos de lá com nosso ego consideravelmente rebaixado.

Na quarta-feira, Ike Weber, presidente da Kaufman, telefonou perguntando se poderíamos voltar para vê-los na sexta-feira. Então, ele nos apresentou um protótipo e nos disse que a empresa estava interessada em examinar melhor o produto. Nós realmente queríamos trabalhar com a Kaufman Footwear. A Kaufman era canadense e tinha excelente reputação por sua qualidade. Também tinha boa estrutura de pesquisa e desenvolvimento, e sua capacidade de produção significava que não haveria problema em assegurar a qualidade quando precisássemos.

Ike prometeu mais nove protótipos para a semana seguinte para que pudéssemos testá-los. Depois de trabalhar com alguns fazendeiros locais nos meses que se seguiram, identificamos vários problemas com o produto inicial. As tiras eram longas demais, e tanto elas quanto as fivelas eram muito fracas. Havia também mudanças menores de *design* que deveriam ser feitas. Testamos o calçado durante um ano e finalmente obtivemos um produto que nos deixou satisfeitos. Ele foi testado por diversos fazendeiros locais sob diferentes condições. Murrel Frey, proprietário de 63 vacas leiteiras, tinha dois calçados MOO e descobriu que eles funcionavam muito bem, apesar de haver um açude na fazenda. Quando havia uma vaca com problema no casco, ele passava uma pomada de Aloe Vera na pata do animal e a cobria com o calçado para mantê-la protegida. Como havia o açude, ele enrolava fita isolante ao redor da parte superior do calçado, e a vaca podia então entrar no açude com o resto do rebanho.

■ ANÁLISE DO CLIENTE

Proprietários de gado para produção de laticínios, corte, exposição, pesquisa e reprodução eram os usuários potenciais dos calçados MOO; no entanto, esperava-se que a maioria das vendas fosse feita para fazendas produtoras de leite. A Figura 1 mostra a distribuição dessas fazendas no Canadá por província em 2001 e em 1986. Animais jovens para produção de leite eram vendidos por $600 a $750, mas, quando as vacas tinham dois anos e estavam prontas para a ordenha, o preço ficava em

FIGURA 1

Censo de fazendas de vacas leiteiras no Canadá, por província, 1986 e 2001

Província	Registro de fazendas (2001)	Registro de fazendas (1986)
Newfoundland	63	109
P.E.I.	359	877
Nova Escócia	443	1.031
Novo Brunswick	369	879
Quebec	9.115	17.633
Ontário	7.557	14.025
Manitoba	853	3.019
Saskatchewan	686	4.289
Alberta	1.422	5.574
Colúmbia Britânica	1.044	2.601
Canadá	21.911	50.037

Fonte: Statistics Canada, 1986 Catálogos 92-101 a 92-112 e 95FO301X1E (Censo da Agricultura 2001).

torno de $3.100. De acordo com o University of Guelph Elora Research Centre, a produção média diária de leite por vaca Holstein em Ontário era de aproximadamente 25 litros, e os animais geralmente produziam por 300 dias durante o ano antes de parir novamente (o que reiniciava a produção de leite). Essas vacas produziam leite durante cinco anos e eram a criação mais popular em Ontário. Os fazendeiros recebiam $0,50 por litro com sua produção de leite.

FIGURA 2

Vacas leiteiras e gado (incluindo vacas leiteiras) em estados selecionados e total dos Estados Unidos 1989 e 2000 (por mil)

Estados	Vacas leiteiras 2000	1989	Estados	Gado e novilhos 2000	1989
Califórnia	1.420	–	Texas	13.700	–
Wisconsin	1.369	–	Nova Inglaterra	6.600	–
Nova York	701	–	Kansas	6.700	–
Pensilvânia	623	–	Colorado	3.150	–
Minnesota	551	–	Califórnia	5.150	–
Idaho	292	–	Oklahoma	5.050	–
Texas	352	–	Idaho	3.650	–
Michigan	299	–	Dakota do Sul	4.050	–
Washington	248	–	Montana	4.250	–
Estados Unidos*	9.210*	10.127	Estados Unidos	97.309	99.337

*Inclui todos os outros estados não exibidos separadamente
Fonte: Statistical Abstract of the United States, 1991 (tabelas 1170 e 1174) e 2001 (tabelas 840 e 841).

Se uma vaca ficasse doente devido a problemas nos cascos, ela passava a comer menos, e sua produção de leite diminuía de 20 a 80%. Se a situação fosse séria o suficiente para requerer o uso de antibióticos, o fazendeiro perdia toda a produção de leite do animal, pois era ilegal a venda de leite de vacas em tratamento. Na verdade, a produção não era perdida apenas durante os três ou quatro dias em que a vaca estava sob tratamento, mas também 72 a 96 horas após o término, dependendo do antibiótico utilizado. Somado ao custo da produção perdida, estava o custo dos antibióticos, que variava de $15 a $30, de acordo com o tipo e a quantidade usada, mais os honorários do veterinário, que ficavam em torno de $50 por visita.

Havia muito mais vacas de corte do que vacas leiteiras. A Figura 2 mostra a distribuição de vacas leiteiras e de gado em alguns estados dos Estados Unidos em 1989 e 2000. A Figura 3 apresenta o mesmo em relação a algumas províncias do Canadá. Quando bovinos jovens de corte tinham problemas nos cascos, eram tratados, uma vez que o custo de oportunidade seria perdido se fossem sacrificados. No entanto, quando bovinos de corte mais velhos, quase completamente desenvolvidos, tinham esse tipo de problema, geralmente eram abatidos e transformados em carne um pouco antes do esperado. Estimava-se que o gado de corte fosse responsável por 20% das vendas dos calçados MOO, em grande parte porque não havia muita preocupação com a velocidade de recuperação do gado de abate com problemas nos cascos.

O gado para reprodução, pesquisa e exposição envolvia um investimento médio muito maior do que o necessário para gado de corte e vacas leiteiras. Nesses casos, pensava-se que o custo do tratamento não seria uma grande preocupação para os proprietários, e as despesas com veterinário não contariam. Embora alguns calçados MOO pudessem ser vendidos para esses mercados, acreditava-se que os números fossem suficientemente reduzidos para serem ignorados.

Estatísticas indicavam que as doenças nos cascos aumentavam consideravelmente na primavera, quando as pastagens estavam úmidas e lamacentas. A lama agia como um meio para o crescimento de bactérias. Quando essas bactérias infectavam as lacerações e arranhões comuns em animais de pastoreio, estes tinham que ser tratados. O ambiente dentro dos estábulos, onde o gado era mantido durante a temporada de frio, também favorecia a proliferação de bactérias. Durante esses dois períodos do ano, a proporção de gado leiteiro com infecção nos cascos e necessidade de tratamento, incluindo isolamento, podia variar de 2 a 20% (University of Guelph Elora Research Centre). As fazendas de leite estavam diminuindo constantemente de número no Canadá; no entanto, o tamanho médio dessas fazendas estava em contínuo crescimento. Cerca de 6% de todas as fazendas leiteiras do Canadá possuíam 20% de todas as vacas leiteiras. Como a doença do casco costumava ser contagiosa, essa concentração poderia promover um aumento na incidência de problemas nos cascos.

FIGURA 3

Vacas leiteiras e gado (incluindo vacas leiteiras) em províncias selecionadas e em todo o Canadá, 1986 e 2001 (por mil)

Província	Vacas leiteiras		Gado e novilhos	
	2001	*1986*	*2001*	*1986*
Quebec	407	578	1.363	1.526
Ontário	364	475	2.140	2.442
Alberta	84	124	6.615	3.827
Saskatchewan	30	53	2.900	2.051
Canadá*	1.060	1.456	15.551	11.998

*Inclui todas as outras províncias não exibidas separadamente
Fonte: Statistics Canada, 1986 Catálogos 96-102, 96-107, 96-108, 96-110, 96-111 e 95FO301XIE (Censo da Agricultura 2001).

A DECISÃO DE PREÇO

Na reunião final com a Kaufman Footwear, ficou decidido que o preço dos Shoes for MOOs seria de $19,00 por cada calçado. Era para ser preço único, sem importar a quantidade pedida, embora a Kaufman precisasse produzir em lotes de, no mínimo, 100 unidades.

Jim queria ter certeza de que o preço inicial para seus clientes fosse atraente o suficiente para que eles desejassem experimentar o produto. Fazer com que os clientes pagassem um preço muito alto por um único calçado que tinha a metade do tamanho de uma bota de borracha poderia ser difícil. Entretanto, o preço tinha que ser alto o bastante para oferecer lucro para os Shoes for MOOs e para qualquer intermediário que viesse a se envolver no negócio. Jim achava impossível vender os calçados por menos de $39,99 e duvidava que alguém pagasse mais de $80,00 por calçado. Ele sabia que seu preço final dependeria de como ele iria distribuir o produto e da quantidade de promoção que teria que fazer.

DISTRIBUIÇÃO

Um método de distribuição que Jim levou em consideração era a mala direta. Ele achava que seria econômico, manteria uma relação individualizada com os clientes e proporcionaria total controle sobre o produto e a propaganda. Jim calculou que a postagem ficaria na média de $2 por calçado. Por um custo adicional muito baixo, todo o processo de embarque poderia ser manejado pela Foundation for the Mentally Handcapped. A Kaufman Footwear concordou em manter um estoque mínimo de 100 calçados e os entregaria conforme fossem solicitados pela fundação. Os custos variáveis de embalagem foram estimados em $0,55 por uma caixa, rótulos e fita adesiva, $0,03 por um saco plástico resistente e acessórios para manter os calçados limpos durante a armazenagem, $0,01 por uma folha de instruções (ver a Figura 4), que seria fornecida juntamente com cada calçado, e $0,08 pela mão-de-obra. Uma vantagem desse método era que a empresa Shoes for MOOs não precisaria ter estoque físico nem se encarregar das remessas.

Uma alternativa considerada por Jim era a venda direta para negociantes em cada área. Esses negociantes poderiam ser lojas de suprimentos agrícolas, fornecedores de equipamento para ordenha, consultórios de veterinários e talvez até mesmo os revendedores de equipamentos agrícolas, que muitas vezes ofereciam artigos diversos, como regadores, pequenas ferramentas e outros utensílios. Esses negociantes potenciais seriam facilmente identificáveis em qualquer região, e Jim também poderia garantir listas de correspondência a $0,10 por nome. A fim de obter maior apoio dos negociantes, Jim sabia que poderia lhes oferecer uma boa margem, forte apoio promocional e, provavelmente, territórios exclusivos. Ele não tinha a menor idéia de quantos calçados cada negociante poderia vender. Havia 500 lojas potenciais só na província de Ontário. Fosse qual fosse o preço, Jim tinha certeza de que os negociantes exigiriam uma margem mínima de 40% sobre as vendas. Jim achava que seria mais atraente se os negociantes tivessem a oportunidade de obter margens mais altas ao comprar maiores quantidades.

Uma vantagem de usar os negociantes era a de que o produto conseguiria maior exposição geográfica com mais rapidez. Ele estaria prontamente disponível quando os fazendeiros necessitassem, e eles não precisariam fazer um pedido e ter que esperar o embarque em Ontário para que o produto chegasse só quando o casco da vaca já estivesse curado. Se os negociantes soubessem que poderiam obter uma boa margem com a venda do produto, eles o promoveriam ativamente quando os clientes fossem às suas lojas. Contudo, alguém teria que visitar as lojas e representantes individuais de organizações para conseguir presença nas prateleiras, tendo ainda que verificar cada loja pelo menos a cada três meses. Um vendedor profissional poderia fazer seis visitas por dia, a um custo de $100.000 para salários e despesas. Evidentemente, Jim poderia fazer as visitas ele mesmo. Por outro lado, Jim poderia buscar uma estrutura de vendas junto a uma organização de distribuição. Através de contatos, ele ficou sabendo que as distribuidoras assumiam total responsabilidade pelas vendas aos revendedores. Também foi informado de

FIGURA 4

FOLHA DE INSTRUÇÕES

Instructions

1. Clean foot thoroughly. Remove infection as necessary. Apply medication and dressing.

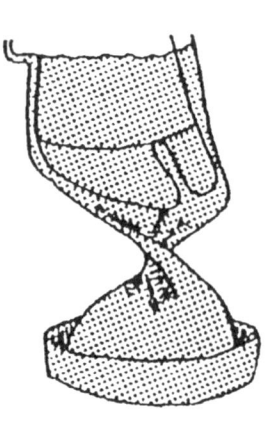

2. Use elasticized bandage to hold dressing in place. Apply first layer of bandage to just under the dew claw. Turn remaining bandage one-half turn and pull loose end over foot.

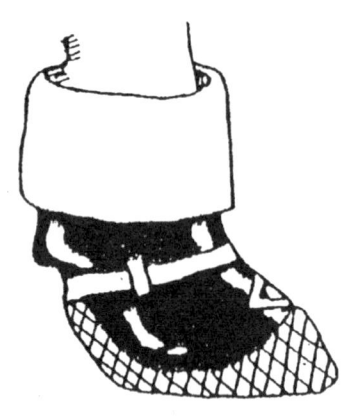

3. Turn down top of shoe and pull over foot. Ensure foot is fully inserted. To ensure proper fit, pull up top of shoe and tighten strap under the dew claw first.

4. Pull up top of shoe and tighten straps to ensure proper fit. Within four days, inspect foot. Re-dress foot and replace boot if necessary. After each use, the shoe should be thoroughly cleaned and dried before re-using.

LUV MY SHOES

An Aid to Hoof Treatment for Cows

que os revendedores que compravam das distribuidoras normalmente exigiam uma margem de varejo de 33% sobre as vendas e que as distribuidoras obtinham uma margem de 18% sobre as vendas para os revendedores. Uma outra forma de distribuição sugerida por Murrel Bauman era através de distribuidoras de produtos veterinários. Dr. Bauman achava que essas distribuidoras e veterinários costumavam dividir igualmente entre eles uma margem de 55% sobre o preço de varejo sugerido para o produto.

Se Jim decidisse usar a mala direta, provavelmente absorveria os custos de embarque e demais custos de forma que pudesse anunciar um único preço para os clientes potenciais. Ele também previa que uma garantia de um ano para o produto seria necessária para reduzir qualquer risco percebido que os fazendeiros poderiam ter ao pedir um produto que só podiam ver no papel, onde seria difícil averiguar sua qualidade.

Se decidisse usar os negociantes, Jim achava que poderia fazer os pedidos FOB (*Free on Bound*) Elmira, absorvendo o frete. Isso tornaria ainda mais atraente a possibilidade de fazer pedidos maiores. Na verdade, Jim chegou a considerar a exigência de um pedido mínimo de 15 calçados para os revendedores. Não importava qual fosse o preço, Jim sabia que não poderia vender calçados individuais para os revendedores e permitir um desconto de 40% no preço ao fazendeiro.

■ PROMOÇÃO

Muitas das principais despesas estariam associadas com a promoção. Seria necessário freqüentar muitas feiras comerciais regionais para promover o produto para clientes potenciais e/ou negociantes e talvez também para veterinários. Os custos com aluguel de um estande em várias feiras comerciais variavam de $100 na Stratford Farm Show a $1.235 na Canadian Vet Show. Esta última feira era considerada como a melhor maneira de entrar em contato com veterinários. Embora houvesse 4.180 veterinários no Canadá, 62,9% deles estavam em Ontário e Quebec, e muitos deles freqüentavam a feira. Estandes em outras feiras variavam de $250 a $650, dependendo do tamanho. Além dessa despesa, Jim supunha que, para cada feira, ele precisaria, em média, de $350 para hospedagem, $200 para refeições e $150 para transporte. As despesas com transporte seriam pelo menos quatro vezes mais altas para feiras fora de Ontário e de Quebec, já que Jim planejava ir de carro às feiras naquelas regiões. Entre as feiras consideradas necessárias, Jim achava que teria que comparecer à Straford Farm Show, Toronto Farm Show, Western Farm Show, Quebec Farm Show e Canadian Vet Show. Havia ainda pelo menos uma grande feira anual em cada província e muitas feiras menores a cada ano.

As taxas para propaganda em revistas eram de $545 para um anúncio de um terço de página em três edições de "Ontario Milk Produce", e $720 pelo mesmo tipo de anúncio em três edições de "Producteur de Lait Quebecois". Jim achou que seria bom fazer propaganda nas edições de março e abril, antes que as vacas fossem confinadas para não ficarem expostas ao frio. Revistas semelhantes estavam disponíveis em outras províncias, e as taxas variavam, dependendo da circulação das publicações, mas um custo mínimo para três anúncios ficava em torno de $300.

Outros itens promocionais incluiriam folhetos de duas cores. O custo para 60.000 folhetos pré-dobrados era de $4.038, e a postagem para enviar vários deles foi calculada em $2.706. O restante dos folhetos seria distribuído em feiras e oferecido para os revendedores para que pudessem fornecê-los a clientes potenciais. Um vídeo também foi considerado, ao custo de $2.200, e seria divulgado nas feiras. Finalmente Jim pensou que precisaria de aproximadamente 30 calçados por ano para amostras promocionais. Isso custaria cerca de $570, mas talvez a Kaufman pudesse dividir esse custo.

■ A DECISÃO

Jim fez várias considerações antes de decidir se começaria o novo empreendimento. Seu cunhado não podia arriscar seu cargo na Holstein Association, mas Jim provavelmente poderia dar um jeito de se afastar de sua loja por vários dias por mês. Os dois funcionários que ele tinha na loja poderiam gerenciar o negócio durante suas curtas ausências.

Para o novo negócio, Jim poderia usar uma sala junto à loja, e o aluguel mensal seria de apenas $400, já que era proporcional à área ocupada. Ele teria que instalar uma nova linha telefônica. As despesas com telefone comercial para um ano, incluindo instalação, eram estimadas em $571. Um número 0-800, se ele optasse por utilizar um, custaria $69 para instalação e teria uma taxa mínima de $1.740 por ano.

As despesas com automóvel foram calculadas em $9.100 por ano; as despesas gerais de postagem seriam de $200 anualmente; previa-se o gasto de $1.200 com taxas legais e de auditoria. Os únicos outros custos necessários, e eles eram grandes, eram os de patente e o de propriedade do molde para fabricação dos calçados. Cada um desses custos estava estimado em $5.000. A assessoria jurídica de Jim sugeriu que ele retivesse não apenas a patente, como também a propriedade do molde para o processo de fabricação, em vez de deixá-lo com a Kaufman.

Jim e seu cunhado tinham cerca de $25.000 para investir, sem risco de propriedade pessoal ou de sua loja. Jim tinha duas opções. Era sim ou não.

CASO

Jones • Blair Company

No início de janeiro de 2000, Alexander Barrett, presidente da Jones•Blair Company, afundou na cadeira, enquanto seus executivos saíam da sala de reunião. "Outra reunião sem nenhuma solução", ele pensou. Depois de duas longas reuniões, o grupo executivo ainda não havia decidido onde e como realizar seu trabalho de *marketing* entre os diversos mercados de tintas arquitetônicas atendidos pela empresa no sudoeste dos Estados Unidos. Barrett pediu que sua secretária agendasse outra reunião para a semana seguinte.

■ A INDÚSTRIA DE TINTAS NOS ESTADOS UNIDOS

A indústria de tintas nos Estados Unidos está dividida em três grandes segmentos: (1) revestimentos arquitetônicos, (2) revestimentos para OEM (*original equipment manufacturing*) e (3) revestimentos especiais. Os revestimentos arquitetônicos são tintas para uso geral, vernizes e lacas utilizadas em estruturas residenciais, comerciais e institucionais; essas tintas são vendidas através de atacadistas e varejistas e compradas por consumidores, empresas especializadas em pintura e pintores profissionais. Os revestimentos arquitetônicos geralmente são chamados de *produtos de prateleira* e são responsáveis por 43% das vendas totais (em dólares) no setor. Os revestimentos OEM são formulados para especificações industriais e aplicados a equipamentos durante sua fabricação. São utilizados em produtos duráveis, como automóveis, caminhões, equipamento de transporte, aparelhos, móveis e acessórios, recipientes de metal, produtos para construção e equipamentos industriais. Os revestimentos OEM representam 35% do total de vendas (em dólares) no setor. Os revestimentos especiais são formulados para aplicações ou condições ambientais específicas, como temperaturas extremas, exposição a produtos químicos ou condições corrosivas. São usados para acabamento em automóveis e máquinas, construção e manutenção industrial (incluindo fábricas, equipamentos, utensílios e ferrovias), pontes, aplicações marítimas (instalações em navios e em alto-mar, como estruturas petroleiras), sinalizações de trânsito e de auto-estradas, pinturas metálicas e em aerossol e pintura de telhados. Os revestimentos especiais respondem por 22% das vendas totais (em dólares) do setor.

A indústria de tintas nos Estados Unidos geralmente é considerada como um setor na maturidade. Em 1999, as vendas ficaram ligeiramente acima de 13 bilhões de dólares. Previu-se que em 2000 o crescimento das vendas médias anuais, em dólares, ficaria próximo da taxa geral de inflação.

Perspectivas para tintas arquitetônicas e complementos em geral

Fontes do setor calcularam que as vendas de tintas arquitetônicas e complementos (pincéis, rolos, removedores, diluentes, etc.), nos Estados Unidos, passaram dos 10 bilhões de dólares em 1999.

Agradecemos pela cooperação da Jones•Blair Company na preparação deste caso. O caso foi preparado pelo professor Roger A. Kerin, da Edwin L. Cox School of Business, Southern Methodist University, como base para discussão em aula e não pretende ilustrar o manejo eficaz ou ineficaz de uma situação administrativa. Certos nomes e dados sobre vendas e de mercado foram modificados e não se prestam para fins de pesquisa. Copyright © 2000, Roger A. Kerin. Nenhuma parte deste caso pode ser reproduzida sem a permissão por escrito do detentor dos direitos autorais.

As tintas arquitetônicas são consideradas como um mercado maduro, com crescimento projetado das vendas de longo prazo na faixa de 1 a 2% ao ano. A demanda por tintas arquitetônicas e complementos reflete o nível de decoração, manutenção e consertos residenciais, bem como a venda de casas já existentes e, em menor grau, a construção de novos prédios residenciais, comerciais e industriais. Fontes do setor também observaram que a demanda por tintas arquitetônicas e complementos é afetada por dois outros fatores. Primeiro, o segmento de tintas arquitetônicas enfrentou a concorrência de materiais alternativos, como divisórias de alumínio e de vinil, revestimentos de paredes internas e painéis de madeira. Segundo, as indústrias de tintas desenvolveram produtos de qualidade superior, que reduziram a quantidade de tinta necessária por aplicação e a freqüência de pintura. Em contrapartida, observadores do setor previram um aumento da demanda por complementos devido à tendência de os próprios consumidores executarem a pintura.

Os fabricantes de tintas dos Estados Unidos estão sob crescente pressão para reduzir as emissões de compostos orgânicos voláteis (COVs) das tintas e para limitar o consumo de solventes. A Environmental Protection Agency (EPA) propôs um plano de três fases para a redução de COVs nas coberturas de manutenção arquitetônica e industrial. A primeira fase do plano, efetivada em 1996, exigiu a redução de 25% de conteúdo de COV no ano base de 1990. Os COVs devem ser reduzidos em 35% (a partir do ano-base de 1990) em 2000, e 45%, na terceira fase, em 2003. A adequação aos regulamentos da EPA diminuiu ainda mais as margens de lucro, historicamente baixas, do setor de tintas.

Consolidação e concorrência no segmento de tintas arquitetônicas

O lento crescimento das vendas, a necessidade de pesquisa e desenvolvimento contínuos e a maior adequação às leis do governo têm gerado fusões e aquisições no setor de tintas nos Estados Unidos desde 1990. As empresas que buscam crescimento e mais vendas para sustentar custos cada vez maiores estão fazendo aquisições. As empresas que não queriam, ou não conseguiam, os recursos de capital e pesquisa e desenvolvimento (P&D) necessários para permanecerem competitivas venderam o negócio de tintas. Fontes do setor estimam que existem atualmente 600 fábricas de tintas, cerca de 40% menos do que em 1975. O número de fábricas está declinando à taxa de 2 a 3% ao ano. As fusões geralmente envolviam a compra de empresas menores pelas empresas maiores, para incrementar seu mercado específico ou sua presença geográfica. Ainda assim, devido à tecnologia disponível e às diferenças nas formulações das tintas, associadas com necessidades climáticas locais, um pequeno número de fabricantes regionais de tintas, como a Jones•Blair Company, consegue competir com sucesso com fabricantes de tintas que distribuem seus produtos em nível nacional.

Os principais produtores de tintas no segmento de coberturas arquitetônicas incluem Sherwin-Williams, Benjamin Moore, a unidade Glidden da Imperial Chemicals, PPG Industries, Valspar Corporation, Grow Group e Pratt & Lambert. Esses produtores são responsáveis por até 60% das vendas no segmento. Comercializam tintas com seus próprios nomes de marca e, para varejistas, com nomes particulares controlados ou com a marca das lojas. Por exemplo, a Sherwin-Williams comercializa sua própria marca e produz tintas para a Sears.

Cerca de 50% das tintas arquitetônicas são vendidas com marcas particulares, controladas ou de lojas. A Sears, Kmart, Wal-Mart e Home Depot são as principais comerciantes dessas marcas. Além disso, grupos de lojas de ferragens, como True Value e Ace Hardware, comercializam suas próprias marcas de tintas.

Lojas especializadas em tintas, madeireiras e lojas de ferragens que vendem tintas arquitetônicas e complementos conseguem competir no negócio de tintas, apesar da presença do comércio de massa (como a Sears) e de grandes lojas voltadas para decoração e construção (como a Lowe´s e a Home Depot). Fontes do setor calculam que as lojas especializadas são responsáveis por cerca de 36% das vendas de tintas e complementos; lojas de ferragens e madeireiras respondem por 14%. Além disso, em áreas não-metropolitanas, as lojas especializadas, de ferragens e madeireiras não têm a concorrência do comércio de massa e das lojas voltadas para decoração e construção como fonte para quem procura tintas e complementos. Isso se deve, em grande parte, à falta dessas grandes lojas e de varejo de massa nessas áreas e ao atendimento e relacionamento das lojas de tintas, de ferragens e madeireiras com seus clientes. Entretanto, a Wal-Mart tem se mostrado um concorrente eficiente em muitas áreas não-metropolitanas.

A Figura 1 apresenta a clientela do tipo "faça você mesmo" e a de pintores profissionais. Conforme indicado, as lojas de decoração e construção (incluindo os atacadistas) e o varejo de massa representam as categorias de lojas mais freqüentemente procuradas pelos pintores "faça você mesmo" em busca de tintas e complementos. As lojas especializadas e as madeireiras foram os estabelecimentos de varejo mais procurados pelos pintores profissionais.

FIGURA 1

Clientela das lojas por tipo de comprador: "faça você mesmo" e pintor profissional

Onde os clientes "faça você mesmo" compram tintas e complementos com mais freqüência

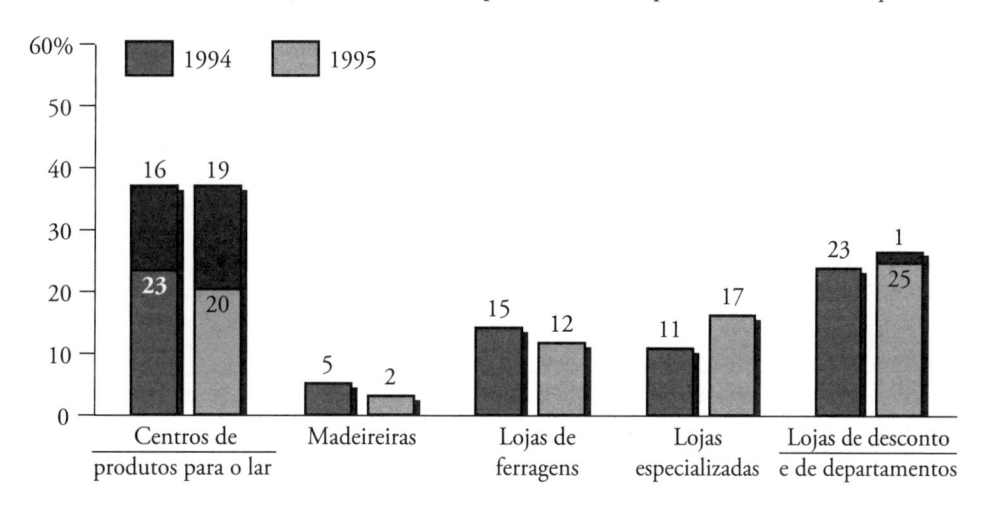

	Centros de produtos para o lar	Madeireiras	Lojas de ferragens	Lojas especializadas	Lojas de desconto e de departamentos
1994	23 (total 16 above = 39?)	5	15	11	23
1995	20 (total 19 above)	2	12	17	25 (+1)

Onde os pintores profissionais compram a maior parte das tintas/vernizes/corantes

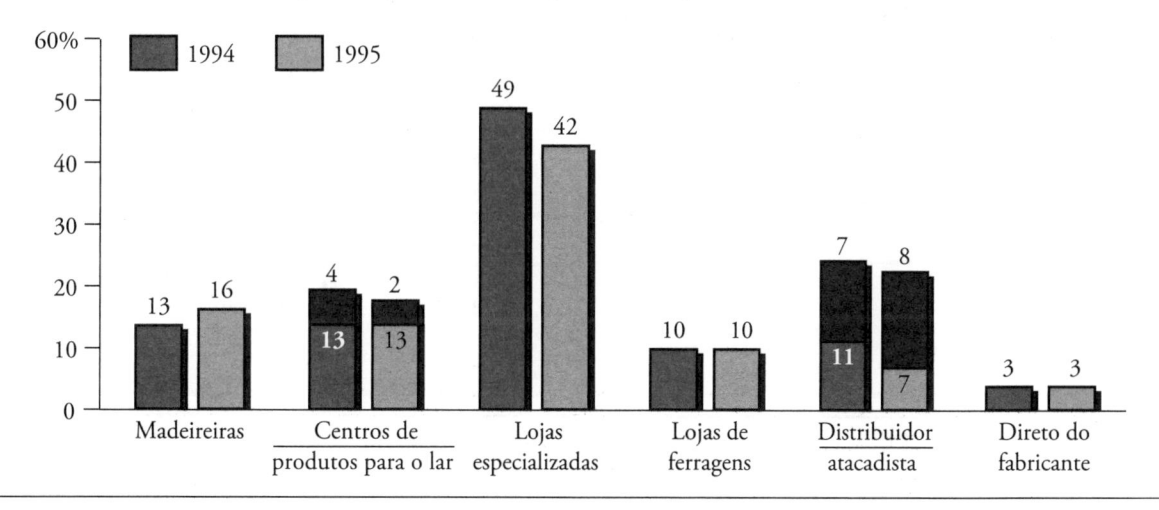

	Madeireiras	Centros de produtos para o lar	Lojas especializadas	Lojas de ferragens	Distribuidor atacadista	Direto do fabricante
1994	13	13 (+4)	49	10	11 (+7)	3
1995	16	13 (+2)	42	10	7 (+8)	3

Fonte: Home Improvement Research Institute. Reproduzido de *National Home Center News*, "10 Forces Reshaping the Retail Home Improvement Market", ©1996. Usado com permissão.

Comportamento de compra de tintas arquitetônicas

Aproximadamente 50% das vendas (em dólares) de tintas arquitetônicas decorrem da procura dos pintores "faça você mesmo". As compras de pintores profissionais respondem por 25% das vendas em dólares. O restante representa as vendas para o governo, empreiteiras e exportações.

Quase 60% das vendas anuais de tintas arquitetônicas recaem na categoria de coberturas para interiores. As tintas para exteriores representam 38% das vendas. Lacas e outros tipos de aplicações representam o restante das vendas. Um pouco menos de uma em cada quatro residências adquire tintas de interiores a cada ano. A porcentagem de residências que compram tintas para exteriores é consideravelmente menor do que as que compram tintas para interiores. A popularidade da pintura "faça você mesmo", especialmente para aplicações internas, fez aumentar a linha de tintas e complementos oferecida pelas lojas de varejo. Pesquisa com os consumidores do setor de tintas indica que a média por compra é cerca de $74. A média por compra de complementos é de $12.

Pesquisa recente do Home Improvement Research Institute indica que os pintores "faça você mesmo" primeiro escolhem uma loja para comprar as tintas e complementos e, depois, selecionam a marca. A pesquisa também identifica quatro passos, no processo de decisão dos "faça você mesmo", para a compra de produtos para reformar ou decorar a casa, o que inclui as tintas. Os resultados dessa pesquisa estão sintetizados na Figura 2.

"As tintas tornaram-se *commodities*", comentou Barret. "Os compradores 'faça você mesmo' quase sempre vêem as tintas simplesmente como tintas – ou seja, revestimento – e tentam conseguir o melhor preço. Mas há um número significativo de pessoas que desejam atendimento em termos de informações sobre aplicação, combinação de cores, preparação de superfícies e durabilidade", acrescentou. Barret admitiu que, "quando a tinta já está na parede, não se pode ver inicialmente a diferença entre um produto de alto preço e um outro de preço menor".

FIGURA 2

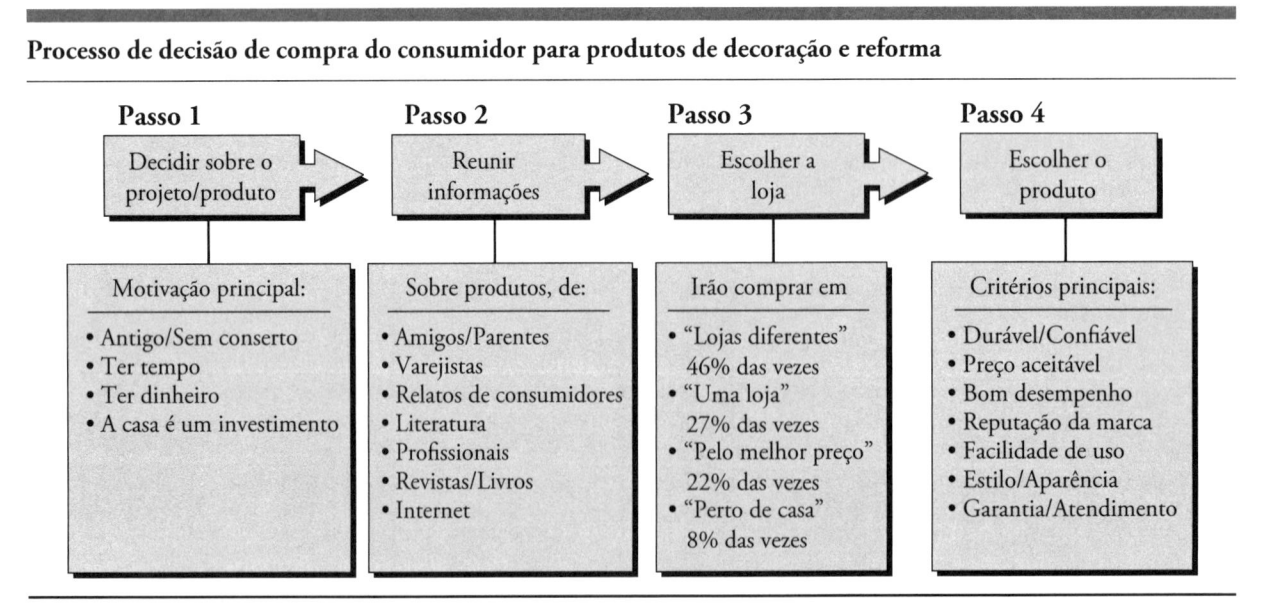

Processo de decisão de compra do consumidor para produtos de decoração e reforma

Passo 1	Passo 2	Passo 3	Passo 4
Decidir sobre o projeto/produto	Reunir informações	Escolher a loja	Escolher o produto
Motivação principal: • Antigo/Sem conserto • Ter tempo • Ter dinheiro • A casa é um investimento	**Sobre produtos, de:** • Amigos/Parentes • Varejistas • Relatos de consumidores • Literatura • Profissionais • Revistas/Livros • Internet	**Irão comprar em** • "Lojas diferentes" 46% das vezes • "Uma loja" 27% das vezes • "Pelo melhor preço" 22% das vezes • "Perto de casa" 8% das vezes	**Critérios principais:** • Durável/Confiável • Preço aceitável • Bom desempenho • Reputação da marca • Facilidade de uso • Estilo/Aparência • Garantia/Atendimento

Fonte: Home Improvement Research Institute. Reproduzido de *National Home Center News*, "10 Forces Reshaping the Retail Home Improvement Market", ©1996. Usado com permissão.

"No entanto, há uma diferença entre as empresas de pintura e os pintores profissionais", continuou Barret. "O pessoal dos pincéis [pintores profissionais] realmente procura produtos de qualidade, já que sua reputação está em jogo e as empresas de manutenção não querem pintar um escritório toda vez que uma marca aparece na parede. Os profissionais querem que a tinta seja durável e lavável e que proporcione boa cobertura em uma única aplicação. Também desejam que as lojas lhes ofereçam um ótimo atendimento. Muitos solicitam e obtêm crédito. Gostam de ir às lojas de manhã cedo para apanhar as tintas e complementos. Negociam com lojas que podem misturar grandes quantidades de cores personalizadas e esperam trabalhar com funcionários que conheçam os produtos e possam lhes dar o que precisam. Não me surpreende que as lojas de tintas continuem a ser preferidas pelos pintores profissionais. As empresas de pintura simplesmente querem um revestimento em diversas situações e vão atrás do menor preço, principalmente quando se trata de grandes trabalhos".

■ A ÁREA DE ATENDIMENTO DA JONES•BLAIR COMPANY

A Jones•Blair Company comercializa suas tintas e complementos em mais de 50 regiões no Texas, Oklahoma, Novo México e Louisiana, a partir de sua fábrica e sede em Dallas, no Texas. A área metropolitana de Dallas-Fort Worth (DFW), com 11 municípios, é o principal centro financeiro e de negócios na área de atendimento da empresa no sudoeste.

A concorrência no varejo acelerou-se nos últimos anos. A Sears e a Kmart possuem várias lojas em DFW, assim como a Sherwin-Williams e a Home Depot. A concorrência por espaço nas lojas de tintas, madeireiras e lojas de ferragens também aumentou. "Nossa pesquisa indica que 1.000 dessas lojas agora operam nas 50 regiões de nossa área de atendimento, sendo que 450 estão localizadas em DFW", observou Barret. "Quando se considera que uma madeireira ou loja de ferragens comum obtém 10% de seu volume de vendas ($65.000) com tintas e que uma típica loja de tintas tem vendas anuais de $400.000 com três marcas, pode-se ver que a conquista e a manutenção de uma distribuição ampla é fator chave para o sucesso nesse setor. Mais de 1.200 lojas estavam em operação em 1990; cerca de 600 estavam situadas na área de DFW".

A concorrência na fabricação de tintas também aumentou. A principal mudança no comportamento competitivo ocorreu entre os fabricantes de tintas que vendem para empresas de pintura que atendem o setor de construção imobiliária. Essas empresas têm trabalhado agressivamente com seus preços, de forma a captar maior porcentagem desse mercado. "Felizmente, elas ainda não atingem as cerca de 400 empresas de pintura profissional em DFW e os 200 pintores profissionais fora da área de DFW, nem o mercado do 'faça você mesmo'", disse Barret. "Elas não conseguiram acessar as lojas de varejo, mas podem fazê-lo no futuro por meio de produtos grátis, promoções ou outras maneiras disponíveis".

"Acreditamos que as lojas de massa controlam 50% do mercado 'faça você mesmo' na área metropolitana de DFW. Seu preço parece ser a atração, mas não podemos falar de sua qualidade", observou Barret.

O volume de dólares estimado das tintas arquitetônicas e produtos afins vendidos na área de atendimento da Jones•Blair, em 1999, era de $80 milhões (excluindo as vendas para empresas de pintura). A região de DFW foi responsável por 60% desse valor, com o volume restante sendo vendido em outras áreas. Acredita-se que os compradores do tipo "faça você mesmo" respondam por 70% do volume não relacionado com empresas de pintura em DFW e 90% desse tipo de volume em outras áreas. O resumo das vendas de tintas arquitetônicas e complementos na área de atendimento da Jones•Blair, em um período de cinco anos, é mostrado na Figura 3.

FIGURA 3

Volume de vendas de tintas arquitetônicas e complementos, excluindo vendas para empresas de pinturas (em $ milhões)

Ano	Total de vendas ($ milhões)	Vendas na área de DFW	Vendas em áreas fora de DFW
1995	$75,7	$50,9	$24,8
1996	76,4	50,8	25,6
1997	77,6	50,5	27,1
1998	78,4	50,7	27,7
1999	80,0	48,0	32,0

JONES•BLAIR COMPANY

A Jones•Blair Company é uma empresa privada que produz e comercializa tintas arquitetônicas sob o nome de marca Jones•Blair. Além de produzir uma linha completa de tintas arquitetônicas, a empresa vende acessórios e complementos de pintura (pincéis, rolos, diluentes, etc.) também sob o nome Jones•Blair, embora esses itens não sejam fabricados pela empresa. A Jones•Blair também opera uma grande divisão de revestimentos OEM, que vende produtos em todo o território dos Estados Unidos e internacionalmente.

O volume de vendas de tintas arquitetônicas e produtos afins da empresa em 1999 foi de $12 milhões, e o lucro líquido sem impostos foi de $1.140.000. As vendas (em dólares) aumentaram à taxa média anual de 4% ao longo da década anterior. O volume de tinta produzido, porém, havia permanecido estável ao longo dos últimos cinco anos. "Temos tido muito sucesso em manter nossas margens, mesmo com aumento dos custos de pesquisa e desenvolvimento e de mão-de-obra e material, mas receio que estejamos chegando ao nosso limiar em termos de preços", Barret afirmou. "Temos atualmente a tinta de maior preço em nossa área de atuação". Em 1999, o custo de mercadorias vendidas, incluindo despesas de frete, era 60% das vendas líquidas.

Distribuição

A empresa distribui seus produtos através de 200 lojas independentes de tintas, madeireiras e lojas de ferragens. Quarenta por cento de suas lojas estão localizadas na área de DFW. As lojas restantes estão situadas em outras 39 regiões na área de atendimento. As vendas da Jones•Blair são distribuídas uniformemente entre as contas dentro e fora de DFW. A Figura 4 mostra a distribuição do volume de vendas e contas por compra anual (em dólares).

Lojas de varejo fora da área de DFW, com compras de tinta e complementos excedendo $50.000 anuais, comercializam somente a linha de produtos da Jones•Blair. Entretanto, exceto por 14 lojas em DFW (as que compram mais de $50.000 por ano), que trabalham exclusivamente com a linha da Jones•Blair, os varejistas de DFW trabalham com duas ou três linhas, sendo a da Jones•Blair a de maior preço. "Nossa experiência até agora mostra que, em nossas lojas de DFW, o efeito de várias linhas tem sido o declínio no volume em galões. As lojas fora de DFW, por comparação, cresceram no volume de galões. Quando se combinam esses dois fatores, obtém-se um volume de galões estável", observou Barret.

Esforços promocionais para vendas de tintas arquitetônicas

A Jones•Blair emprega oito representantes de vendas. Eles são responsáveis pelo monitoramento de estoque de tintas e complementos da Jones•Blair em cada loja varejista, bem como pelos pedidos, au-

FIGURA 4

Porcentagem de contas e de volume de vendas por compra (em $) por ano

Compra /Ano	Contas de varejo			Volume de vendas		
	DFW	Fora de DFW	Total	DFW	Fora de DFW	Total
$50.000 +	7%	10%	17%	28%	28%	56%
$25.000 – $50.000	14	20	34	13	13	26
Menos de $25.000	19	30	49	9	9	18
Total	40%	60%	100%	50%	50%	100%

xiliando ainda na colocação dos produtos nas lojas e coordenando programas de propaganda corporativa. Uma recente pesquisa junto aos negociantes das tintas Jones•Blair indicou que os representantes de vendas eram simpáticos, prestativos, profissionais e conhecedores de tintas. Comentando sobre os resultados da pesquisa, Barret disse: "Nossos representantes estão em alta conta junto aos seus clientes. É comum nossos representantes discutirem assuntos de negócios e de família enquanto tomam café em uma visita de vendas, e alguns deles até 'cuidam da loja' quando o proprietário tem algum compromisso fora". Os representantes de vendas recebem salário e 1% de comissão sobre as vendas.

A empresa despende em propaganda e promoção de vendas aproximadamente 3% de suas vendas líquidas. Aproximadamente 55% do orçamento de propaganda e promoção de vendas são destinados a programas de propaganda cooperativa com lojas de varejo. O programa cooperativo, em que a Jones•Blair paga uma parte dos custos de mídia da loja com base na quantia de tintas comprada da empresa, aplica-se à propaganda em jornais e catálogos sazonais distribuídos na área de influência comercial do varejista. A Figura 5 apresenta um exemplo de propaganda cooperativa da Jones•Blair Company. O restante do orçamento de propaganda e promoção de vendas é gasto em demonstrações nas lojas, propaganda da marca, *outdoors*, revistas regionais, prêmios e custos de produção de propaganda.

■ REUNIÃO DE PLANEJAMENTO

Os altos executivos da Jones•Blair Company reuniram-se novamente para avaliar a questão de onde e como colocar os esforços de *marketing* corporativo entre os diversos mercados de tintas arquitetônicas atendidos pela empresa. Barret abriu a reunião com a afirmação de que era absolutamente necessário resolver essa questão naquele momento para que o plano tático fosse desenvolvido. A estação de pico das tintas estava se aproximando, e as decisões deveriam ser tomadas.

> *Vice-presidente de Propaganda:* Alex, eu ainda acho que devemos dirigir nossos esforços para o aumento de nossa presença no mercado "faça você mesmo", em DFW. Acabei de receber os resultados de nosso estudo de reconhecimento de marca entre consumidores em DFW. Como vocês podem ver [Figura 6], o reconhecimento refere-se ao comportamento de compra de tintas. Pesquisa do setor sobre o comportamento de compra de tintas demonstra que grande número dos consumidores "faça você mesmo" escolhe uma loja antes de selecionar uma marca. No entanto, o nome de marca também é importante para os consumidores, porque, quando escolhem as marcas, eles pensam na tinta que viram anunciada. Isso é muito importante nas lojas que vendem várias marcas. Parece-me que necessitamos de um nível de reconhecimento de pelo menos 30% entre esses consumidores "faça você mesmo" para afetar concretamente nossas vendas.

FIGURA 5

Anúncio impresso da Jones•Blair Company

(IMPRESSÃO DO VAREJISTA)

Conversas anteriores com nossa agência de propaganda indicam que um aumento de $350.000 além do que já estamos gastando na propaganda da marca corporativa, com ênfase na televisão, será necessário para atingirmos esse nível de reconhecimento. Além disso, essa cobertura pela televisão também alcançará consumidores em cerca de 15 regiões fora de DFW.

> *Vice-presidente de Operações:* Não concordo. A propaganda não é o caminho a seguir, e a referência apenas à área de DFW é um foco muito restrito. Temos que ser competitivos no mercado "faça você mesmo". Nosso programa de pesquisa de compradores indicou que os varejistas rapidamente esquecem nossa marca quando o cliente parece ser sensível ao

FIGURA 6

Porcentagem da população de DFW que estava consciente de marcas de tintas e que comprou tintas nos últimos 12 meses

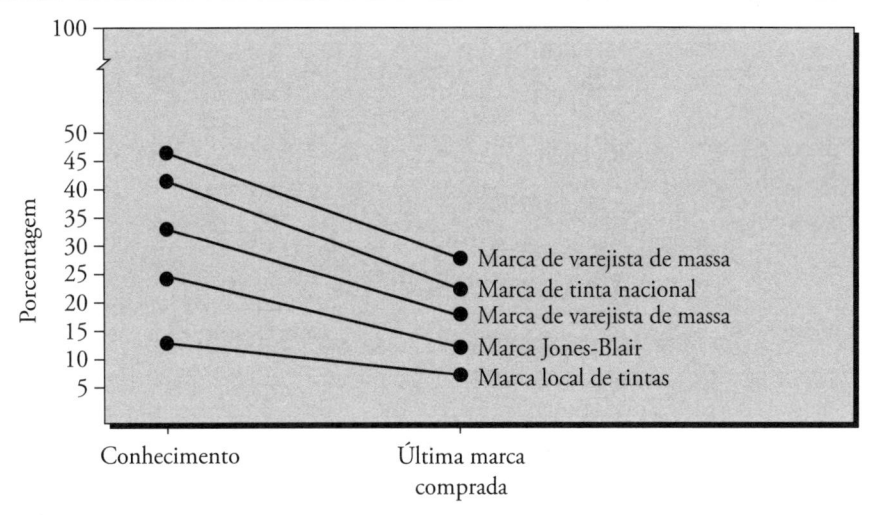

[Gráfico mostrando porcentagens de Conhecimento vs Última marca comprada para cinco marcas:
- Marca de varejista de massa
- Marca de tinta nacional
- Marca de varejista de massa
- Marca Jones-Blair
- Marca local de tintas]

Pergunta sobre conhecimento: "Que marcas lhe vêm à mente quando você pensa em tintas?"
Última marca adquirida: "Que marca de tinta você comprou da última vez?"

Nota: O tamanho de amostra foi $N = 400$. As porcentagens estão sujeitas a erro de amostra de 5%.

---

preço. Devemos cortar nosso preço em 20% em todas as tintas para nos equipararmos com as marcas nacionais de tintas. Olhem aqui: no jornal de hoje, anunciamos uma oferta especial em nossa tinta para exteriores, e nosso preço ainda é visivelmente superior aos preços comuns dos varejistas de massa. Com ambos os anúncios na mesma página, um cliente teria que ser tolo para procurar um de nossos revendedores.

Vice-presidente de Vendas: Esqueçam o mercado de DFW. Devemos direcionar nossos esforços para áreas fora de DFW, onde está a metade de nossas vendas e a maioria de nossos revendedores. Detesto dizer isso, mas nossos representantes de vendas poderiam ser mais agressivos. Só acrescentamos cinco contas novas nos últimos cinco anos; nossa penetração de contas em áreas fora de DFW é de somente 16%. Em parte, sou responsável, mas estou pronto para agir. Devemos contratar mais um representante de vendas, cuja única responsabilidade seja desenvolver novas contas de varejo ou oferecer assistência aos pintores profissionais através de nossos revendedores. Calculei que o custo direto para manter um representante em campo seria de 60.000 dólares por ano, fora a comissão.

Vice-presidente de Finanças: Todos estão propondo uma mudança em nossa orientação. Vou ser o advogado do diabo e defender nossa abordagem atual. Hoje, vendemos através de nossos revendedores para proprietários de residências e para pintores profissionais, em mercados dentro e fora de DFW. Temos sido e continuaremos a ser lucrativos, resguardando cuidadosamente nossas margens e controlando custos. Nossa margem de contribuição é de 35%. Todos sugerem que o aumento de nossos custos de algum modo resultará em maior volume de vendas. Deixe-me lembrá-lo, Alex, que dizemos que nossa política é recuperar gastos não essenciais, no horizonte de um ano. Se aumentarmos nossa propaganda em mais $350.000, então seria melhor que pudéssemos ver também o aumento resultante no volume de vendas. O mesmo vale para o acréscimo de representantes de vendas e, acrescento, para qualquer corte linear em preços.

Sr. Barret: Continuamos na mesma. Todos vocês têm argumentos válidos, mas devemos ter prioridades. Vamos pensar sobre o que pode ser melhor para todos nós.

O aumento de propaganda parece ser razoável, já que as empresas nacionais de tintas e o varejo de massa nos ultrapassam dez vezes nessa área em termos absolutos. Está certo dizer que as pessoas têm que estar conscientes de nossa marca, antes de comprar ou mesmo considerar a Jones•Blair. Mas não sei bem o que a propaganda poderá fazer por nós, tendo em vista que 75% do público não estão comprando tintas. Sua referência a DFW como principal mercado tem sido questionada pelos outros. Não podemos pegar esses $350.000 de propaganda adicional e aplicá-los em jornais e catálogos fora de DFW?

O corte de preços é uma ação mais drástica. Poderemos ter que fazê-lo apenas para manter nosso volume em galões. A partir das previsões de nossos representantes de vendas, parece que a demanda de tintas em galões, em nossa área de atendimento, não aumentará no próximo ano, e não podemos aumentar nossos preços este ano. Qualquer aumento só poderá vir da saída de algum concorrente. Além disso, como é improvável que nossos custos diminuam, devemos recompor o lucro bruto a partir de aumento no volume. Isso é possível?

A idéia de contratar mais representantes tem mérito, mas o que faremos com eles? Eles se concentrarão nas contas de varejo ou na conquista de pintores profissionais? Nossa pesquisa de lojas de varejo indicou que 70% das vendas, através de varejistas em DFW, foram para pintores profissionais, enquanto que 70% de nossas vendas, através de revendedores fora de DFW, foram para consumidores "faça você mesmo". Nossas vendas para empresas de pintura em DFW e em outras áreas são mínimas. Precisaríamos de um corte de 40% nos preços para atrairmos essas empresas, para não falar em maiores custos, mais conhecimento e dores de cabeça na concorrência por grandes obras.

Agora que expressei minha opinião, vamos pensar de novo nas propostas. Não sairemos daqui antes de chegarmos a um acordo quanto a uma linha de ação.

CASO

South Delaware Coors, Inc.

Larry Brownlow recém estava começando a perceber que o problema era mais complexo do que ele havia imaginado. O problema, naturalmente, era dar orientação para a Manson and Associates com relação à pesquisa que deveria ser finalizada em 20 de fevereiro de 1990, para determinar o potencial de mercado da distribuição de uma cerveja Coors para uma área de dois distritos no sul de Delaware. Com dados dessa pesquisa, Larry poderia calcular a viabilidade de tal operação antes do prazo final de inscrição, 5 de março. Larry sabia que sua decisão quanto à inscrição para distribuição era a mais importante de sua carreira até então.

■ LARRY BROWNLOW

Larry estava terminando seu MBA, e, de seu ponto de vista, o anúncio de expansão da Coors em Delaware não poderia ter vindo em melhor hora. Há muito tempo, ele já havia observado que as melhores oportunidades e recompensas estavam nas empresas menores e próprias, e não na selva dos gigantes corporativos. Devido a uma tragédia familiar ocorrida cerca de três anos antes, Larry deveria considerar oportunidades em pequenas empresas, como a distribuição da Coors. Larry tinha aproximadamente 500.000 dólares a receber quando completasse 30 anos. Até lá, ele e sua família viveriam com uma renda anual de cerca de 40.000 dólares. Foi com base nisso que Larry decidiu abandonar seu emprego em engenharia de vendas e retornar à universidade para fazer o MBA.

A decisão de completar um curso superior e operar seu próprio negócio tinha sido fácil de tomar. Embora ele pudesse ter se aposentado e vivido de rendas de investimentos, Larry sabia que esse tipo de vida não seria do seu agrado. Trabalhar com pessoas e ter o desafio de fazer as coisas sozinho, pensava Larry, era bem melhor do que se aposentar cedo.

Larry faria 30 anos em julho, quando o dinheiro realmente seria necessário para dar início ao negócio. Até lá, ele teria acesso a aproximadamente 15.000 dólares para pesquisa de viabilidade. Embora certamente houvesse outros lugares para gastar o dinheiro, Larry e sua esposa concordavam que a oportunidade de adquirir a distribuição não podia ser menosprezada.

■ COORS, INC.

A história da Coors remontava a 1873, quando Adolph Coors construiu uma pequena cervejaria em Golden, Colorado. Desde então, a cervejaria havia prosperado e se tornado a quarta maior vendedora de cerveja no país. A filosofia de operação da Coors poderia ser resumida como "trabalhar

---

Este caso foi preparado pelo professor James E. Nelson e pelo estudante de doutorado Eric J. Karson, da Universidade do Colorado, como base para discussão em aula e não se destina a ilustrar o manejo eficaz ou não de uma situação administrativa. Certos dados foram alterados. Copyright © 1990, Business Research Division, College of Business and Administration and the Graduate School of Business Administration, Universidade do Colorado, Boulder, Colorado 80309-0419.

arduamente, economizar de dinheiro, devotar-se à qualidade do produto, cuidar do ambiente e dar às pessoas algo em que acreditar". A operação da empresa é coerente com essa filosofia. A sede e a maioria das instalações de produção ainda são localizadas em Golden, Colorado, com a ajuda de uma nova instalação em Shenandoah, Virgínia, para distribuição nacional. A Coors ainda é operada e controlada pela família. A empresa fez sua primeira oferta pública em 1975, com ações sem direito a voto no valor de $127 milhões. A oferta foi recebida com entusiasmo pela comunidade financeira, apesar de o período ser de recessão.

O desejo da Coors de não comprometer a alta qualidade de seu produto é bem conhecido, tanto pelos seus fornecedores quanto pelo seu público consumidor. A cerveja Coors requer refrigeração constante para manter sua qualidade, e as instalações dos atacadistas são extremamente controladas para garantir que as temperaturas adequadas sejam mantidas. Os atacadistas também devem instalar e usar equipamento para reciclagem de latas de alumínio. A Coors foi uma das primeiras cervejarias a reciclar suas latas.

Larry sabia da popularidade da Coors entre muitos consumidores de estados adjacentes. No entanto, alguns consumidores achavam que a administração corporativa da Coors era anti-sindicalista (isso porque houve desavenças trabalhistas na cervejaria aproximadamente dez anos antes e porque a empresa estava agora utilizando mão-de-obra não-sindicalizada). Na opinião de outros consumidores, a cervejaria mostrava-se um pouco insensível a questões das minorias, principalmente na oferta de empregos e na distribuição. Tais atitudes – mais muitos outros aspectos do comportamento do consumidor – significavam que as vendas da Coors, em Delaware, dependeriam amplamente do empenho dos dois atacadistas programados para aquele estado.

■ A PROPOSTA DE PESQUISA DA MANSON

Devido à pressão de seus estudos, Larry entrou em contato com a Manson Associates em janeiro para ajudá-lo. Tratava-se de uma empresa de pesquisa geral com sede em Washington que tinha realizado outros estudos de viabilidade na região sul-atlântica. A Manson era bem conhecida pela qualidade de seu trabalho, principalmente com relação à simulação por computador. A empresa tinha desenvolvido um conhecimento especial na simulação de, por exemplo, níveis de população e emprego por cidades, regiões e outras unidades de área para períodos de até 10 anos no futuro.

Larry tinha conhecido John Rome, analista de pesquisa sênior da Manson, em janeiro e com ele discutiu longamente sobre a oportunidade da Coors e a pesquisa adequada. Rome prometeu uma proposta formal de pesquisa (Figura 1) para o projeto, a qual Larry agora tinha em mãos. Ela certamente era extensa, Larry pensou, e refletia o profissionalismo esperado. Agora vinha a parte difícil – escolher a pesquisa mais relevante da proposta, já que ele com certeza não poderia pagar pelo trabalho completo. Rome havia sugerido uma reunião para a sexta-feira, o que dava a Larry apenas mais três dias para decidir.

Larry, primeiramente, sentiu-se sobrecarregado. Toda a pesquisa seria útil. Ele tinha certeza de que precisaria das estimativas de vendas e custos de uma forma que permitisse a análise administrativa, mas quais dados e de que forma? O conhecimento da experiência de operações de concorrentes, do apoio do varejo e da aceitação do consumidor também parecia importante para a análise de viabilidade. Por exemplo, e se os consumidores ficassem entusiasmados com a Coors, mas os varejistas fossem indiferentes, ou o contrário? Finalmente, vários dos estudos ofereceriam informações que poderiam ser úteis depois de alguns meses de operação, nas áreas de promoção e preços, por exemplo. O problema agora parecia mais difícil do que antes!

Teria sido bom, pensou Larry, ter tido algum tempo para realizar ele mesmo parte da pesquisa. Entretanto, era muita coisa para fazer em meio a trabalhos de aula e outras questões para permitir-lhe esse luxo. Além disso, o uso da Manson lhe daria resultados de pesquisa de uma fonte não-tendenciosa. De qualquer maneira, haveria muito trabalho para ele fazer quando recebesse os resultados.

FIGURA 1

Proposta de pesquisa da Manson and Associates

16 de janeiro, 1990

Sr. Larry Brownlow
1198 West Lamar
Chester, PA 19345

Prezado Larry,

Foi um prazer encontrá-lo na semana passada e discutir seus interesses de negócios e pesquisa no atacado da Coors. Depois de uma maior reflexão e discussão com meus colegas, a oportunidade da Coors parece ainda mais atraente do que quando nos encontramos.

As aparências podem ser enganadoras, como você sabe, e eu concordo inteiramente com a necessidade de uma pesquisa formal antes de você fazer sua inscrição. A pesquisa que recomendamos seria realizada em dois estágios distintos e encontra-se descrita abaixo:

Estágio I de Pesquisa, com base em dados secundários e modelos computadorizados da Manson:

Estudo A: Consumo de cerveja *per capita* em nível nacional e em Delaware no período 1988-1992.
Descrição: Consumo anual *per capita* de cerveja para a população total e para a população com 21 anos de idade ou mais em galões.
Fonte: Publicações diversas. Modelo computadorizado Manson.
Custo: $1.000

Estudo B: Estimativas de população para 1986-1996, para dois distritos de Delaware na área de mercado.
Descrição: Estimativas anuais da população total e da população com 21 anos ou mais para o período 1986-1996.
Fonte: U.S. Bureau of Census, *Sales Management Annual Survey of Buying Power*, modelo computadorizado Manson.
Custo: $1.500

Estudo C: Estimativas da participação de mercado da Coors para 1990-1995.
Descrição: Participação de mercado da Coors para a área de mercado, abrangendo dois distritos com base no total de galões consumidos em estimativa para cada ano no período 1990-1995. Esses dados serão projetados a partir da experiência nacional da Coors.
Fonte: Publicações diversas. Modelo computadorizado da Manson.
Custo: $2.000

Estudo D: Estimativas do número de licenças para cerveja e bebidas alcoólicas para área de mercado, 1990-1995.
Descrição: Projeções do número de operações de venda de bebida a ser consumida dentro e fora dos estabelecimentos.
Fonte: Delaware Department of Revenue, modelo computadorizado da Manson.
Custo: $1.000

Estudo E: Impostos de cerveja pagos por atacadistas de Delaware para 1988 e 1989 na área de mercado.
Descrição: Impostos de cerveja pagos por cada um dos concorrentes atacadistas de cerveja atualmente em operação. Esses números podem ser convertidos para galões vendidos, aplicando-se a taxa estadual de imposto de volume em galões ($0,06 por galão).
Fonte: Delaware Department of Revenue.
Custo: $200

Estudo F: Declaração financeira resumida de atacadistas de vinho, bebidas alcoólicas e cerveja para o ano fiscal de 1988.
Descrição: Balanços patrimoniais compostos, declarações de renda e medidas relevantes de desempenho para 510 operações atacadistas semelhantes nos Estados Unidos.
Fonte: Robert Morris Associates Annual Statement Studies, 1989 ed.
Custo: $49,50

(Continua)

FIGURA 1 *(Continuação)*

Estágio II de Pesquisa, com base nos dados primários:

Estudo G: Estudo do consumidor.
Descrição: O Estudo G envolve entrevistas com grupos focais e questionário enviado pelo correio para determinar a experiência passada dos consumidores, sua aceitação e intenção de comprar a cerveja Coors.[a] Três entrevistas com grupos focais seriam realizadas nos dois distritos, na área de mercado. A partir desses dados, um questionário seria desenvolvido e enviado para 300 residentes adultos na área de mercado, utilizando questões diretas e uma escala semântica diferencial para avaliar as atitudes em relação à cerveja Coors, às cervejas concorrentes e à cerveja ideal.
Fonte: Manson and Associates.
Custo: $6.000

Estudo H: Estudo do varejo.
Descrição: Entrevistas em grupo seriam realizadas com seis varejistas potenciais da cerveja Coors, em um distrito na área de mercado, para determinar suas vendas e experiência com cerveja, bem como sua intenção de estocar e vender a Coors. A partir desses dados, um questionário para entrevista pessoal seria desenvolvido e executado junto a todos os varejistas selecionados na área de mercado para determinar dados semelhantes.
Fonte: Manson and Associates.
Custo: $4.800

Estudo I: Levantamento de preços de cerveja no atacado e no varejo.
Descrição: Entrevistas nas lojas seriam realizadas com uma amostra de 50 varejistas na área de mercado para estimar os preços de atacado e de varejo para as cervejas Budweiser, Miller Lite, Miller, Busch, Bud Light, Old Milwaukee e Michelob.
Fonte: Manson and Associates.
Custo: $2.000

Exemplos das tabelas dos relatórios finais seguem em anexo [Figura 2], para que se tenha uma idéia mais clara dos dados que serão oferecidos.

Como você pode ver, a pesquisa é extensa e, eu acrescentaria, não é barata. Entretanto, a pesquisa, conforme está delineada, lhe proporcionará informações suficientes para fazer uma estimativa da viabilidade da distribuição da cerveja Coors, um negócio que requer um investimento substancial. Agendei a próxima sexta-feira, às 9 horas da manhã, para discutir a proposta com você em mais detalhes. O tempo é curto, mas acreditamos firmemente que o estudo pode ser finalizado em 20 de fevereiro de 1990. Se você precisar de mais informações, pode nos telefonar.

Atenciosamente,

John Rome
Analista de
Pesquisa Sênior

[a] Uma entrevista com grupo focal envolve um moderador, que questionará e ouvirá um grupo de oito a 12 consumidores.

DADOS DE INVESTIMENTO E OPERAÇÃO

Larry não estava completamente no escuro com relação aos dados de investimento e operação para a distribuição. Nas últimas duas semanas, ele havia visitado dois atacadistas de cerveja em sua cidade natal, Chester, na Pensilvânia, que negociavam a Anheuser-Busch e a Miller, para ter uma idéia de sua experiência de operação e *marketing*. Teria sido bom entrevistar um atacadista da Coors, mas a administração da Coors tinha instruído todos os seus distribuidores a não dar nenhuma informação para negociantes potenciais.

FIGURA 2

Exemplos de tabelas de relatório final

Tabela A
Consumo de cerveja *per capita* em nível nacional e em Delaware, 1988-1992 (Galões)

	Consumo nos EUA		Consumo em Delaware	
Ano	Com base em toda a população	Com base na população com 21 anos ou mais	Com base em toda a população	Com base na população com 21 anos ou mais
1988				
1989				
1990				
1991				
1992				

Fonte: Estudo A.

Tabela B
Estimativas de população para 1986-1996 para dois distritos de Delaware na área de mercado

	Toda a população					
Distrito	*1986*	*1988*	*1990*	*1992*	*1994*	*1996*
Kent						
Sussex						

	População com 21 anos ou mais					
Distrito	*1986*	*1988*	*1990*	*1992*	*1994*	*1996*
Kent						
Sussex						

Fonte: Estudo B.

Tabela C
Estimativas da participação de mercado da Coors para 1990-1995

Ano	*Participação de mercado (%)*
1990	
1991	
1992	
1993	
1994	
1995	

Fonte: Estudo C.

FIGURA 2 *(Continuação)*

Tabela D
Estimativas do número de licenças para cerveja e bebidas alcoólicas para a área de mercado, 1990-1995

Tipo de licença	1990	1991	1992	1993	1994	1995
Todas as bebidas						
Cerveja e vinho no varejo						
Somente cerveja consumida fora dos estabelecimentos						
Cervejas e bebidas alcoólicas antigas						
Para associações						
Cerveja e bebidas alcoólicas para clubes						

Fonte: Estudo D.

Tabela E
Impostos de cerveja pagos por atacadistas de cerveja na área de mercado, 1988 e 1989

Atacadista	Imposto pago 1988 ($)	Imposto pago 1989 ($)
A		
B		
C		
D		
E		
F		

Fonte: Estudo E.
Observação: O imposto da cerveja em Delaware é de $0,06 por galão.

Tabela F
Síntese de declaração financeira para 510 atacadistas de vinho, bebidas alcoólicas e cerveja no ano fiscal de 1988

Ativos	Porcentagem
Dinheiro e equivalentes	
Contas e notas promissórias a receber, líquido	
Estoque	
Todos os outros atuais	
Atual total	
Ativos fixos, líquido	
Intangíveis, líquido	
Todos os outros não-atuais	
Total	100,0

(Continua)

FIGURA 2 *(Continuação)*

Tabela F (*continuação*)	
Passivo	*Porcentagem*
Notas a pagar, curto prazo	
Dívidas correntes de longo prazo	
Contas e notas promissórias a pagar, comerciais	
Despesas provisionadas	
Todos os outros atuais	
Atual total	
Dívida de longo prazo	
Todos os outros não-atuais	
Valor líquido	_____
Total de passivos e valor líquido	100,0
Dados de renda	
Vendas líquidas	100,0
Custo de vendas	
Lucro bruto	
Despesas operacionais	
Lucro operacional	
Todas as demais despesas, líquido	_____
Lucro antes de impostos	
Índices	
Liquidez imediata	
Atual	
Dívida/valor	
Vendas/a receber	
Custo de vendas/estoque	
Porcentagem de lucro antes de impostos, com base nos ativos totais	

Interpretação de dados dos estudos financeiros:
A RMA (Robert Morris Associates) recomenda que os dados da declaração financeira sejam considerados somente como orientação geral e não como normas absolutas do setor. Há várias razões pelas quais os dados podem não ser completamente representativos de um dado setor:
1. As declarações financeiras utilizadas nos Estudos Financeiros não são selecionadas por um método aleatório ou estatisticamente confiável. Bancos participantes da RMA voluntariamente submetem os dados brutos de que dispõem a cada ano, sendo estas as únicas restrições: (a) o final do ano fiscal das empresas pode não ser de 1º de abril a 29 de junho; (b) seus ativos totais devem ser menos de $100 milhões.
2. Muitas empresas têm diversas linhas de produtos; no entanto, os Estudos Financeiros categorizam-nas somente pela Classificação Industrial Padrão (CIP) do produto principal.
3. Algumas das amostras do setor são muito pequenas em relação ao número total de empresas em um dado setor. Uma amostra relativamente pequena pode aumentar as chances de que alguns de nossos compostos não representem completamente um setor.
4. Existe a chance de uma declaração extrema possa estar presente em uma amostra, causando influência desproporcional no composto do setor. Isso é verdade em uma amostra relativamente pequena.
5. As empresas dentro de um mesmo setor podem diferir em seu método de operações, o que, por sua vez, pode influenciar diretamente suas declarações financeiras. Como estão incluídas em nossa amostra também, tais declarações podem afetar significativamente nossos cálculos compostos.
6. Outras considerações que podem resultar em variações entre diferentes empresas envolvidas na mesma linha geral de negócios são os diferentes mercados de trabalho, a localização geográfica, os diferentes métodos de contabilidade, a qualidade dos produtos, as fontes e métodos de financiamento e os termos de venda.

Por essas razões, a RMA não recomenda que os dados dos Estudos Financeiros sejam considerados como normas absolutas para um determinado setor. Ao contrário, os dados devem ser usados apenas como orientações gerais e juntamente com outros métodos de análise financeira. A RMA não corrobora a representatividade dos dados impressos neste livro.

Fonte: Estudo F (Robert Morrison Associates, © 1989).

FIGURA 2 *(Continuação)*

Tabela G
Resultados do questionário ao consumidor

	Porcentagem		Porcentagem
Consumiu Coors no passado:			
Atitudes em relação à Coors:	%	Costuma comprar cerveja em:	
Gosta muito		Lojas de bebidas	
Gosta		Tavernas e bares	
Indiferente/sem opinião		Supermercados	
Não gosta		Mercado local	
Não gosta nem um pouco			
Total	100,0	Total	100,0
Consumo semanal de cerveja:		Aspectos considerados importantes na compra de cerveja:	
Menos de 1 lata			
1 – 2 latas		Gosto	
3 – 4 latas		Nome da marca	
5 – 6 latas		Preço	
7 – 8 latas		Localização da loja	
9 latas ou mais		Propaganda	
Total	100,0	Carbonização	
Intenção de comprar Coors:		Outros	
Certamente comprará		Total	100,0
Talvez compre			
Não sabe			
Talvez não compre			
Certamente não comprará			
Total	100,0		

Escala diferencial semântica, consumidores[a]

	Extremamente	Muito	Um pouco	Um pouco	Muito	Extremamente	
Masculina	–	–	–	–	–	–	Feminina
Saudável	–	–	–	–	–	–	Não-saudável
Barata	–	–	–	–	–	–	Cara
Forte	–	–	–	–	–	–	Fraca
Antiquada	–	–	–	–	–	–	Moderna
De alta categoria	–	–	–	–	–	–	De baixa categoria
Gosto bom	–	–	–	–	–	–	Gosto ruim

[a] Os perfis seriam oferecidos pela Coors, três cervejas concorrentes e uma cerveja ideal.

Fonte: Estudo G.

(Continua)

FIGURA 2 *(Continuação)*

Tabela H
Resultados do questionário aos varejistas

	Porcentagem		Porcentagem
Marcas de cerveja:		Vendas de cerveja:	
Budweiser		Budweiser	
Miller Lite		Miller Lite	
Miller		Miller	
Busch		Busch	
Bud Light		Bud Light	
Old Milwaukee		Old Milwaukee	
Michelob		Michelob	
Total	100,0	Outras	
Intenção de vender Coors:		Total	100,0
Certamente venderá			
Talvez venda			
Não sabe			
Talvez não venda			
Certamente não venderá			
Total	100,0		

Escala diferencial semântica, varejistas[a]

	Extremamente	Muito	Um pouco	Um pouco	Muito	Extremamente	
Masculina	–	–	–	–	–	–	Feminina
Saudável	–	–	–	–	–	–	Não-saudável
Barata	–	–	–	–	–	–	Cara
Forte	–	–	–	–	–	–	Fraca
Antiquada	–	–	–	–	–	–	Moderna
De alta categoria	–	–	–	–	–	–	De baixa categoria
Gosto bom	–	–	–	–	–	–	Gosto ruim

[a] Os perfis seriam oferecidos pela Coors, três cervejas concorrentes e uma cerveja ideal.

Fonte: Estudo H.

Tabela I
Preços de atacado e varejo para cervejas selecionadas na área de mercado

Cerveja	*Preço de embalagem com 6 unidades*[a] *($)*	*Preço de embalagem com 6 unidades*[b] *($)*
Budweiser		
Miller Lite		
Miller		
Busch		
Bud Light		
Old Milwaukee		
Michelob		

[a] Preço de venda do atacadista para os varejistas.

[b] Preço de venda do varejista para os consumidores.

Fonte: Estudo 1.

Embora nenhum dado financeiro específico tivesse sido discutido, informações gerais foram cordialmente fornecidas devido à natureza não-competitiva dos planos de Larry. Com base nessas conversas, Larry fez as seguintes estimativas:

Estoque		$240.000
Equipamento:		
Caminhões para entrega	$150.000	
Empilhadeira	20.000	
Equipamento geral e de reciclagem	20.000	
Equipamento de escritório	10.000	
Total em equipamentos		200.000
Armazém		320.000
Terreno		40.000
Investimento total		$800.000

Um banqueiro local tinha revisado as capacidades financeiras de Larry e não viu problema em estender uma linha de crédito na ordem de 400.000 dólares. Outras fontes familiares também poderiam emprestar até 400.000 dólares para o negócio.

Para obter uma estimativa aproximada das despesas fixas, Larry planejou ter quatro vendedores em rotas, uma secretária e um gerente de armazém. Os salários para essas pessoas e para ele próprio ficariam em torno de 160.000 dólares anuais, mais alguma forma de incentivo que ele ainda teria que determinar. Outras despesas fixas ou semifixas foram calculadas como segue:

Depreciação do equipamento	$35.000
Depreciação do armazém	15.000
Serviços, telefone	12.000
Seguro	10.000
Impostos de propriedade pessoal	10.000
Serviços de manutenção e zeladoria	5.600
Diversos	2.400
	$90.000

De acordo com os dois atacadistas, as vendas de cerveja em garrafa e lata superavam as de cerveja em barril numa margem de três para um. Os preços da cerveja em barril, no nível atacadista, eram cerca de 45% dos preços da cerveja em garrafa e lata.

■ REUNIÃO

Toda a questão merecia ser muito bem pensada. Talvez fosse uma oportunidade de ouro, talvez não. As únicas coisas certas eram que a pesquisa era necessária, a Manson and Associates estava pronta e Larry precisava de tempo para pensar. Hoje é terça-feira, pensou Larry – somente três dias até sua reunião com John Rome para tomar a decisão.

CAPÍTULO 5

Estratégia de Produtos e Serviços e Gerenciamento de Marca

A decisão fundamental na formulação de um *mix* de *marketing* refere-se à oferta de uma organização. Sem algo com que satisfazer os desejos e as necessidades do mercado-alvo, não haveria nada de que se calcular preço, nem para se distribuir ou comunicar. Em essência, a lucratividade final de uma organização depende de sua(s) oferta(s) de produtos ou serviços e da força de sua(s) marca(s). Dessa forma, questões sobre o desenvolvimento de um produto, serviço e estratégia de marca são de especial interesse em todos os níveis administrativos de uma organização.

Os três tipos básicos de decisões relativas a ofertas com que o gerente de *marketing* se depara dizem respeito: (1) à modificação do *mix* de ofertas, (2) ao posicionamento das ofertas e (3) ao estabelecimento de marcas das ofertas. Aspectos de cada decisão são descritos neste capítulo.

De certo modo, as decisões sobre ofertas são extensões de estratégias de combinação produto-mercado, conforme descrevemos no Capítulo 1. Como outras decisões sobre o *mix* de *marketing*, as decisões sobre ofertas devem basear-se na consideração dos objetivos de *marketing* e da organização, nos recursos e capacidades da organização, nas necessidades do consumidor e nas forças competitivas.

■ O PORTFÓLIO DE OFERTAS

O conceito de oferta

Antes de continuarmos com a discussão de decisões relativas às ofertas, devemos definir o termo *oferta*. Em sentido abstrato, uma *oferta* consiste dos benefícios ou satisfação oferecidos aos mercados-alvo por uma organização. Mais concretamente, uma oferta consiste de um produto ou serviço tangível (entidade física), mais os serviços relacionados (tais como entrega e instalação), nome(s) de marca, garantias, embalagem, etc.

O uso do termo *oferta* em vez de *produto* ou *serviço* traz inúmeros benefícios para o planejamento de *marketing* estratégico. Concentrando-se nos benefícios e na satisfação oferecidos, o termo estabelece uma estrutura conceitual. Tal estrutura é potencialmente útil na análise de ofertas concorrentes, na identificação de desejos e necessidades não atendidos dos mercados-alvo e no desenvolvimento ou criação de novos produtos e serviços. Ela força o profissional de *marketing* a ir além da entidade tangível que está sendo comercializada e a considerar toda a oferta, ou seja, o produto ou o serviço em toda a sua extensão.

Em uma perspectiva mais ampla, as ofertas de uma organização são uma extensão de sua definição de negócio. As ofertas ilustram não somente as necessidades atendidas do comprador, como também os tipos de grupos de clientes desejados e os meios (tecnologia) para satisfazer suas necessidades.

O *mix* de ofertas

Raramente as organizações comercializam uma única oferta; ao contrário, elas tendem a comercializar muitas ofertas de produtos ou serviços. Um supermercado comum contém mais de 40.000 produtos diferentes; a General Electric oferece mais de 250.000. Os bancos proporcionam centenas de serviços aos clientes, incluindo pagamento eletrônico de salários, débito automático, conta corrente e empréstimos de vários tipos. De maneira semelhante, os hospitais mantêm um completo "estoque" de serviços, que vão do tratamento de patologias e do atendimento obstétrico até o fornecimento de refeições. A totalidade de ofertas de uma organização é conhecida como seu *mix* ou *portfólio de ofertas*. Esse *mix* geralmente consiste de diferentes linhas de ofertas – grupos de ofertas semelhantes em termos de uso, dos compradores para quem são comercializadas ou de características técnicas. Cada linha de ofertas é composta de itens ou ofertas individuais.

As decisões relativas às ofertas têm a ver, principalmente, com a amplitude, profundidade e coerência do portfólio de ofertas. Os gerentes de *marketing* devem continuamente avaliar o número de linhas de ofertas (decisão sobre amplitude) e o número de itens individuais em cada linha (decisão sobre profundidade). Embora essas decisões dependam, em parte, da situação já existente na concorrência ou no setor, assim como dos recursos organizacionais, elas são mais freqüentemente determinadas pela estratégia geral de *marketing*. São muitas as opções. Em um extremo, uma organização pode concentrar-se em uma oferta; em outro, pode oferecer linhas completas a seus clientes. No meio-termo, pode especializar-se em ofertas de alto lucro e/ou grande volume. Além disso, os gerentes devem considerar até que ponto as ofertas satisfazem necessidades semelhantes, atraem grupos parecidos de compradores ou utilizam tecnologias similares (decisão sobre coerência).

Cada vez mais, as organizações voltam-se para ofertas combinadas como forma de incrementar seu *mix* de ofertas. A *oferta combinada* envolve a comercialização de dois ou mais itens de produtos ou serviços em um "pacote" único que cria uma nova oferta. Por exemplo, o McDonald's oferece refeições completas que incluem um sanduíche, refrigerante e batatas fritas. A Travelocity oferece férias completas, incluindo viagem, acomodações e atividades de lazer. A IBM vende *hardware, software* e contratos de manutenção de computadores em conjunto. A oferta combinada baseia-se na idéia de que os consumidores valorizam o pacote mais do que os itens individualmente. Isso se deve aos benefícios advindos do fato de não ter que fazer compras separadas e à maior satisfação com um item diante da presença de um outro. Mais ainda, a oferta combinada freqüentemente proporciona custo total mais baixo para os compradores e menores custos para os vendedores.

■ MODIFICAÇÃO DO *MIX* DE OFERTAS

A primeira decisão que o gerente de *marketing* deve tomar em relação às ofertas é se vai modificar o *mix*. Raramente, se é que acontece, o *mix* de ofertas de uma organização passa pelo teste de mudanças nas ações da concorrência e nas preferências do comprador ou satisfazem o desejo de crescimento da organização. Desse modo, o gerente de *marketing* deve continuamente monitorar os mercados-alvo e as ofertas para determinar quando novas ofertas devem ser introduzidas e quando as ofertas existentes devem ser modificadas ou eliminadas.

Adições ao *mix* de ofertas

As adições ao *mix* de ofertas podem tomar a forma de uma única oferta ou de linhas completas de ofertas. A ConAgra Foods é um exemplo. A empresa lançou com sucesso uma linha de oito itens de *kits* de refeições completas com carne, sob a marca Homestyle Bakes, e alcançou vendas de 100 milhões de dólares em menos de um ano.[1]

Seja qual for a razão para se considerar a colocação de novas ofertas, três questões devem dirigir a avaliação dessa ação:

- Até que ponto a nova oferta se mostra *coerente* com as ofertas existentes?
- A organização tem os *recursos* para introduzir e manter a oferta adequadamente?
- Existe um nicho de mercado viável para a oferta?

Coerência Ao avaliar-se a coerência das novas ofertas em relação às já existentes, as inter-relações de demanda – substitutos ou complementos da oferta – devem ser levadas em consideração. Isso é necessário para evitar situações em que as vendas da nova oferta venham a canibalizar excessivamente as de outras ofertas. A Eastman Kodak originalmente não introduziu câmeras de 35mm, filmadoras e câmeras digitais, devido ao potencial para canibalismo de seus principais produtos – câmeras e filmes.[2] A coerência de uma nova oferta também implica considerar até que ponto essa nova oferta se enquadra nas estratégias existentes de venda e distribuição da organização. Por exemplo, a nova oferta exigirá um tipo diferente de trabalho de vendas, tais como novas equipes ou métodos de vendas? A Metropolitan Life Insurance Company enfrentou uma situação como essa quando acrescentou o seguro de automóveis à sua linha de seguros de vida e de saúde, uma vez que o trabalho de vendas de seguros de automóveis difere do trabalho com seguros de vida. Ou, ainda, a nova oferta exigirá um diferente canal de comercialização para atingir o mercado-alvo desejado? Tanto a questão do canibalismo quanto a da adequação às estratégias de venda e distribuição levantam uma terceira questão, relativa aos compradores a serem atraídos para a nova oferta. A nova oferta satisfará o mercado-alvo que atualmente é atendido pelo *mix* de ofertas existente? Em caso afirmativo, as questões de vendas e de distribuição podem ser resolvidas, mas a do canibalismo continua. Em caso negativo, a situação é exatamente o contrário.

Recursos Os recursos organizacionais também requerem consideração quando se adicionam novas ofertas. Especificamente, a solidez financeira da organização deve ser avaliada de maneira objetiva. As novas ofertas muitas vezes exigem grandes investimentos iniciais em pesquisa, desenvolvimento e programas de *marketing* para sua introdução no mercado. A Gillette, por exemplo, gastou 750 milhões de dólares para pesquisa e desenvolvimento e mais 300 milhões para propaganda e apoio de *marketing* no lançamento da lâmina Mach 3.[3] Outros custos para sustentação da nova oferta até que ela dê retorno em lucro para a organização, também devem ser mensurados. Esses custos serão determinados, em parte, pela velocidade e magnitude da resposta competitiva às novas ofertas no mercado e pelo próprio crescimento do mercado. A experiência da Royal Crown Company, fabricante da RC Cola, é um exemplo. A empresa foi pioneira na produção do primeiro refrigerante em lata, em 1954, da primeira cola *diet*, em 1962, e da primeira cola sem cafeína, em 1980. Todas as três ofertas conquistaram uma respeitável presença no mercado, perdida quando concorrentes maiores, como a Coca-Cola e a Pepsi-Cola, lançaram seus produtos competitivos.[4]

Mercado Finalmente, deve-se determinar se existe um nicho de mercado para a nova oferta. Lembrando do Capítulo 4, sabemos que a disposição e capacidade do comprador para comprar uma oferta determinam se existe um mercado. Duas questões são importantes. Primeiro, a nova oferta apresenta uma vantagem relativa sobre as ofertas existentes da concorrência a um preço que os compradores querem e podem pagar? Segundo, existe um grupo ou segmento distinto de compradores para o qual nenhuma oferta se mostra satisfatória? A Wyeth Pharmaceuticals aparentemente desconsiderou essas questões no desenvolvimento e *marketing* de sua vacina para gripe, FluMist. Esse produto foi aprovado para comercialização para consumidores entre as idades de cinco e 49 anos pela U.S. Food and Drug Administration – um segmento aparentemente grande da população dos Estados Unidos. No entanto, as crianças pequenas (abaixo de cinco anos) e os cidadãos mais idosos são os dois grupos etários com maior risco de pegar gripe. Além disso, FluMist custava, em média, 46 dólares por dose, mais do que o triplo do custo médio de uma vacina tradicional para a gripe. Resultado? FluMist atraiu poucos compradores, e as vendas e lucros foram penalizados.[5]

Processo de desenvolvimento de novas ofertas

Os gerentes de *marketing* muitas vezes vêem-se confrontados com decisões a respeito de novas ofertas. Ao lidar com o processo freqüentemente caótico de desenvolvimento e comercialização de novas ofertas, a maioria dos gerentes tenta seguir algum tipo de procedimento estruturado.[6] Esse procedimento tipicamente inclui quatro passos multifacetados: (1) geração de idéias, (2) triagem de idéias, (3) análise do negócio, (4) teste de mercado e (5) comercialização.

O processo Idéias para novas ofertas são retiradas de muitas fontes – funcionários, compradores e concorrentes – através de meios formais (pesquisa de *marketing*) e informais. Essas idéias passam por uma triagem, tanto em termos de definição e capacidade organizacionais quanto do ponto de vista de seus compradores potenciais. As idéias consideradas incompatíveis com a definição e a capacidade organizacionais são rapidamente eliminadas. A combinação entre compradores potenciais e características da oferta é avaliada através de perguntas como: primeiro, a oferta apresenta uma *vantagem relativa* sobre as ofertas existentes? Segundo, a oferta é *compatível* com o uso por parte dos compradores ou com seu comportamento de compra? Terceiro, a oferta é *simples* o suficiente para que os compradores a entendam e a utilizem? Quarto, a oferta pode ser *testada* de forma limitada antes da compra real? Quinto, há *benefícios imediatos* da oferta, assim que é utilizada ou consumida? Se as respostas a essas perguntas são "sim" e se a oferta satisfaz uma *necessidade percebida*, então a idéia da nova oferta passa para o próximo estágio. Nesse ponto, a idéia é submetida a uma análise para avaliar sua viabilidade financeira em termos de vendas, custos e lucratividade estimados. As idéias que passam na análise são então desenvolvidas em protótipos, e vários procedimentos de testagem são implementados. Testes de *marketing* podem incluir os de conceito de produto ou de preferência do comprador em uma situação de laboratório ou mesmo testes de mercado em campo. Idéias de ofertas que passam por esses estágios são comercialmente introduzidas no mercado na esperança de que se tornem lucrativas para a organização. Uma pesquisa sobre o processo de desenvolvimento de novas ofertas indica que até 3.000 idéias "cruas" são necessárias para produzir um único produto novo bem-sucedido e inovador. Essa pesquisa também enfatiza que dois fatores importantes contribuem para o sucesso de novas ofertas: (1) a adequação às necessidades do mercado e (2) a adequação aos pontos fortes internos das organizações.[7]

Análise do negócio e teste de mercado Embora os estágios recém-delineados sejam relativamente diretos, dois deles requerem maior elaboração: os estágios de análise do negócio e de testes de mercado.

A análise de vendas e a análise de lucros são dois aspectos fundamentais do estágio de análise do negócio. A previsão do volume de vendas para uma nova oferta é uma tarefa difícil; no entanto, previsões preliminares devem ser feitas antes que uma maior investigação da oferta seja realizada. Em sua maior parte, as análises de lucratividade são relacionadas com exigências de investimentos, procedimentos de ponto de equilíbrio e tempo para o retorno do investimento. Os procedimentos de ponto de equilíbrio podem ser usados para determinar estimativas do número de unidades que devem ser vendidas para cobrir custos variáveis e fixos. Uma extensão desse procedimento – freqüentemente utilizada na avaliação de novas ofertas – é computar o tempo para o retorno do investimento da nova oferta. O *tempo para o retorno do investimento* refere-se ao número de anos necessários para que uma organização recupere seu investimento inicial na oferta. Quanto menor o tempo para o retorno do investimento, mais cedo uma oferta demonstrará ser lucrativa. Geralmente o tempo para o retorno do investimento é calculado dividindo-se os custos fixos da oferta pelos fluxos de caixa estimados dela provenientes. Apesar de amplamente usado, o método é limitado, pois não faz distinção entre investimentos na oferta de acordo com seus tamanhos absolutos. Um método final muito utilizado é o cálculo do retorno sobre o investimento (ROI). O ROI é igual à razão da média dos ganhos líquidos anuais (retorno) divididos pela média de investimento anual, descontado até o momento presente. Como o método de tempo para o retorno do investimento, o método ROI nem sempre distingue entre alternativas de ofertas de acordo com seu risco. O risco ainda deverá ser subjetivamente avaliado.

O teste de mercado é uma importante consideração no estágio de desenvolvimento e testagem. Um teste de mercado é uma implementação reduzida de uma ou mais estratégias de *marketing* para introdução de uma nova oferta. Os testes de mercado propiciam diversos benefícios aos gerentes. Primeiro, geram dados de comparação (*benchmarking*) para avaliar o volume de vendas quando o produto for introduzido em uma área mais ampla. Segundo, se forem testadas estratégias de *marketing* alternativas, os impactos relativos dos dois programas podem ser examinados sob as reais condições de mercado. De modo semelhante, os testes de mercado permitem que o gerente avalie a incidência de experimentação das ofertas pelos compradores potenciais, o comportamento de repetição de compra e as quantidades compradas. Um gerente deve lembrar, no entanto, que os testes de mercado de novas ofertas informam aos concorrentes sobre as atividades da organização e, por isso, podem aumentar a velocidade e a eficácia da resposta competitiva. Consideremos o que ocorreu com a Procter & Gamble.[8] Sua linha de cosméticos Olay, que apresentava um benefício para a saúde da pele, foi testada por três anos, sendo, no fim, retirada. Almay, da Revlon, e Neutrogena, da Johnson & Johnson, venceram-na no mercado com o mesmo tipo de benefício, sustentado por grandes gastos com *marketing*.

Conceito de ciclo de vida

Uma importante ferramenta administrativa relativa ao desenvolvimento e ao gerenciamento de ofertas é o conceito de ciclo de vida. Um *ciclo de vida* é uma curva que representa as vendas de uma oferta (como uma marca de café) ou de uma classe de produto (como todas as marcas de café) no decorrer de um período de tempo. Ciclos de vida são tipicamente divididos em quatro estágios: (1) introdução, (2) crescimento, (3) maturidade-saturação e (4) declínio. A Figura 5.1 mostra a forma geral do ciclo de vida de um produto e os estágios correspondentes.

A curva de vendas pode ser vista como sendo o resultado da experimentação do produto e do comportamento de repetição de compra. Em outras palavras,

Volume de vendas = (número de experimentadores × quantidade média de compra × preço) + (número de repetidores × quantidade média comprada × preço)

No início do ciclo de vida, os esforços da administração concentram-se em estimular a experimentação da oferta através de propaganda, distribuição de amostras grátis e obtenção da distribuição adequada. A ampla maioria do volume de vendas deve-se às compras para experimentação. À medida

FIGURA 5.1

Representação do ciclo de vida de um produto

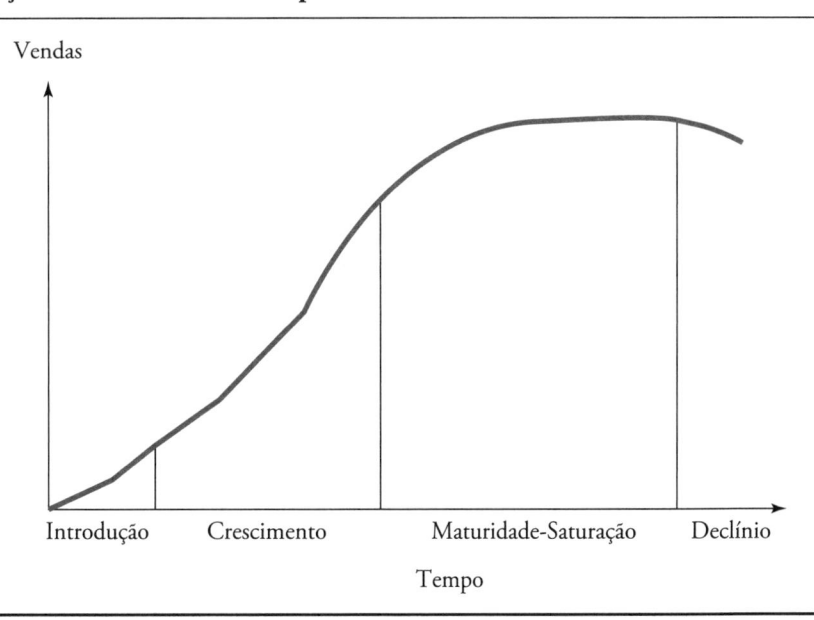

que a oferta se desloca através de seu ciclo de vida, uma porção maior do volume é devida à repetição de compra, e os esforços administrativos concentram-se na retenção dos compradores existentes por meio de modificações da oferta, melhoria da imagem da marca e preço competitivo.

Prever e reconhecer movimentos em direção a estágios avançados do ciclo de vida são cruciais para gerenciar os vários estágios. O movimento para o estágio de maturidade-saturação freqüentemente é indicado por (1) aumento na proporção de compradores que repetem a compra (isto é, poucos compradores ou experimentadores novos), (2) aumento na padronização das operações de produção e ofertas de produto-serviço e (3) aumento na incidência de atividades agressivas de preços dos competidores. À medida que a oferta entra nesse estágio e vai se deslocando através dele, os esforços administrativos tradicionalmente concentram-se em encontrar novos compradores para a oferta, melhorá-la significativamente e/ou aumentar a freqüência de uso entre os compradores existentes. Decididamente, o estágio de declínio deve ser abordado. Os critérios de decisão, nesse estágio, são delineados na discussão sobre modificar, colher e eliminar ofertas.

Os serviços geralmente têm um ciclo de vida semelhante ao ciclo dos produtos, conforme descrito anteriormente. À medida que uma empresa de serviços se aproxima da maturidade, normalmente modifica suas operações para atrair novos compradores ou aumentar a freqüência de compra. Exemplos incluem Starbucks, com a extensão de seu menu, e barbearias que se transformam em salões de cabeleireiro com serviços de corte de cabelo para homens e mulheres. Muitas vezes, as empresas de serviços expandem seu escopo geográfico, multiplicando suas instalações através de contratos de franquia e licenciamentos para vários locais.

Modificação, colheita e eliminação de ofertas

A modificação de ofertas é uma prática comum. As empresas devem estar sempre à procura de novas maneiras de aumentar o valor que suas ofertas proporcionam aos clientes em termos de qualidade, funções, características e/ou preço.

As decisões relativas a modificações geralmente concentram-se em ampliar ou reduzir as ofertas. A *ampliação* envolve a decisão consciente de melhorar uma oferta – adicionando-se novas características e materiais de melhor qualidade ou promovendo a oferta com serviços de atendimento – e elevar seu preço. Exemplos de promoção de produtos com serviços são encontrados no setor de computadores. Os fabricantes melhoraram a imagem e a adequação de seus produtos programando serviços, assistência em sistemas de informações e treinamento do usuário. A *redução* é o processo de diminuição tanto do número de características ou da qualidade de uma oferta quanto do seu preço.

A eliminação de ofertas como uma decisão específica recebe menos atenção do que as decisões relativas a modificações ou a novas ofertas. Entretanto, a importância da decisão pela eliminação tem aumentado nos últimos anos devido à percepção de que algumas ofertas podem ser uma carga desnecessária diante de oportunidades potenciais. Como alternativa para a eliminação total, a administração poderia considerar a "colheita" da oferta quando ela entra no estágio final da maturidade ou em declínio no ciclo de vida. *Colheita* é a decisão administrativo-estratégica para reduzir o investimento na unidade de negócios, na esperança de cortar custos e/ou melhorar o fluxo de caixa. Em outras palavras, a decisão não é abandonar a oferta completamente, mas minimizar recursos humanos e financeiros que a ela são destinados. A colheita deve ser considerada quando: (1) o mercado para a oferta é estável, (2) a oferta não está produzindo bons lucros, (3) a oferta tem uma pequena ou respeitável participação no mercado que está se tornando cada vez mais difícil ou dispendiosa para defender dos avanços da concorrência e (4) a oferta proporciona benefícios para a organização em termos de imagem ou de resultado da linha completa de produtos, apesar de seu pouco potencial futuro.

O abandono total, ou eliminação, significa que a oferta é retirada do *mix* das ofertas da organização. Falando de modo geral, se a resposta para cada uma das seguintes perguntas for "muito pouco" ou "nenhum/nada", a oferta será candidata à eliminação.

1. Qual o potencial de vendas futuras da oferta?
2. Com quanto a oferta está contribuindo para a lucratividade total do *mix* de ofertas?
3. Com quanto a oferta está contribuindo para a venda de outras ofertas no *mix*?

4. Quanto poderia ser ganho com a modificação da oferta?
5. Qual seria o efeito sobre os componentes do canal e os compradores?

Cada uma dessas perguntas foi considerada pela General Motors quando tomou a decisão de interromper a produção de sua linha de automóveis Oldsmobile.[9]

■ POSICIONAMENTO DE OFERTAS

Para o gerente, uma segunda decisão importante quanto às ofertas refere-se ao posicionamento. *Posicionamento* é o ato de criar a oferta e a imagem de uma organização de forma que ocupe um lugar distinto e valorizado na mente do consumidor em relação às ofertas concorrentes.

Estratégias de posicionamento

Há uma variedade de estratégias de posicionamento disponíveis, incluindo o posicionamento por (1) atributo ou benefício, (2) uso ou aplicação, (3) usuário do produto ou serviço, (4) classe do produto ou serviço, (5) concorrentes e (6) preço e qualidade.[10]

O posicionamento de uma oferta por atributos ou benefícios é a estratégia mais freqüentemente utilizada. O posicionamento de uma oferta por atributos exige que se determinem os atributos importantes para os mercados-alvo, os que estão sendo enfatizados pelos concorrentes e como as ofertas podem adequar-se a esse ambiente de mercado. Esse tipo de posicionamento pode ser realizado por meio da criação de uma oferta que contenha atributos apropriados ou pelo destaque desses atributos, se eles já existem na oferta. Esta última tática tem sido empregada por uma série de fabricantes de cereais, que enfatizam o caráter "natural" de seus produtos, em resposta ao crescente interesse em nutrição demonstrado por um número considerável de compradores de cereais.

Na prática, a operacionalização do conceito de posicionamento exige o desenvolvimento de uma matriz relacionando atributos da oferta com segmentos de mercado. Usando um creme dental como exemplo, a Figura 5.2 mostra como atributos específicos podem variar de importância para diferentes segmentos de mercado.[11] Diversos benefícios tornam-se evidentes ao considerar-se o mercado de cre-

FIGURA 5.2

Atributos e posicionamento em segmentos de mercado

	Segmentos de mercado			
Atributos do creme dental	*Crianças*	*Adolescentes e Adultos Jovens*	*Família*	*Adultos*
Sabor	✓			
Cor	✓			
Brancura dos dentes		✓		
Hálito fresco		✓		
Prevenção de cáries			✓	
Preço			✓	
Prevenção de placa				✓
Prevenção de manchas				✓
Principais marcas para cada segmento	Aim, Stripe	Ultra Brite, McCleans	Colgate, Crest	Topol, Rembrandt

Observação: Os principais benefícios procurados pelos segmentos de mercado estão assinalados.

me dental dessa maneira. Primeiro, o gerente de *marketing* pode detectar oportunidades potenciais para novas ofertas e determinar se existe um nicho de mercado. Segundo, ver os atributos da oferta e sua importância para os segmentos de mercado possibilita uma estimativa subjetiva de até que ponto uma nova oferta poderia canibalizar ofertas existentes. Se duas ofertas enfatizam os mesmos atributos, então, pode-se esperar que elas disputem o mesmo segmento de mercado. Por outro lado, se as ofertas têm diferentes combinações de atributos, provavelmente apelarão para diferentes segmentos. Por essa razão, a introdução do creme dental Crest para adultos, da Procter & Gamble, com fórmula para controle de tártaro, não teve um efeito adverso importante sobre as vendas do creme dental Crest infantil, já existente. Terceiro, a resposta da concorrência a uma nova oferta pode ser julgada de modo mais eficiente utilizando-se essa estrutura. Determinando-se quais marcas atendem a mercados específicos, as ofertas podem ser avaliadas em termos de força financeira e aceitação de mercado.

As organizações podem também posicionar suas ofertas pelo uso ou aplicação. A Arm & Hammer utilizou essa abordagem para posicionar seu fermento como um agente eliminador de odor em refrigeradores e como condicionador de água em piscinas. A televisão pública originalmente foi posicionada como fonte de programação educativa e cultural.

O posicionamento por usuário é um terceiro tipo de estratégia. É típico dessa estratégia associar um produto ou serviço com um grupo de usuários. A Federal Express posiciona seu serviço de entregas para o executivo ocupado. Certas marcas de desodorante posicionam-se para mulheres (Jean Naté, de Charles of the Ritz), enquanto outras se concentram nos homens (Brut, de Fabergé).

Os produtos e serviços podem ser posicionados também por classe. Por exemplo, marcas de margarina posicionam-se em relação à manteiga. Associações de poupança posicionam-se como "bancos".

Uma organização pode posicionar a si própria ou às suas ofertas diretamente em relação à concorrência. A Avis posiciona-se em relação à Hertz no negócio de locação de automóveis. Por muitos anos, o National Pork Producers Council posicionou seu produto equiparando-o com a carne de aves: "Porco: a Outra Carne Branca".

Finalmente, o posicionamento ao longo do *continuum* preço-qualidade também é possível. A Hewlett-Packard recentemente estabeleceu preços mais baixos do que os da Dell para sua linha de computadores pessoais para empresas, tentando passar uma posição de "valor" entre os compradores corporativos.[12] A Ford Motor Company, por outro lado, tem buscado um posicionamento pela qualidade, evidenciado por seu programa publicitário "Qualidade em Primeiro Lugar".

Na prática, os gerentes de *marketing* costumam combinar duas ou mais dessas estratégias ao posicionarem um produto, serviço ou marca. Isso se torna evidente na elaboração de declarações de posicionamento.

Elaboração de uma declaração de posicionamento

Agora é comum que os gerentes de *marketing* preparem uma declaração de posicionamento sucinta por escrito, assim que o posicionamento desejado for determinado.[13] Os profissionais de *marketing* redigem essas declarações para uso interno e por outros, tais como agências de propaganda envolvidas no delineamento de uma estratégia de *marketing*. A declaração identifica o mercado-alvo e as necessidades satisfeitas, a classe ou categoria do produto (ou serviço) em que a oferta da organização compete e os atributos ou benefícios únicos da oferta. Uma declaração de posicionamento geralmente assume a seguinte forma:

> Para (*mercado-alvo e necessidade*), o (*produto, serviço, nome de marca*) é um (*classe ou categoria do produto/serviço*) que (*declaração dos atributos ou benefícios únicos oferecidos*).

Como ilustração, consideremos a declaração de posicionamento norte-americano para o Volvo:

> Para famílias americanas de classe alta que desejam que sua experiência de dirigir seja tranqüila, o Volvo é um automóvel de alto preço que oferece o máximo em segurança e confiabilidade.

Tal declaração orienta a estratégia geral de *marketing* norte-americana do Volvo. Por exemplo, ela se concentra no trabalho de desenvolvimento do produto da Volvo, tais como inclusão de *airbags* nas portas dos automóveis. Também dá indicações para a mensagem de comunicação de *marketing* da Volvo. As propagandas da Volvo quase sempre se referem à segurança e à confiabilidade, e esses dois benefícios formam a base para o *slogan* da empresa: "Volvo para a vida".

Reposicionamento

O reposicionamento é necessário quando o posicionamento inicial de um produto, serviço, marca ou organização não é mais competitivamente sustentável ou lucrativo ou quando surgem melhores oportunidades de posicionamento. Entretanto, em vista do tempo e do custo para estabelecer uma nova posição, o reposicionamento não é aconselhável sem a realização de um estudo cuidadoso.

Exemplos de reposicionamentos bem-sucedidos incluem os esforços por trás da St. Joseph Aspirin, da Johnson & Johnson's, e da Carnival Cruise Lines.[14] A Johnson & Johnson reposicionou a aspirina desde a usada por bebês até a "Low Strength Aspirin", para adultos, para reduzir o risco de problemas cardíacos ou acidentes vasculares cerebrais. Esse reposicionamento produziu um aumento significativo nas vendas. A Carnival Cruise Lines reposicionou-se desde de uma alternativa de férias para pessoas mais idosas até o "Fun Ship", para adultos e famílias mais jovens. Após expandir sua oferta de serviço para incluir *shows* ao estilo de Las Vegas, Camp Carnival e programas Nautica Spa, a Carnival tornou-se a maior e mais bem-sucedida empresa no setor de cruzeiros.

A decisão por uma estratégia de posicionamento

O desafio enfrentado pelo gerente é decidir que estratégia de posicionamento é mais apropriada em uma determinada situação. A escolha de uma estratégia torna-se mais fácil quando as três questões a seguir são consideradas. Primeiro, quem são os prováveis concorrentes, que posições eles estabelecem no mercado e qual sua força? Segundo, quais são as preferências dos consumidores-alvo almejados e como esses consumidores percebem as ofertas dos concorrentes? Finalmente, que posição, se há alguma, já existe na mente do consumidor-alvo? Uma vez respondidas essas perguntas, a atenção pode ser dirigida para uma série de questões de implementação:

1. Que posição queremos ter?
2. Que concorrentes devem ser superados se quisermos estabelecer a posição?
3. Temos os recursos de *marketing* para ocupar e manter a posição?

O sucesso de uma estratégia de posicionamento depende de uma série de fatores. Primeiro, a posição selecionada deve ser claramente comunicada para os consumidores-alvo. Segundo, como o desenvolvimento de uma posição é um processo longo e muitas vezes dispendioso, freqüentes mudanças de posicionamento devem ser evitadas. Finalmente, a posição adquirida no mercado deve ser sustentável e lucrativa.

■ VALOR E GERENCIAMENTO DE MARCA

A definição da oferta a ser feita pela marca é uma terceira responsabilidade dos gerentes de *marketing*. Um nome de marca é uma palavra, "dispositivo" (*design*, som, formato ou cor) ou uma combinação destes para identificar uma oferta e separá-la das ofertas concorrentes. A principal implicação da definição de uma oferta pela marca é que a boa vontade do consumidor, derivada de sua satisfação e de associações favoráveis com uma marca, pode levar à consolidação do *branel equity* – o valor agregado que um nome de marca confere a um produto ou serviço, além dos benefícios funcionais oferecidos. Esse valor tem duas vantagens competitivas distintas para o proprietário da marca. Em primeiro lugar, proporciona uma vantagem competitiva, como a do rótulo Sunkist, que significa fruta cítrica de qualidade, e o nome Gatorade, que define bebidas para a prática de esportes. Uma segunda vantagem é que os consumidores com freqüência estão dispostos a pagar um preço mais alto por um produto ou serviço com valor de marca. O valor, nesse caso, é representado pelo que o consumidor pagará por uma marca em detrimento de outra, quando os benefícios funcionais oferecidos são idênticos. As pilhas Duracell, a Coca-Cola, os lenços de papel Kleenex, as bolsas Louis Vuitton, os sistemas de áudio Bose e os *softwares* da Microsoft desfrutam de um preço mais alto advindo do valor de marca.

Criação e valorização da marca

O valor da marca não surge do nada. É cuidadosamente elaborado e alimentado por programas de *marketing* que forjam experiências e associações fortes, favoráveis e únicas do consumidor com a marca. O valor da marca reside nas mentes dos consumidores e resulta do que eles aprenderam, sentiram, viram e ouviram sobre a marca ao longo do tempo.

Criação do valor de marca Os profissionais de *marketing* reconhecem que o valor de marca não é conquistado de maneira fácil ou rápida. Ele surge de um processo de construção seqüencial que consiste de quatro passos (ver Figura 5.3).[15] O primeiro passo é desenvolver um reconhecimento positivo da marca e uma associação da marca na mente dos consumidores com uma classe de produto ou necessidade, para que ela adquira identidade. Gatorade e Kleenex fizeram isso nas bebidas para práticas esportivas e nos lenços de papel, respectivamente. A seguir, o profissional de *marketing* deve estabelecer um significado para a marca nas mentes dos consumidores. O significado surge do que a marca representa e tem duas dimensões – uma dimensão funcional, relacionada com o desempenho, e uma dimensão abstrata, relacionada com a imagem. A Nike fez isso através de contínuo desenvolvimento e aperfeiçoamento dos produtos e suas ligações com o máximo de desempenho dos atletas, em seu programa de comunicações integradas de *marketing*. O terceiro passo é suscitar as respostas adequadas do consumidor à identidade e ao significado de uma marca. Aqui, dirige-se a atenção para o modo como os consumidores pensam e sentem em relação a uma marca. O pensamento concentra-se na qualidade percebida de uma marca, sua credibilidade e superioridade em relação a outras marcas. O sentimento refere-se à reação emocional do consumidor a uma marca. A Michelin incita ambas as respostas para seus pneus. Não só a Michelin é lembrada como uma marca confiável e de qualidade superior, como também os consumidores reconhecem uma sensação acolhedora de segurança, conforto e autoconfiança, sem preocupação quanto à marca. O passo final e mais difícil é criar uma res-

FIGURA 5.3

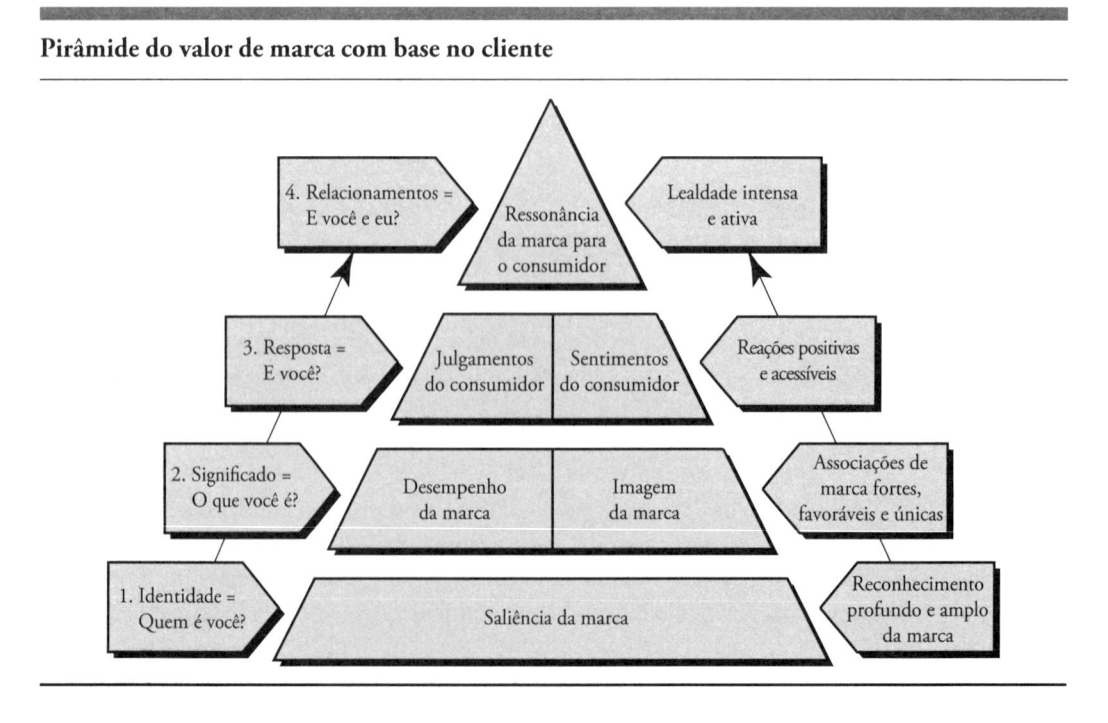

Pirâmide do valor de marca com base no cliente

sonância consumidor-marca, que se torna evidente através de um relacionamento intenso de lealdade ativa entre os consumidores e a marca. Uma profunda ligação psicológica caracteriza a ressonância consumidor-marca e a identificação pessoal que os consumidores têm com a marca. Exemplos de marcas que atingiram esse *status* incluem a Harley-Davidson, a Apple e a eBay.

Valorização do patrimônio de marca O *brand equity* também proporciona uma vantagem financeira ao seu proprietário.[16] Nomes de marca estabelecidos e bem-sucedidos, tais como Gillette, Nike e Gucci, têm um valor econômico porque representam bens intangíveis. Esses bens permitem que seu proprietário usufrua de uma vantagem competitiva para criar ganhos e fluxos de caixa além do retorno sobre seus ativos tangíveis (fábrica e equipamento) e alcançar uma alta taxa de retorno em relação aos concorrentes. O reconhecimento de que as marcas são bens e têm um valor econômico é aparente na decisão de *marketing* estratégico de compra e venda de marcas. Por exemplo, a Procter & Gamble comprou a marca Hawaiian Punch da Del Monte, em 1990, por $150 milhões e vendeu-a para a Cadbury Schweppes, em 1999, por $203 milhões. Esse exemplo ilustra que as marcas, diferentemente dos bens tangíveis, que se depreciam com o tempo e o uso, aumentam de valor quando eficientemente administradas. No entanto, as marcas podem perder valor quando não são administradas adequadamente. A compra e a venda da marca Snapple de bebidas gaseificadas com sabores de frutas e de chás pela Quaker Oats é um exemplo. A Quaker comprou a Snapple por $1,7 bilhão em 1994, só para vendê-la para a Triarc Company, em 1997, por $300 milhões.

Estratégias de *branding*

As empresas podem empregar diferentes estratégias de *branding*. As três estratégias mais comuns são: uma marca para vários produtos, multimarca e marca própria.

Marca para vários produtos Com *uma marca para vários produtos*, a empresa usa um nome para todos os seu produtos em uma classe. Essa estratégia às vezes é chamada de *marca de família* ou de *marca corporativa* quando o nome comercial da empresa é utilizado. A Dell, a Gerver e a Sony têm marca corporativa – o nome comercial da empresa e o nome da marca são idênticos. A Church & Dwight emprega o nome de família Arm & Hammer para todos os seus produtos que contêm fermento como ingrediente básico. A estratégia de uso de uma marca para vários produtos é muito usada quando uma empresa deseja estabelecer dominância em uma categoria de produto ou serviço, como é o caso com as sopas Campbell e as ofertas financeiras do American Express.

Há várias vantagens no uso de uma marca para vários produtos. Capitalizando com o patrimônio de marca, os consumidores que têm uma boa experiência com um produto transferirão essa atitude favorável para outras ofertas da empresa que tiverem o mesmo nome. Tal estratégia também pode resultar em menores custos com propaganda e promoção, já que o mesmo nome é usado em todos os produtos, assim elevando o nível de conhecimento geral da marca. Cada vez mais, os executivos de *marketing* têm adotado uma marca para vários produtos como meio de construir uma identidade de marca global. Uma *marca global* é uma marca comercializada sob o mesmo nome em diversos países com programas de *marketing* coordenados de maneira similar e centralizada. A Samsung é um exemplo.[17] Há uma década, a Samsung comercializava produtos eletrônicos sob vários nomes de marca, tais como Wiseview, Tantus e Yepp, sendo que nenhum deles tinha muito significado para os consumidores. A empresa decidiu eliminar essas marcas e colocar todos os seus recursos no nome de marca corporativa Samsung. Um forte investimento financeiro em *design* inovador, desenvolvimento e qualidade dos produtos e uma mensagem de marca global unificada em mais de 10 anos fizeram da Samsung um dos nomes de marca mais visíveis e valiosos do mundo.

No entanto, existe um risco no uso de uma marca para vários produtos. Uso excessivo do nome de uma marca pode diluir o significado da marca para os consumidores. Especialistas de *marketing* afirmam que isso aconteceu com a marca Arm & Hammer, com seu nome sendo usado para creme dental, sabão para lavar roupa, goma de mascar, aromatizante de ambiente, desodorizante de tapetes e desodorante antiperspirante.[18]

Algumas empresas empregam *submarcas*, que combinam uma marca de família ou corporativa com uma nova marca.[19] A intenção é aproveitar as associações favoráveis que os consumidores fazem com a marca conhecida enquanto se diferencia a nova oferta. Por exemplo, a Gatorade, marca de família de bebidas para a prática de esportes, comercializada pela PepsiCo, utiliza a estratégia de submarca, conforme evidenciado pela introdução de Gatorade Frost, Gatorade Fierce, Gatorade Ice e Gatorade X-Factor, com sabores peculiares para cada um. As empresas também empregam submarcas para diferenciar ofertas ao longo de um continuum de preços; ou seja, acrescentando ofertas de preços altos, intermediários e baixos. A Porsche fez isso com sucesso ao lançar o Porsche Carrera, de preço mais alto, e o Porsche Boxster, de preço menor. Por outro lado, a Volkswagen não foi bem-sucedida com o lançamento do Volkswagen Phaeton e o Touareg, de preços mais elevados. Como regra geral, marcas percebidas como sendo de preço e qualidade mais altos, como Porsche, "estendem-se" mais facilmente ao longo do continuum de preço e qualidade do que as marcas com preço e qualidade de nível médio; além disso, uma extensão de marca bem-sucedida para níveis mais elevados é mais difícil de ser alcançada de forma lucrativa do que uma extensão para um nível mais baixo.

Multimarcas Por outro lado, uma empresa pode optar pela estratégia de *multimarcas*, que envolve dar um nome distinto a cada produto ou linha de produtos. Por exemplo, a Procter & Gamble atribui nomes individuais para cada produto (Tide, Cheer e Era são sabões para lavar roupa vendidos pela Procter & Gamble). A Sears atribui um nome de marca para diferentes linhas de produtos (os aparelhos domésticos chamam-se Kenmore, as ferramentas são Craftsman, e as baterias de automóveis são chamadas de Diehard). O uso de um único nome para uma linha completa de produtos assemelha-se ao uso de marca de família.

A estratégia de multimarcas é útil quando cada marca é dirigida para um diferente segmento de mercado ou posicionada de forma única no mercado. A Black & Decker comercializa sua linha de ferramentas para o segmento de "faça você mesmo" com o nome Black & Decker. A empresa utiliza o nome DeWalt para sua linha profissional de ferramentas. A Disney usa os nomes Miramax e Touchstone para filmes produzidos para públicos adultos, mas emprega o nome Disney quando se trata de filmes infantis e para a família. A estratégia de multimarcas muitas vezes surge com o programa de aquisição de uma empresa. A Maytag, que originalmente empregava uma estratégia de marca para vários produtos em toda a sua linha de aparelhos domésticos, tornou-se uma empresa multimarca com a aquisição das marcas de aparelhos Amana, Jenn-Air e Magic Chef.

Comparado com a estratégia de marca para vários produtos, os custos promocionais tendem a ser mais altos com as multimarcas. A empresa deve gerar aceitação entre os consumidores e distribuidores para cada nova marca, sem o benefício de nenhuma impressão favorável anterior. Uma vantagem dessa abordagem é que cada marca é única para cada segmento de mercado e há risco reduzido de que o fracasso de uma marca individual em atender às expectativas dos consumidores seja transferido para a própria empresa ou para outras marcas. Por exemplo, a United Airlines atribuiu a marca Ted aos aviões com tarifas baixas em parte para proteger o patrimônio da marca United Airlines. No entanto, algumas grandes empresas multimarcas descobriram que a complexidade e a despesa de implementação dessa estratégia podem ultrapassar os benefícios. A Unilever recentemente reduziu suas marcas de aproximadamente 1.600 para 400, através de eliminação de produtos e vendas para outras empresas.

Marcas próprias As marcas próprias (ou selo próprio) envolvem o fornecimento de um produto pelo seu fabricante a um revendedor (varejista, atacadista, distribuidor); o produto ostentará um nome de marca escolhido pelo revendedor. Rayovac, Paragon Trade Brands e Ralcorp são grandes fornecedores de pilhas alcalinas, fraldas e produtos alimentícios, respectivamente. Radio Shack, Sears, Wal-Mart e Kroger são varejistas que comercializam, com seu próprio nome de marca, produtos fornecidos por terceiros. Empresas com nome de marca também produzem marcas próprias. Elizabeth Arden, que comercializa produtos de beleza e perfumes, é um exemplo. A empresa vende a marca Elizabeth Arden em lojas de departamento e uma linha de produtos para cuidado da pele na Wal-Mart sob o nome de marca "Skinsimple".

As marcas próprias, como estratégia, devem ser abordadas da perspectiva do fornecedor e do revendedor.[20] Do ponto de vista do revendedor, a decisão tem a ver com ter ou não suas próprias marcas. Os revendedores preferem esse sistema por uma série de razões. Tendo uma marca própria, o revendedor evita a concorrência de preços até certo ponto, já que nenhum outro revendedor apresenta uma marca idêntica que os consumidores podem usar para fins de comparação. Além disso, qualquer boa-vontade do comprador atribuída a uma oferta será dirigida para o revendedor, e a lealdade do comprador à oferta está ligada ao revendedor, e não ao produtor. Se um revendedor desejar uma marca própria, deverá localizar um produtor que esteja disposto a fabricar a marca. Um gerente de *marketing*, então, é encarregado de decidir se sua empresa será o produtor.

Um fabricante potencial de marcas próprias deve levar em consideração diversos fatores ao tomar essa decisão. Se um produtor tem excesso de capacidade de fabricação e os custos variáveis de produção de uma marca própria não excedem o preço de venda, existe a possibilidade de fazer uma contribuição para as despesas gerais e para a utilização das instalações de produção. Embora uma marca própria muitas vezes vá competir diretamente com a marca do produtor, as vendas combinadas das marcas e a contribuição de lucro para o produtor podem ser maiores do que se um concorrente obtivesse o direito de produzir a marca própria. Por essas e outras razões, empresas como Del Monte, Whirlpool e Dial produzem marcas particulares de comida para animais de estimação, aparelhos domésticos e sabonetes para revendedores. Entretanto, um perigo na produção de marcas próprias é a possibilidade de tornar-se muito confiante na renda da marca própria, podendo haver uma redução quando o revendedor muda de fornecedor ou constrói sua própria fábrica para produção. O excesso de confiança nas marcas próprias também afetará as relações comerciais entre um produtor e um revendedor. De forma geral, a influência de um produtor em termos de liderança de preço e de canal é inversamente relacionada com a proporção de sua produção ou renda obtida a partir de uma marca própria de um revendedor.

Estratégias de crescimento de marca

Uma organização tem quatro opções estratégicas para o crescimento de suas marcas (ver Figura 5.4).[21] As opções são ditadas pela possibilidade de um gerente de *marketing* desejar estender as marcas existentes, desenvolver novas marcas ou colocar essas marcas em classes de produtos atualmente oferecidos ou não pela organização.

Estratégia de extensão de linha   A estratégia de crescimento utilizada com mais freqüência é a *estratégia de extensão de linha*. As extensões de linhas ocorrem quando uma organização introduz ofertas adicionais com a mesma marca em uma classe de produtos que atualmente oferece. Novos sabores, formatos, cores, diferentes ingredientes ou características e tamanhos de embalagens são exemplos de extensão de linha. Como exemplo, a Campbell Soup Company oferece a sopa Campbell nas variedades comum, estilo caseiro, com pedaços e "saudável", em mais de 100 sabores e em embalagens de diversos tamanhos de sopas prontas. As extensões de linha respondem ao desejo

FIGURA 5.4

Estratégias de crescimento de marca

		Classe de produtos/serviços oferecidos pela organização	
		Classe de novos produtos	*Classe de produtos existentes*
Nome de marca	*Nova marca*	Estratégia de nova marca	Estratégia de marca enfrentamento/flanco
	Marca existente	Estratégia de extensão de marca	Estratégia de extensão de linha

de variedade demonstrado pelos clientes. Elas também podem eliminar falhas em uma linha de produtos que poderiam ser preenchidas por ofertas concorrentes ou podem neutralizar avanços da concorrência.

Essa estratégia também diminui os custos com propaganda e promoção porque a mesma marca é usada em todos os itens, assim elevando o nível de reconhecimento da marca. As extensões de linhas envolvem riscos. Existe a probabilidade de ocorrência de canibalismo de produto, em vez de ganhos no volume, quando os compradores substituem um item por outro na linha de produtos estendida. Além disso, a proliferação de ofertas dentro de uma linha de produtos pode criar problemas de produção e distribuição e adicionar custos sem aumentar as vendas. Por exemplo, 8% dos produtos domésticos e de cuidado pessoal vendidos nos Estados Unidos respondem por 84,5% das vendas totais. Tal estatística levou empresas que comercializam esses produtos a reduzirem suas linhas nos últimos anos.[23]

Estratégia de extensão de marca O forte patrimônio de marca torna possível uma *estratégia de extensão de marca*, a prática de usar um nome de marca existente para entrar em uma classe de produtos completamente diferente. Essa estratégia pode reduzir o risco associado com a introdução de uma oferta em um novo mercado, oferecendo aos consumidores a familiaridade e o conhecimento de uma marca estabelecida. Por exemplo, o patrimônio no nome Tylenol como um analgésico confiável permitiu que a Johnson & Johnson estendesse com sucesso esse nome para Tylenol Resfriado & Gripe e Tylenol PM, um indutor de sono. A Fisher-Price, nome estabelecido no setor de brinquedos, conseguiu estender sua marca para xampus e condicionadores infantis e loções e produtos para banho de bebês. A transferência de um nome de marca existente para uma nova classe de produtos requer cautela. Pesquisas indicam que tem que haver adequação perceptual da marca à nova classe de produtos e transferência do benefício do produto central para a nova classe para que uma extensão de marca seja bem-sucedida.[24] Isso aconteceu com Tylenol e Fisher-Price, e ambos os empreendimentos produziram ganhos no volume de vendas para as marcas. No entanto, não foi o que aconteceu com os ternos Levi's e com o cereal Dunkin Donuts. Ambos os esforços fracassaram. Mesmo extensões de marca bem-sucedidas envolvem algum risco. Muitos usos para um nome de marca podem diluir o significado de uma marca para os consumidores, conforme discutimos anteriormente.

Uma variação nas extensões de marcas é *a marca conjunta (co-branding)*, o emparelhamento de dois nomes de marca de dois fabricantes em um único produto. Por exemplo, a Hershey Foods reuniu-se com a General Mills para oferecer um cereal matinal chamado Reese's Peanut Butter Puffs e com a Nabisco para oferecer biscoitos Chips Ahoy usando porções de chocolate da Hershey. O Citibank cria marcas conjuntas MasterCard e Visa com American Airlines. A marca conjunta beneficia as empresas ao possibilitar-lhes entrar em novas classes de produtos e capitalizar com um nome de marca já estabelecido naquelas classes.

Estratégia de nova marca Em situações em que uma organização chega à conclusão de que seu nome de marca existente não pode ser estendido para uma nova classe de produtos, a estratégia de nova marca torna-se adequada. A *estratégia de nova marca* envolve o desenvolvimento de uma nova marca e, freqüentemente, uma nova oferta para uma classe de produtos que ainda não era oferecida pela organização. Exemplos de estratégias de nova marca bem-sucedidas incluem a introdução do molho Prego para espaguete pela Campbell Soup, e de Aleve, um analgésico vendido sem receita médica, pela Roche Holding, Ltd. Em ambos os casos, os nomes de marca já existentes das empresas não foram considerados passíveis de extensão para as novas classes de produtos a que se destinavam.

Uma estratégia de nova marca pode ser a de implementação bem-sucedida mais desafiadora e também mais onerosa. O custo para introdução de uma nova marca em alguns mercados consumidores varia de $50 milhões a $100 milhões. De muitas maneiras, a estratégia assemelha-se à diversificação, com todos os conseqüentes desafios associados com essa estratégia de produto-mercado. O *marketing* dos salgadinhos da marca Eagle pela Anheuser-Busch, descrito no Capítulo 1, é um exemplo de uma estratégia de nova marca fracassada. O lançamento de uma nova marca (Eagle) em uma classe de produto nova para a empresa (salgadinhos) significou competir com a Frito-Lay, a líder de mercado, e suas marcas bem estabelecidas. Sem uma vantagem de qualidade ou de custo/preço, distribuição concentrada, propaganda eficaz, promoção e trabalho de vendas, a marca Eagle nunca alcançou mais do que uma modesta participação no mercado e operou com prejuízo durante 17 anos antes de a Anheuser-Busch eliminá-la.[25]

Estratégia de marca "de flanco/de enfrentamento" Às vezes, novas marcas são criadas para uma classe de produtos já oferecidos pela organização quando uma estratégia de extensão de linha é considerada inapropriada. Essas marcas expandem a linha de produtos para explorar segmentos específicos de consumidores não atraídos pelos produtos/marcas já existentes da organização ou representam jogadas defensivas para contra-atacar a concorrência. Como o nome sugere, uma *estratégia de marca de flanco* envolve a adição de novas marcas nos extremos alto ou baixo de uma linha de produtos, com base em um *continuum* de preço-qualidade. O grupo Marriott Hotel fez isso para atrair diferentes segmentos de viajantes. Além dos hotéis Marriott de preço médio, foram acrescentados os hotéis Marriott Marquis para atrair a extremidade superior do mercado de viagens. Foram acrescentados também os hotéis Courtyard, para a classe econômica, e o Fairfield Inn, para os viajantes com orçamento muito reduzido. Cada marca oferece uma variedade diferente de facilidades e uma tarifa correspondente para as acomodações. Uma *estratégia de marca de enfrentamento* envolve a adição de uma nova marca, cujo único propósito é confrontar marcas concorrentes em uma classe de produtos oferecidos por uma organização. Uma marca de enfrentamento geralmente é introduzida quando (1) uma organização tem participação relativamente alta nas vendas em uma classe de produtos, (2) sua(s) marca(s) dominante(s) é(são) suscetível(eis) de ter essa alta participação reduzida por preços ou promoções agressivas dos concorrentes, ou (3) a organização deseja preservar suas margens de lucro em sua(s) marca(s) já existente(s). A Frito-Lay usou com sucesso sua batata frita com sabor de *tortilla*, da marca Santitas, como marca de enfrentamento para atacar marcas regionais de batatas fritas com sabor de *tortilla*, de menor preço e menor qualidade. Isso foi feito sem modificar a alta qualidade e os preços de seu carro-chefe, as batatas fritas com sabor de *tortilla* das marcas Doritos e Tostitos. A Mattel lançou a marca Flava, de bonecas no estilo *hip-hop*, em resposta à popularidade das bonecas da marca Bratz, vendidas pela MGA Entertainment, que estavam atraindo o segmento da marca Barbie, formado por meninas de oito a 12 anos de idade.[26]

Como as extensões de linha, estratégias de marca de flanco e de enfrentamento incorrem no risco de canibalizar a(s) outra(s) marca(s) em uma linha de produtos. Isso é bastante provável com marcas de preço mais baixo. Entretanto, defensores dessas estratégias de marca argumentam que é melhor se envolver em *canibalismo preventivo* – a prática consciente de roubar vendas de produtos ou marcas existentes da organização para impedir que os clientes optem pelas ofertas dos concorrentes – do que perder volume de vendas.[27]

NOTAS

1. "Shopping List:Quick, Classic, Cool for Kids," *BRANDWEEK* (June 17, 2002):S52–S53.
2. "Has Kodak Missed the Moment?" *The Economist* (January 3, 2004):46–47.
3. Glenn Rifkin,"Mach 3: Anatomy of Gillette's Latest Global Launch," *Strategy & Business* (2nd Quarter 1999):34–41.
4. Este e outros exemplos aparecem em Gerard J. Tellis and Peter N. Golder, *Will and Vision:How Latecomers Grow to Dominate Markets* (New York:McGraw-Hill, 2002).
5. "Ailing Sales Again for FluMist,"Baltimoresun.com, January 7, 2005.
6. Para uma abordagem mais ampla do processo de desenvolvimento de um novo produto, ver C. Merle Crawford and Anthony DiBenedetto, *New Products Management*, 7th ed. (Burr Ridge, IL: McGraw-Hill/Irwin, 2003).
7. "A Survey of Innovation in Industry," *The Economist* (February 20, 1999).
8. "Is Testing the Answer?" *Advertising Age* (July 9, 2001): 23.
9. Bill Sharfman,"One Last Look at Oldsmobile," *BRANDWEEK* (January 8, 2001): 28–32.

10. Partes da discussão seguinte baseiam-se em Rajeev Batra , John G. Myers, and David A. Aaker, *Advertising Management*, 5th ed. (Upper Saddle River, NJ:Prentice Hall, 1996): 190–201.
11. Este exemplo foi adaptado e atualizado a partir de Russel Haley , "Benefit Segmentation: A Decision-Oriented Research Tool,"in Ben Enis and Keith Cox (eds.), *Marketing Classics*, 7th ed. (Boston: Allyn and Bacon, 1991):208–215.
12. "Picking a Big Fight with Dell, H-P Cuts PC Profits Razor Thin,"*Wall Street Journal* (May 12, 2004): A1, A10.
13. Esta discussão baseia-se em John M. Mullins, Orville C.Walker Jr., Haper W. Boyd Jr., and Jean-Claude Larréche, *Marketing Management: A Strategic Decision-Making Approach*, 5th ed. (Burr Ridge, IL:McGraw-Hill/Irwin, 2005):216;and Carol Traeger,"What Are Automakers Doing for Women? Part III:Volvo,"Edmund.com, July 26, 2005.
14. "St. Joseph: From Babies to Baby Boomers," *Advertising Age* (July 9, 2001): 1, 38; and "Carnival: Plenty of Ports in a Storm,"*Business Week* (November 15, 2004): 76, 78.
15. Esta discussão baseia-se em Kevin Lane Keller, *Strategic Brand Management:Building, Measuring, and Managing Brand Equity*, 2nd ed. (Upper Saddle River, NJ:Prentice Hall, 2003).
16. Esta discussão baseia-se em Roger A. Kerin and Raj Sethuraman,"Exploring the Brand Value-Shareholder Value Nexus for Consumer Goods Companies," *Journal of the Academy of Marketing Science* (Winter 1998): 260–273; "P&G Sells to Cadbury Hawaiian Punch Label in $203 Million Accord,"*Wall Street Journal* (April 16, 1999):B2;and John Deighton,"How Snapple Got Its Juice Back,"*Harvard Business Review* (January 2002):47–53.
17. "Global Brands,"*Business Week* (August 1, 2005):85–90.
18. "When Brand Extension Becomes Brand Abuse," *BRANDWEEK* (October 26, 1998): 20–22.
19. Esta discussão baseia-se em Keller, *Strategic Brand Management*; and Jean Halliday, "Volkswagen Drives off a Cliff-Again,"*Advertising Age* (August 8, 2005): 1, 24.
20. Esta discussão baseia-se em David Dunne and Chakravarthi Narasimhan, "The New Appeal of Private Labels," *Harvard Business Review* (May–June 1999): 41–52; and Shelley Branch,"Going Private (Label),"*Wall Street Journal* (June 12, 2003): B1, B3.
21. Para diferentes perspectivas sobre estratégias de crescimento de marcas, ver David C. Court, Mark G. Leitter, and Mark A. Loch,"Brand Leverage,"*The McKinsey Quarterly* (number 2, 1999):100–110;and John A. Quelch and David Kenney, "Extend Profits, Not Product Lines," *Harvard Business Review* (September–October 1994):153–160.
22. "Ribbons Roll Out on Rides,"*Dallas Morning News* (September 30, 2005):8D.
23. "Make it Simple,"*Business Week* (September 9, 1996):96–105.
24. Keller, *Strategic Brand Management*.
25. "How Eagle Became Extinct,"*Business Week* (March 4, 1996):68–69.
26. "To Lure Older Girls, Mattel Brings in Hip-Hop Crowd,"*Wall Street Journal* (July 18, 2003): A1, A6.
27. Para uma discussão mais abrangente sobre canibalismo de produtos e canibalismo preventivo, ver Roger A. Kerin and Dwight Riskey, "Product Cannibalism," in Sidney Levy (ed.), *Marketing Manager's Handbook* (Chicago:Dartnell Company, 1994):880–895.

CASO

Dr Pepper/Seven Up, Inc.
Squirt® Brand

Em meados do verão de 2001, Kate Cox, gerente de marca na Dr Pepper/Seven Up, Inc., responsável pelo refrigerante Squirt, começou a delinear o plano anual de propaganda e promoção da marca. Squirt é uma marca de refrigerante gaseificado, sem cafeína e com baixo teor de sódio, numa combinação distintiva de sucos de toranja, que lhe confere um sabor cítrico forte e refrescante. Squirt é a marca mais vendida de refrigerante gaseificado de toranja nos Estados Unidos.

Cox acreditava que o direcionamento para o mercado e o posicionamento do produto poderiam exigir atenção no início do desenvolvimento do plano de propaganda e promoção de Squirt. Em junho de 2001, ambos os tópicos haviam sido enfatizados em uma apresentação feita pela agência de propaganda da marca, a Foote, Cone & Belding, logo depois de Cox ter assumido a responsabilidade pela marca Squirt. As maiores preocupações de Kate Cox eram as medidas tomadas pelos concorrentes, especialmente a Coca-Cola e a Pepsi-Cola, a recente queda no volume de vendas de Squirt e as implicações da crescente comunidade hispânica nos mercados.

■ DR PEPPER/SEVEN UP, INC.

A Dr Pepper/Seven Up, Inc. é a maior divisão da Cadbury Schweppes PLC. A Cadbury Schweppes PLC é a terceira maior fabricante de refrigerantes do mundo e a quarta maior no ramo de doces, com vendas de produtos em quase 200 países. Com sede em Londres, Inglaterra, a Cadbury Schweppes PLC distingue-se por ser a primeira fabricante de refrigerantes do mundo e a maior produtora e comerciante de refrigerantes que não contêm cola.

A Dr Pepper/Seven Up, Inc. (DPSU) é maior empresa de refrigerantes sem cola na América do Norte. A empresa comercializa marcas nacionais, como Dr Pepper, Seven Up, RC Cola, A&W Root Beer, Canada Dry, Squirt, Hawaiian Punch e Schweppes, entre outras. A DPSU também possui marcas regionais, tais como Sundrop e Vernors, entre outras.

A DPSU é a terceira maior empresa de refrigerantes nos Estados Unidos. Suas marcas mais famosas – Dr Pepper e Seven Up – são sistematicamente colocadas entre as dez maiores marcas de bebidas nos Estados Unidos, conforme avaliação de participação no mercado. Suas outras marcas com freqüência eram as líderes de mercado em suas categorias específicas. Por exemplo, o Canada Dry é o *ginger ale* mais vendido nos Estados Unidos, a Schweppes é a principal água tônica, e os *seltzers* Canada Dry lideram a categoria de *club soda/seltzer*. Squirt é o refrigerante de toranja mais vendido, e a A&W Root Beer é a *root beer** mais vendida em garrafas e latas.

Agradecemos pela cooperação da Dr Pepper/Seven Up, Inc. na preparação deste caso. O caso foi preparado pelo professor Roger A. Kerin, da Edwin L. Cox School of Business, Southern Methodist University, como base para discussão em aula e não pretende ilustrar o manejo eficaz ou não de uma situação administrativa. Certas informações da empresa foram alteradas e não se prestam para fins de pesquisa. Squirt é marca registrada utilizada com permissão (© 2002 Dr Pepper/Seven Up, Inc.) e usada neste caso com permissão de Dr Pepper/Seven Up, Inc. Copyright © 2002 by Roger A. Kerin. Este caso não pode ser reproduzido sem a permissão por escrito do detentor dos direitos autorais.

* N. de T.: Bebida não-alcoólica à base de raízes, cascas e ervas.

A INDÚSTRIA DE REFRIGERANTES GASEIFICADOS NOS ESTADOS UNIDOS

Os consumidores americanos bebem mais refrigerantes gaseificados do que água corrente. Em 2000, os americanos consumiram 53 galões de refrigerantes por pessoa, comparados com aproximadamente 47 galões em 1990. Estima-se que o crescimento populacional composto por elevação do consumo *per capita* tenha produzido 60,3 bilhões de dólares em vendas refrigerantes gaseificados no varejo em 2000. No entanto, o crescimento do consumo de refrigerantes tem se desacelerado nos últimos anos.

Estrutura do setor

Há três participantes principais na produção e distribuição de refrigerantes gaseificados nos Estados Unidos.[1] São eles os produtores de concentrados, os engarrafadores e os varejistas. Para os refrigerantes comuns, os fabricantes de concentrados produzem os sabores básicos (por exemplo, lima-limão e cola) para venda aos engarrafadores, os quais adicionam um adoçante à água gaseificada e acondicionam a bebida em garrafas e latas, que então são vendidas para os varejistas. Para refrigerantes do tipo *diet*, os fabricantes de concentrados acrescentam um adoçante artificial, como o aspartame, aos sabores. Os preços dos fabricantes de concentrado para os engarrafadores diferem ligeiramente entre refrigerantes normais e *diet*. Por exemplo, o preço praticado por produtor para um concentrado normal (não-cola) é cerca de $1,02 por unidade. O concentrado *diet* (não-cola) sai por aproximadamente $1,18 por unidade. Uma unidade de concentrado produz o equivalente a um engradado com cinco litros de refrigerante (um engradado padrão consiste de 24 garrafas de 220ml). A Coca-Cola Company, a Pepsi-Cola Company e a Dr Pepper/Seven Up, Inc. são as três maiores fabricantes de concentrados dos Estados Unidos.

Aproximadamente 500 engarrafadores nos Estados Unidos convertem os concentrados em refrigerantes gaseificados. Os engarrafadores são de propriedade dos fabricantes de concentrados ou são franqueados para vender as marcas dos fabricantes. Por exemplo, a Coca-Cola Enterprises, Inc. (CCE), com diversas operações de engarrafamento, é a maior engarrafadora das bebidas da marca Coca-Cola. A CCE é responsável por 80% do volume de garrafas e latas de refrigerantes da Coca-Cola Company na América do Norte. De maneira semelhante, o Pepsi Bottling Group, Inc., com inúmeras operações, responde por 55% do volume de bebidas da marca Pepsi-Cola na América do Norte. Engarrafadores franqueados independentes costumam receber o direito de embalar e distribuir uma linha de refrigerantes da marca do fabricante dos concentrados em um território definido e não têm permissão para comercializar uma grande marca diretamente concorrente. Contudo, os engarrafadores franqueados podem representar marcas não-concorrentes e recusar-se a engarrafar linhas secundárias do produtor de concentrados. Esses acordos significam que um engarrafador franqueado da Coca-Cola não pode vender Pepsi-Cola, mas pode engarrafar e comercializar Squirt em vez de Fresca, da Coca-Cola.

Os principais canais de varejo para refrigerantes gaseificados são os supermercados, as lojas de conveniência, as máquinas de venda automáticas, as máquinas dispensadoras (*post-mix*), comerciantes de massa e milhares de pequenas lojas de varejo. Os refrigerantes são normalmente vendidos em garrafas e latas, exceto os de máquinas dispensadoras, onde o xarope é vendido para uma loja de varejo (como o McDonald's), que o mistura com água gaseificada para consumo imediato pelos clientes. Os supermercados e minimercados respondem por cerca de 31% das vendas do setor de refrigerantes gaseificados.

A concorrência na indústria de refrigerantes

Três empresas dominam mais de 90% das vendas de refrigerantes gaseificados nos Estados Unidos. A Coca-Cola Company lidera o setor, com 44,1% de participação de mercado, seguida pela Pepsi-Cola Company (31,4%) e pela Dr Pepper/Seven Up, Inc. (14,7%). Essas três empresas também co-

---

[1] Parte desta discussão baseia-se em "Industry Surveys: Foods & Nonalcoholic Beverages", *Standard & Poor's* (New York: Standard * Poor's, December 6, 2001).

FIGURA 1

Dez principais empresas e marcas de refrigerantes gaseificados em 2000

	Dez principais empresas de refrigerantes			
Classificação	Empresas	Participação de mercado%	Mudança de participação[a]	Mudança em % de volume[b]
1	Coca-Cola Co.	44,1	plana	+ 0,1
2	Pepsi-Cola Co.	31,4	plana	+ 0,1
3	Dr Pepper/7 Up (Cadbury Schweppes)	14,7	+ 0,1	+ 1,1
4	Cott Corp.	3,3	+ 0,2	+ 5,8
5	National Beverage	2,1	plana	+ 4,2
6	Royal Crown[b]	1,1	− 0,1	− 1,9
7	Big Red	0,4	plana	+ 13,4
8	Seagram	0,3	plana	+ 7,2
9	Monarch Co.	0,1	plana	− 35,8
10	Marca particular/ outro	2,5	− 0,2	− 12,2
	Total do Setor	100,0		+ 0,2

	Dez principais marcas de refrigerantes				
Classificação	Empresas	Proprietário da marca	Participação de mercado %	Mudança de participação[a]	Mudança em % de volume[b]
1	Coke Classic	Coca-Cola	20,4	+ 0,1	+ 0,5
2	Pepsi-Cola	Pepsi-Cola	13,6	− 0,2	− 1,0
3	Coca Diet	Coca-Cola	8,7	+ 0,2	+ 2,5
4	Mountain Dew	Pepsi-Cola	7,2	+ 0,1	+ 1,5
5	Sprite	Coca-Cola	6,6	− 0,2	− 2,0
6	Dr Pepper	Dr Pepper/7 Up	6,3	plana	+ 0,1
7	Pepsi Diet	Pepsi-Cola	5,3	+ 0,2	+ 4,0
8	7Up	Dr Pepper/7 Up	2,0	− 0,1	− 0,6
9	Coca Zero	Coca-Cola	1,7	− 0,1	− 1,0
10	Barq's Root Beer	Coca-Cola	1,1	plana	+ 3,0
	Total das 10 principais		72,9		

Notas: [a] Os dados de mudança de participação e de volume baseiam-se na diferença de 1999.
[b] Royal Crown foi comprada pela Dr Pepper/Seven Up no ultimo trimestre de 2000, mas foi tratada como empresa separada para dados de 2000.
Fonte: "Top-10 U.S. Soft Drink Companies and Brands for 2000", *Beverage Digest* (February 15, 2001). Edição especial. Usado com permissão.

mercializam as dez marcas principais, avaliadas segundo sua participação no mercado. A Coca-Cola possui cinco das dez marcas principais; a Pepsi-Cola possui três; e a Dr Pepper/Seven Up possui duas. Essas três marcas são responsáveis por quase 73% das vendas de refrigerantes nos Estados Unidos. A Figura 1 mostra as dez principais empresas e marcas de refrigerantes gaseificados em 2000.

O *marketing* dos refrigerantes

O *marketing* dos refrigerantes caracteriza-se por um forte investimento na propaganda e promoção ao consumidor, promoção de venda para e através dos engarrafadores para os varejistas e desconto de preços para o consumidor. Os fabricantes de concentrados geralmente assumem a responsabilidade

FIGURA 2

Receitas comparativas dos fabricantes de concentrado e os engarrafadores de refrigerantes nos Estados Unidos (por engradado padrão de 24 garrafas com 220ml)

	Fabricante de concentrado	Engarrafador de refrigerante
Vendas líquidas	100%	100%
Custo de mercadorias vendidas	–17	–57*
Lucro bruto	83%	43%
Venda e entrega	2	28
Propaganda e promoção**	39	2
Despesas gerais e administrativas	13	4
Lucro antes de impostos	29%	9%

* Para o engarrafador, a embalagem representa o principal elemento do custo de mercadorias vendidas.
** A propaganda e promoção incluem custos de produção, taxas e despesas de colocação na mídia.
Fonte: Analistas do setor e estimativas do autor do caso.

pelo desenvolvimento de programas nacionais de propaganda e promoção ao consumidor, desenvolvimento e planejamento de produtos e pesquisa de *marketing*. Os engarrafadores costumam liderar o desenvolvimento de promoções comerciais locais para varejistas e promoções locais para os consumidores. Os engarrafadores também são responsáveis pela venda e assistência a contas de varejo, incluindo a colocação e manutenção de *displays* nas lojas e reabastecimento nos estabelecimentos de varejo e de máquinas de venda automática. Os diferentes papéis de *marketing* assumidos pelos fabricantes dos concentrados e pelos engarrafadores são aparentes nas declarações de renda comparativas. Como mostra a Figura 2, os produtores de concentrados gastam em torno de 39 centavos de cada dólar de venda em propaganda e promoção. Os engarrafadores despendem aproximadamente 28 centavos de cada dólar das vendas com despesas de venda e entrega.

Propaganda e promoção de refrigerantes Programas de propaganda e promoção locais são conjuntamente implementados e financiados pelos produtores de concentrados e pelos engarrafadores. Os fabricantes de concentrados e os engarrafadores com freqüência dividem meio a meio os custos de propaganda local. Por exemplo, se um milhão de dólares for gasto para propaganda da marca na televisão local no território de um engarrafador, $500.000 serão pagos pelo engarrafador local da marca, e $500.000 serão pagos pelo fabricante de concentrados. Os engarrafadores e os fabricantes de concentrados dividem meio a meio o custo de promoções locais voltadas para os varejistas e para os consumidores. No entanto, os programas de propaganda e promoção são negociados, às vezes individualmente com o engarrafador. Um engarrafador pode optar por participar ou não de um programa de propaganda ou promoção do fabricante dos concentrados ou negociar seu próprio acordo financeiro.

Uma série de promoções comerciais e ao consumidor são usadas no setor de refrigerantes. As promoções comerciais incluem *displays* nas extremidades dos corredores, outros tipos de *displays* individuais e cartazes para colocação nas prateleiras. Os fabricantes de concentrados freqüentemente oferecem até 20% por engradado vendido para os engarrafadores que implementam essas promoções comerciais. As promoções ao consumidor incluem o patrocínio de esportes locais, eventos culturais e de entretenimento, copos plásticos e guardanapos com a logomarca, bem como modernos bonés de beisebol, camisetas ou óculos de sol com o nome da marca. Outras promoções variadas também são utilizadas, como cupons, promoções nas embalagens e sorteios. Os fabricantes de concentrados oferecem de cinco centavos (por copos, bonés ou óculos) a 25 centavos (para *marketing* de evento local, incluindo copos, bonés ou óculos) por engradado vendido aos engarrafadores que realizarem essas promoções.

Os fabricantes de concentrados ocasionalmente oferecem aos engarrafadores promoções de preço na forma de incentivos de *merchandising*. Esses incentivos normalmente se baseiam nas vendas de engradados e com freqüência são usados para estimular as vendas do engarrafador e a participação em atividades de *merchandising*. Os incentivos costumam ficar na faixa de 15 a 25 centavos por engradado, dependendo da quantidade de esforço necessário.

Concorrência de marca e sabor Há mais de 900 nomes de marcas registrados para bebidas gaseificadas nos Estados Unidos. A maioria dessas marcas é vendida regionalmente e reflete as preferências de sabor dos consumidores em diferentes partes do país.

As colas são o sabor dominante no setor de refrigerantes gaseificados nos Estados Unidos, correspondendo a 60% do total de venda no varejo em 2000. O predomínio das colas erodiu na década passada em aproximadamente dois terços do total de vendas no varejo em 1990. Em comparação, os refrigerantes com outros sabores aumentaram sua popularidade. Sabores como laranja, lima-limão, cereja, uva e *root beer* agora representam cerca de um quarto das vendas de refrigerantes gaseificados, após um aumento de 30% nas vendas de 1990 a 2000. A mudança de composição da população americana é um fator importante na crescente popularidade dos refrigerantes gaseificados com outros sabores.

Demografia do consumo de refrigerantes Uma pesquisa do setor indica que o americano comum consome 849 porções de 220ml de refrigerantes gaseificados anualmente, ou cerca de 2,3 porções por dia. Quase todos os americanos consomem pelo menos uma porção de refrigerante em um determinado ano. A maior parte do volume de refrigerantes gaseificados nos Estados Unidos é consumida por indivíduos com idade entre 20 e 49 anos. A proeminência dessa faixa etária é devida principalmente ao fato de ser o maior segmento da população dos Estados Unidos. O consumo de refrigerantes *diet* é mais acentuado entre consumidores com mais de 25 anos de idade. Os adolescentes e os adultos jovens geralmente consomem os refrigerantes normais. A sabedoria tradicional no setor de refrigerantes diz que os adolescentes e os adultos jovens são o principal público para o *marketing* de refrigerantes, já que as preferências de gosto e marca são formadas entre os 12 e os 24 anos de idade.

O consumo *per capita* de refrigerantes é maior entre hispânicos e afro-americanos do que em outros grupos raciais e étnicos e maior entre os adolescentes do que entre adultos. Além disso, a tendência que favorece os refrigerantes gaseificados com sabores diferentes dos de cola é atribuída, em parte, à mudança no conjunto demográfico nos Estados Unidos. Atualmente, em torno de 25% dos americanos têm menos de 18 anos, e um quarto da população americana é hispânica e afro-americana. Esses grupos populacionais tendem a consumir refrigerantes gaseificados com outros sabores. "A base é que os consumidores jovens, nos últimos anos, foram galvanizados pelas marcas com sabor (cítrico)", observa o diretor e editor de *Beverage Digest*, uma publicação comercial do setor.[2] Em 2005, a juventude hispânica superará os afro-americanos, tornando-se a maior população étnica jovem, de acordo com índices do U.S. Census de 2000. Os jovens hispânicos serão 17% de todos os jovens com menos de 18 anos, e 45% de todos os menores de idade das minorias nos Estados Unidos. Em 2010, um menor de idade em cada cinco será hispânico, perfazendo um aumento de 22% em nove anos, enquanto que, no mesmo período, o número de jovens brancos terá um decréscimo de 5%.[3]

As maiores empresas de refrigerantes reagiram à crescente proeminência de adolescentes e consumidores hispânicos e afro-americanos de diferentes maneiras. A Coca-Cola Company elevou os hispânicos de sexta para segunda prioridade após os adolescentes, conforme o gerente de marca sênior para *marketing* multicultural da Coca-Cola North America.[4] Depois dessa mudança de prioridades, a Coca-Cola North America e a Coca-Cola Bottling Company Southern California recentemente lançaram dois refrigerantes com sabores no mercado do sul da Califórnia. Em março

---

[2] "Flat Colas Anxiously Watch Gen Yers Switch", *Advertising Age* (September 25, 2000), p. 510.
[3] "Targeting Teens", *Hispanic Business* (Sptember 2001), pp. 15-17.
[4] Essa discussão baseia-se em Hillary Chura, Identifying a Demographic Sweet Spot", *Advertising Age* (November 12, 2001), p. 16; "New Apple-flavored Manzana Mia and Popular Fanta Soft Drinks Roll Out in Southern California", The Coca-Cola Company News Release, April 20, 2001; e "Coke Relaunches Fanta, New Drink, Targets Southern California Hispanics", Reuters News Service, April 11, 2001.

de 2001, a Coca-Cola lançou Manzana Mia, um refrigerante com sabor de maçã semelhante ao de Manzana Lift, uma marca da Coca-Cola vendida no México. Além disso, a Fanta, segunda maior marca da Coca-Cola Company, que é distribuída principalmente fora dos Estados Unidos, foi introduzida do sul da Califórnia nos sabores laranja, uva, morango e abacaxi. De acordo com um porta-voz da Coca-Cola Bottling Company Southern California, "muitos californianos do sul conhecem Manzana Lift e expressam entusiasmo por tê-lo à disposição aqui nos Estados Unidos. Eles também disseram querer mais bebidas gaseificadas com sabores de frutas". Pesquisa da empresa indicou especificamente que refrigerantes com sabores de frutas tinham um apelo especial aos hispânicos do sul da Califórnia. Um alto executivo da Coca-Cola North America acrescentou: "nesse caso, avaliamos nosso portfólio internacional de bebidas e decidimos introduzir os conceitos de Fanta e Manzana Lift no sul da Califórnia, adaptando seu posicionamento e embalagem para atender às preferências dos consumidores locais".

Os responsáveis pelo *marketing* de Mountain Dew, da Pepsi-Cola, também responderam à predominância crescente dos consumidores hispânicos. Mountain Dew – a quarta maior marca de refrigerante nos Estados Unidos e a bebida gaseificada com sabor cítrico mais vendida – agora apresenta propagandas que se dirigem especificamente ao mercado hispânico. De acordo com o diretor de *marketing* de Mountain Dew, "os mercados étnicos significam uma grande oportunidade de crescimento para nós, e estamos investindo mais nessa área". O principal público-alvo da marca são os adolescentes; seu posicionamento básico e suas propagandas apontam para uma divertida, animada, ousada e aventureira "Dew-x-periência". Indivíduos de 20 a 39 anos de idade formam o mercado secundário da marca.[5]

Tanto a Coca-Cola quanto a Pepsi-Cola atualmente estão classificadas entre os 25 maiores anunciantes para a comunidade hispânica nos Estados Unidos. Estimou-se que a Coca-Cola gastaria $18,7 milhões e que a Pepsi-Cola despenderia $16 milhões em propagandas na mídia para o mercado hispânico em 2001, ou aproximadamente 2% dos gastos com propaganda de cada empresa.[6]

■ HISTÓRICO E *MARKETING* DA MARCA SQUIRT

Squirt é comercializado pela Dr Pepper/Seven Up, Inc. desde 1995 e pela Cadbury Schweppes PLC desde 1993. Entretanto, as origens da marca encontram-se na Grande Depressão da década de 1930.

História de Squirt

A origem de Squirt remonta a Herb Bishop, de Phoenix, Arizona, que em 1938 começou a fazer experimentos com o Citrus Club, uma bebida não-gaseificada regional popular na época. Bishop criou um novo refrigerante gaseificado, que precisava de menos frutas e menos açúcar para sua produção. A nova bebida "parecia esguichar na língua como se uma toranja estivesse sendo espremida", e Bishop chamou-a de Squirt.* Para a propaganda, Bishop e seu sócio, Ed Mehren, criaram um simpático personagem, que recebeu o nome de "Little Squirt" (ver a Figura 3). O apelo de "Little Squirt" foi imediato, e em seguida aumentou a atratividade do refrigerante. As vendas de Squirt aumentaram durante a Segunda Guerra Mundial porque seu reduzido teor de açúcar ajudava os engarrafadores, que estavam limitados pelas regras de racionamento desse produto. Squirt estabeleceu-se como bebida para preparação de drinks na década de 1950. Em meados dos anos 70, Squirt foi lançado internacionalmente na América Central e do Sul.

Em 1977, Brooks Products, engarrafadora em Holland, Michigan, comprou o Squirt de Bishop. A empresa reformulou a bebida, atualizou sua logomarca e posicionou a marca como

---

[5] "Being True to Dew", BRANDWEEK (April 24, 2000), p. 24.
[6] "Top 60 Advertisers in the Hispanic Market, 2001", *Hispanic Business* (December 2001), p. 18.
* N. de T.: Conforme a palavra "esguicho", em inglês, "squirt".

FIGURA 3

O personagem "Little Squirt"

um dos principais refrigerantes. Em 1983, aproveitando a nova tecnologia de refrigerantes de baixas calorias, o Diet Squirt tornou-se o primeiro refrigerante dos Estados Unidos a ser adoçado com Nutra Sweet (aspartame). Squirt foi acrescentado à A&W Brands em 1986, que posteriormente foi comprada pela Cadbury Schweppes PLC em 1993. Depois da aquisição da Dr Pepper/Seven Up Companies, Inc. pela Cadbury Schweppes PLC em 1995, a responsabilidade por fabricação, *marketing* e distribuição de Squirt foi atribuída à Dr Pepper/Seven Up, Inc., nos Estados Unidos.

O *marketing* do Squirt

As vendas de Squirt desde 1995 excederam os níveis de pré-aquisição devido a uma ampla rede de engarrafamento e distribuição, apoiada por maior atenção de *marketing* e investimento. A Figura 4 mostra o volume de vendas de Squirt para o período de 1990 a 2000.

Engarrafamento e distribuição de vendas de Squirt Squirt é engarrafado e vendido por aproximadamente 250 engarrafadores nos Estados Unidos. Um terço deles era formado por franqueados independentes ou engarrafadores que faziam parte do Dr Pepper/Seven Up, Inc. Bottling Group. Dois terços dos engarrafadores de Squirt eram afiliados à Coca-Cola Enterprises, Inc. e ao Pepsi Bottling Group, Inc. A distribuição geográfica desses engarrafadores significava que Squirt estava disponível em cerca de 83% dos mercados de engarrafamento dos Estados Unidos, o que representava em torno de 85% do volume total de refrigerantes naquele país. A área metropolitana de Nova Iorque era o maior mercado sem engarrafador de Squirt.

Cinco mercados de engarrafamento eram responsáveis por 50% do volume de vendas de Squirt em engradados. Eram eles: Los Angeles (30%), Chicago (7%), Detroit (6%), San Diego (4%) e Portland, Oregon (3%). Outros dez mercados de engarrafamento representavam 20% do volume de Squirt em engradados. Ainda outros dez mercados de engarrafamento respondiam por 10% do volume de Squirt em engradados. Os restantes 20% do volume em engradados estavam divididos entre outros engarrafadores de Squirt. Aproximadamente 100 engarrafadores, no oeste dos Estados Unidos, eram responsáveis por cerca da metade do volume de Squirt em engradados. Só a Califórnia representava 38% do volume de Squirt em engradados em 2000. Os engarrafadores de Squirt eram afiliados à Coca-Cola Entreprises, Inc. no sul da Califórnia e ao Pepsi Bottling Group, Inc. no norte.

Linha de produtos Squirt e marcas concorrentes A linha de produtos Squirt consiste de Squirt normal e *diet* e Ruby Red Squirt normal e *diet* – uma extensão do sabor de frutas vermelhas introduzida em 1993. A versão *diet* de Squirt e Ruby Red Squirt correspondem a cerca de 20% das vendas. A Figura 5 expõe a linha de produtos Squirt.

Como refrigerante gaseificado de toranja, Squirt compete diretamente com duas marcas de refrigerantes gaseificados de toranja da Coca-Cola – Fresca e Citra. Lançado na década de 1960, o refrigerante Fresca é *diet* e não contém cafeína; dirige-se principalmente a adultos (de 30 anos ou mais) e, mais recentemente, tem sido usado como bebida para preparação de drinks.[7] Em 1992, Fresca era um dos refrigerantes de crescimento mais rápido nos Estados Unidos. Citra foi lançado pela Coca-Cola no início

FIGURA 4

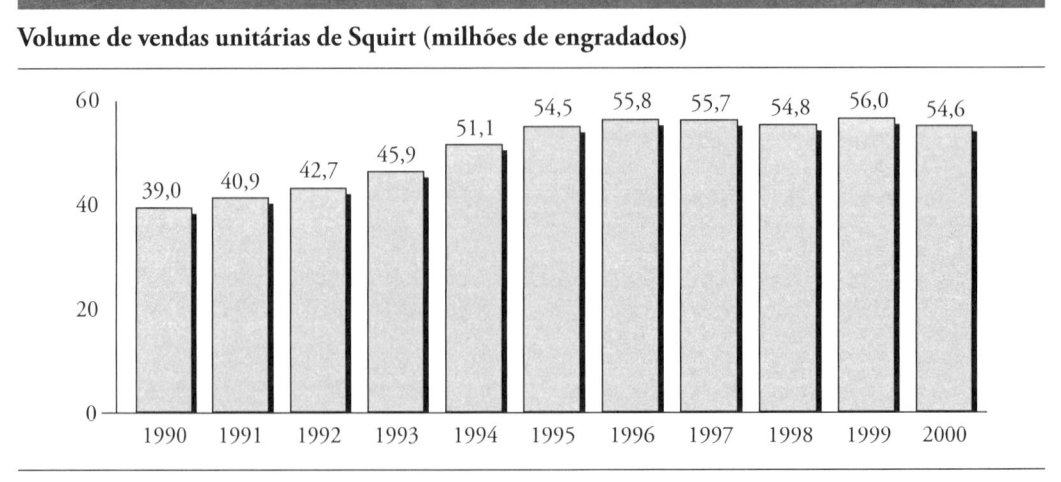

Volume de vendas unitárias de Squirt (milhões de engradados)

Ano	Volume
1990	39,0
1991	40,9
1992	42,7
1993	45,9
1994	51,1
1995	54,5
1996	55,8
1997	55,7
1998	54,8
1999	56,0
2000	54,6

Fonte: Beverage Digest. Usado com permissão.

---

[7] "Fresca Enjoys New Bubble of Popularity", *Wall Street Journal* (September 11, 2001), p. A11.

FIGURA 5

Linha de produtos Squirt

de 1997 como uma contrapartida "açucarada" de Fresca e não tem versão *diet*. A marca é direcionada a adolescentes e jovens adultos e não contém cafeína.[8]

Na categoria mais ampla de refrigerantes de sabor cítrico, Squirt também compete com duas marcas da Coca-Cola, Mello Yellow e Surge, com Mountain Dew, da Pepsi-cola, e com Sundrop, comercializado pela Dr Pepper/Seven Up. Todas as quatro marcas contêm cafeína. Com exceção de Surge, todas as marcas são vendidas nas versões normal e *diet*. Mountain Dew é a marca mais vendida de refrigerante gaseificado com sabor cítrico nos Estados Unidos. Analistas do setor atribuem a popularidade da marca à sua associação com a cultura jovem cotidiana e sua conexão com esportes alternativos, *hip-hop* e basquete universitário. Mountain Dew Code Rede, uma extensão com sabor de cereja lançada em meados de 2001, incrementou tais associações com estes dizeres: "Novo Code Red. Um *rush* de cereja que vai levar você de volta às ruas".[9]

A marca Surge, da Coca-Cola, foi lançada em 1997 para atrair consumidores antes de eles se tornarem consumidores de Mountain Dew. Contudo, analistas do setor especulavam, no início de 2001, que alguns engarrafadores de Surge não estavam dando continuidade à marca.[10] Mello Yellow, uma marca de sabor cítrico distribuída nacionalmente e comercializada pela Coca-Cola, predomina no sudeste dos Estados Unidos. Sun Drop, comercializada pela Dr Pepper/Seven Up, é uma marca regional popular no sudeste do país. O *slogan* da marca – "Tem gosto bom. Nada mais importa" – enfatiza o sabor refrescante da bebida. A Figura 6 mostra dados de vendas do volume em engradados de Squirt e marcas concorrentes para o período 1996-2000.

FIGURA 6

Tendência de volume em engradados para as principais marcas de refrigerantes gaseificados com sabor cítrico e de toranja nos Estados Unidos: 1996-2000

	Volume em engradados (milhões) por ano				
Empresa/Marca(s)	*1996*	*1997*	*1998*	*1999*	*2000**
Coca-Cola					
Fresca	28,0	26,2	25,9	25,5	24,1
Citra	ND	ND	21,0	26,2	15,6
Mello Yellow	59,0	46,6	42,4	41,6	45,7
Surge	ND	69,0	51,8	26,7	11,8
Pepsi-Cola					
Mountain Dew	605,9	683,2	748,1	793,0	809,8
Normal	535,6	605,2	665,1	705,0	715,6
Diet	70,3	78,0	83,0	88,0	94,2
Dr Pepper/Seven Up					
Sundrop	19,7	20,1	20,4	20,1	20,2
Squirt/Ruby Red	55,8	55,7	54,8	56,0	54,6
Volume total de engradados	768,4	900,8	964,4	989,1	981,8

*Nota: os dados do volume de engradados da concorrência em 2000 representam números estimados.
Fonte: Beverage Digest. Usado com permissão.

---

[8] "Citra: Coke Debuts Yet Another Soft Drink in U.S.", *Beverage Digest* (January 22, 1997), p. 38; "Coke Takes Citra Nacional", *Beverages Digest* (February 5, 1999), p. 22.

[9] "Code Red Soft Drink Sales Explode", AdAge.com, baixado em 27 de agosto de 2001.

[10] "Coke Shifts Strategy as Surge Fizzles", AdAge.com, baixado em 12 de fevereiro de 2001.

Despesas com propaganda e promoção de Squirt e gastos da concorrência Vários meios são usados para a propaganda de Squirt, o que inclui encartes em jornais, comerciais na televisão aberta, em televisão a cabo e no rádio. Squirt também utiliza promoções comerciais para o varejo e para o consumidor e tem uma série de acordos de propaganda cooperativa com engarrafadores individuais. Os gastos com propaganda na mídia para Squirt tipicamente são menores que os de concorrentes. No entanto, devido à propaganda sistemática durante um longo período de tempo, Squirt desfruta do maior reconhecimento de marca pelos consumidores entre os refrigerantes gaseificados de toranja nos Estados Unidos. As despesas com Squirt para promoções comerciais, de varejo e aos consumidores, e os acordos de propaganda cooperativa freqüentemente excedem os gastos com propaganda na mídia. Combinados, esses gastos perfazem de 20 a 25% das vendas em dólares.[11]

A Coca-Cola e a Pepsi-Cola geralmente gastam mais com promoção e propaganda na mídia do que a Dr Pepper/Seven Up, Inc. para a maioria de suas marcas de refrigerantes gaseificados com sabor cítrico e de toranja. Mountain Dew é a marca mais intensamente anunciada nessa categoria. Como regra, os gastos com propaganda na mídia costumam ser maiores, tanto em dinheiro quanto em porcentagem de vendas, para novas marcas. Além disso, as despesas para programas comerciais, de varejo e ao consumidor, com freqüência excedem a quantia gasta com propaganda na mídia. A Figura 7 apresenta os gastos estimados com propaganda na mídia para as maiores marcas de refrigerantes gaseificados com sabor cítrico e de toranja nos Estados Unidos para o período 1996-2000. As despesas com mídia planejadas para Squirt em 2001 foram as mesmas de 2000.

Posicionamento de Squirt O posicionamento de Squirt foi abordado logo depois de a Cadbury Schweppes PLC adquirir a marca. Em 1994, a Foote, Cone & Belding recomendou, com o que a administração da marca concordou, que o atributo único de Squirt como capaz de saciar a

FIGURA 7

Estimativas de gastos com propaganda na mídia para as maiores marcas de refrigerantes de sabor cítrico e de toranja nos Estados Unidos: 1996-2000

	Estimativas de gastos com propaganda na mídia ($000) por ano				
Empresa/Marca(s)	*1996*	*1997*	*1998*	*1999*	*2000*
Coca-Cola					
Fresca	2.471,5	730,2	672,6	NS	NS
Citra	ND	1.119,1	6.711,6	10.100,4	98,4
Mello Yellow	1.407,8	1.524,2	1.199,7	1.010,6	773,1
Surge	ND	13.611,0	17.846,7	18.967,4	243,8
Pepsi-Cola					
Mountain Dew (Normal & Diet)	28.991,3	33.951,1	40.104,3	37.074,3	50.384,6
Dr Pepper/Seven Up					
Sundrop	10,9	429,6	3,0	391,8	314,1
Squirt Normal/*Diet*	3.485,1	1.657,6	955,8	601,5	390,0
Squirt Ruby Red	1.807,6	537,2	NS	NS	NS

Convenção: ND = Não-disponível; NS = Gastos não-significativos
Fonte: CMR/TNS Media Intelligence U.S. Usado com permissão.

---

[11] *Nota do autor do caso:* A Dr Pepper/Seven Up, Inc. não revela os dados referentes aos gastos com promoção para essa marca. O número da porcentagem de vendas é fornecido somente para fins de análise e discussão de caso.

sede deveria ser a dimensão de posicionamento dominante sobre a qual seria construída a marca. Squirt era direcionado para adultos com idade entre 18 e 44 anos. Ruby Red Squirt era posicionado como "uma maneira intensa e saborosa de aliviar a sede" e era dirigido a adolescentes e adultos jovens, de 12 a 24 anos de idade. A propaganda para Squirt enfatizava a "natureza moderna, gostosa e experimental" da marca com a mensagem: "Além do frescor comum – é incrível como o ótimo sabor cítrico mata a sede". A propaganda de Ruby Red Squirt enfatizava seu sabor *intenso* e frescor extraordinário com a mensagem: "Seu sabor delicioso de frutas vermelhas e cítricas é incrivelmente *estimulante*". A propaganda contava com dois comerciais de televisão, chamados de "Mountain Bike" e "Rollerblade"; Squirt e Ruby Red Squirt eram representados em ambientes ativos de ciclismo e patinação.

Em meados de 1995, após a aquisição da Dr Pepper/Seven Up pela Cadbury Schweppes PLC, solicitou-se à Foote, Cone & Belding a revisão de sua estratégia criativa. O raciocínio era que a execução criativa era "um pouco extensa demais para adequar-se à marca". Em vez de situações esportivas que talvez pudessem sugerir que Squirt fosse uma bebida isotônica (uma questão de credibilidade), a estratégia criativa de Squirt passou para "experiências do dia-a-dia". A ênfase no benefício do alívio da sede permaneceu, mas agora representada em vinhetas "vigorosas, vivas, informais, coloridas e musicadas", que retratavam adultos jovens individualistas e apreciadores da diversão. O mercado-alvo foi restringido a adultos de 18 a 34 anos. Um comercial descrevia Squirt como "alívio divertido quando você está com sede", com os dizeres: "Dê um esguicho em sua sede"*. As Figuras 8 e 9 mostram comerciais de televisão para Squirt e Ruby Red Squirt com essa execução criativa.

O posicionamento e a execução criativa de Squirt foram revisitados em 1999 e novamente em 2000, após a introdução de Citra pela Coca-Cola, mas não houve mudanças. Citra debutou em maio de 1997 no sudeste e sudoeste dos Estados Unidos, com propagandas em inglês e espanhol no rádio e na televisão.[12] Citra foi posicionado como um refrigerante alegre e jovem, que matava a sede. A propaganda da marca destacava o *slogan* "nenhum tipo de sede está a salvo" e apresentava as venturas e desventuras de adolescentes que vagavam pelo país em um veículo de passeio.[13] Em 1998, Citra estava disponível em 50% dos mercados engarrafadores dos Estados Unidos. Em fevereiro de 1999, a Coca-Cola anunciou que Citra estaria à disposição em 95% dos mercados de engarrafamento dos Estados Unidos em 2000.[14]

Pesquisa do consumidor da DPSU indicou que poucos usuários do Squirt consideravam o posicionamento ou a propaganda de Citra atraente. Outra pesquisa do consumidor e teste de sabor feita pela DPSU para Squirt e Citra apontou que Squirt tinha escore mais alto no atributo "alívio da sede". "O nome da marca, a embalagem e a novidade de Citra, apoiados pela propagada parecem ter impulsionado as vendas iniciais", disse um executivo da agência de propaganda. Pesquisa com consumidores, feita posteriormente, revelou oportunidades potenciais para o posicionamento de Squirt e a execução criativa na propaganda da marca. Essa pesquisa indicou que a propaganda de Squirt comunicava eficazmente a mensagem de diversão e alívio da sede, retratada por usuários de Squirt de uma forma interessante, peculiar e envolvente, atraindo o público-alvo com música. No entanto, uma parte dos usuários de Squirt mais jovens e mais velhos considerava "juvenis" alguns aspectos das imagens nos comerciais. Além disso, entrevistas com grupos focais indicaram que os usuários de Citra (a maioria com idade entre 18 e 24 anos) não consideravam o posicionamento e a execução criativa de Squirt nas propagandas como algo que se referisse ao seu atual estilo de vida. A administração da marca de Squirt solicitou à Foote, Cone & Belding uma revisão formal do posicionamento para Squirt no início de 2001 e agendou uma apresentação para junho.

---

* N.de T.: Em inglês, "squirt your thirst", com rima entre as palavras "squirt" e "thirst".

[12] "Coca-Cola Rolling Out Citra in Two New Test Markets", *The Atlanta Journal and Constitution* (April 12, 1997), p.2H.

[13] "Coca-Cola to Promote Citra on MTV's 'Road Rules' Show; Grapefruit Drink's Territory Expands", *The Atlanta Journal and Constitution* (March 4, 1999), p. 2G.

[14] "Coke Takes Citra National", *Beverage Digest* (February 5, 1999), p. 22.

FIGURA 8

Comercial de televisão de Squirt

(MUSIC BEGINS)

MALE VOCALIST: Everybody's a little wild, everybody's a little child.

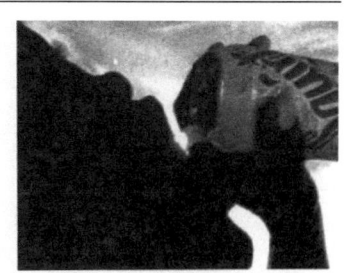

Everybody's a little squirt. Be a squirt and squirt your thirst.

Everybody's a little cool, everybody breaks a little rule.

Everybody's a little squirt. Be a squirt and squirt your thirst.

Everybody's a little juvenile, everybody's a little infantile.

Everybody's a little squirt. Be a squirt and squirt your thirst.

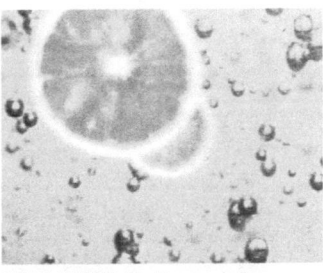

MALE ANNCR: Squirt, a cool citrus blend.

MALE VOCALIST: Everybody's a little squirt.

Be a squirt

and squirt your thirst.

Everybody's a little squirt. Be a squirt and squirt your thirst. (MUSIC ENDS)

FIGURA 9

Comercial de televisão de Ruby Red Squirt

(MUSIC IN) MALE VOCALIST SINGS: Everybody's a little wild.

Everybody's a little shy.

Everybody's a little squirt. Here, squirt, squirt your thirst.

Everybody's a little cool. Everybody breaks the little rules.

Everybody's a little squirt.

Here, squirt, squirt your thirst. Everybody's a little juvenile.

Everybody's a little infantile. Everybody's a little squirt. Here,

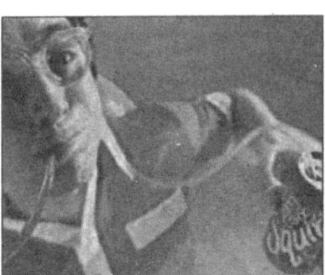

Squirt, squirt your thirst.

MALE ANNCR: Ruby Red Squirt,

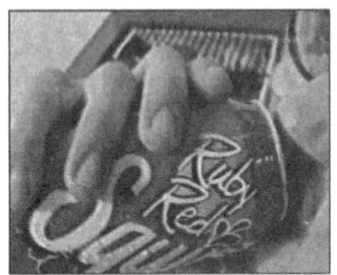

a citrus berry blast.

Everybody's a little Squirt. Here, squirt, squirt your thirst.

Everybody's a little squirt. Here, squirt, squirt— (MUSIC OUT)

REVISÃO DE POSICIONAMENTO DA SQUIRT: JUNHO DE 2001

A revisão de posicionamento de Squirt foi apresentada para a administração da marca em 25 de junho de 2001. A revisão consistiu de duas partes: (1) uma análise de posicionamento e (2) uma recomendação.

Análise de posicionamento

A apresentação da Foote, Cone & Belding (FCB) começou declarando o propósito da revisão de posicionamento: "desenvolver uma plataforma estratégica para ajudar a aumentar o volume e a manter a liderança de Squirt como o refrigerante gaseificado de toranja número um". Após breve revisão histórica das propagandas de Squirt e de sua estratégia criativa desde 1994, as atenções voltaram-se para o posicionamento da marca.

A Figura 10 mostra a análise feita pela FCB do posicionamento relativo das sete principais marcas de refrigerantes de sabor cítrico e de toranja em meados de 2001. De acordo com a análise da FCB, essas sete marcas foram posicionadas ao longo de duas dimensões predominantes. Squirt

FIGURA 10

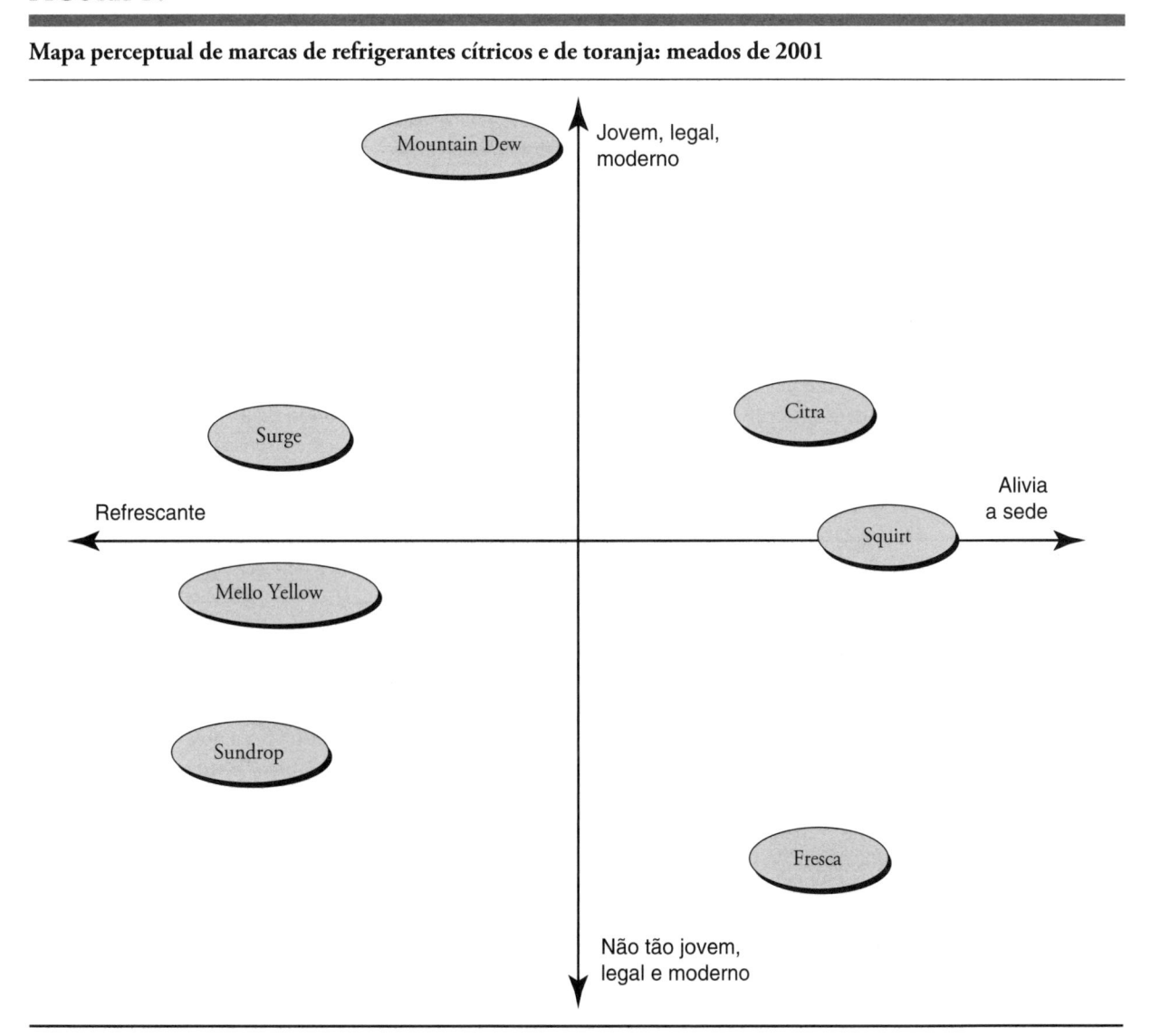

Mapa perceptual de marcas de refrigerantes cítricos e de toranja: meados de 2001

Fonte: Squirt Positioning Review. June 25, 2001.

era a bebida que mais "matava a sede". Mountain Dew era a bebida mais "jovem, legal e moderna". A marca Citra, da Coca-Cola, era a marca com posicionamento mais próximo de Squirt, com base na análise da FCB. A equipe da FCB concluiu: "uma estratégia criativa precisa ser desenvolvida para aumentar a relevância junto a um [mercado] alvo mais jovem e concentrar-se na propriedade de Squirt de aliviar a sede".

Mercado-alvo e recomendação de posicionamento

Com base em uma revisão de estatísticas do U.S. Census 2000, nos dados sobre o consumo de Squirt e nas pesquisas feitas pela Dr Pepper/Seven Up e por ela própria, a FCB propôs o refinamento do posicionamento e do mercado-alvo de Squirt. Citando pesquisa que apresentava o consumo de Squirt por grupo étnico/racial e etário relativo aos usuários de refrigerantes gaseificados (Figura 11), a FCB recomendou que Squirt fosse direcionado a indivíduos multiculturais com idade de 18 a 24 anos para que se penetrasse nesse forte segmento de usuários de refrigerantes gaseificados.

O posicionamento de Squirt continuaria a enfatizar seu benefício de "alívio da sede". Para aumentar a relevância da marca para esse segmento, o posicionamento e a propaganda de Squirt seriam dirigidos para jovens da faixa dos 21 aos 24 anos, idade marcada pelo afrouxamento das responsabilidades adultas e mais momentos descontraídos. Tal recomendação baseou-se em entrevistas de grupos focais e em pesquisas que sugeriam que os consumidores de 21 a 24 anos passam por um estágio de transição para a idade adulta, que traz novos desafios. Esses consumidores também querem aproveitar a vida ao máximo, trabalhar muito e divertir-se ainda mais. A declaração de posicionamento formal para Squirt, sobre a qual uma execução de propaganda poderia ser construída, foi a seguinte:

> Para jovens adultos multiculturais que se desenvolvem com o entusiasmo e a espontaneidade de aproveitar o máximo da vida, o refrigerante cítrico Squirt atiça sua sede de viver a vida com emoção, com um sabor estimulante que é poderoso para matar a sede!

Esse novo posicionamento tinha cinco benefícios, de acordo com a equipe da FCB. Primeiro, era adequado para a categoria de refrigerantes gaseificados. Segundo, como os refrigerantes gaseificados, enfatizava a gratificação instantânea. Terceiro, o posicionamento enfatizava a liberdade que esse segmento demográfico se esforçava para manter. Quarto, com execução criativa adequada, esse posicionamento tinha o potencial de abrir caminho em meio à profusão de propagandas de refrigerantes. Finalmente, o novo posicionamento era coerente com o visual e a sensação transmitidos por Squirt como produto.

■ A OPORTUNIDADE DO MERCADO HISPÂNICO

Kate Cox reuniu-se rápida e informalmente com a equipe administrativa da marca Squirt no dia seguinte ao da apresentação da FCB. Durante a reunião, discutiu-se a popularidade das bebidas gaseificadas com sabor de frutas entre os adolescentes adultos jovens afro-americanos e hispânicos. Além disso, a referência a tornar Squirt relevante para pessoas multiculturais na faixa dos 18 a 24 anos iniciou uma discussão sobre simultaneamente atingir novos clientes hispânicos e afro-americanos para Squirt. A reunião terminou com a tarefa que foi dada a Jaxie Stollenwerck, gerente associada de marca de Squirt, de preparar um perfil dos consumidores hispânicos e afro-americanos nos Estados Unidos a partir dos dados então recém-publicados do U.S. Census 2000 e de outras fontes relevantes.

Consumidores hispânicos nos Estados Unidos

Kate Cox recebeu um *e-mail* de Jaxie Stollenwerck na semana seguinte enquanto fazia uma visita a um engarrafador de Squirt para tratar de uma promoção local. Um resumo do relatório é reproduzido aqui:

FIGURA 11

Demografia do consumo de Squirt

(A) Detalhamento do Volume de Squirt por Grupo Racial/Étnico:
Total do Mercado dos EUA

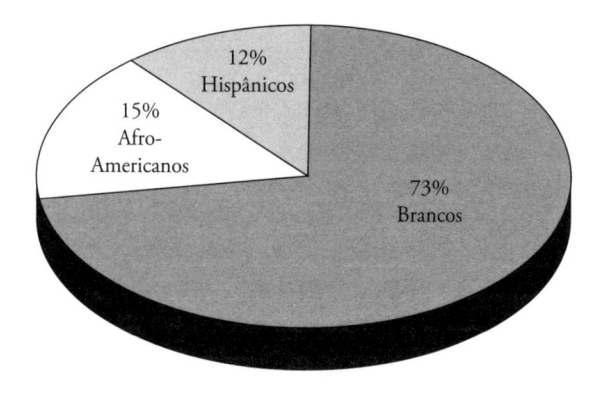

- 12% Hispânicos
- 15% Afro-Americanos
- 73% Brancos

(B) Volume de Consumo e Relação de Idade entre Usuários de Refrigerantes Gaseificados e Usuários de Squirt: Total do Mercado dos EUA

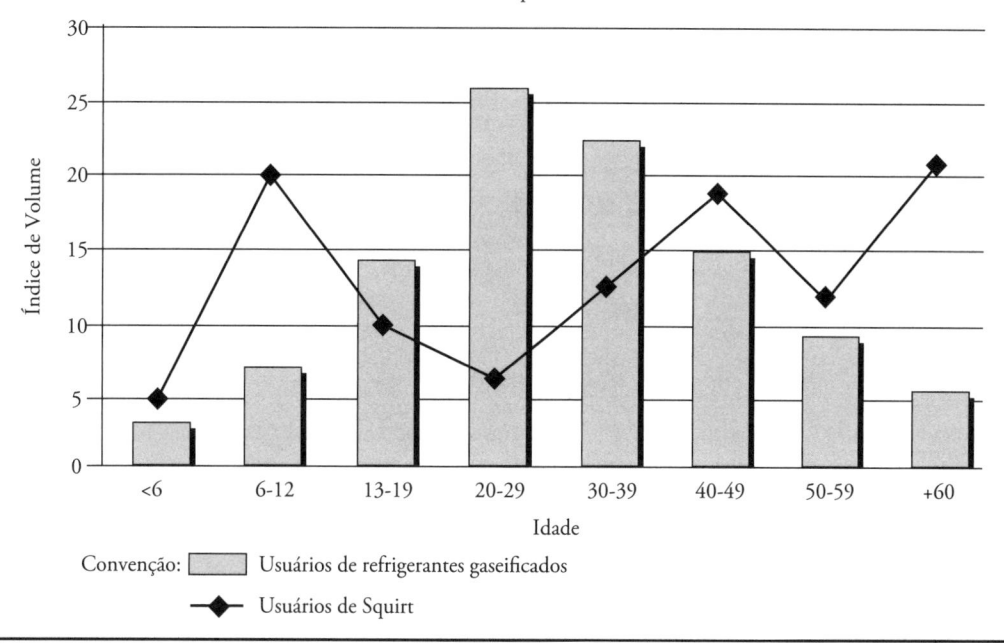

Idade	Usuários de refrigerantes gaseificados	Usuários de Squirt
<6	3	5
6-12	7	20
13-19	14	10
20-29	26	6
30-39	22	12
40-49	15	19
50-59	9	12
+60	5	21

Fonte: Squirt Positioning Review, June 25, 2001.

1. De acordo com o U.S. Census 2000, a população hispânica nos Estados Unidos cresceu 57,9%, de 22,4 milhões em 1994 para 35,3 milhões em 2000, em comparação com um aumento de 13,2% para o total da população americana. Em 2000, 58,5% dos hispânicos nos Estados Unidos eram mexicanos, 9,6% eram porto-riquenhos, 3,5% eram cubanos, 8,6% tinham ancestrais da América Central ou do Sul e 19,7% eram de outras ascendências hispânicas ou de origens não-classificadas. Os hispânicos respondiam por 12,5% da população dos Estados Unidos em 2000. Os afro-americanos perfaziam 12,3% da população americana, ou seja, 34,7 milhões de pessoas.

2. Mais de 75% dos hispânicos vivem no oeste e no sul dos Estados Unidos (43,5% moram no oeste; 32,8% vivem no sul). Mexicanos, porto-riquenhos e cubanos concentram-se em diferentes regiões. Entre os mexicanos, 55,3% vivem no oeste; 31,7% vivem no sul. Entre os porto-riquenhos, 60,4% moram no nordeste; 22,3% vivem no sul. Entre os cubanos, 74,2% localizam-se no sul; 13,6% vivem no nordeste. Para comparação: 54,8% dos afro-americanos vivem no sul; apenas 8,4% vivem no oeste.

3. Mais da metade de todos os hispânicos vive apenas em dois estados: Califórnia e Texas. Há 11 milhões de hispânicos na Califórnia (77% dos quais são de ascendência mexicana) e 6,7 milhões no Texas (76% têm ascendência mexicana).

4. Os 10 maiores "lugares" (definidos pelo U.S. Census Bureau) onde os hispânicos residem são apresentados abaixo:

Classificação	Lugar e estado	População hispânica	Porcentagem de hispânicos da população total
1	Nova York, NY	2.160.554	27,0
2	Los Angeles, CA	1.719.073	46,5
3	Chicago, IL	753.644	26,0
4	Houston, TX	730.865	37,4
5	San Antonio, TX	671.394	58,7
6	Phoenix, AZ	449.972	34,1
7	El Paso, TX	431.875	76,6
8	Dallas, TX	422.587	35,6
9	San Diego, CA	310.752	25,4
10	San José, CA	269.989	30,2

Entre os 10 lugares com maiores populações hispânicas, os porto-riquenhos representam a maior porção (36,5%) de todos os hispânicos em Nova York, enquanto os mexicanos formam a maior parte (variando de 63,5% em Los Angeles a 83,4% em San Diego) de todos os hispânicos nos outros nove lugares. Em Chicago, os mexicanos representam 70,4% de todos os hispânicos. Dos 10 maiores lugares onde afro-americanos residem, há apenas quatro sobreposições com os lugares de hispânicos: Nova York (primeiro), Chicago (segundo), Houston (quinto) e Los Angeles (sétimo). Detroit, um dos maiores mercados, fica na terceira posição em termos de lugares habitados por afro-americanos.

5. A juventude relativa da população hispânica é refletida em sua população abaixo dos 18 anos e em sua média de idade. Enquanto 25,7% da população dos Estados Unidos estavam abaixo dos 18 anos em 2000, 35% dos hispânicos tinham menos de 18. A média de idade para hispânicos era de 25 anos em 2000, ao passo que a média para toda população dos Estados Unidos era de 35,3 anos. Os mexicanos tinham a média de idade de 24,2, os porto-riquenhos, de 27,2, e os cubanos, de 40,7 anos. Em mercados hispânicos de alta densidade, como Los Angeles, os hispânicos abaixo dos 20 anos representam 58% de toda a juventude de Los Angeles naquela faixa etária. Esse grupo crescerá até chegar aos 80% em 2003. A média de idade dos afro-americanos era de 30,2 anos; 32,4% dos afro-americanos tinham menos de 18 anos, e 42,6% estavam abaixo dos 25.

6. A diversidade de nacionalidades que perfazem a população hispânica nos Estados Unidos é aparente nas diferenças de língua e cultura. Por exemplo, uma pesquisa mostra que, embora todas as nacionalidades falem espanhol, os dialetos diferem. Além disso, como aproximadamente 50% dos hispânicos nos Estados Unidos são imigrantes, muitos preferem conversar em sua língua materna. Isso parece relevante para a propaganda. De acordo com a Strategy Research Corp, 55,4% dos hispânicos preferem ver e ouvir anúncios em

espanhol, enquanto 30,3% escolhem o inglês e 13,2% não têm preferência entre as duas línguas. Os jovens hispânicos com idade entre 18 e 24 anos ficam quase igualmente divididos em termos de preferência por um idioma, com 44% preferindo comerciais em inglês e 46%, em espanhol. Além disso, encontrei algumas informações interessantes que vale a pena considerar. Parece que há uma forte ligação da marca com a herança entre os hispânicos; a autenticidade é importante, assim como a conexão emocional com as marcas; os hispânicos não gostam de abordagens "agressivas" e preferem mensagens reais que lhes sejam relevantes.

7. Os hispânicos preferem comprar perto de casa e tendem a freqüentar minimercados locais, lojas de conveniência e *bodegas* (pequena loja que vende alimentos e outros itens, principalmente para clientes de fala espanhola).

8. Finalmente, encontrei algumas estatísticas interessantes sobre o mercado RG (refrigerante gaseificado) mexicano. O México é o segundo maior mercado RG do mundo, e Squirt é a oitava maior marca RG no México. Squirt é a segunda marca mais popular na categoria de toranja, que, por sua vez, é a segunda maior categoria (depois da cola) no México, com uma participação de 41%. A Refremex AG possui e comercializa Squirt no México.

As informações fornecidas confirmaram a suspeita de Kate sobre a extensão da comunidade hispânica nos principais mercados engarrafadores de Squirt. Ela também pensou que a menção à autenticidade e à importância de um elo emocional com as marcas, juntamente com seu aspecto de realidade e relevância na propaganda, estava de acordo com a análise da FCB. Cox ficou especialmente interessada na referência feita à proeminência de Squirt no México. Ela sabia que Squirt era vendido naquele país, mas não pela Dr Pepper/Seven Up, e tinha ouvido falar que a marca era popular lá. No entanto, essa informação, confirmada posteriormente, era um tanto intrigante. Ela pensou: "a popularidade de Squirt no México poderia ser impulsionada nos Estados Unidos ou o Squirt já havia se beneficiado de suas ligações mexicanas?". Cox agendou uma reunião da equipe administrativa da marca Squirt para quando voltasse. A discussão seria sobre o direcionamento para o mercado e tópicos de posicionamento relativos ao plano anual de propaganda e promoção.

Desenvolvimento do plano de propaganda e promoção da Squirt

Kate Cox reuniu a equipe de administração da marca Squirt em meados do verão de 2001 para começar a esboçar o plano anual de propaganda e promoção para Squirt nos Estados Unidos. Quando pronto, o plano seria formalmente apresentado para a alta administração para revisão e aprovação antes de ser implementado.

Kate Cox começou a reunião repetindo o propósito da FCB por trás da recente revisão de posicionamento de Squirt. Ela enfatizou que sua intenção estratégica era construir um sólido alicerce para o futuro crescimento de Squirt com seu plano anual de propaganda e promoção – seu primeiro plano como gerente da marca Squirt. O direcionamento para o mercado e o posicionamento para Squirt foram o primeiro item da pauta. Havia três opções gerais. Primeiro, o atual direcionamento para o mercado e a estratégia de posicionamento poderiam ter continuidade. Segundo, o direcionamento para o mercado e a recomendação de posicionamento feitos pela FCB poderiam ser adotados. Terceiro, outro direcionamento para o mercado e outra estratégia de posicionamento poderiam ser desenvolvidos, podendo ou não incluir elementos da estratégia atual e da estratégia recomendada. Ela acrescentou que qualquer exame de opções deveria considerar o papel do mercado multicultural para refrigerantes gaseificados, da categoria cítrico/toranja e de Squirt na formulação do direcionamento de mercado e da estratégia de posicionamento e na implementação do plano de propaganda e promoção.

De maneira mais ampla, Cox solicitou que os membros da equipe considerassem como uma "mentalidade de *marketing* multicultural" poderia orientar o próprio processo geral de planejamento. Ela disse: "se optarmos por nos concentrar nos jovens multiculturais de 18 a 24 anos, o que poderíamos ter que fazer de modo diferente de simplesmente focarmos em jovens dessa faixa etária ou, ainda, na faixa dos 18 aos 34 anos, como foi feito no passado?"

"Essencialmente, nosso direcionamento para o mercado e a recomendação e decisão de posicionamento determinarão onde e como empregar nosso dinheiro para propaganda e promoção", Kate continuou. Ela lembrou a equipe de administração da marca que Squirt era aproximadamente a nona maior marca no portfólio de marcas da empresa e que os objetivos, a estratégia e o orçamento para propaganda e promoção deveriam considerar essa realidade. "Isso certamente tem implicações para onde e como escolhemos gastar o orçamento", disse um estudante de M.B.A. que estava fazendo estágio na empresa naquele verão e que há pouco havia se juntado à equipe de administração da marca. Ele continuou: "Suponhamos que escolhemos veicular uma campanha bilíngüe de propaganda na mídia e promoção entre os engarrafadores, ou somente um programa em espanhol para mercados selecionados que correspondam à estimativa de consumo hispânico de Squirt, segundo a FCB. Não corremos o risco de usar o orçamento de forma muito rarefeita pelo país?" Cox respondeu: "é uma possibilidade. Mas podemos nos adiantar, discutindo as despesas. Este pode ser um bom momento para discutir o tópico de direcionamento do mercado e posicionamento e ver aonde isso nos leva".

CASO

Procter & Gamble, Inc.
Scope

Enquanto olhava o relatório de final de ano, Gwen Hearst estava satisfeita de ver que Scope havia mantido uma participação de 32% do mercado canadense de anti-sépticos bucais em 1990. Ela tinha ficado preocupada com a trajetória que o Plax, um produto para enxágüe pré-escovação, tinha feito no mercado. Desde seu lançamento em 1988, Plax havia conquistado uma participação de 10% na categoria do produto, passando a representar uma ameaça para Scope. Como gerente de marca, Hearst planejou, desenvolveu e dirigiu todo o trabalho de *marketing* para Scope, marca da Procter & Gamble (P&G) no mercado de anti-sépticos bucais. Ela era responsável pela maximização da participação, do volume e da lucratividade da marca.

Até a entrada do Plax, as marcas no mercado de anti-sépticos bucais eram posicionadas em torno de dois benefícios principais: hálito fresco e eliminação de germes. O Plax foi apresentado com um novo benefício – como "combatente de placa" –, e havia sinais de que outras marcas, como Listerine, iriam promover esse mesmo benefício. O desafio para Hearst era desenvolver uma estratégia que garantisse a continuação da lucratividade de Scope em face dessas ameaças competitivas. Sua tarefa específica era preparar um plano de *marketing* para o setor de anti-sépticos bucais da P&G para os três anos seguintes. Era início de fevereiro de 1991, e ela apresentaria o plano para a alta administração em março.

■ HISTÓRICO DA EMPRESA

Com base na filosofia de oferecer produtos de valor e qualidade superior que melhor atendessem às necessidades dos consumidores, a Procter & Gamble é uma das empresas de bases de consumo mais bem-sucedidas do mundo. A empresa comercializa suas marcas em mais de 140 países e teve receita de $1,6 bilhão em 1990. A subsidiária canadense contribuiu com $1,4 bilhão em vendas e $100 milhões em ganhos líquidos em 1990. Foi reconhecida como líder no setor canadense de bens de consumo embalados, e suas marcas ao consumidor lideravam na maior parte das categorias em que a empresa competia.

Entre 1987 e 1990, as vendas mundiais da P&G haviam aumentado em $8 bilhões, e os ganhos líquidos, em $1,3 bilhão. Os executivos da P&G atribuíram o sucesso da empresa a uma série de fatores, incluindo a habilidade de desenvolver produtos verdadeiramente inovadores para satisfazer as necessidades dos consumidores. A Figura 1 apresenta a declaração de propósito e estratégia da subsidiária canadense.

A P&G Canadá tem cinco divisões de operação, organizadas por categoria de produto. As divisões e algumas das principais marcas são:

1. *Produtos de papel:* Royale, Pampers, Luvs, Attends, Always.
2. *Alimentos e bebidas:* Duncan Hines, Crisco, Pringles, Sunny Delight.

Este caso foi preparado pelos professores Gordon H. G. McDougall e Franklin Ramsoomair, da Wilfrid Laurier University, como base para discussão e não se destina a ilustrar o manejo eficaz ou não de uma situação administrativa. Usado com permissão.

FIGURA 1

Declaração de propósito e estratégia: Procter & Gamble, Canadá

Ofereceremos produtos de valor e qualidade superior que melhor atendam às necessidades dos consumidores.

Atingiremos esse objetivo através de um ambiente organizacional e de trabalho que atraia as melhores pessoas, desenvolvendo completamente e desafiando nossos talentos individuais; que encoraje nossa colaboração livre e vigorosa para levar a empresa para frente; e que mantenha os princípios históricos da empresa de integridade e de fazer a coisa certa.

Construiremos um negócio lucrativo no Canadá. Aplicaremos o aprendizado mundial e os recursos da P&G para maximizar nossa taxa de sucesso. Concentraremos nossos recursos nas categorias mais lucrativas e em oportunidades únicas e importantes no mercado canadense. Também contribuiremos para o desenvolvimento de pessoas extraordinárias e de idéias empresariais inovadoras para uso da empresa no mundo todo.

Atingiremos nossas metas empresariais e eficiência máxima em termos de custos, através de inovação contínua, planejamento estratégico e busca constante de excelência em tudo o que fazemos.

Continuamente estaremos à frente de nossos concorrentes, defendendo agressivamente nossos negócios lucrativos, estabelecidos contra os grandes desafios competitivos, apesar das conseqüências de curto prazo em termos de lucro.

Através da busca bem-sucedida de nosso compromisso, esperamos que nossas marcas alcancem a liderança e posições lucrativas e que, como conseqüência, nossa empresa, nossos funcionários, nossos acionistas e as comunidades onde vivemos e trabalhamos prosperem.

Fonte: Registros da empresa.

3. *Produtos de beleza:* Head & Shoulders, Pantene, Pert, Vidal Sassoon, Clearasil, Clarion, Cover Girl, Max Factor, Oil of Olay, Noxzema, Secret.
4. *Produtos para a saúde:* Crest, Scope, Vicks, Pepto-Bismol, Metamucil.
5. *Lavanderia e limpeza:* Tide, Cheer, Bounce, Bold, Oxydol, Joy, Cascade, Comet, Mr. Clean.

Cada divisão tinha seus próprios grupos administrativos para administração de marca, vendas, finanças, desenvolvimento de produtos e operações e era avaliada como um centro de lucros. Em cada divisão, um gerente de marca era designado para cada marca (por exemplo, Scope). Hearst estava na divisão de Produtos para a Saúde e era subordinada do gerente de propaganda para higiene oral que, por sua vez, era subordinado do gerente-geral da divisão. Após terminar seu curso superior em administração (B.B.A.) em uma bem conhecida faculdade de Ontário em 1986, Hearst foi trabalhar na P&G como assistente de marca. Em 1987, ela se tornou gerente de marca assistente para Scope e, em 1988, foi promovida a gerente de marca. O rápido progresso de Hearst na P&G refletia a confiança que seus gerentes tinham em sua capacidade.

■ O MERCADO CANADENSE DE ANTI-SÉPTICOS BUCAIS

Até 1987, com base em unidades, o mercado de anti-sépticos bucais tinha crescido, em média, 3% por ano durantes os 12 anos anteriores. Naquele ano, houve um aumento de 26%, com a introdução de novos sabores, como o de menta. Desde então, a taxa de crescimento tinha declinado a um nível de 5% em 1990 (Figura 2).

O mercado de anti-sépticos bucais foi inicialmente desenvolvido pela Warner-Lambert, com sua marca pioneira Listerine. Posicionado como um anti-séptico bucal que matava os germes e eliminava o mau hálito, Listerine dominou o mercado até a entrada de Scope em 1967. Scope, um anti-séptico bucal verde com sabor de menta, foi posicionado como uma marca de ótimo sabor e refrescante bucal que oferecia proteção contra o mau hálito. Foi a primeira marca que oferecia tanto proteção eficaz contra o mau hálito quanto um sabor melhor do que os de outros anti-sépticos bucais. Sua propaganda concentrava-se, em parte, em um ponto fraco percebido de Listerine – remédio contra

FIGURA 2

Mercado canadense de anti-sépticos bucais

	1986	1987	1988	1989	1990
Total de vendas no varejo (milhões)	$43,4	$54,6	$60,2	$65,4	$68,6
Total de vendas da fábrica (milhões)	$34,8	$43,5	$48,1	$52,2	$54,4
Total de unidades vendidas (milhares)[a]	863	1.088	1.197	1.294	1.358
(% mudança)	3	26	10	8	5
(% mudança – "somente para hálito")[b]	3	26	0	3	5
Penetração (%)[c]	65	70	75	73	75
Uso (número de vezes por semana)[d]	2,0	2,2	2,3	2,4	3,0

[a] Uma unidade ou embalagem estatística é igual a 10 litros ou 352 onças de anti-séptico bucal.
[b] Exclui Plax e outros produtos para enxágüe pré-escovação.
[c] Porcentagem de lares que têm pelo menos uma marca em casa.
[d] Para membro adulto de uma residência.
Fonte: Registros da empresa.

mau hálito (por exemplo, "Scope combate o mau hálito. Não se iluda com um sabor agradável"); em 1976, Scope tornou-se o líder de mercado no Canadá.

Em 1977, a Warner-Lambert lançou o anti-séptico bucal Listermint como concorrente direto de Scope. Como Scope, era verde e tinha gosto de menta, sendo posicionado como "um anti-séptico bucal de bom sabor que combate o mau hálito". Em um ano, tinha atingido uma participação de mercado de 12%, principalmente à custa de Listerine e marcas menores no mercado.

Na década de 1970, a Merrel Dow, uma grande empresa farmacêutica, lançou Cepacol, que foi posicionado de maneira muito próxima à de Listerine. Cepacol atingiu e manteve aproximadamente 14% do mercado no início dos anos 80.

Durante a década de 80, as principais mudanças competitivas no mercado canadense de anti-sépticos bucais foram:

- Listerine, que havia sido primeiramente comercializado com uma estratégia para "mau hálito", começou a mudar sua posição e, em 1988, lançou a afirmação: "Combate a placa e ajuda a prevenir inflamação das gengivas causada pela placa". Nos Estados Unidos, Listerine ganhou o selo da American Dental Association por combater a placa, mas não conquistou o selo no Canadá.
- Listermint adicionou flúor à fórmula no início da década de 1980 e obteve o selo da Canadian Dental Association por prevenir cáries em 1983. Mais recentemente, Listermint tinha diminuído o flúor e removido o selo.
- No início de 1987, os sabores foram lançados por uma série de marcas, inclusive Scope, Listermint e diversas marcas de lojas. Isso expandiu imensamente o mercado em 1987, mas não mudou significativamente as participações mantidas pelas maiores marcas.
- Colgate Fluoride Rinse foi lançado em 1988. Com o selo da Canadian Dental Association para cáries, afirmava: "O novo líquido para enxágüe com flúor da Colgate combate cáries. E tem um sabor suave que estimula as crianças a enxaguar por mais tempo e com mais freqüência". A participação de Colgate atingiu um pico de 2% e declinou. Havia boatos de que a Colgate estava planejando descontinuar a marca.
- Em 1988, a Merrel Dow fez um contrato de licenciamento com a Strategic Brands para comercializar Cepacol no Canadá. A Strategic Brands, uma empresa canadense que comercializa uma variedade de produtos domésticos ao consumidor, tinha concentrado seus esforços em obter maior distribuição para Cepacol e promovê-lo com base no preço.
- Em 1988, Plax foi lançado em uma plataforma nova e diferente. Seu lançamento e sucesso imediato pegaram de surpresa muitos participantes do setor.

■ O LANÇAMENTO DO PLAX

Plax foi lançado no Canadá, no final de 1988, tendo uma plataforma bastante diferente dos anti-sépticos bucais tradicionais. Primeiro, em vez da ocasião de uso comum "após escovação", Plax definia-se como um produto para enxágüe "pré-escovação". O usuário deveria enxaguar a boca com o produto antes de escovar os dentes, e os detergentes de Plax auxiliariam a desprender a placa para tornar a escovação especialmente eficaz. Segundo, os benefícios do produto não estavam focados no hálito. Em vez disso, afirmava-se que "enxaguar com Plax e depois escovar normalmente remove até três vezes mais placa do que a escovação por si só".

A Pfizer, Inc., uma empresa farmacêutica, lançou Plax no Canadá com uma campanha promocional estimada em quase $4 milhões. A campanha, que abrangeu os últimos três meses de 1988 e todo o ano de 1989, consistiu de propaganda calculada em $3 milhões e de extensas promoções de vendas, incluindo: (1) embalagens menores para experimentação em três redes de farmácias ($60.000), (2) cupom cooperativado por correio para 2,5 milhões de residências ($160.000), (3) oferta de cupom para resgate imediato ($110.000), (4) correio especializado para redes de supermercados e drogarias ($30.000) e (5) uma série de descontos ($640.000). Plax continuou a apoiar a marca com gastos de propaganda de aproximadamente $1,2 milhão em 1990. Neste ano, Plax manteve uma participação de 10% no total do mercado.

Quando Plax foi lançado nos Estados Unidos, afirmava que seu uso "removia até 300% mais placa do que só a escovação". Tal afirmação foi desafiada pelos anti-sépticos concorrentes e levou a uma investigação por parte do Better Business Bureau. A investigação descobriu que, no estudo em que Plax baseava sua afirmação, os participantes limitaram sua escovação a 15 segundos – e sem usar creme dental. Um estudo posterior, em que as pessoas puderam escovar os dentes de "maneira usual" e com creme dental, não mostrou nenhuma diferença geral no nível de acúmulo de placa entre os que usaram Plax e o grupo de controle, que não usou o produto. Plax, então, reformulou sua afirmação para: "três vezes mais placa do que apenas a escovação". Informações sobre Plax podem ser encontradas no Apêndice.

■ A SITUAÇÃO ATUAL

Ao preparar o plano estratégico, Gwen Hearst revisou as informações disponíveis sobre o mercado de anti-sépticos bucais e Scope. Como mostra a Figura 2, em 1990, 75% dos lares canadenses usavam uma ou mais marcas de anti-sépticos bucais, e o uso, em média, era três vezes por semana para cada membro adulto da residência. Pesquisa de mercado da empresa revelou que os usuários podiam ser segmentados por freqüência de uso: os usuários "fortes" (uma vez por dia ou mais) perfaziam 40% de todos os usuários; os usuários "médios" (duas a seis vezes por semana) perfaziam 45%, e os usuários "fracos" (menos de uma vez por semana) resultavam em 15%. Não havia informações disponíveis sobre os hábitos de uso de usuários de produtos para enxágüe pré-escovação. Os não-usuários atualmente não compram anti-sépticos bucais porque (1) não acham que têm mau hálito, (2) acreditam que sua escovação é adequada e/ou (3) acham que alternativas como chicletes e balas são mais convenientes. As razões mais importantes por que os consumidores usam anti-séptico bucal são:

Razões mais importantes para o uso de anti-séptico bucal	%
É parte de minha higiene oral básica	40*
Elimina o mau hálito	40
Mata os germes	30
Faz com que eu me sinta mais confiante	20
Evita ofender os outros	25

* Várias razões são aceitas.

FIGURA 3

Percepção dos consumidores das imagens de marcas

Atributos	Todos os Usuários[a]					
	Cepacol	Colgate	Listerine	Listermint	Plax	Scope
Reduz o mau hálito	...	...	...	...	—	...
Mata os germes	+	...	+	...	...	—
Remove a placa	...	...	...	...	+	—
Dentes e gengivas mais saudáveis	...	...	...	...	+	—
Bom para a prevenção de gripes	...	...	+	...	...	...
Recomendado por médicos/dentistas	...	—	...	...	+	...
Limpa bem a boca	...	...	...	...	...	...

Atributos	Usuários da Marca[b]					
	Cepacol	Colgate	Listerine	Listermint	Plax	Scope
Reduz o mau hálito	+	—	+	+	—	+
Mata os germes	+	...	+	—	—	...
Remove a placa	—	+	+	—	+	—
Dentes e gengivas mais saudáveis	...	+	+	—	+	—
Bom para a prevenção de gripes	+	—	+	—	—	—
Recomendado por médicos/dentistas	+	+	+	—	+	—

[a] Inclui qualquer pessoa que use anti-séptico bucal. Solicitou-se que os respondentes classificassem todas as marcas (mesmo as que não tinham usado) quanto aos atributos. O "+" significa que a marca tem escore *mais alto do que média*. O "..." significa que a marca teve escore *na média*. O "–" significa que a marca teve escore *abaixo da média*. Por exemplo, Cepacol é percebido por aqueles que usam anti-séptico bucal como uma marca boa/melhor do que a maioria no aspecto "mata os germes".

[b] Inclui somente os usuários daquela marca. Por exemplo, Cepacol é percebido por aqueles cuja "marca usual" é Cepacol como uma marca boa/melhor do que maioria no quesito "redução do mau hálito".

Fonte: Registros da empresa.

FIGURA 4

Participações de anti-sépticos bucais no mercado canadense

	Unidade			Média em 1990	
	1988	1989	1990	Lojas de alimentos	Drogarias
Scope	33,0%	33,0%	32,3%	42,0%	27,0%
Listerine	15,2	16,1	16,6	12,0	19,0
Listermint	15,2	9,8	10,6	8,0	12,0
Cepacol	13,6	10,6	10,3	9,0	11,0
Enxágüe oral Colgate	1,4	1,2	0,5	0,4	0,5
Plax	1,0	10,0	10,0	8,0	11,0
Marcas próprias de lojas	16,0	15,4	16,0	18,0	15,0
Outros (diversos)	4,6	3,9	3,7	2,6	4,5
Total	100,0%	100,0%	100,0%	100,0%	100,0%
Venda no varejo (000.000)	$60,2	$65,4	$68,6	$24,0	$44,6

Fonte: Registros da empresa.

Durante 1990, foi feita uma pesquisa sobre as imagens que os usuários de anti-séptico bucal tinham das principais marcas no mercado. Solicitou-se que os respondentes classificassem as marcas considerando uma série de atributos. Os resultados mostraram que Plax tinha conquistado uma imagem forte nos quesitos "remove a placa/dentes e gengivas mais saudáveis" (Figura 3).

Dados de participação de mercado revelaram que havia uma diferença substancial na participação mantida por Scope em lojas de alimentos, 42% (por exemplo, nos supermercados), em relação às drogarias, 27% (Figura 4). Aproximadamente 65% de todas as vendas de anti-sépticos bucais ocorriam através de drogarias, enquanto que 35% eram realizadas em lojas de alimentos. Recentemente, clubes atacadistas, como Price Club e Costco, estavam sendo responsáveis por uma maior participação de vendas de anti-sépticos bucais.[1] Tradicionalmente, esses clubes vendiam Cepacol, Scope, Listerine e Plax.

FIGURA 5

Dados do mercado concorrente, 1990

Gastos com propaganda ($000)	
Scope	$1.700
Listerine	1.600
Plax	1.200
Listermint	330
Cepacol	170

Planos de mídia

	Número de semanas no ar	*GRPs[a]*
Scope	35	325
Listerine	25	450
Plax	20	325

Índices de preços no varejo

	Lojas de alimentos	*Drogarias*
Scope	98	84
Listerine	129	97
Listermint	103	84
Colgate	123	119
Plax	170	141
Marcas próprias de lojas	58	58
Cepacol	84	81
Total do mercado[b]	100	100

[a] GRP (Gross Rating Points) é uma medida do impacto da propaganda; origina-se da multiplicação do número de pessoas expostas a um comercial pelo número médio de exposições por pessoa. Os GRPs relatados são mensais.
[b] Um índice médio ponderado dos preços de varejo de todas as marcas de anti-sépticos bucais é calculado e indexado em 100 para lojas de alimentos e drogarias. Scope tem preço ligeiramente abaixo desse índice em lojas de alimentos e cerca de 16% abaixo em drogarias.
Fonte: Registros da empresa.

---

[1] Clubes atacadistas estavam incluídos nas vendas de lojas de alimentos.

FIGURA 6

Comparação de participação de mercado Canadá-Estados Unidos, 1989 (% de unidades)

Marcas	Canadá	Estados Unidos
Scope	33,0	21,6
Listerine	16,1	28,7
Listermint	9,8	4,5
Cepacol	10,6	3,6
Plax	10,0	9,6

Fonte: Registros da empresa.

Dados da concorrência também foram coletados para gastos com propaganda e preços de varejo. Como apresenta a Figura 5, o gasto total de todas as marcas com mídia em 1990 foi de $5 milhões, com Scope, Listerine e Plax respondendo por 90% de toda a propaganda. Os preços de varejo foram calculados com base em um frasco de 750ml; Listerine e Plax tinham preços em nível mais elevado nas lojas de alimentos, e Plax tinha preço maior em drogarias.

Informações sobre o mercado americano para 1989 também estavam disponíveis (ver a Figura 6). Em contraste com o Canadá, Listerine mantinha uma participação dominante no mercado dos Estados Unidos. Desde o início de 1989, Listerine tinha sido anunciado intensamente naquele país como "o único anti-séptico bucal sem necessidade de receita aceito pela American Dental Association por seu auxílio significativo na prevenção e redução de placa e gengivite". No Canadá, a campanha de propaganda de 1990 incluiu a afirmação de que havia sido clinicamente comprovado que Listerine "ajudava a prevenir inflamações e irritações na gengiva causadas pelo acúmulo de placa". A fórmula de Listerine baseava-se em quatro óleos essenciais – mentol, eucaliptol, timol e metil-salicilato – todos derivados de fenol, um poderoso anti-séptico.

Listerine não havia recebido o selo de produto ao consumidor dado pela Canadian Dental Association (CDA) porque a associação não estava convencida de que um anti-séptico bucal pudesse ter valor terapêutico. A CDA estava na época revisando testes americanos para vários produtos vendidos no Canadá. Na verdade, quaisquer mudanças na formulação de anti-sépticos bucais ou nas afirmações em propagandas poderiam exigir aprovação de vários órgãos reguladores.

■ O AMBIENTE REGULADOR

1. **Health Protection Branch:** Este órgão governamental classifica produtos em "*status* medicinal" ou "*status* cosmético", com base na ação do produto sobre as funções corporais e em suas afirmações de propaganda. Os produtos medicinais são aqueles que afetam uma função corporal (por exemplo, a prevenção de cáries ou do acúmulo de placa). Para produtos de "*status* medicinal", todas as formulações, embalagens e propagandas devem ser pré-avaliadas pelo Health Protection Branch (HPB), com orientações muito estritas. Anti-sépticos bucais como Scope, que afirmam somente prevenir o mau hálito, são classificados com o "*status* cosmético". No entanto, se alguma afirmação for feita quanto à inibição de formação de placa, o produto passa para o "*status* medicinal", e toda a propaganda é submetida a escrutínio.

2. **Canadian Dental Association:** Sob solicitação do fabricante, colocará seu selo de reconhecimento em produtos que tiverem demonstrado eficácia contra cáries ou placa/gengivite. Entretanto, esses produtos com o selo de reconhecimento devem submeter sua embalagem e propaganda à aprovação pela CDA. A CDA e a American Dental Association (ADA) são

duas instituições separadas, não dependem uma da outra e nem sempre estão de acordo quanto a algumas questões. A CDA, por exemplo, não daria o selo "placa/gengivite" a menos que estudos clínicos demonstrassem real melhora na saúde das gengivas.

3. **Adoçantes sacarina/Ciclamato:** Todos os anti-sépticos bucais contêm um adoçante artificial. No Canadá, o ciclamato é usado como adoçante, pois a sacarina é uma substância proibida. Por sua vez, os Estados Unidos usam sacarina porque o ciclamato é proibido. Assim, apesar de muitas das mesmas marcas competirem tanto no Canadá quanto nos Estados Unidos, a fórmula é diferente em cada país.

■ O PLANO DE TRÊS ANOS

Para a preparação do plano de três anos para Scope, foi formada uma equipe na P&G para examinar várias opções. A equipe incluía indivíduos dos setores de Desenvolvimento de Produtos (DDP), Fabricação, Vendas, Pesquisa de Mercado, Pesquisa, Finanças, Propaganda e Operações. Ao longo do ano anterior, a equipe havia realizado uma série de atividades relacionadas com Scope.

Para Hearst, a principal questão era como a P&G deveria capitalizar com a emergência do segmento de mercado na categoria de enxágüe bucal focado mais nos "benefícios para a saúde" do que era a estratégia tradicional de Scope, voltada para o frescor do hálito. Especificamente, com o lançamento de Plax, o mercado de anti-sépticos bucais tinha se segmentado em marcas "só para o hálito" (como Scope) e as que prometiam outros benefícios. Plax, ao posicionar-se como um produto para enxágüe pré-escovação, não era visto (ou não tinha o mesmo gosto) como um anti-séptico bucal para "refrescar o hálito", assim como Scope.

Gwen Hearst acreditava que uma extensão da linha posicionada em relação a Plax, uma recente entrada no mercado, fazia mais sentido. Se o mercado de anti-sépticos bucais se tornasse mais fragmentado e se as outras marcas crescessem, ela temia que a P&G ficasse com uma grande porção de um segmento focado somente no "hálito" e que, com isso, poderia declinar. Contudo, ela também sabia que havia questões relativas às implicações estratégicas e financeiras de tal proposta. Em reuniões recentes, outras idéias haviam sido lançadas, inclusive a de "não fazer nada" e de visualizar afirmações que pudessem ser usadas para Scope, além da referente ao "hálito", em vez de acrescentar um novo produto. Vários membros da equipe questionavam se havia alguma ameaça real, já que Plax se posicionava de forma bem diferente de Scope. Enquanto considerava as alternativas, Hearst revisou as atividades da equipe e as questões que haviam sido levantadas por vários dos componentes do grupo.

Desenvolvimento do produto

Em testes de produto com Scope, o DDP tinha demonstrado que Scope reduzia a placa melhor do que apenas a escovação devido aos ingredientes anti-bacterianos de sua fórmula. No entanto, a P&G ainda não possuía dados clínicos para convencer o HPB a permitir que Scope estendesse as afirmações para a prevenção de inflamação das gengivas (como Listerine).

O DDP recentemente havia desenvolvido um novo produto para enxágüe pré-escovação que atuava tão bem quanto Plax, mas não funcionava melhor do que este contra a redução de placa. Na verdade, na própria testagem de Plax, o DDP não conseguiu reproduzir a afirmação de redução de placa feita pela Pfizer de que "enxaguar com Plax e escovar normalmente remove até três vezes mais placa do que a escovação por si só". O principal benefício do produto para enxágüe pré-escovação da P&G era que tinha gosto melhor do que o de Plax. Fora isso, tinha qualidades estéticas semelhantes às de Plax – qualidades que tornavam a experiência "na boca" bem diferente da proporcionada por Scope.

Os integrantes do setor de Desenvolvimento de Produto, em especial, estavam preocupados com a idéia de Hearst de lançar uma extensão da linha porque se tratava de um produto que era apenas igual a Plax e a placebos para redução de placa em termos de eficácia. Tradicionalmente, a P&G somente lançava produtos que se concentrassem em necessidades não-atendidas do consumidor – produtos que tipicamente apresentavam desempenho superior. No entanto, conforme Gwen apontou, como o novo produto oferecia eficácia semelhante com melhor sabor, essa situação era parecida com a de quando Scope foi originalmente lançado. Alguns membros do DDP também estavam preocupados que, se não pudessem reproduzir os resultados clínicos de Plax com a rígida metodologia de testes da P&G e se o produto possivelmente não oferecesse nenhum benefício maior do que o enxágüe com qualquer líquido, a imagem e a credibilidade da P&G, junto aos profissionais dentistas, poderia sofrer um impacto. Houve debates sobre essa questão, já que outros achavam que, desde que o produto estimulasse uma melhor higiene oral, ele ofereceria um benefício. Como mais um ponto a favor, observou-se que muitos profissionais realmente recomendavam Plax. De modo geral, a preferência do DDP era por não lançar um novo produto, e sim acrescentar afirmações sobre redução de placa a Scope. O argumento básico era que seria melhor proteger o negócio que a P&G já tinha do que lançar uma entidade completamente nova. Se se partisse para uma extensão de linha, seriam necessários testes de produto no valor de $20.000.

Vendas

A equipe de vendas tinha acompanhado a trajetória de Plax no mercado e acreditava que Scope deveria reagir com rapidez. Eles tinham uma preocupação. Como unidades de manutenção de estoque tinham começado a proliferar em muitas categorias, o setor de varejo havia se tornado muito mais rígido em relação ao que iria aceitar. Agora, para ser apresentada nas prateleiras das lojas, uma marca deveria ser considerada diferente o suficiente da concorrência (ou única) para gerar maiores vendas – senão, os varejistas argumentavam que o volume de vendas da categoria simplesmente espalharia mais unidades. Quando isso acontecia, a lucratividade de uma loja de varejo era reduzida, pois os custos de estoque eram mais altos, mas nenhuma receita adicional com vendas era gerada. Quando se considerava que uma nova marca não gerava mais vendas, os varejistas ainda podiam apresentá-la, substituindo unidades dentro da linha existente (por exemplo, abandonar exposições na gôndola de Scope), ou o fabricante podia pagar aproximadamente $50.000 por unidade de manutenção de estoque em taxas de inclusão para adicionar a nova marca.

Pesquisa de mercado

O setor de Pesquisa de Mercado (PM) havia trabalhado extensivamente com Hearst para testar as opções junto aos consumidores. O trabalho até aquele momento havia mostrado que:

1. A tática de renovação da confiança em Scope (ou seja, "Agora Scope combate a placa") não parecia aumentar o desejo dos usuários de marcas concorrentes de comprar Scope. Isso significava que era improvável que a medida fosse gerar volume adicional, mas poderia impedir que os atuais usuários mudassem de marca.

   O setor de PM também alertou que, com a "renovação da confiança" em um produto, geralmente leva tempo até que o consumidor aceite a idéia e aja de acordo com ela. A questão para Hearst era se tal renovação seria suficiente. Certamente, poderia estabilizar o negócio, ela pensava, mas será que essa medida poderia fazê-lo crescer?

2. Um produto "para enxágüe bucal pré-escovação com sabor mais agradável" tivera bons resultados de pesquisa entre usuários de Plax, mas não aumentou a intenção de compra entre pessoas que naquele momento não usavam anti-sépticos bucais. A estimativa do setor de PM era de que uma marca lançada com esse posicionamento provavelmente resultasse em uma participação de aproximadamente 6,5% do total do mercado dos anti-sépticos e líquidos para "enxágüe" bucal, com base na situação atual. Historicamente, havia levado aproximadamente dois anos para chegar ao nível atual. No entanto, não havia como avaliar precisamente o potencial de canibalização de Scope. "Usem seu discernimento", disseram eles. Mas eles alertaram para o fato de que, embora fosse um produto para uma ocasião diferente de uso, era improvável que isso significasse um aumento de 100% no negócio. A melhor estimativa de Hearst era de que esse produto poderia canibalizar algo entre 2 e 9% das vendas de Scope.

Uma questão não-resolvida era o nome do produto – se fosse lançado, deveria ou não ter o nome Scope? Havia o receio de que, se o nome Scope fosse usado, ou ele iria "afastar" usuários leais que viam Scope como refrescante bucal, ou iria deixá-los confusos.

O setor de PM questionou Hearst se ela realmente havia observado todos os ângulos para atingir seu objetivo. Como grande parte desse trabalho tinha sido feita rapidamente, eles se perguntavam se não existiriam outros benefícios aos quais Scope poderia fazer referência que viessem a interessar os consumidores e, desse modo, atingir o mesmo objetivo. Eles sugeriram que Hearst visse outras alternativas além da simples "renovação de Scope no combate à placa" ou de "uma extensão de linha posicionada como 'enxágüe pré-escovação com melhor sabor'".

Finanças

O ponto de vista do setor de Finanças estava dividido. Por um lado, Plax tinha maior preço por litro, por isso, fazia sentido que um novo produto para enxágüe pudesse ser uma opção lucrativa. Por outro, havia preocupação quanto aos custos de capital e de *marketing* que poderiam estar envolvidos no lançamento de uma extensão de linha. Uma opção seria fabricar o produto em uma instalação nos Estados Unidos onde já existia o equipamento necessário. Se o produto fosse obtido a partir dos Estados Unidos, os custos de entrega aumentariam um dólar por unidade. A atual imagem financeira e de *marketing* de Scope é mostrada nas Figuras 7 e 8; na Figura 9, vê-se uma estimativa do panorama financeiro de Plax.

FIGURA 7

Histórico financeiro de Scope

Ano	1988		1989		1990	
Tamanho total do mercado (Unidades) (000)	1.197		1.294		1.358	
Participação de mercado de Scope	33,0%		33,0%		32,4%	
Volume de Scope (Unidades) (000)	395		427		440	
	$(000)	$/Unidade	$(000)	$/Unidade	$(000)	$/Unidade
Vendas	16.767	42.45	17.847	41,80	18.150	41,25
Custos dos produtos vendidos	10.738	27,18	11.316	26,50	11.409	25,93
Margem bruta	6.029	15,27	7.299	15,30	6.741	15,32

Inputs do Plano de Marketing de Scope

Gastos de Marketing de Scope "em Andamento"

Ano	1990	1989	1988
Propaganda (000)	$1.700	–	–
Promoção (000)	1.460	–	–
Total (000)	$3.160	$3.733	$2.697

Custos de Input de Marketing

Propaganda:		(Ver a Figura 5)
Promoção:	Amostras	(Incluindo a distribuição): $0,45/peça
	Cupons pelo correio	$10,00 por 1.000 para distribuição de impressos
		$0,17 de administração por cupom resgatado (além do valor nominal) taxas de resgate: de 10 a 15%
	Promoção nas lojas	$200/loja (fixo)
		$0,17 de administração por cupom resgatado (além do valor nominal) taxas de resgate: 85% +

Fonte: Registros da empresa.

FIGURA 8

Panorama financeiro de Scope 1990

	$(000)	$/Unidade
Vendas líquidas[a]	18.150	41,25
Ingredientes	3.590	8,16
Embalagem	2.244	5,10
Fabricação[b]	3.080	7,00
Entrega	1.373	3,12
Diversos[c]	1.122	2,55
Custo de mercadorias vendidas	11.409	25,93
Margem bruta	6.741	15,32

[a] Vendas líquidas = receitas P&G.
[b] Fabricação: 50% do custo de fabricação são fixos, dos quais $200.000 é de depreciação; 20% do custo de fabricação é de mão-de-obra.
[c] Diversos: 75% dos custos diversos são fixos. A despesa geral de escritório é de $1.366.000. Os impostos são de 40%.
Atualmente, a fábrica opera em regime de um turno por cinco dias. O custo médio ponderado de capital da P&G é de 12%.
O total de unidades vendidas em 1990 foi de 440.000.
Fonte: Registros da empresa.

Compras

O gerente de compras tinha revisado a fórmula para extensão da linha e havia calculado que o custo dos ingredientes aumentaria em $2,55 por unidade devido à adição de novas substâncias. Mas, como um dos ingredientes era muito novo, o setor de Finanças achava que a verdadeira mudança de ingredientes pudesse variar de ±50%. Os custos de embalagem teriam mais $0,30 por unidade devido ao fato de que as taxas de *setup* seriam difundidas sobre uma base menor.

Agência de propaganda

A equipe da agência de propaganda achava que a apresentação de novas afirmativas sobre Scope significava uma enorme mudança estratégica para a marca. Eles eram favoráveis à extensão da linha. A estratégia de Scope sempre havia se concentrado em "frescor do hálito e bom sabor", e eles conside-

FIGURA 9

Estimativas financeiras de Plax ($/Unidade)

Vendas líquidas	65,09
Custos dos produtos vendidos	
Ingredientes	6,50
Embalagem	8,30
Fabricação	6,50
Entrega	3,00
Diversos	1,06
Total	25,36

Nota: Custos de despesas gerais estimados em $5,88/unidade.
Fonte: Estimativas da P&G.

ravam que as afirmações sobre redução de placa eram muito diferentes, com implicações estratégicas potencialmente significativas. Na única vez em que concentraram a propaganda somente no sabor e não reforçaram a eficácia em relação ao hálito, a participação diminuiu. Eles estavam preocupados com a possibilidade de o consumidor de Scope ficar confuso se afirmações sobre a redução de placa ou outras não relacionadas com o hálito fossem adicionadas e de Scope, na verdade, vir a perder participação de mercado se isso acontecesse. Eles também apontaram que a tentativa de comunicar duas idéias diferentes em um comercial era muito difícil. Acreditavam que a extensão da linha era um produto completamente diferente de Scope, com benefício e ocasião de uso diferentes. Para eles, uma extensão de linha precisaria ser apoiada sobre uma base contínua, separada de Scope.

■ O QUE RECOMENDAR?

Hearst sabia que a equipe da empresa tinha pensado muito e profundamente sobre a questão. Ela sabia que a administração estava na dependência da equipe de Scope para elaborar um plano de longo prazo para a P&G – mesmo que isso significasse não lançar o novo produto. No entanto, ela achava que haveria muito risco associado com a posição de longo prazo da P&G em termos de anti-sépticos bucais, se não se fizesse nada. Não havia uma resposta fácil – e, somado às exigências da situação, estava o fato de que a equipe empresarial tinha pontos de vista divergentes. Hearst via-se confrontada pelo dilema de dar recomendações sobre Scope, mas também precisava garantir que houvesse alinhamento e comprometimento da equipe, ou, provavelmente, a alta administração não concordaria com a proposta.

■ APÊNDICE

Placa

A placa é um filme macio e aderente que cobre os dentes horas após a escovação e que pode vir a endurecer e se transformar em tártaro. Para prevenir doenças da gengiva – que acometem mais de 90% dos canadenses em algum momento da vida –, a placa deve ser controlada. Pesquisas mostram que, sem escovação, dentro de 24 horas, um filme (placa) começa a alastrar-se pelos dentes e gengivas e, depois de alguns dias, torna-se uma cobertura gelatinosa e aderente que as bactérias da placa produzem a partir de açúcares e amidos. À medida que a placa aumenta, ela se torna um ambiente para a proliferação de mais bactérias – dúzias de cepas. Setenta e cinco por cento de uma placa madura consiste de bactérias; o restante é composto de sólidos orgânicos da saliva, água e outras células dos tecidos moles orais.

Enquanto as bactérias da placa digerem alimentos, também geram subprodutos irritantes e de odor desagradável que podem danificar os tecidos de sustentação do dente à medida que penetram na fissura abaixo da linha da gengiva. Dentro de 10 a 21 dias, dependendo da pessoa, aparecem sinais de gengivite – a mais leve das doenças da gengiva; as gengivas ficam mais escuras, incham e perdem seu contorno normalmente firme e em arco ao redor dos dentes. Essa gengivite é totalmente reversível; pode desaparecer em uma semana depois que a escovação e o uso do fio dental são retomados. Mas, quando a placa não é controlada, a gengivite pode ser o primeiro passo para a periodontite, uma doença da gengiva de grau mais avançado em que o osso e outras estruturas que sustentam os dentes são prejudicados. Os dentes podem afrouxar-se e cair – ou exigir extração.

A melhor e mais tradicional abordagem para o controle da placa é a escovação cuidadosa e completa, incluindo o uso do fio dental, para eliminar a placa dos dentes. De fato, as afirmações sobre redução de placa que os cremes dentais fazem geralmente são baseadas na capacidade do produto de limpar os dentes mecanicamente, com a escovação. Os cremes dentais contêm abrasivos, detergente e agentes formadores de espuma – todos eles auxiliam a escova a exercer sua função.

CASO

Frito-Lay Company
Cracker Jack

Em meados de julho de 1997, Lynne Peissig, vice-presidente e gerente-geral de Novos Empreendimentos da Frito-Lay Company, divisão da PepsiCo, Inc., reuniu a equipe responsável pelo estudo da possível aquisição da Cracker Jack, da Borden Foods Corporation. A Cracker Jack pertencia à Borden desde 1964 e era uma das mais conhecidas e antigas marcas registradas dos Estados Unidos. A intenção da Borden de vender a marca Cracker Jack e ativos relacionados a ela tinha vindo a público em junho de 1997. Peissig e a Divisão de Novos Empreendimentos deram início a um estudo do potencial de negócios da Cracker Jack alguns dias depois da notícia.

Os objetivos da reunião, que tomaria um dia inteiro, eram (1) consolidar as descobertas feitas pela equipe de negócios, (2) delinear um plano para o modo como a Cracker Jack poderia ser comercializada como marca da Frito-Lay e (3) calcular o "valor justo de mercado" do negócio Cracker Jack. A avaliação ajudaria os executivos da alta administração da PepsiCo a determinar um preço de aquisição se eles decidissem dar um lance pela marca Cracker Jack e ativos a ela relacionados.

O esforço da equipe de negócios beneficiou-se do envolvimento do pessoal de *marketing*, vendas, distribuição, fabricação, setor jurídico, pesquisa e desenvolvimento da marca Frito-Lay e do trabalho conjunto do grupo de fusão e aquisição da PepsiCo com a Divisão de Novos empreendimentos. Peissig havia agendado uma apresentação e recomendação formal aos altos executivos da PepsiCo para duas semanas depois. Ela sabia que as questões de *marketing* identificadas, o plano que havia sido esboçado e a avaliação financeira da equipe de negócios teriam um peso considerável em sua recomendação quanto a prosseguir ou deixar passar a oportunidade de negócio possibilitada pela aquisição da marca Cracker Jack e ativos relacionados.

■ FRITO-LAY COMPANY

A Frito-Lay Company é uma divisão da PepsiCo, Inc. A Frito-Lay registrou um lucro operacional de 1,63 bilhão de dólares em vendas líquidas de 9,68 bilhões de dólares em 1996, o que representou 31% das vendas líquidas da PepsiCo e 60% do lucro operacional desta empresa. A taxa de crescimento anual composta de vendas e lucro operacional para a Frito-Lay foi de 13% para o período de 1991 a 1996. A Frito-Lay consiste da Frito-Lay América do Norte e da Frito-Lay Internacional. A Frito-Lay América do Norte, que abrange operações nos Estados Unidos e no Canadá, registrou 68% das vendas e 79% do lucro operacional da empresa em 1996.

Agradecemos pela cooperação da Frito-Lay Company na preparação deste caso. BAKED LAY'S, BAKED TOSTITOS, CHEETOS, DORITOS, FRITOS, FUNYUNS, LAY'S, ROLD GOLD, RUFFLES, SANTITAS, SUN CHIPS, TOSTITOS, SMARTFOODS e GRANDMA'S são marcas registradas usadas pela Frito-Lay Company. Depois da aquisição, CRACKER JACK, SAILOR JACK e BINGO seriam marcas usadas pela Frito-Lay Company. Este caso foi preparado pelo professor Roger A. Kerin, da Edwin L. Cox School of Business, Southern Methodist University, com o auxílio de Daniel Goe e Rebecca Kaufman, estudantes de pós-graduação, como base para discussão em aula e não se destina a ilustrar o manejo eficaz ou não de uma situação administrativa. Certas informações da empresa, incluindo nomes de executivos da Frito-Lay, foram alteradas e não se prestam para fins de pesquisa. Copyright © 1999, Roger A. Kerin. Nenhum excerto deste caso pode ser reproduzido sem permissão por escrito do detentor dos direitos autorais.

Histórico da empresa

A Frito-Lay é líder mundial na fabricação e comercialização de salgadinhos. Marcas bem conhecidas da empresa incluem batatas fritas Lay's e Ruffles, salgadinhos de milho Fritos, salgadinhos do tipo *tortilla* Doritos, Tostitos e Santitas, salgadinhos com sabor de queijo Cheetos, e *pretzels* Rold Gold. Outras marcas muito conhecidas da Frito-Lay são os salgadinhos integrais Sun Chips e os de sabor de cebola Funyuns. Além disso, a empresa comercializa uma linha de molhos, temperos, nozes, manteiga de amendoim, biscoitos recheados com queijo, palitos de carne processada, pipoca pronta para consumo da marca Smartfood e biscoitos da marca Grandma's.

A empresa é a maior fabricante de salgadinhos nos Estados Unidos, com 54% das vendas de varejo dessa categoria em 1996. Nove dos salgadinhos da Frito-Lay estão entre as 10 marcas de salgadinhos mais vendidas em supermercados dos Estados Unidos (ver a Figura 1). Os salgadinhos de *tortilla* Doritos e as batatas fritas Ruffles, da Lay, distinguem-se por serem, separadamente, os únicos salgadinhos com mais de um bilhão de dólares em vendas no mundo.

Uma importante fonte de crescimento de volume para a Frito-Lay, na década de 1990, foi a introdução de lanches do tipo "bom para você", com pouca ou nenhuma gordura. Esses lanches, inclusive as batatas Baked Lay's, os salgadinhos de *tortilla* Baked Tostitos e pretzels *Rold Gold*, foram responsáveis por 47% do crescimento total em volume em quilos da Frito-Lay em 1995 e 1996, e por 40% desse crescimento em 1994. Os chamados produtos "bons para você" representaram 15% do crescimento de volume total de lanches da Frito-Lay em 1996; 5% a mais do que em 1993.

O negócio de salgadinhos da Frito-Lay abrange todos os aspectos da produção e distribuição dos lanches, desde a agricultura até a estocagem nas prateleiras do varejo. Durante 1996, somente nos Estados Unidos, a Frito-Lay utilizou aproximadamente 2,7 bilhões de quilos de batata, 1 bilhão

FIGURA 1

Lanches mais vendidos nos supermercados dos Estados Unidos (Vendas no varejo em milhões de dólares)

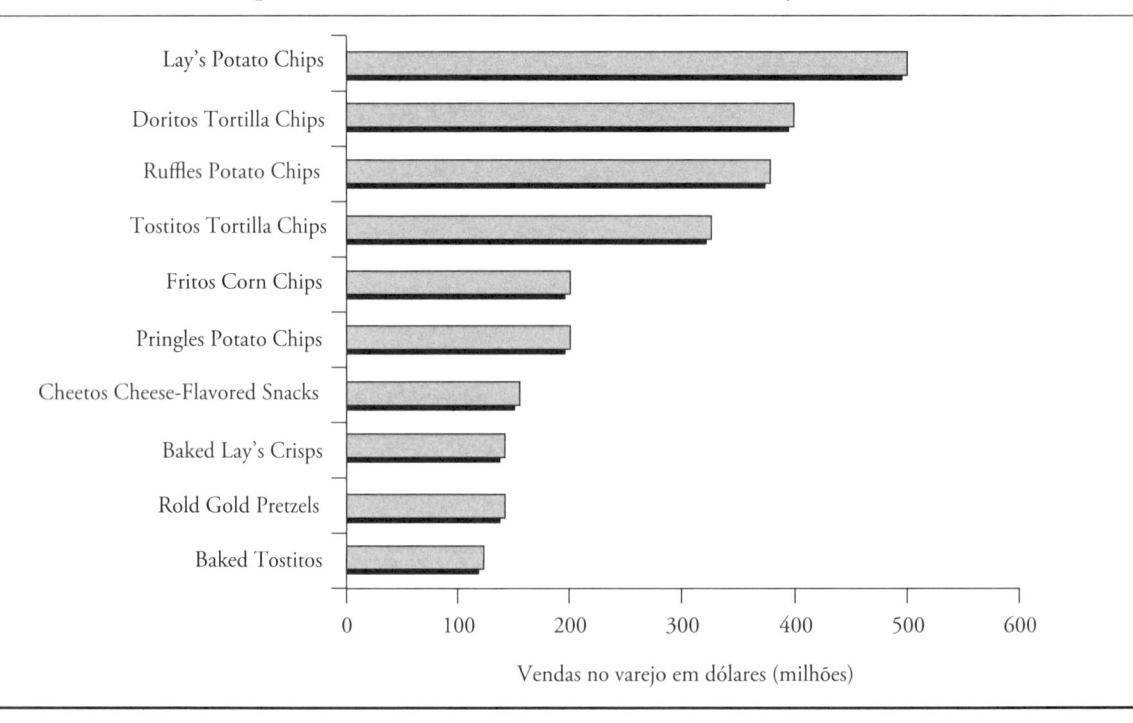

Marca	Vendas (milhões de dólares)
Lay's Potato Chips	~500
Doritos Tortilla Chips	~400
Ruffles Potato Chips	~380
Tostitos Tortilla Chips	~320
Fritos Corn Chips	~200
Pringles Potato Chips	~200
Cheetos Cheese-Flavored Snacks	~160
Baked Lay's Crisps	~150
Rold Gold Pretzels	~140
Baked Tostitos	~120

Fonte: Relatório anual da PepsiCo, Inc. de 1996.

de quilos de milho e mais de 15 milhões de quilos de queijo para fabricar seus produtos. A empresa tem 45 pontos de fabricação em 26 estados, incluindo a maior fábrica de lanches do mundo, localizada em Frankfort, Indiana, e opera mais de 1.800 armazéns e instalações de distribuição. A Frito-Lay emprega 18.500 vendedores – a maior equipe de vendas e entrega ao varejo no mundo –, que realizam 750.000 visitas de venda e entrega em aproximadamente 350.000 lojas por semana. Os produtos da Frito-Lay recebem atenção constante da equipe de vendas da empresa, o que assegura o reabastecimento contínuo de produtos frescos e sua colocação adequada nas prateleiras das lojas. Os supermercados e minimercados foram responsáveis por mais de 50% do total de vendas da Frito-Lay ao varejo nos Estados Unidos em 1996, seguidos por lojas de conveniência (15%), atacadistas e lojas de consumo de massa (11%), máquinas automáticas e operadores de serviço de alimentação (8%) e outros varejistas e instituições (10%).

Divisão de novos empreendimentos

A Divisão de Novos Empreendimentos da Frito-Lay foi criada em 1996, com uma missão bem definida:

> Impulsionar um crescimento significativo da Frito-Lay, buscando e criando novas plataformas de negócios e produtos que combinem as melhores vantagens da Frito-Lay com soluções alimentícias de alto impacto para o consumidor.

De acordo com Casey Joseph, vice-presidente sênior de *marketing* mundial da Frito-Lay, o primeiro propósito da Divisão de Novos Empreendimentos foi criar um crescimento significativo fora dos negócios já existentes da Frito-Lay, relacionados com produção de lanches; em segundo lugar, a Divisão deveria aumentar as atividades internas de desenvolvimento de produtos já em andamento.

Durante o inverno de 1997, a missão dos Novos Empreendimentos manifestou-se como uma abordagem deliberada para identificar e desenvolver oportunidades de vendas e de aumento de lucros para a Frito-Lay. Após considerável discussão, três amplas vias de oportunidade surgiram como rotas possíveis para um significativo crescimento futuro. Uma das vias de crescimento consistia de oportunidades de construir os negócios existentes da Frito-Lay no setor de lanches, expandindo-o para novas ocasiões de consumo tanto dos produtos já oferecidos quanto dos produtos novos. Os trabalhos contínuos de pesquisa e desenvolvimento interno para identificar produtos "bons para você" para consumo matinal e durante o dia todo recaíam nessa categoria. Uma segunda rota de crescimento era a oportunidade de entrar com sucesso em novas categorias de produtos, aproveitando as vantagens da força de vendas e entrega, da ampla cobertura de distribuição e habilidades de *marketing* da marca da Frito-Lay. Essa oportunidade poderia ser concretizada por meio de pesquisa e desenvolvimento interno ou através de determinadas aquisições e alianças de distribuição. Entre as possíveis categorias novas de produtos para a Frito-Lay, estavam a de guloseimas (por exemplo, balas) e massas doces assadas, bolos em porções individuais ou doces em barras. Uma terceira via de crescimento foi denominada de "aquisições oportunistas", possibilitadas pela oferta de venda de produtos ou de negócios inteiros por empresas de alimentos em decorrência de reestruturações corporativas. Tais aquisições seriam examinadas pela Divisão de Novos Empreendimentos com base em sua adequação estratégica e operacional às capacidades de vendas, distribuição, fabricação e *marketing* de marca da Frito-Lay e em seu potencial de aumento de lucros e de vendas significativas.

O anúncio de Borden de sua intenção de diversificar a marca Cracker Jack e ativos relacionados representava uma adequação potencial a todas as três vias de crescimento. De acordo com Lynne Peissig:

> No início das discussões, a Divisão de Novos Empreendimentos acreditava que os lanches doces representavam uma oportunidade potencial de aumento do crescimento para a Frito-Lay. Do ponto de vista estratégico, Cracker Jack parecia ser uma "saída", em comparação com um "salto" para os lanches doces. Isso poderia oferecer uma base para a plataforma de lanches doces na construção de negócios bem-sucedidos e para complementar os negócios de lanches salgados da Frito-Lay. Craker

Jack, com seu forte patrimônio de marca, certamente valia o tempo e o esforço de ser explorado como aquisição.

■ A CATEGORIA DE PIPOCA DOCE PRONTA PARA CONSUMO

A categoria de pipoca doce pronta para consumo (PPC) registrou vendas no varejo de 192 milhões de dólares em 1996 e de 205 milhões em 1995, nos Estados Unidos. As vendas do fabricante de pipoca doce PPC foram de 167,3 milhões de dólares em 1996; 6,2% menos do que em 1995. O declínio nas vendas em dólares da categoria, em 1996, seguiu um aumento constante das vendas anuais desde 1993. O volume na categoria de pipoca doce PPC passou de aproximadamente 30 milhões de quilos em 1995 para 28 milhões de quilos em 1996, depois de um crescimento anual constante em volume desde 1993. As vendas e o crescimento em volume na década de 1990 deveram-se, principalmente, à introdução de novos sabores (caramelo de manteiga) e de variedades com pouca ou nenhuma gordura das marcas estabelecidas.

Concorrentes

Vários tipos diferentes de concorrentes atendem à categoria de pipoca doce PPC: (1) empresas de marca nacional; (2) empresas de especialidades/produtos sazonais, empresas regionais e (4) empresas particulares. As empresas de marca nacional, que distribuem produtos em todo o território dos Estados Unidos, incluem a Borden Foods (marca Cracker Jack), a International Home Foods, Inc. (marca Crunch'n Munch), a Lincoln Foods (marca Fiddle Faddle) e a SIM-GT Licensing Corporation, que comercializa a marca Richard Simmons. Uma segunda categoria de concorrentes consiste das empresas de especialidade/produtos sazonais, que produzem e comercializam a pipoca doce em certas épocas (geralmente, em dezembro e no período de férias do Natal) ou como item especial, freqüentemente vendido em latas para colecionar. Entre essas empresas, estão a Houstons Foods e a Harry and David. Um grande número de empresas pequenas regionais produz e distribui pipoca doce PPC em apenas algumas partes dos Estados Unidos. As marcas particulares são produzidas por fabricantes regionais ou locais, que têm contrato com grandes redes de supermercados dos Estados Unidos. As estimativas de vendas e de participações de mercado em volume para marcas nacionais, regionais/de especialidades/sazonais e particulares são apresentadas na Figura 2.

A International Home Foods, Inc. (Crunch'n Munch) e a Borden Foods (Cracker Jack) são as líderes em participação de mercado na categoria de pipoca doce PPC em dólares e volume nos Estados Unidos. Antes de 1996, a International Home Foods era a unidade de alimentos ao consumidor da American Home Products Corporation (AHP). A AHP é uma empresa multinacional de produtos agrícolas e de cuidado de saúde de animais e seres humanos, com vendas líquidas acima de 14 bilhões de dólares em 1996. Em novembro de 1996, a AHP vendeu uma participação majoritária (80%) na unidade de alimentos por aproximadamente 1,2 bilhão de dólares para uma sociedade limitada, da qual a empresa de investimentos Hicks, Muse, Tate & Furst é a sócia principal. A International Home Foods produz e comercializa alimentos em conserva multimarcas. Entre seus produtos nacionalmente conhecidos, estão as massas Chef Boyardee (que representam quase 30% das vendas), o atum Bumble Bea, a geléia de frutas Polaner e o óleo de cozinha em *spray* PAM. A empresa também vende comidas da culinária do sudoeste (tomates enlatados Ro*Tel, *chili* enlatado Dennison's e feijão Ranch Style) e lanches (pipoca doce Crunch'n Munch e pipoca Jiffy Pop). A International Home Foods registrou vendas líquidas de 942,9 milhões de dólares em 1996.

A Borden Inc. é de propriedade da empresa de investimentos Kohlberg Kravis Roberts & Vo., que a comprou por 1,9 bilhão de dólares em 1994. Embora amplamente conhecida por seus laticínios, a Borden diversificou esse negócio em 1997. Hoje, a empresa fabrica massas, misturas para sopas e caldos (Borden Foods), lanches (Wise Foods e Cracker Jack), adesivos domésticos (produtos Elmer's) e adesivos industriais, tintas e resinas (Borden Chemical). A Borden Inc. registrou vendas líquidas de aproximadamente 5,8 bilhões de dólares em 1996.

FIGURA 2

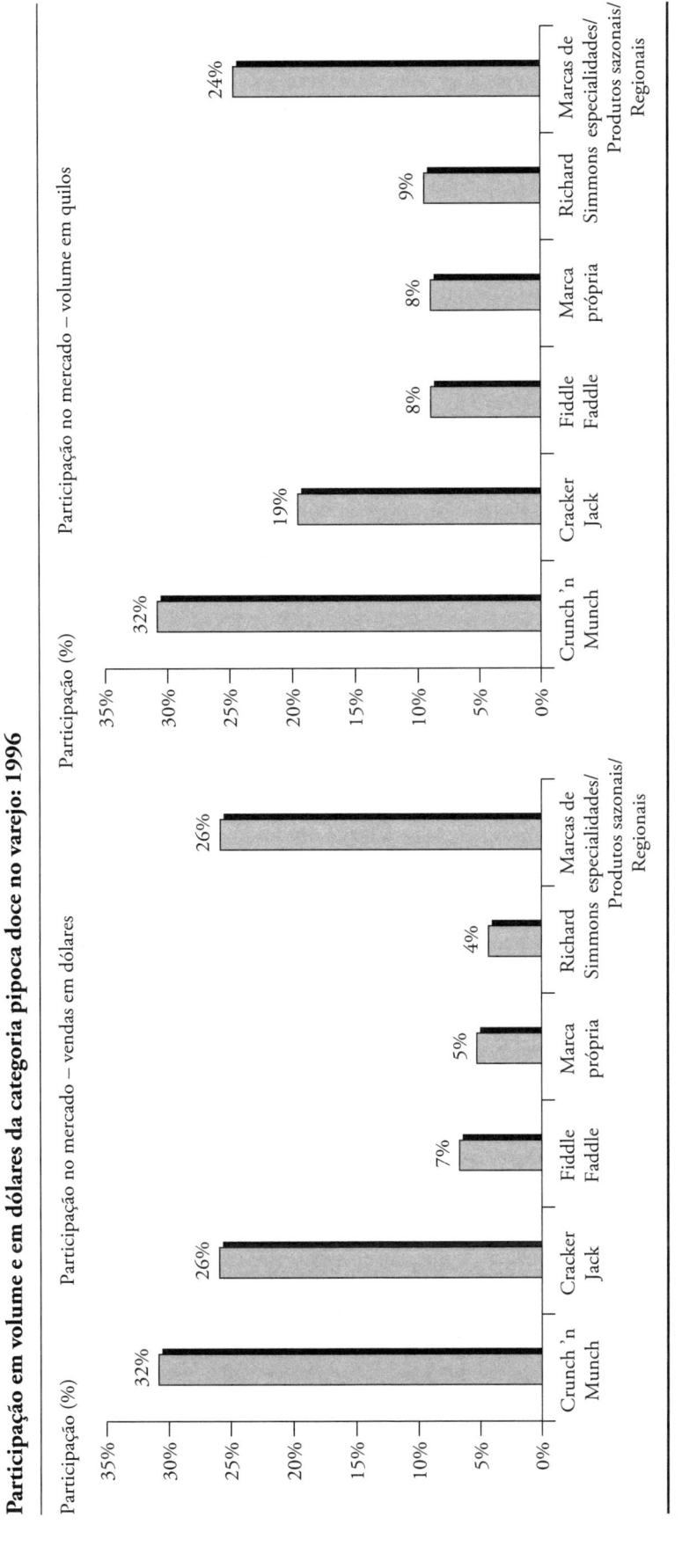

Participação em volume e em dólares da categoria pipoca doce no varejo: 1996

Participação no mercado – vendas em dólares

Marca	Participação (%)
Crunch 'n Munch	32%
Cracker Jack	26%
Fiddle Faddle	7%
Marca própria	5%
Richard Simmons especialidades/ Produtos sazonais/ Regionais	4%
Marcas de especialidades/ Produtos sazonais/ Regionais	26%

Participação no mercado – volume em quilos

Marca	Participação (%)
Crunch 'n Munch	32%
Cracker Jack	19%
Fiddle Faddle	8%
Marca própria	8%
Richard Simmons	9%
Marcas de especialidades/ Produtos sazonais/ Regionais	24%

Fonte: Registros da empresa.

A decisão da Borden de diversificar Cracker Jack e ativos relacionados foi acionada por uma avaliação estratégica do foco e dos recursos da empresa. A Borden optou por concentrar-se no negócio de massas e expandir-se para refeições à base de grãos, o que exigiria um significativo investimento de recursos. Como resultado dessa avaliação e do plano de crescimento, a Borden Foods anunciou que Cracker Jack, juntamente com Borden Brands North America e Borden Brands International, seria vendida em 1997.

Prática de *marketing*

A pipoca doce PPC geralmente é vista, entre os analistas do setor de lanches, como uma categoria "subcomercializada" quando comparada com a pipoca de microondas e com a maioria das outras categorias de lanches. A maior parte das marcas nessa categoria oferece os sabores caramelo e caramelo de manteiga, nas variedades de pouca ou nenhuma gordura e em diferentes tamanhos de embalagens. Uma exceção é a marca Richard Simmons, que é vendida somente como produto sem gordura.

Apenas as marcas Crunch'n Munch e Cracker Jack foram anunciadas recentemente na mídia ao consumidor. Crunch'n Munch lidera a categoria em termos de despesas com propaganda, gastando mais que Cracker Jack com ampla margem desde 1993 (ver a Figura 3). A última vez que Cracker Jack gastou recursos significativos em propaganda ao consumidor ocorreu em 1992, quando 2,1 milhões de dólares foram destinados ao lançamento do sabor caramelo de manteiga da marca. Promoções comerciais e ao consumidor freqüentemente são usadas por marcas nacionais e regionais. As promoções ao consumidor incluem cupons oferecidos nas lojas ou em jornais e amostras do produto; as promoções comerciais envolvem incentivos de venda e abatimentos para os varejistas.

FIGURA 3

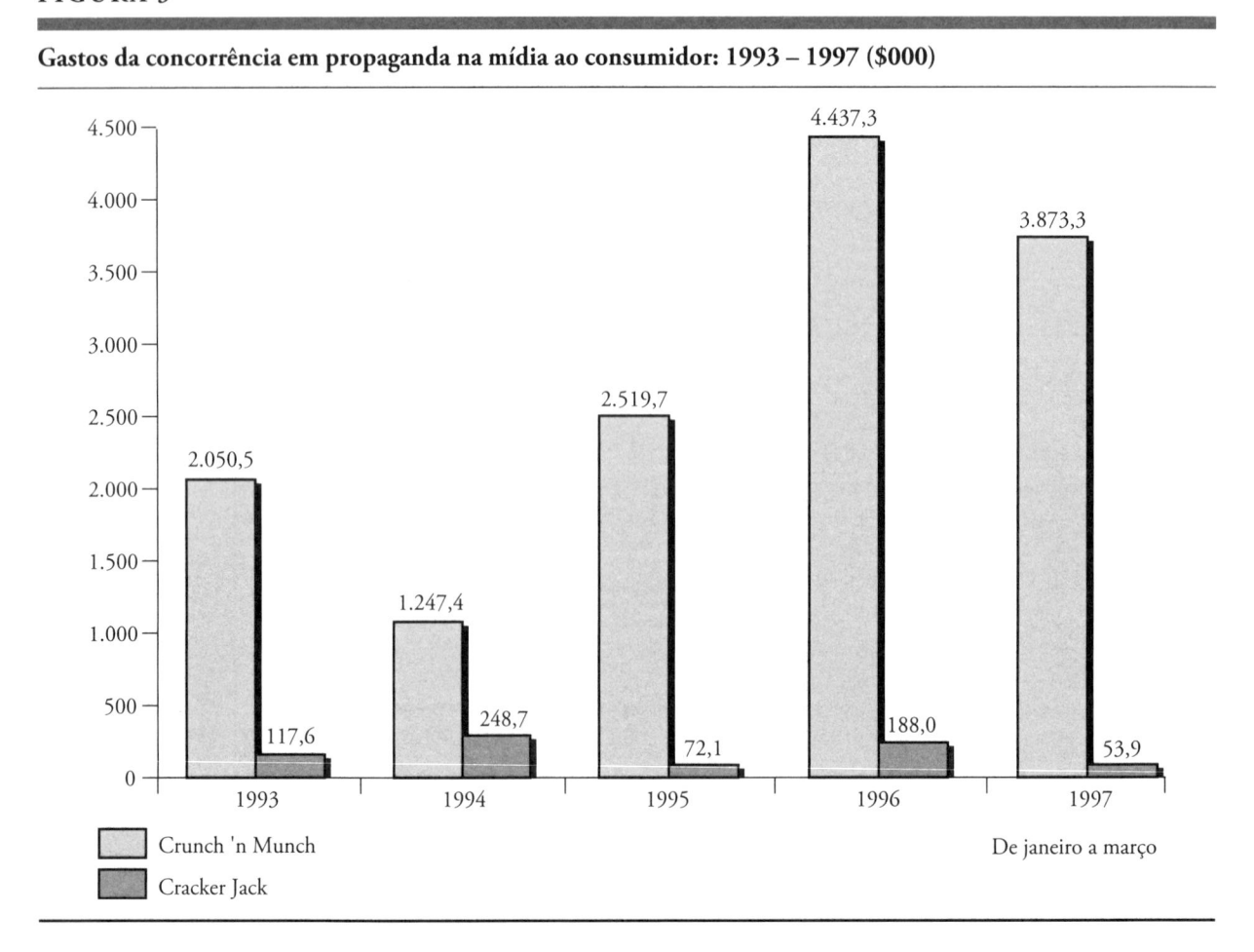

Gastos da concorrência em propaganda na mídia ao consumidor: 1993 – 1997 ($000)

Ano	Crunch 'n Munch	Cracker Jack
1993	2.050,5	117,6
1994	1.247,4	248,7
1995	2.519,7	72,1
1996	4.437,3	188,0
1997	3.873,3	53,9

De janeiro a março

Os supermercados, minimercados e atacadistas e lojas de consumo de massa são os principais pontos de varejo para pipoca doce PPC. Os supermercados e os minimercados são responsáveis por 44,7% das vendas da categoria em dólares. Aproximadamente 42% das vendas ocorrem em atacadistas e lojas de consumo de massa (Target, Kmart, Wal-Mart). Farmácias respondem por 13% das vendas. As vendas restantes provêm de uma série de outras lojas de varejo e de alimentos. Em 1996, estimava-se que Crunch'n Munch tivesse uma participação de 31% em volume nos supermercados e minimercados, 18% em atacadistas e lojas de consumo de massa e 13% em farmácias. A participação de mercado de Cracker Jack nesses canais era de 23, 8 e 11%, respectivamente, de acordo com fontes do setor.

As lojas de varejo para pipoca doce PPC costumam ser atendidas por sistemas de entrega em depósitos. Com um sistema de depósitos, o produto sai da fábrica ou do centro de distribuição e é entregue no depósito do varejista. O varejista assume a responsabilidade pela distribuição do produto para suas lojas e pelo abastecimento das prateleiras.

Cracker Jack é a marca de preço alto na categoria de pipoca doce PPC. Seu preço premium médio de marca em relação com Crunch'n Munch tem ficado na média de 28% nos últimos três anos. Marcas próprias (de lojas) geralmente são as de preço mais baixo. O preço das marcas regionais costuma ficar entre o das marcas nacionais e o das marcas próprias. Em algumas áreas, marcas regionais do tipo "gourmet" e marcas de especialidade/produtos sazonais têm o preço igual ou semelhante aos das marcas nacionais.

O consumidor de pipoca doce

Uma pesquisa do setor mostra que a pipoca doce PPC é um lanche consumido principalmente em casa, à tarde ou à noite, como guloseima ou recompensa. Quatro de cinco usuários comem pipoca doce PPC em casa, e 80% das ocasiões de consumo ocorrem no horário da tarde ou da noite. Apenas aproximadamente 12% dos lares americanos consomem pipoca doce PPC. A freqüência média de consumo também é baixa em relação a outras categorias de lanches, em menos de duas compras por ano. Embora 2% dos lares americanos consumam pipoca doce PPC no mínimo uma vez em um período de duas semanas, 70% consomem um lanche salgado (por exemplo, batatas fritas) e 31% consomem balas (com exceção de chicletes e pastilhas de hortelã).

A pesquisa do setor também indica que os lares americanos comandados por uma mulher com idade entre 25 e 44 anos, com filhos entre quatro e 17 anos, são os grandes usuários de pipoca doce PPC e Cracker Jack. Essa pesquisa aponta ainda que:

1. As mulheres adultas consomem 44% da pipoca doce vendida, os homens consomem 29% e as crianças com menos de 18 anos consomem 27%.
2. Cinqüenta e quatro por cento dos grandes consumidores de pipoca doce e 60% dos grandes compradores de Craker Jack residem em lares com mais de duas pessoas.
3. Cinqüenta por cento dos grandes compradores de Cracker Jack e 42% dos grandes usuários de pipoca doce estão em lares com crianças com menos de 18 anos de idade.

■ A MARCA CRACKER JACK

A Cracker Jack é uma das marcas de alimentos mais reconhecida nos Estados Unidos. O nome da marca desfruta de 97% de reconhecimento entre pessoas de 15 a 60 anos. A Cracker Jack tem uma consciência de nome de marca de 95% entre os grandes usuários de pipoca doce.

Herança da marca

Cracker Jack é a pipoca doce original. Inventada por F. W. Ruekheim, fabricante de pipoca, amendoim e melaço, foi produzida e vendida pela primeira vez em 1893, na Feira Mundial Columbian Exhibition, em Chicago, Illinois. O nome Cracker Jack foi cunhado em 1986, quando um vendedor visitante provou o produto e exclamou: "é *cracker jack*!" – gíria americana do século XIX que significava "é ótimo". Em 1899, a pipoca Cracker Jack foi embalada em caixas à prova de umidade, possibilitando uma maior distribuição do produto.

Três desenvolvimentos no início do século XX tiveram efeitos duradouros na imagem da Cracker Jack. Em 1908, a marca foi imortalizada na canção "Take Me Out to the Ball Game", com a letra que dizia: "compre amendoim e Cracker Jack para mim". Em 1912, F. W. Ruekheim lançou a novidade dos brindes em todas as caixas, que traziam lentes de aumento, pequenos livros, colares, trens e apitos de metal e cartões de beisebol, entre outros itens. Mais de 17 bilhões de brinquedos Cracker Jack foram distribuídos desde 1912. Um toque patriótico foi acrescentado às caixas de Cracker Jack durante a Primeira Guerra Mundial (1914-1918), com a inclusão de listras vermelhas, brancas e azuis. Um marinheiro, o Sailor Jack, e seu cão, Bingo, também foram adicionados à embalagem e logo se tornaram a logomarca nacional de Cracker Jack. Sailor Jack e Bingo aparecem nas caixas de Cracker Jack desde 1918, com pequenas variações.

Linha e posicionamento do produto Cracker Jack

Por 110 anos, a linha de produtos Cracker Jack consistiu somente de pipoca doce e amendoim caramelizado, usando a receita original desenvolvida por F. W. Ruekheim. Em 1992, o sabor de caramelo de manteiga foi introduzido, seguido por Nutty Deluxe, em 1994, e Cracker Jack Fat Free (nos sabores original e caramelo de manteiga) em 1995. Aproximadamente 23% do crescimento de vendas em volume em quilos e em dólares entre 1993 e 1995 poderiam ser atribuídos aos lançamentos desses produtos. O detalhamento das vendas líquidas de Cracker Jack em dólares por formulação é apresentado abaixo:

Formulação do Produto	*Vendas Líquidas em Dólares (%)*
Original/Caramelo de manteiga	63,0%
Original/Caramelo de manteiga sem gordura	26,0
Nutty Deluxe	6,7
Outros*	4,3
Total	100,0%

* A outra categoria consiste primeiramente de estoque com vida útil limitada, vendido a uma série de varejistas de desconto pré-qualificados.

A Cracker Jack é vendido em diversas embalagens. O produto é embalado em caixas e pacotes com porções únicas de 30 e 35g (lançados em dezembro de 1996) e pacotes individuais ou em caixas, tamanho-família, com 196g ou 224g (introduzidos em 1992). As combinações de sabores, tamanhos e formatos de embalagem (caixas, pacotes individuais e pacotes em caixas) resultaram em uma linha de produtos com 32 itens separados ou unidades de estocagem em 1996. As caixas de tamanho-família contendo pacotes foram responsáveis por 75% das vendas líquidas em dólares; as caixas com uma única porção responderam por 25% das vendas líquidas em dólares em 1996. Pacotes de porção única e tamanho família representaram uma porcentagem insignificante de vendas líquidas em dólares em 1996. Itens representativos na linha de produtos Cracker Jack são mostrados na Figura 4.

O posicionamento da Cracker Jack ao longo dos últimos 30 anos, concentrou-se na herança da marca como guloseima tradicional de entretenimento. Tal posicionamento manifestou-se na importante mensagem para propaganda de Cracker Jack, conforme ilustrado abaixo:

1. "O que você deseja quando quer comer alguma coisa... pipoca doce, amendoim e um brinde" (década de 1960).
2. "Quando você é realmente bom, eles o chamam de Cracker Jack", apresentando crianças da época que se sobressaíam no atletismo (década de 1970 e início dos anos 80).
3. "Delicioso no passado, delicioso agora", com um apelo duplo para crianças e adultos, lembrando as mães de quanto gostavam de Cracker Kack quando estavam crescendo (meados da década de 1980).

FIGURA 4

Linha de produtos Cracker Jack

4. "Só um lanche se chama Cracker Jack", mostrando a herança singular da marca (início dos anos 90). Em 1992, o sabor caramelo de manteiga foi lançado e posicionado como lanche único, para toda a família e todas as ocasiões, oferecendo um gosto delicioso e uma experiência divertida.

O posicionamento da Cracker Jack foi ampliado, em meados de 1997, para enfatizar as qualidades do tipo "é bom para você" da Cracker Jack sem gordura, nos sabores original e caramelo de manteiga: "Cracker Jack, o lanche doce, crocante e divertido que você conhece, tem muito menos gordura do que você pensava". O novo posicionamento estava sendo aplicado a todas as formas de comunicação da marca, inclusive em embalagens, promoção ao consumidor, relações públicas e propaganda ao consumidor.

Propaganda e promoção

As despesas anuais de propaganda e promoção para a marca Cracker Jack, como porcentagem de vendas, variou entre 28 e 40% desde 1993. A promoção comercial, incluindo incentivos dados aos varejistas para reduzir seu custo ou melhorar o desempenho de comercialização (abatimentos, taxas de encaixe e recursos para desenvolvimento de mercado), foi a principal despesa desde 1993. A promoção ao consumidor, incluindo oferecimento de cupons nas lojas e jornais, o custo de resgate e "outras" promoções, como acessórios de vendas e amostras, constituiu o segundo maior item de gastos. A propaganda ao consumidor representou a menor categoria de despesa. A Cracker Jack não é anunciado nacionalmente desde 1993. No entanto, em 1980, Cracker Jack era o lanche doce mais anunciado nos Estados Unidos, com um nível de gastos de seis milhões de dólares.

O brinquedo-surpresa Cracker Jack é outro elemento do programa de propaganda e promoção. A escolha dos brindes baseia-se em pesquisa realizada com mães e crianças para determinar a atratividade. Todos os brinquedos também devem passar por rigorosos testes de segurança para serem considerados como brindes Cracker Jack. Além dos preferidos de longa data, como os cartões de beisebol em miniatura, Cracker Jack licencia selos infantis de alto perfil (por exemplo, Animaniacs, Looney Tunes, Wishbone, Scooby Doo) desde 1995, para agregar valor ao brinquedo-surpresa. Esse esforço concentrou-se em promover as compras por impulso, especialmente de itens de maior margem bruta de Cracker Jack – a caixa e o pacote de porção individual, com 30 e 35 gramas.

Vendas e distribuição

O volume de vendas da Cracker Jack é concentrado nos Estados Unidos, onde ocorrem 98,9% das vendas. As vendas no Canadá e um pequeno negócio de exportação representam o restante de 1,1% do volume. Em 1996, 52% das vendas da Cracker Jack vieram de supermercados e minimercados, 31% de vendedores de massa, 7% de farmácias, 4% de atacadistas e 6% de outras lojas.

A Cracker Jack é vendido por meio de uma equipe de vendas compartilhada da Borden que também vende queijo e outros alimentos da marca, tais como Eagle Brand, Cremora e ReaLemon. As vendas no varejo de produtos alimentícios envolvem 47 pessoas, que vendem os produtos para supermercados e minimercados através de 65 vendedores independentes. Uma organização de representantes independentes com 20 pessoas vende produtos diretamente para mercado de massa, o exército, farmácias e clubes consumidores

A Cracker Jack sai de 13 centros de distribuição da empresa para centros de distribuição ou armazéns do varejo e, subseqüentemente, é entregue para os varejistas, sendo estocado nas prateleiras pelos funcionários das lojas. Desse modo, a Cracker Jack é tipicamente colocado no que se chama de "corredores de lanches entregues nos depósitos" de supermercados e minimercados, em contraposição aos "corredores de lanches entregues diretamente na loja", que são estocados e vendidos pela equipe de vendas do fabricante, e não pelo pessoal das lojas.

Estabelecimento de preços

A Borden Foods emprega uma estratégia de preços altos para a Cracker Jack em relação aos preços de marcas nacionais concorrentes (por exemplo, Crunch'n Munch). Os preços de Cracker Jack têm aumentado uma média de 5 a 6% ao ano desde 1993. Como resultado, em média, o preço de varejo de Cracker Jack era cerca de 28% mais alto do que o de Crunch'n Munch por quilo desde 1993. Essa diferença cresceu em 1997, quando o preço de Cracker Jack teve um aumento de 6%. Entretanto, essa margem alta de preço rapidamente erodiu quando os pacotes de 280 e 140 gramas de Crunch'n Munch foram reduzidos para 220 e 110 gramas, respectivamente, sem mudança de preço. O efeito dessa medida foi a redução de 14% do preço de Cracker Jack nos pacotes tamanho família de 190 e 220 gramas.

Fabricação

A Borden Foods produz a Cracker Jack em sua fábrica de Northbrook, Illinois, juntamente com alguns tipos de sopa. O equipamento de fabricação de Cracker Jack ocupa cerca de 32% do espaço de produção da fábrica. Esse espaço abriga 15 linhas de produção, 11 linhas de caixas e quatro de pacotes. As linhas de produção operam com capacidade de aproximadamente 33%, e as linhas de caixas e pacotes operam com 85% de capacidade, com base em uma semana de cinco dias e dois turnos de oito horas por dia. De 450.000 a 500.000 pacotes são produzidos por dia, armazenados no local e posteriormente embarcados para centros de distribuição da empresa.

Uma característica única do processo de produção e empacotamento é a atividade de inserção de brinde nas embalagens da Cracker Jack. Os brindes são conferidos em equipamento customizado criado pela empresa, e sensores elétricos são colocados nas linhas de produção para garantir que os brindes sejam inseridos nas caixas. Em 1994, cerca de 85% dos gastos totais de capital da empresa foram destinados para automação da linha de embalagem de caixas contendo pacotes tamanho família e para a mudança da operação de enchimento de embalagens, que passou de um recipiente volumétrico para um sistema de escala mais preciso.

Estratégia e desempenho financeiro da Cracker Jack: 1993-1996

A Figura 5 contém os Demonstrativos de Contribuição Direta de Produto Cracker Jack para o período de 1993 a 1996.[1] A Cracker Jack registrou uma Contribuição Direta de Produto em cada um dos anos anteriores (de 1994 a 1996). A atual administração da Borden atribuiu esse desempenho a uma série de fontes. Começando em 1992, a administração anterior buscou uma estratégia com base no volume, concentrada na introdução de embalagens de tamanho-família (pacotes e caixas contendo pacotes de 190 e 220 gramas), diminuindo a ênfase nas caixas menores (por exemplo, a caixa de 35 gramas). Essa estratégia atingiu o efeito pretendido. O volume da Cracker Jack nos supermercados e minimercados, vendedores de massa, clubes atacadistas e farmácias combinados aumentou para 5,6 milhões de quilos em 1993, 6,1 milhões de quilos em 1994 e 7,4 milhões de quilos em 1995. No entanto, a porcentagem de margem bruta de Cracker Jack foi abalada devido a uma menor contribuição de margem em embalagens grandes, o que canibalizou embalagens pequenas de maior margem. Além disso, os preços ascendentes dos materiais em 1994 e 1995 reduziram as margens, uma vez que os custos agregados não foram passados adiante com aumentos de preços comparáveis. Mais ainda, a introdução de Nutty Deluxe e variedades sem gordura, em 1994 e 1995, foi apoiada por um forte investimento financeiro em promoções comerciais. Embora essas variedades fossem responsáveis por quase um quarto do crescimento de vendas em volume e em dólares da Cracker Jack entre 1993 e 1995, tal crescimento não foi grande o suficiente para compensar os custos adicionais de promoção comercial.

A Contribuição Direta de Produto melhorou em 1996, devido a uma série de mudanças feitas pela atual administração da Borden. Por exemplo, o gasto com promoção comercial foi reduzido. O número de unidades de estocagem da Cracker Jack foi reduzido de 47, em 1995, para 32, em 1996, o que diminui os níveis de estoque e melhorou a margem bruta do *mix* de vendas. Entretanto, as vendas da Cracker Jack em dólares declinaram 9%, e o volume unitário caiu para 5,1 milhões de quilos em 1996.

A Figura 6 mostra o balanço patrimonial para o ano concluído em 31 de dezembro de 1996. Além de ativos básicos mostrados, outros ativos Cracker Jack incluem as marcas registradas Cracker Jack, a representação de Sailor Jack e Bingo, Nutty Deluxe, "Quando você é realmente bom, você é Cracker Jack" e certas patentes relacionadas com a fabricação da Cracker Jack.

Estratégias e projeções financeiras da Cracker Jack: 1997-2001

O desempenho financeiro da Cracker Jack no decorrer de 1995 acionou uma mudança de estratégia em 1996. A nova estratégia de Cracker Jack surgiu de uma revisão estratégica geral de toda a Borden Foods Corporation, iniciada em 1995. A estratégia, adotada em 1996, tinha três objetivos: (1) revitalizar os negócios básicos, (2) melhorar as eficiências operacionais e (3) ampliar a marca registrada Cracker Jack. Tais objetivos seriam realizados (1) expandindo-se a distribuição nos canais de comercialização de alimentos e lanches no varejo, (2) desenvolvendo-se novas embalagens e sabores, (3) realizando-se um posicionamento dos produtos com impacto, (4) aumentando-se as margens brutas via liderança de preços sustentada e (5) alocando-se recursos adicionais para a propaganda ao consumidor.

---

[1] Os Demonstrativos de Contribuição Direta de Produto excluem certas despesas diretas e indiretas que costumam ser alocadas a produtos, de acordo com as políticas internas da Borden Foods. Essas categorias de despesas alocadas, que mudam de tempos em tempos, representam os custos associados com a infra-estrutura funcional da Borden Foods e incluem certas despesas administrativas e de vendas fixas. Além disso, custos relacionados com certos sistemas, despesas legais, finanças/contabilidade e serviços de benefícios/recursos humanos oferecidos pela sede da Borden Foods Corporate também foram excluídos na determinação da Contribuição Direta de Produto. Todas as informações financeiras contidas nas figuras foram alteradas e não são úteis para fins de pesquisa externa.

FIGURA 5

Demonstrativo de contribuição direta de produto da Cracker Jack: 1993-1996 (em milhões de dólares)

	1993	1994	1995	1996
Vendas comerciais líquidas	$ 51,4	$ 51,7	$ 53,2	$ 48,4
Custo de mercadorias vendidas	26,0	33,8	32,2	27,1
Margem bruta	$25,4	$ 17,9	$ 21,0	$ 21,3
Despesa de distribuição	$ 4,6	$ 6,1	$ 5,5	$ 4,4
Promoção comercial	11,4	16,0	15,6	8,6
Propaganda, consumidor e outras promoções	5,9	4,8	5,2	5,0
Vendas variáveis	1,1	1,4	1,3	1,2
Administração A & P	0,3	0,4	0,8	0,8
Pesquisa de mercado	0,3	1,0	2,3	2,5
Pesquisa técnica	0,1	0,2	0,4	0,6
Contribuição direta de produto [a]	$ 1,7	($12,0)	($10,1)	($1,8)
Outras informações financeiras:				
Despesa de depreciação	$ 1,5	$ 1,6	$ 1,4	$ 1,4
Despesas de capital	$ 1,4	$ 5,3	$ 0,8	$ 0,3
Capital de giro [b]	$ 16,4	$ 12,8	$ 6,3	$ 2,3

[a] Exclui efeitos de custos de venda alocados, despesas gerais e outras receitas e despesas.
[b] Ativos correntes (exceto dinheiro), menos despesas correntes.

Notas explicativas para itens de receita e despesa:
Reconhecimento de receita. Vendas comerciais líquidas são geralmente reconhecidas quando os produtos são embarcados. Depesas são estabelecidas para retornos, permissões e descontos comerciais e ao consumidor quando as receitas são reconhecidas.
Custo de mercadorias vendidas. Inclui todos os custos variáveis associados com a produção do produto, incluindo matérias-primas, material para embalagem, mão-de-obra direta e indireta e despesas gerais fixas da fábrica, inclusive alocação BFC para garantia de qualidade e engenharia.
Despesa de distribuição. Despesas associadas com a movimentação de produtos acabados dos centros de distribuição aos clientes e todas as taxas de manejo e armazenagem para a movimentação de mercadorias para dentro e fora de armazéns de terceiros.
Vendas variáveis. Comissão ou outros pagamentos para representantes associados com volume.
Administração A & P. Custos associados com pessoal de *marketing* da unidade empresarial.
Pesquisa de mercado. Informação oficial ao consumidor, testes de preferência, testes de embalagem, grupos focais e outras pesquisas de mercado.
Custos de propaganda. Custos de produção de futuras propagandas na mídia são indicados na primeira data em que o comercial vai ao ar ou aparece impresso. Todas as outras propagandas são indicadas à medida que em que são exibidas.
Promoção comercial. Todos os incentivos ao comércio relativos a táticas para reduzir o preço ou atingir desempenho de comercialização. Estão incluídos abatimentos, encaixes e recursos para desenvolvimento do mercado.
Promoção ao consumidor. Despesas de promoção dirigida aos consumidores, incluindo inserção e resgate de cupons e reembolsos/bônus ao consumidor em troca de certas exigências de nível de compra.
Outras promoções. Inclui acessórios de vendas, amostras, desenvolvimento de embalagens e estantes.
Pesquisa técnica. Custos associados com pesquisa e desenvolvimento de produto ou processo.

Nota: Todas as informações financeiras nesta figura foram alteradas e não se prestam para fins de pesquisa externa.

Os esforços iniciais em 1996 foram destinados a deter as perdas incorridas em 1994 e 1995. A eliminação de promoções comerciais não-lucrativas, a diminuição de unidades de estocagem da Cracker Jack de 47 para 32 e uma maior margem bruta resultaram em uma melhoria considerável na Contribuição Direta de Produto de 1996. No final de 1996 e início de 1997, outras medidas foram tomadas, coerentes com a nova estratégia da Cracker Jack:

1. Em dezembro de 1996, um pacote de porção individual (30g e 35g) foi lançado, primeiramente para distribuição em máquinas de venda automática e para Sam's Warehouses Clubs.
2. Um aumento de 6% no preço foi implementado em 1997.

FIGURA 6

Balanço Patrimonial da Cracker Jack: 31 de dezembro de 1996 (em milhões de dólares)

Ativo	
Dinheiro e seguros comercializáveis	–
Recebíveis líquidos*	$2,0
Estoques	4,2
Outros ativos atuais	0,2
Outros ativos de longo prazo e intangíveis	12,2
Propriedade líquida, fábrica e equipamento	15,4
Total de ativos	$34,0
Compromissos financeiros	
Títulos pagáveis*	$3,1
Outros compromissos atuais	1,1
Seguro geral	2,2
Compromissos de pensão	0,3
Benefícios pós-emprego	2,5
Compromissos totais	$9,2
Investimentos do proprietário	$24,8

* Recebíveis líquidos, títulos pagáveis e alguns outros compromissos atuais não estão sendo vendidos e são apresentados apenas para fins de informação.
Nota: Todas as informações financeiras nesta figura foram alteradas e não se prestam para fins de pesquisa externa.

3. Um novo posicionamento que enfatizava o baixo conteúdo de gordura da Cracker Jack foi iniciado em meados de 1997. Esse posicionamento – "Cracker Jack, o lanche doce, crocante e divertido que você conhece, tem muito menos gordura do que você pensava" – enfatizou o baixo teor de gordura de Original Cracker Jack (2,5g de gordura por porção de 35g) e Cracker Jack Fat Free (0g de gordura por porção).

A administração da Cracker Jack acreditava que a ampliação da distribuição fosse o elemento mais importante da nova estratégia. Em dezembro de 1996, os esforços foram dirigidos para o desenvolvimento de máquinas de venda automática com o novo pacote de porção individual usando-se distribuidores de especialidades. Projetava-se que essas vendas chegassem a quase dois milhões de dólares em 1997. Contudo, na visão da administração da Cracker Jack, a marca precisava de uma infra-estrutura de vendas e entrega totalmente nova para aumentar as vendas e a lucratividade do produto. Especificamente, o compartilhamento da equipe de vendas e da rede de representantes/distribuidores da Borden Foods em uso na época deveria ser substituído por uma equipe de vendas de entrega direta nas lojas (EDL). Acreditava-se que uma equipe de vendas EDL pudesse proporcionar a colocação do produto na seção de lanches das lojas, que é a seção de mais alta velocidade dos supermercados. Testes limitados e controlados em lojas, encomendados pela administração da Cracker Jack, indicaram que a colocação EDL nas seções de lanches poderia inicialmente incrementar as vendas em dólares no varejo em até 38%. No entanto, uma equipe de vendas EDL necessitava de mais recursos do que a rede existente de vendas e distribuição da Borden. A administração da Borden Foods não estava preparada para fazer os investimentos necessários, nem equipada para manejar uma equipe de vendas EDL para a Cracker Jack, dadas as exigências de recursos de outras oportunidades de negócios.

A Figura 7 oferece detalhes dos Demonstrativos de Contribuição Direta de Produto projetada, preparada pela administração de Cracker Jack para o período de 1997 a 2001. As projeções refletem as iniciativas da nova estratégia adotada pela administração da Borden e a integração da Cracker Jack em uma infra-estrutura nacional de fabricação, distribuição e vendas de um potencial comprador com o negócio de lanches existente.

FIGURA 7

Demonstrativos de contribuição direta de produto projetada da Cracker Jack: 1997-2001 (em milhões de dólares)

	1997	1998	1999	2000	2001
Vendas comerciais líquidas	$50,5	$78,5	$191,4	$209,1	$258,9
Custo de mercadorias vendidas	27,3	37,4	97,5	108,3	127,8
Margem bruta	$23,2	$41,1	$93,9	$100,8	$131,1
Despesa de distribuição	$4,4	$4,6	$9,7	$11,0	$13,0
Promoção comercial	6,2	10,2	23,8	22,3	23,9
Propaganda, consumidor e outras promoções	5,3	11,3	19,9	20,1	24,8
Vendas variáveis	1,4	2,4	3,6	3,9	4,6
Administração A&P	0,9	0,4	0,4	0,4	0,6
Pesquisa de mercado	1,0	1,6	2,6	3,0	3,4
Pesquisa técnica	0,7	0,8	1,8	2,1	2,6
Contribuição direta de produto [a]	$3,3	$9,8	$32,1	$38,0	$58,2
Outras informações financeiras:					
Despesa de depreciação	$1,4	$1,9	$3,7	$4,2	$4,7
Gastos de capital	$0,4	$4,0	$19,3	$4,3	$6,4
Capital operacional [b]	$3,0	$5,0	$13,2	$14,4	$18,0

[a] Exclui efeitos de custos de venda alocados, despesas gerais e outras receitas e despesas.
[b] Ativo atual (exceto dinheiro), menos passivo atual.
Nota: Todas as informações financeiras nesta figura foram alteradas e não se prestam para fins de pesquisa.

A projeção supõe aumentos de receita significativos, resultantes da expansão de distribuição, primeiramente vendas EDL em supermercados, máquinas de venda automática e vendas de serviços de alimentação. Também se supõe que o comprador poderia e estaria disposto a (1) financiar promoções comerciais e propaganda ao consumidor para incrementar as vendas de produtos existentes e estender a linha de produtos e (2) aumentar os preços. As projeções também incluem despesas de capital, especialmente em 1999, que serão necessárias para apoiar as projeções de volume.

O Demonstrativo de Contribuição Direta de Produto projetado para 1997, reflete a estimativa da administração da Cracker Jack dos resultados de final de ano, sem uma equipe de vendas EDL. As receitas projetadas para 1998 demonstram o impacto estimado de uma equipe de vendas EDL totalmente operacional. Essas estimativas concentram-se exclusivamente em oportunidades domésticas para a Cracker Jack e não incluem o crescimento potencial de vendas de exportação.

■ PROJETO BINGO

A equipe de Novos Empreendimentos reuniu-se em junho de 1997 para decidir se iria ou não explorar a aquisição da Cracker Jack. Após uma revisão de dados financeiros e operacionais fornecidos pela Borden em seu Memorando de Oferta, a decisão foi de examinar a Cracker Jack como aquisição. O trabalho foi denominado de "Projeto Bingo".

O Projeto Bingo consistia de estudos encomendados, de revisões internas na empresa e de análises e avaliações de equipes interfuncionais comandadas por Lynne Peissig. A data final para conclusão era 15 de julho de 1997, com uma apresentação e recomendação para a alta administração da Frito-Lay marcada para 1 de agosto de 1997. Uma oferta pela Cracker Jack e ativos relacionados, sem compromisso dos compradores potenciais, estava programada para 6 de agosto de 1997. Os compradores potenciais que fizessem ofertas mais altas seriam convidados a visitar a fábrica de Northbrook, Illinois, e a assistir a uma apresentação da administração da Borden. Uma carta de compromisso de intenção e proposta seria apresentada pelas partes interessadas no final de setembro de 1997. Peissig acreditava que as ofertas por Cracker Jack seriam feitas por uma série de empresas de investimentos e empresas de alimentos ao consumidor, inclusive pela General Mills, Nabisco e Procter & Gamble.

O trabalho de compilação de dados foi completado substancialmente em meados de julho de 1997. Análises preliminares haviam sido realizadas em quatro áreas: (1) administração da marca, (2) vendas e distribuição, (3) fabricação e garantia do produto e (4) finanças e administração.

Administração da marca

A opinião de consenso na equipe de Novos empreendimentos era a de que as considerações sobre administração da marca dirigiriam o Projeto Bingo. Dois estudos foram encomendados, incluindo (1) um estudo de reconhecimento, imagem, patrimônio e uso da marca; e (2) um teste de mercado simulado.

Estudo de reconhecimento, imagem, patrimônio e uso da marca   Uma empresa de pesquisa independente, especializada em estudos de mapeamento contínuo de marcas para empresas de produtos ao consumidor, apresentou seu relatório à equipe de *marketing* de marca do Projeto Bingo no final de junho de 1997. Os principais achados estão sintetizados abaixo:

1. O nome Cracker Jack registra reconhecimento virtualmente universal. No entanto, Cracker Jack sem gordura, sabor de caramelo de manteiga e Nutty Deluxe demonstram níveis de reconhecimento pelo consumidor abaixo de 50%.

2. O nome Cracker Jack evoca diferentes imagens e ícones na mente dos consumidores, incluindo a própria forma do produto (caramelo, pipoca, amendoim), o brinde/brinquedo na caixa, o menino/marinheiro e o cão na embalagem e o gosto/sabor. De modo geral, Cracker Jack foi percebido como:

   - Tradicional e antiquado de uma maneira que evoca lembranças afetuosas da infância (mas não muito contemporâneas e menos contemporâneas do que as originadas por Crunch'n Munch).
   - Mais popular entre as crianças do que entre adolescentes, adultos ou famílias.
   - Um lanche para consumo mais individual do que compartilhado.
   - Uma boa guloseima, mas que não se estende necessariamente para diversas ocasiões de consumo.
   - Muito singular, especialmente se comparado com outras pipocas doces PPC.
   - Nada "bom para você" se comparado com muitos outros lanches.
   - Não tão disponível para compra, nem tão fácil de encontrar nas lojas quanto outras pipocas doces PPC.
   - Não tem boa variedade de sabores/tipos.

3. Cracker Jack tem um respeitável patrimônio de marca devido, em grande parte, à sua herança e imagem geralmente favorável. É uma marca reconhecida com uma reputação positiva que parece ter perdido a força (popularidade) nos últimos anos.

4. Somente 7,1% dos lares americanos consomem Cracker Jack. Esses lares consomem menos do que meio quilo de Cracker Jack anualmente. A Figura 8 mostra as principais razões pelas quais os consumidores não compram Cracker Jack com mais freqüência.

Os resultados do estudo foram vistos favoravelmente pela equipe de *marketing* da marca. De acordo com um membro da equipe, "Cracker Jack é uma marca registrada que sobrevive à herança residual com oportunidade inexplorada".

Teste de mercado simulado   Resultados preliminares do teste de mercado simulado (TMS) também se mostraram "encorajadores", de acordo com um membro da equipe de *marketing* da marca. Diferentemente do estudo sobre reconhecimento, imagem, patrimônio e uso da marca, o TMS foi encomendado para obter-se uma avaliação inicial do potencial comercial de Cracker Jack.

FIGURA 8

Razões mais importantes para não comprar a Cracker Jack com freqüência

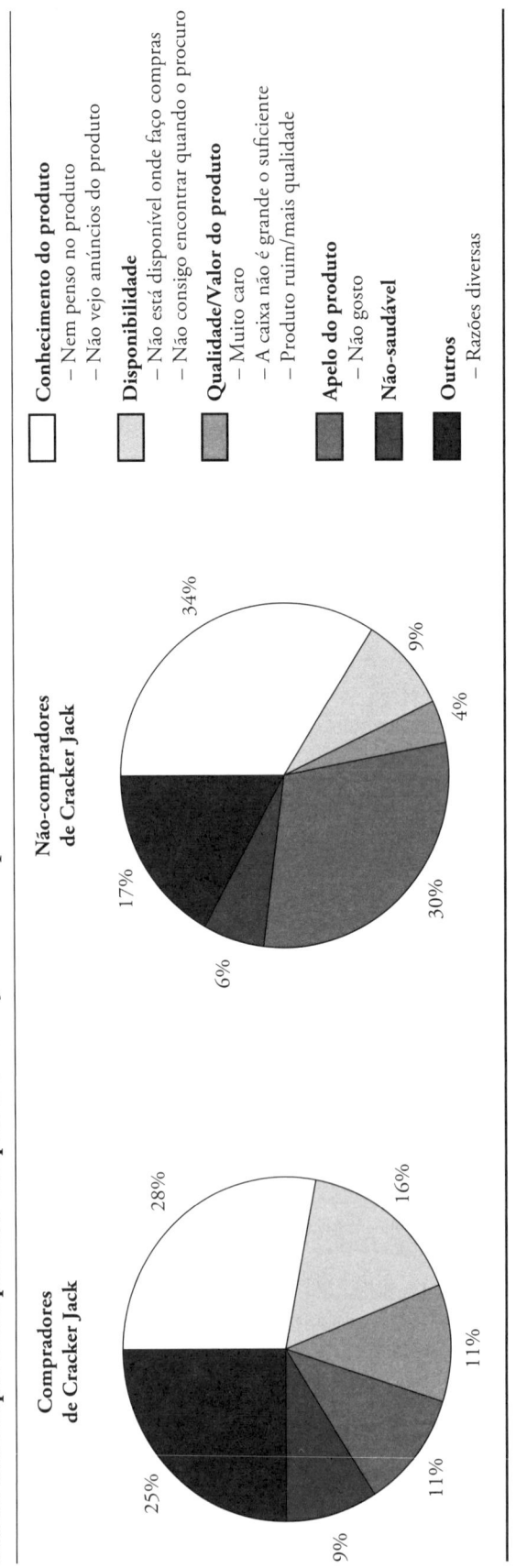

Compradores de Cracker Jack
- 28%
- 16%
- 11%
- 11%
- 9%
- 25%

Não-compradores de Cracker Jack
- 34%
- 9%
- 4%
- 30%
- 6%
- 17%

Legenda:

☐ **Conhecimento do produto**
 – Nem penso no produto
 – Não vejo anúncios do produto

■ **Disponibilidade**
 – Não está disponível onde faço compras
 – Não consigo encontrar quando o procuro

■ **Qualidade/Valor do produto**
 – Muito caro
 – A caixa não é grande o suficiente
 – Produto ruim/mais qualidade

■ **Apelo do produto**
 – Não gosto

■ **Não-saudável**

■ **Outros**
 – Razões diversas

Fonte: Registros da empresa.

O TMS, realizado por outra empresa independente de pesquisa de *marketing*, consistiu de quatro passos. Primeiro, consumidores de 12 a 64 anos de idade, que tinham comprado um lanche doce ou salgado nos últimos três meses, foram recrutados em *shoppings* de 16 cidades americanas e acompanhados a um local de pesquisa nos arredores. Esses consumidores foram então expostos a uma propaganda de Cracker Jack (ver a Figura 9). Após a exposição, os consumidores foram a uma loja simulada onde Cracker Jack estava à venda, juntamente com marcas concorrentes de pipoca doce PPC. Os consumidores receberam dinheiro e podiam comprar as marcas que quisessem e ficar com o dinheiro que sobrasse. Finalmente, os consumidores que compraram Cracker Jack receberam dois pacotes a mais de Cracker Jack para levar para casa. Estes consumidores foram chamados após um período de duas a três semanas e responderam uma série de perguntas sobre o produto, tendo a oportunidade de repetir a compra da marca.

Também foram reunidas informações diagnósticas como parte do TMS de Cracker Jack. As atitudes dos consumidores em relação à marca (do que eles gostavam e do que não gostavam) e suas intenções de uso foram verificadas. Esses dados foram incorporados em modelos de simulação computadorizada, que também incluíam elementos do plano de *marketing* pretendido da marca. O resultado do TMS incluiu estimativas de teste da marca e taxas de repetição nos lares, quantidades e freqüência de compra, canibalismo de produto e estimativas de volume de vendas para o primeiro ano.[2]

Quinze opções diferentes de planos de *marketing* foram testadas no TMS de Cracker Jack. A cobertura de distribuição planejada foi estabelecida em níveis comparáveis à dos salgadinhos de batata, milho e *tortilla* da Frito-Lay. Duas localizações diferentes nas lojas foram testadas: colocação no corredor dos salgadinhos versus corredor de lanches alternativos. O preço de varejo de $1,69 por caixa de 220g foi testado, mas o tipo de embalagem variou para comparar a caixa de 220g com o pacote de 190g. Além disso, um preço de varejo de $1,99 foi testado com um pacote de 220g. Finalmente, foram simulados três níveis de gastos com propaganda e promoção (15 milhões, 22 milhões e 32 milhões de dólares).

As informações diagnósticas, compiladas durante o TMS, indicaram que os consumidores viam mais pontos "positivos" do que "negativos" em Cracker Jack. Os consumidores deram classificações favoráveis ao gosto/sabor e à textura/consistência de Cracker Jack. Contudo, a maioria disse que havia pouco amendoim. Cracker Jack obteve alta pontuação como lanche da tarde e do início e final da noite, mas sua pontuação como lanche matinal foi baixa. Quase metade (46%) dos consumidores disse que o corredor onde ficam as nozes, as pipocas e lanches variados era a localização preferida para a compra de Cracker Jack. A segunda localização seria a do corredor de lanches salgados (24%), seguida pela dos corredores de balas e biscoitos e o balcão do caixa.

A Figura 10 mostra estimativas preliminares do volume de vendas líquidas, em dólares e em quilos, para cada uma das opções de *marketing*. As estimativas de vendas líquidas do primeiro ano variaram de 46,6 a 124,4 milhões de dólares a preços de fábrica. Estimativas de canibalização de produto indicaram que 22% do volume de Cracker Jack em quilos adviriam de outras marcas de lanches da Frito-Lay, quando os gastos com propaganda e promoção chegassem a 32 milhões de dólares.[3] (*Nota do autor do caso:* A nota 3 contém importantes informações para fins de análise de caso.) Essa porcentagem era de 7% no nível de gastos de 15 milhões de dólares. Não foram feitas estimativas para o nível de 22 milhões de dólares. A incidência de canibalização de produto não variou com a localização nas lojas (corredor de lanches salgados versus corredor de lanches alternativos). De acordo com um membro da equipe de Novos Empreendimentos, "os resultados preliminares indicam que Cracker Jack tem um considerável potencial positivo, devido à sua ampla disponibilidade através de nossa extensa rede de distribuição e vendas e do apoio de propaganda e promoção".

Extensões da Cracker Jack Em reuniões subseqüentes com a equipe de *marketing* da marca, as discussões concentraram-se nas possibilidades de extensão de Cracker Jack para além do primeiro

---

[2] Para uma ampla descrição de TMS, ver K. Clancy, R Shulman, e M. Wolf, *Simulated Test Marketing: Technology for Launching Successful New Products* (New York: Lexington Books, 1994).

[3] A Frito-Lay não divulga dados de lucratividade de produtos ou linhas de produtos individualmente. No entanto, para análise de caso e fins de discussão em aula, pode-se supor que as marcas de lanches da Frito-Lay tenham um lucro líquido de aproximadamente $2,10 por quilo.

FIGURA 9

Propaganda simulada da Cracker Jack no teste de mercado

WHAT MAKES THE MAGIC OF Cracker Jack? BRAND

Is it:
The Sweet Crunchy Popcorn?
The Salty Peanuts?
or
The Mystery Prize?

Cracker Jack, now easier to find at your favorite store in both Family-Size Bags and Single-Serve Bags.

THE ORIGINAL Cracker Jack

TOY SURPRISE
GUESS WHAT'S INSIDE

FIGURA 10

Projeções simuladas do volume de Cracker Jack no primeiro ano no teste de mercado

Elementos do plano de marketing	Opções preliminares de plano de marketing					
	Seção de lanches salgados			Seção de lanches alternativos		
Distribuição/Colocação do produto	Caixa de 220g com pacotes	Pacote de 190g	Pacote de 220g	Caixa de 220g com pacotes	Pacote de 220g com pacotes	Pacote de 190g
Tipo de embalagem e preço no varejo (consumidor)	@ $1,69	@ $1,69	@ $1,99	@ $1,69	@ $1,69	@ $1,69
Propaganda e promoção (milhões de dólares) [a]	$15 $22 $32	$15 $22 $32	$15 $22 $32	$15 $22 $32	$15 $22 $32	$15 $22 $32
Projeções de volume no primeiro ano [b]						
Volume em quilos (milhões)	24,3 34,0 40,7	22,6 31,6 37,8	26,0 36,4 43,8	20,5 32,2 38,9	19,0 29,9 36,2	
Volume de vendas em dólares (milhões) @ preço do fabricante ao Varejista (mfr.net sales)	$59,6 $83,4 $99,0	$55,1 $77,1 $92,5	$73,9 $103,7 $124,4	$50,4 $79,1 $95,7	$46,6 $72,6 $88,6	

[a] Detalhamento de propaganda e promoção:

	Em $15 milhões	Em $22 milhões	Em $32 milhões
Propaganda ao consumidor	$0	$10	$15
Promoção ao consumidor	8	5	10
Promoção comercial	7	7	7

[b] Previsões de volume sujeitas a uma variação de precisão de ± 15%.

Nota: Todas as informações financeiras desta figura foram alteradas e não se prestam para fins de pesquisa externa.

ano. A equipe de *marketing* de marca acreditava que a atenção, durante o primeiro ano, deveria se concentrar no estabelecimento do negócio de Cracker Jack, dada a nova infra-estrutura de vendas e distribuição. No entanto, extensões de marca e sabor deveriam ser buscadas no segundo e no terceiro anos do *marketing* de Cracker Jack como marca da Frito-Lay.

Vários membros da equipe de *marketing* da marca defendiam uma extensão de marca no segundo ano. Especificamente, eles propunham que fosse lançado Cracker Jack em barra. Os comerciantes de cereais tinham tido um sucesso considerável com essas barras, seguindo a tendência de "pegar e levar" para comer. Por exemplo, a barra Rice Krispies Treats, da Kellogg, tinha registrado mais de 100 milhões de dólares em vendas ao varejo nos supermercados nos dois anos anteriores. A Quaker Oats recentemente havia estendido sua aveia em flocos com o lançamento de barras Fruit & Oatmeal Cereal, sustentado por 20 milhões de dólares em promoção comercial e propaganda ao consumidor. Os membros da equipe de *marketing* da marca especulavam que uma barra de Cracker Jack poderia gerar de 50 a 100 milhões de dólares em vendas líquidas para o fabricante no segundo ano se houvesse apoio de um programa de 10 milhões de dólares destinados a promoção e propaganda ao consumidor. Acreditava-se que o aumento das vendas da barra, de algum modo, dependeria das vendas do primeiro ano; ou seja, maiores vendas no primeiro ano resultariam em maiores vendas da barra.

Uma extensão de sabor, somando-se aos sabores "doce" e "caramelo de manteiga", poderia ser lançada no terceiro ano, de acordo com membros da equipe de *marketing* da marca. Um sabor específico ainda não havia sido proposto, mas os prováveis candidatos eram chocolate e manteiga de amendoim. A extensão da barra e do sabor poderia produzir um aumento nas vendas em dólares de 5 a 10% em relação ao volume de vendas do segundo ano, se sustentada por um programa de propaganda e promoção comercial de cinco a 10 milhões de dólares.

Vendas e distribuição

A equipe de vendas e distribuição da Frito-Lay foi consultada logo depois de a oportunidade de aquisição de Cracker Jack ser divulgada. Sua reação inicial foi positiva, observando que Cracker Jack se adequaria à infra-estrutura de vendas e distribuição já existente da Frito-Lay.

A equipe de vendas e distribuição levantou duas questões em relação à aquisição. Primeiro, o número de unidades de estocagem da Cracker Jack (32) parecia elevado. A marca típica da Frito-Lay tinha de cinco a 10 unidades de estocagem e o número de unidades de estocagem de Cracker Jack poderia representar um desafio na obtenção de espaço nas prateleiras e *displays* do varejo. Segundo, o custo estimado de entrega direta na loja (EDL) como a empregada pela Frito-Lay parecia ser subestimado. De acordo com analistas do setor, o custo de venda e distribuição de venda EDL, em uma equipe de venda de produtos comparáveis, era subestimado à metade quando declarado como porcentagem de vendas líquidas.

Fabricação e garantia de produto

A equipe de fabricação e garantia de produto da Frito-Lay também se mostrou favorável à aquisição da Cracker Jack. Assim como a equipe de vendas e distribuição, o grupo expressou preocupação com o número de unidade de estocagem de Cracker Jack e a maior complexidade causada por esse número elevado, do ponto de vista de produção.

Sem realmente inspecionar a fábrica da Cracker Jack, a equipe de fabricação e garantias de produto não podia avaliar as condições das instalações e as linhas de produção, caixas e pacotes de Cracker Jack. Entretanto, acreditava-se que fosse altamente improvável que a Frito-Lay fosse comprar a fábrica de Northbrook, Illinois. As linhas de produção, caixas e pacotes poderiam ser compradas, dependendo de suas condições, e reinstaladas em uma fábrica existente da Frito-Lay, juntamente com o equipamento de inserção de amendoins e brindes. Os gastos de capital projetados pela administração da Borden pareciam adequados se isso fosse feito.

A equipe de fabricação também disse que era improvável que a Frito-Lay precisasse ter gastos consideráveis de capital com a nova fábrica e equipamentos, conforme indicado pela projeção da administração da Borden para 1999 (ver Figura 7). Ao contrário, a Frito-Lay tinha uma longa e bem-sucedida relação com um fornecedor independente que produzia pipoca doce, entre outros produtos, como lanches temperados e salgados, e também contava com capacidade de fabricação para produzir o equivalente a 100 milhões de dólares em vendas. Havia espaço disponível nas instalações de fabricação da Frito-Lay para instalar as linhas de produção, caixas e pacotes se as vendas de Cracker Jack ultrapassassem 100 milhões de dólares. Essas linhas poderiam ser acrescentadas por um mínimo de investimento de capital. Estimava-se que 10 milhões de dólares de investimento de capital para produção e 10 milhões para as linhas proporcionariam capacidade para fabricar o equivalente a 50 milhões de dólares em vendas. O próprio equipamento provavelmente seria o mais depreciado ao longo de 15 anos usando-se o método de linha reta.

Um executivo sênior de fabricação da Frito-Lay também acreditava que o custo de mercadorias vendidas de Cracker Jack poderia ser 10% menor do que o das projeções da Borden. Essa redução de custo poderia ser concretizada simplificando-se a linha de produtos da Cracker Jack e aumentando-se o volume de pacotes em relação à Cracker Jack, vendida em caixas e em caixas com pacotes.

Finanças e administração

Lynne Peissig reuniu a equipe de planejamento da Frito-Lay e especialistas em fusão e aquisição da PepsiCo para começar uma análise de avaliação do negócio Cracker Jack em junho de 1997. Em meados de julho, uma variedade de dados havia sido obtida sobre recentes aquisições no setor de alimentos para o consumidor. De acordo com Diane Tousley, diretora de finanças da divisão de Novos Empreendimentos, os preços de transação para esse tipos de aquisição representavam de uma a três vezes as receitas líquidas e de 10 a 12 vezes os ganhos após impostos das empresas adquiridas. Os múltiplos mais altos estavam associados com negócios que tinham nomes de marca ou marcas registradas fortes, relações comerciais e canais de distribuição estabelecidos e histórico positivo de receitas.

Tousley reconhecia que esses dados precisavam ser complementados com uma avaliação financeira mais rigorosa, incluindo uma avaliação de fluxo de caixa descontado para Cracker Jack (ver "Apêndice: nota sobre a avaliação de um negócio"). Ela observou que a Frito-Lay comumente aplicava uma taxa de desconto ajustada ao risco para calcular o atual valor de fluxos de caixa futuros após impostos, ao realizar uma análise de fluxo de caixa descontado para novos investimentos. (*Nota:* de acordo com o relatório anual da PepsiCo, Inc,. de 1997, p. 29, a taxa de imposto de renda corporativo efetiva da PepsiCo, em 1997, para continuidade de operações, era de 35,4%.) Dependendo do nível de risco, a taxa de desconto variava de 12 a 18%, com uma taxa média de desconto ajustada ao risco de 15%. Membros da equipe de Novos Empreendimentos concordavam que o investimento em Cracker Jack representava um "risco médio" para a Frito-Lay.

As previsões de receita associadas com a comercialização de Cracker Jack como marca da Frito-Lay não haviam sido concluídas até 15 de julho de 1997. Contudo, Peissig acreditava que as projeções preliminares de vendas para o primeiro ano, oferecidas pelas estimativas do teste de mercado simulado, e as estimativas de aumento de vendas em dólares, resultante das extensões de marca e sabores no segundo e terceiro anos, ofereciam um ponto de partida para as previsões de receita. Ela também achava que o crescimento de vendas de Cracker Jack em dólares provavelmente estabilizaria em uma taxa de 2 ou 3% no quarto e quinto anos, após modestos aumentos de volume em dólares e quilos. Peissig acrescentou: "Imagino que grande parte da discussão se concentrará nas projeções de receita de Cracker Jack quando a equipe de negócios se reunir".

Peissig também esperava uma discussão animada sobre o orçamento de promoção comercial e propaganda ao consumidor para a Cracker Jack. Ela acreditava que três anos de esforços concentrados de desenvolvimento de marca, apoiados por gastos com propaganda, seriam necessários para reconstruir e desenvolver o negócio. Depois disso, o negócio Cracker Jack poderia ser sustentado com um orçamento anual de promoção e propaganda que representasse de 4 a 8% das vendas líquidas do fabricante. Cracker Jack também arcaria com outros custos. Por exemplo: Tousley estimava que os custos administrativos e gerais, iniciais e contínuos, associados com o *marketing* da Cracker Jack como marca da Frito-Lay, variariam de 4 a 7% das vendas líquidas do fabricante. Esses custos incluíam o gerenciamento de marca e os salários e benefícios extras-administrativos.

Finalmente, Peissig achava que sua apresentação para os altos executivos da PepsiCo deveria incluir uma consideração sobre a aquisição da Cracker Jack, em relação ao desenvolvimento interno e à comercialização de uma nova marca de alimento ao consumidor. Segundo fontes do setor, o investimento financeiro para desenvolver internamente e lançar uma nova marca (marca registrada), em uma categoria de alimento ao consumidor, era de 75 a 100 milhões de dólares, incluindo o custo de pesquisa e desenvolvimento de produto, teste de mercado e lançamento nacional. O intervalo de tempo, desde o desenvolvimento do conceito até a comercialização em plena escala, variava de dois a três anos. A probabilidade de sucesso de um novo produto era aproximadamente de um em dez.

■ APÊNDICE: NOTA SOBRE A AVALIAÇÃO DE UM NEGÓCIO

A estimativa do valor de mercado de uma empresa é o primeiro passo necessário na determinação do preço de compra para uma aquisição. O valor justo de mercado é o preço em dinheiro, ou equivalente a dinheiro, em que um ativo poderia ser trocado entre um comprador e um vendedor, cada qual com controle de todas as informações necessárias para avaliar o bem e nenhum deles sob pressão para fazer o negócio.

Especialistas em avaliações desenvolveram uma série de técnicas para auxiliar no estabelecimento do valor justo de mercado de uma empresa, embora tal valor muitas vezes possa não representar o preço final da transação. Na prática, o preço de uma transação envolve a consideração de diversos fatores, que podem variar, dependendo das características da empresa a ser adquirida e dos objetivos do comprador e do vendedor. Por exemplo, a obtenção de nomes de marca valiosos, a tomada de controle de uma outra entidade ou a aquisição de uma maior participação de mercado para um determinado produto pode afetar o preço de compra final. Ainda assim, a determinação do preço de compra, ou de transação, ou de uma variação de preço razoável geralmente envolve técnicas quantitativas. Este apêndice descreve brevemente a técnica de fluxo de caixa descontado (FCD), que é usada por banqueiros de investimentos, analistas de pesquisa e especialistas em avaliações para calcular o valor justo de mercado de uma empresa. Supõe-se que o leitor esteja familiarizado com o vocabulário e a mecânica de análise de valor atual e de fluxo de caixa descontado.[4]

A técnica de fluxo de caixa descontado

A abordagem de avaliação FCD é a técnica de avaliação de preço justo de mercado mais freqüentemente usada. Ela oferece um valor "futuro", que é o valor indicado pelas futuras possibilidades comerciais de um negócio. Utilizando-se essa técnica, o valor justo de mercado é calculado pela soma do valor atual de fluxos de caixa projetados para um determinado período, mais o valor atual do valor residual ou terminal no final do período de projeção para um negócio. Normalmente, um período de projeção de cinco a 10 anos de fluxos de caixa operacionais após impostos, com várias estimativas de valor terminal ou residual, será descontado do presente para o custo médio ponderado, ajustado ao risco, do capital para a empresa que está sendo adquirida. Os fluxos de caixa são derivados de demonstrativos projetados e planos de despesas de capital fixo e de giro. Esse cálculo produz um resultado que representa o valor justo de mercado para proprietários de dívidas e títulos. Para chegar-se ao valor patrimonial (do proprietário), a dívida pendente no momento da aquisição é subtraída do valor de capital total.

Quatro áreas principais devem ser avaliadas para precisão e adequação quando se usa a técnica FCD. São elas: (1) suposições subjacentes à projeção de fluxos de caixa, (2) duração do período de projeção, (3) valor residual ou terminal no final do período de projeção e (4) taxa de desconto adequada.

---

[4] Para leitura básica sobre valor de tempo do dinheiro, análise de valor atual e fluxo de caixa descontado, ver a edição mais recente de S. Ross, R. Westerfield e B. Jordan, *Fundamentals of Corporate Finance* (Burr Ridge, IL: Irwin McGraw-Hill) ou R, Higgings, *Analysis for Financial Management* (Burr Ridge, IL: Irwin McGraw-Hill).

Suposições da projeção financeira e período de projeção Cinco fatores formam o alicerce para projeções financeiras básicas: (1) histórico do crescimento de vendas; (2) planos empresariais da empresa a ser adquirida; (3) condições empresariais predominantes e relevantes, incluindo expectativas de crescimento e tendências à luz do posicionamento competitivo, crescimento geral do mercado e pressão de preço; (4) supostas necessidades de capital de giro e despesas de ativo fixo; (5) níveis históricos e esperados e tendências de lucratividade operacional. Cada fator afeta a estimativa de fluxos de caixa projetados para o negócio a ser adquirido.

A determinação da duração do período de projeção é uma questão de discernimento. Como regra geral, espera-se que, no final do período de projeção, as operações de uma empresa devam estar em um nível de operação normal e sustentável, a fim de se estimar com mais facilidade um valor terminal ou residual (que será discutido a seguir). Circunstâncias incomuns, como fator de crescimento de vendas excessivo, aumento ou diminuição nas margens de lucro operacional ou melhora nas contas a receber ou nos níveis de estoque, não deverão existir mais no final do período de projeção. Para empresas que projetam taxas de crescimento de vendas e margens de lucratividade normais, um período de projeção de cinco a 10 anos é o geralmente empregado.

Estimativa do valor terminal ou residual O valor de um negócio no final do período de projeção é, com freqüência, o elemento menos analisado de uma avaliação. No entanto, pode representar uma porção significativa de todo o valor justo de mercado de uma empresa. O método apropriado para estimar o valor terminal ou residual depende de fatores financeiros da projeção, descritos anteriormente, e da duração do período de projeção, além das especificidades do negócio. Existe uma compensação entre o grau de confiabilidade inerente aos dois fatores (FCDs, durante o período de projeção, e o valor terminal) usada para calcular o valor justo de mercado final. Um período mais curto de projeção dá grande importância à habilidade de desenvolver uma estimativa significativa do valor terminal ou residual. Um período de projeção mais longo coloca menos confiança no valor terminal estimado, mas faz suposições de fluxo de caixa anual mais importantes.

As duas abordagens usadas com mais freqüência para estimar uma taxa de valor terminal são a capitalização de receita e as técnicas múltiplas. Ambas calculam o valor futuro da empresa no final do período de projeção. Esse valor futuro é então descontando de volta para determinar o valor atual.

O método da técnica de capitalização de receita ajusta as receitas após impostos ou o fluxo de caixa a partir do ano final do período de projeção pela taxa de desconto. Essa técnica supõe que as receitas após impostos serão constantes ou crescentes a uma taxa constante a partir do último ano de projeção e que o adequado custo médio ponderado do capital, ajustado ao risco, é a taxa de desconto. A abordagem múltipla aplica algum multiplicador ou às receitas após impostos ou ao fluxo de caixa do último ano do período de projeção. O valor terminal resultante é então descontado de seu valor atual, usando-se a taxa de desconto do ano final do período de projeção. Os múltiplos são desenvolvidos a partir de empresas comparáveis publicamente negociadas ou de recentes transações de fusão e aquisição. Um ponto a ser lembrado na capitalização de renda e nas abordagens de múltiplos é que o valor terminal calculado é dependente das suposições subjacentes ao período de projeção. Por exemplo, taxas agressivas de crescimento de vendas superestimarão as receitas após impostos ou o fluxo de caixa para o último ano do período de projeção, o que, por sua vez, superestimará o valor terminal. De forma semelhante, os múltiplos podem ser distorcidos devido a influências extrínsecas sobre recentes transações de fusão e aquisição e ao fato de que raramente duas empresas são iguais.

Taxa de desconto A taxa de desconto apropriada é um dos elementos mais importantes em um FCD. Como o valor atual muda inversamente às mudanças na taxa de desconto, é fundamental, para a avaliação, verificar adequadamente o risco inerente e, assim, a necessária produção do negócio a ser adquirido.

O Modelo de Preço de Ativos de capital (CAPM) é geralmente aceito pela comunidade financeira como um meio para estimar a exigência de produção de um investidor e, desse modo, o custo de capital patrimonial de uma empresa. Essencialmente, o CAPM afirma que o custo exigido de patrimônio é igual ao custo de dívida livre de risco, mais algum prêmio adicional por risco relativo à empresa. Uma discussão detalhada de ativos de capital pode ser encontrada na maioria dos livros de finanças. As taxas de retorno exigidas sobre o patrimônio e a dívida são então ponderadas a fim de se chegar ao custo de capital médio ponderado. O custo de capital médio ponderado para empresas de bens ao consumidor da *Fortune* 500 fica em torno de 10 a 12%.

■ ILUSTRAÇÃO DA TÉCNICA DE FLUXO DE CAIXA DESCONTADO

A Figura A-1 oferece uma ilustração simples do cálculo de FCD para avaliação de um negócio. A porção superior da ilustração contém um demonstrativo de cinco anos, incluindo projeção de recei-

FIGURA A.1

Ilustração de fluxo de caixa descontado em avaliação de negócio (em milhares de dólares)

	Ano 1	*Ano 2*	*Ano 3*	*Ano 4*	*Ano 5*	*Valor residual*	*Valor justo de mercado*
Receitas (10% de crescimento)	$10.000	$11.000	$12.100	$13.310	$14.641		
Custo de mercadorias vendidas (40% das receitas)	4.000	4.400	4.840	5.324	5.856		
Lucro bruto (60% das receitas)	6.000	6.600	7.260	7.986	8.785		
Despesas operacionais (20% das receitas)	2.000	2.200	2.420	2.662	2.928		
Ganhos antes de juros e Impostos (EBIT) (40% das receitas)	4.000	4.400	4.840	5.324	5.856		
Provisão de imposto de renda sobre EBIT (40% de EBIT)	1.600	1.760	1.936	2.130	2.343		
Ganhos após impostos, antes de juros e impostos sobre juros (24% das receitas)	$2.400	$2.640	$2.904	$3.194	$3.514		
Acréscimo de itens não-monetários, incluindo despesa de depreciação	700	850	1.050	1.300	1.600		
Fundos oferecidos	$3.100	$3.490	$3.954	$4.494	$5.114		
Subtrair:							
Aumentos ao capital de giro	(100)	(100)	(100)	(100)	(100)		
Despesas de capital	(500)	(750)	(1.000)	(1.250)	(1.500)		
Fluxos de caixa totais, excluindo-se juros (livre de juros)	$2.500	$2.640	$2.854	$3.144	$3.514	$45.682[a]	
Fator de valor em 15%	0.87	0.756	0.658	0.572	0.497	0.497	
Valor presente	$2.174	$1.996	$1.877	$1.798	$1.747	$22.704	
Valor presente total de fluxos de caixa							$9.592
Valor presente residual							22.704
Valor justo de capital no mercado para a empresa							$32.296

[a] Valor residual usando-se múltiplo de receitas após impostos (fluxo de caixa). Receitas após impostos (fluxo de caixa) do Ano 5, vezes o múltiplo selecionado de 12 ($3.514 × 12).

tas da empresa, custo de mercadorias vendidas, despesas operacionais e receitas (renda líquida) antes de juros e impostos. Também está indicada a provisão para imposto de renda corporativo e receitas após impostos.

Cálculo do fluxo de caixa   A porção inferior da Figura A-1 detalha o cálculo do fluxo de caixa. Os fluxos de caixa projetados são obtidos ajustando-se o demonstrativo para itens não monotários e mudanças em itens do balanço patrimonial que afetam o dinheiro.[5] Isso é mostrado primeiramente adicionando-se a despesa de depreciação (custo não monetários) para cada ano para despesas após impostos. As receitas após impostos, mais depreciação, representam o fluxo de caixa anual de operações para um negócio.

O fluxo de caixa de operações precisa então ser ajustado para refletir as saídas de caixa. Isso é feito subtraindo-se o *aumento* estimado ano a ano no capital de giro (ativo atual menos passivo atual) e despesas de capital planejadas para cada ano do fluxo de caixa estimado de operações. Aumentos no capital de giro, nessa ilustração, sugerem que o ativo atual, tais como estoques e contas a receber, sem passivo atual (por exemplo, contas a pagar), aumenta cada ano em uma quantia constante de 100.000 dólares, dada a taxa de crescimento de receita anual constante (10%) no período de projeção mostrado na Figura A-1. A quantidade de dólares para despesas de capital reflete investimentos anuais de caixa na fábrica e em equipamentos. Resumindo, receitas após impostos mais despesas não monetário (por exemplo, depreciação), menos aumentos projetados para capital de giro e despesas de capital anuais resultam em um fluxo de caixa anual total, projetado para um negócio.

Valor presente de fluxos de caixa projetados e valor residual ou terminal   Conforme descrito anteriormente, o valor justo de mercado para um negócio é calculado pela soma do valor presente de fluxos de caixa projetados para um determinado período, mais o valor presente do valor residual ou terminal no final do período de projeção. A Figura A-1 mostra o cálculo de valor presente usando uma taxa de desconto de 15% (outras taxas de desconto são mostradas na Figura A-2). A taxa de desconto reflete o custo de capital médio ponderado da empresa a ser adquirida, mais qualquer quantia a ser adicionada para riscos especiais acarretados pela aquisição; daí o termo freqüentemente usado *taxa de desconto ajustada ao risco*. O valor presente somado, ou cumulativo, de fluxos de caixa projetados no período de projeção de cinco anos é $9.592.000, mostrado na Figura A-1.

Conforme mencionado anteriormente, o valor residual ou terminal no final de um período de projeção com freqüência representa uma porção significativa do valor justo de mercado de um negócio. Isso é apresentado na Figura A-1, que ilustra a abordagem de múltiplos para estimar o valor residual ou terminal. Nessa ilustração, o múltiplo (12) de receitas após impostos (fluxo de caixa) é

FIGURA A.2

Valor presente de $1,00 descontado em taxa de desconto *K*, para *N* anos

	Taxa de desconto (**K**)						
Período (**N**)	*12%*	*13%*	*14%*	*15%*	*16%*	*17%*	*18%*
1	0,893	0,885	0,877	0,870	0,862	0,855	0,847
2	0,797	0,783	0,769	0,756	0,743	0,731	0,718
3	0,712	0,693	0,675	0,658	0,641	0,624	0,609
4	0,636	0,613	0,592	0,572	0,552	0,534	0,515
5	0,567	0,543	0,519	0,497	0,476	0,456	0,437

[5] Para fins de simplificação, taxas decorrentes e amortização são omitidos desse exemplo.

utilizado, que é então descontado de seu valor presente usando-se a taxa de desconto do ano final do período de projeção. Isso resulta em um valor residual de $22.704.000. A soma do valor presente cumulativo de fluxos de caixa projetados ($9.592.000) e o valor presente do valor residual ou terminal é o valor justo de mercado estimado, mostrado como sendo $32.296.000 na Figura A-1.

De forma alternativa, a abordagem de capitalização de receita pode ser usada. Essa abordagem ajusta receitas após impostos ou fluxo de caixa do ano final do período de projeção pela taxa de desconto. Pode-se supor que as receitas após impostos ou fluxo de caixa serão constantes ou crescentes a uma taxa constante do último ano do período de projeção.

A abordagem de capitalização de receita para estimar um valor residual ou terminal pode ser aplicada, dadas as informações contidas na Figura A-1. Supondo-se que as receitas após impostos (ou fluxo de caixa) no Ano 5 permaneçam constantes em, $3.514.000 e que se aplique uma taxa de desconto de 15%, então o valor presente do valor residual é $11.643.053 ([$3.514.000/.15] x 0,497). Quando adicionado ao valor presente de fluxos de caixa projetados, o valor justo de mercado projetado é $21.235.053 ($9.592.000 + $11.643.053). De maneira alternativa, se um crescimento anual de 10% em receitas após impostos (ou fluxo de caixa) é esperado no futuro como evidenciado nas projeções da Figura A-1, então o valor presente de um fluxo de receita após impostos (fluxo de caixa) perpetuamente crescente pode ser estimado. Isso é feito usando-se a fórmula $E/(K-g)$, onde E representa receitas após impostos (fluxo de caixa) no último ano do período de projeção, K é a taxa de desconto, e g é a taxa de crescimento em perpetuidade. Aplicando-se essa fórmula, o valor residual estimado é $70.280.000 ($3.514.000/[.15 - .10]). O valor presente dessa quantia é $34.929.160 (0,497 x $70.280.000). Adicionando-se o valor presente do valor terminal ao valor presente de fluxos de caixa projetados, o valor justo de mercado estimado é $44.521.160.

Resumo

A estimativa do valor justo de mercado exige uma avaliação quantitativa e qualitativa das futuras possibilidades comerciais de um negócio como uma preocupação contínua. Como demonstrado nesta nota, a determinação do valor justo de mercado não é, de forma alguma, uma questão simples e freqüentemente produz diferentes quantias em dólares, dadas diferentes suposições. A abordagem de avaliação FCD apresentada nesta nota, embora conceitualmente correta, muitas vezes exige uma forte dose de discernimento em sua aplicação. O valor justo de mercado de um negócio está nos olhos do observador, seja ele o comprador ou o vendedor.

CAPÍTULO 6

Gerenciamento e Estratégia de Comunicação Integrada de *Marketing*

A comunicação de *marketing* é o processo pelo qual as informações sobre uma organização e suas ofertas são disseminadas para determinados mercados. Dado o papel que a comunicação desempenha ao facilitar relacionamentos de troca mutuamente benéficos entre uma organização e os compradores potenciais, sua importância não pode ser subestimada. A meta da comunicação não é apenas induzir compras iniciais; também é garantir a satisfação pós-compra, assim aumentando a probabilidade de repetição de vendas. Mesmo se os compradores potenciais tivessem uma necessidade urgente e uma organização tivesse uma oferta que atendesse precisamente àquela necessidade, não ocorreria nenhuma troca sem haver comunicação. A comunicação é necessária para informar os compradores do seguinte:

- A disponibilidade de uma oferta.
- Os benefícios únicos da oferta.
- Onde e como obter e utilizar a oferta.

Exatamente como os compradores potenciais devem ser informados – a verdadeira mensagem comunicada – é uma das decisões de comunicação mais subjetivas. Embora o desenvolvimento da mensagem possa ser, de certo modo, auxiliado pela pesquisa, não existem estratégias garantidas disponíveis para todas as ofertas, mercados ou organizações. Cada situação individual determinará se a mensagem deve ter uma forte orientação para a venda, se deve usar humor ou ser informativa. Seja qual for o formato escolhido, a mensagem comunicada tem que se mostrar desejável para aqueles a quem é dirigida, ser exclusiva ou única da oferta que está sendo descrita e parecer possível em termos dos benefícios que identifica na oferta.

É tarefa do gerente de *marketing* gerenciar o processo de comunicação da maneira mais eficaz. Os gerentes de *marketing* têm à sua disposição atividades específicas de comunicação, freqüentemente chamadas de *elementos, funções, ferramentas* ou *tarefas*. Estas incluem a propaganda, a venda pessoal e a promoção de vendas. Coletivamente, as atividades são denominadas de *mix de comunicação de marketing*.[1] Elementos do *mix* de comunicação variam desde os muito flexíveis (por exemplo, a venda pessoal) até os muito inflexíveis (como a propaganda de massa), e cada um possui um conjunto único de características e capacidades. Até certo ponto, no entanto, são intercambiáveis e substituíveis. É responsabilidade do gerente de *marketing* encontrar o *mix* de comunicação mais eficaz pelo menor custo possível.

Os gerentes de *marketing*, ao criarem estratégias de comunicação, não devem se limitar a pensar no tipo de atividade de comunicação a ser usada. É rara a organização que emprega somente uma forma de comunicação. Ao contrário, os gerentes devem ampliar sua perspectiva para pensar em *comunicações integradas de marketing* – a prática de combinar diferentes elementos do *mix* de comunicação de modo que se fortaleçam mutuamente. Nesse contexto, a atenção é dirigida à atividade que deve ser enfatizada, à intensidade com que deve ser aplicada e à forma como as atividades de comunicação podem ser combinadas e coordenadas com mais eficácia. Por exemplo, as atividades de propaganda podem ser empregadas para desenvolver o conhecimento e a compreensão da oferta; a promoção de vendas pode ser utilizada para aumentar a intenção de compra; a venda pessoal pode ser usada para levar à convicção final e à compra.

Cada vez mais, os profissionais de *marketing* estão vendo a Internet como uma plataforma potencial para comunicações integradas de *marketing*. Essa tecnologia tem a capacidade de conduzir os consumidores e os usuários industriais através de todo o processo de compra, desde a criação do conhecimento até o oferecimento de informações de maneira interativa, realização do pedido e atendimento do cliente após a compra. O papel da Internet nas comunicações de *marketing* será abordado neste capítulo. Seu funcionamento como canal de distribuição será apresentado no Capítulo 7.

■ ESTRUTURA DE ESTRATÉGIA DE COMUNICAÇÃO INTEGRADA DE *MARKETING*

De uma perspectiva gerencial, a formulação de uma estratégia de comunicação integrada de *marketing* demanda seis decisões principais. Assim que a oferta e os mercados-alvo são definidos, o gerente deve considerar as seguintes decisões:

1. Quais são as exigências de informação dos mercados-alvo à medida que eles passam pelo processo de compra?
2. Que objetivos a estratégia de comunicação deve atingir?
3. Como o *mix* de atividades de comunicação pode ser combinado para transmitir as informações para os mercados-alvo?
4. Quanto deve ser destinado para a comunicação com os mercados-alvo e de que maneira os recursos devem ser alocados entre as diversas atividades de comunicação?
5. Como a comunicação deve ser programada e agendada?
6. Como o processo de comunicação deve ser avaliado quanto à sua eficácia e como deve ser controlado?

Teoricamente, essas questões são distintas e, dessa forma, podem ser abordadas em seqüência. Na prática, porém, é provável que sejam abordadas simultaneamente, pois estão estritamente relacionadas.

■ EXIGÊNCIAS DE INFORMAÇÃO NAS DECISÕES DE COMPRA

O primeiro passo na criação de uma estratégia de comunicação de *marketing* integrada é identificar como os compradores adquirem uma determinada oferta e definir o papel da informação no processo de compra. Isso muitas vezes requer o uso de um modelo de processo de compra (ou de processo de adoção). Geralmente, o modelo trata os compradores como se eles se movessem ao longo de uma série de estágios em seu processo de compra, tais como

Desconhecimento → Conhecimento → Preferência → Compra

Em qualquer ponto no tempo, diferentes compradores estão em diferentes estágios do modelo, e cada estágio requer uma diferente estratégia de comunicação.

A maioria dos modelos possibilita que o gerente de *marketing* distinga entre a tomada de decisão solitária e conjunta. Em qualquer decisão de compra, a pessoa ou pessoas envolvidas podem desempenhar vários papéis possíveis – comprador, influenciador, responsável pela decisão e/ou consumidor. Em certas situações de compra, um indivíduo pode desempenhar mais de um papel. Em outras, como na decisão de compra em conjunto, os papéis podem ser desempenhados por diferentes indivíduos. Enquanto a mãe pode ser o membro da família que compra o cereal para o café da manhã, seus filhos podem ter influência na decisão da marca a ser comprada e o pai pode consumir o produto. Uma situação semelhante poderia existir em um ambiente industrial. Um agente de compras pode ser o comprador, um engenheiro pode ser o influenciador e o responsável pela decisão, e um técnico pode ser o usuário. A compreensão de quem desempenha os papéis é um pré-requisito para o sucesso na determinação da mensagem de comunicação, bem como na identificação de seu alvo e do modo como deve ser comunicada.

De maneira semelhante, o processo utilizado pelos compradores para comprar uma oferta influencia o papel da informação e, por conseguinte, a estratégia de comunicação mais eficaz. Portanto, a compreensão de quando, onde, como e qual informação é empregada na decisão de compra possibilitará que a organização direcione a comunicação apropriada ao indivíduo certo no momento certo. Essas observações também se aplicam à comunicação dirigida aos consumidores. Consideremos o caso de consumidores que tomam a decisão de comprar uma casa. Para comunicar eficazmente, uma organização deve saber *quais* informações esses consumidores acham necessárias (preço, localização, dimensões), *onde* eles vão buscá-las (jornais, Internet, corretores, amigos), *quando* vão procurá-las (com que antecedência, em que dias) e *como* aplicarão essas informações assim que as obtiverem.

Finalmente, o modo como os compradores percebem uma organização e sua oferta está estreitamente relacionado com suas necessidades de informação. A importância percebida da oferta e o risco percebido na decisão de compra incorreta influenciam o ponto até onde os compradores recebem as informações, bem como sua escolha de fonte(s) de informações. Quanto mais uma oferta é percebida como importante ou arriscada (pela grande quantia que demanda, pelo envolvimento pessoal ou por razões de saúde e segurança), mais provável que os compradores busquem informações em outras fontes além das informações fornecidas pela organização que proporciona a oferta. Por exemplo, compradores potenciais de um carro novo passam cinco horas pesquisando marcas, modelos, características e preços *online* antes de realmente comprar um carro.[2]

■ ESTABELECIMENTO DE OBJETIVOS DE COMUNICAÇÃO RAZOÁVEIS

Os objetivos estabelecidos para programas de comunicação dependerão das estratégias gerais de oferta e mercado da organização e do estágio do ciclo de vida do produto ou serviço. Os objetivos da comunicação diferirão de acordo com a estratégia que está sendo empregada – penetração de mercado, desenvolvimento de mercado ou desenvolvimento de produto. Por exemplo, uma estratégia de penetração de mercado sugerirá objetivos de comunicação que enfatizem o uso mais freqüente da oferta ou que construam a preferência pela oferta ou a lealdade a ela. Por outro lado, uma estratégia de desenvolvimento de mercado incentivará a comunicação que estimula o conhecimento e a experimentação da oferta.

O estágio do ciclo de vida desempenha um papel para determinar se os objetivos da comunicação devem estimular a demanda primária ou a demanda seletiva. No início do ciclo de vida, as atividades de comunicação concentram-se no estímulo à *demanda primária* – demanda pelo produto ou classe de produto, tais como laticínios, computadores pessoais ou planejamento financeiro. Normalmente, a mensagem transmitida concentra-se em apresentar os benefícios de um produto ou serviço ou em superar objeções a esse produto ou serviço. Em fase posterior do ciclo de vida, quando existem produtos ou serviços substitutos, as atividades de comunicação voltam-se para o estímulo da *demanda seletiva* – demanda por uma determinada marca, produto ou serviço, tais como leite Borden, computadores pessoais Apple ou planejamento financeiro da Merrill Lynch. Tradicionalmente, a mensagem transmitida exalta os benefícios de uma determinada oferta concorrente e tenta diferenciar essa oferta das outras.

Os objetivos também devem ser delineados para ferramentas de comunicação individual. Tanto os objetivos de comunicação gerais quanto os objetivos específicos precisam relacionar-se diretamente com as tarefas que as ferramentas devem realizar. Os objetivos de comunicação e as tarefas devem ser razoáveis – *coerentes* tanto entre si quanto com outros elementos de *marketing*, *quantificáveis* para fins de mensuração e controle e *realizáveis* com a quantidade adequada de empenho e de recursos e dentro de um cronograma específico.

■ DESENVOLVIMENTO DE UM *MIX* DE COMUNICAÇÃO INTEGRADA DE *MARKETING*

O desenvolvimento de um *mix* de comunicação de *marketing* integrada exige a atribuição de pesos relativos a determinadas atividades de comunicação, com base nos objetivos da comunicação. Embora não existam orientações estabelecidas para a criação de um *mix* de comunicação ótimo, diversos fatores que influenciam o *mix* devem ser considerados. São eles:

- As exigências de informação por parte dos compradores potenciais.
- A natureza da oferta.
- A natureza dos mercados-alvo.
- A capacidade da organização.

Exigências de informação por parte dos compradores

Como ponto de partida na elaboração de um *mix* de comunicação integrada, deve-se empreender uma análise do valor relativo das ferramentas de comunicação empregadas em vários estágios do processo de decisão de compra. Consideremos o processo de decisão de compra de um novo automóvel. Por meio de propaganda em *sites* da Web, como o GMBuyPower.com, os fabricantes tentam estimular o conhecimento dos novos modelos e indicar onde eles podem ser adquiridos. O pessoal de vendas oferece informações sobre opções específicas disponíveis, financiamento e entrega. A promoção de vendas, brochuras e catálogos fornecem descrições das características de desempenho e outros aspectos relevantes. Qual ferramenta de comunicação tem maior impacto sobre os compradores potenciais? A resposta para essa questão, mesmo sendo difícil de obter, levará à atribuição de um peso às ferramentas de comunicação. O gerente alcançará um *mix* de comunicação eficaz somente se compreender as exigências de informação dos compradores potenciais e atendê-las com os elementos apropriados do *mix* de comunicação.

Natureza da oferta

Uma consideração importante no desenvolvimento do *mix* de comunicação é a oferta da organização. É provável que uma oferta altamente técnica, uma oferta cujos benefícios não sejam prontamente percebidos (tais como desempenho ou qualidade) ou uma oferta relativamente cara exijam a venda pessoal. Por outro lado, a propaganda é uma potente ferramenta de comunicação quando a oferta não é complexa, é comprada com freqüência, é relativamente barata ou apresenta benefícios que imediatamente a diferenciam de ofertas concorrentes. A promoção de vendas presta-se a quase todo tipo de ofertas porque pode assumir uma ampla variedade de formas. Seu principal uso está na indução de ação imediata sobre produtos comprados com freqüência.

Características do mercado-alvo

A natureza do mercado-alvo é uma outra consideração. Um mercado-alvo que consiste de um pequeno número de compradores potenciais que se encontram em estreita proximidade uns dos outros, com cada um comprando grandes quantidades, pode sugerir uma estratégia de venda pessoal. Em contraste, um mercado de massa geograficamente disperso geralmente enfatiza a propaganda. No entanto, as empresas estão percebendo que o *marketing* direto também pode ser utilizado para atingir um mercado-alvo geograficamente disperso. Essa percepção levou muitas empresas a substituir as ofertas por correio e telefone por propaganda em mídia de massa (rádio, impressos e televisão) e a usar a Internet como um meio de comunicação para complementar a propaganda de produtos e serviços para o consumidor final e como suplemento à venda pessoal de serviços e mercadorias industriais.

Capacidade organizacional

Uma quarta consideração a ser feita está na habilidade ou disposição da organização para empreender certas atividades de comunicação. A organização é continuamente confrontada com *decisões do tipo fazer ou comprar*. Se uma organização decide empregar uma determinada atividade de comunicação, ela deve desempenhar a atividade internamente (ou seja, realizá-la) ou contratá-la (em outras palavras, terceirizá-la ou comprá-la)?

Esse tipo de decisão envolve a escolha entre utilizar a equipe de vendas da empresa ou representantes de vendas independentes.[3] A decisão apresenta tanto dimensões econômicas quanto de custos. O custo de representantes independentes é variável: eles recebem apenas comissões sobre as vendas. A equipe de vendas da empresa, por outro lado, tipicamente inclui um componente de custo variável *e* um componente de custo fixo. Se os representantes independentes fracassam na venda, não há custos para a empresa; no entanto, se a equipe de vendas da empresa falha, os custos fixos ainda deverão ser cobertos. Esses conceitos são úteis para determinar se os representantes independentes ou os representantes de vendas da empresa são mais eficientes em termos de custos em diferentes níveis de vendas.

Suponhamos que os representantes independentes recebessem uma comissão de 5% sobre as vendas e que os funcionários de vendas da empresa recebessem uma comissão de 3%, além de receberem salário e terem custo administrativo de $500.000. Em que nível de vendas os representantes da empresa se tornariam mais ou menos onerosos do que os representantes independentes? Essa questão pode ser resolvida igualando as equações de custo de ambos os tipos de representantes e resolvendo para o nível de vendas, como segue:

$$\frac{\text{Custo dos representantes da empresa}}{0{,}03(x) + \$500.000} = \frac{\text{Custo dos representantes independentes}}{0{,}05(x)}$$

onde x = volume de vendas. Resolvendo para x, obtemos $25 milhões como o volume de vendas em que os custos dos representantes independentes e os da empresa são iguais. Essa relação é mostrada na Figura 6.1.

O cálculo indica que, se o volume de vendas estivesse abaixo de $25 milhões, o representante independente sairia mais barato; acima dessa quantia, a equipe de vendas da empresa seria mais barata. Evidentemente, uma questão fundamental é a probabilidade de se chegar ao nível de vendas de $25 milhões.

Dimensões comportamentais dessa decisão focalizam questões de controle, flexibilidade, empenho e disponibilidade dos representantes independentes e dos vendedores da empresa. Há uma considerável diferença de opinião quanto às vantagens e às desvantagens de representantes independentes e da empresa em relação a cada fator. Defensores da equipe de vendas da empresa argumentam que essa estratégia proporciona maior controle, já que a empresa seleciona, treina e supervisiona o pessoal de vendas. O empenho é incrementado, pois a equipe de vendas está representando a linha de produtos de apenas uma empresa. Existe flexibilidade, uma vez que a empresa pode mudar os padrões de vendas e os clientes e também pode transferir o pessoal. Finalmente, a disponibilidade do pessoal de vendas é superior, pois pode não haver um representante independente em uma área geográfica, ao passo que um vendedor da empresa pode ser reposicionado. Os defensores dos representantes de vendas independentes argumentam que a seleção, o treinamento e a supervisão do pessoal

FIGURA 6.1

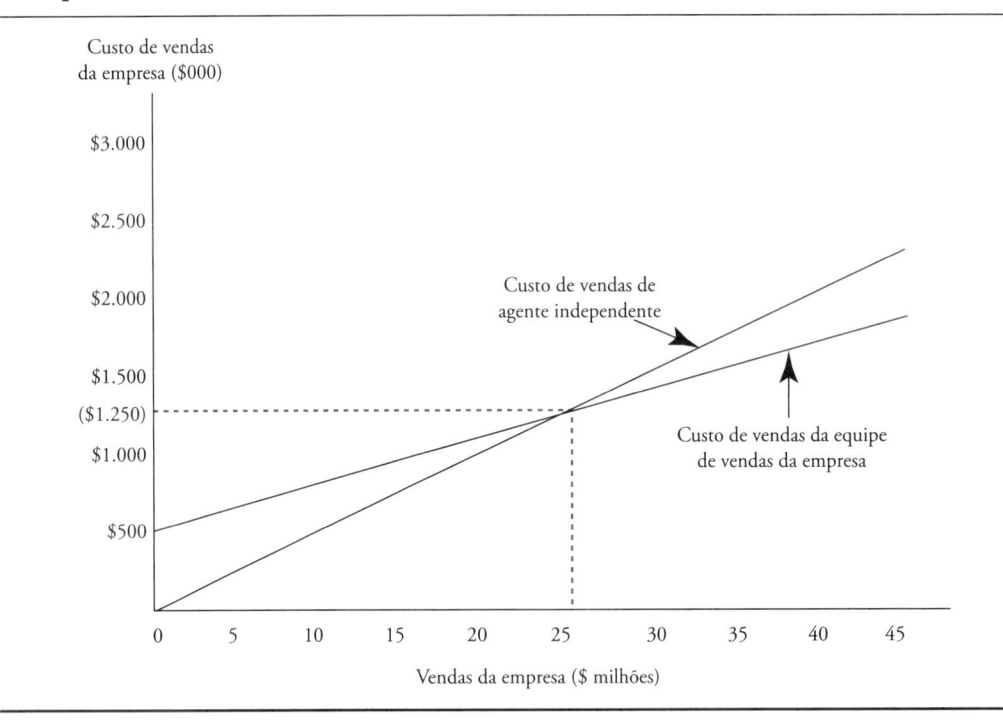

Gráfico de ponto de equilíbrio para comparação de agentes independentes e equipe de vendas da empresa

de vendas podem ser feitos da mesma forma pelas agências de vendas e sem custo para a empresa. A flexibilidade aumenta, já que o investimento fixo em uma equipe de vendas é mínimo. O empenho é maior, pois os representantes independentes vivem de suas comissões. Por fim, a disponibilidade não é problema, porque o espírito empreendedor desses indivíduos os levará onde quer que exista uma demanda efetiva. Hoje, 50% de todas as empresas que operam na América do Norte usam representantes de vendas independentes em parte, seja para uma porção de sua linha de produtos ou para uma determinada região geográfica.[4]

Uma outra decisão do tipo fazer ou comprar diz respeito à propaganda. Com freqüência, é vantajoso fazer com que os intermediários (atacadistas e varejistas) assumam os custos de propaganda e as responsabilidades de colocação. A propaganda cooperativa, em que o fabricante e os intermediários partilham os custos de propaganda e de promoção de vendas, é um exemplo desse tipo de estratégia.

Estratégias de comunicação *push* versus estratégias *pull*

Duas abordagens que incorporam os tópicos recém-discutidos são as chamadas *estratégias de comunicação push e pull*. Uma *estratégia de comunicação push* é aquela em que a oferta passa por canais de distribuição de maneira seqüencial, com cada nível de canal representando um mercado-alvo distinto. Uma estratégia *push* concentra-se nos intermediários de canal, construindo relacionamentos que podem trazer benefícios de longo prazo. Com tal estratégia, é provável que as propagandas apareçam em jornais e revistas comerciais e que apoio a vendas e concursos possam servir como incentivos para obter espaço nas prateleiras e distribuição. Essa estratégia é normalmente usada quando (1) a organização tem compradores facilmente identificáveis, (2) a oferta é complexa, (3) os compradores vêem a compra como algo arriscado, (4) um produto ou serviço está no início de seu ciclo de vida e/ou (5) a organização tem fundos limitados para propaganda dirigida para o consumidor.

Uma *estratégia de comunicação pull* procura criar interesse inicial entre compradores potenciais, que, por sua vez, procuram o produto em intermediários, dessa forma "empuxando" a oferta através do canal. Uma estratégia *pull* normalmente emprega forte propaganda dirigida para o usuário final (consumidor), amostras grátis e cupons, que estimulam o conhecimento e o interesse do usuário final. Os consumidores podem ser incentivados a procurar a oferta em seu varejista preferido, pressionando-o a disponibilizar o produto. As campanhas publicitárias "Peça Pennzoil", da Pennzoil Motor Oil, e "Fale com seu médico...", do Claritin, são bons exemplos de uma estratégia de comunicação *pull* colocada em prática.

As condições que favorecem uma estratégia *pull* são virtualmente opostas às que privilegiam uma estratégia *push*. Uma questão central na escolha de uma estratégia *push* é a habilidade e disposição dos atacadistas e varejistas para vender e para implementar os programas de promoção de vendas defendidos pelos fabricantes. Uma importante consideração ao utilizar-se uma estratégia *push* relaciona-se com a existência de uma *oportunidade de propaganda* para um produto ou serviço. Existe tal oportunidade quando (1) há uma favorável demanda primária por uma categoria de produto ou serviço, (2) o produto ou serviço a ser anunciado pode ser significativamente diferenciado de seus concorrentes, (3) o produto ou serviço possui qualidades ou benefícios ocultos que podem ser apresentados de modo eficaz através de propaganda e (4) há fortes motivos emocionais para compra, como a preocupação do comprador com a saúde, beleza ou segurança. Uma oportunidade de propaganda diminui se uma ou mais dessas condições não são identificadas. Medicamentos sem prescrição médica e cosméticos quase sempre satisfazem a maior parte dessas condições e são anunciados com freqüência. Produtos como alimentos não-processados (por exemplo, milho, aveia e trigo) raramente são anunciados; entretanto, quando são processados e acrescidos de suplementos dietéticos e sabores para a produção de flocos de cereais, passam a ser eficazmente anunciados.

No entanto, as estratégias de comunicação *push* e *pull* muitas vezes são utilizadas em conjunto. O investimento em propaganda dirigida ao usuário final estimula a demanda do consumidor e, desse modo, o volume de vendas do produto ou serviço. O investimento no empenho para obter espaço para os produtos nos *displays*, promover serviços específicos e educar o pessoal do varejo constrói relacionamentos no canal que apresentam benefícios de longo prazo.

■ *SITES* COMERCIAIS NA WEB E COMUNICAÇÕES INTEGRADAS DE *MARKETING*

Um desafio constante para as empresas é o desenvolvimento e a execução de uma estratégia de comunicação integrada de *marketing* que aproveite as capacidades em evolução da tecnologia da Internet/Web e de *sites* comerciais na Web. Dito de forma simples, um *site na Web* é um lugar onde as informações são disponibilizadas aos usuários da Internet pelo provedor. Os *sites* comerciais envolvem compradores e compradores potenciais em comunicação interativa com o propósito de vender os produtos ou serviços de uma organização ou aproximar os compradores potenciais de uma compra. Possuem duas formas gerais: (1) *sites* transacionais e (2) *sites* promocionais.

Propósito dos *sites* comerciais na Web

Os *sites* transacionais são essencialmente depósitos eletrônicos como aqueles operados por L. L. Bean (empresa de vendas por catálogo) e Ethan Allen (fabricante de móveis). Concentram-se principalmente em converter alguém que está procurando *online* em um comprador *online*. *Sites* transacionais bem-sucedidos apresentam produtos e serviços de marca bem conhecidos e uma infra-estrutura planejada para criar uma experiência de compra favorável. As roupas da Gap, por exemplo, têm vendido bem via *site* na Web (*gap.com*) porque a maioria dos consumidores conhece a marca e a mercadoria e porque é fácil navegar em seu *site*. A Gap gera mais volume de vendas em seu *site* do que em suas lojas, com exceção de uma.[5] Os *sites* transacionais que representam uma forma de distribuição direta serão discutidos no Capítulo 7, no contexto dos canais eletrônicos de distribuição e de *marketing* multicanais.

Os *sites* promocionais têm um propósito bem diferente daquele dos *sites* transacionais. Eles promovem os produtos e serviços de uma empresa e oferecem informações sobre como os itens podem ser usados e onde podem ser comprados. Esses *sites* quase sempre envolvem o visitante em uma experiência interativa, incluindo jogos, concursos e testes, com cupons eletrônicos e outros itens como prêmios. A Procter & Gamble mantém *sites* promocionais separados para 24 de suas principais marcas, incluindo as batatas Pringles, os produtos para cabelo Vidal Sassoon, o anti-séptico bucal Scope, o café Folgers e as fraldas Pampers. Os *sites* promocionais podem ser eficazes para gerar conhecimento dos produtos e serviços de uma empresa, despertando o interesse e estimulando sua experimentação. Assim fazendo, os *sites* promocionais podem apoiar o programa de propaganda de uma empresa e o canal de *marketing* tradicional.[6] Por exemplo, a General Motors relata que 80% das pessoas que visitam uma loja Saturn visitaram primeiro o *site* da marca (Saturn.com). O *site* do Metropolitan Life Insurance (metlife.com) é um veículo comprovado para qualificar compradores potenciais de seus serviços financeiros e de seguros para seus agentes. Esses *sites* também podem ser usados para pesquisa de *marketing* e *feedback*. A Cathay Pacific Airlines é um exemplo. Seu *site* (cathay-usa.com) é utilizado para entrevistar os viajantes freqüentes a fim de determinar suas preferências de viagem e hábitos de compra, além de oferecer promoções de viagens.

Os *sites* promocionais também podem ser utilizados para criar *buzz*, um termo popular para o comportamento "boca a boca", que se tornou possível por meio da tecnologia Internet/Web. Os profissionais de *marketing* há muito sabem que o boca a boca é a fonte de informações mais poderosa para os consumidores porque envolve recomendações sobre marcas, produtos e serviços feitas por amigos. Alguns profissionais de *marketing* capitalizam com esse fenômeno, criando *buzz* por meio do *marketing viral*,[7] uma estratégia promocional possibilitada pela Internet/Web que incentiva os indivíduos a passar adiante, via *e-mail*, mensagens iniciadas por profissionais de *marketing*. Uma aplicação popular do *marketing* viral é o oferecimento de incentivos (descontos, loterias ou produtos gratuitos) aos consumidores em troca de recomendações. A Procter & Gamble fez isso quando introduziu o xampu Physique. As pessoas que recomendavam 10 amigos ao *site* promocional do xampu (*physique.com*) recebiam grátis um *spray* modelador em formato para viagem e concorriam ao suprimento de xampu para um ano. A promoção gerou dois milhões de recomendações e transformou o Physique no novo xampu com o lançamento mais bem-sucedido dos Estados Unidos.

Incremento da propaganda e da venda pessoal com *sites* promocionais

Os *sites* promocionais podem assumir um papel único no incremento dos diferentes elementos do *mix* de comunicação. A maioria das empresas emprega um *mix* de ferramentas de comunicação para atingir vários objetivos no processo de comunicação de *marketing*, cuidadosamente combinando a venda pessoal, a propaganda e a promoção de vendas de maneiras que se fortaleçam mutuamente. Os *sites* promocionais, possibilitados pela tecnologia da Internet/Web que os sustenta, podem alavancar a venda pessoal e a propaganda, conforme descrito abaixo:

> A venda pessoal é geralmente o maior item no *mix* de comunicação de *marketing* industrial. Por outro lado, a propaganda de rádio e TV normalmente é o meio predominante usado pelos profissionais de *marketing* para atingir consumidores. Onde entram os *sites* da Web? O *site* é uma espécie de *mix* entre venda direta (por poder envolver o visitante em um diálogo) e propaganda (pode ser criado para gerar conhecimento, explicar/demonstrar o produto e oferecer informações – sem envolvimento interativo). Pode desempenhar um papel eficiente em termos de custos no *mix* de comunicação, estágios iniciais do reconhecimento processo-necessidade, desenvolvimento de especificações de produtos e busca de fornecedor, mas também pode ser útil à medida que o processo progride para avaliação e seleção. Finalmente, o *site* também pode ser eficiente para fornecer *feedback* sobre o desempenho do produto/serviço. Os *sites* da Web podem ser vistos tipicamente como complementares à atividade de venda direta pelos profissionais de *marketing* industrial e como suplementares à propaganda pelos profissionais de *marketing* dirigido ao consumidor final.[8]

ORÇAMENTO DO *MIX* DE COMUNICAÇÃO

Como se pode esperar, a questão de quanto gastar na comunicação é difícil de responder. Muitos fatores, incluindo aqueles previamente mencionados, devem ser considerados na determinação do orçamento de comunicação. Em geral, quanto maior a dispersão geográfica de um mercado-alvo, maior o gasto de comunicação exigido; quanto mais inicial for o estágio do ciclo de vida de uma oferta, maior será o gasto necessário, e assim por diante.

A primeira regra na determinação do orçamento de comunicação é *fazer com que o orçamento seja condizente com as tarefas exigidas das atividades de comunicação*. Quanto mais importante for a comunicação na estratégia de *marketing*, maior será a quantidade de recursos financeiros a serem alocados. Conceitualmente, a determinação do orçamento é direta – o orçamento é estabelecido de forma que os custos marginais da comunicação sejam iguais às receitas marginais dela resultantes. Isso, porém, exige uma avaliação da eficácia da comunicação.

Como é difícil avaliar a eficácia da comunicação, tentativas de estabelecer uma relação entre o nível do orçamento e a eficácia da comunicação geralmente têm se mostrado improdutivas. Por essa razão, não há nenhum critério amplamente aceito para o estabelecimento do orçamento de comunicação. Em vez disso, inúmeras orientações têm sido sugeridas. Tais orientações podem ser grosseiramente agrupadas como sendo *baseadas em fórmulas* ou de *base qualitativa*.

A abordagem baseada em fórmula mais amplamente utilizada é a *abordagem de porcentagem de vendas*. Com mais freqüência, empregam-se as vendas anteriores, mas as vendas esperadas também são ocasionalmente usadas. Assim, quando as vendas aumentam, a atividade de comunicação aumenta. Embora crie certos problemas conceituais (por exemplo, o que deve vir primeiro – as vendas ou a comunicação?), essa abordagem é comumente usada como ponto de partida devido à sua simplicidade. Um segundo método baseado em fórmula é a alocação de uma quantia fixa para a comunicação por unidade de oferta, calculando-se então o orçamento de comunicação, multiplicando-se a alocação por unidade pelo número de unidades que se espera vender. Esse método é mais utilizado por fabricantes de bens duráveis, tais como empresas produtoras de aparelhos e automóveis.

Na prática, as abordagens baseadas em fórmulas tendem a ser um tanto inflexíveis e não serem orientadas para *marketing*, daí serem freqüentemente complementadas por abordagens de base qualitativa. A administração pode usar a *abordagem de paridade competitiva*, em que uma organização tenta manter o equilíbrio entre seus gastos com comunicação e os de seus concorrentes. Uma outra abordagem é utilizar *todos os recursos disponíveis* para a comunicação. Essa estratégia pode ser empregada na introdução de uma nova oferta para a qual se deseja o máximo de exposição; às vezes, também é utilizada por organizações sem fins lucrativos.

Uma última abordagem é denominada de *abordagem objetivo-tarefa*. Nesse caso, a organização calcula os gastos da comunicação em função dos objetivos estabelecidos para um programa de comunicação e os custos das tarefas a serem desempenhadas para se atingirem os objetivos. A abordagem envolve três passos: (1) definir os objetivos da comunicação, (2) identificar as tarefas necessárias para atingir os objetivos e (3) estimar os custos associados com o desempenho dessas tarefas.

Embora todas essas abordagens sejam úteis, cada uma delas tem suas limitações. A maioria dos gerentes diria que a abordagem objetivo-tarefa é a melhor, mas é a mais difícil de aplicar na prática.[9] Com maior freqüência, os gerentes utilizam essas abordagens em conjunto.

Alocação de recursos para comunicação

Uma vez que o orçamento de comunicação tenha sido estabelecido, os recursos devem ser alocados entre as atividades de comunicação. Isso pode ser realizado utilizando-se orientações semelhantes àquelas discutidas anteriormente para determinações gerais de orçamento de comunicação. A propaganda e a venda pessoal serão usadas para ilustrar as decisões necessárias de alocação de recursos. Como regra geral, os profissionais de *marketing* de produtos e serviços para o consumidor final despendem uma maior porcentagem do orçamento de comunicação com propaganda; os profissionais de *marketing* de produtos e serviços industriais gastam uma maior porcentagem de seu orçamento de comunicação na venda pessoal.

Alocação de recursos para propaganda   As decisões sobre a alocação de recursos para propaganda giram em torno da seleção da mídia e considerações sobre programação. Basicamente, existem seis tipos de mídia de massa – televisão, rádio, revista, jornal, *outdoors* e Internet – que uma organização pode usar na transmissão de mensagens publicitárias para mercados-alvo. Cada um desses tipos de mídia, ou *canais*, consiste de *veículos* – entidades específicas em que os comerciais podem aparecer. Nas revistas, os veículos incluem a *Newsweek* e a *Mechanics Illustrated*. Pode-se pensar na *Newsweek* como um veículo de apelo de massa, enquanto a *Mechanics Illustrated* pode ser considerada como um veículo de apelo seletivo. Além disso, a mídia pode ser *vertical* (atingindo mais de um nível de um canal de distribuição) ou *horizontal* (atingindo somente um nível de um canal).

A seleção da mídia baseia-se em diversos fatores, os mais importantes sendo o custo, o alcance, a freqüência e as características do público. O custo quase sempre atua como uma restrição – por exemplo, um comercial de um minuto em televisão nacional durante o Super Bowl custa mais de $2,6 milhões, sem incluir os custos de produção associados. O *custo* geralmente é expresso como custo por mil leitores ou espectadores para facilitar comparações entre veículos. O *alcance* é o número de compradores potencialmente expostos a uma propaganda em um determinado veículo. A *freqüência* é o número de vezes que os compradores são expostos a uma propaganda em um dado período de tempo; a exposição total é igual ao alcance multiplicado pela freqüência. Quanto mais as características do mercado-alvo se aproximam das do público de um veículo, mais adequado é o veículo.

Outras considerações incluem o propósito da propaganda (construção de imagem, preço, etc.), necessidades do produto e clima editorial do veículo. Enquanto as propagandas de preço (que enfatizam a compra imediata) são mais encontradas em jornais do que em revistas, ocorre o oposto para anúncios de produtos que exigem ilustração em cores e explicação detalhada. Finalmente, as características do público determinam quais propagandas são aceitáveis, bem como quais as que são apropriadas. Por exemplo, 89% das esposas influenciam ou fazem elas próprias as compras de roupas dos homens. Sabendo disso, a Haggar Clothing, comerciante de roupas masculinas, anuncia em revistas femininas, como *Vanity Fair* e *Redbook*.[10]

O momento ou programação dos anúncios é fundamental para seu sucesso. As compras de muitas ofertas (tais como esquis e trajes de banho) são sazonais ou limitadas a certas áreas geográficas. Desse modo, o orçamento para propaganda deve levar em consideração os padrões de compra. Por exemplo, provavelmente não vale a pena anunciar esquis em Ohio durante o mês de julho.

Há inúmeras estratégias de programação que um profissional de *marketing* pode empregar em uma campanha publicitária. Uma alternativa é concentrar os recursos de propaganda em um período de tempo relativamente curto – uma *estratégia blitz*. Essa estratégia freqüentemente é utilizada quando novos produtos ou serviços são introduzidos. Por exemplo, os estúdios de cinema gastam 75% do orçamento de propaganda de um novo filme de $22 milhões nos quatro ou cinco dias que precedem o fim de semana de estréia.[11] Uma outra alternativa é despender os recursos de propaganda a longo prazo para manter a continuidade. Pode-se empregar uma *estratégia de pulso*, em que a organização concentra periodicamente sua propaganda, mas também tenta manter alguma continuidade.

Alocação de recursos de equipe de vendas   O problema da alocação de recursos da equipe de vendas tem duas facetas: quantos vendedores são necessários e como devem ser alocados. Uma fórmula comumente usada é

$$NV = \frac{NC \times FC \times DC}{TM}$$

onde

    NV = número de vendedores

    NC = número de clientes (reais ou potenciais)

    FC = freqüência necessária de visitas aos clientes

    DC = duração média da visita ao cliente, incluindo tempo de viagem

    TM = tempo médio disponível para venda por vendedor (menos o tempo gasto em tarefas administrativas)

Na maioria dos casos, o período de tempo é um ano fiscal. Embora essa fórmula possa ser usada para aproximadamente todos os tipos de vendedores, desde os do varejo até profissionais altamente criativos, é mais utilizada com os últimos.

Suponhamos que o número de clientes potenciais é 2.500 e que quatro visitas devem ser feitas por cliente por ano. Se a duração média da visita e o tempo de viagem compreendem duas horas e há 1.340 horas de trabalho anuais disponíveis para venda (50 semanas × 40 horas × 67% de tempo disponível para venda por semana), então

$$NV = \frac{2.500 \times 4 \times 2}{1.340} = 15 \text{ vendedores são necessários}$$

A fórmula é flexível. É possível criar diversas estratégias diferentes simplesmente variando-se (1) o modo como os vários elementos da fórmula são definidos e (2) os próprios elementos, tais como a freqüência das visitas com clientes reais e clientes potenciais.

Uma decisão relacionada refere-se à alocação do pessoal de vendas. Todo vendedor deve ter um território, definido por quilômetros quadrados ou espaço de vendas, área geográfica ou rota de entrega. Ao determinar a dimensão do território, os responsáveis pelas decisões devem tentar equacionar as oportunidades de vendas com a carga de trabalho associada com cada área.

A questão de como a equipe de vendas deve ser organizada é talvez mais difícil de responder, pois se relaciona diretamente com a organização e os objetivos de *marketing*, as características da oferta, as práticas da concorrência e do setor, etc. As alternativas incluem a especialização da equipe em certas ofertas ou tipos de clientes ou em uma combinação de tipos de ofertas e de clientes.[12] Por exemplo, a Procter & Gamble e a Black & Decker organizam suas equipes de vendas pelo tipo de cliente, com os grandes clientes, (Wal-Mart e Home Depot) contando com "especialistas", que se concentram em proporcionar um atendimento superior. A Firestone Tire and Rubber possui uma equipe de vendas que atende seus próprios distribuidores e uma outra que atende distribuidores independentes, como postos de gasolina. A Lone Star Steel tem uma equipe de vendas que vende tubos de perfuração para companhias petrolíferas e uma outra que vende produtos especiais de aço para indústrias.

■ AVALIAÇÃO E CONTROLE DO PROCESSO DE COMUNICAÇÃO

Como parte de toda estratégia de comunicação, deve haver mecanismos para avaliação e controle. Sem eles, o gerente de *marketing* ficaria muito pressionado para gerenciar o processo de comunicação de maneira eficaz. Não haveria como determinar se uma estratégia alcançou seus objetivos, nem como fazer mudanças em uma estratégia para reagir a atividades da concorrência ou a eventos ambientais, fossem eles fortuitos ou não.

Implícito em ambos os mecanismos está o conceito de *continuidade*. O gerente de *marketing* deve continuamente monitorar a execução de qualquer plano ou estratégia de comunicação para garantir que os objetivos da comunicação sejam atingidos.

De modo ideal, a avaliação e o controle deveriam incorporar alguma medida das vendas ou lucros. Embora isso seja possível para certas ferramentas de comunicação (a eficácia das vendas de um programa de mala direta pode ser avaliada de forma relativamente objetiva), para outras, não é. É quase impossível isolar a contribuição da propaganda institucional para qualquer transação individual de vendas.

O planejamento de recursos é a forma básica de controle, pois a redução ou o acréscimo no orçamento de uma atividade de comunicação elimina ou acentua a própria atividade. O elemento orçamento é ilustrado pela decisão de adicionar mais um representante de vendas com um salário anual e benefícios no valor de $75.000 ou destinar a mesma quantia para um programa de promoção de vendas por mala direta, quando a margem de contribuição do *mix* do produto for 25%. Um simples cálculo de ponto de equilíbrio ($75.000 ÷ 0,25) revela que devem ser gerados mais $300.000 em vendas para cobrir o custo adicional. A questão, portanto, é ver qual opção tem maior probabilidade de atingir o volume de vendas do ponto de equilíbrio – o novo representante de vendas ou a promoção. A análise desse tipo está sendo cada vez mais vista como a abordagem apropriada para avaliar e controlar as despesas de promoção de vendas, propaganda e vendas pessoais.

NOTAS

1. A publicidade é o quarto elemento freqüentemente incluído no *mix* de comunicação, mas não é considerado aqui por duas razões. Primeiro, a publicidade é quase sempre incontrolável, exceto através da função de relações públicas da organização; por isso, geralmente não é de responsabilidade do gerente de *marketing*. Segundo, mesmo se o gerente de *marketing* for responsável pela publicidade, esta é gerenciada como uma combinação de propaganda e venda pessoal, portanto, não exige tratamento separado.
2. "The Online AD SURGE," *Business Week* (November 22, 2004): 76 ff.
3. Os representantes independentes são indivíduos ou empresas que recebem comissões para vender o produto de um fabricante. Esses indivíduos ou empresas representam diversos produtos não-concorrentes que são vendidos para uma ou várias categorias de clientes. Não possuem estoque nem têm propriedade legal dos produtos. Suas funções variam desde a venda de somente um produto de uma empresa até atividades mais amplas, incluindo engenharia de aplicações, suporte ao *merchandising* (*displays* nos pontos de venda, abastecimento) e manutenção dos produtos. Os representantes independentes recebem várias denominações, como corretor, promotor e agente de vendas. Para uma maior discussão sobre a decisão de utilizar a equipe de vendas da empresa ou representantes independentes, ver William T. Toss, Frederic Desalce, Erin Anderson, "Should You Set Up Your Own Sales Force ou Should You Outsource It?" *Business Horizons*, Vol. 48 (2005): 23-36.
4. "Making the Case for Outside Sales Reps,"*Knowledge@Wharton* (February 1, 2002).
5. "Click Till You Drop,"*Time* (July 20, 1998):34–39.
6. Tom Duncan, *IMC: Using Advertising and Promotion to Build Brands*, 2nd ed. (New York:McGraw-Hill, 2005).
7. "Pass It On,"*Wall Street Journal* (January 14, 2002): R6, R7; and "Why Are These CEOs Smiling?"*Time* (November 5, 2001):41–44.
8. Richard T. Watson, Pierre Berthon, Leyland F. Pitt, and George Zinkhan, *Electronic Commerce:The Strategic Perspective* (Ft.Worth, TX:The Dryden Press, 2000): 79.
9. George E. Belch and Michael A. Belch, *Introduction to Advertising and Promotion: An Integrated Marketing Communications Perspective*, 7th ed. (Chicago: McGraw-Hill/Irwin, 2007).
10. "Wearing the Pants,"*BRANDWEEK* (October 20, 1998):20–22.
11. "AdAge Special Report: Leading National Advertisers," *Advertising Age* (June 24, 2002): S-26; and "The Won and Lost Weekend,"*The Economist* (November 29, 1997):87–88.
12. Douglas J. Dalrymple,William L. Cron, and Thomas E. DeCarlo, *Sales Management*, 8th ed. (New York: John Wiley & Sons, 2004).

CASO

Cadbury Beverages, Inc.
Marca Crush®

Em janeiro de 1990, executivos de *marketing* da Cadbury Beverages, Inc. deram início à desafiadora tarefa de relançar as marcas de refrigerantes Crush, Hires e Sun-Drop, que haviam sido adquiridas da Procter & Gamble em outubro de 1989.

Depois de muita discussão, os altos executivos de *marketing* da Cadbury Beverages, Inc. decidiram concentrar sua atenção inicialmente na marca Crush de bebidas gaseificadas com sabor de frutas. Três questões se destacavam. Primeiro, era necessário um esforço imediato para rejuvenescer a rede de engarrafamento da marca de refrigerantes Crush. Segundo, de acordo com um executivo, "[tivemos] que categorizar e compreender o que era o patrimônio da marca Crush, como a marca havia sido construída... e desenvolver um posicionamento básico".[1] Terceiro, um novo programa de propaganda e promoção para o Crush tinha que ser desenvolvido, incluindo o estabelecimento de objetivos, o desenvolvimento de estratégias e a preparação de orçamentos preliminares.

Kim Feil foi incumbida de gerenciar o relançamento da marca de refrigerantes Crush. Ela havia começado a trabalhar na Cadbury Beverages, Inc., em 12 de dezembro de 1989, como Gerente de Produtos Sênior, após ter ocupado durante cinco anos diversos cargos de gerenciamento de produtos em uma grande empresa de produtos de consumo. Relembrando seu primeiro dia no emprego, Feil disse: "Cheguei cedo na quarta-feira de manhã e encontrei 70 caixas de relatórios de pesquisas, anúncios impressos, promoções para o canal e para o ponto de venda e fitas de vídeo, cuidadosamente empilhadas do chão até o teto". Impassível, Feil começou a examinar as montanhas de material sistematicamente, sabendo que sua avaliação e suas recomendações logo seriam solicitadas.

■ CADBURY BEVERAGES, INC.

A Cadbury Beverages, Inc. é a divisão de bebidas da Cadbury Schweppes PLC, grande comerciante internacional de refrigerantes e doces. Em 1989, a Cadbury Schweppes PLC tinha vendas mundiais de $4,6 bilhões, gerados pelas vendas de produtos em mais de 110 países. A sede da Cadbury Schweppes PLC localiza-se em Londres, Inglaterra; sua sede mundial fica em Stamford, Connecticut. A Figura 1 mostra a lista de produtos vendidos no mundo inteiro pela Cadbury Beverages, Inc. A Figura 2 detalha a lista de produtos para os Estados Unidos.

História

A Cadbury Schweppes PLC distingue-se por ter sido a primeira fabricante de refrigerantes do mundo. A empresa teve início em 1783, em Londres, onde o suíço Jacob Schweppes vendeu sua água

---

[1] Patricia Winters, "Fresh Start for Crush", *Advertising Age* (January 6, 19990):47.

Agradecemos pela cooperação da Cadbury Beverages, Inc. na preparação deste caso. O caso foi preparado pelo professor Roger A. Kerin, da Edwin L. Cox School of Business, Southern Methodist University, como base para discussão em aula e não pretende ilustrar o manejo eficaz ou não de uma situação administrativa. Certas informações foram alteradas e não se prestam para fins de pesquisa. Crush é marca registrada utilizada com permissão da Cadbury Beverages, Inc. Copyright © 1995 by Roger A. Kerin. Nenhum excerto deste caso pode ser reproduzido sem a permissão por escrito do detentor dos direitos autorais.

FIGURA 1

Lista de produtos mundiais da Cadbury Beverages, Inc.

Bebidas gaseificadas	*Águas*	*Bebidas sem gás/Sucos*
Canada Dry	Schweppes	Oasis
Schweppes	Canada Dry	Atoll
Pure Spring	Pure Spring	Bali
Sunkist	Malvern	TriNaranjus
Crush		Vida
'C' Plus		Trina
Hires		Trina Colada
Sussex		Red Cheek
Old Colony		Allen's
Sun-Drop		Mitchell's
Gini		Mott's
		Clamato
		E. D. Smith
		Rose's
		Mr & Mrs "T"
		Holland House

mineral artificial pela primeira vez. Schweppe voltou para a Suíça em 1789, mas a empresa continuou a funcionar na Grã-Bretanha, introduzindo uma limonada em 1835 e água tônica e *ginger ale** na década de 1870. A partir da década de 1880, a Schweppes expandiu-se pelo mundo todo, especialmente em países que mais tarde formariam a Comunidade Britânica. Na década de 1960, a empresa diversificou sua produção para a área de alimentos.

Em 1969, ocorreu a fusão da Schweppes com a Cadbury. Esta era uma grande fabricante britânica de doces, cujas origens remontavam a John Cadbury, que havia iniciado seu negócio fabricando chocolates em Birmingham, Inglaterra, na década de 1830. Em meados do século XIX, a Cadbury havia conquistado presença no mercado em toda a Comunidade Britânica, bem como em outros países.

Em 1989, a Cadbury Schweppes PLC era uma das maiores empresas multinacionais do mundo, colocada no 457º lugar entre as Global 1000 da *Business Week*. As bebidas respondiam por 60% das vendas mundiais da empresa e por 53% da receita operacional em 1989. Os doces eram responsáveis por 40% das vendas mundiais e produziam 47% da receita operacional.

Refrigerantes

A Cadbury Schweppes PLC é a terceira maior comerciante de refrigerantes do mundo, superada pela Coca-Cola e a PepsiCo. A empresa atingiu esse *status* através de investimento sistemático em *marketing* da marca Schweppes e de extensões para diferentes tipos de bebidas, como água tônica, *ginger ale*, *club soda* e *seltzer*** em vários sabores. Além disso, a empresa adquiriu inúmeras outras marcas no mundo inteiro, cada uma delas com preferência estabelecida no mercado. Por exemplo, a Cadbury Schweppes adquiriu as marcas de refrigerante Canada Dry e certos direitos dos refrigerantes Sunkist em 1986. Em 1989, a empresa adquiriu algumas marcas de refrigerantes e ativos a elas associados (para TriNaranjus, Vida, Trina e Trina Colada) na Espanha e em Portugal e comprou a marca Gini, a principal marca de bebida à base de limão na França e na Bélgica. Em outubro de 1989, a empresa adquiriu da Procter & Gamble, por $220 milhões, todas as marcas de Crush registradas no mundo.

---

* N. de T.: *Ginger ale:* Bebida fermentada feita de gengibre e frutas.
** N. de T.: *Club soda:* Água gaseificada. *Seltzer:* Água mineral efervescente.

FIGURA 2

Lista de produtos da Cadbury Beverages, Inc. nos Estados Unidos

Schweppes	Canada Dry	Sunkist	Crush, Hires, Sun-Drop	Mott's, Red Cheek, Holland House, Mr & Mrs "T", Rose's
Água tônica *diet*	Água tônica	Refrigerante de abacaxi Sunkist	Crush de laranja	Sucos de maçã Mott's 100% naturais
Água tônica *diet*	Água tônica sem açúcar	Refrigerante de uva Sunkist	Crush de laranja *diet*	Sucos mistos Mott's 100% naturais
Club soda	Club soda	Ponche de frutas Sunkist	*Root beer* Hires	Bebidas de frutas Mott's
Água seltzer	Águas seltzer	Refrigerante de morango Sunkist	*Root beer* Hires *diet*	Apple Sauce Mott's
Águas com gás	Águas minerais com gás	Refrigerante de laranja Sunkist	*Cream soda* Hires	Lanches de frutas Apple Sauce Mott's
Refrigerante de pomelo	*Root beer* Barrelhead	Refrigerante de laranja Sunkist *diet*	*Cream soda* Hires *diet*	Suco de ameixa seca Mott's
Collins Mix	*Root beer Barrelhead* sem açúcar	Limonada Sunkist com gás	Crush de morango	Clamato
Refrigerante de uva	Barrelhead	Limonada Sunkist com gás *diet*	Crush de uva	Beefamato
Ginger ale	Wink		Crush de framboesa	Melaço Grandma's
Ginger ale diet	*Ginger ale*		Crush de abacaxi	Suco de lima Rose's
Ginger ale de framboesa	*Ginger ale diet*		*Cream soda* Crush	Groselha Rose's
Ginger ale diet de framboesa	*Ginger ale* de framboesa		Sun-Drop Cherry Citrus	Suco de maçã Red Cheek
Bitter de limão	*Ginger ale* de framboesa *diet*		Sun-Drop *Diet* Citrus	Sucos mistos Red Cheek
Sour de limão	*Bitter* de limão			Margarita Salt da Mr & Mrs "T"
Lima-limão	Refrigerantes da marca No-Cal			Mistura para Blood Mary Mr & Mrs "T"
	Refrigerantes da marca Cott			Misturas líquidas para coquetéis Mr & Mrs "T"
	Ginger ale de limão			Rich & Spicy Mr & Mrs "T"
	Ginger ale de limão *diet*			Vinhos para culinária Holland House
				Misturas secas Holland House
				Marinados de vinho Holland House
				Smooth & Spicy Holland House
				Creme de côco Coca Casa Holland House
				Misturas líquidas da Holland House

A Cadbury Schweppes PLC (Cadbury Beverages, Inc.) era o quarto maior comerciante de refrigerantes nos Estados Unidos em 1989, com uma participação de 3,4% no mercado de refrigerantes gaseificados (as três principais empresas de refrigerantes dos Estados Unidos eram, na ordem, a Coca-Cola, a PepsiCo e a Dr. Pepper/7Up.) No entanto, as marcas da empresa colocavam-se, com freqüência, como líderes do mercado em suas categorias específicas. Por exemplo, o Canada Dry é o *ginger ale* mais vendido nos Estados Unidos, a Schweppes é a principal água tônica, e os *seltzers* Canada Dry lideram a categoria de *club soda/seltzer*. As vendas combinadas das bebidas de laranja das marcas Sunkist e Crush lideram a categoria de refrigerante gaseificado de sabor laranja.

De acordo com analistas do setor, a aquisição de Crush, em 1989, significou que o Canada Dry passaria a ser responsável por 39% das vendas de refrigerantes da Cadbury Beverages nos Estados Unidos. Sunkist, Crush e Schweppes responderiam por 22%, 20% e 17% das vendas nos Estados Unidos, respectivamente. Os 2% restantes das vendas naquele país viriam de outras marcas de refrigerantes.[2]

■ O SETOR DE REFRIGERANTES GASEIFICADOS

Os consumidores americanos bebem mais refrigerantes do que água da torneira. Em 1989, o americano médio consumiu 210 litros de refrigerantes gaseificados, ou duas vezes os 103 litros consumidos em 1969. O crescimento populacional, combinado com o aumento do consumo *per capita*, produziu $43 bilhões em vendas no varejo em 1989.

Estrutura do setor

Existem três participantes principais na produção e distribuição de refrigerantes gaseificados nos Estados Unidos. São eles os fabricantes de concentrados, os engarrafadores e os varejistas. Para refrigerantes comuns, os fabricantes de concentrados produzem os sabores básicos (por exemplo, lima-limão e cola) para venda aos engarrafadores, que adicionam um adoçante à água gaseificada e acondicionam a bebida em garrafas e latas. Para os refrigerantes *diet*, os produtores de concentrados acrescentam aos sabores um adoçante artificial, como o aspartame.

Há mais de 40 produtores de concentrados nos Estados Unidos. Entretanto, cerca de 82% das vendas do setor originam-se de três produtores: Coca-Cola, PepsiCo e Dr. Pepper/7Up.

Aproximadamente mil fábricas de engarrafamento nos Estados Unidos convertem o concentrado com sabor em refrigerantes gaseificados. Os engarrafadores são de propriedade dos fabricantes de concentrados ou são franqueados para vender as marcas dos fabricantes. Por exemplo, cerca de metade das vendas da PepsiCo ocorrem através de engarrafadores de propriedade da empresa; o volume restante é vendido através de engarrafadores franqueados. Os engarrafadores franqueados geralmente recebem o direito de embalar e distribuir uma linha de refrigerantes do fabricante de concentrado em um território definido e não têm permissão para comercializar uma grande marca concorrente direta. Contudo, os engarrafadores franqueados podem representar marcas não-concorrentes e recusar-se a engarrafar linhas secundárias do fabricante de concentrado. Esses acordos significam que um engarrafador franqueado da Pepsi-Cola não pode vender Royal Crown (RC) Cola, mas pode engarrafar e comercializar Orange Crush, em vez do Mandarin Orange Slice da PepsiCo.

O preço de venda dos fabricantes de concentrados para os engarrafadores era semelhante entre concorrentes nas categorias de sabor. A Figura 3 mostra o preço aproximado e a estrutura de custo para produtores e engarrafadores de concentrado de laranja.

Os principais canais de varejo para refrigerantes gaseificados são os supermercados, as lojas de conveniência, as máquinas de venda automáticas, máquinas dispensadoras (*post-mix*) e milhares de pequenas lojas de varejo. Os refrigerantes são normalmente vendidos em garrafas e latas, exceto os de máquinas dispensadoras, onde o xarope é vendido para uma loja de varejo (como o McDonald's), que o mistura com água gaseificada para consumo imediato pelos clientes. Os supermercados respondem por cerca de 40% das vendas do setor de refrigerantes gaseificados. Analistas do setor consideram as vendas nos supermercados como chave para um trabalho bem-sucedido de *marketing* de refrigerantes.

---

[2] Patricia Winters, "Cadbury Schweppes' Plan: Skirt Cola Giants", *Advertising Age* (August 13, 1990): 22-23.

FIGURA 3

Estrutura aproximada de preços e custos para os fabricantes de concentrados e engarrafadores de bebidas sabor laranja

	Fabricantes de concentrados			
	Normal (com açúcar)		Diet (com aspartame)	
	$/engradado	Porcentagem	$/engradado	Porcentagem
Preço de venda líquido	$0,76	100%	$0,92	100%
Custo de mercadoria vendida	0,11	14	0,12	13
Lucro bruto	$0,65	86%	$0,80	87%
Custos de venda e entrega	0,02	3	0,02	2
Propaganda e promoção	0,38	50	0,38	41
Despesas gerais e administrativas	0,13	17	0,13	14
Lucro antes dos impostos por engradado	$0,12	16%	$0,27	30%
	Engarrafadores			
	Normal (com açúcar)		Diet (com aspartame)	
	$/engradado	Porcentagem	$/engradado	Porcentagem
Preço de venda líquido	$5,85	100%	$5,85	100%
Custo de mercadoria vendida	3,16	54	3,35	57
Lucro bruto	$2,69	46%	$2,50	43%
Custos de venda e entrega	1,35	23	1,35	23
Propaganda e promoção	0,40	7	0,40	7
Despesas gerais e administrativas	0,05	1	0,05	1
Lucro antes dos impostos por engradado	$0,89	15%	$0,71	12%

O *marketing* de refrigerantes

O *marketing* de refrigerantes caracteriza-se pelo grande investimento em propaganda, venda pessoal e promoção para e por meio de engarrafadores para as lojas de varejo e em descontos ao consumidor. Os fabricantes de concentrados geralmente assumem a responsabilidade pelo desenvolvimento de programas nacionais de promoção e propaganda para o consumidor final, pelo planejamento e desenvolvimento de produtos e pela pesquisa de *marketing*. Os engarrafadores em geral lideram o desenvolvimento de promoções para o canal, junto ao varejo, e promoções locais para o consumidor. Os engarrafadores também são responsáveis pelas vendas e pelo atendimento de contas de varejo, incluindo a instalação e a manutenção de *displays* nos pontos de venda e o reabastecimento do estoque de suas marcas nas prateleiras de supermercados e lojas de conveniência.

Concorrência de marcas e sabores As colas respondem por pouco menos de dois terços do total das vendas de refrigerantes gaseificados. Outros sabores, como laranja, lima-limão, cereja, uva e *root beer,* são responsáveis pelo restante das vendas. As estimativas de participação no mercado em 1989, por sabores, eram as seguintes:

Sabor	Participação no mercado
Cola	65,7%
Lima-limão	12,9
Laranja	3,9
Root beer	3,6
Ginger ale	2,8
Uva	1,1
Outros	10,0
	100,0%

Os refrigerantes *diet* representavam 31% das vendas em 1989. Dados sobre as tendências no setor indicam que as vendas de bebidas *diet* eram responsáveis por grande parte do crescimento total das vendas de refrigerantes gaseificados na década de 1980.

Existem mais de 900 marcas de refrigerantes registradas nos Estados Unidos. A maioria dessas marcas é vendida apenas em nível regional. A Figura 4 apresenta as 10 marcas mais importantes de refrigerantes em 1989. Seis delas eram colas, e todas as 10 eram comercializadas pela Coca-Cola, PepsiCo ou Dr. Pepper/7Up.

Comportamento de compra e consumo de refrigerantes Pesquisa do setor sugere que a compra de refrigerantes em supermercados quase nunca é planejada. Por isso, os compradores de refrigerantes respondem favoravelmente a promoções de preços (cupons), *displays* nos pontos de venda (especialmente no fim dos corredores) e outras formas de promoções nos pontos de venda (como cartazes nas prateleiras). A importância do *display* é evidenciada na perspectiva de um analista que considera que uma marca "não é incluída nos 60% do volume [de refrigerantes de um supermercado] se não tem *displays* no final do corredor.[3] O típico comprador de refrigerantes do supermercado é uma mulher casada que mora com filhos menores de 18 anos.

A compra de refrigerantes é um pouco sazonal, com consumo ligeiramente maior nos meses de verão do que nos meses de inverno. O consumo também varia por região do país. Em 1989, o consumo *per capita* nos estados do centro/sudeste (Kentucky, Tennessee, Alabama e Mississippi) era o maior nos Estados Unidos, com 247 litros, comparados com a média *per capita* nacional de 210 litros. Nos estados da região montanhosa (Montana, Idaho, Wyoming, Colorado, Novo México, Arizona, Utah e Nevada), o consumo *per capita* era de 167 litros – o mais baixo do país.

O consumo de bebidas *diet* era mais pronunciado entre consumidores acima dos 25 anos de idade. Adolescentes e indivíduos mais jovens geralmente eram consumidores mais freqüentes dos refrigerantes normais.

FIGURA 4

Participação no mercado das 10 principais marcas de refrigerantes nos Estados Unidos, 1989

Marca	*Participação no mercado*
1. Coca-Cola Classic	19,8%
2. Pepsi-Cola	17,9
3. Coca-Cola *diet*	8,9
4. Pepsi-Cola *diet*	5,7
5. Dr. Pepper	4,5
6. Sprite	3,7
7. Mountain Dew	3,6
8. 7Up	3,2
9. Coca-Cola *diet* sem cafeína	2,5
10. Pepsi-Cola *diet* sem cafeína	1,6
Dez marcas principais	71,4
Outras marcas	28,6
Total do setor	100,0%

[3] Patricia Winters, "Crush Fails to Fit on P&G Shelf", *Advertising Age* (July 10, 1989):1, 42-43.

CATEGORIA LARANJA

Os refrigerantes gaseificados de sabor laranja registraram vendas de 126 milhões de engradados em 1989, ou 3,9% das vendas totais do setor em supermercados.[4] Antes de 1986, o volume anual de engradados permaneceu na faixa dos 100 a 102 milhões de engradados. Em meados da década de 1980, a PepsiCo introduziu o Mandarin Orange Slice, e a Coca-Cola introduziu o Minute Maid Orange. O ingresso dessas duas marcas, sustentado por ampla distribuição e intensa propaganda e promoção, revitalizou a categoria e aumentou as vendas nos supermercados para 126 milhões de engradados. O volume anual de engradados nos supermercados no período 1984-1989 foi o seguinte:

Ano	Volume anual de engradados de refrigerantes sabor laranja nos supermercados
1984	102.000.000
1985	100.000.000
1986	126.000.000
1987	131.000.000
1988	131.000.000
1989	126.000.000

Principais concorrentes

Quatro marcas capturavam a maior parte das vendas de refrigerantes de sabor laranja em 1989. O Mandarin Orange Slice, comercializado pela PepsiCo, era o líder da categoria, com 20,8% de participação no mercado. O Sunkist, vendido pela Cadbury Beverages, Inc., e o Minute Maid Orange, da Coca-Cola, tinham participações de mercado de 14,4% e 14%, respectivamente. O Orange Crush tinha uma participação de 7,5%. Outras marcas respondiam pelos 43,3% restantes das vendas de refrigerantes de sabor laranja. A Figura 5 apresenta as porções de mercado dos principais concorrentes no período 1985-1989.

FIGURA 5

Participação das marcas de refrigerantes gaseificados de laranja no mercado, 1985-1989 (arredondadas)

	Ano				
Marca	1985	1986	1987	1988	1989
Sunkist	32%	20%	13%	13%	14%
Mandarin Orange Slice	ND	16	22	21	21
Minute Maid Orange	ND	8	14	13	14
Crush	22	18	14	11	8
Total das quatro marcas principais	54	62	63	58	57
Outras	46	38	37	42	43

[4] *Nota do autor:* O setor de refrigerantes utiliza as vendas em supermercados e as participações no mercado como indicadores para avaliar a posição competitiva de diferentes marcas e sabores, já que os volumes dos supermercados afetam as vendas através de outras lojas de varejo e de máquinas dispensadoras. Como aproximação e para fins de análise, o volume total de engradados para uma marca ou sabor pode ser estimado como 2,5 vezes o volume de engradados nos supermercados. Portanto, o total de vendas de refrigerantes de sabor laranja é 2,5 × 126.000.000 = 315 milhões de engradados.

FIGURA 6

Volume de engradados em 1989 por tipo de bebida: normal *versus* diet

Tipo	Total de refrigerantes	Total de laranja	Crush	Sunkist	Mandarin Orange Slice	Minute Maid Orange
Normal	68,9%	73,2%	71,3%	82,1%	49,0%	53,1%
Diet	31,1	26,8	28,7	17,9	51,0	46,9
	100,0%	100,0%	100,0%	100,0%	100,0%	100,0%

Os principais concorrentes vendiam as variedades normal e *diet* da bebida de sabor laranja. Como mostra a Figura 6, um pouco mais de 70% das vendas nessa categoria provinham dos refrigerantes normais. As vendas de Orange Crush refletiam esse padrão. O Sunkist, porém, excedia a média da categoria, com 82% de suas vendas (em volume de engradados) sendo originados do refrigerante normal. Para o Mandarin Orange Slice e o Minute Maid Orange, o volume de engradados era dividido quase igualmente entre os tipos normal e *diet*.

Os principais concorrentes também se distinguiam em termos de abrangência de mercado em 1989. O Sunkist estava disponível em mercados que representavam 91% do total de vendas da categoria laranja. Em comparação, o Orange Crush estava disponível em mercados que representavam somente 62% das vendas dessa categoria. O Mandarin Orange Slice e o Minute Maid Orange eram disponibilizados em mercados que representavam 88% das vendas da categoria laranja. A Figura 7 apresenta a abrangência de mercado dos quatro principais concorrentes no período 1985-1989.

Posicionamento e propaganda da concorrência

Cada um dos principais concorrentes tentava sustentar uma posição única na categoria laranja. Por exemplo, o Minute Maid Orange parecia enfatizar o sabor de laranja, enquanto o Sunkist concentrava-se no estilo de vida adolescente. O Mandarin Orange Slice e o Minute Maid Orange pareciam voltar-se para os adultos jovens e os lares sem crianças. Essas marcas também pareciam enfatizar a idéia de que "é melhor para você". O Crush e o Sunkist dirigiam-se aos adolescentes e lares com crianças. A Figura 8 sintetiza o aparente posicionamento de marca dos principais concorrentes e dados de desempenho compilados pela equipe de pesquisa de *marketing* do Crush.

Um pouco mais de $26 milhões foram gastos em propaganda pelas quatro principais marcas em 1989. O Mandarin Orange Slice e o Minute Maid Orange responderam por 84% de todos os gastos em publicidade na categoria laranja. Embora ambas as marcas fossem anunciadas na televisão aberta e a cabo e apresentassem comerciais em mercados locais, suas propagandas diferiam em outros as-

FIGURA 7

Abrangência de mercado da categoria laranja dos principais concorrentes, 1985-1989

Marca	Ano				
	1985	1986	1987	1988	1989
Crush	81%	81%	78%	78%	62%
Sunkist	95	83	79	86	91
Mandarin Orange Slice	10	68	87	88	88
Minute Maid Orange	10	60	87	88	88

FIGURA 8

Posicionamento competitivo e desempenho, 1989

	Sunkist	Mandarin Orange Slice	Minute Maid Orange	Crush
Posicionamento	"Adolescentes na praia"; "Beber ao sol"	"Quem tem o suco?" Cultura jovem contemporânea	"Laranja, laranja", sabor de laranja, gosto de laranja de verdade	"Não mate a sede, acabe com ela";* fixa o imaginário com o benefício de matar a sede
Alvo	Adolescentes, 12-24 anos	Adultos jovens, 18-24 anos	Adultos jovens, 18-34 anos	Adolescentes, 13-29 anos
Moradores na casa do comprador	3-4 (com crianças)	1-2 (sem crianças)	1-2 (sem crianças)	3-5 (com crianças)
Mix de vendas de embalagens	Dois litros 51% Latas 42% Outros 7%	Dois litros 54% Latas 42% Outros 4%	Dois litros 54% Latas 41% Outros 5%	Dois litros 64% Latas 31% Outros 5%
Lealdade (porcentagem da marca no volume de sabor laranja adquirido pelo comprador)	36%	55%	48%	46%

Fonte: Crush *Marketing* Research Staff Report. Baseado em publicações e fontes do setor.

pectos. O Minute Maid Orange utilizava *outdoors* e o rádio, mas o Mandarin Orange Slice não. Em comparação, o Mandarin Orange Slice era anunciado em revistas e jornais, o que não ocorria com o Minute Maid Orange.

O Crush e o Sunkist gastavam menos em propaganda e usavam menos veículos para esse fim do que o Minute Maid Orange e o Mandarin Orange Slice. O Crush era promovido mais freqüentemente em televisão, jornais e *outdoors*. O Sunkist utilizava jornais, televisão, *outdoors* e algumas distribuidoras de programação para televisão.

Duas tendências em propaganda evidenciavam-se na categoria laranja desde o ano de 1986. Primeiro, os gastos totais na mídia eletrônica e impressa diminuíram anualmente desde 1986, quando $52,2 milhões foram despendidos em propaganda. Naquele ano, o Mandarin Orange Slice e o Minute Maid Orange foram introduzidos nacionalmente. Segundo, os concorrentes aumentaram a variedade de meios utilizados para propaganda. Em 1986, utilizavam-se quase exclusivamente a televisão e *outdoors*. Em 1989, um espectro mais amplo de veículos era empregado, incluindo a mídia eletrônica (rádio e televisão aberta, local, distribuidoras de programação e a cabo) e impressa (*outdoors*, revistas e jornais). A Figura 9 mostra os gastos de propaganda das quatro principais marcas no período 1985-1989.

Preços e promoção da concorrência

O preço dos concentrados diferia muito pouco entre os quatro principais concorrentes. Tipicamente, não havia uma diferença maior do que um centavo. O diferencial de preço entre os concentrados normal (com açúcar) e *diet* (com aspartame) era virtualmente o mesmo entre os concorrentes. A semelhança nos preços, assim como nos custos da matéria-prima, resultava em margens semelhantes de lucro bruto entre os concorrentes na categoria laranja. No entanto, como pode ser observado na Figura 3, a margem de lucro bruto difere entre os concentrados de refrigerantes normais e *diet*.

Programas de propaganda e promoção eram implementados e financiados conjuntamente pelos fabricantes de concentrados e pelos engarrafadores. Os fabricantes e os engarrafadores par-

FIGURA 9

Gastos dos fabricantes de concentrados com propaganda na mídia eletrônica e impressa para as quatro principais marcas de refrigerante de sabor laranja, 1985-1989 (em milhares de dólares)

Marca	1985	1986	1987	1988	1989
Mandarin Orange Slice (total)	$17.809,4	$32.079,9	$29.555,8	$15.001,3	$11.388,1
Normal	12.739,4	27.704,2	20.123,2	10.247,9	11.199,5
Diet	5.070,0	4.375,7	2.676,4	1.881,9	
Normal e *diet*			6.756,2	2.872,5	188,6
Sunkist (total)	$7.176,2	$4.013,0	$910,7	$1.719,3	$2.301,9
Normal	4.816,5	1.340,6	887,2	309,4	281,5
Diet	2.316,0	1.269,5	1,3		
Normal e *diet*	43,7	1.402,9	22,2	1.409,9	2.020,4
Crush (total)	$4.371,2	$7.154,9	$4.296,7	$6.841,1	$1.853,6
Normal	3.282,7	4.712,9	2.729,8	2.561,6	1.382,2
Diet	1.004,6	2.413,1	959,4	1,2	127,7
Normal e *diet*	83,9	28,9	607,5	4.278,3	343,7
Minute Maid Orange (total)	$174,4	$7.952,3	$9.027,2	$12.811,3	$10.463,1
Normal	174,4	7.508,2	7.211,6	9.252,5	10.191,9
Diet			1.745,1	3.450,2	
Normal e *diet*		444,1	70,5	108,6	271,2

tilhavam os custos de propaganda meio a meio. Por exemplo, se um milhão de dólares fosse gasto em propaganda da marca na televisão, $500.000 seriam pagos pelos engarrafadores da marca e $500.000 seriam bancados pelo fabricante do concentrado. Os engarrafadores e os fabricantes de concentrados dividiam meio a meio o custo de promoções para os varejistas e os consumidores.

Diversos tipos de promoções de ponto de venda são utilizados no setor de refrigerantes. Um tipo de promoção, chamado de "bônus para o vendedor", é um prêmio oferecido aos varejistas. Formas comuns de prêmios são "conteúdo do *display*", como caixas para gelo, refrigeradores de latas, camisetas ou suéteres, que fazem parte de um *display* de lojas ou de ponto de venda. Depois que o *display* é desmontado, o prêmio é dado ao varejista. *Displays* no final dos corredores e outros tipos especiais de *displays* também são oferecidos, assim como cartazes para as gôndolas. Os engarrafadores que implementam essas promoções freqüentemente recebem de $0,10 (para camisetas) a $0,20 (para *displays*) por engradado vendido dos fabricantes de concentrados. As promoções para o consumidor incluem o patrocínio de eventos esportivos e de lazer locais, copos plásticos e guardanapos com a logomarca e bonés de beisebol, camisetas ou óculos de sol com o nome da marca. Outras promoções variadas também são empregadas, incluindo cupons, promoções nas embalagens e concursos. Aos engarrafadores que fazem essas promoções, os fabricantes de concentrados oferecem de $0,05 (para copos, bonés ou óculos) a $0,25 (para *marketing* de eventos locais, incluindo copos, bonés ou óculos) por engradado vendido. Exemplos de promoções para o setor e para o consumidor são apresentados nas Figuras 10 e 11.

Os produtores de concentrados ocasionalmente oferecem promoções de preços para os engarrafadores na forma de incentivos à distribuição. Tais incentivos tipicamente baseiam-se nas vendas de engradados e com freqüência são usados para estimular as vendas do engarrafador e a atividade de comercialização. Muitas vezes, os incentivos situam-se na faixa de $0,15 a $0,25 por engradado, dependendo da intensidade do trabalho que é desejado ou necessário.

FIGURA 10

Exemplo de promoção de Crush para o canal

**HAVE A CRUSH ON US!
DEALER LOADERS**

Item

- A Crush Adventure Back Pack
- B Beach Bag/Blanket
- C Neon Cap
- D Sony® Walkman
- E Dirty Dunk®

FIGURA 11

Exemplo de promoção de Crush para o consumidor

■ O PROGRAMA DE *MARKETING* DO CRUSH

Em janeiro de 1990, várias decisões estratégicas de *marketing* foram tomadas a respeito da marca Crush. A decisão mais notável foi a de concentrar atenção inicial no sabor laranja. Embora a linha Crush apresentasse vários sabores, o laranja (normal e *diet*) originava quase dois terços do volume total de engradados de Crush. (A Figura 12 ilustra a linha de produtos Crush.) Segundo, os executivos de *marketing* da Cadbury Beverages, Inc. decidiram focar a atenção e o trabalho imediatos no restabelecimento da rede de engarrafamento da linha Crush, especialmente do Crush sabor laranja. Terceiro, determinou-se que uma cuidadosa atenção ao posicionamento do Crush era necessária para aumentar a preferência do consumidor existente e oferecer oportunidades para maior desenvolvimento da marca Crush e de seus diversos sabores. Finalmente, os executivos concordaram em desenvolver um programa de propaganda e promoção, incluindo a determinação de objetivos, estratégias e gastos.

Desenvolvimento da rede de engarrafamento

Reconhecendo o papel tradicional e central que os engarrafadores representam no setor de refrigerantes, os executivos de *marketing* e vendas da empresa imediatamente envolveram-se em um esforço agressivo para recrutar os engarrafadores na linha Crush. A rede de engarrafamento de Crush tinha gradualmente se deteriorado na década de 1980, em parte devido à decisão da Procter & Gamble de testar um sistema de distribuição para venda do Crush através de depósitos, em vez de engarrafadores. Essa medida, que centralizava o engarrafamento nas mãos de um número limitado de engarrafadores, que embarcavam o produto para depósitos para subseqüente entrega aos supermercados e outras lojas do varejo, tinha levado muitos participantes da rede de engarrafamento do

FIGURA 12

Linha de produtos Crush

Crush a questionar seu futuro papel na marca. Uma conseqüência dessa medida foi a menor abrangência de mercado do Crush nas vendas da categoria laranja entre os principais concorrentes.

O trabalho de recrutamento, no início da década de 1990, ampliou a rede de engarrafamento. Em meados da década, novos contratos de engarrafamento haviam sido celebrados, e foram estabelecidas relações comerciais com 136 engarrafadores. A revitalização da rede de engarrafamento significou que o Crush estaria disponível em mercados que representavam 75% do total de vendas da categoria laranja na época do seu relançamento. A ampliação da rede de engarrafamento também exigiria apoio promocional. De acordo com Kim Feil, "nós sabíamos que o restabelecimento das relações com o setor era um primeiro passo importante. Entretanto, também sabíamos que os novos e os antigos engarrafadores estariam avaliando o tipo e a quantidade de propaganda e de apoio promocional que ofereceríamos quando relançássemos o Crush".

Questões de posicionamento

Inúmeras questões relativas ao posicionamento estavam sendo abordadas enquanto se desenvolvia o recrutamento dos engarrafadores. Primeiro, como a empresa já comercializava o Sunkist, surgiram questões quanto ao provável canibalismo das vendas de Sunkist se uma posição claramente diferenciada não fosse adotada e executada com sucesso para o Crush sabor laranja no mercado. Uma segunda questão dizia respeito à ênfase relativa dada ao Crush normal e *diet* em relação ao Mandarin Orange Slice e ao Minute Maid Orange. Esses dois concorrentes haviam superado o Crush e o Sunkist ao atraírem o segmento *diet* dos consumidores do sabor laranja. Terceiro, posições viáveis que não fossem contrárias aos posicionamentos anteriores e que aumentassem a preferência do consumidor pelo Orange Crush tinham que ser consideradas. Quanto a isso, foi realizada uma revisão histórica do posicionamento do Crush. Os resultados desse trabalho são reproduzidos na Figura 13.

Os executivos da empresa admitiram que as questões relativas ao posicionamento precisavam ser abordadas de maneira oportuna. Sem uma afirmação clara do posicionamento, o processo criativo subjacente ao programa de propaganda não poderia ser iniciado.

Propaganda e promoção

Os executivos de *marketing* do Crush ficaram agradavelmente surpresos ao saber que a marca Crush tinha alto reconhecimento de seu nome nos mercados atendidos por novos e antigos engarrafadores. De acordo com a pesquisa de mapeamento do reconhecimento pelos consumidores feita pela empresa, das quatro marcas principais, o Crush tinha o maior reconhecimento no sabor laranja em Seattle, San Francisco, Nova York, Miami, Los Angeles, Chicago e Boston. Ainda assim, várias questões tinham que ser abordadas em relação ao programa de propaganda e promoção do Crush.

Em especial, os objetivos da propaganda e da promoção tinham que ser estabelecidos e comunicados para a agência de propaganda que representaria o Crush. A seguir, a ênfase relativa na propaganda para o consumidor e nos tipos de promoção para o consumidor e para o canal deveria ser determinada. Especificamente, isso significava estabelecer o orçamento para despesas de propaganda e as quantias a serem despendidas em promoções por engradado. Finalmente, um demonstrativo de receitas e despesas projetadas seria necessário para apresentação à alta administração da Cadbury Beverages, Inc. Implicitamente, isso exigia uma previsão do volume de engradados para o Crush laranja que realisticamente retratasse o mercado e as condições competitivas e "a qualidade de meu programa de *marketing*", disse Feil.

FIGURA 13

Posicionamento do Crush, 1954-1989

Ano	Posicionamento	Alvo	Campanha
1954	Sabor natural de laranjas valência	Toda a família	"Naturalmente – o gosto é melhor, Orange Crush"
1957- final dos anos 60 (est.)	Bom para você: suco fresco de laranjas especialmente selecionadas	Toda a família	"Gosto tão bom... tão bom para você!"
1963-1964 (est.)	Introdução da linha completa de sabores: uva, morango, toranja, *root beer*, cereja	Toda a família	Nenhum esforço claro de introdução: • "Com sede? Acabe com ela com Crush laranja" • "Delicioso, refrescante, agradável – Crush uva" • "Puro sabor de fruta -Crush toranja" • "*Root beer* Crush madura"
Início dos anos 70 (est.)	Sabor único, a bebida da "mudança de ritmo"	Toda a família, direcionado para compradoras mulheres de 18-35, promoções voltadas para crianças e adultos jovens	"Peça Crush, sabor que só ele tem"
1979-1980	Superioridade de sabor competitiva	Manutenção da TV no início dos anos 70, mas com foco em homens jovens e esportistas	Acrescentou: "Não existe laranja como Crush" ao "Peça Crush, o sabor que só ele tem"
1980	Superioridade de gosto competitiva, em sabores de frutas	Acréscimo de novo rádio para alvo entre 10-19	Igual ao anterior
1981	Sabores 100% naturais, marca contemporânea e saudável	Adolescentes e adultos jovens (13-39)	"Quem gosta de laranja ama Crush"*
1980-1985	Sabor excelente, irresistível	13-39	"Quem gosta de laranja ama Crush"
1981-1982	Ótimo sabor	13-39	Teste: "Primeiro, Crush"
1983	Mais sabor de laranja	13-39	"Quem gosta de laranja"
1984	Crush sem açúcar, ótimo sabor de Nutrasweet	13-49	"Celebre"
1986-1987	Sabor com 10% de suco natural	Adolescentes, 12-17	"Descasque um Crush"
1987	A bebida que quebra a monotonia	Adolescentes, 12-17	Teste: "Pinte o Crush"
1987-1989	Intensificação do benefício de saciar a sede	Adolescentes, 13-29	"Não mate a sede, acabe com ela!"

* N.de T.: No original em inglês: "Orange lovers have a Crush on us", em que a expressão *have a crush on* significa "adorar, ser apaixonado por".

CASO

Amber Inn & Suites, Inc.

No final da tarde de 4 de abril de 2005, Kelly Elizabeth, vice-presidente sênior de Vendas e *Marketing* da Amber Inn & Suites, Inc., reuniu-se com Catherine Grace, vice-presidente de Propaganda. A reunião de improviso ocorreu após uma conferência de um dia da vice-presidente sênior com Joseph James, novo presidente e CEO da empresa. O Sr. James, um experiente executivo financeiro de hotéis, com 40 anos de trabalho em administração hoteleira, fora indicado na semana anterior, após o repentino pedido de demissão de seu predecessor. A tarefa dada a cada um dos quatro vice-presidentes seniores da empresa era preparar uma apresentação de uma hora que descrevesse (1) suas iniciativas, gastos e resultados para cada um dos dois últimos anos fiscais e (2) iniciativas planejadas e necessidades orçamentárias para o ano fiscal de 2006, a começar em 1 de junho de 2005. O Sr. James também solicitou que cada apresentação mostrasse a motivação para iniciativas e despesas, de modo que ele pudesse se familiarizar com as operações da empresa. As apresentações seriam realizadas em 11 de abril para o diretor, o presidente e CEO e o diretor financeiro, depois de uma visita do Sr. James às propriedades da empresa.

Projetava-se que o ano fiscal de 2005 fosse o quinto ano não-lucrativo consecutivo para a Amber Inn & Suites, Inc. O Sr. James anunciou que sua meta para a empresa era atingir a lucratividade dentro de dois anos. Para esse fim, ele declarou que a empresa utilizaria o crescimento em lucros antes dos efeitos financeiros, impostos sobre renda, depreciação e amortização (EBITDA), como medida de desempenho corporativo e base para determinação de compensação de incentivos para a alta administração e os executivos. O uso de EBITDA, para esses fins, havia sido endossado pela diretoria da empresa. O objetivo corporativo geral era um aumento anual de 7% em EBITDA ao longo dos anos fiscais seguintes. Esperava-se que cada vice-presidente sênior (operações de hospedagem, administração corporativa, serviços de tecnologia de informação e *marketing* e vendas) abordasse esse objetivo ao apresentar suas iniciativas de planejamento e necessidades orçamentárias. Além disso, o Sr. James solicitou que cada vice-presidente sênior reafirmasse o efeito das iniciativas e despesas de anos anteriores tanto de uma perspectiva de EBITDA quanto com as medidas de desempenho usadas previamente. O vice-presidente e também diretor executivo de contabilidade da empresa forneceria os dados financeiros e operacionais disponíveis para preparar a análise.

A incumbência dada aos quatro vice-presidentes seniores representava um abandono significativo da prática passada. Antes, o planejamento anual e o processo orçamentário tinham sido mais "de cima para baixo" do que "de baixo para cima" e mais focalizados na receita, e não nos ganhos; ou seja, os orçamentos eram inicialmente preparados pelo diretor executivo financeiro e o vice-presidente e diretor executivo de contabilidade, em consulta com o presidente e CEO, que se reuniam com os vice-presidentes seniores para estabelecer as prioridades de gastos dentro do orçamento. As quantias do orçamento eram ajustadas, dependendo das iniciativas propostas e de "uma pequena negociação", disse a Sra. Elizabeth. De acordo com ela:

> O processo pareceu funcionar bem durante minha permanência aqui. As vendas e o *marketing* sempre foram generosamente financiados. Brad [ex-presidente e CEO] era um veterano no setor e reco-

---

Este caso foi preparado pelo professor Roger A. Kerin, da Edwin L. Cox School of Business, Southern Methodist University, como base para discussão em aula e não se destina a ilustrar o manejo eficaz ou ineficaz de uma situação administrativa. Todos os nomes e dados da empresa foram alterados. Copyright © 2003 Roger A. Kerin. Nenhum excerto deste caso pode ser reproduzido sem autorização por escrito do detentor dos direitos autorais.

nhecia a importância de iniciativas e recursos para vendas e *marketing* após a queda do setor hoteleiro em 2002 e 2003 devido à tragédia de 11 de setembro, bem como de um ambiente agradável e ameno para viagens e negócios. Brad era da opinião de que empresas bem-sucedidas aumentam as vendas e não cortam as despesas. Desde 2003, quando Brad e eu entramos na empresa, nosso orçamento para propaganda na mídia cresceu 55%, e nosso orçamento de vendas aumentou 15%. O crescimento de receita excedeu as médias do setor, com declínio no número de propriedades em operação e de quartos e suítes desde o ano fiscal de 2003.

Ela continuou:

O processo delineado pelo Sr. James reflete uma prática crescente hoje em dia. Não fiquei surpresa com a incumbência que ele nos deu. As empresas no setor hoteleiro estão buscando e esperando um retorno financeiro favorável documentado de seus gastos. Claramente, as vendas e o *marketing* têm ficado atrás de outras funções, como as operações de hospedagem, na exposição dos resultados de seu trabalho em termos de lucro mensurável. O novo processo de planejamento e orçamento será um desafio porque é de "baixo para cima" e direcionado pelo lucro, e não "de cima para baixo" e focado na receita. Mas se trata de um empreendimento que vale a pena para atingirmos a lucratividade dentro de dois anos. Espero que o processo de planejamento e orçamento não se transforme em um exercício de corte de custos.

■ O SETOR HOTELEIRO NOS ESTADOS UNIDOS

O setor hoteleiro dos Estados Unidos registrou receita de 113,7 bilhões de dólares e totalizou 16,7 bilhões em lucro antes de impostos em 2004. Em 31 de dezembro de 2004, havia 4,4 milhões de quartos de hotéis nos Estados Unidos. Aproximadamente dois terços de todos esses quartos estavam filiados a uma marca; o terço restante era de proprietários independentes, sem filiação a uma marca. O setor hoteleiro dos Estados Unidos é altamente fragmentado, sem nenhuma empresa ou marca controlando a maioria das acomodações. A Figura 1 apresenta as dez maiores empresas (e marcas) hoteleiras nos Estados Unidos, com base no número de quartos.

Segmentação dos hotéis

Os hotéis competem com base nas comodidades, preços e serviços. Smith Travel Research, uma importante empresa de pesquisa do setor hoteleiro dos Estados Unidos, segmenta os hotéis por níveis de preços e serviços. O preço costuma ser estabelecido em função do nível de serviços e das comodidades oferecidas. Hotéis de serviço completo oferecem locais com alimentação e bebida, como restaurantes e bares; instalações para reuniões, banquetes e convenções; e serviços de recepção, de bagagem e de quarto. As marcas de hotéis de serviço completo vão desde os hotéis de luxo (como Ritz-Carlton e Four Seasons) e de alta categoria (como Hilton e Marriot) até os hotéis de alto nível (como Courtyard by Marriot e Radisson) e de nível médio, com comida e bebida (como Holiday Inn e Ramada Inn). Esses hotéis de marca com serviço completo ofereciam aproximadamente 1,6 milhão de quartos em 2004. Hotéis de serviços limitados não oferecem várias das comodidades dos hotéis de serviço completo, como restaurantes, bares e salões de banquete. Eles se concentram primordialmente no aluguel de quartos. As marcas de hotéis com serviços limitados vão desde hotéis de nível médio sem comida e bebida (como Hampton Inn e Fairfield Inn) até hotéis econômicos (como Red Roof Inn e Motel 6). Esses hotéis de marca com serviços restritos ofereciam 1,4 milhão de quartos em 2004. O detalhamento das propriedades e quartos dos hotéis nos Estados Unidos por localização, preço e tamanho é apresentado na Figura 2.

FIGURA 1

As dez maiores empresas hoteleiras nos Estados Unidos: 2004

Empresa	Quartos (EUA)	Propriedades (EUA)	Marcas
1. Cendant Corporation	439.279	5.622	Amerihost Inn, Days Inn, Days Serviced Apartments, Howard Johnson, Howard Johnson Express, Knights Inn, Ramada, Ramada Limited, Super 8, Thriftlodge, Travelodge e Wingate Inn
2. Marriott International, Inc.	380.218	2.236	Courtyard by Marriott, Fairfield Inn by Marriott, Marriott Conference Centers, Marriott Executive Apartments, Marriott Hotels and Resorts, Ramada Int'l Plaza, Ramada International Hotels & Resorts, Renaissance Hotels & Resorts e Residence Inn
3. Hilton Hotels Corporation	357.332	2.184	Conrad, Doubletree, Doubletree Club, Embassy Suites, Embassy Vacation Resort, Hampton Inn, Hampton Inn & Suites, Hilton, Hilton Gaming, Hilton Garden Inn e Homewood Suites
4. Inter-Continental Hotel Group	337.643	2.523	Candlewood, Centra, Crowne Plaza, Forum Hotel, Holiday Inn, Holiday Inn Express, Holiday Inn Garden Court, Holiday Inn Select, Inter Continental, Parkroyal, Posthouse, Staybridge Suites by Holiday Inn e Sunspree Resorts
5. Choice Hotels International, Inc.	313.982	3.891	Clarion, Comfort Inn, Hotel & Suites, Econo Lodge, MainStay Suites, Quality Inn, Hotel & Suites, Rodeway Inn e Sleep Inn
6. Best Western International	186.422	2.181	Best Western
7. Accor North America	134.803	1.252	Coralia, Hotel Novotel, Hotel Sofitel, Mercure Hotel, Motel 6, Red Roof Inn e Studio 6
8. Starwood Hotels & Resorts Worldwide, Inc.	123.747	355	Four Points Hotel by Sheraton, Sheraton, St.Regis/Luxury Collection, W Hotels e Westin
9. Carlson Hospitality Worldwide	82.739	566	Country Inns & Suites by Carlson, Park Inns & Suites, Park Plaza Suites, Radisson e Regent Hotels
10. La Quinta	65.384	592	La Quinta Inns, La Quinta Inn & Suites, Baymount Inn & Suites e Woodfield Suites

Fonte: Relatórios anuais da empresa e boletins informativos.

FIGURA 2

Propriedades e quartos de hotéis nos Estados Unidos por localização, preço e tamanho: 2004

	Por localização		Por preço		Por tamanho	
	Propriedades	*Quartos*	*Propriedades*	*Quartos*	*Propriedades*	*Quartos*
Aeroporto	1.914	273.839	Menos de $30 924	55.692	Menos de 75 quartos 27.464	1.163.668
Subúrbio	15.792	1.563.986	$30-$44,99 7.995	508.785	De 75 a 149 quartos 14.326	1.524.099
Área urbana	4.648	706.235	$45-$59,99 16.054	1.044.610	De 150 a 229 quartos	
Estrada	6.666	446.122	$60-$85 14.280	1.367.826	De 300 a 500 quartos 4.235	847.089
Local de veraneio	4.055	595.272	Mais de $85 8.345	1.433.995	Mais de 500 quartos 1.070	398.491
Cidade pequena	14.523	826.456			503	478.561

Fonte: Registros da empresa.

Desempenho e projeções dos segmentos de hotéis

Todos os segmentos de hotéis evidenciaram melhor desempenho desde 2003, nas três estatísticas mais mapeadas:[1] (1) ocupação, (2) taxa média de diária (TMD) e (3) receita por quarto disponível (RQD). Essa melhoria seguiu-se a declínios significativos em todas as três medidas em 2001 e 2002, depois de um pico em 2000. Em 2004, a ocupação média em todos os segmentos de hotéis foi de 61,3%; a taxa média de diária foi de $86; e a receita por quarto disponível foi de $53. No entanto, os cinco maiores segmentos de hotéis variaram muito nessas medidas de desempenho. A Figura 3 mostra a ocupação, a taxa média de diária e a receita por quarto disponível de 2003 e 2004 para cada segmento hoteleiro, bem como as projeções para o ano de 2005.

Perfil dos hóspedes de hotel

De acordo com a American Hotel and Lodging Association, metade de todos os hóspedes permaneceu em hotéis para fins profissionais e a outra metade, para lazer ou férias.[2] Em 2004, o pernoite comum para fins profissionais era gerado por um adulto do sexo masculino (67%), com idade entre 35 e 54 anos (52%), com cargo administrativo ou profissional (50%) e renda familiar anual média de $81.100. Geralmente, esses hóspedes faziam reservas (89%) e pagavam 96 dólares por pernoite. O pernoite comum para fins de lazer era gerado por dois adultos (51%), com idade entre 35 e 54 anos (45%) e renda familiar anual média de $72.600. O típico viajante de lazer viajava de carro (74%), fazia reservas (90%) e pagava 89 dólares por pernoite.

Para a estada nos hotéis, em 2004, 39% de todos os viajantes de negócios ficavam apenas uma noite, 24% passavam duas noites, 27% ficavam três noites, e 10% permaneciam quatro noites ou mais. Dos viajantes de lazer, 45% ficavam uma noite, 28% permaneciam duas noites, 20% passavam três noites, e 7% ficavam quatro noites ou mais.

---

[1] Ocupação, taxa média de diária e receita por quarto disponível são definidas da seguinte forma:
Ocupação = [Número de pernoites vendidos ÷ Total de quartos disponíveis] × 100
Taxa média de diária = Receita total de hospedagem ÷ Número de pernoites vendidos
Receita por quarto disponível = Ocupação × Taxa média de diária
Observe que a taxa média de diária não é o mesmo que a taxa informada, ou "anunciada", por um quarto ou suíte. A taxa média de diária inclui descontos de preço, pernoites gratuitos de programas para usuários freqüentes e várias taxas para convenções ou grupos, excluindo-se os impostos locais e estaduais.

[2] American Hotel and Lodging Association, em ahla.com, acessado em 6 de abril de 2005.

FIGURA 3

Estatísticas de operação de hotéis nos Estados Unidos por segmento: dados históricos e projeção

Segmento hoteleiro	Ano calendário	Ocupação (porcentagem)	Ano calendário	Taxa média de diária (TMD)	Ano calendário	Receita por quarto disponível (RQD)
Luxo	2003 2004 2005 (proj.)	64,6% 68,1% 69,9%	2003 2004 2005 (proj.)	$221 $232 $246	2003 2004 2005 (proj.)	$113 $158 $172
Alta categoria	2003 2004 2005 (proj.)	66,3% 69,1% 70,9%	2003 2004 2005 (proj.)	$127 $132 $139	2003 2004 2005 (proj.)	$84 $91 $98
Nível alto	2003 2004 2005 (proj.)	66,1% 69,2% 70,5%	2003 2004 2005 (proj.)	$93 $96 $101	2003 2004 2005 (proj.)	$62 $67 $71
Nível médio com comida e bebida	2003 2004 2005 (proj.)	55,2% 57,3% 58,4%	2003 2004 2005 (proj.)	$72 $74 $76	2003 2004 2005 (proj.)	$40 $42 $44
Nível médio sem comida e bebida	2003 2004 2005 (proj.)	61,9% 64,1% 65,4%	2003 2004 2005 (proj.)	$69 $71 $73	2003 2004 2005 (proj.)	$42 $45 $48
Econômico	2003 2004 2005 (proj.)	53,1% 54,5% 55,3%	2003 2004 2005 (proj.)	$48 $49 $50	2003 2004 2005 (proj.	$25 $26 $27

Fonte: Tabela elaborada com base em informações fornecidas em *2005 National Lodging Report*, Ernst & Young Retail Advisory Services, 2005.

■ AMBER INN & SUITES, INC.

A Amber Inn & Suites, Inc. é uma rede com propriedade de 250 hotéis, localizada em 10 estados das Montanhas Rochosas e do oeste dos Estados Unidos. Formada em 1979, a empresa opera 200 propriedades Amber Inn e 50 propriedades Amber Inn & Suites, cada uma com uma média de 120 unidades de quartos individuais ou suítes. A empresa projetou receitas de hospedagem de $422,6 milhões para o ano fiscal de 2005 e perda líquida de $15,7 milhões.

Missão de serviço

A missão corporativa de serviço da Amber Inn & Suites, Inc. é oferecer, principalmente a viajantes de negócios, acomodações limpas e confortáveis em locais convenientes e a preços razoáveis. Os quartos da Amber Inn dispõem de cama de casal ou *king size*; televisão a cabo; telefone dataport com correio de voz e chamadas locais gratuitas; escrivaninha bem iluminada e cadeira de madeira com assento estofado; uma grande poltrona estofada reclinável; cafeteira, secador de cabelo, ferro e tábua de passar. Cada hotel oferece café da manhã continental no saguão, e há uma máquina de fazer gelo e uma de venda automática de refrigerantes em todos os andares.

Em comparação, as instalações da Amber Inn & Suites, Inc. contêm quartos individuais e suítes com duas peças. Os quartos individuais têm os mesmos itens que os da Amber Inn. As suítes com duas peças proporcionam áreas de estar e dormir separadas, um sofá-cama, dois televisores e um pequeno refrigerador. Entre os itens adicionais dos hotéis Amber Inn & Suites estão uma lavanderia *self-service*, uma piscina na área externa com *spa* (em climas mais quentes do sul) e uma sauna na área interna (em climas mais frios do norte).

Posicionamento

De acordo com executivos da Amber Inn & Suites, Inc., a empresa é posicionada como hotel de serviços limitados, entre hotéis econômicos e hotéis de serviço completo. Como tal, nem a Amber Inn nem a Amber Inn & Suites inclui restaurante, bar, salas de reunião e serviço de portaria, bagagem e de quarto em suas instalações. Esse posicionamento coloca a Amber Inn & Suites, Inc. entre os hotéis de nível médio com comida e bebida, tais como Holiday Inn e Ramada Inn, e os hotéis econômicos, como Red Roof Inn e Motel 6. Executivos da empresa vêem a Amber Inn & Suites, Inc. posicionada em relação a Fairfield Inn by Marriot, Hampton Inn e Hampton Inn & Suites by Hilton e La Quinta Inn & Suites, embora os hotéis da Amber Inn & Suites, Inc. não necessariamente concorram com esses hotéis em todos os mercados.

A missão de serviço da empresa e seu posicionamento direcionam as decisões de localização da Amber Inn & Suites, Inc. Em sua maior parte, as instalações da empresa estão situadas em ótimos pontos de auto-estradas, perto de complexos administrativos e industriais suburbanos, aeroportos e grandes *shoppings* regionais. As localizações em áreas urbanas e centrais têm sido evitadas.

Operações

À medida que se aproximava o fim do ano fiscal de 2005 (final em 31 de maio) para a Amber Inn & Suites, Inc., seus altos executivos reconheciam que a empresa estava a caminho de registrar seu terceiro ano consecutivo de aumento de receita após declínios nos anos fiscais de 2001 e 2002. O crescimento de receita de hospedagem anual projetado da empresa de 7,4% para o ano fiscal de 2005 estava ligeiramente abaixo da média geral de 7,6% do setor hoteleiro, mas mais alta do que a taxa de crescimento do segmento de serviços limitados, que foi de 5,8%. Entretanto, a Amber Inn & Suites, Inc. registrava sua terceira perda líquida anual consecutiva, enquanto o setor de hotelaria como um todo e o segmento de serviços limitados relatavam operações lucrativas ao longo dos últimos três anos, após melhores condições econômicas. A Figura 4 apresenta a declaração consolidada de operações da empresa para os anos fiscais de 2003 e 2004 e os resultados projetados para o ano fiscal de 2005.

Durante o ano fiscal de 2005, a Amber Inn & Suites, Inc. fechou duas instalações Amber Inn de baixo desempenho e abriu um hotel Amber Inn & Suites. Desde 2003, empresa havia fechado 12 hotéis Amber Inn que tinham desempenho abaixo do desejado, e aberto dois hotéis Amber Inn e três Amber Inn & Suites.

FIGURA 4

Declaração de operações consolidada da Amber Inn & Suites, Inc.: Período fiscal 2003-2005 (em milhares de dólares)

	Ano terminado em 31 de maio		
	2005 (proj.)	*2004*	*2003*
Receita de hospedagem	$422.625	$397.980	$386.429
Despesas			
Despesas diretas de hospedagem	$211.239	$194.887	$192.069
Outras despesas de hospedagem	62.482	54.672	52.271
Despesas de vendas, gerais e administrativas	44.941	39.029	36.201
Depreciação e amortização	70.135	78.044	69.190
Despesas com juros	49.520	49.786	50.535
Total	$438.317	$416.419	$400.266
Renda líquida (Perda)	($15.692)	($18.439)	($13.737)

Fonte: Registros da empresa.

Estatísticas sobre hospedagem A Amber Inn & Suites, Inc. projetou que a ocupação consolidada da empresa seria de 67,1%, com uma taxa média de diária de $57,52. A receita projetada por quarto disponível seria de $38,60. Os hotéis Amber Inn e Amber Inn & Suites mostraram melhora na ocupação e na receita por quarto disponível, ao longo do ano fiscal de 2004. No entanto, projetou-se que a taxa média de diária para cada tipo de hotel fosse mais baixa no ano fiscal de 2005 do que no ano fiscal de 2004. Tal declínio era parcialmente atribuído a uma promoção de desconto de "pernoite grátis", implementada durante o verão de 2005, de acordo com o vice-presidente sênior de Operações de Hospedagem.

Despesas de hospedagem As despesas diretas de hospedagem, no ano fiscal de 2005, foram projetadas em $211 milhões. Tais despesas incluíam custos variáveis diretamente associados com a operação dos hotéis, tais como mão-de-obra direta, serviços e suprimentos para hotel/quartos (o que incluía alimentos para o café da manhã e bebidas). O custo direto por quarto/suíte alugada foi projetado em $28,75 no ano fiscal de 2005, devido, em sua maior parte, às despesas mais altas com mão-de-obra e serviços. As despesas diretas de hospedagem eram de responsabilidade do Departamento de Operações de Hospedagem. A Figura 5 detalha as estatísticas operacionais da Amber Inn & Suites, Inc. por três anos.

Outras despesas de hospedagem para o ano fiscal de 2005 foram projetadas em $62,5 milhões. Essas despesas incluíam impostos das propriedades, manutenção geral e reformas das propriedades, seguro e alocações de custo corporativas, debitadas das operações hoteleiras, incluindo o programa de lealdade do cliente freqüente da empresa, o sistema de reservas e o *website*. O programa de lealda-

FIGURA 5

Estatísticas de operação da Amber Inn & Suites, Inc.: Período fiscal 2003-2005 (projetado)

	Ano terminado em 31 de maio		
	2005 (proj.)	*2004*	*2003*
Número de Inn e Inn & Suites Hotéis			
Hotéis Amber Inn	200	202	210
Hotéis Amber Inn & Suites	50	49	47
Total de Hotéis	250	251	257
Número de Apartamentos e Suítes Inn			
Apartamentos	26.500	26.690	27.550
Suítes	3.500	3.430	3.290
Total	30.000	30.120	30.840
Taxa de Ocupação			
Hotéis Amber Inn	65,0%	61,5%	58,5%
Hotéis Amber Inn & Suites	72,5%	64,0%	60,5%
Total de Hotéis	67,1%	62,2%	59,0%
Preço Médio por Diária			
Hotéis Amber Inn	$55,40	$55,75	$57,05
Hotéis Amber Inn & Suites	$66,00	$68,00	$64,00
Total de Hotéis	$57,52	$58,20	$58,20
Receita por Apartamento Disponível			
Hotéis Amber Inn	$36,01	$34,29	$33,37
Hotéis Amber Inn & Suites	$47,85	$43,52	$38,72
Total de Hotéis	$38,60	$36,20	$34,34
Custo Direto por Apartamento Ocupado/Suíte			
Total de Hotéis	$28,75	$28,50	$28,92

Fonte: Registros da empresa.

de da empresa, os sistemas de reservas e o *site* eram administrados pelo Departamento de Serviços de Tecnologia de Informação. Outras despesas de hospedagem (por exemplo, impostos, seguro) eram de responsabilidade do Departamento de Administração Corporativa. A manutenção geral e as reformas das propriedades eram administradas pelo Departamento de Operações de Hospedagem.

Despesas corporativas As despesas de vendas, gerais e administrativas (V, G & A), projetadas para o ano fiscal de 2005, eram de $44,9 milhões. As despesas V, G & A incluíam o custo de serviços de tecnologia de informações, serviços jurídicos, financeiros e contábeis, recursos humanos, vendas e *marketing*. O aumento de $5,9 milhões sobre as despesas do ano fiscal de 2004 deveu-se, em grande parte, aos aumentos na compensação de funcionários da empresa, prêmios de assistência de saúde, despesas com tecnologia de informação e custos de vendas e *marketing*.

A empresa acrescentou dois representantes de vendas "nacionais" no início do ano fiscal de 2005. Os representantes de vendas nacionais visitam empresas que enviam indivíduos em viagem nos mercados atendidos pelos hotéis Amber Inn e Amber Inn & Suites. Onze representantes de vendas nacionais concentram-se em aumentar as vendas de hospedagem por meio da inclusão de hotéis da empresa em listas de hospedagem aprovadas de gerentes de viagem empresariais e de agências de viagens, bem como de organizações de viagens, como a American Automobile Association. Os outros 54 representantes de vendas visitam empresas locais, órgãos do governo, universidades e outras organizações que possam necessitar de acomodações para visitantes nos mercados atendidos pela empresa.

Os custos de *marketing* elevaram-se devido ao aumento na pesquisa de *marketing* e de propagandas na mídia. Em meados de 2004, a empresa encomendou um estudo em grande escala para identificar o hóspede Amber Inn & Suite. O estudo reproduziu um outro, realizado em meados de 2002. Os resultados desses dois estudos são apresentados na Figura 6. A despesa com propaganda na mídia para a Amber Inn & Suites, Inc. aumentou em $1,14 milhão para os $12,5 milhões do ano fiscal de 2005.

FIGURA 6

Perfil do hóspede da Amber Inn & Suites: julho – outubro de 2004 versus julho – outubro de 2002 (hotéis Amber Inn e Amber Inn & Suites combinados)

	Julho – Outubro 2004	Julho – Outubro 2002
1. Número médio de ocasiões diferentes em que um hóspede permaneceu em hotel Amber Inn & Suites durante os últimos 12 meses:	10,8	9,9
2. Número médio de pernoites na última estada	2,6 noites	2,4 noites
3. Finalidade da viagem (as porcentagens ultrapassam 100% devido à possibilidade de múltiplas respostas):		
Pessoal	9,5%	10,0%
Profissional	79,8	81,8
Lazer/Férias	14,2	13,2
Convenção	3,5	2,0
4. Freqüência de estada em motéis ou hotéis:		
Uma vez por semana ou mais	39,0%	37,0%
Uma vez no período de algumas semanas	21,7	22,7
Aproximadamente uma vez por mês	13,1	19,0
Uma vez no período de alguns meses	21,2	21,3
5. Tipo de viagem e pagamento na estada mais recente:		
Viagem profissional paga pela empresa	65,7%	67,7%
Viagem profissional paga pelo hóspede	16,3	16,3
Viagem de lazer paga pelo hóspede	18,0	16,0
6. Alugou um automóvel na viagem mais recente:		
Sim	23,1%	25,5%
Não	75,9	74,5

(Continua)

FIGURA 6 *(continuação)*

	Julho – Outubro 2004	Julho – Outubro 2002
7. Meio de transporte na viagem mais recente:		
Avião	34,0%	33,8%
Automóvel	64,8	66,2
8. Razão da escolha de um determinado hotel Amber Inn & Suite na estada mais recente (as porcentagens ultrapassam 100% devido à possibilidade de múltiplas respostas):		
Proximidade do local de atividades do dia seguinte	47,5%	47,0%
Viu o hotel ou placa quando estava pronto para parar	5,7	7,0
Recomendação de amigo, parente, etc.	15,4	15,0
Viu ou ouviu comercial	9,7	8,5
Especificação da empresa	7,3	6,9
Preferência pessoal com base em experiência anterior	48,1	49,1
Preço	36,6	35,4
Já ficou no hotel antes	40,9	41,2
Equipe simpática e gentil	27,9	28,0
Outros hotéis estavam lotados	3,1	2,9
9. Quem fez as reservas:		
O próprio hóspede	66,7%	68,5%
Empresa	11,2	12,1
Agência de viagens	2,7	2,2
Associação ou convenção	2,2	2,3
Parente, amigo, etc.	4,7	3,4
Sem reserva	12,5	11,5
10. Reserva feita com antecedência de:		
Sem reserva	12,5%	11,5%
1 a 3 dias	25,8	26,0
4 a 7 dias	20,9	22,5
8 a 14 dias	18,7	18,3
15 a 21 dias	10,8	10,5
22 a 28 dias	7,2	7,2
29 dias ou mais	4,1	4,0
11. Pessoa(s) com quem compartilhou a última estada (as porcentagens ultrapassam 100% devido à possibilidade de múltiplas respostas):		
Cônjuge	21,6%	20,8%
Filhos	5,2	5,5
Amigos	3,4	2,9
Colegas de trabalho	4,1	4,2
Ninguém – ficou sozinho	68,9	69,0
12. Probabilidade de ficar em um hotel Amber Inn & Suites, em nova visita à região:		
Extremamente provável	54,2%	53,1%
Muito provável	30,3	28,5
Pouco provável	11,9	14,2
Não muito provável	2,6	2,2
Extremamente improvável	1,0	2,0
13. Probabilidade de ficar em um hotel Amber Inn & Suites se algum estiver disponível em outra área visitada:		
Extremamente provável	45,5%	42,7%
Muito provável	35,4	33,5
Pouco provável	16,1	18,5
Não muito provável	2,3	3,4
Extremamente improvável	0,7	2,0
14. Primeira estada em um hotel Amber Inn & Suites:		
Sim	27,0%	25,5%
Não	73,0	74,5

Fonte: Amber Inn & Suites Guest Profile Analysis. Novembro de 2004 e novembro de 2002. Registros da empresa.

■ PLANEJAMENTO E ORÇAMENTO DE VENDAS E *MARKETING*

Kelly Elizabeth entrou na Amber Inn & Suites, Inc. em janeiro de 2003, para comandar o recém-formado departamento de vendas e *marketing*. Anteriormente, a função de vendas era administrada pelo vice-presidente sênior de Operações de Hospedagem. Kelly Elizabeth tinha 17 anos de experiência em vendas e *marketing* no setor de hotéis/hospedagem antes de assumir o cargo. Como vice-presidente sênior de vendas e *marketing*, ela era responsável pelas vendas, propaganda, promoções e pesquisa de *marketing*. Catherine Grace foi contratada como vice-presidente de propaganda em fevereiro de 2004. Antes, ela era diretora de mídia na empresa de propaganda e relações públicas que cuidava da conta de propaganda da Amber Inn & Suites, Inc.

O plano e o orçamento de vendas e *marketing* para o ano fiscal de 2006 seriam o terceiro desde que a Sra. Elizabeth havia ingressado na Amber Inn & Suites, Inc. A seguir, temos a descrição dos dois planos e orçamentos anteriores.

Plano e orçamento para o ano fiscal de 2004

O plano para o ano fiscal de 2004, elaborado por Kelly Elizabeth, partiu dos planos anteriores de vendas e *marketing* da Amber Inn & Suites, Inc. O primeiro objetivo era aumentar a ocupação geral dos hotéis da Amber Inn & Suites, Inc. Seu plano incluiu uma ênfase modesta nos hotéis com suítes para atrair o viajante de lazer/férias. Essa nova ênfase no viajante de lazer era uma resposta à apatia no setor de viagens como um todo e, especialmente, nas viagens de negócios. A execução criativa apresentou a chamada "O lugar para ficar ao viajar" – com anúncios mostrando casais ou famílias desfrutando das comodidades dos hotéis com suítes, enquanto viajavam pelos estados do oeste e das Montanhas Rochosas. Esse plano foi sustentado por um aumento substancial no orçamento para propaganda na mídia. Embora a Amber Inn & Suites, Inc. tivesse seguido a prática do setor e orçado cerca de 2% de sua receita total de hospedagem para a propaganda na mídia antes do ano fiscal de 2004, o orçamento daquele ano foi de $11.360.000, ou 2,7% da receita total de hospedagem da empresa para o ano fiscal de 2004. Aproximadamente 28% dessa despesa foram direcionados para o segmento dos viajantes de lazer/férias. Os 72% restantes dos gastos de mídia tinham como alvo o viajante de negócios e demonstravam uma mensagem de serviços, preços e localizações coerente com a propaganda anterior da empresa na mídia. Todas as propagandas na mídia se concentraram nos estados do oeste e das Montanhas Rochosas. Um outro aspecto singular do plano para o ano fiscal de 2004 foi a inclusão de comunicações na Internet. "Com um de cada cinco viajantes usando a Internet atualmente para planejar suas viagens e fazer reservas, esse acréscimo no *mix* de mídia era fundamental", disse Catherine Grace.

O orçamento de vendas do ano fiscal de 2004 aumentou para $4,4 milhões, com adição de dois representantes de vendas nacionais, mais acréscimo de compensação e custos de viagem.[3] Cada um dos representantes recebeu a responsabilidade de contatar e trabalhar com agências e organizações de viagem *online* e *offline* para construir o negócio de viagens de lazer/férias.

A Sra. Elizabeth sintetizou os resultados do trabalho do ano fiscal de 2004:

> Atingimos nosso objetivo de aumentar a ocupação geral no ano fiscal de 2004. Isso foi importante porque nossa taxa global média de diária não foi alterada. Nossas instalações com suítes atraíram o viajante de lazer/férias, conforme foi evidenciado por um aumento na ocupação nos fins de semana, tanto nos hotéis Amber Inn quanto nos hotéis Amber Inn & Suites. A receita total de hospedagem aumentou, mesmo com menos hotéis e quartos, assim como nossa receita por quarto disponível.

---

[3] O orçamento de vendas consiste de salários, benefícios extras, despesas de viagem e administração de vendas para vendedores nacionais e locais, gerentes de distritos, equipe burocrática e de apoio às vendas e vice-presidente de vendas. Também inclui despesas com material de vendas. Para fins orçamentários, os salários, benefícios extras e despesas de viagem para o vice-presidente sênior de vendas e *marketing* e o vice-presidente de propaganda foram incluídos no orçamento de vendas.

Plano e orçamento para o ano fiscal de 2005

O plano para o ano fiscal de 2005 tinha três objetivos: (1) aumentar a ocupação geral nos quartos e suítes, (2) atrair hóspedes novos e (3) aumentar a duração da estada por visita. O plano para aumentar a ocupação geral levaria adiante as iniciativas de criação e mídia do ano anterior para dar-lhes continuidade. Para atrair novos hóspedes, o escopo de colocação na mídia seria ampliado para incluir os estados do meio-oeste, inclusive Texas e Oklahoma. Esse trabalho foi chamado de "estratégia de fronteira" e enfatizou a consciência e aceitação da marca. Para aumentar a duração da estada, uma promoção de verão foi implementada. Essa promoção era equivalente a um desconto de 50% na terceira noite de permanência em acomodações do tipo suíte e de 25% na terceira noite de hospedagem em quarto. A promoção apareceu em anúncios eletrônicos e impressos em abril e maio, juntamente com uma campanha de mala direta, e estava associada com reservas feitas para junho, julho ou agosto.

O orçamento do ano fiscal de 2005 para propaganda na mídia foi de $12.500.000, ou quase 3% da receita total de hospedagem da empresa para aquele ano. O aumento de 10% nos gastos com mídia deveu-se exclusivamente ao custo acrescentado da propaganda "de fronteira". Aproximadamente 35% do orçamento de mídia foi direcionado para o viajante de lazer/férias; 65% foi dirigido para o viajante de negócios.

Dois representantes de vendas nacionais foram adicionados no ano fiscal de 2005. O custo adicional de 135.000 dólares desses representantes, incluindo viagem e outros custos, aumentou o orçamento de vendas para $4,7 milhões. A primeira responsabilidade dos representes de vendas nacionais era desenvolver relações de trabalho com empresas e organizações nos estados do meio-oeste (incluindo o Texas e Oklahoma) que tivessem indivíduos viajando em mercados atendidos pelos hotéis Amber Inn & Suites. A intenção era aumentar a aceitação da marca Amber Inn & Suites junto às empresas.

Comentando o plano para o ano fiscal de 2005, a Sra. Elizabeth disse:

> Nossas taxas de ocupação para todos os hotéis será 7,9% mais alta do que as do ano fiscal de 2004, com base em nossas projeções de final de ano. Estamos agora aproximadamente onde a empresa estava no ano fiscal de 2000, antes do declínio da ocupação no setor. O maior impulso veio dos hotéis Amber Inn & Suites. A ocupação de Amber Inn aumentou também. Aumentamos a porcentagem de novos hóspedes como a porcentagem do total de hóspedes. Nossa permanência média elevou-se ligeiramente. O crescimento de receita de 6,2% superou o crescimento de 5,8% do setor, embora tenhamos tido um hotel a menos no ano fiscal de 2005. Nossa taxa média de diária por quarto/suíte decresceu levemente. No entanto, a maior ocupação resultou em um aumento na receita por quarto disponível.

A Figura 7 detalha o orçamento de vendas e *marketing* da Amber Inn & Suites, Inc. para os anos fiscais de 2003, 2004 e 2005.

Plano e orçamento para o ano fiscal de 2006 (1º de junho de 2005 – 31 de maio de 2006)

No final da tarde do dia 4 de abril de 2005, Kelly Elizabeth reuniu-se com Catherine Grace para discutir como se sucedeu sua conferência de um dia inteiro com o vice-presidente sênior Joseph James, novo presidente e CEO da empresa. Ambas concordaram que a idéia de uma apresentação formal estava em forte contraste com o modo como o planejamento e o orçamento haviam sido conduzidos no passado. "Certamente é uma maneira eficiente de atualizar o Sr. James", disse a Sra. Grace, "mas não nos possibilita muito tempo". "Você tem toda a razão!", respondeu a Sra. Elizabeth. Ela acrescentou:

> Felizmente, já refletimos bastante sobre as iniciativas do ano que vem. Brad nos deu uma faixa preliminar de orçamento entre $12,5 e $12,9 milhões e um orçamento de vendas entre $4,85 e $5 milhões para trabalhar no ano fiscal de 2006. Mas ainda temos que tomar inúmeras decisões antes da apresentação de 11 de abril. O modo como abordaremos EBITDA e os incorporaremos em nossa

FIGURA 7

Orçamento de vendas e *marketing* da Amber Inn & Suites, Inc.: Anos fiscais 2003 – 2005

	A. Orçamento de propaganda na mídia		
Mídia	*Ano fiscal 2005*	*Ano fiscal 2004*	*Ano fiscal 2003*
Revista	$3.236.240	$2.780.000	$1.659.800
Jornal	4.096.965	3.975.000	3.020.000
Outdoors	519.700	558.500	651.750
Comercial de televisão	2.340.266	1.875.500	1.488.420
Redes de TV a cabo	1.048.589	975.500	689.367
Rádio	257.740	425.500	540.663
Internet	1.000.500	750.000	0
Total	$12.500.000	$11.360.000	$8.050.000

	B. Orçamento de vendas		
Categoria da despesa	*Ano fiscal 2005*	*Ano fiscal 2004*	*Ano fiscal 2003*
Representantes de vendas (salário, bônus, benefícios extras)	$3.841.400	$3.634.255	$3.251.375
Administração de vendas e *marketing* (salário, bônus, benefícios extras)	500.200	479.960	354.450
Materiais de vendas	15.205	10.000	15.650
Viagem	315.250	285.650	265.550
Pesquisa de vendas e *marketing*	60.000	0	50.000
Total	$4.732.100	$4.409.865	$4.117.025

Fonte: Registros da empresa.

apresentação será um fator decisivo para o sucesso de nossa apresentação... e para a aprovação de nosso plano e orçamento. Thomas [Thomas Klein, vice-presidente de vendas] está incomunicável no Nepal para mais uma semana de escalada, então teremos que avançar aos poucos, sem sua contribuição direta para a apresentação.

No início de março, a Sra. Elizabeth e a Sra. Grace concordaram que os mesmos veículos de mídia usados no ano fiscal de 2005 seriam usados novamente no ano fiscal de 2006. A Sra. Grace observou que o custo de propaganda na mídia provavelmente aumentaria em 2% em 2006. Não seriam adicionados novos representantes de vendas no ano fiscal de 2006, e a faixa de orçamento de vendas entre $4,85 e $5 milhões parecia razoável e viável, de acordo com Thomas Klein, com base em conversas anteriores.

A Sra. Elizabeth listou três questões que exigiam atenção imediata na preparação da apresentação de 11 de abril. No topo da lista estava a alocação de dólares para propaganda na mídia entre o mercado de viajantes de lazer/férias e o de viajantes de negócios. Essa questão tinha surgido em reuniões anteriores do comitê executivo e durante a reunião com o Sr. James. O vice-presidente sênior de Operações de Hospedagem achava que havia sido dada muita ênfase ao mercado dos viajantes de lazer/férias. Ele disse: "A Amber Inn & Suites, Inc. construiu seu negócio e reputação oferecendo um local limpo, confortável e conveniente para os viajantes de negócios. O negócio dirigido a famílias, especificamente, denigre esse conceito empresarial. Temos recebido queixas de nossos hóspedes freqüentes que viajam a negócios". A CFO expressou preocupação também. Ela observou que o viajante de lazer/férias é mais sensível ao preço do que quem viaja com objetivos profissionais. Isso, por sua vez, levou a uma maior "compra" de hotéis no planejamento de viagens para fins não-profissionais. Ela complementou: "Um aumento de um dólar mais ou menos no preço de nosso quarto é provavelmente equivalente a um aumento de 5 a 10% nas taxas de ocupação, em termos de lucratividades sem nenhum custo para nós". A Sra. Elizabeth acreditava que sua apresentação precisaria abordar essas preocupações de frente. "Preocupações semelhantes tinham surgido anteriormente, mas Brad as descartou", relembrou a Sra. Elizabeth.

Uma segunda questão era a estratégia "de fronteira", iniciada no plano do ano fiscal de 2005. A Sra. Elizabeth se perguntava se essa iniciativa deveria ser levada adiante no plano fiscal de 2006. Embora ela acreditasse que os resultados da estratégia "de fronteira" fossem positivos, apesar de confusos, ainda era cedo demais para um julgamento final de sua eficácia. "A consciência e aceitação de marca não acontecem da noite para o dia. Brad compreendia isso, mas temos que ver se o Sr. James pensa de maneira semelhante", disse a Sra. Elizabeth.

Uma terceira questão estava relacionada com as promoções. A Sra. Grace tinha recomendado "especiais de fim de semana" como substituição para a promoção "pernoite grátis", usada no ano fiscal de 2005. Embora ainda estivesse em formação, sua idéia era realizar "especiais de fim de semana" uma vez por mês, com desconto de 25% da taxa de quarto/suíte para pernoites de sábado e domingo. (A taxa balcão média anunciada em todos os hotéis era de $62,00 para quartos e de $75 para suítes.) Esses especiais apareceriam no *site* da empresa e em informações enviadas aos hóspedes por correio eletrônico. Segundo a Sra. Grace, "não haveria virtualmente nenhum custo adicional de propaganda associado com essa promoção. Além disso, ela tem muita probabilidade de impulsionar a taxa de ocupação de final de semana nos hotéis da empresa, que está pairando nos 60%". A Sra. Elizabeth ainda não havia decidido se essa idéia seria ou não parte do plano do ano fiscal de 2006. Ela sabia que tinha sido projetado um aumento de 2% no custo direto por quarto/suíte alugada no ano fiscal de 2006, e uma recomendação de promoção de preço poderia encontrar alguma resistência, especialmente do vice-presidente sênior de Operações de Hospedagem. As diversas questões precisariam ser abordadas ao longo da semana seguinte, e as decisões deveriam ser tomadas. Além disso, os objetivos que motivaram as iniciativas e o orçamento do ano fiscal de 2006 precisavam ser identificados para que a apresentação na reunião de 11 de abril fosse coerente.

CASO

Craft Marine Corporation

Em outubro de 2001, Brayden Frank marcou seus primeiros seis meses como vice-presidente de *marketing* da Craft Marine Corporation. Frank, que havia ingressado na Craft Marine depois de trabalhar cinco anos em uma empresa de consultoria administrativa, passou os primeiros seis meses se familiarizando com todos os aspectos da empresa e se reunindo com os revendedores da Craft Marine. Naquele momento, ele estava no processo de delineamento do plano de propaganda de 2002 para a Craft Marine. O clima incerto do consumidor e da economia após os ataques terroristas ao World Trade Center, em Nova Iorque, em 11 de setembro de 2001, pairavam em seus pensamentos.

O plano de propaganda da Craft Marine para o ano seguinte era (1) mostrar as atividades de desenvolvimento de produto empreendidas em 2001; (2) aumentar a lembrança imediata da empresa entre proprietários de barcos e pessoas com probabilidade de se envolver com barcos e (3) manter o ímpeto do crescimento de vendas do ano anterior. A empresa tinha despendido 2,8 milhões de dólares em 2001 para o desenvolvimento de produtos, o que gerou três revoluções. Primeiro, um novo *design* de casco para barcos familiares de 17 e 18 pés havia sido aperfeiçoado e seria lançado em 2002. Segundo, a empresa tinha desenvolvido barcos de 20 pés *offshore* (criados para uso em água salgada) que deviam ser lançados em 2002. Esses barcos eram os primeiros modelos *offshore* produzidos pela empresa. Terceiro, a empresa havia desenvolvido um novo barco leve de pesca. A ênfase na lembrança imediata tinha sido acionada por um recente estudo conduzido pela Craft Marine, que mostrou que, entre novos proprietários de barcos, o nome da marca Craft Marine tinha o menor nível de conhecimento entre as dez principais marcas estudadas. Finalmente, as vendas em dólares da empresa tinham aumentado 15% em 2000 e 2001, e a alta administração queria repetir essa taxa de crescimento em 2002.

Embora os detalhes do programa de propaganda de 2002 e de sua execução fossem deixados a cargo da agência de propaganda da empresa, era responsabilidade de Frank tomar a decisão orçamentária. Especificamente, ele teria que recomendar o orçamento total de propaganda para a alta administração e como o orçamento deveria ser alocado.

■ A EMPRESA

A Craft Marine Corporation estava entre as primeiras empresas a produzirem barcos de lazer em fibra de vidro. Em 2001, com o trabalho de desenvolvimento de produtos da empresa, a linha de produtos da Craft Marine incluía 32 modelos diferentes em cinco grupos de produtos, variando de pequenos barcos de pesca até cruzadores. A seguir, tem-se um detalhamento dos grupos de produtos:

Grupo de Produto	*Número de Modelos*
Família (lazer)	18
Offshore	3
Cruzador	7
Pesca/esqui aquático	4

Este caso foi preparado pelo professor Roger A. Kerin, da Edwin L. Cox School of Business, Southern Methodist University, e pelo professor Robert A. Peterson, The University of Texas, Austin, como base para discussão em aula e não se destina a ilustrar o manejo eficaz ou ineficaz de uma situação administrativa. Todos os nomes e dados foram alterados e não se prestam para fins de pesquisa. Este caso foi baseado em um caso anterior preparado por Robert A. Peterson e Larry Buntin Jr. Copyright © 2003 Roger A. Kerin e Robert A. Peterson. Nenhum excerto deste caso pode ser reproduzido sem autorização por escrito dos detentores dos direitos autorais.

Os barcos da Craft Marine têm preços competitivos. "A empresa compete em qualidade e desempenho, e não no preço", disse Frank.

Para 31 de dezembro de 2001, a Craft Marine Corporation teria vendas de 120,5 milhões de dólares. Esperava-se que a receita após os impostos fosse de cinco milhões de dólares.

Distribuição

Aproximadamente 95% das vendas da Craft Marine ocorrem nos Estados Unidos continental. O Canadá é responsável pelos 5% restantes das vendas. A empresa mantém relações comerciais com 24 revendedores. Estes representam várias marcas concorrentes de barcos e produtos marítimos. O maior revendedor dos Estados Unidos respondia por 17% do total de vendas da empresa. Esse revendedor estava localizado na região Noroeste Central, que incluía Iowa, Kansas, Minnesota, Nebraska, Dakota do Norte e Dakota do Sul. Os dois maiores revendedores seguintes, cada um sendo responsável por 16% do total de vendas da empresa, estavam situados na região Nordeste Central (Wisconsin, Indiana, Michigan, Illinois e Ohio). Todos os três revendedores tinham vendido barcos da Craft Marine por mais de 20 anos.

Historicamente, a distribuição da Craft Marine tinha sido mais fraca em áreas onde as vendas de barcos *offshore* eram maiores (por exemplo, na Flórida e na Califórnia). Executivos da empresa acreditavam que a introdução dos três barcos *offshore* de 20 pés, em 2002, impulsionariam as vendas naquelas áreas.

Vendas e promoção

A organização de vendas da Craft Marine consiste de um gerente de vendas nacional, dois gerentes de vendas regionais e uma equipe de vendas. Os dois gerentes de vendas regionais operam a leste e a oeste do Rio Mississipi, respectivamente. Sua função é coordenar o trabalho de vendas da empresa com o trabalho de vendas dos revendedores.

No passado, as atividades de promoção de vendas haviam se limitado ao desenvolvimento e distribuição de equipamentos tradicionais, como casacos, *banners*, copos e óculos.[1] Recentemente, no entanto, a Craft Marine estava sendo cada vez mais ativa em mostras comerciais e exposições aos consumidores. As mostras comerciais costumam ser programadas para o final do outono e se juntam às exposições aos consumidores nos meses de inverno. Ambos os tipos de exposição são realizados em diversos locais por todo o país, e é durante essas mostras que novos modelos de barcos são lançados. A Craft Marine tinha introduzido seus novos *designs* de casco e barcos *offshore* nas mostras comerciais do outono e planejava exibir essas inovações durante o inverno de 2002 em exposições de barcos aos consumidores.

Como parte de sua estratégia de *marketing* mais agressiva para 2002, Frank tinha expandido o programa de promoção de vendas. O programa expandido incluía um *kit* promocional para os revendedores da empresa, que consistia de cinco pacotes de materiais de promoção de vendas, cada um organizado em torno de um tema sazonal. Incluídos no material estavam camisetas, pôsteres para colocação em *displays*, balões e bandeiras. Esses *kits* deveriam estar disponíveis para os revendedores em fevereiro de 2002.

Propaganda

Durante 2001, a Craft Marine gastou 600.000 dólares com propaganda, em comparação com os 500.000 gastos em 2000 e os 415.000 despendidos em 1999. Como era típico no setor, a propaganda concentrava-se na mídia impressa. O detalhamento em porcentagem e em dólares do orçamento de propaganda para 2001 é apresentado na Figura 1.

Frank era sensível à conquista de igualdade com outros fabricantes nacionais de barcos em termos de propaganda em revistas de barcos para o canal de distribuição, que atingiam revendedores,

---

[1] As despesas com promoções de vendas e o custo de mostras comerciais e de exposições de barcos aos consumidores eram pagos com uma conta de orçamento separado, de acordo com os procedimentos de contabilidade da empresa.

FIGURA 1

Orçamento de propaganda para 2001

Item do orçamento	Gasto	
Revistas de barcos para o canal de distribuição nacionais [a]	$312.000	(52%)
Catálogos para revendedores/brochuras para consumidores [b]	66.000	(11%)
Propaganda em jornal cooperativo com revendedores [c]	132.000	(22%)
Custos de produção [d]	90.000	(15%)
	$600.000	(100%)

[a] Revistas para o canal atingem membros do canal de distribuição (revendedores) e consumidores. Exemplos de revistas de barco para o canal de distribuição aparecem na Figura 5.
[b] Catálogos para revendedores/brochuras para consumidores apresentam a linha de produtos da Craft Marine, incluindo especificações do desempenho do produto. São usados pelos revendedores para dar informações a compradores potenciais nos pontos de venda.
[c] A propaganda cooperativa envolve a divisão meio a meio dos custos de propaganda em jornais com os revendedores. Uma típica propaganda cooperativa mostraria os produtos Craft Marine com uma chamada do revendedor.
[d] Os custos de produção incluem os custos de preparação das propagandas e os honoráriois da agência.

proprietários de barcos e entusiastas da área. Embora fosse difícil determinar quanto a concorrência da Craft Marine estava orçando para propaganda nessas revistas, a agência de propaganda da empresa ofereceu algumas estimativas. A agência estimou que os dois maiores concorrentes, respectivamente, tinham gasto 0,53% e 0,4% das vendas em revistas de barco para o canal de distribuição, em 2001. Tais porcentagens foram obtidas a partir de anúncios públicos feitos pelos dois grandes concorrentes em artigos de apresentação sobre o setor. A Craft Marine tinha destinado 0,26% das vendas para a propaganda nessas publicações em 2001. Um anúncio em cores da Craft Marine havia aparecido seis vezes em cada revista durante os períodos de pico das vendas.

Frank também era sensível ao nível de gastos com propaganda no setor como um todo. A média do setor era de 0,7% das vendas.[2] Estimava-se que grandes fabricantes nacionais de barcos de lazer tinham gastado 0,9% das vendas em propaganda, de acordo com a agência de propaganda da Craft Marine.

Finalmente, Frank foi informado pela agência de propaganda que a maior concentração dos dólares em mídia do setor era gasta durante os meses de pico nas vendas. Mais ainda, sua própria observação das propagandas impressas da concorrência sugeria-lhe que a propaganda no setor tendia a ser repetitiva. A maioria dos anúncios apresentava um único modelo ou linha de produtos. As propagandas de modelos menores tinham uma ênfase nos fatos, ao passo que os anúncios de modelos maiores, mais caros e mais sofisticados destacavam a "sensação" do barco, juntamente com informações factuais. Isso era especialmente verdadeiro no caso dos cruzadores. "As pessoas compram barcos para fugir do estresse e afastar-se das preocupações que têm em terra", disse Frank.

■ O SETOR DE BARCOS DE LAZER NOS ESTADOS UNIDOS

As vendas do setor de barcos de lazer dependem fortemente das condições gerais da economia. As vendas do setor tendem a refletir padrões de renda discricionária pessoal nos Estados Unidos. As vendas projetadas para o fim de 2001, de 25,6 bilhões de dólares, foram atribuídas primeiramente a um aumento de 13% no preço de um barco novo comum. As vendas por unidade no setor na verdade caíram 6% em 2001. As vendas em dólares do setor foram de 25,5 bilhões em 2000 e de 22,2 bilhões em 1999.

---
[2] "2001 Advertisingto-Sales Ratios for the 200 Largest Ad Spending Industries", *Advertising Age* (September 17, 2001), p. 20.

Existem mais de 100 fabricantes de linhas completas de barcos nos Estados Unidos. Entre 20 e 30 desses fabricantes distribuem seus produtos nacionalmente e competem diretamente com a Craft Marine nos Estados Unidos continental. Nenhum fabricante detém uma participação maior do que 10% no mercado. Por exemplo, estimou-se que a Genmar Holdings, Inc., um importante fabricante de barcos dos Estados Unidos, que comercializa as bem conhecidas marcas Glastron, Ranger e Wellcraft, com mais de 400 modelos diferentes, tenha atingido vendas de $1,2 bilhão. (*Nota:* As vendas dos fabricantes de barcos dos Estados Unidos são difíceis de calcular porque a maioria dos fabricantes é de propriedade particular ou faz parte de empresas maiores que vendem diversos produtos. Por exemplo, as bem conhecidas marcas de barcos Sea Ray e Bayliner são fabricadas pela Brunswick Corporation, uma líder no amplo setor de produtos de lazer.)

Distribuição do mercado e aspectos sazonais

Geograficamente, as vendas de barcos são segmentadas por estado e região. A Figura 2 mostra a distribuição de registros de barcos por estado. Dez estados são responsáveis pela maioria das vendas. Michigan e Califórnia são os maiores mercados. A Flórida e Minnesota também representam mercados importantes. Três regiões respondem por mais da metade das vendas. A região Nordeste Central (Illinois, Indiana, Michigan, Ohio e Wisconsin) e a região Sul-Atlântica (Delaware, District of Columbia, Flórida, Geórgia, Maryland, Carolina do Norte, Carolina do Sul, Virgínia e West Virgínia), cada uma, é responsável por 20% dos registros anuais de barcos nos Estados Unidos. A região Noroeste Central (Iowa, Kansas, Minnesota, Missouri, Nebraska, North Dakota e South Dakota) tem 12,5 dos registros anuais de barcos nos Estados Unidos.

Três quartos das vendas de barcos no varejo ocorrem entre março e agosto, com abril, maio e junho sendo os principais meses de compras. Por exemplo, as vendas de barcos costumam variar de 2%, em dezembro, para uma alta de 15% em maio. Conseqüentemente, os embarques de fábrica são maiores em fevereiro, março, abril e maio, com os contratos de compra anteriores com os revendedores, representando o procedimento operacional normal para os fabricantes nacionais. A Craft marine, por exemplo, tipicamente forma seus estoques de setembro a fevereiro e oferece um

FIGURA 2

Os dez principais estados em registros de barcos: 2001

Estado	*Porcentagem*
Michigan	7,75
Califórnia	7,74
Flórida	6,98
Minnesota	6,40
Texas	4,81
Wisconsin	4,47
Nova York	4,08
Ohio	3,22
Carolina do Norte	2,96
Illinois	2,87
	51,28

Total de registros de barcos nos Estados Unidos: 12,9 milhões

Fonte: Registros da empresa (com base em dados da Guarda Costeira dos Estados Unidos).

programa de desconto nos preços fora da estação para estimular as compras pelos revendedores antes do período de pico. "Todo o nosso crescimento de vendas em 2001 ocorreu antes de 11 de setembro de 2001", disse Frank. "As vendas de novembro e dezembro em nossos revendedores foram virtualmente inexistentes, e eles estão entrando o inverno com excesso de estoque".

Comportamento de compradores de barcos

Uma pesquisa sobre comportamento de compra de barcos encomendada pela Craft Marine no início de 2001 produziu um perfil dos proprietários de barcos e suas razões para comprá-los. O estudo empregou uma amostra nacional aleatória de proprietários de barcos.

De acordo com o estudo, o típico comprador de barco era homem casado, com idade entre 45 e 50 anos, com dois filhos adolescentes. A renda familiar média anual de um comprador de barco era de 40.450 dólares. A pesca era a atividade mais popular, seguida pelo passeio e esqui.

Os resultados relativos aos atributos dos barcos e as fontes de informações causaram poucas surpresas. Frank não ficou surpreso em ver que a qualidade de construção era facilmente a característica mais importante com influência na compra de um barco (ver a Figura 3). No entanto, ele se perguntava como um comprador de barco poderia presumivelmente determinar a qualidade da construção sem a assistência de um representante ou vendedor. Ele sabia que tinha levado alguns meses para aprender a distinguir entre qualidade boa e regular – e quem havia lhe ensinado o que observar foi o vice-presidente de fabricação da Craft Marine. Ele também estava surpreso com a relativa falta de importância do preço baixo e achava que esse resultado pudesse ser um artefato do estudo. As classificações das fontes de informações para seleção de uma marca de barco eram coerentes com o que ele esperava (ver a Figura 4). Por fim, Frank ficou especialmente intrigado com três achados do estudo:

- Dos atuais proprietários de barcos que planejavam comprar um barco nos próximos seis meses (de março a agosto de 2001), 34% afirmaram que esse barco seria um barco de lazer familiar com 18 pés ou menos, enquanto 47% disseram que seria do tipo cruzeiro familiar.
- Em todas as decisões, exceto nas referentes à cor, o marido predominava.

FIGURA 3

Atributos do produto que afetam os compradores de barcos

Atributo	*Importância relativa*
Qualidade de construção	100%
Desempenho	81
Objetivo do *design*	78
Valor	68
Navegação suave	46
Assistência após a compra	42
Economia de operação	29
Valor de revenda	25
Marca	19
Quantidade de HPs disponíveis	9
Preço baixo	4
Acessórios incluídos	2

Fonte: Registros da empresa.

FIGURA 4

Fonte de informações sobre marca de barco comprado

Fonte	Importância relativa [a]
Amigos e parentes	100%
Revendedor	98
Catálogo/brochura	97
Anúncio em revista	93
Vendedor	86
História em revista/jornal	85
Anúncio em jornal	69
Anúncio em rádio/TV	67

[a] "Amigos e parentes" receberam a classificação de 100% arbitrariamente.
Fonte: Registros da empresa.

- Antes de tomar a decisão de compra, o típico comprador de barco visitava, no mínimo, dois revendedores do produto.

A DECISÃO SOBRE O ORÇAMENTO DE PROPAGANDA

O plano de propaganda de 2002 era a primeira apresentação importante que Frank teria que fazer para o presidente e o comitê executivo da Craft Marine. Portanto, ela significava mais do que meramente fazer um pedido de recursos financeiros. Ele achava que o esmero do plano de propaganda e a lógica por trás dele seriam tão importantes quanto o próprio orçamento final. Ele sabia que o orçamento final provavelmente seria um meio-termo entre o que era ideal e o que era realista do ponto de vista financeiro. O orçamento também tinha que refletir as realidades econômicas. "É impossível determinar as vendas de 2002, considerando-se a economia estagnada dos Estados Unidos e as tragédias de 11 de setembro", disse Frank. Contudo, ele achava que, se pudesse articular claramente o papel que a propaganda desempenha no *marketing* de barcos, então sua proposta poderia receber consideração mais cuidadosa e suas recomendações específicas sobre como o orçamento deveria ser alocado teriam mais peso.

O orçamento em si seria uma declaração organizada em itens, como mostra a Figura 1. Quadros adicionais documentariam os números relatados.

A pedido de Frank, a agência preparou para sua apreciação um resumo de propagandas em diferentes mídias. As principais revistas de barco para o canal de distribuição e revistas de interesse geral são descritas na Figura 5. A Craft Marine não havia anunciado em revistas de interesse geral no passado devido ao custo. Além disso, o pessoal da agência preparou estimativas do custo de produção de catálogos para os revendedores e de brochuras para os consumidores, apresentando os novos *designs* de casco, os três barcos *offshore* e o novo barco de pesca. Um resumo dos custos para catálogos e brochuras é mostrado na Figura 6. Finalmente, a agência projetou um aumento de 5% na propaganda cooperativa, dados os maiores custos previstos para a propaganda de jornal nos mercados de revenda da Craft Marine.

FIGURA 5

Comparação de mídias selecionadas

	Principais revistas de barcos		
	Boating Magazine	**Yachting**	**Motor Boating**
Freqüência de publicação	Mensal	Mensal	Mensal
1 página branco e preto	$19.005	$14.235	$11.700
1 página em cores	$22.630	$15.910	$13.400
Circulação	202.265	133.899	153.282
Descrição editorial	A revista mais geral sobre barcos.	Abrange barcos a vela e a motor, indica os principais eventos e descreve novos produtos.	Para o proprietário de barco/iate interessado em entretenimento.

	Revistas de interesse geral*			
	Business Week	**Time**	**National Geographic**	**Sports Illustrated**
Freqüência de publicação	Semanal	Semanal	Mensal	Semanal
1 página branco e preto	$57.400	$128.100	$135.130	$133.000
1 página em cores	$85.000	$183.000	$156.755	$190.000
Circulação	923.786	4.122.699	10.000.000	3.251.117
Descrição editorial	Para notícias sobre administração, pois afetam os negócios.	Traz resumos de notícias sobre assuntos nacionais.	De âmbito internacional; ambiente cultural informações científicas.	Reportagens sobre esportes, recreação e lazer.

* *Nota:* Todas as estimativas de custo e circulação são baseadas na distribuição nacional. Edições regionais também estão disponíveis, custando de 15 a 25% dos custos de cobertura nacional.
Fonte: Registros da empresa.

FIGURA 6

Estimativas de custos de catálogo e brochura

Catálogo		Brochura	
Unidades produzidas	Custo	Unidades produzidas	Custo
500	$10.000	5.000	$25.000
1.000	18.000	10.000	45.000
1.500	24.000	15.000	63.700
2.000	28.000	20.000	80.000
2.500	30.000	25.000	93.750
		30.000	105.000

Pedidos acima de 2.500 teriam o preço de $12,00 por centena.

Pedidos acima de 30.000 teriam o preço de $3,00 por milhar.

Nota: Os catálogos e brochuras para 2002 seriam coloridos e apresentariam os novos *designs* de cascos, os modelos *offshore* e o novo barco de pesca. Os catálogos incluiriam todos os novos produtos, com fotos e especificações dos barcos. Os catálogos teriam três furos, para serem colocados nas pastas dos revendedores e também estariam disponíveis para os compradores de barcos. As brochuras seriam produzidas individualmente para os novos *designs* de cascos, modelos *offshore* e o novo barco de pesca, respectivamente (por exemplo, 5.000 brochuras para modelos *offshore*, 5.000 brochuras para os novos *designs* de cascos e 5.000 para o novo barco de pesca). As brochuras teriam de duas a quatro páginas.

CASO

Godiva Europa

Em julho de 1991, Charles van der Veken, presidente da Godiva Europa, examinou com satisfação os resultados financeiros do último período da Godiva – Bélgica, que mostraram um lucro operacional de 13 milhões de francos belgas. "Chegamos longe", pensou ele consigo mesmo, lembrando a situação financeira que havia herdado um ano antes, com um prejuízo de 10 milhões de francos.[1] No decorrer do ano anterior, van der Veken havia reestruturado completamente a empresa. Começou demitindo pessoal das áreas de *marketing* e vendas e depois mudou a rede de distribuição para o varejo, retirando a representação da Godiva de várias lojas. A seguir, refez totalmente a decoração e o *design* das lojas restantes e estabeleceu regras precisas para sua organização e funcionamento. As mudanças tornaram a rede de franquias da Godiva – Bélgica comparável às dos Estados Unidos e do Japão. Isso porque, enquanto em todos os outros países, as lojas da Godiva transmitiam uma imagem de luxo e de produtos de alto nível, na Bélgica, onde o conceito Godiva havia sido originalmente criado, essa imagem mal se mantinha. Temendo o que chamava de "efeito bumerangue", van der Veken primeiro concentrou-se na reestruturação da rede varejista da Godiva, um objetivo que estava se encaminhando para a realização naquele momento. "Está na hora", pensou van der Veken, "de comunicar a imagem desejada da Godiva de forma mais abrangente, agora que temos uma rede varejista capaz de manter essa imagem no nível dos três mercados principais".[2]

■ A EMPRESA GODIVA EUROPE

A Godiva tem suas origens na Bélgica, onde a fabricação de chocolates vem de uma longa tradição. Joseph Draps, que fundou a Godiva na década de 1920, assumiu o controle da empresa da família após a morte de seu pai e criou uma variedade de chocolates muito apreciados para os quais não tinha encontrado um nome. Finalmente, escolheu "Godiva" porque esse nome tinha um aspecto internacional e uma história, a de Lady Godiva:

> Lady Godiva é a heroína de uma lenda inglesa. Ela era esposa de Leofric, Conde de Chester no século XI, com quem se casou em torno de 1050. Roger de Wendower (século XIII) conta que Godiva implorou a Leofric que baixasse os impostos, que estavam pesando sobre os habitantes de Coventry. O Conde não permitiria que os impostos fossem reduzidos a menos que sua esposa caminhasse completamente nua pela cidade, o que ela fez, coberta apenas por seus longos cabelos. John Brompton (século XVI) acrescentou que ninguém a viu. De acordo com uma balada do século XVII, Godiva havia ordenado que todos os habitantes permanecessem em casa. O único a vê-la teria sido um indiscreto chamado Peeping Tom. Desde 1678, a cada três anos, na cidade de Coventry, realiza-se a Procissão de Godiva (Grand Larousse, vol. 5, p. 522).

---

[1] Em 1991, 34 francos belgas equivaliam a um dólar americano.

[2] Os três mercados principais eram os Estados Unidos, o Japão e países da Europa ocidental.

Este estudo de caso foi preparado pelo professor Jean-Jacques Lambin, da Louvain University, Louvain-la-Neuve, Bélgica, com a cooperação de Jean-François Buslain e Sophie Lambin. Certos nomes e dados foram alterados. O caso não pode ser utilizado como fonte de informações para pesquisa de mercado. Usado com permissão.

FIGURA 1

Estrutura organizacional da Campbell Soup

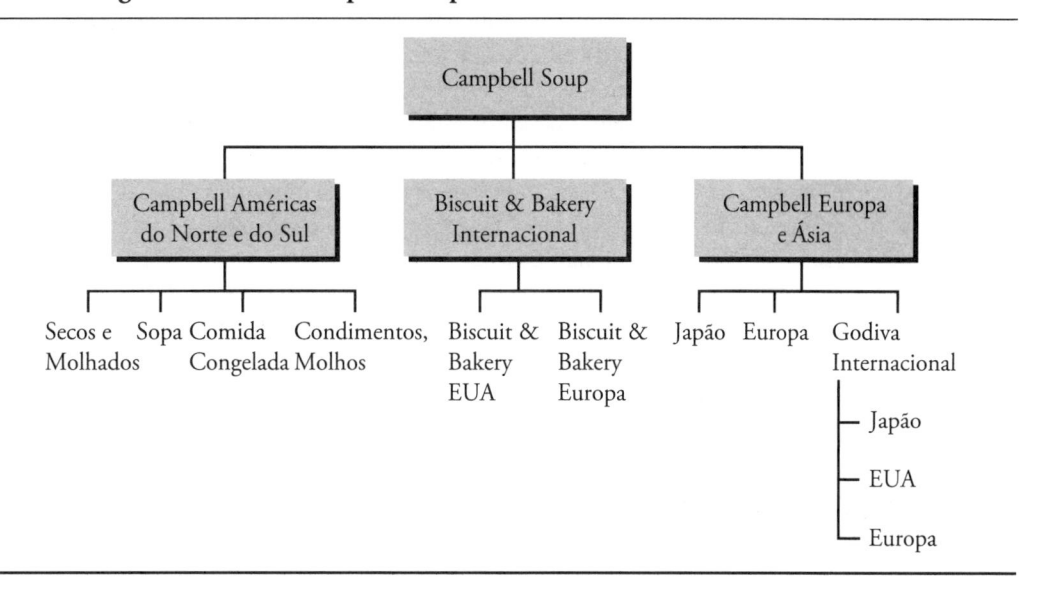

```
                          Campbell Soup
                                |
        ┌───────────────────────┼───────────────────────┐
Campbell Américas        Biscuit & Bakery         Campbell Europa
do Norte e do Sul          Internacional              e Ásia
        |                        |                        |
 ┌──┬───┬──────┐           ┌─────┴─────┐         ┌──────┬─┴────────┐
Secos e Sopa Comida Condimentos,  Biscuit &  Biscuit &  Japão  Europa  Godiva
Molhados     Congelada  Molhos     Bakery     Bakery                 Internacional
                                    EUA        Europa                       |
                                                                      ┌─────┼─────┐
                                                                    Japão  EUA  Europa
```

A Godiva foi comprada em 1974 pela multinacional Campbell Soup Company. A Godiva International é formada por três centros de decisão: a Godiva Europa, a Godiva EUA e a Godiva Japão, como pode ser visto na Figura 1. Empresa essencialmente belga no início, a Godiva tornou-se uma empresa quase inteiramente "triádica", com presença nos Estados Unidos, no Japão e na Europa ocidental.

A Godiva Europa tem sua sede em Bruxelas, Bélgica. A fábrica da empresa, com capacidade de produção anual de 3.000 toneladas, também se localiza em Bruxelas, de onde os produtos são exportados para mais de 20 países do mundo todo, inclusive o Japão. Há uma outra unidade de produção nos Estados Unidos, capaz de atender a 90% das necessidades do mercado norte-americano, com o restante sendo importado da Bélgica.

Em 1990, a Godiva Europa teve vendas anuais de 926 milhões de francos belgas. A empresa está bem estruturada para atender a Bélgica, seu maior mercado. Depois da Bélgica, seus principais mercados europeus são França, Grã-Bretanha, Alemanha, Espanha e Portugal. A Godiva EUA e a Godiva Japão distribuem produtos Godiva internamente e constituem os outros dois mercados mais importantes.

A maior parte do volume da produção européia (55%) é vendida sob o nome de marca Godiva, cerca de 10% são vendidos por meio de contratos de marcas particulares, e outros 10% são vendidos sob o nome de marca Corné Toison d'Or; 25% da produção da Godiva Europa são vendidos diretamente para a Godiva Japão e a Godiva EUA por um preço especial de transação entre unidades da empresa. Assim, somente 65% do total das vendas são comercializados na Europa sob o nome de marca Godiva. Uma parte significativa das vendas da Godiva Europa é feita pelas mais de 20 lojas *duty-free* em aeroportos do mundo inteiro. Essas vendas, sem imposto de valor agregado, são feitas à custa das vendas locais no país, mas ajudam a estabelecer a imagem internacional da Godiva.[3]

A Godiva Europa também possui a marca Corné Toison d'Or, distribuída em 40 lojas na Bélgica, a maioria localizada na área de Bruxelas. Essa marca tem uma imagem muito semelhante à da

---

[3] Imposto de valor agregado é um tributo do governo imposto sobre o valor que é adicionado aos produtos à medida que se transformam de matéria-prima em mercadorias para venda ao consumidor.

Godiva: um produto refinado, luxuoso e artesanal. A aquisição da Corné Toison d'Or foi realizada em 1989 para explorar completamente a capacidade de produção da fábrica de Bruxelas, modernizada dois anos antes. O objetivo original era diferenciar o posicionamento da marca Corné Toison d'Or da posição da Godiva, mas tal objetivo nunca foi levado a cabo pela administração. Uma outra complicação provinha do fato de que uma outra marca Corné, a Corné Port Royal, também existe no mercado belga, com uma rede varejista de 18 lojas.

A Godiva EUA tem uma fábrica na Pensilvânia que atende ao mercado americano. A Godiva Japão, direcionada unicamente ao *marketing*, distribuição e vendas de chocolates Godiva, importa o produto da Bélgica. O mercado japonês é muito importante para a Godiva Internacional devido ao nível de preço, 4.000 francos belgas por quilo, comparado ao valor de 2.000 francos belgas nos Estados Unidos e 1.000 na Bélgica.

O mercado de referência da Godiva Internacional consiste dos países da tríade. Como filial da Campbell Soup Company, a Godiva beneficia-se de uma posição privilegiada. A Godiva Internacional está diretamente ligada ao vice-presidente da Campbell Soup Company Europa – Ásia, sem intermediários.

■ O MERCADO MUNDIAL DE CHOCOLATE

Diferentemente do café ou do chá, o chocolate presta-se a diversos tipos de preparo. Pode ser comido ou bebido, mastigado ou saboreado. O periódico oficial da Comunidade Européia divide o chocolate em quatro categorias: barras de chocolate com ou sem recheio, doces de chocolate ou bombons (chamados de *pralines* na Bélgica), tais como os chocolates da Godiva, e outras preparações à base de chocolate.

O consumo de chocolate estabilizou em meados da década de 1980 em conseqüência do aumento dos custos da matéria-prima e da decorrente elevação do preço do produto final. Como é ilustrado na Figura 2, os três últimos anos daquela década mostraram desempenhos muito bons do consumo mundial de confeitos de chocolate (incluindo todas as categorias) – um pouco mais de três milhões de toneladas em 1989, ou um aumento de 30,7%, comparado com o consumo de 1980. Consumo além das proporções foi observado no Japão (+54,2%), na Itália (+102,1%), na Austrália (+45,1%) e nos Estados Unidos desde 1980.

Faz-se uma distinção entre *pralines* de chocolate e *pralines* industriais na categoria de doces de chocolate. Os chocolates industriais são vendidos em caixas pré-embaladas, com ou sem nomes de marca. As caixas comuns são, em sua maioria, vendidas por grandes redes varejistas no Natal ou na Páscoa; as caixas de marca são luxuosas, oferecem uma variedade de chocolates de alta qualidade e enfatizam o nome da marca na embalagem e por meio da propaganda na mídia de massa. Um exemplo dessa subcategoria é a marca Mon Chéri, da Ferrero. As vendas de caixas comuns são estáveis na Europa, enquanto as vendas de caixas de marca estão aumentando. Isso sugere que os consumidores

FIGURA 2

Consumo mundial de confeitos de chocolate (em milhares de toneladas)

Ano	*1980*	*1985*	*1986*	*1987*	*1988*	*1989*
Toneladas	2.359,6	2.778,1	2.780,2	2.862,0	2.990,8	3.083,6
Índice	100	118	118	121	127	131

Fonte: IOCCC, Dezembro, 1990, p. 45.

FIGURA 3

Consumo de confeitos de chocolate por país

País	Consumo per capita em quilogramas em 1989		Parcela dos confeitos de chocolate
	Doces de Chocolate	Confeitos de Chocolate	
Bélgica	2,65	6,09	43,5%
Dinamarca	1,17	5,61	20,9%
França	1,69	4,59	36,8%
Espanha	0,14	1,21	11,6%
Itália	0,65	1,84	35,3%
Japão	0,44	1,59	27,8%
República Federal da Alemanha	1,64	6,81	24,1%
Suíça	3,17	9,41	33,9%
Reino Unido	2,96	7,15	41,4%
Estados Unidos	1,14	4,77	23,9%

Fonte: IOCCC, Statistical Bulletin, Bruxelas, Dezembro, 1990. Doces de chocolate: chocolate em barra, *pralines* e outros produtos de chocolate. Barras maciças e recheadas e produtos de chocolate.

estão atentos aos nomes de marcas e à imagem de qualidade comunicada pela embalagem e pela propaganda do chocolate.

Os *pralines* de chocolate, por outro lado, são preparados e decorados manualmente. As características distintivas dos *pralines* são o sabor delicado e as embalagens luxuosas. Também são altamente perecíveis e frágeis no que diz respeito à conservação e ao transporte. Tipicamente, os chocolates da Godiva recaem nessa última categoria de produto.

Consumo de chocolate por país

O consumo de chocolate *per capita* varia entre países, como demonstra a Figura 3. O consumo de chocolate é maior na região norte da Europa e menor na região mediterrânea. Em 1990, a Suíça apresentava o maior consumo *per capita*, com 9,4 kg por pessoa. A menor taxa de consumo *per capita* é observada na Espanha, com 1,2 kg por pessoa.

A Figura 3 também mostra que a participação dos doces de chocolate (os *pralines*), no que se refere ao consumo total de confeitos de chocolate, é mais forte na Bélgica, com 44%, contra 41% na Grã-Bretanha, 37% na França, 35% na Itália e 34% na Suíça. A Suíça é o maior consumidor de doces de chocolate, seguida de perto por Reino Unido e a Bélgica, enquanto os outros países ficam bem atrás desses três.

Ao examinarmos o nível de consumo alcançado em países como a Suíça, o Reino Unido e a Bélgica, é possível ter uma idéia do enorme potencial do mercado mundial de chocolates. De fato, países como a Espanha, a Itália e o Japão um dia poderão chegar a um nível de consumo aproximadamente comparável ao da Suíça, do Reino Unido e da Bélgica, desde que programas de *marketing* eficazes sejam implementados. Estatísticas disponíveis sobre o setor não permitem estimativas mais precisas da participação dos "*pralines* de chocolate" na categoria dos doces de chocolate.

FIGURA 4

Evolução do consumo de confeitos de chocolate: taxas médias de crescimento por ano, 1980-1989

País	Consumo(Quilogramas por pessoa)		Crescimento médio	
	1980	1989	1980 = 100	Taxa média de crescimento
Bélgica	6,04	6,09	100,8	1,76%
Dinamarca	4,80	5,61	116,9	1,79%
França	3,96	4,59	115,9	1,65%
Espanha	sd	1,21	sd	–
Itália	0,92	1,84	200,0	8,00%
Japão	1,09	1,59	145,9	4,28%
República Federal da Alemanha	6,56	6,81	103,8	0,42%
Suíça	8,44	9,41	111,5	1,22%
Reino Unido	5,48	7,15	130,5	3,00%
Estados Unidos	3,69	4,77	129,3	2,89%

sd = sem dados.
Fonte: IOCCC, Dezembro, 1990, p. 49.

Evolução do consumo

As taxas de crescimento dos confeitos de chocolate também diferem bastante entre países, como mostra a Figura 4. Os países com maiores taxas de crescimento são Itália, Japão, Reino Unido e Estados Unidos. Com exceção do Reino Unido, esses são os países onde o consumo *per capita* é mais baixo. Os países com maior consumo, como Bélgica, Alemanha e Suíça, provavelmente chegaram a um platô em termos de consumo *per capita*.

Comportamento de compra do consumidor de chocolate

O chocolate foi importado para a Europa pelos espanhóis na época da exploração do Novo Mundo. Naquele período, somente as classes abastadas consumiam chocolate.

Hoje, o chocolate é um produto de consumo em massa, acessível a todos. Os consumidores são exigentes e desejam variedade. Ao fazerem do chocolate um produto de luxo, os *chocolatiers* deram-lhe certa nobreza. O caráter artesanal da produção e a decoração refinada dão *status* aos chocolates. Os chocolates são oferecidos em feriados e em outras ocasiões especiais e são consumidos entre amigos em um clima de amizade. Não são comprados como se compra chocolate em barra; o comportamento do consumidor de *pralines* de chocolate é muito mais deliberado e envolvido. Os preços mais altos dos *pralines* em relação às outras categorias de chocolate não inibem o consumidor, mas limitam as compras mais impulsivas.

O consumo de chocolates de todas as categorias está associado ao prazer. Um estudo qualitativo do mercado belga mostra que esse prazer está ligado às idéias de refinamento, ao prazer do paladar e ao ato de presentear: "os *pralines* de chocolate são oferecidos como presente, ao passo que as barras são compradas para consumo próprio. Os *pralines* são essencialmente femininos; as mulheres parecem apreciá-los mais, descrevendo-os como refinados e delicados". Além disso, o sabor forte e poderoso, um determinado formato, a consistência do chocolate que derrete na boca e a sensação ao tocá-lo também são fatores aos quais o consumidor se mostra sensível. Finalmente, a idéia de saúde, de um produto puro, destituído de substâncias químicas, também está presente na mente do consumidor.

■ OS CHOCOLATES GODIVA EM NÍVEL MUNDIAL

A genealogia do chocolate pode remontar ao *chef* do Duque de Choiseul de Plessis-Praslin, um embaixador de Luís XIII da França, quando preparava amêndoas douradas em açúcar caramelado. Entretanto, os chocolates como os conhecemos atualmente, com recheio, nasceram na Bélgica. Foi no final do século XIX que Jean Neuhaus, filho de um confeiteiro de Neuchatel que vivia em Bruxelas, criou os primeiros chocolates que ele denominou de *pralines*.

Atualmente, o interesse da Godiva está em transmitir uma imagem semelhante dos chocolates Godiva no mundo todo: a imagem de um chocolate de luxo, tipicamente belga. A seguir, serão brevemente apresentadas as principais características dos consumidores em cada país onde a Godiva é distribuída.

Bélgica

A Bélgica é o berço do chocolate e onde seu consumo é mais intenso. Apesar de não existirem diferenças significativas na taxa de consumo entre as diferentes regiões da Bélgica, há diferenças entre as quatro principais categorias socioprofissionais, como mostra a Figura 5.

Em 60% das compras, os chocolates são oferecidos como presente, e os consumidores fazem uma clara distinção entre compras para consumo próprio e para presente. O cliente prefere uma embalagem em que possa selecionar as variedades de chocolate. No entanto, a imagem dos *pralines* de chocolate envelheceu; os chocolates tornaram-se um produto mais comparável a flores do que a um produto de luxo. Os resultados de um estudo de imagem de marca conduzido na área de Bruxelas (ver Apêndice A) mostram que, enquanto a Godiva é fortemente associada com os itens "mais caro", "embalagem mais bonita" e "lojas mais atraentes", não é claramente percebida como muito diferente de seus principais concorrentes, principalmente da Neuhaus, em itens associados com qualidade superior ou significativo diferencial de qualidade. A Neuhaus e a Corné, duas marcas diretamente concorrentes, são percebidas de uma forma muito semelhante, como apresenta o mapa de percepção na Figura 6.

Na Bélgica, a Godiva detém uma participação de 10% do mercado e a Léonidas, de 43%. A Léonidas também tem uma ampla abrangência internacional, com mais de 1.500 lojas no mundo inteiro e uma capacidade de produção de 10.000 toneladas, ou três vezes a da Godiva Europa. Em 1991, o tamanho do mercado belga total para *pralines* de chocolate era estimado em 3,6 bilhões de francos belgas (VAT incluído), ou cerca de 8.800 toneladas. Essa estimativa baseia-se em dados apresentados na Figura 5.

França

O chocolate francês é mais escuro, mais seco e mais amargo do que o belga. Os chocolates belgas, no entanto, são bem conhecidos e apreciados devido à Léonidas, que introduziu os chocolates na França e hoje detém a maior participação do mercado, vendendo em 250 lojas. Os chocolates belgas

FIGURA 5

Demanda de *pralines* na Bélgica: gastos médios por lar em 1988 (francos belgas)

Regiões	Bélgica	Bruxelas	Wallonie	Flandres
	814	884	812	793
Habitações	Autônomo	Trabalho em escritório	Operário	Inativo
	1.239	800	567	755

Fonte: INS, *Enquête sur les budgets des ménages* (1988). A população total inclui 3.876.549 lares.

FIGURA 6

Estudo de imagem de marca: *pralines* de chocolate na Bélgica (área do círculo = reconhecimento)

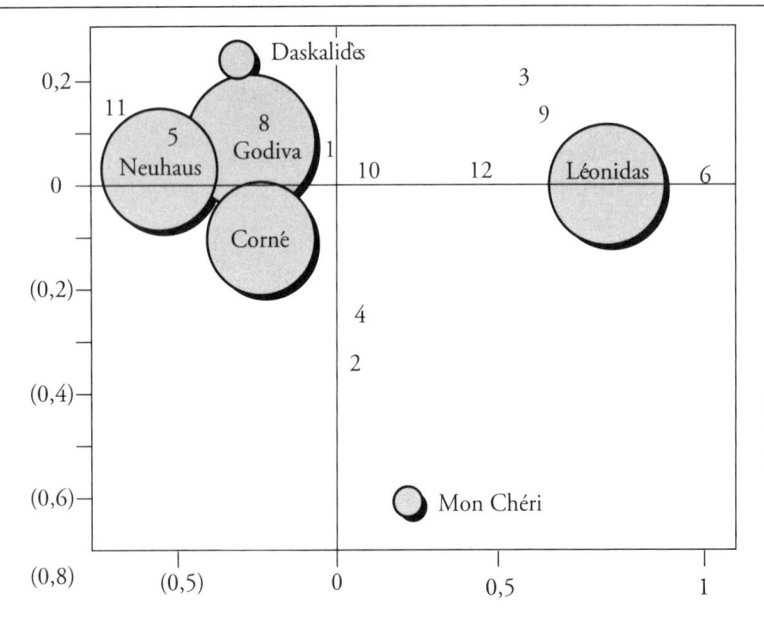

1. Rainha do chocolate
2. Ideal para presente
3. Para consumo próprio
4. Ocasiões especiais
5. Loja bonita
6. Preço atraente
7. Bela embalagem
8. Chocolate fino
9. Chocolate belga
10. Melhor sabor
11. Chocolate caro
12. Marca conhecida mundialmente

Pesquisa – 20, 23 de maio, 1992, Bruxelas
Tamanho da amostra = 128

são representados também pela Jeff de Bruges, que pertence à Neuhaus. A Godiva tem uma participação em um pequeno nicho, também ocupado por vários *chocolatiers* franceses, nenhum deles com abrangência no mercado nacional. Na França, os chocolates são, acima de tudo, considerados como um presente oferecido em certas ocasiões especiais, e sua compra é muito sazonal (60% de todas as compras ocorrem no Natal), o que representa um problema para a lucratividade durante períodos de vendas mais baixas. Estimativas do tamanho do mercado são apresentadas na Figura 7.

Reino Unido

Uma variedade de confeitos em que diferentes tipos de chocolate são misturados é mais apreciada no Reino Unido. A Godiva atualmente está sendo introduzida no mercado britânico, procurando criar

FIGURA 7

Consumo estimado de chocolates na França, 1988-1990 (em toneladas)

Ano	1988	1989	1990
Produção	44.302	47.660	50.720
Importações (+)	9.677	10.478	11.546
Exportações (–)	3.788	5.739	7.970
Consumo total	50.191	52.399	54.365
Consumo *per capita*	0,900 kg	0,935 kg	0,965 kg

Fonte: "Production des ISS", SCEES (Dezembro, 1991):61 (bombons de chocolate); Eurostat "Foreign Trade" – Categories; 1806.90.11 e 1806.90.19. A categoria "bombons de chocolate" inclui outros produtos além dos *pralines*. Desse modo, o consumo total está superestimado.

o conceito de alta qualidade e de mais refinados para os chocolates belgas. A mudança de mentalidade está progredindo, mas os britânicos são vistos como bastante conservadores, e o clima econômico não está muito favorável para um produto de luxo. Marks and Spencer, um grande varejista britânico, está vendendo chocolates belgas sob o nome de marca particular Saint Michael. No entanto, a origem belga dos chocolates é claramente indicada na embalagem.

Espanha e Portugal

Na Espanha e em Portugal, os *pralines* são um conceito completamente novo. A Godiva foi a primeira a introduzir chocolates há alguns anos, e a recepção foi excelente. Os chocolates Godiva imediatamente adquiriram a imagem de um produto refinado e luxuoso. Na Espanha, o chocolate Godiva é vendido pela grande loja de departamento Corte Ingles e por diversas franquias. As atitudes dos consumidores em relação ao chocolate são muito positivas. Os chocolates são oferecidos principalmente como presente e, com mais freqüência, em caixas luxuosas.

Alemanha

Na Alemanha, não existe realmente uma "cultura do chocolate". Os alemães parecem estar satisfeitos com as clássicas barras de chocolate e ainda não dão muita importância às qualidades diferenciadas dos chocolates finos. Os *pralines* da Godiva são distribuídos por cinco franqueados.

Outros países europeus

Na Holanda, os *pralines* de chocolate são percebidos como produtos muito caros. Na Itália e nos países nórdicos, o consumo de *pralines* ainda é um fenômeno um tanto marginal.

Estados Unidos

Os chocolates são muito populares nos Estados Unidos. São dados de presente em ocasiões especiais, tais como aniversários, Dia dos Namorados e Natal. Tipicamente, são oferecidos em embalagens com um formato interno apropriado para seu acondicionamento. A produção da fábrica da Godiva na Pensilvânia é quase suficiente para atender às necessidades do consumo doméstico atual. Uma pequena parcela da produção da fábrica de Bruxelas é exportada para os Estados Unidos. A fábrica belga entrega somente produtos novos ou alguns produtos que não podem ser produzidos na fábrica da Pensilvânia, tais como as bolas de golfe e os cartuchos da Godiva. Além de 95 lojas de propriedade da empresa, outras 800 lojas vendem os chocolates Godiva nos Estados Unidos. Tais lojas geralmente localizam-se em grandes lojas de departamento situadas em *shopping centers* do subúrbio, como Lord & Taylor, Neiman Marcus, Saks Fifth Avenue, Filenes e I Magnin.

Japão

No Japão, o chocolate Godiva é percebido principalmente como produto europeu (60% como produto belga e 40% como produto suíço ou francês). Os chocolates são um presente apreciado e luxuoso. Existe um grande problema com as vendas sazonais no Japão, pois 75% das compras ocorrem perto do Dia dos Namorados. Uma característica única desse mercado é que são as mulheres japonesas que dão chocolates aos homens no Dia dos Namorados. O mercado japonês é muito atraente para a Godiva Internacional e continua em expansão.

O mercado *duty-free*

Além desses países, devemos incluir o mercado *duty-free*, que representa um segmento muito significativo em termos de produção. O número de lojas *duty-free* continua aumentando, e as vendas estão intimamente relacionadas com o desenvolvimento do tráfego de passageiros. A Godiva detém uma posição muito forte nesse mercado, onde a Léonidas não se faz presente.

De modo geral, o potencial de crescimento anual na Europa é muito diferente e varia de país para país. Nos Estados Unidos, o crescimento varia entre 5 e 10% anualmente, enquanto no Japão o crescimento é muito forte, variando entre 20 e 25% anualmente.

■ ESTRATÉGIA DE *MARKETING* DA GODIVA

Os *pralines* Godiva são produzidos por meio de quatro formas de fabricação: os que são produzidos em um molde, os ocos que recebem recheio, os que têm um recheio sólido coberto com chocolate e ainda os que são produzidos inteiramente a mão, os chocolates artesanais. Setenta por cento dos *pralines* da Godiva são feitos a máquina, e 30% são artesanais. No entanto, 60% dos 70% feitos a máquina são decorados à mão. A decoração manual é necessária para garantir o nível de qualidade e a aparência dos *pralines*.

A Godiva esforça-se para alcançar o equilíbrio ótimo entre automação e trabalho artesanal, esperando garantir a lucratividade e perpetuar o nome Godiva como produtor de luxuosos chocolates artesanais. Entretanto, a diferença nos custos de produção entre os chocolates feitos à máquina e os feitos à mão é considerável (os chocolates feitos à mão podem custar até sete vezes mais do que os feitos à máquina). Charles van der Veken freqüentemente tinha outras idéias a respeito da manutenção dessa política de produto. Ele pensava:

> O investimento na produção de chocolates artesanais não é desproporcional em relação às expectativas de nossos clientes? Os clientes realmente percebem o valor agregado dos chocolates feitos à mão? Esses chocolates não são um pouco sofisticados demais?

Seja qual for o caso, o objetivo da Godiva é convencer o mercado europeu do nível de qualidade de seus *pralines*. O consumidor belga é o ponto de referência: "um produto que passou pelo teste do consumidor belga, fino conhecedor de chocolate e consumidor exigente, não deveria ter garantia de sucesso no mundo todo?"

As instalações da Godiva na Bélgica produzem chocolates para o mundo inteiro, com exceção dos Estados Unidos. Os produtos exportados da Bélgica são idênticos em todos os países, mas as vendas por item são diferentes. Por exemplo, na França, a demanda por chocolates mais secos e mais amargos é maior, enquanto no Reino Unido os chocolates brancos e cremosos são mais populares. A capacidade de produção da fábrica belga não é completamente utilizada, havendo significativa capacidade disponível. Hoje, a fábrica dos Estados Unidos ainda produz uma variedade ligeiramente diferente e mais limitada de *pralines* de chocolate. Essas diferenças gradualmente desaparecerão, e há uma tendência para a produção semelhante. No entanto, o planejamento de produção é especialmente complexo devido ao consumo altamente sazonal e à importância de os chocolates serem consumidos dentro de um determinado período após a fabricação.

Política de embalagem

Somente as embalagens distinguem um país de outro a fim de melhor atender aos hábitos locais e nacionais de consumo de chocolate. Nos Estados Unidos, a tradição é comprar chocolates pré-embalados, enquanto na Europa e no Japão predomina a escolha personalizada das variedades. Mais ainda, no Japão, os chocolates são comprados em quantidades bem pequenas (devido ao preço); assim, a beleza da embalagem adquire importância, ao passo que, na Europa, mais precisamente na Bélgica, o valor do presente quase sempre tem mais a ver com a cuidadosa diversificação dos chocolates escolhidos. Como foi afirmado por um revendedor dos produtos Godiva, "os clientes têm uma idéia muito precisa do tipo de composição que desejam, mesmo para presentes, e não gostam de comprar composições padrão pré-embaladas".

Atualmente, a tendência na Godiva é de embalagens por temas, chamadas de "coleções". Com as "coleções", a Godiva deixa a indústria de alimentos e ingressa no setor de artigos de luxo. Essas criações artesanais constituem uma atividade de pesquisa e desenvolvimento que assegura a contínua inovação e leva à renovação dos *displays* promocionais nas lojas da Godiva. Nessas "coleções", belas caixas revestidas com tecido, produzidas segundo os princípios da *haute couture*, ilustram as datas comemorativas, como o Dia dos Namorados, a primavera, a Páscoa, o Dia das Mães, o Natal, etc. Na Bélgica, o preço de uma caixa (1.000 francos belgas) é exorbitante em relação ao preço dos chocolates; desse modo, essas caixas muitas vezes servem mais como decoração no ponto de venda do que para fins de venda.

Por vários anos, a Godiva também tem tentado desenvolver salões de chá junto às suas lojas, onde os clientes podem saborear doces finos ou sorvete. As pessoas que param ali vêem esses salões como refúgios onde podem descansar entre uma compra e outra e adquirir alguns chocolates ou mesmo uma caixa com várias unidades.

Política de preço

A produção de um chocolate Godiva exige uma enorme quantidade de trabalho manual, com margens brutas modestas (de 35 a 40% em média). A alta administração da Campbell Soup exige uma taxa de 15% de retorno do capital investido na Godiva, taxa de retorno normal para um produto de luxo.

De um país para outro, as diferenças de preço são grandes, como mostra a Figura 8. Uma das principais preocupações da Godiva Europa é a padronização dos preços de varejo no nível europeu, em vista da unificação da União Européia, em 1993.

Anteriormente, os franqueados da Godiva tinham um contrato com a organização Godiva e tinham que ser abastecidos dentro de seu país. A partir de 1993, não foi possível impedir que os franqueados franceses obtivessem seus suprimentos diretamente da fábrica belga, que vende seus chocolates a um preço muito mais baixo. Essa é a razão por que os preços devem ser modificados. Essa adaptação foi iniciada na Bélgica, com aumento de 10% nos preços em vigor em 1º de agosto de 1991. O preço de um quilo de chocolates Godiva é 1.080 francos belgas, enquanto o preço médio de mercado para chocolates na Bélgica é 450 francos belgas por quilo.

FIGURA 8

Preço de um quilo de *pralines* Godiva (francos belgas)

País	Preço para franqueados	Preço de varejo (VAT incluído)	Imposto (VAT) (%)
Bélgica	640	1.080	6,0
França	763	1.920	18,6
Espanha	640	2.145	6,0
Reino Unido	757	1.782	17,5
Itália	640	2.009	9,0
Holanda	640	1.261	6,0
Alemanha	640	1.641	7,0
Portugal	640	2.408	16,0
Estados Unidos	nd	2.040	–
Japão	nd	4.000	–

Fonte: Publicações do setor.

FIGURA 9

Comparação de preços de varejo entre marcas

Bélgica		França		Reino Unido	
Marcas (fb/Kg)	Preço	Marcas (ff/Kg)	Preço	Marcas (£/lb)	Preço
Godiva	1.080	Godiva	320	Godiva	13,50
Neuhaus	980	Hédiard	640	Gérard Ronay	20,00
Corné PR	880	Fauchon	430	Valrhona	16,80
Corné TO	870	Maison ch.	390	Charbonel	14,00
Daskalidès	680	Le Notre	345	Neuhaus	12,00
Jeff de Bruges	595	Fontaine ch.	327	Léonidas	6,75
Léonidas	360	Léonidas	120	Thornton's	5,80

Essa política de preços, no entanto, não tem sido aceita com facilidade pelo mercado, principalmente na Bélgica, onde a diferença de preço entre os extremos alto e baixo do mercado já é bastante grande (ver Figura 9). Charles van der Veken observou que, na Bélgica, um aumento de 10% no preço gera uma perda de volume de cerca de 7%. Ele também sabe que esse volume perdido, em sua maior parte, vai para a Léonidas.

Política de distribuição

A meta decisiva que a Godiva está tentando atingir em sua política de distribuição é obter, em todo o mundo, algo parecido com o modelo da Benetton: lojas com aparência padronizada. Esse "visual" inclui a logomarca com letras douradas sobre fundo preto, fachada nas mesmas cores, complementos internos em mármore rosa, balcões de vidro, etc.

O atual problema de distribuição no varejo está na grande disparidade entre as lojas Godiva em diferentes países, principalmente na Europa e especialmente na Bélgica (a Figura 10 mostra a rede

FIGURA 10

Rede de distribuição da Godiva

País	Lojas da empresa	Franquias	Lojas de departamento e outras	Total de lojas
Bélgica	3	54	—	57
França	1	19	—	20
Espanha	—	6	18	24
Reino Unido	2	—	15	17
Itália	—	2	—	2
Holanda	—	2	—	2
Alemanha	—	4	1	5
Portugal	—	3	7	10
Total na Europa	**6**	**90**	**41**	**137**
Estados Unidos	95	—	800	895
Japão	—	22	67	89

Fonte: Publicações do setor e páginas amarelas.

de distribuição da Godiva). Com o passar dos anos, as lojas na Bélgica tornaram-se cada vez menos atraentes. Como resultado, a imagem da marca Godiva envelheceu. No exterior, porém, a Godiva beneficia-se de uma imagem extremamente prestigiada, e as lojas fazem jus ao nome. No entanto, Charles van der Veken teme o pior:

> Se não reagirmos rapidamente, poderemos comprometer a imagem mundial da marca Godiva. O que um turista espanhol iria pensar ao comparar a loja de um distribuidor local em Bruxelas com as lojas sofisticadas que ele encontra na Espanha, apesar de a Bélgica ser a terra natal dos chocolates?

O plano de ação da Godiva para distribuição no varejo abrange um período de 18 meses. Foi feito um contrato com os franqueados em que a Godiva impõe exclusividade e *design*; todas as lojas devem ser completamente modernizadas. Assim que o movimento estiver bem estabelecido na Bélgica, a Godiva espera que se crie um efeito cascata em toda a Europa, pois as novas lojas serão uma referência para o recrutamento de novos franqueados ou para solicitações espontâneas de renovação.

Tal movimento de renovação já começou, e a cada duas semanas uma "nova" loja é inaugurada. As lojas atualizadas são transformadas de modo que tudo seja em preto e dourado e que toda a decoração interior seja refeita de acordo com o mesmo padrão único de sofisticação.

Em geral, as reações do consumidor, na Bélgica, parecem favoráveis, embora em certos aspectos os consumidores quase considerem as lojas como sendo belas demais. No que diz respeito aos franqueados, eles se sentem como se tivessem um novo negócio e parecem estar mudando alguns de seus antigos maus hábitos. Se os efeitos permanecerem favoráveis a médio prazo, van der Veken diz que aumentará a margem oferecida aos franqueados, que ainda é diferente de um país para outro (ver Figura 8).

O presidente da Godiva Internacional, Sr. Partridge, muitas vezes questionou esse sistema de distribuição exclusivo e dispendioso, pois acreditava que o chocolate não era realmente um artigo de distribuição exclusiva. Entretanto, na Europa, a adoção de um sistema de distribuição mais amplo é difícil devido à relutância dos consumidores em relação a chocolates pré-embalados. Van der Veken está convencido, porém, que a loja Godiva é um componente chave da imagem da Godiva como artigo de luxo.

O ambiente competitivo

O segmento de chocolates artesanais de luxo é ocupado por muitas outras marcas. A Figura 11 apresenta uma classificação das marcas especiais na Bélgica, na França e no Reino Unido em ordem decrescente de participação no mercado. A força da posição competitiva da Léonidas na Europa

FIGURA 11

Principais concorrentes europeus

Bélgica		França		Reino Unido	
Marcas	*Participação*	*Marcas*	*Participação*	*Marcas*	*Toneladas*
Léonidas	42,8%	Léonidas	62,0%	Thornton's	1.200
Godiva	10,3	Thornton's	18,0	Léonidas	300
Neuhaus	7,1	Jeff de Bruges	14,0	Godiva	40
Mondose	5,4	Godiva	3,0		
Corné TO	2,7	Le Notre	1,0		
Outras	31,7	Outras	2,0		

Fonte: Publicações do setor (as participações no mercado são calculadas sobre a receita de vendas).

é claramente mostrada nessa comparação. A Léonidas foi criada em 1910 e fez pelos *pralines* de chocolate o que Henry Ford fez pelo carro: transformou-os em um produto de consumo de massa vendido por preço baixo. Sua receita é simples: preço de 360 francos belgas por quilo, 8.600 m^2 de espaço industrial, capacidade de produção de 10.000 toneladas. A Léonidas é uma concorrente muito importante para a Godiva. Com um total de vendas superior a 2,6 bilhões de francos belgas e uma margem de lucro operacional de 32%, a Léonidas possui 1.500 lojas em todo o mundo e atualmente está se expandindo rapidamente no mercado internacional. A segunda grande concorrente é a Neuhaus, que recentemente juntou-se em uma fusão com a Mondose e a Corné Port Royal e que também está buscando uma estratégia de desenvolvimento internacional. Os "outros" incluem os diversos *chocolatiers* de pequeno porte que beliscam a participação de empresas maiores no mercado, oferecendo produtos frescos e originais feitos de cacau puro.

Contudo, dada a ampla cobertura de mercado, Charles van der Veken acredita que a Godiva tem uma vantagem competitiva significativa devido à sua integração com a Campbell Soup, ocorrida 13 anos atrás, que deu à Godiva a oportunidade de expansão global muito mais rápida do que a de suas concorrentes. Desse modo, a Godiva atualmente está por toda parte e, ainda que com freqüência esbarre em um concorrente em um determinado mercado, raramente acontece o mesmo em outros lugares do mundo. Assim, a Godiva atualmente pode ser considerada a líder global no segmento de chocolates de luxo.

Somente na Bélgica a Godiva está tendo dificuldades ao fazer uso de sua vantagem competitiva. O crescimento do volume provou ser importante em toda parte, exceto na Bélgica. De acordo com Charles van der Veken, o mercado já está muito saturado, e a diferença fica por conta de quem for melhor.

Estratégia de propaganda

Hoje, a Godiva não precisa se fazer conhecida em nível internacional: seu nome de marca já é globalmente reconhecido. Sua atual preocupação, alinhada com a política que tem sido buscada nos últimos meses, é criar uma mensagem comum de propaganda para o mundo inteiro. No entanto, isso não será uma tarefa fácil, como foi evidenciado por uma comparação da situação na Bélgica, nos Estados Unidos e no Japão. Nos Estados Unidos e no Japão, o produto é relativamente novo e tem uma forte imagem porque não há um concorrente direto. Na Bélgica, o consumidor acompanha a evolução dos chocolates Godiva e a progressiva transformação da marca em *commodity*. Portanto, é mais difícil impressionar os belgas com um produto que já é bem conhecido. Mais ainda, os belgas estão diariamente em contato com outras marcas de chocolates, com as quais podem facilmente comparar a Godiva.

Assim, como van der Veken apontou, a Godiva encontra-se confrontada com mundos muito diferentes. Até agora, nos Estados Unidos, a propaganda tem-se concentrado no prestígio, no luxo e na sofisticação, com um estilo de comunicação semelhante ao adotado por Cartier, Gucci ou Ferrari. Essas propagandas foram apresentadas em revistas e adaptadas para o posicionamento desejado: revistas de gastronomia, de moda ou de negócios destinadas a classes de renda mais alta (ver Figura 12).

Na Bélgica, porém, esse tipo de propaganda tendia somente a reforçar a imagem envelhecida, como a de uma avó, dos chocolates Godiva. Mais ainda, a lacuna entre a "imagem percebida" (item de alimentação intercambiável com outros do mesmo tipo) e a "imagem desejada" (um produto excepcionalmente luxuoso) era tão grande que não se poderiam esperar resultados espetaculares.

Um estudo realizado pela Godiva parece mostrar que ninguém conseguia se lembrar dessas propagandas, nem das promessas feitas. Na Bélgica, a Godiva também havia utilizado o *marketing* de eventos: ser representada em eventos com grande probabilidade de contar com a presença do público-alvo. Dessa forma, há dois anos, a Godiva foi patrocinadora de uma competição de golfe na Bélgica, que levou seu nome (Godiva European Masters). Contudo, essas ações são extremamente caras, e é difícil avaliar sua eficácia. O orçamento total para propaganda da Godiva Europa é de 31 milhões de francos belgas por ano.

FIGURA 12

Propaganda impressa da Godiva nos Estados Unidos

■ A DECISÃO QUANTO À PROPAGANDA

Consciente desse problema, a Godiva Europa encontra-se em processo de avaliação de sua estratégia de propaganda. A seguinte situação tinha que ser resolvida: criar uma mensagem comum de propaganda voltada para os três principais mercados, levando em consideração as inevitáveis diferenças culturais entre países.

A Godiva EUA recém havia enviado a Charles van der Veken a síntese de uma campanha de propaganda internacional, resumida na Figura 13. Van der Veken disse que a adoção desse estilo de propaganda no mercado europeu deixava-o, até certo ponto, preocupado:

FIGURA 13

Síntese da Godiva Internacional

1. **Posicionamento atual**
   - Para adultos que desejam um produto de qualidade para momentos especiais, a Godiva é um luxo acessível da marca Godiva Chocolatier, distinto pela fabricação superior.
2. **Benefício para o consumidor**
   - Presenteando com produtos Godiva ou consumindo-os, você apreciará seus prazeres sensoriais únicos: sabor e apresentação.
3. **Promessa**
   - Uso dos ingredientes mais refinados e de receitas belgas para uma notável experiência de paladar.
   - Herança Godiva da fabricação de chocolates finos.
   - Embalagem maravilhosa.
   - Feitos à mão em fino estilo e herança europeus.
   - Criados por *chocolatiers* especializados.
4. **Características psicográficas**
   - Os compradores da Godiva têm discernimento e orientam-se por expectativas de qualidade. Voltados para o valor, pagarão um preço mais alto se existir um diferencial de qualidade significativo, já que aspiram a ter ou a compartilhar o que há de melhor.
   - Os homens e as mulheres Godiva são indivíduos sensoriais, que apreciam os prazeres que as coisas de excepcional aparência, sabor, som e aroma podem lhes oferecer.
5. **Estrutura competitiva**
   - Presente: flores, perfume, vinho, outros chocolates finos na mesma faixa de preço.
   - Consumo próprio: qualquer item com o objetivo de oferecer uma série de auto-indulgências nos preços básicos da Godiva.
6. **Público-alvo**
   - O alvo Godiva abrange uma gama de características demográficas:
     - Ampla faixa etária (especialmente 25 – 54)
     - Mulheres e homens
     - Toda a amplitude de níveis de renda, mas com rendas na faixa de razoável a alta.
7. **Objetivos da propaganda**
   - Revitalizar a posição privilegiada da Godiva no mundo mais especificamente, já que está relacionada com a qualidade superior dos chocolates.
   - Motivar nossos atuais franqueados a comprarem com mais freqüência (presentes e consumo próprio)
   - Motivar os atuais consumidores de chocolates concorrentes e de chocolates não destinados para presente para se voltarem para a Godiva.
8. **Mensagem**
   - Os chocolates Godiva são especialmente fabricados para oferecer uma experiência sensorial incomparável.
9. **Tom e maneira**
   - Luxuoso – Energético – Moderno – Alta Classe – Emocionalmente envolvente.

O mínimo que se pode dizer é que existem diferenças de mentalidade entre os dois continentes. Certamente, precisamos despertar nossa Godiva antiquada, mas também deveríamos tomar cuidado com mudanças demasiadamente radicais.

Refletindo com sua equipe de *marketing*, van der Veken definiu o objetivo de propaganda da seguinte maneira.

O objetivo da Godiva EUA é aumentar a freqüência da compra de chocolates como presente e também para consumo próprio, enquanto a Bélgica deseja tornar sua marca mais jovem. Dessa forma, os Estados Unidos deveriam ajustar sua propaganda ligeiramente "por baixo", tornando o produto mais acessível por meio da propaganda, focalizando o convívio, e identificado-os menos com uma "beleza plástica". A Bélgica deveria empenhar-se, juntamente com outros esforços de *marketing* (novo *design* das lojas, maior qualidade de atendimento, criação de "coleções"), para ajustar sua propaganda um pouco mais "por cima", afirmando-se como um prestigiado produto de luxo, só que mais jovem.

O ajuste por cima na Bélgica era um grande desafio. Charles van der Veken perguntava-se se não seria preferível passar por um período de transição antes de começar uma campanha de *marketing* global que levasse em consideração o contexto histórico e cultural da Bélgica.

Nesse instante, a Sra. Bogaert, assistente de van der Veken, entrou no escritório com um fax da Godiva Internacional:

A campanha não pode ser lançada a tempo para o Natal; preparem o mais rápido possível sua campanha publicitária para a Bélgica e entrem em contato com suas agências. Reunião dentro de cinco semanas em Nova York para confirmação de nossos projetos.

Charles van der Veken imediatamente chamou sua diretora de *marketing*, falou-lhe sobre as notícias recém chegadas e pediu-lhe que submetesse ao mercado belga um projeto de campanha baseado no modelo americano, voltado primeiramente para o mercado belga, mas que pudesse ser estendido para outros mercados europeus, se não para o mundo inteiro. Juntos, concordaram quanto aos objetivos em três categorias principais:

1. Objetivos qualitativos:
   - Reforçar rapidamente a imagem de luxo da Godiva
   - Dar prioridade à visibilidade
2. Objetivos quantitativos:
   - Aumentar a freqüência de compra
3. Outros objetivos:
   - Concentrar todos os esforços na Bélgica durante vários meses (período de pico nas vendas)
   - Buscar sinergia de todos os outros métodos de promoção e propaganda

Treze milhões de francos belgas adicionais no orçamento para propaganda seriam alocados para a campanha. Depois de pensar um pouco, pareceu possível, para o Sr. Van der Veken, que uma campanha para a tríade fosse viável em longo prazo, apesar das diferenças culturais. No entanto, ele não acreditava que os negócios gerados em outros países europeus fossem numerosos o suficiente para justificar o mesmo orçamento de propaganda da Bélgica. Isso ficou ainda mais óbvio quando se considerou que, em termos de custos na mídia e para o mesmo impacto, um franco belga na Bélgica era equivalente a 1,6 franco belga na França e a 1,9 no Reino Unido.

Charles van der Veken também estava convencido de que uma campanha de propaganda européia seria inútil sem que primeiro fosse melhorada e reforçada a distribuição da Godiva Europa.

APÊNDICE: RESULTADOS DO ESTUDO DE IMAGEM DE MARCA NA ÁREA DE MERCADO DE BRUXELAS

Consciência de marca (%)

Nome da marca	Não conhece	Somente de nome	Por experiência	Total
Corné	24,2%	28,9%	46,9%	100%
Corné Toison d'Or	31,3	25,8	43,0	100
Corné Port Royal	69,3	16,5	14,2	100
Daskalidès	54,3	26,0	19,7	100
Godiva	2,3	19,5	78,1	100
Léonidas	2,3	10,9	86,7	100
Mon Chéri	4,7	23,6	71,7	100
Neuhaus	13,3	25,0	61,7	100

Não conhecem as marcas Corné, Corné Toison d'Or, Corné Port Royal: 22,7%. Conhecidas "de nome" ou "por experiência", pelo menos uma das seguintes marcas: Corné, Corné Toison d'Or, Corné Port Royal: 77,3%

Análise de imagem da marca

	Marca mais associada com cada atributo (%)									
Atributo	Corné (1)	Corné Toison d'Or (2)	Corné Port Royal (3)	Total da Corné (1+2+3)	Daskalidès	Godiva	Léonidas	Mon Chéri	Neuhaus	Total
Rainha dos chocolates	7,1%	5,5%	0,8%	(13,4%)		37,8%	27,6%	1,6%	19,7%	100%
Ideal para presente	11,0	3,1		(14,1)		29,1	26,8	10,2	19,7	100
Para consumo próprio	4,8	3,2	0,8	(8,8)	0,8%	26,4	48,0	1,6	14,4	100
Para ocasiões especiais	6,5	8,9	0,8	(16,2)	0,8	26,8	28,5	8,1	19,5	100
Loja mais bonita	6,0	9,4		(15,4)		40,2	12,0	0,9	31,6	100
Preço mais atraente	3,3	2,5		(5,8)	0,8	5,7	81,1	4,9	1,6	100
Embalagem mais bela	7,2	7,2	0,8	(15,2)	0,8	49,6	6,4	3,2	24,8	100
Chocolate mais sofisticado	8,8	7,2	1,6	(17,6)	0,8	35,2	18,4	0,8	27,2	100
Chocolate tipicamente belga	6,5	2,4		(8,9)		30,1	48,1	2,4	10,6	100
Melhor sabor	5,6	4,0	1,6	(11,2)		32,3	37,9	3,2	15,3	100
Chocolate mais caro	6,7	8,4		(15,1)	2,5	40,3	5,9	0,8	35,3	100
Marca mundialmente conhecida	4,0	0,8		(4,8)	0,8	42,7	39,5	4,8	7,3	100

Preferências de marca por situação

Para consumo próprio		*Para presente*	
Corné:	2,4%	Corné:	3,9%
Corné Toison d'Or:	4,1	Corné Toison d'Or:	3,9
Corné Port Royal:	0,8	Corné Port Royal:	0,8
Daskalidès:	—	Daskalidès:	0,8
Godiva:	24,4	Godiva:	29,1
Léonidas:	48,0	Léonidas:	27,6
Mon Chéri:	2,4	Mon Chéri:	5,5
Neuhaus:	12,2	Neuhaus:	25,2
Outros:	5,7	Outros:	3,2
	100%		100%

CAPÍTULO 7

Gerenciamento e Estratégia de Canal de *Marketing*

Os canais de *marketing* desempenham um papel importante na estratégia de *marketing* de uma organização. Um *canal de marketing* consiste de indivíduos e empresas envolvidos no processo de tornar um produto ou serviço disponível para consumo ou uso pelos consumidores e usuários industriais. Os canais não só ligam um produtor de mercadorias aos seus compradores, como também oferecem os meios pelos quais uma organização implementa sua estratégia de *marketing*. Os canais de *marketing* determinam se os mercados-alvo buscados por uma organização serão alcançados. A eficácia de uma estratégia de comunicação é determinada, em parte, pela habilidade e disposição dos intermediários do canal em realizar as atividades de vendas, propaganda e promoção. A estratégia de preços de uma organização é influenciada pelas políticas de aumentos e descontos praticadas pelos intermediários. Finalmente, a estratégia de produto é afetada pelas políticas de marca dos intermediários, sua disposição para estocar e personalizar as ofertas e sua habilidade de incrementá-las por meio do estabelecimento ou da manutenção de serviços, extensão de crédito, etc.

O gerenciamento e a estratégia de canal de *marketing* ganharam maior relevância com o estabelecimento do comércio eletrônico. O aumento da sofisticação e do uso da tecnologia baseada na Internet/Web revolucionou o modo como os produtos e serviços são disponibilizados para consumo ou uso pelos consumidores e usuários industriais. A Internet desafiou os profissionais de *marketing* a empregar essa tecnologia de forma inovadora no gerenciamento e na estratégia de canal, de maneira a criar valor para os clientes de forma lucrativa. Este tópico é abordado neste capítulo sob a perspectiva do *marketing* de múltiplos canais.

■ A SELEÇÃO DO CANAL

A seleção do canal não é uma ação única, mas antes um processo de tomada de várias decisões. O processo de seleção do canal envolve a especificação do tipo, localização, densidade e funções de intermediários, se houver, em um canal de *marketing*. Entretanto, antes de abordar essas decisões, o gerente de *marketing* deve conduzir uma completa análise de mercado a fim de identificar os mercados-alvo que serão atendidos por um canal de *marketing* potencial. Os mercados-alvo buscados e suas exigências de compra formam a base para todas as decisões de canal. Em outras palavras, o gerente de *marketing* precisa responder perguntas fundamentais, como: quem são os clientes potenciais? Onde compram? Quando compram? Como compram? O que compram? Trabalhando retroativamente a partir do comprador ou usuário final de uma oferta, o gerente pode desenvolver uma estrutura para decisões de canais específicos e identificar formas alternativas de canal.[1]

Consideremos a Avon Products, Inc., a líder mundial em vendas diretas de produtos de beleza e itens afins para mulheres em 139 países.[2] Por mais de 115 anos, a empresa comercializou seus produtos com sucesso através de uma extensa rede de representantes independentes, que somam 3,4 milhões no mundo todo. No entanto, uma pesquisa de mercado da empresa indicou que 59% das mulheres que não compram os produtos Avon comprariam se eles fossem mais acessíveis. A mensagem para a alta administração da Avon era clara: dar às mulheres ocupadas a alternativa de como, onde e quando fazer suas compras – por meio de uma representante Avon, em uma loja de varejo ou *online*. De acordo com o presidente executivo da Avon: "mesmo que tenhamos sempre as vendas diretas como nosso principal canal, a expansão de acesso para novos clientes ajudará a acelerar o crescimento de vendas". Hoje, os produtos Avon são vendidos por representantes independentes, em quiosques dentro de *shopping centers* e em seu *website* (avon.com)

O *design* de canais de *marketing*

A Figura 7.1 ilustra *designs* tradicionais de canais para ofertas industriais e para o consumidor final. Também está indicado o número de níveis em um canal de *marketing*, o que é determinado pelo número de intermediários entre o produtor e os compradores e usuários básicos. À medida que o número de intermediários entre o produtor e o comprador final aumenta, o canal cresce em extensão.

Distribuição direta *versus* distribuição indireta   A primeira decisão enfrentada pelo gerente é se a organização deve (1) usar intermediários para atingir os mercados-alvo ou (2) contatar os compradores finais diretamente, utilizando sua equipe de vendas ou lojas de varejo próprias, ou a Internet, através de um *website* ou loja eletrônica. Se o gerente opta por usar intermediários, então o tipo, a localização, a densidade e o número de níveis do canal devem ser determinados.

FIGURA 7.1

Designs de canais de *marketing* tradicionais

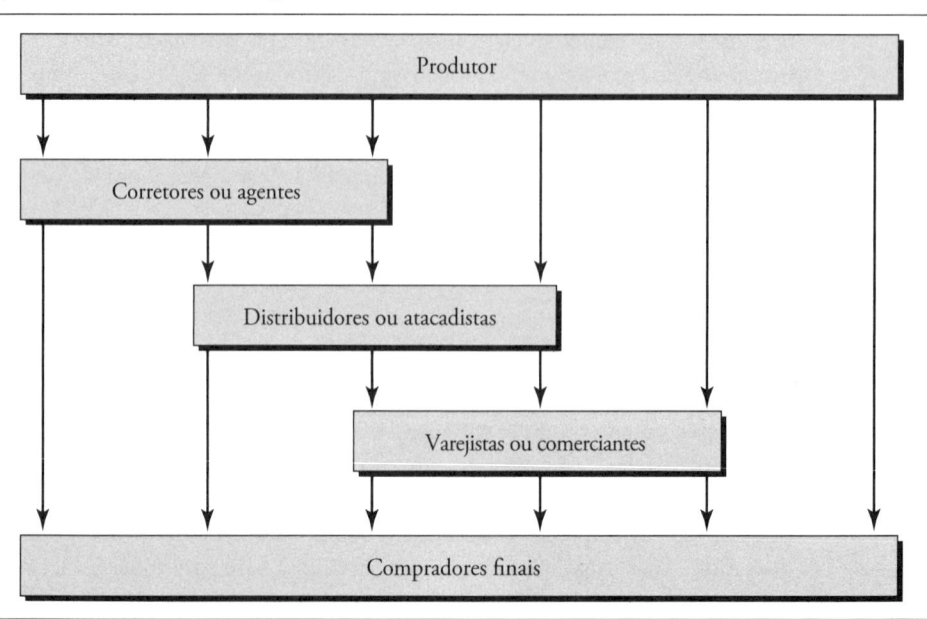

As organizações geralmente preferem contatar os compradores finais diretamente, em vez de fazê-lo por intermediários, quando as seguintes condições estão presentes. A distribuição direta em geral é empregada quando os mercados-alvo são compostos por compradores facilmente identificáveis, quando a venda pessoal é um componente importante do programa de comunicação da empresa, quando a organização tem uma ampla variedade de ofertas para o mercado-alvo e quando há recursos suficientes à disposição para satisfazer as exigências do mercado-alvo que normalmente seriam abordadas pelos intermediários (tais como crédito, assistência técnica, entrega e atendimento pós-venda). A distribuição direta deve ser considerada quando os intermediários não estão disponíveis para que se atinjam os mercados-alvo ou quando os intermediários não conseguem atender às suas exigências. Por exemplo, nas Filipinas, a Procter & Gamble vende sabão e detergentes para roupas diretamente, de porta em porta, por não haver outras alternativas em muitas regiões do país. Quando a Ingersoll-Rand introduziu suas ferramentas pneumáticas, foi utilizado um canal direto porque eram necessários serviço técnico e um nível relativamente alto de instrução para o comprador. À medida que os compradores foram se familiarizando com os produtos, a empresa passou a empregar distribuidores industriais. Certas características das ofertas também favorecem a distribuição direta. Normalmente, ofertas técnicas sofisticadas, tais como computadores de grande porte, ofertas não-padronizadas, como máquinas fabricadas de acordo com especificações do cliente, e ofertas de alto valor por unidade são distribuídas diretamente aos compradores. Finalmente, a estratégia geral de *marketing* pode favorecer a distribuição direta. Uma organização pode buscar certa aura de exclusividade que não é gerada com o uso de intermediários ou pode desejar enfatizar o apelo da "compra direta", presumivelmente importante para certos segmentos de mercado. A distribuição direta também pode ser apropriada se a organização procura diferenciar sua oferta de outras que são distribuídas através de intermediários. Parte da bem-sucedida estratégia de diferenciação usada pela Dell Inc. é sua ênfase nas compras de computadores pessoais pela Internet.

Embora uma variedade de condições favoreça a distribuição direta, uma advertência importante deve ser feita. A decisão de comercializar diretamente com os compradores finais envolve a absorção de todas as funções (contato com compradores, armazenagem, entrega e crédito) tradicionalmente desempenhadas pelos intermediários. O princípio de *marketing* "você pode eliminar os intermediários, mas não suas funções" é especialmente relevante para o gerente que está considerando a distribuição direta. Esse ponto é muitas vezes desconsiderado pelos gerentes de *marketing* quando optam pela distribuição direta. Os custos dessas funções podem ser proibitivos, dependendo dos recursos financeiros da organização e do custo da oportunidade de desviar recursos de outras atividades. Portanto, apesar de tudo sinalizar para a distribuição direta, a capacidade da organização de desempenhar as tarefas que normalmente são atribuídas aos intermediários pode eliminar essa alternativa nas considerações finais. Uma advertência semelhante deve ser feita quanto aos intermediários que consideram a aquisição de funções tipicamente desempenhadas pelos membros do canal acima ou abaixo deles (por exemplo, um varejista que deseja desempenhar funções de atacadista).

Canais eletrônicos de *marketing* A disponibilidade da Internet e da World Wide Web acrescenta uma virada tecnológica à análise da distribuição direta *versus* distribuição indireta.[3] Os *canais eletrônicos de marketing* empregam alguma forma de comunicação eletrônica, incluindo a Internet, para disponibilizar produtos e serviços para consumo ou uso pelos consumidores finais e usuários industriais.

A Figura 7.2 mostra os canais eletrônicos de *marketing* para livros (Amazon.com), automóveis (Auto-By-Tel.com), serviços de reservas (Travelocity.com) e computadores pessoais (Dell.com). Uma característica desses canais é que eles muitas vezes combinam intermediários eletrônicos e tradicionais. A inclusão de intermediários tradicionais para o *marketing* de produtos (distribuidores de livros e negociantes de carros) deve-se à função logística que desempenham – manuseio, armazenagem, embarque, etc. Tal função permanece com os intermediários tradicionais ou com o produtor, como é o caso da Dell, Inc. e seu canal direto Dell.com. Também vale a pena observar que dois terços das vendas por meio do Dell.com envolvem representantes de vendas – uma prática comum na distribuição direta, conforme vimos anteriormente.

FIGURA 7.2

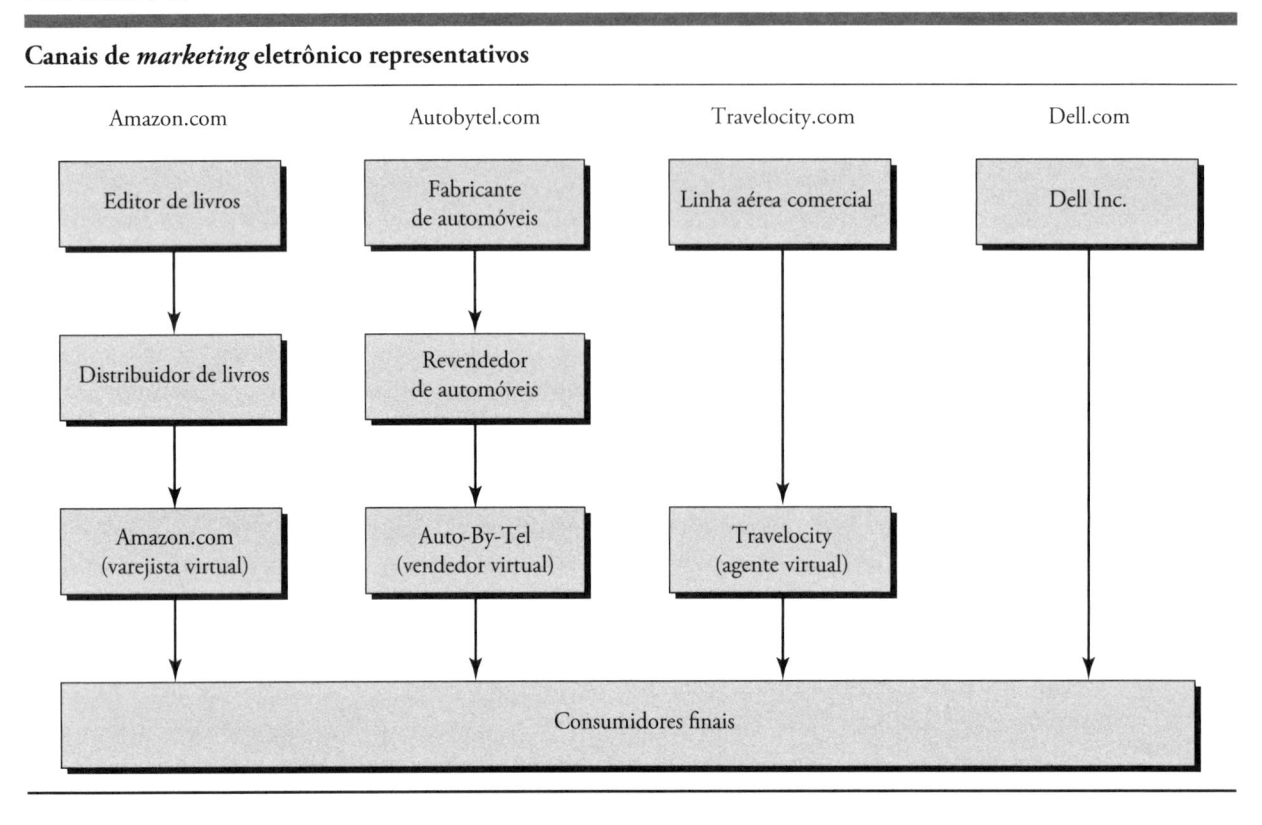

Canais de *marketing* eletrônico representativos

```
Amazon.com              Autobytel.com           Travelocity.com         Dell.com

[Editor de livros]      [Fabricante            [Linha aérea            [Dell Inc.]
                         de automóveis]         comercial]
       |                       |                       |                    |
       v                       v                       |                    |
[Distribuidor           [Revendedor                    |                    |
 de livros]              de automóveis]                |                    |
       |                       |                       |                    |
       v                       v                       v                    |
[Amazon.com             [Auto-By-Tel            [Travelocity                |
 (varejista virtual)]    (vendedor virtual)]    (agente virtual)]           |
       |                       |                       |                    |
       v                       v                       v                    v
              [============ Consumidores finais ============]
```

Muitos serviços podem ser distribuídos pelos canais eletrônicos de *marketing*, tais como as reservas de viagens feitas pelo Travelocity.com, os produtos financeiros de Schwab.com e os seguros do MetLife.com. *Software* também pode ser comercializado dessa maneira. Entretanto, muitos outros serviços, como assistência médica e consertos de automóveis ainda envolvem intermediários tradicionais. Os canais eletrônicos de *marketing* representam ainda uma outra, também importante, opção de *design* de canal disponível para os profissionais de *marketing*. Como todas as opções, também devem ser avaliados em sua capacidade de produzir receita em relação aos custos do alcance da cobertura de mercado e de satisfazer as exigências do comprador.

Seleção do canal no nível varejista

No caso de serem escolhidos intermediários tradicionais como meio de alcançar os mercados-alvo, a decisão da seleção de canal concentra-se, então, no tipo e na localização dos intermediários em cada nível do canal de *marketing*, partindo-se do nível varejista.

Consideremos o caso de um fabricante de artigos esportivos. Se forem escolhidas as lojas de varejo, a questão inicial é: que tipo de loja? Lojas de ferragens, lojas de departamento, lojas de artigos esportivos ou alguma combinação destas deve ser escolhida para a venda da linha de artigos esportivos? Além disso, onde devem estar localizadas essas lojas? Devem estar em áreas urbanas, suburbanas ou rurais, e em que regiões do país?

Reconhecendo-se que há inúmeras rotas para os compradores, três questões precisam ser abordadas na escolha de um canal de *marketing* e intermediários:

1. Que canal e quais intermediários oferecerão a melhor cobertura do mercado-alvo?
2. Que canal e quais intermediários melhor satisfarão as exigências de compra do mercado-alvo?
3. Que canal e quais intermediários serão os mais lucrativos?

Cobertura do mercado-alvo   Alcançar a melhor cobertura do mercado-alvo exige atenção à densidade e ao tipo de intermediários a serem usados no nível varejista de distribuição. Existem três graus de densidade de distribuição: intensiva, exclusiva e seletiva.

1. *Distribuição intensiva* no varejo significa que um gerente de *marketing* tenta distribuir as ofertas da organização no maior número possível de lojas varejistas. Mais especificamente, o gerente pode desejar fazer a distribuição por meio do maior número possível de lojas de um tipo específico (como farmácias). Em sua forma extrema, a distribuição intensiva quer dizer distribuição através de quase todos os tipos de loja de varejo, como fazem os fabricantes de refrigerantes e de guloseimas. Por exemplo, o objetivo da distribuição da Coca-Cola no varejo é colocar seus produtos "ao alcance da mão".

2. A *distribuição exclusiva* é o oposto da distribuição intensiva, pois *uma* única loja de varejo em uma área geográfica ou *uma* única rede varejista vende a linha do fabricante. Em geral, a área geográfica constitui a área comercial definida do varejista. As carteiras Mark Cross e os calçados Regal são distribuídos por uma organização exclusiva de distribuição. Às vezes, os varejistas assinam contratos de distribuição exclusiva com os fabricantes. Por exemplo, a Radio Shack vende somente a marca RCA de produtos de áudio e vídeo da Thomson SA em suas 7.000 lojas.[4]

    Ocasionalmente, a estratégia de distribuição exclusiva envolve um acordo contratual entre um varejista e um fabricante ou provedor de serviços, que dá ao varejista os direitos exclusivos de venda de uma linha de produtos ou serviços em uma área definida, em troca do desempenho de funções de *marketing* específicas. Uma forma comum de contrato de exclusividade é o contrato de franquia. Os contratos de franquia atualmente existem em mais de 70 categorias industriais, desde serviços de preparação de impostos (H & R Block) até rosquinhas (Dunkin' Donuts). Há quase 3.000 redes varejistas franqueadas nos Estados Unidos, com 600.000 unidades, que respondem por 41% de todas a vendas no varejo.[5]

3. A *distribuição seletiva* situa-se entre esses dois extremos. Essa estratégia faz com que um fabricante selecione algumas lojas de varejo em uma área específica para trabalhar com suas ofertas. A abordagem é freqüentemente usada para o *marketing* de mobiliário, algumas marcas de roupas masculinas e roupas femininas de qualidade. A distribuição seletiva combina alguns benefícios da cobertura de mercado da distribuição intensiva com o controle sobre a revenda, possível com a estratégia de distribuição exclusiva. Por essa razão, a distribuição seletiva tornou-se cada vez mais popular nos últimos anos entre os profissionais de *marketing*.

A popularidade da distribuição seletiva cresceu também devido a um fenômeno chamado de distribuição eficaz. A *distribuição eficaz* significa que um número limitado de lojas no varejo responde por uma fração significativa do potencial de mercado. Um exemplo de distribuição eficaz é a situação em que uma empresa no mercado de relógios masculinos de alto valor distribui em somente 40% das lojas disponíveis, mas essas lojas são responsáveis por 80% do volume do mercado de relógios. O aumento da densidade das lojas de varejo para, talvez, 50%, provavelmente aumentaria a porcentagem de volume potencial para 85%; no entanto, os custos adicionais dessa medida poderiam levar apenas a uma contribuição de lucro marginal, na melhor das hipóteses.

A decisão quanto a qual dos três graus de densidade selecionar baseia-se no modo como os compradores adquirem a oferta do fabricante, no controle sobre a revenda desejada pelo fabricante, no grau de exclusividade buscado pelos intermediários e na contribuição dos intermediários ao trabalho de *marketing* do fabricante. A distribuição intensiva muitas vezes é escolhida quando a oferta é comprada com freqüência e quando os compradores desejam despender o mínimo de esforço em sua aquisição. Quase por definição, artigos de conveniência, tais como biscoitos, produtos de cuidado pessoal e gasolina recaem nessa categoria. Estratégias de distribuição limitada (exclusiva e seletiva) são escolhidas quando a oferta exige a venda pessoal no ponto de compra. Equipamentos de grande porte e produtos industriais são tradicionalmente distribuídos de forma exclusiva ou seletiva.

A densidade da distribuição no varejo varia inversamente à quantidade de controle sobre a revenda e à aura de exclusividade desejada pelos fabricantes e varejistas. Ou seja, a densidade no varejo diminui à medida que o controle sobre as práticas de revenda e o desejo de exclusividade decrescem. Gucci, um dos principais produtores mundiais de artigos de luxo, juntamente com Yves Saint Laurent, Sergio Rossi, Boucheron, Opium e marcas Gucci, tem sistematicamente abandonado as lojas de varejo que não atendem a seus padrões estritos em termos de vendas, atendimento e exposição dos produtos. Grandes varejistas de brinquedos geralmente obtêm direitos de propriedade para comercializar brinquedos específicos vendidos pela Mattel, Hasbro e outros produtores. Tal exclusividade dá a esses varejistas uma vantagem competitiva e maiores margens de lucro.[6]

Satisfação das exigências do comprador   Uma segunda consideração na seleção do canal é a identificação de canais e intermediários que satisfazem pelo menos algumas das exigências que os compradores querem ver atendidas, quando adquirem produtos ou serviços de uma empresa. Essas exigências recaem em quatro categorias amplas: (1) informação, (2) conveniência, (3) variedade e (4) serviços de atendimento.

A *informação* é uma exigência importante quando os compradores possuem conhecimento limitado ou desejam dados específicos sobre um produto ou serviço. Intermediários adequados comunicam-se com os compradores por meio de *displays* nas lojas, demonstrações e venda pessoal. Fabricantes de aparelhos eletrônicos, tais como a Sony e a Apple Computer, abriram suas próprias lojas de varejo com funcionários altamente treinados para informar os compradores sobre como os produtos podem melhor atender às necessidades de cada cliente.[7]

A *conveniência* possui diversos significados para os compradores, tais como proximidade ou tempo para ir de carro até a loja. Por exemplo, a 7-Eleven, com mais de 24.000 lojas pelo mundo inteiro, satisfaz esse interesse dos compradores, e as empresas de doces e lanches beneficiam-se com o espaço obtido nessas lojas. Para outros consumidores, a conveniência significa um mínimo de tempo e incômodo. A Jiffy Lube promete mudar o óleo do motor e filtros com rapidez, apelando para esse aspecto da conveniência. Para aqueles que compram pela Internet, a conveniência significa que os *sites* devem ser fáceis de localizar e navegar e que os *downloads* de imagens devem ser rápidos. Uma visão comum dos criadores de *sites* da Web é a "regra dos 8 segundos": os consumidores desistirão de entrar ou de navegar em um *site* se o tempo de *download* passar de oito segundos.[8]

A *variedade* reflete o interesse dos compradores em dispor de inúmeros itens concorrentes e complementares para fazer sua escolha. A variedade é evidente tanto na amplitude quanto na profundidade dos produtos e marcas apresentados pelos intermediários, o que aumenta sua capacidade de atrair os compradores. Assim, os fabricantes de alimentos e artigos para animais de estimação procuram a distribuição em superlojas do setor, como a Petco e a PetsMart, que oferecem uma ampla gama desses produtos.

Os *serviços de atendimento* oferecidos pelos intermediários são uma importante exigência de compra para produtos como grandes equipamentos domésticos, que exigem serviço de entrega, instalação e crédito. A Whirlpool, por exemplo, busca varejistas que oferecem tais serviços.

Lucratividade   A terceira consideração é a lucratividade do canal, determinada pelas margens obtidas (receitas menos custo) para cada membro do canal e para o canal como um todo. O custo do canal é a dimensão crítica de lucratividade. Esses custos incluem despesas de distribuição, propaganda e vendas, associadas com diferentes tipos de canais de *marketing*. O ponto até onde os membros do canal compartilham esses custos determina as margens recebidas por cada membro e pelo canal como um todo.

Seleção do canal e outros níveis de distribuição

Após ter determinado a natureza da distribuição no varejo, o gerente de *marketing* deve então especificar o tipo, a localização e a densidade (se houver) de intermediários que serão usados para atingir as lojas do varejo. Essas decisões específicas aproximam-se muito das decisões de rede do varejo tomadas anteriormente.

Se a decisão é por um intermediário de segundo nível (atacadista, corretor ou distribuidor industrial), a questão passa a ser: que tipo de atacadista? O gerente de *marketing* deve selecionar um atacadista especializado, com uma linha limitada de itens dentro uma linha de produtos; um atacadista com uma ampla variedade de produtos; um atacadista com uma completa variedade de itens em um único campo de varejo; ou uma combinação de atacadistas? Obviamente, uma importante consideração é quais tipos de atacadistas vendem para as lojas de varejo desejadas. Quando Mr. Coffee decidiu usar supermercados para vender seus filtros de café, teve que recrutar representantes de produtos alimentícios para visitar esses varejistas. Freqüentemente, a decisão fundamenta-se no que se tem à disposição. Se os atacadistas disponíveis não atendem às exigências do fabricante em termos de satisfação das necessidades dos varejistas nas questões de entrega, variedade de estoque e volume, crédito, etc., então a distribuição direta aos varejistas torna-se a única alternativa viável. Entretanto, um estudo cuidadoso do papel de um atacadista na distribuição deve preceder qualquer decisão de excluí-lo, especialmente fora dos Estados Unidos. A experiência da Gillette Company no Japão é um exemplo.[9] A Gillette tentou vender seus aparelhos e lâminas de barbear por meio da equipe de vendas da empresa no Japão, como faz nos Estados Unidos, para eliminar os atacadistas tradicionalmente envolvidos na comercialização de artigos de toalete. A Warner-Lambert Company vendia seus aparelhos e lâminas Schick utilizando o canal japonês tradicional, que incluía os atacadistas. Resultado? A Gillette capturou 10% do mercado de aparelhos e lâminas no Japão, enquanto Schick conquistou 62%.

A localização dos atacadistas é determinada pela localização das lojas de varejo até onde a proximidade geográfica afeta considerações logísticas, tais como custos de transporte e serviço de entrega rápida. A densidade dos atacadistas é influenciada pela densidade da rede varejista e pelas capacidades do atendimento do atacadista. Geralmente, à medida que aumenta a densidade das lojas de varejo, a densidade de atacadistas necessária para atendê-las também aumenta. A livraria Barnes & Noble, Inc. enfrentou essa situação. A empresa tentou adquirir o Ingram Book Group, o maior atacadista de livros nos Estados Unidos, com 11 localizações de distribuição estrategicamente dispostas. A adição desses pontos poderia ter cortado os custos de transporte para suas mais de 1.000 lojas e reduzido o tempo de entrega para seu crescente número de clientes *online*, que compravam por meio do *site* barnesandnoble.com. A aquisição não se concretizou e a Barnes & Noble constatou ser necessário expandir sua própria rede de distribuição por atacado.[10]

Decisões semelhantes são necessárias para cada nível de distribuição em um determinado canal de *marketing*; sua determinação dependerá da extensão da cobertura de mercado desejada e da disponibilidade de intermediários. Basta dizer que o número de níveis em um canal de *marketing* geralmente varia diretamente com a amplitude do mercado procurado.

■ DISTRIBUIÇÃO DUAL E *MARKETING* DE MÚLTIPLOS CANAIS

A discussão até agora concentrou-se na seleção de um único canal de *marketing*. No entanto, muitas organizações usam vários canais simultaneamente. Duas abordagens comuns são a distribuição dual e o *marketing* de múltiplos canais.

Distribuição dual

A *distribuição dual* ocorre quando uma organização distribui sua oferta através de dois ou mais canais de *marketing* diferentes, que podem ou não competir por compradores semelhantes. Por exemplo, a General Electric vende seus aparelhos diretamente para construtores de casas e apartamentos, mas usa os varejistas para atingir os consumidores.

A distribuição dual é adotada por uma série de razões. Se um fabricante produz sua própria marca, bem como uma marca exclusiva de uma loja, esta pode ser distribuída diretamente para aquele varejista específico, enquanto a marca do fabricante pode ser trabalhada pelos atacadistas. Ou um fabricante pode distribuir para os principais varejistas de grande volume, cujas exigências de atendimento e de volume os distinguem de outros varejistas, e pode usar atacadistas para atingir lojas de varejo menores. Finalmente, a própria geografia pode afetar o uso de métodos de distribuição direta ou indireta. A organização pode usar seu próprio grupo de vendas em mercados de alto volume geograficamente concentrados, mas usar intermediários em outras regiões. Em alguns casos, as empresas utilizam vários canais quando empregam uma estratégia de várias marcas (ver Capítulo 5). A Hallmark vende os cartões de saudações de sua marca nas lojas Hallmark franqueadas e em determinadas lojas de departamento, e sua marca de cartões Ambassador em cadeias de farmácias e lojas de descontos.

A viabilidade da abordagem de distribuição dual é altamente situacional e dependerá dos pontos fortes relativos do fabricante e dos varejistas. Se um fabricante decide distribuir diretamente para compradores finais no território de um varejista, este pode abandonar a linha do fabricante. A probabilidade de isso acontecer depende da importância da linha do fabricante para o varejista e da disponibilidade de ofertas concorrentes. Se um varejista é responsável por uma porção suficientemente grande do volume do fabricante, a eliminação da linha pode ter um efeito negativo sobre o volume de vendas do fabricante. Foi o que aconteceu com a Shaw Industries, a maior fabricante mundial de carpetes e tapetes. Quando a Shaw Industries anunciou que passaria a operar suas próprias lojas de varejo e sua rede de distribuição, a Home Depot afastou a Shaw Industries como fornecedor de carpetes e tapetes e passou a trabalhar com os produtos da Mohawk Industries.[11]

Marketing de múltiplos canais

Assim com a distribuição dual, o *marketing* de múltiplos canais envolve o uso de dois ou mais canais de *marketing* que podem ou não competir por compradores semelhantes. O *marketing de múltiplos canais* envolve a combinação de um canal de *marketing* eletrônico (venda eletrônica ou *website*) e um canal tradicional, de maneira que se fortaleçam mutuamente ao atrair, reter e construir relacionamentos com os clientes.

O *marketing* de múltiplos canais é buscado por uma série de razões.[12] Primeiro, o acréscimo de um canal de *marketing* eletrônico pode promover um aumento na receita. Consideremos a Victoria´s Secret, a bem conhecida loja especializada em roupas íntimas para mulheres entre 18 e 45 anos. A empresa relata que quase 60% dos compradores em seu *site* são homens, sendo que a maioria deles gera novas compras. Segundo, um canal de *marketing* eletrônico pode alavancar a presença de um canal tradicional. Ethan Allen, fabricante de móveis, comercializa seus produtos pelo *site* ethanallen.com e também em aproximadamente 300 de suas lojas nos Estados Unidos. Os clientes podem pesquisar e comprar em sua loja eletrônica ou nas suas lojas varejistas. O *site* da Ethan Allen destaca as localizações das lojas, e os clientes que compram *online* podem ter os produtos despachados a partir de uma loja próxima, reduzindo as taxas de entrega. Finalmente, o *marketing* de vários canais pode satisfazer as exigências do comprador. A divisão Clinique da Estée Lauder Companies, que comercializa cosméticos em lojas de departamentos e pelo *site* clinique.com, oferece informações sobre seus produtos, cuidados com a pele e aplicações de cosméticos no *website*. A Clinique relata que 80% dos atuais clientes que visitam o *site* posteriormente compram um produto Clinique em uma loja de departamentos e 37% fazem uma compra de produtos Clinique após visitar o *site*.

A viabilidade do *marketing* de múltiplos canais depende de várias considerações.[13] É importante considerar até que ponto um canal de *marketing* eletrônico gera receita adicional ou simplesmente canibaliza as vendas de intermediários do canal tradicional. Em geral, o aumento da receita é provável se (1) um canal eletrônico atinge um segmento de clientes diferente do que é atingido pelo canal tradicional ou (2) os canais tradicional e eletrônico se fortalecem mutuamente ao atrair, reter e construir relacionamentos com os clientes. De forma relacionada, as empresas estão cada vez mais concentradas no custo adicional de lançar e sustentar uma loja eletrônica em relação ao aumento de receitas previsto. Embora as estimativas variem, o investimento de construir um *site* com conteúdo estático, ferramentas simples de busca e apresentação de produtos não-personalizada, é cerca de $350.000, com custos anuais constantes de $140.000. O investimento para construir um *site* com conteúdo interativo, ferramentas de busca sofisticadas e apresentação altamente personalizada pode chegar a $4 milhões, com custo constante de $2 milhões. Não é de surpreender que os produtos de alta margem e alto volume sejam os mais adequados para os canais de *marketing* eletrônicos. As relações entre um fabricante ou provedor de serviços e os intermediários de canal tradicional também devem ser consideradas. Os intermediários, particularmente os varejistas, preocupam-se com a *desintermediação* – a prática em que um membro intermediário tradicional é retirado de um canal de *marketing* e substituído por uma loja eletrônica. A desintermediação é considerada mais séria pelos intermediários do que a canibalização. Enquanto o canibalismo afeta somente uma porção das vendas de um intermediário, a desintermediação afeta sua sobrevivência. As empresas têm evitado o *marketing* de múltiplos canais por causa das queixas dos intermediários e as ameaças de interrupção do trabalho com seus produtos e do provimento de seus serviços. Por exemplo, a Levi Strauss e a Norwegian Cruise Line abandonaram suas lojas eletrônicas para *jeans* e serviço de reservas *online*, respectivamente, após as reclamações de varejistas e agentes de viagens.

■ SATISFAÇÃO DAS EXIGÊNCIAS DOS INTERMEDIÁRIOS E RELAÇÕES COMERCIAIS

O papel dos intermediários na seleção do canal tem sido citado diversas vezes; no entanto, uma série de pontos específicos exige elaboração. A impressão dada até agora pode ser de que os intermediários são elementos relativamente dóceis em um canal de *marketing*. Nada mais distante da verdade!

Embora se tenha feito referência à "seleção" de intermediários, na prática, trata-se de duas vias. Os intermediários muitas vezes escolhem os fornecedores com quem desejam negociar. As decisões previamente descritas da Radio Shack de vender somente produtos de áudio e vídeo da RCA e da Home Depot de substituir os carpetes e tapetes da Shaw Industries pelos produtos da Mohawk Industries ilustram claramente esse ponto.

Exigências dos intermediários

Profissionais de *marketing* experientes sabem que devem ser sensíveis a possíveis exigências dos intermediários, que devem ser atendidas a fim de se estabelecerem relações de troca lucrativas. Os intermediários preocupam-se com a adequação da oferta do fabricante à melhoria de seu sortimento de produtos para seus mercados-alvo. Se a linha de produtos ou a oferta individual é inadequada, o intermediário deve procurar outras fontes. Os intermediários também desejam apoio de *marketing* dos fabricantes. Para os atacadistas, o apoio freqüentemente envolve assistência promocional; para distribuidores industriais, inclui assistência técnica. Como já foi observado, os intermediários preocupados com a concorrência geralmente buscam um grau de exclusividade ao trabalhar com a oferta de um fabricante. A habilidade do intermediário em oferecer cobertura de mercado adequada, dada a exclusividade de um contrato, determinará se seu interesse pode ser contemplado pelo fabricante. Finalmente, os intermediários esperam uma margem de lucro nas vendas que seja coerente com as funções que se espera que desempenhem. Em resumo, descontos comerciais, a habilidade do fabricante para fornecer quantidades requisitadas pelos intermediários, propaganda cooperativa e outros tipos de apoio promocional, o tempo decorrido entre o pedido e o recebimento e acordos de exclusividade de produto ou serviço contribuem para a probabilidade de relações de troca de longo prazo. Um gerente que fracassa em reconhecer esses fatos da vida quase sempre descobre que as funções necessárias para satisfazer as exigências do comprador, tais como contatos de vendas, apresentação, estoque adequado, atendimento e entrega, não estão sendo desempenhadas.

Relações comerciais

As relações comerciais também são uma importante consideração na estratégia e no gerenciamento do canal de *marketing*. Os gerentes de *marketing* reconhecem que freqüentemente surgem conflitos nas relações comerciais.

Conflito de canal Um *conflito de canal* surge quando um membro de um canal (como o fabricante ou um intermediário) acredita que um outro membro está tendo um comportamento que o impede de atingir suas metas. Quatro fontes de conflito são mais comuns.[14] Primeiro, surge conflito quando um membro do canal evita um outro membro e vende ou compra diretamente. Quando a Wal-Mart optou por comprar produtos diretamente dos fabricantes em vez dos agentes dos fabricantes, estes fizeram piquete nas lojas Wal-Mart e colocaram anúncios no *Wall Street Journal* criticando a empresa. Segundo, pode haver conflito quanto ao modo como as margens de lucro são distribuídas entre os membros do canal. Por exemplo, quando a General Motors e a Fiat exigiram menores preços para pneus da Michelin, o fabricante de pneus recusou-se a fazê-lo e cancelou o contrato de fornecimento quando este chegou ao fim. Os preços mais baixos proibiriam a Michelin de atingir suas metas de margem de lucro. Uma terceira fonte de conflito surge quando os fabricantes acreditam que os atacadistas ou varejistas não estão dando atenção adequada aos produtos. Por exemplo, a Nike parou de entregar tênis populares, como o Nike Shox NZ para a Foot Locker em retaliação pela decisão do varejista de abrir mais espaço nas prateleiras para calçados que custavam menos de $120. A quarta fonte de conflito ocorre quando um fabricante se envolve em distribuição dual e, principalmente, quando diferentes varejistas ou negociantes apresentam as mesmas marcas. Por exemplo, a decisão da Tupperware de vender seus produtos nas lojas Target afastou muitos vendedores independentes que haviam desenvolvido seu trabalho promovendo reuniões da Tupperware em residências. As vendas da Tupperware nos Estados Unidos caíram, e a empresa retirou seus produtos da Target.

Poder do canal O conflito pode ter efeitos destrutivos no trabalho de um canal de *marketing*. Para reduzir a probabilidade de conflito, um membro do canal às vezes procura coordenar, dirigir e apoiar outros membros do canal. Este membro do canal assume o papel de *capitão de canal*, devido ao seu poder de influenciar o comportamento dos outros membros.

Esse tipo de poder pode assumir quatro formas. Primeiro, o poder econômico surge da habilidade de uma empresa em recompensar ou coagir outros membros, dada sua forte posição financeira ou relacionamento com os clientes. A Microsoft Corporation e a Wal-Mart têm poder econômico. O conhecimento é uma segunda fonte de poder. Por exemplo, a American Hospital Supply auxilia seus clientes – hospitais – a administrar o processamento de pedidos de centenas de suprimentos hospitalares. A identificação com um determinado membro do canal também pode conferir poder a uma empresa. Por exemplo, os varejistas podem competir para trabalhar com Ralph Lauren ou fabricantes de roupas podem concorrer para serem vendidos pela Neiman-Marcus ou Nordstrom. Finalmente, o poder pode advir do direito legítimo de um membro do canal de ditar o comportamento dos outros membros. Isso ocorreria sob acordos contratuais (tais como franquia) que permitem que um membro do canal legalmente direcione o comportamento dos demais.

■ DECISÕES DE MODIFICAÇÃO DO CANAL

Os canais de *marketing* de uma organização estão sujeitos à modificação, mas menos do que o produto, o preço e a promoção. Mudanças na concentração geográfica dos compradores, a incapacidade de intermediários existentes de atingir as necessidades dos compradores e os custos da distribuição representam razões comuns para modificar canais de *marketing* existentes. Uma organização poderia iniciar um programa de modificação de *marketing* como parte da mudança na estratégia de *marketing*. A Nike, por exemplo, parou de fornecer a marca Nike para a Sears como parte de um trabalho de segmentação dos mercados de calçados e roupas com diferentes marcas que a empresa controla, como Starter, Cole Haan e Converse. A Nike não queria que a marca Nike fosse vendida em lojas de descontos.[15] Seja qual for a razão para modificar os canais de *marketing* de uma organização, na base da decisão de mudança deve estar a intenção do gerente de *marketing* de (1) oferecer a melhor cobertura do mercado-alvo desejado, (2) satisfazer as exigências de compra do mercado-alvo e (3) maximizar a receita e minimizar o custo. As decisões de modificação de canal envolvem uma avaliação dos benefícios e custos de tal mudança.

Fatores qualitativos nas decisões de modificação

A avaliação qualitativa de uma decisão de modificação reside em uma série de questões. Essas questões implicam que a decisão de modificação envolve uma análise comparativa dos canais existentes e dos novos canais.

1. A mudança melhorará a cobertura eficaz dos mercados-alvo desejados?
2. A mudança aumentará a satisfação das necessidades do comprador? Como?
3. Que funções de *marketing*, se houver, devem ser absorvidas a fim de que a mudança seja feita?
4. A organização possui os recursos para desempenhar as novas funções?
5. Que efeito a mudança terá sobre outros participantes do canal?
6. Qual será o efeito da mudança sobre a realização dos objetivos organizacionais de longo prazo?

Avaliação quantitativa das decisões de modificação

Uma avaliação quantitativa da decisão de modificação considera o impacto financeiro da mudança em termos de receitas e despesas. Suponhamos que uma organização esteja considerando substituir seus atacadistas por centros de distribuição próprios. Os atacadistas recebem anualmente $5 milhões de margem das vendas da oferta da organização. O custo da organização de atender os atacadistas é de $500.000 anuais. Portanto, o custo de utilizar atacadistas nesse caso é a margem recebida pelos atacadistas mais $500.000 destinados a atendê-los, para um total de $5,5 milhões. Dito de outra forma, a organização economizaria essa quantia se os atacadistas fossem eliminados.

No entanto, se a empresa eliminasse os atacadistas, teria que assumir suas funções, incluindo os custos de vendas para contas no varejo anteriormente assumidos pelos atacadistas. Também haveria custos de administração de vendas. Além disso, como os atacadistas detêm estoques para atender o varejo, o custo de estocagem deveria ser assumido, assim como as despesas de entrega e armazenagem. Finalmente, como os atacadistas propiciam crédito aos varejistas, o custo das contas a receber também deveria ser incluído.

Uma vez calculados os custos incorridos com a eliminação do atacadista, é possível uma avaliação da decisão de modificação a partir de uma perspectiva financeira. Tal avaliação é mostrada a seguir, com valores ilustrativos.

Custo de Atacadistas		*Custo de Centros de Distribuição*	
Margem para atacadistas	$5.000.000	Vendas para varejistas	$1.500.000
Despesa de atendimento	500.000	Administração de vendas	250.000
Custo total	$5.500.000	Custo de estoque	935.000
		Entrega e armazenagem	1.877.000
		Contas a receber	438.000
		Custo total	$5.000.000

Como o uso de atacadistas custa $5,5 milhões e o custo de centros de distribuição seria de $5 milhões, uma perspectiva de custos sugere seleção da última opção. No entanto, o efeito nas receitas deve ser considerado. Esse efeito pode ser determinado, primeiramente, abordando-se as questões observadas anteriormente e, então, traduzindo-se a cobertura de mercado, a satisfação das necessidades do comprador e a resposta do participante do canal em valores.

NOTAS

1. Anne T. Couglan, Erin Anderson, Louis W. Stern, and Adel I. El-Ansary, *Marketing Channels*, 6th ed. (Upper Saddle River, NJ: Prentice Hall, 2001): Chapter 2.
2. Avoncompany.com, baixado da Internet em 15 de junho de 2005, "Calling Avon's Lady," *Newsweek* (December 2004):28–30.
3. Partes dessa discussão são baseadas em Bert Rosenbloom, *Marketing Channels*, 7th ed. (Cincinnati, OH:Southwestern Publishing, 2004):Chapter 15.
4. "Radio Shack Campaign Touts Its RCA Alliance,"*Advertising Age* (June 5, 2000): 61.
5. International Franchise Association, January 4, 2006.
6. Joshua Levine and Matthew Swibel,"Dr. No," *Forbes* (May 28, 2001): 72–76;"Retailers Won't Share Their Toys,"*Wall Street Journal* (December 4, 2001): B1, B4.
7. Nick Wingfield,"How Apple's Store Strategy Beat the Odds,"*Wall Street Journal* (May 17, 2006):B1, B10."Boutiques for Flogging the Brand,"*Business Week* (May 24, 2004):48.
8. Jonathan Mandell,"Speed It Up Webmaster,We're Losing Billions Every Second," *New York Times* (September 22, 1999):58D.
9. "Gillette Tries to Nick Schick in Japan,"*Wall Street Journal* (February 4, 1991): B3, B4.
10. "Barnes & Noble Likely to Build Centers for Distribution If Ingram Deal Fails,"*Wall Street Journal* (June 2, 1999): B8.
11. "Carpet Firm's Dynamic Chief Must Weave Succession,"*Wall Street Journal* (August 19, 1998):B4.
12. Essa discussão baseia-se em *Multi-Channel Integration:The New Retail Battleground* (Columbus, OH: PricewaterhouseCoopers, March 2001); and "Online Stores Try New Pitch: Fetch It Yourself,"*Wall Street Journal* (November 19, 2003):D1, D4.
13. Essa discussão é baseada em "Multichannel *Marketing*:Channibalism?"clickz.com, baixado da Internet em 25 de agosto de 2005; and Jeffrey F. Rayport and Bernard J. Jaworski, *e-Commerce*, 2nd ed. (Burr Ridge, IL:McGraw Hill/Irwin 2004).
14. "Feud with Seller Hurts Nike Sales, Shares,"*Dallas Morning News* (June 28, 2003): 30; Rick Brooks, "A Deal with Target Put Lid on Revival at Tupperware," *Wall Street Journal* (February 18, 2004): A1, A9;"Michelin Cancels Supply Contract with GM Europe,"*Wall Street Journal* (May 30, 2002): D6; and Christine B. Bucklin et al.,"Channel Conflict:When Is It Dangerous?" *The McKinsey Quarterly* (Number 3, 1997):36–43.
15. Stephanie Kang, "Nike to Stop Selling Brand at Sears," *Wall Street Journal* (May 5, 2005): B8.

CASO

Swisher Mower and Machine Company
Avaliação de uma oportunidade de distribuição de marca própria

No início de 1996, Waine Swisher, presidente e CEO da Swisher Mower and Machine Company (SMC), recebeu uma carta registrada de uma grande rede de comércio varejista nacional sobre um contrato de distribuição de marca própria para a linha de tratores cortadores de grama. Wayne Swisher recém tinha assumido seu cargo como presidente e CEO, recebido de Max Swisher, seu pai e fundador da empresa. Wayne Swisher antes era vice-presidente de vendas, um cargo que ele mantivera por seis anos, após ter completado o programa MBA na Southern Methodist University, em Dallas, Texas. Antes de se formar, ele havia trabalhado com vendas e *marketing* por três anos em uma grande corporação da *Fortune* 500.

A proposta de distribuição de marca própria era a primeira decisão importante que ele enfrentava como presidente e CEO. Ele achou que a proposta apresentava uma oportunidade que merecia ser considerada, já que as vendas em volume de unidades do trator cortador de grama SMC tinham permanecido em um platô nos últimos anos. No entanto, detalhes referentes à proposta teriam que ser cuidadosamente estudados, pois ela representava um afastamento significativo das atuais práticas de distribuição da SMC.

■ HISTÓRICO DA EMPRESA

As origens da Swisher Mower and Machine Company podem remontar à aptidão mecânica de seu fundador, Max Swisher. Ele recebeu sua primeira patente por uma montagem de caixa de câmbio quando tinha 18 anos. Pouco tempo depois, desenvolveu um cortador de grama de autopropulsão utilizando aquela montagem. Ele começou vendendo esses cortadores de grama para os vizinhos, depois de transformar a garagem de seus pais em uma pequena operação de fabricação, e formou a Swisher Mower and Machine Company em 1945. No início da década de 1950, Swisher decidiu integrar seu mecanismo em um trator cortador de grama e, após servir na Guerra da Coréia, começou a vender esses cortadores sob o nome Ride King em 1956.

Em 1966, o volume de unidades dos tratores cortadores de grama SMC chegou ao pico de 10.000 unidades, com vendas de dois milhões de dólares. No início da década de 1970, o volume de vendas começou a demonstrar tendência ao declínio, resultado de más condições econômicas nos mercados geográficos atendidos pela SMC. De 1975 a 1989, o volume de unidades permaneceu relativamente constante. As vendas melhoraram nos anos 90, com um volume médio de 4.250

Agradecemos à Swisher Mower and Machine Company pela cooperação na elaboração deste caso, preparado pelo professor Roger A. Kerin, da Edwin L. Cox School of Business, Southern Methodist University, e Wayne Swisher, da Swisher Mower and Machine Company, como base para discussão em aula. Este caso não se destina a ilustrar o manejo eficaz ou ineficaz de uma situação administrativa. Os dados financeiros e de operação da empresa foram alterados e não se prestam para fins de pesquisa. © 1999, Roger A. Kerin. Nenhum excerto deste caso pode ser reproduzido sem a permissão por escrito do detentor dos direitos autorais.

FIGURA 1

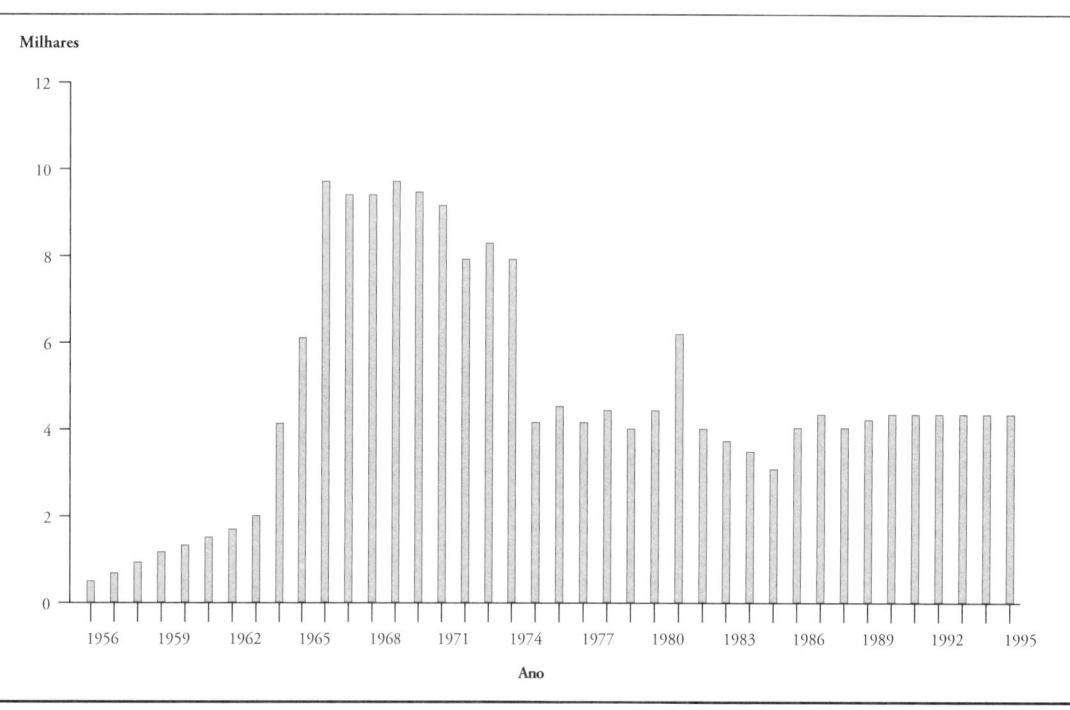

Histórico de vendas em unidades dos tratores cortadores de grama SMC

unidades de tratores cortadores de grama. Em 1995, a empresa vendeu 4.200 tratores cortadores de grama e registrou o total de vendas de $4,3 milhões. A Figura 1 mostra o histórico de vendas em unidades da SMC desde 1956.

A empresa produz os cortadores em sua fábrica, em Warrensburg, Missouri, mas utiliza fornecedores externos para alguns trabalhos mecânicos e submontagem. Suas instalações têm capacidade de produção anual de 10.000 unidades de tratores cortadores de grama em um único turno, perfazendo 40 horas de trabalho por semana. A instalação de produção e o espaço de escritório são alugados de uma empresa relacionada.

Max Swisher sempre insistiu que sua empresa fosse orientada para o cliente no reconhecimento e atendimento das necessidades do revendedor e do usuário final. A manutenção da imagem de "pequena empresa" também tinha sido um aspecto importante da filosofia empresarial de Max Swisher, o que, em troca, havia resultado em relações pessoais com os revendedores e também com os clientes. Uma especial lealdade tem sido demonstrada aos revendedores e distribuidores originais da SMC, que ajudaram a construir a base de vendas da empresa. A SMC continua a garantir proteção dos territórios destes e de outros revendedores sempre que possível.

Linha de produção

A SMC produzia três tipos de cortadores de grama no início de 1996. Seu produto principal, o Ride King, é um trator cortador de grama com três rodas que tem eixo zero de giro. Desenvolvido por Max Swisher na década de 1950, seu *design* difere dos de seus concorrentes porque a única roda anterior dirigível é também a unidade de direção. Essa característica permite que o cortador seja reverso sem mudar as marchas, simplesmente virando a roda em 180 graus. Credita-se à empresa a produção do primeiro trator cortador de grama com eixo zero de giro.

O preço do fabricante para o Ride King padrão é 650 dólares. A margem de lucro bruta do fabricante nessa unidade é de aproximadamente 15%. O custo de mercadorias vendidas para esse produto é cerca de 100 dólares para mão-de-obra e 453 dólares para peças.

Capítulo 7 Gerenciamento e Estratégia de Canal de *Marketing* 269

FIGURA 2

Folheto sobre o produto Ride King

SWISHER ZERO TURNING RADIUS MOWER

For a quick, clear cut around trees, shrubs, and lawn ornaments.

Swisher, the originator of the ZERO TURNING RADIUS MOWER, has continually refined the mower with updated operating features since its exclusive patent. Swisher's riding mowers are guided by a single, steerable front wheel, pivoting 360 degrees for sharp turns or reversing without stopping or changing gears. Its 32" cutting deck is powered by an 8HP Briggs & Stratton engine. Swisher's ZERO TURNING RADIUS MOWER is another innovation in a long line of Swisher lawn and garden equipment – developed over the past 50 plus years.

- Deluxe ergonomic seat with spring suspension
- Simple, reliable design
- Quick and easy height adjustment handle and wide wheels
- Optional quick change chute for mulch or side discharge
- Anti-scalp rollers
- 360 degree pivoting front wheel, zero turning radius

ZERO TURNING RADIUS MOWER ZERO TURNING RADIUS MOWER ZERO TURNING RADIUS MOWER

A SMC tem a reputação de produzir tratores cortadores de grama de alta qualidade que têm *design* simples, permitindo fácil uso e manutenção por parte do cliente. Essas características e benefícios são enfaticamente apresentados na literatura do produto Ride King (ver a Figura 2). A confiabilidade e robustez do trator cortador são demonstradas pela longevidade do produto. Os cortadores SMC costumam funcionar por mais de 25 anos antes de precisarem ser substituídos. A empresa oferece garantia de um ano de todas as peças e mão-de-obra. Os tratores cortadores de grama foram responsáveis por 63,6% do total de vendas e por 57,8% do lucro bruto total da SMC em 1995.

A maioria das peças dos atuais cortadores de grama é intercambiável com peças de modelos mais antigos que datam de 1956. Embora a patente da unidade de direção zero eixo de giro tenha expirado, nenhum concorrente copiou esse específico *design*.

A SMC também produziu um cortador de grama "trailer", chamado T-44. Essa unidade consiste de um cortador do tipo trailer com uma amplitude de corte de 44 polegadas. Quando acoplado a qualquer trator cortador de grama, a unidade efetivamente aumenta a amplitude de corte em 44 polegadas. O cortador "trailer" também pode ser puxado por veículos de solo. O T-44 gerou 8,2% do total de vendas e 13,2% do lucro bruto total da SMC em 1995. A Figura 3 ilustra a literatura sobre o produto T-44.

A SMC parou de enfatizar a venda de seu cortador de grama de autopropulsão no início da década de 1960, devido às baixas vendas e ao aumento da demanda pelo trator cortador. Quando retirou essas unidades, a empresa começou a oferecer "kits" de cortadores de grama tradicionais. Existem três kits disponíveis, e cada um consiste de todas as peças necessárias para montar os cortadores. Os kits não proporcionam uma contribuição material para o lucro bruto da empresa. Eles responderam por 8,2% do total de vendas da SMC em 1995.

O negócio de peças de reposição para os cortadores de grama dá origem ao restante das vendas da SMC (20%). Como há pouca padronização das peças de cortadores no setor, a SMC deve oferecer aos clientes peças de reposição para seus cortadores. As peças de reposição foram responsáveis por 29% do lucro bruto total da empresa.

Havia planos em andamento para ampliar a linha de produtos da SMC em 1996, com o lançamento de um aparador de grama com alavanca de roda alta. O "Trim-Max" é um produto de empurrar de roda alta que combina aparador, cortador e finalizador de bordas em uma unidade. A Figura 4 mostra a literatura sobre o produto "Trim-Max".

Distribuição e promoção

A SMC distribui seus cortadores de grama através de lojas de suprimentos agrícolas, lojas de jardinagem, centros de produtos domésticos e lojas de ferragens, localizadas principalmente em áreas não-metropolitanas. Aproximadamente 75% das vendas da empresa são feitas nessas áreas.

A SMC vende o cortador Ride King por meio de distribuidores atacadistas que suprem revendedores independentes e também diretamente para os revendedores. Os atacadistas que representam a SMC estão localizados por todo o país, mas abastecem principalmente os revendedores agrícolas situados no centro-sul e sudeste dos Estados Unidos. Os atacadistas geram 30% das vendas do trator cortador; as transações feitas diretamente com os revendedores são responsáveis por 35% das vendas.

As vendas do trator cortador de grama de marca particular respondem por 40% das vendas da SMC. Seus cortadores de marca própria Big Mow são produzidos para duas redes de compra: Midstates (Minneapolis, Minnesota) e Wheat Belt (Kansas City, Missouri). Essas duas organizações representam lojas de suprimentos agrícolas independentes e centros de produtos domésticos ao norte e no meio da região centro-oeste dos Estados Unidos e proporcionam um serviço central de compra. Embora esses grupos de compra operem aproximadamente no mesmo território, suas lojas geralmente não estão localizadas nas mesmas cidades. A Figura 5 mostra o escopo geográfico da distribuição da SMC nos Estados Unidos por nome de marca.

A empresa também tem contratos de distribuição em partes da Europa e no Pacífico Sul. Tais contratos produzem 5% do total de vendas da empresa.

Antes de 1985, a propaganda da SMC concentrava-se em promoções orientadas para o setor, destinadas aos atacadistas e revendedores. Desde 1985, a SMC usa a propaganda ao consumidor

FIGURA 3

Folheto sobre o produto T-44

SWISHER T-44 TRAILMOWER
For quick, versatile mowing.

1. The ultimate way to save time on large areas, Swisher's T-44 TRAILMOWER quickly attaches to almost any lawn tractor or ATV for a faster, wider cut. The T-44 can be offset left or right; it features non-incremented, easy changing adjustment handles for variable ground clearance heights. For convenience, the optional remote ignition is located near the operators' position and features an optional 12 volt electric starter. Swisher's T-44 TRAILMOWER is another innovative product in a long line of Swisher lawn and garden equipment – developed over the past 50 plus years.

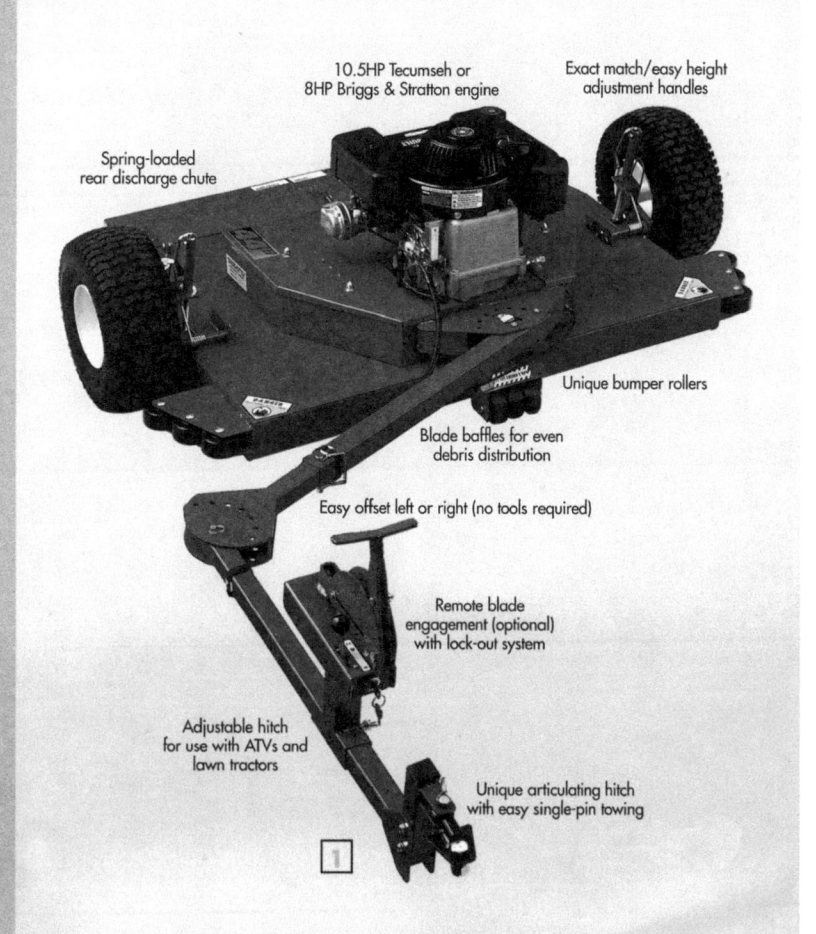

- 10.5HP Tecumseh or 8HP Briggs & Stratton engine
- Exact match/easy height adjustment handles
- Spring-loaded rear discharge chute
- Unique bumper rollers
- Blade baffles for even debris distribution
- Easy offset left or right (no tools required)
- Remote blade engagement (optional) with lock-out system
- Adjustable hitch for use with ATVs and lawn tractors
- Unique articulating hitch with easy single-pin towing

T-44 TRAILMOWER T-44 TRAILMOWER T-44 TRAILMOWER T-44 TRAILMOWER

FIGURA 4

Folheto sobre o produto Trim-Max

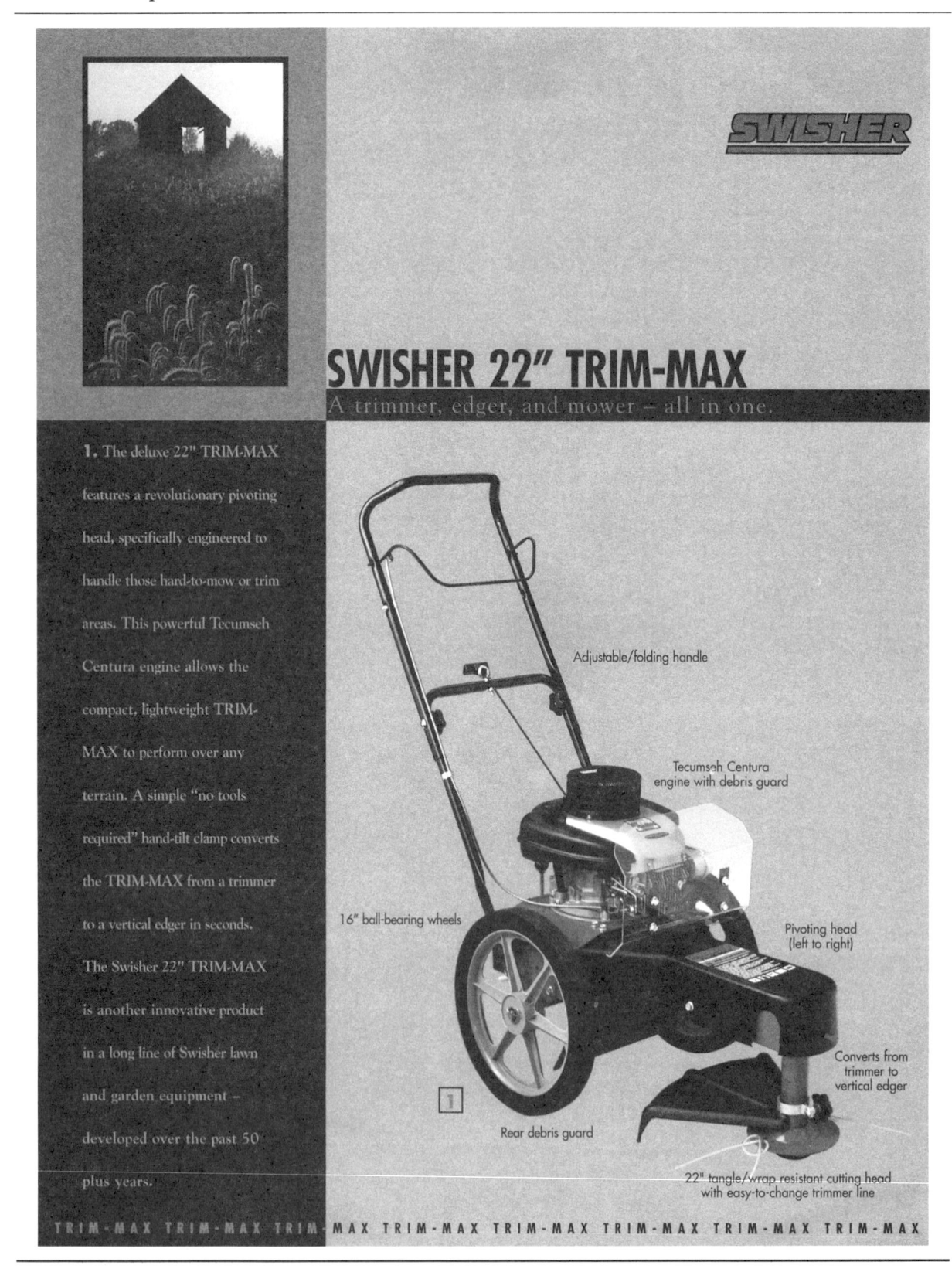

SWISHER 22" TRIM-MAX
A trimmer, edger, and mower – all in one.

1. The deluxe 22" TRIM-MAX features a revolutionary pivoting head, specifically engineered to handle those hard-to-mow or trim areas. This powerful Tecumseh Centura engine allows the compact, lightweight TRIM-MAX to perform over any terrain. A simple "no tools required" hand-tilt clamp converts the TRIM-MAX from a trimmer to a vertical edger in seconds. The Swisher 22" TRIM-MAX is another innovative product in a long line of Swisher lawn and garden equipment – developed over the past 50 plus years.

- Adjustable/folding handle
- Tecumseh Centura engine with debris guard
- 16" ball-bearing wheels
- Pivoting head (left to right)
- Converts from trimmer to vertical edger
- Rear debris guard
- 22" tangle/wrap resistant cutting head with easy-to-change trimmer line

FIGURA 5

Escopo geográfico de distribuição da SMC

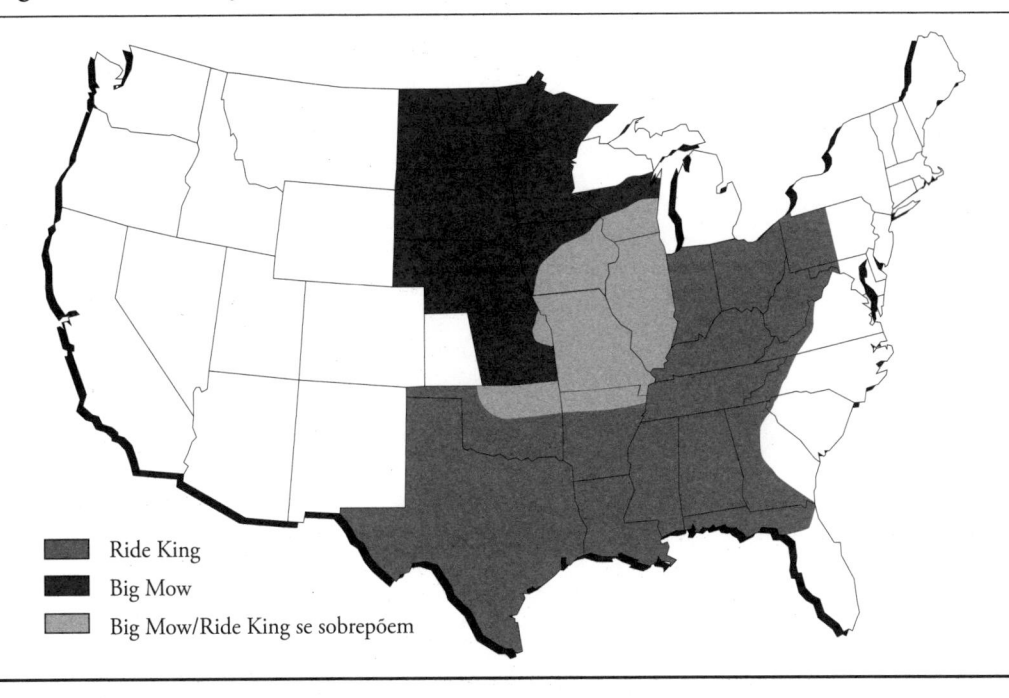

- Ride King
- Big Mow
- Big Mow/Ride King se sobrepõem

para promover o Ride King através de um programa de propaganda cooperativa com seus revendedores, utilizando rádio, televisão e jornais. O Ride King é apresentado em publicações como *National Gardening*, *Country Journal* e *Popular Mechanics*, entre outras.

Posição financeira

A SMC permaneceu sendo uma empresa lucrativa desde sua fundação. A empresa tem gerado sistematicamente um retorno de lucro líquido sobre vendas de 10% ou mais anualmente. Além disso, a SMC consegue produzir fluxo de caixa em níveis altos o suficiente para minimizar a necessidade de qualquer financiamento de curto ou longo prazo. Durante 1995, as contas a receber e o estoque do trator cortador de grama Ride King tiveram giros de 8,1 e 5,8, respectivamente. A Figura 6 traz os demonstrativos financeiros da SMC para 1995.

■ O SETOR DE TRATORES CORTADORES DE GRAMA EM 1995

Os tratores cortadores de grama são classificados como equipamento para gramado e jardinagem. Essa categoria é composta de inúmeros produtos, incluindo cortadores de empurrar com rotação, tratores cortadores e tratores, ferramentas de jardinagem, removedores de neve e outros equipamentos a motor para uso externo criados especialmente para o mercado consumidor.

Fontes do setor estimaram que o setor de equipamento para gramado e jardinagem produziu vendas de 5,5 bilhões de dólares em 1995, a preços de fábrica. Dessa quantia, 75% foi para produtos acabados e 25% para motores. Os componentes, incluindo peças, foram responsáveis pelo restante das vendas no setor.

FIGURA 6

Demonstrativos financeiros da Swisher Mower and Machine Company: 1995[a]

Demonstrativo (ano terminado em 30 de setembro de 1995)

Vendas		$4.292.000
Custo de mercadorias vendidas		3.587.150
Lucro bruto		$704.850
Despesas administrativas e de vendas	$264.700	
Depreciação	2.300	
Total de despesas		267.000
Receita de operações contínuas		$437.850
Outras receitas (despesas)		(7.650)
Receita líquida[b]		$430.200

Balanço Patrimonial (30 de setembro de 1995)

Ativo	
Ativo atual	$1.133.000
Propriedades líquidas e equipamentos	53.000
Ativo total	$1.186.000
Passivo e patrimônio de proprietário	
Passivo atual	212.800
Patrimônio de proprietário	973.200
Total de passivo e patrimônio de proprietário	$1.186.000

[a] Todos os dados numéricos foram alterados e não se prestam para fins de pesquisa.
[b] A SMC é uma *Corporação* "S" e, portanto, não paga impostos estaduais ou federais corporativos.

Tendências de vendas

Estatísticas do setor mostram que o volume unitário de tratores cortadores de grama é cíclico. As vendas por unidade tinham crescido no início dos anos 70, mas caíram drasticamente em 1975, após um declínio na economia dos Estados Unidos. Em 1979, os embarques de unidades cresceram gradualmente, mas, com as lentas condições econômicas no início da década de 1980, o volume de unidades caiu novamente. Esse mesmo padrão foi repetido durante o período de 1983 a 1992. Em 1993 e 1994, o setor registrou recorde de vendas em unidades. As projeções para 1995 e 1996 apontam para mais aumentos no volume de unidades. A Figura 7 apresenta as vendas em unidades de tratores cortadores de grama e tratores para gramado para o período de 1974 a 1994.

O setor de tratores cortadores de grama é altamente sazonal. Cerca de um terço das vendas, no varejo de tratores cortadores de grama, ocorre em março, abril e maio. Mais da metade dos embarques de fábrica desses produtos ocorre no período de quatro meses, compreendido entre janeiro e abril.

Configuração do produto

Os tratores cortadores de grama geralmente são projetados em duas configurações básicas: (1) tratores de gramado com motor frontal e (2) tratores cortadores de grama com motor traseiro. No entanto, há no mercado alguns tratores cortadores de grama com motor no centro, como os produzidos pela SMC. Os tratores para gramado com motores maiores (20 HP ou mais) são classificados como tratores de jardim.

Os tratores cortadores de grama são direcionados para consumidores que possuem grandes áreas de gramado, geralmente um acre ou mais. Os tratores para gramado com motor frontal são os de

FIGURA 7

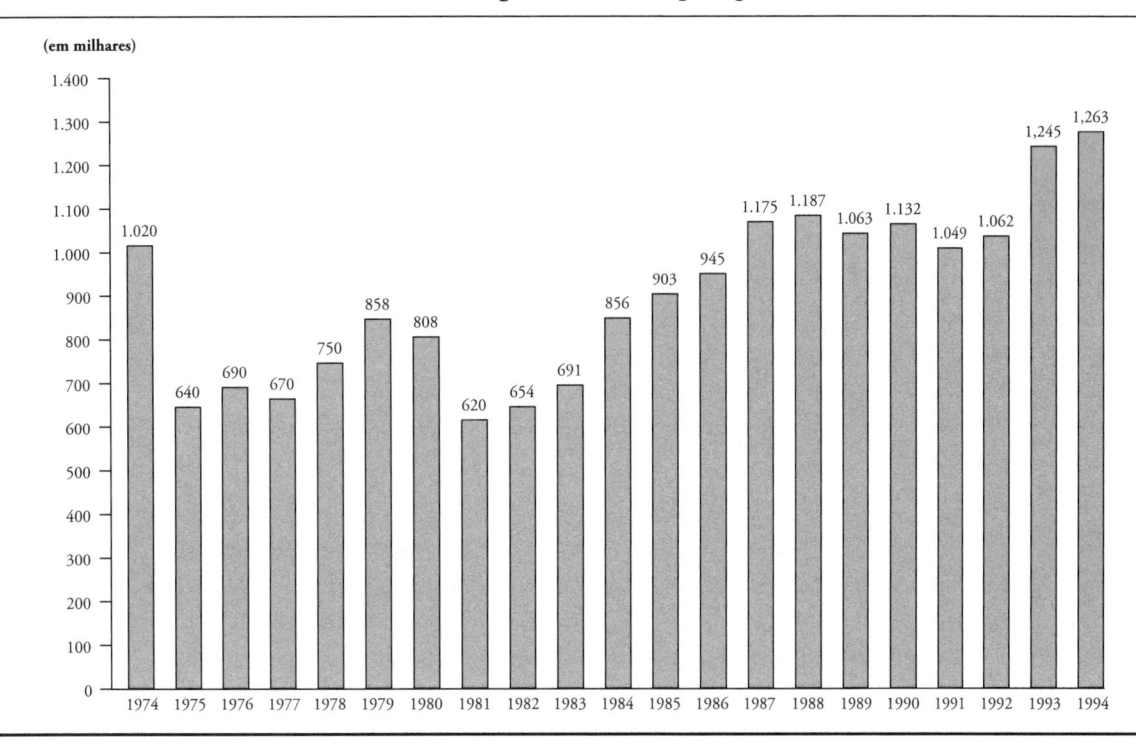

Vendas em unidades dos tratores cortadores de grama e tratores para gramado: 1974-1994

(em milhares)

Ano	Vendas
1974	1.020
1975	640
1976	690
1977	670
1978	750
1979	858
1980	808
1981	620
1982	654
1983	691
1984	856
1985	903
1986	945
1987	1.175
1988	1.187
1989	1.063
1990	1.132
1991	1.049
1992	1.062
1993	1.245
1994	1.263

design mais popular, seguidos pelos modelos com motor traseiro e central. De acordo com pesquisas do setor, a configuração com motor frontal (tratores para gramado e de jardim) é percebida como mais potente do que a configuração com motor traseiro e capaz de dar conta de áreas mais extensas. Como as dimensões físicas da configuração com motor frontal tendem a ser maiores do que as da configuração com motor traseiro, os consumidores inclinam-se a perceber que os tratores para gramado e os tratores de jardim são mais fortes e mais duráveis.

Concorrência e distribuição no varejo

Dez fabricantes constituíam-se como os principais concorrentes no mercado de tratores cortadores de grama em 1995: American Yard Products, Ariens, Honda, John Deere, Kubota, MTD, Inc., Murray of Ohio, Snapper, Toro e GardenWay/Troy-Bilt.

Ariens, Honda, John Deere, Kubota, American Yard Products, Murray, MTD, Snapper, Toro e Garden Way/Troy-Bilt vendem seus produtos através de lojas para cuidados de gramado e jardinagem e de varejistas especializados. Todas essas empresas fabricam tratores cortadores de grama sob um nome de marca nacional e estão envolvidas na produção de marcas particulares. Várias empresas produzem uma combinação de tratores cortadores de grama de marcas nacionais e marcas particulares para comerciantes de massa (por exemplo, Sears, Wal-Mart e Kmart), centros de produtos domésticos (como Lowe's e Home Depot) e redes de lojas de ferragens (como True Value Hardware).

Os tratores cortadores de grama de marcas particulares captaram uma porcentagem crescente de vendas em unidades no setor. Estima-se que os cortadores de marcas particulares atualmente sejam responsáveis por 65 a 75% do total de vendas no setor.

Cada um dos principais concorrentes produz vários tratores cortadores de grama em diferentes níveis de preço. Embora os preços de varejo variem por tipo de loja varejista, os preços representativos do varejo para tratores cortadores de grama de marcas nacionais e particulares variam de $800 a $5.000.

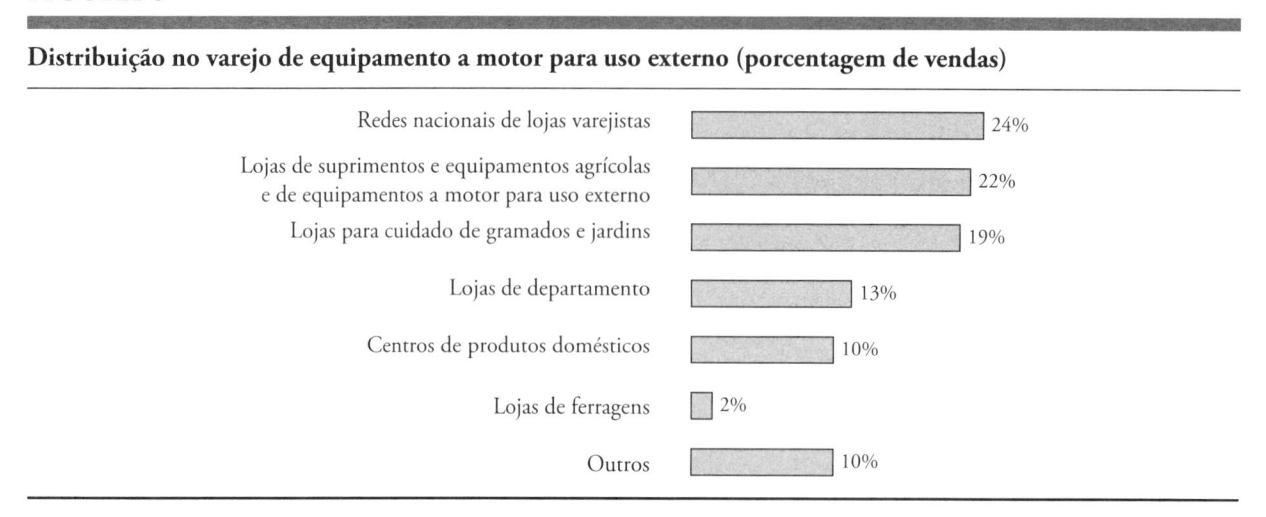

FIGURA 8

Distribuição no varejo de equipamento a motor para uso externo (porcentagem de vendas)

Canal	%
Redes nacionais de lojas varejistas	24%
Lojas de suprimentos e equipamentos agrícolas e de equipamentos a motor para uso externo	22%
Lojas para cuidado de gramados e jardins	19%
Lojas de departamento	13%
Centros de produtos domésticos	10%
Lojas de ferragens	2%
Outros	10%

Equipamentos a motor para uso externo, incluindo os tratores cortadores de grama, são distribuídos através de uma série de lojas varejistas. Redes varejistas nacionais, como Wal-Mart, Home Depot e Sears, respondem pela maior porcentagem de vendas. Essas redes, mais as lojas de suprimentos, equipamentos agrícolas e equipamentos a motor para uso externo, lojas de jardinagem, lojas de departamentos, centros de produtos domésticos e lojas de ferragens, formam 90% do total de vendas do setor (ver a Figura 8).

■ A PROPOSTA DE DISTRIBUIÇÃO DE MARCA PRÓPRIA

A proposta recebida pela SMC, referente a um contrato de distribuição de marca própria, solicitava um pedido de amostra de 700 unidades de tratores cortadores de grama, a serem entregues em janeiro de 1997. A rede nacional de varejo esperava fazer um pedido anual de aproximadamente 8.200 unidades. O contrato proposto tinha aspectos que o tornavam bem diferente da maneira comum de a SMC fazer negócios com outras organizações de marca própria. A rede queria comprar os cortadores a um preço 5% mais baixo do que o preço da SMC para o modelo padrão. A rede também desejava ser autogerenciável, sem que representantes do fabricante ou vendedores da empresa a visitassem. Não queria nenhum desconto sazonal ou promocional, somente um único preço baixo garantido. Os novos pedidos seriam feitos pelo mesmo preço. Os cortadores de grama seriam embarcados FOB (ou seja, a rede pagaria todas as despesas de frete).

A rede queria ter estoques em seus depósitos regionais, mas não desejava que fossem faturados antes de os cortadores de grama serem embarcados a uma determinada loja da empresa. A partir desse ponto, o pagamento seria feito em 45 dias. Entretanto, a rede concordava em assumir pagamento para cortadores de grama que tivessem estado em um de seus depósitos por dois meses. Um período de pagamento de 45 dias se seguiria à emissão de título.

Haveria pequenas mudanças na aparência do cortador de grama para ajudar a diferenciá-lo do Ride King da SMC. A rede solicitou um assento diferente e uma determinada cor e tipo de pintura, e especificou que todas as peças fossem de fabricação nacional ou que o cortador pelo menos ostentasse um "nome americano" como fabricante. A rede forneceria todos os adesivos com o nome de sua marca.

A rede não propôs quaisquer especificações mecânicas para o trator cortador de grama. A carta expressava satisfação com o *design* e o desempenho da máquina e observava que eram necessárias apenas mudanças estéticas menores. A garantia padrão da SMC seria exigida para todas as peças do cortador. A rede esperava que a SMC a reembolsasse por quaisquer custos de mão-de-obra advindos do trabalho de garantia em $22,00 por hora. As peças de reposição seriam compradas nos preços atuais e embarcadas FOB fábrica.

Um contrato de dois anos foi oferecido, o qual poderia ser automaticamente estendido anualmente. Cada parte poderia rescindir o contrato mediante aviso com seis meses de antecedência. Um novo preço seria negociado no final do período original de dois anos. O contrato seria negociado anualmente dali em diante. A rede também solicitava que a SMC assumisse a responsabilidade por dano pessoal que pudesse resultar do uso e manutenção dos cortadores de grama. A rede ofereceria todas as propagandas relacionadas ao produto e não permitiria que a SMC mencionasse sua relação com ela em suas próprias propagandas e promoções.

■ AVALIAÇÃO DA PROPOSTA

A proposta de distribuição de marca própria exigia cuidadosa consideração, de acordo com Wayne Swisher. A oportunidade de expandir a produção, dado o excesso de capacidade, somada ao benefício agregado de ampliação da distribuição em áreas metropolitanas, era convidativa. Além disso, o aumento das vendas de peças era provável, e havia potencial para vender o cortador "trailer". Ao mesmo tempo, outros fatores deveriam ser levados em conta. Por exemplo, a SMC garantia qualidade e não havia tido nenhuma reclamação significativa quanto à responsabilidade pelos produtos, com 750.000 unidades vendidas desde 1956. No entanto, se a proposta fosse aceita, a maior exposição a queixas desse tipo seria possível.

Mais ainda, apesar de o aumento de produção poder ser atingido com pagamento de horas extras aos funcionários de fabricação da SMC, o custo de hora extra, refletido no custo da mão-de-obra direta, representaria mais 4% do atual preço de venda do fabricante para os tratores cortadores. Custos adicionais de materiais diretos poderiam representar mais 1% do preço atual do fabricante. Estimava-se, ainda, um acréscimo de 1% nos custos gerais; outros custos relacionados, incluindo seguro de estoque adicional, furtos e quebra, uso e manutenção adicional das máquinas e imposto predial com base no estoque, seriam responsáveis por mais 1,5%.

Os custos financeiros adicionais eram de especial importância. Normalmente, a SMC obtinha recursos de curto prazo de bancos locais, com 2,5 pontos percentuais sobre a taxa principal (atualmente, 7%). Esses recursos eram usados para financiar contas a receber e estoques de tratores cortadores de grama, que aumentariam com o novo contrato. Por exemplo, o estoque médio adicional, com a proposta, seria de 2.100 unidades.

As vendas de cortadores de grama da SMC pela rede nacional poderiam canibalizar parte das vendas existentes. Embora as lojas da rede fossem localizadas em áreas metropolitanas, haveria alguma sobreposição em áreas comerciais, com os atuais revendedores da SMC. Swisher achava que, como conseqüência, a SMC poderia inicialmente perder cerca de 300 unidades por ano no volume de vendas de Ride King. Além disso, os revendedores diretamente afetados não seriam receptivos à concorrência adicional. Wayne Swisher acreditava que uma pequena porcentagem de revendedores independentes provavelmente abandonaria a linha da SMC.

Alguns aspectos da proposta poderiam ser negociáveis, tais como a emissão de títulos e as datas de pagamento. A partir de sua experiência, Wayne sabia que o preço unitário na proposta era provavelmente fixo e que as mudanças estéticas não eram negociáveis. Ele sabia que sua posição de barganha era limitada porque a rede deveria abordar outros fabricantes com a mesma oportunidade. Contudo, ele também sabia que a SMC oferecia um produto altamente diferenciado e aprovado. Isso seria uma vantagem, uma vez que muitos cortadores de grama de outros fabricantes não se destacavam.

Wayne Swisher tinha se preocupado por muitos anos com as perspectivas futuras da SMC. O contrato de distribuição de marca própria com um grande rede varejista nacional poderia oferecer numerosos benefícios para a SMC, mas ele se perguntava se outras medidas não poderiam ser ainda mais atraentes. Por exemplo, um trabalho de vendas e propaganda mais agressivo para recrutar novos revendedores e auxiliar os já existentes estava sendo considerado. Além disso, o novo produto Trim-Max logo seria lançado sob o nome Swisher, e uma linha ampliada de cortadores "trailer" era uma possibilidade. Mesmo assim, pensava Wayne, a proposta era "um pássaro na mão", enquanto as outras iniciativas ainda tinham que ser comprovadas.

CASO

Goodyear Tire and Rubber Company

No início de 1992, os executivos da Goodyear Tire and Rubber Company estavam avaliando uma proposta feita pela Sears, Roebuck and Company. Em 1989, a administração da Sears tinha procurado a Goodyear, interessada em vender a popular marca de pneu Eagle da empresa. A proposta foi recusada. Na época, a alta administração da Goodyear achou que essa medida prejudicaria as vendas de pneus da Goodyear Auto Service Centers, de propriedade da empresa, e dos franqueados Goodyear Tire Dealers, que eram as principais fontes do varejo para os pneus da marca Goodyear. No entanto, depois de uma perda de 38 milhões de dólares em 1990 e da mudança da alta administração da Goodyear em 1991, a proposta da Sears veio novamente à tona.

Dois fatores contribuíram para o renovado interesse na proposta da Sears.[1] Primeiro, entre 1987 e 1991, os pneus da marca Goodyear registraram um declínio de 3,2% na participação de mercado para pneus de reposição em veículos de passageiros nos Estados Unidos. Tal declínio representou uma perda de aproximadamente 4,9 milhões de unidades de pneus. Acreditava-se que o crescimento de clubes de atacadistas e varejistas de desconto, juntamente com multimarcas entre os comerciantes de massa, havia contribuído para a erosão na participação de mercado (ver a Figura 1). Segundo, pensava-se que cerca de dois milhões de pneus gastos da marca Goodyear estavam sendo substituídos anualmente em aproximadamente 850 Sears Auto Centers nos Estados Unidos. De acordo com um executivo da Goodyear, o fracasso na recompra de pneus da marca Goodyear acontecia por *default*, "já que a notável lealdade dos clientes da Sears os levava a comprar o melhor pneu à disposição entre aqueles oferecidos pela Sears", o que não incluía os pneus da marca Goodyear.

A proposta da Sears deu origem a diversas considerações em termos de estratégia para a Goodyear. Em primeiro lugar, como questão de política de distribuição, a Goodyear não vendia a marca de pneus Goodyear em comerciantes de massa desde a década de 1920, quando vendia pneus por meio da Sears. A decisão de vender novamente os pneus Goodyear para veículos de passageiros por meio da Sears representaria uma mudança significativa na política de distribuição e poderia criar conflito com seus revendedores franqueados. Em segundo lugar, se a proposta da Sears fosse aceita, surgiriam várias questões no âmbito da política de produto. Especificamente, o contrato com a Sears deveria incluir (1) somente a marca Goodyear Eagle ou (2) todas as marcas Goodyear? De forma relacionada, a Goodyear deveria permitir que a Sears oferecesse uma ou mais marcas exclusivamente e deveria ter seus próprios revendedores oferecendo certas marcas com exclusividade? A Goodyear atualmente tem 12 marcas de pneus para veículos de passageiros e caminhões leves, vendidas sob o nome Goodyear; essas marcas vão desde as de preços mais baixos até um caríssimo pneu especial de alta velocidade para Corvette que leva o nome Goodyear.

---

[1] "Newsfocus", *Modern Tire Dealer* (March 1992), p. 13.

Este caso foi preparado pelo professor Roger A. Kerin, da Edwin L. Cox School of Business, Southern Methodist University, como base para discussão em aula e não pretende ilustrar o manejo eficaz ou não de uma situação administrativa. O caso baseia-se em publicações. O autor agradece ao professor Arthur A. Thompson Jr., da Universidade do Alabama, por gentilmente ter dado permissão para extrair informações de seu comentário "Competition in the World Tire Industry, 1992" para uso neste caso; à Goodyear Tire and Rubber Company por comentários sobre um esboço anterior do caso e pela permissão de reproduzir sua propaganda; e à Michelin Tire Corporation por permitir a reprodução de sua propaganda. Copyright © 1995 Rober A. Kerin. Nenhum excerto deste caso pode ser reproduzido sem autorização por escrito do detentor dos direitos autorais.

FIGURA 1

Participação de mercado nos Estados Unidos de vendas de pneus de reposição por tipo de loja de varejo, 1982 e 1992

Tipo de loja de varejo	1982	1992*
Revendedores independentes tradicionais multimarcas	44%	44%
Revendedores independentes multimarcas de descontos	7	15
Redes de lojas, lojas de departamentos	20	14
Lojas de empresa de pneus	10	9
Oficinas	11	8
Clubes de atacadistas	—	6
Outros	8	4
	100%	100%

* Estimativa.
Fonte: Goodyear Tire and Rubber Company.

O SETOR DE PNEUS

O setor de pneus tem escopo global, e os concorrentes originam, produzem e comercializam seus produtos no mundo inteiro.[2] A produção mundial de pneus em 1991 era de aproximadamente 850 milhões, dos quais 29% eram produzidos na América do Norte, 28% na Ásia, e 23% na Europa Ocidental. Dez fabricantes de pneus respondem por 75% da produção mundial. O Groupe Michelin, com sede na França, é o maior produtor do mundo e comercializa as marcas Michelin, Uniroyal e BF Goodrich. A Goodyear é a segunda maior produtora, com Goodyear, Kelly-Springfield, Lee e Douglas sendo suas marcas mais conhecidas. A Bridgestone Corporation, empresa japonesa, é a terceira maior produtora de pneus. Suas principais marcas são Bridgestone e Firestone. Essas três empresa são responsáveis por quase 60% de todos os pneus vendidos no mundo.

O mercado de pneus de equipamento original

A indústria de pneus divide-se em dois mercados de uso final: (1) o mercado de pneus de equipamento original e (2) o mercado de pneus de reposição. Os pneus de equipamento original são vendidos pelos fabricantes de pneus diretamente aos fabricantes de automóveis e caminhões. Os pneus de equipamento original representam de 25 a 30% do volume de produção de unidades de pneus por ano. A Goodyear é a líder perene em participação de mercado para pneus de equipamento original, capturando 38% desse segmento em 1991. A Figura 2 mostra as participações de mercado de pneus de equipamento original para os principais fornecedores.

A demanda por pneus de equipamento original é derivada; ou seja, o volume de pneus está diretamente relacionado com a produção de automóveis e caminhões. A demanda total de pneus de equipamento original é altamente inelástica, dada a situação de demanda derivada. No entanto, a elasticidade de preço da demanda para fabricantes (marcas) de pneus individualmente foi considerada altamente elástica ao preço, já que os fabricantes de carros e caminhões poderiam facilmente mudar para as marcas de um concorrente. Conseqüentemente, a competição de preços entre os fabricantes de pneus era acirrada, e os fabricantes de veículos a motor comumente baseavam-se em duas fontes de pneus. Por exemplo, a General Motors dividia suas compras de pneus entre as marcas

---

[2] Partes do panorama do setor de pneus estão baseadas em "Competition in the World Tire Industry, 1992", em Arthur A. Thompson Jr., and A. J. Strickland III, *Strategic Management Concepts & Cases*, 7th ed. (Homewood, IL, 1993), pp. 581-614.

FIGURA 2

Participação de mercado nos Estados Unidos de marca de fabricante para pneus de equipamento original de veículos de passageiros

Comprador de Equipamento Original (EO)	Fabricante de Pneu (Marca)						
	Goodyear	Firestone	Michelin	Uniroyal Goodrich	General Tire	Dunlop	Bridgestone
General Motors	33,5%	1,5%	14,5%	32,5%	18,0%	0,0%	0,0%
Ford	26,0	39,0	23,5	0,0	11,5	0,0	0,0
Chrysler	83,0	0,0	0,0	0,0	17,0	0,0	0,0
Mazda	15,0	50,0	0,0	0,0	0,0	0,0	35,0
Honda dos EUA	30,0	0,0	47,0	0,0	0,0	16,0	7,0
Toyota	15,0	40,0	0,0	0,0	3,0	42,0	0,0
Diamond Star	100,0	0,0	0,0	0,0	0,0	0,0	0,0
Nissan	0,0	35,0	22,0	0,0	35,0	8,0	0,0
Nummi (GM-Toyota)	50,0	50,0	0,0	0,0	0,0	0,0	0,0
Volvo	0,0	0,0	100,0	0,0	0,0	0,0	0,0
Saturn	0,0	100,0	0,0	0,0	0,0	0,0	0,0
Isuzu	15,0	35,0	0,0	50,0	0,0	0,0	0,0
Subaru	0,0	0,0	100,0	0,0	0,0	0,0	0,0
Hyundai	35,0	0,0	65,0	0,0	0,0	0,0	0,0
Participação total no mercado EO	38,0%	16,0%	16,0%	14,0%	11,5%	2,75%	1,25%

Fonte: Modern Tire Dealer, January 1991, p. 27.

Goodyear, Uniroyal/Goodrich, General Tire, Michelin e Firestone no início da década de 1990. Embora o mercado de equipamento original fosse menos lucrativo do que o mercado de reposição, os fabricantes de pneus consideravam esse mercado estrategicamente importante. Os fabricantes de pneus beneficiavam-se da economia de escala relacionada ao volume na fabricação para esse mercado. Além disso, acreditava-se que os proprietários de carros e caminhões que estivessem satisfeitos com os pneus do equipamento original comprariam a mesma marca quando tivessem que substituí-los.

O mercado de pneus de reposição

O mercado de pneus de reposição é responsável por 70 a 75% dos pneus vendidos anualmente. Os pneus de veículos de passageiros respondem por 75% das vendas anuais. A demanda primária nesse mercado é afetada pela milhagem média percorrida por veículo. Cada mudança de 100 milhas no número médio de milhas percorridas por veículo produz uma mudança de um milhão de unidades nas vendas unitárias do mercado de reposição, supondo-se uma vida média de uso de 25.000 a 30.000 milhas por pneu.[3] Os embarques mundiais de unidades nesse segmento têm sido "murchos" devido, em parte, à vida mais longa dos novos pneus. A Figura 3 apresenta as vendas de unidades para equipamento original e de reposição nos Estados Unidos para o período de 1987 a 1991.

Os fabricantes de pneus produzem uma grande variedade de categorias e linhas de pneus para o mercado de reposição com os próprios nomes de marca dos fabricantes e com marcas particulares. Os pneus de reposição de marca são produzidos de acordo com as especificações do próprio fabricante. Alguns pneus de marcas próprias fornecidos para distribuidores atacadistas e revendedores de grandes redes são feitos segundo as especificações do comprador, e não conforme os padrões do fabricante.

---

[3] "Competition in the World Tire Industry, 1992", p. 587.

FIGURA 3

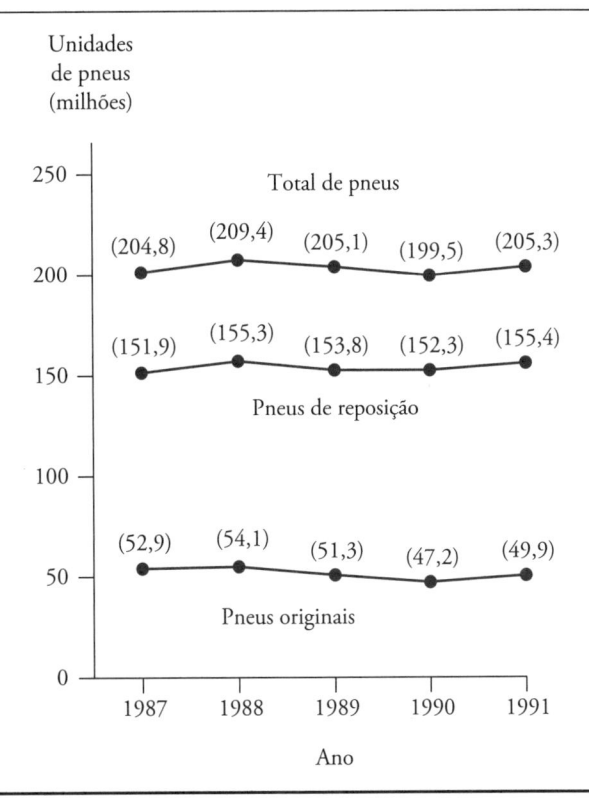

Vendas de pneus em unidades nos Estados Unidos, 1987-1991

```
Unidades
de pneus
(milhões)

250 ─
                      Total de pneus
         (204,8) (209,4) (205,1) (199,5) (205,3)
200 ─      ●       ●       ●       ●       ●

         (151,9) (155,3) (153,8) (152,3) (155,4)
150 ─      ●       ●       ●       ●       ●
                      Pneus de reposição

100 ─

         (52,9) (54,1) (51,3) (47,2) (49,9)
 50 ─      ●      ●      ●      ●      ●
                      Pneus originais

  0 ─
         1987   1988   1989   1990   1991
                       Ano
```

Fonte: Modern Tire Dealer, 1993 Facts/Directory.

Os principais produtores de pneus com freqüência utilizam campanhas na TV aberta para promover suas marcas, apresentar novos tipos de pneus e levar os clientes às suas lojas de varejo. Os orçamentos para comerciais na TV aberta geralmente iam de 10 a 30 milhões de dólares, e os orçamentos para propagandas cooperativas com os revendedores eram de 20 a 100 milhões de dólares. A mídia impressa também era usada extensamente. Como exemplo, a Figura 4 mostra um anúncio impresso da Michelin, com o *slogan*: "Michelin. Porque alguém muito importante anda sobre seus pneus". Várias empresas de pneus também patrocinavam corridas de automóveis para promover as capacidades de desempenho de seus pneus.

A Goodyear é a eterna líder de participação no mercado de pneus para reposição nos Estados Unidos. A empresa detém a posição de liderança nas categorias de produto automóvel de passageiros, caminhões leves e caminhões pesados (Figura 5).

Distribuição no varejo Os maiores fabricantes de pneus de marca capitalizaram com sua reputação e experiência como produtores de pneus de equipamento original, construindo fortes relacionamentos com atacadistas e revendedores varejistas e redes por meio das quais vendem seus pneus de marca de reposição para os proprietários de veículos. O setor de pneus usa "pontos de venda de varejo" para aferir a abrangência varejista dos fabricantes de pneus e de suas marcas. Os pneus da marca Goodyear têm a mais ampla cobertura no varejo, com quase 8.000 "pontos de venda de varejo", a maioria dos quais são de propriedade de Goodyear Auto Service Centers ou de revendedores franqueados Goodyear Tire Store, com inúmeras lojas. Estima-se que o Groupe Michelin tenha quase 14.000 "pontos de venda" para suas três marcas principais – Michelin, Goodrich e Uniroyal. O número de "pontos de venda de varejo" das maiores marcas de pneus é apresentado na Figura 6.

FIGURA 4

Propaganda impressa da Michelin

> MICHELIN. BECAUSE SO MUCH IS RIDING ON YOUR TIRES.
>
> MICHELIN

Usado com permissão de Michelin Tire Corporation. Todos os direitos reservados.

***Marketing* de varejo**[4]   Os revendedores independentes de pneus geralmente ofereciam marcas de vários dos grandes fabricantes e uma marca própria com desconto a fim de proporcionar aos compradores de reposição uma gama completa de qualidades, marcas e preços para escolher. Os centros de assistência técnica afiliados à Exxon, Chevron e Amoco comercializavam pneus da marca Atlas, produzidos pela Firestone (Bridgestone). Outros, especialmente os que enfatizavam a venda de pneus, ofereciam pneus de uma ou duas marcas de fabricantes e uma marca própria. As lojas de varejo que eram de propriedade dos fabricantes (ou seja, Goodyear Tire Stores e Firestone Auto Master Care Centers) ou suas franquias ofereciam somente as marcas do fabricante e, talvez, uma linha particular ou menos conhecida, com desconto, produzida pelo fabricante. As lojas de departamentos e as grandes redes de varejo, tais como Montgomery Ward e Sears, Roebuck and Company, ocasionalmente ofereciam pneus de marcas de fabricantes, mas, em geral, comercializavam apenas suas próprias marcas.

Os fabricantes consideravam vantajoso ter uma ampla linha de produtos para atrair a maioria dos segmentos de compradores, oferecendo pneus adequados para muitos tipos diferentes de veículos e utilizados em diferentes tipos de estradas e condições climáticas. Quando os proprietários de um veículo iam a um revendedor para comprar pneus de reposição, podiam escolher entre uma série

---

[4] Este material foi extraído de "Competition in the World Tire Industry, 1992", pp. 588-591.

FIGURA 5

Estimativas de participação de mercado nos Estados Unidos das dez principais marcas no mercado de pneus de reposição, 1991

Pneus de automóveis de passageiros		Pneus de caminhões leves		Pneus de caminhões pesados	
Marca	*Participação*	*Marca*	*Participação*	*Marca*	*Participação*
Goodyear	15,0%	Goodyear	11,0%	Goodyear	23,0%
Michelin	8,5	BF Goodrich	10,0	Michelin	15,0
Firestone	7,5	Firestone	5,0	Bridgestone	11,0
Sears	5,5	Michelin	6,0	General Tire	7,0
General	4,5	Cooper/Falls	5,0	Firestone	6,0
BF Goodrich	3,5	Kelly-Springfield	5,0	Kelly-Springfield	6,0
Bridgestone	3,5	Armstrong	4,0	Dunlop	6,0
Cooper	3,5	General Tire	4,0	Yokohama	5,0
Kelly-Springfield	3,0	Bridgestone	3,0	Cooper	4,0
Multi-Mile	3,0	Dunlop	2,0	Toyo	3,0
Outras	42,5%	Outras	44,0	Outras	14,0
	100,0%		100,0%		100,0%

Fonte: Modern Tire Dealer, January 1991, p. 27; *Market Data Book*, 1991; *Tire Business*, January 1992, p. 13

de *designs*, larguras e durabilidade de bandas, características de desempenho e categorias de preço. Os proprietários de carros e caminhões leves com freqüência ficavam confusos com o número de opções à sua disposição; poucos compradores realmente conheciam pneus. Muitos dos compradores

FIGURA 6

Número estimado de pontos de venda de varejo para as principais marcas de pneus nos Estados Unidos

Marca de Pneu (Empresa Fabricante)	*Número de Pontos de Venda de Varejo*
Armstrong (Pirelli)	978
Bridgestone (Bridgestone Corp.)	5.960
Cooper (Cooper Tire and Rubber)	1.518
Dunlop (Sumitomo)	2.046
Firestone (Bridgestone Corp.)	4.208
General (Continental A.G.)	2.107
Goodrich (Groupe Michelin)	4.215
Goodyear (Goodyear Tire and Rubber)	7.964
Kelly-Springfield (Goodyear Tire and Rubber)	2.421
Michelin (Groupe Michelin)	7.159
Pirelli (Pirelli Group)	2.133
Uniroyal (Groupe Michelin)	2.321

Fonte: Market Data Book, 1991; *Tire Business*, January 1992, p. 14.

acabavam escolhendo um pneu com base no preço, enquanto outros seguiam as recomendações do revendedor local onde eles costumavam comprar. Os preços de varejo dos pneus de reposição variavam desde os pneus reconstituídos (ou recapados), vendidos por menos de $20 até $35 cada um, até os pneus *top* de linha, com preços entre $125 a $175 cada. Os revendedores de pneus freqüentemente colocavam anúncios de promoções de preço nos jornais locais, possibilitando que os compradores sensíveis ao preço acompanhassem as ofertas e comprassem a preços mais baixos. Nos últimos anos, os consumidores tinham começado a se preocupar mais com o preço e se tornado menos fiéis às marcas (desse modo, afetando a importância de garantir as vendas de reposição por meio de vendas de equipamento original para os fabricantes de veículos). Entretanto, geralmente era difícil, para os proprietários de carros, comparar lojas com base na qualidade e durabilidade dos pneus devido à proliferação de marcas, linhas, categorias e características de desempenho. Os fabricantes resistiam ao desenvolvimento de especificações padronizadas para os pneus de reposição, e havia uma falta geral de terminologia comum para a descrição de categorias de pneus e características de fabricação.

Na maioria das comunidades, o mercado varejista de pneus era intensamente competitivo. Os varejistas anunciavam muito em jornais, *outdoors* e, ocasionalmente, na TV local para estabelecer e manter suas participações de mercado. O preço era o apelo competitivo dominante. Muitos revendedores incentivavam a venda de seus pneus particulares "sem marca" porque podiam obter margens maiores com eles do que com a venda de pneus de marca dos grandes fabricantes. Os pneus de marca própria dos revendedores eram responsáveis por 15 a 30% do total de vendas de pneus de reposição nos Estados Unidos em 1991. Pesquisas mostraram que os revendedores conseguiam influenciar a escolha de pneus de reposição dos proprietários de carros, tanto em termos de marca quanto de tipo de pneu. A maioria dos compradores de pneus de reposição não tinha fortes preferências por marca, o que tornava muito fácil para os vendedores de pneus fazer com que os clientes passassem para marcas e categorias com maiores margens para o revendedor. As margens normais do revendedor nos pneus de reposição ficavam na faixa de 35 a 40%, mas muitos revendedores diminuíam as margens para ganhar com o maior número de vendas.

Lucratividade dos revendedores Desde meados da década de 1970, as margens de lucro dos revendedores tinham estado sob pressão competitiva, em parte devido à estagnação do crescimento nas vendas de pneus e por causa do declínio dos preços de varejo desde 1980. Para incrementar a lucratividade, os revendedores de pneus tinham se expandido, com serviços de consertos (ajustes de motores, substituição de pára-choques e surdinas e conserto de freios), reconstituição de pneus e acessórios para automóveis. Alguns revendedores de pneus estavam experimentando tornar-se "centros de assistência completa". O trabalho de assistência era muito atraente, pois as margens de lucro bruto eram maiores do que as margens obtidas com as vendas de pneus de reposição. Uma pesquisa recente de revendedores independentes de pneus havia indicado que 38,2% de suas vendas e 45,8% de sua receita provinham dos serviços de assistência técnica.[5]

■ GOODYEAR TIRE AND RUBBER COMPANY

A Goodyear Tire and Rubber Company, com sede em Akron, Ohio, foi fundada em 1898 por Frank e Charles Seiberling. A empresa começou como fornecedor de pneus de bicicletas e carruagens, mas logo se direcionou para a emergente indústria de automóveis. A introdução do pneu Quick Detachable e do Universal Rim (1903) ajudou a Goodyear a tornar-se o maior fabricante de pneus do mundo em 1916, mesmo ano em que a empresa lançou o pneu pneumático de caminhão. A Goodyear manteve a distinção de ser a líder mundial em produção de pneus até novembro de 1990, quando o Groupe Michelin adquiriu a Uniroyal Goodrich Tire Company (na época, o segundo maior fabricante de pneus nos Estados Unidos) por um preço de compra de 1,5 bilhão de dólares.

---

[5] "Dealer Attitude Survey Concerning Automotive Service", *Modern Tire Dealer* (Spring 1992), p. 1.

O principal negócio da Goodyear é o desenvolvimento, a fabricação, a distribuição e a venda de pneus no mundo todo. Pneus e câmaras de pneus representaram 83% das vendas corporativas da Goodyear de 10,9 bilhões de dólares em 1991. As receitas de toda a corporação em 1991 foram de 96,6 milhões de dólares. Além dos pneus da marca Goodyear, a empresa possui a Springfield Tire Company, a Lee Tire and Rubber Company e a Delta Tire. A empresa também fabrica pneus de marcas próprias.

A Goodyear controla de 20 a 25% da capacidade mundial de fabricação de pneus e cerca de 37% da capacidade de produção de pneus dos Estados Unidos. As vendas fora dos Estados Unidos foram responsáveis por aproximadamente 42% das receitas da empresa.

Presença no mercado

Aproximadamente 60% das vendas mundiais da Goodyear provinham do mercado de pneus de reposição, e 40% eram do mercado de equipamento original. A marca Goodyear é a líder em participação de mercado na América do Norte e na América Latina e a segunda em toda a Ásia, com exceção do Japão (ficando atrás da Bridgestone). A marca Goodyear é a terceira em participação de mercado na Europa, depois da Michelin e da Pirelli. A Goodyear fica atrás do Groupe Michelin (Michelin, Uniroyal-Goodrich) em termos de participação de mercado mundial de pneus para automóveis, caminhões e máquinas agrícolas (ver a Figura 7). A empresa opera 44 fábricas de pneus em 28 países e sete plantações de borracha.

Linha de produtos e estabelecimento de preços

A Goodyear produz pneus para virtualmente todo tipo de veículo. A empresa oferece uma linha de produtos de pneus mais ampla do que a de qualquer outro fabricante. O amplo mercado de marcas vendidas sob o nome Goodyear inclui Arriva, Corsa, Eagle, Invicta, Tiempo, Decathlon, Regatta, S4S, T-Metric, Wrangler (pneu para caminhões leves) e Aquatred. A marca Aquatred era o mais recente lançamento e apresentava um novo *design* de bandas que impedia a aquaplanagem (ver Figura 8). Esperava-se que as vendas dessa marca atingissem um milhão de unidades em 1992, com base nos índices iniciais de vendas.

O nome Goodyear é um dos nomes de marca mais conhecidos no mundo. Os pneus da marca Goodyear tradicionalmente são posicionados como marcas de alta qualidade e preço. No entanto, a empresa recentemente introduziu marcas de pneus com preços intermediários. Estas incluem a Decathlon e a T-Metric, com características de menor desempenho em termos de desgaste e tração do que as outras marcas da Goodyear (ver a Figura 9).

FIGURA 7

Participações de mercado de fabricantes de pneus no mundo inteiro, 1990

Fabricante de Pneus (Marcas)	*Participação de Mercado*
Michelin/Uniroyal-Goodrich	21,5%
Goodyear	20,0
Bridgestone/Firestone	17,0
Continental/General	7,5
Pirelli/Armstrong	7,0
Sumitomo/Dunlop	7,0
Outros	20,0
	100,0%

Fonte: Relatório anual da Goodyear Tire and Rubber Company, 1991, p. 5.

FIGURA 8

Propaganda impressa do pneu Aquatred

Fonte: Cortesia de Goodyear Tire and Rubber Company.

FIGURA 9

Pneus da marca Goodyear para veículos de passageiros (incluindo as especificações mínimas para desgaste, tração e temperatura)

Marca	Desgaste[a]		Tração[b]	Temperatura[c]
	Diâmetro do aro 13"	Todos os Outros		
Aquatred	320	340	A	B
Arriva	260	310	A	B
Corsa GT	280	280	A	B
Decathlon	220	240	B	C
Eagle GA	280	300	A	B
Eagle GA (HNIZ)	280	300	A	A
Eagle GS-C	—	220	A	A
Eagle GS-D	—	180	A	A
Eagle GT (H)	—	200	A	A
Eagle GT II	—	320	A	B
Eagle GT + 4	—	240	A	B
Eagle GT + 4 (HNIZ)	—	240	A	A
Eagle ST IV	280	300	A	B
Eagle VL	—	220	A	A
Eagle VR	—	220	A	A
Eagle ZR	—	220	A	A
Invicta	—	280	A	B
Invicta GA	—	280	A	B
Invicta GA (HN)	—	280	A	A
Invicta GA (L)	—	300	A	B
Invicta GA (L) (HN)	—	220	A	A
Invicta GFE	280	300	A	B
Invicta GL	260	280	A	B
Invicta GL (H)	—	280	A	A
Invicta GLR	260	280	A	B
Invicta GS	320	340	A	B
Regatta	300	320	A	B
S4S	240	280	A	B
Tiempo	240	280	A	B
T-Metric	240	240	B	C

Nota: O Departamento de Transportes dos Estados Unidos (DOT) exige que os fabricantes de pneus declarem tamanho, carga e pressão, desgaste, tração e temperatura de seus pneus. Essas informações são fornecidas pelos fabricantes com base em seus próprios testes e não pelo DOT. Desgaste, tração e temperatura são indicadores de qualidade úteis e aparecem na lateral dos pneus.

[a] Desgaste. É um índice baseado na rapidez com que a banda do pneu se desgasta sob condições especificadas pelo governo dos Estados Unidos, relativas a um "pneu-padrão". O índice não especifica quanto tempo a banda do pneu durará em um carro porque as condições de rodagem variam. No entanto, um pneu com um índice de desgaste igual a 200 deveria durar cerca de duas vezes mais que um pneu com índice igual a 100 em condições semelhantes.

[b] Tração. É uma medida de capacidade do pneu de parar em pavimento molhado sob condições específicas. As categorias variam de A (mais alta) a C (mais baixa).

[c] Temperatura. É uma medida de resistência do pneu ao calor em rodagem simulada de alta velocidade. As categorias variam de A (mais alta) a C (mais baixa).

Fonte: "How to Read a Tire", *Consumer Reports* (February 1992): 78.

A Kelly-Springfield Tire Company e a Lee Tire and Rubber Company, duas subsidiárias da Goodyear, também vendem em torno de 16 marcas de pneus e trabalham com fabricação de marcas próprias. Por exemplo, a Wal-Mart vende a marca Douglas, fabricada pela unidade Kelly-Springfield.

Propaganda e distribuição da Goodyear

A Goodyear é um dos maiores anunciantes dos Estados Unidos. A empresa também mantém um alto perfil nas competições automobilísticas para enfatizar as capacidades de alto desempenho de seus pneus e seu compromisso com a inovação de produtos. O nome Goodyear é proeminentemente apresentado nos bem conhecidos balões da empresa, com freqüência vistos em eventos especiais por todos os Estados Unidos. O *slogan* da empresa "Os melhores pneus do mundo têm a marca Goodyear" comunica o posicionamento da Goodyear como fabricante e comerciante mundial de pneus de alta qualidade.

A Goodyear distribui seus pneus em quase 8.000 pontos de venda de varejo nos Estados Unidos e em cerca de 25.000 lojas no mundo inteiro. A empresa opera aproximadamente 1.000 Goodyear Auto Service Centers, de sua propriedade, e vende por meio de 2.500 Goodyear Tire Dealers franqueados nos Estados Unidos, muitos dos quais operam em vários locais. Essas lojas de varejo respondem pela principal porção das vendas anuais de pneus da marca Goodyear. Além disso, a empresa vende seus pneus por meio de alguns revendedores multimarcas. Até o início de 1992, a empresa não costumava vender pneus da marca Goodyear por meio de revendedores de desconto multimarcas, lojas de redes de comércio em massa ou clubes de atacadistas.[6]

■ CONSIDERAÇÕES ESTRATÉGICAS NA AMPLIAÇÃO DA DISTRIBUIÇÃO

O interesse em reconsiderar os Sears Auto Centers para venda de pneus da marca Goodyear significava que os executivos da Goodyear teriam que rever a antiga política de distribuição da empresa. Além disso, deveria ser considerada a questão de política de produto relacionada com as marcas que poderiam ser vendidas pela Sears. As decisões quanto a essas questões de política ficavam ainda mais complicadas pela reação dos revendedores franqueados da Goodyear Tire à ampliação da distribuição e às estimativas de aumento de vendas possibilitado pela maior distribuição.

Uma reação imediata provinha de revendedores franqueados da Goodyear que ouviram falar da proposta da Sears. De acordo com comentários que apareceram no *Wall Street Journal*, um revendedor disse: "Passamos por bons e maus momentos com eles, e agora vão nos afundar"[7]. Outros revendedores indicaram que acrescentariam marcas próprias à sua linha de produtos. Um deles disse: "Venderemos o que acharmos que vai proporcionar mais valor ao cliente, e isso não necessariamente será da Goodyear". Embora estivesse claro que alguns revendedores franqueados estavam criticando a ampliação de distribuição de qualquer tipo, a penetração dessa visão era desconhecida. Mais ainda, não era prontamente visível o número de revendedores que realmente iriam oferecer marcas concorrentes.

Analistas do setor de pneus esperavam que a Sears se beneficiasse com o oferecimento de pneus da marca Goodyear. De acordo com estimativas de participação de mercado feitas pela *Modern Tire Dealer*, uma publicação comercial do setor, a participação da Sears no mercado de pneus de reposição nos Estados Unidos tinha diminuído de 6,5% em 1989 para 5,5% em 1991.[8] Os pneus da mar-

---

[6] Os pneus da marca Goodyear podiam às vezes ser comprados em revendedores multimarcas com desconto por causa de "desvio". O desvio é a prática em que os revendedores/distribuidores autorizados de um fabricante vendem os produtos do fabricante para revendedores/distribuidores não-autorizados que, por sua vez, distribuem os produtos para os clientes. Essa prática é comum para muitos produtos ao consumidor. Ver W. Bishop Jr., "Trade Buying Squeezes Marketers", *Marketing Communications* (May 1988), pp. 52-53.

[7] "Independent Goodyear Dealers Rebel", *Wall Street Journal* (July 8, 1992), p.B2.

[8] Estatísticas apresentadas em *Modern Tire Dealer* (January 1991):27; "Tire Makers Are Traveling Bumpy Road as Car Sales Fall, Foreign Firms Expand", *Wall Street Journal* (October 19, 1990), p. B1.

ca Goodyear certamente promoveriam o *mix* de produtos da empresa e atrairiam compradores de pneus que já eram clientes da Sears. Até que ponto iria essa atração, contudo, dependeria de quantas ou quais marcas da Goodyear seriam vendidas pela Sears Auto Centers.

A canibalização das vendas de pneus dos Goodyear Auto Service Centers, de propriedade da empresa, e dos franqueados Goodyear Tire Dealers também significava que os executivos da Goodyear tinham que considerar o aumento das vendas de pneus de reposição para veículos de passageiros a partir da ampliação da distribuição. Em outras palavras, embora a distribuição por meio da Sears pudesse aumentar as vendas de pneus da marca Goodyear da perspectiva do fabricante, o perigo era que as lojas da empresa e os franqueados pudessem incorrer em perda nas vendas em unidades. Isso poderia ser especialmente evidente em comunidades onde a Sears tinha uma forte presença de mercado.

CASO

Merton Industries
A decisão sobre distribuição por atacados

No início de julho de 2000, Suzanne Goldman tinha uma reunião agendada com Robert Meadows, presidente da Merton Industries. Goldman esperava que a reunião fosse tratar da recente reunião da diretoria. Em seu cargo como assistente especial do presidente, ou "rebatedora de problemas", como ela se denominava, Goldman tinha observado que tais reuniões, com freqüência, levavam a algum tipo de projeto. Suas expectativas se concretizaram. Meadows descreve o que aconteceu na reunião.

> Os diretores, de modo geral, estavam satisfeitos com o atual estado da indústria e com nosso desempenho do ano anterior. Embora ficássemos atrás em termos de crescimento no setor, havíamos registrado um lucrativo aumento de vendas de 3,6%. Nossa margem de lucro líquido de 4% é respeitável, e nosso fluxo de caixa é mais do que suficiente para financiar nossas iniciativas atuais. Os diretores fizeram elogios ao comentarem sobre a alta administração, e os bônus e aumentos recomendados foram aprovados. Merecemos o crédito por ter reunido com profissionalismo o conjunto de materiais para a reunião.
>
> A possibilidade de estabelecer nossos próprios centros de distribuição ou operações em atacados foi levantada, dados os recentes desenvolvimentos no setor e nossa posição competitiva. Examinamos essa questão há dez anos e concluímos que não era, estrategicamente, de nosso interesse. Além disso, éramos muito pequenos e não tínhamos recursos para tal. Você examinaria esse programa para mim, para o ano fiscal de 2001, e prepararia um posicionamento por escrito para a reunião de outubro da diretoria? Concentre-se apenas no negócio residencial, uma vez que já temos vendas contratadas diretamente, suponha o mesmo nível de vendas do ano fiscal de 2000, para uma estimativa conservadora, e aborde os aspectos estratégicos e econômicos de uma mudança nas práticas de distribuição. Lembre-se de que nossa política é financiar programas a partir de recursos internos, exceto para expansão de capital. Eu sei que você fará o mesmo trabalho abrangente que fez com o programa de propaganda e vendas do ano passado.

■ A INDÚSTRIA DE CARPETES E TAPETES NOS ESTADOS UNIDOS

Os consumidores e empresas gastam cerca de 50 bilhões de dólares anualmente em revestimento de pisos. A maior categoria de revestimentos de pisos é a de carpetes e tapetes, seguida pela de revestimentos resilientes (vinil), madeira, pisos cerâmicos e laminados.

Vendas e tendências no setor de carpetes e tapetes

A indústria de carpetes e tapetes nos Estados Unidos registrou vendas de $11,69 bilhões a preços de fábrica em 1999. Estimava-se que as vendas na indústria de carpetes e tapetes fossem de $17,9 bilhões. Esses números representavam aproximadamente 7% de aumento nas vendas em relação a

---

Esta apresentação baseia-se em entrevistas com indivíduos conhecedores da indústria de carpetes e tapetes e em informações contidas em *The Tufted Carpet Industry and Current Statistics* 2000 (Dalton, GA: The Carpet and Rug Institute, 2000); Kimberly Gavin, "Carpet: State of the Industry", *Floor Covering Weekly* (March 15, 1999), pp. 1, 28; "The Focus Top 100", *Floor Focus* (May 2000), pp. 19-25.

Este caso foi preparado pelo professor Roger A. Kerin, da Edwin L. Cox School of Business, Southern Methodist University, como base para discussão em aula e não se destina a ilustrar o manejo eficaz ou ineficaz de uma situação administrativa. Certos nomes e dados foram alterados. Copyright © 2002 Roger A. Kerin. Nenhum excerto deste caso pode ser reproduzido sem consentimento por escrito do detentor dos direitos autorais.

1998. As vendas do setor são divididas em "contratuais", ou comerciais, vendas para instituições e empresas e vendas residenciais, para substituição de carpetes domésticos. O segmento residencial era responsável por 74% das vendas, enquanto o segmento de contratos respondia pelos 26% restantes.

Estima-se que os carpetes e tapetes originavam 68,1% do total de vendas de revestimentos para pisos nos Estados Unidos em 1999, um decréscimo em relação aos 73,4% de 1995 e dos 82% de 1985. Os revestimentos resilientes apresentam um declínio semelhante na participação de mercado, ao passo que a madeira, a cerâmica e os laminados cresceram (ver a Figura 1). Além disso, os fabricantes de carpetes e tapetes dos Estados Unidos passaram por um declínio nas vendas também fora do país. Desde 1980, o mercado de exportação para carpetes e tapetes feitos nos Estados Unidos tem se tornando altamente competitivo. Em 1970, empresas americanas forneciam 51% dos carpetes do mundo; em 1999, essa percentagem tinha diminuído para 45%.

Alguns analistas afirmam que a própria indústria de carpetes e tapetes deve, em parte, ser responsável pela atual situação. A falta de *marketing*, especialmente no segmento de substituição de carpetes e tapetes residenciais, é uma área de problemas freqüentemente citada. Embora os fabricantes continuem a melhorar a qualidade de seus produtos a desenvolver novos padrões, os críticos dizem que a indústria não comunica essas dimensões de valor agregado aos consumidores e não diferenciam os carpetes e tapetes de outros revestimentos. Eles observam que a indústria, como um todo, destina 2,1% de suas vendas para a propaganda aos consumidores. Em comparação, outros fabricantes de produtos duráveis ao consumidor, tais como móveis e aparelhos domésticos, despendem 4,2% e 2,5% das vendas, respectivamente, em propaganda. Ao contrário, o preço tornou-se a principal ferramenta de *marketing* em grande parte da última década, e os fabricantes concentraram a atenção na redução de custos e no alcance de economias de escala. Um resultado desses esforços foi a tendência errática de aumento nas vendas em dólares ao longo da última década, mas com lucratividade marginal para a indústria como um todo.

Concorrência

A indústria de carpetes e tapetes dos Estados Unidos está passando por um período de consolidação iniciado em meados da década de 1980. Fusões, aquisições e falências entre os fabricantes trazidos à tona pela redução da demanda por carpetes e tapetes, excesso de capacidade de fabricação e pequenas margens de lucro reduziram o número de fabricantes de carpetes e tapetes de mais de 300, em meados dos anos 1980, para cerca de 100 empresas no início do ano 2000. Esse número inclui 96 empresas com sede nos Estados Unidos e quatro empresas com sede no Canadá, a maioria de propriedade privada. Fusões e aquisições desde 1995 refletiram um impulso para a construção de economias de escala na produção e distribuição de carpetes e tapetes.

FIGURA 1

Participações de mercado dos revestimentos de pisos nos Estados Unidos e vendas em dólares a preços de fábrica

	Participação de mercado					
Tipo de revestimento	*1999*	*1998*	*1997*	*1996*	*1995*	*1994*
Carpete e tapete	68,1%	70,8%	71,1%	72,9%	73,4%	73,6%
Resiliente/vinil	10,5	11,6	12,5	13,5	14,5	14,5
Madeira	8,0	7,6	7,5	6,9	6,4	6,1
Pisos cerâmicos	9,4	7,0	6,7	5,0	4,6	5,0
Laminados	4,0	3,0	2,2	1,7	1,1	0,8
	100,0%	100,0%	100,0%	100,0%	100,0%	100,0%
Total de vendas do fabricante (em milhões de dólares)	$17.166	$15.436	$14.422	$13.893	$13.344	$13.509

Em 1999, estimou-se que 10 empresas na indústria produziram 91% das vendas de carpetes e tapetes nos Estados Unidos. A distribuição de vendas no segmento residencial era ainda mais reduzida. Três empresas – Shaw Industries, Mohawk Industries e Beaulieu of America – eram responsáveis por aproximadamente 85% das vendas de tapetes e carpetes residenciais nos Estados Unidos.

A líder de vendas nos Estados Unidos é a Shaw Industries, com vendas de $4,1 bilhões em 1999. A empresa também conta com a distinção de ser o maior fabricante de carpetes e tapetes do mundo. A Figura 2 apresenta os 20 principais fabricantes norte-americanos de revestimentos para pisos, com base em vendas anuais em 1998 e 1999.

Distribuição por atacado e no varejo

A distribuição por atacado e no varejo no setor de carpetes e tapetes nos Estados Unidos passou por três mudanças distintas desde meados da década de 1980.

Meados dos anos 1980: distribuição direta   Em meados da década de 1980, os maiores fabricantes de carpetes e tapetes começaram a deixar de lado os atacadistas (distribuidores) de revestimentos e a vender diretamente para os varejistas em maiores quantidades. Em muitos casos, a distribuição direta envolvia o estabelecimento de escritórios de vendas localizados em centros de distribuição operados pelos fabricantes. A intenção era capturar as margens pagas aos atacadistas de revestimentos e

FIGURA 2

Vendas dos 20 principais fabricantes norte-americanos de revestimentos para pisos em 1998 e 1999

Fabricante	Vendas (em milhões de dólares, somente nos EUA)	
	1999	1998
1. Shaw Industries	$4.108	$3.542
2. Mohawk Industries	3.083	2.639
3. Armstrong World Industries*	2.221	2.075
4. Beaulieu of America	1.850	1.500
5. Interface Flooring	745	780
6. Mannington Mills*	532	475
7. Dal-Tile*	510	450
8. The Dixie Group	457	415
9. Lear Corporation	440	405
10. Burlington Industries	425	410
11. Milliken Carpets	315	290
12. C&A Floorcoverings	275	170
13. Congoleum*	246	259
14. Kraus Carpet	200	185
15. Royalty Carpet Mills	179	163
16. Springs Industries	167	155
17. Gulistan Carpet	163	155
18. Wilsonart*	130	95
19. J&J Industries	125	120
20. The Burruss Company*	102	93

* O fabricante produz outros revestimentos, exceto carpetes e tapetes, ou além de carpetes e tapetes.
Fonte: "The Focus 100 International" (www.floordaily.com).

contrabalançar as margens de lucro menores e, muitas vezes, negativas dos fabricantes na época. Com a falta de capital para investir em centros de distribuição, os fabricantes de menor porte continuaram a trabalhar com os atacadistas de revestimentos, que estavam expandindo cada vez mais sua linha de produtos, para incluir cerâmica, madeira e revestimentos resilientes. Embora não houvesse estatísticas disponíveis, acreditava-se que a maior parte das vendas de carpetes e tapetes para uso residencial era distribuída por meio de centros de distribuição das empresas para os varejistas em 1990. No entanto, a maioria dos fabricantes de carpetes e tapetes ainda utilizava os atacadistas de revestimentos.

A distribuição por meio de atacadistas de revestimentos permaneceu popular entre a maioria dos fabricantes de carpetes e tapetes devido à distribuição no varejo de carpetes e tapetes residenciais. Em meados da década de 1980, lojas independentes (e, quase sempre, pequenas), especializadas em revestimentos, eram responsáveis por 58% do volume de vendas de carpetes e tapetes residenciais. As lojas de departamentos e lojas de móveis originavam 21 e 19%, respectivamente, do volume de vendas residenciais. Os comerciantes de massa, redes de lojas e lojas de descontos eram estabelecimentos varejistas relativamente menores para carpetes e tapetes até o início dos anos 1990.

Início dos anos 1990: consolidação de atacado e varejo O início da década de 1990 foi marcado por uma segunda mudança significativa na distribuição por atacado e no varejo de carpetes e tapetes residenciais nos Estados Unidos. Lojas de departamento, lojas de móveis e lojas varejistas independentes estavam sendo substituídas por grandes comerciantes de massa e lojas de departamentos (Kmart e Wal-Mart) e, posteriormente, por centros de produtos para o lar, como Home Depot. O número crescente de grandes varejistas que estavam capturando uma porção maior das vendas de carpetes e tapetes desencadeou um novo fenômeno no setor varejista de revestimentos entre lojas especializadas: o grupo de compras. Um grupo de compras varejista é uma organização de varejistas semelhantes que combinam suas compras para obter descontos de preço (por quantidade) dos fabricantes. Essas compras em conjunto permitiam que os varejistas independentes especializados em revestimentos comprassem menos estoque por pedido, obtendo, ainda, um preço menor, o que reduzia seus custos e a pressão por remarcações causada pelos pedidos excessivos. Custo mais baixo dos carpetes e tapetes, mais a ênfase no atendimento, proporcionou aos varejistas independentes especializados em revestimentos uma base com a qual podiam competir com os concorrentes maiores. Os aspectos logísticos do embarque e o armazenamento do estoque variavam de um grupo para outro. Alguns grupos de compras tomavam custódia física das mercadorias por meio de um depósito central, que freqüentemente substituía os atacadistas de revestimentos. Outros simplesmente pediam que os fabricantes entregassem a mercadoria diretamente aos membros dos grupos de compras, a partir da fábrica ou do centro de distribuição do fabricante.

Em 1995, três grupos de compras varejistas – CarpetMax, Carpet One e Abbey Carpets – registraram três bilhões de dólares em compras de revestimentos. Outros 10 grupos menores fizeram compras de mais um bilhão de dólares. De acordo com um observador do setor, quase metade de todo o volume de vendas de carpetes e tapetes residenciais dos Estados Unidos era constituído combinando-se as compras dos grupos com as de redes de lojas de médio e grande porte (por exemplo, Carpet Exchange), comerciantes de massa, lojas de descontos e centros de produtos domésticos (por exemplo, Home Depot). Apesar de as estimativas variarem, cerca de 40% das aproximadamente 23.000 lojas de varejo que ofereciam carpetes e tapetes eram membros de grupos de compras, grandes redes de comércio em massa, lojas de descontos ou de centros de produtos domésticos. Em 1999, CarpetMax, Carpet One e Home Depot foram responsáveis por 45% do total de vendas de revestimentos nos Estados Unidos.

A maior consolidação das compras varejistas evidente nos grupos de compras, redes de lojas e grandes lojas de massa e de descontos, bem como centros de produtos para o lar, tinha um efeito positivo e um efeito negativo para os fabricantes. Mesmo com desconto de preços e supondo que a organização varejista de compras operasse um depósito central, era mais fácil e menos caro para um fabricante abastecer um local com grandes pedidos do que vários varejistas separadamente com pedidos menores. Por outro lado, se uma organização de compras dobrasse seu poder de compra e persuadisse os fabricantes a aceitarem margens (preços) mais baixas do que o normal e a embarcarem para locais diferentes, o fabricante estaria se arriscando a ver um volume mais baixo em dólares e menor lucro.

A distribuição direta pelos fabricantes em meados dos anos 1980, seguida pela consolidação de compra e armazenamento pelos varejistas no início da década de 1990, colocou muitos atacadistas em uma posição precária no segmento residencial do setor de carpetes e tapetes. Os atacadistas que tipicamente atendiam lojas independentes de pequeno e médio porte especializadas em revestimentos mostravam-se especialmente vulneráveis à ascensão dos grupos de compras do varejo que operavam sua própria instalação de armazenamento. Esses atacadistas defendiam seu papel na distribuição tanto para os fabricantes quanto para os varejistas. Eles argumentavam que trabalhar com um grupo de compras só valia a pena para o fabricante se as funções desempenhadas pelo grupo fossem não somente melhores do que as oferecidas pelos atacadistas de revestimentos, como também significativas o suficiente para justificar os descontos de preço demandados pelos grupos. De forma semelhante, eles diziam ainda que os varejistas se beneficiavam das funções de atacado para além da função de armazenamento. No entanto, o número absoluto de atacadistas de revestimentos tinha se reduzido nos últimos anos, e esperava-se que diminuísse ainda mais.

Meados dos anos 1990: integração posterior no varejo No final de 1995, o setor de carpetes e tapetes presenciou mais outra mudança nas práticas de distribuição. Em 12 de dezembro de 1995, a Shaw Industries, maior fabricante e líder de vendas de carpetes e tapetes, anunciou planos de envolver-se diretamente nos segmentos residencial e comercial do setor de revestimentos. A empresa faria isso operando suas própria rede de lojas varejistas e de revendedores comerciais. Ao anunciar tal iniciativa, Robert E. Shaw, presidente e CEO da Shaw Industries, disse:

> Percebemos, há algum tempo, que o fabricante deve tornar-se significativamente envolvido no ambiente varejista para melhorar a viabilidade de nosso setor. Hoje, nosso setor oferece produtos de excepcional qualidade e valor insuperável, mas continuamos a perder dólares do consumidor para outros grupos de produtos. Além disso, como os consumidores tradicionalmente compram nossos produtos com base no preço, os lucros estão estagnados há anos, desde o produtor de fibras até o fabricante e o varejista.
>
> Embora nosso setor tenha amadurecido consideravelmente nos últimos anos, a atual estrutura não consegue abordar muitos problemas fundamentais que o setor está enfrentando. A afiliação fabricante-revendedor era inevitável, já que a única maneira prática de melhorar essas condições adversas é consolidando os recursos combinados dos dois.[2]

Pouco depois, a Shaw Industries anunciou que havia comprado uma série de revendedores e empresas instaladoras de carpetes comerciais e a Carpetland USA, uma rede varejista de 55 lojas.

Em resposta a essa iniciativa, a Home Depot abandonou a Shaw Industries como fornecedor de carpetes e tapetes e passou a negociar com a Mohawk Industries. Carpet One e Abbey Carpets, dois grupos de compras, pediram que seus membros não realizassem transações com a Shaw. Outros fabricantes de carpetes cortejaram lojas especializadas em revestimentos com promessas de apoiá-las com produtos e de não entrar no mercado varejista como concorrentes. A Shaw Industries contrapôs essas medidas criando seu próprio grupo varejista de compras – o Shaw Alignment Incentive Program –, que operava 275 lojas de varejo em 26 estados, com vendas anuais de $575 milhões em meados de 1998. Então, em junho de 1998, a Shaw Industries anunciou que venderia suas lojas de varejo para o Maxim Group, proprietário das lojas de revestimentos CarpetMax, por aproximadamente 93 milhões de dólares.[3] Em 1999, a Home Depot estava oferecendo novamente os carpetes da Shaw Industries.

■ A EMPRESA

A Merton Industries é um fabricante privado de uma completa linha de carpetes, de preços médios a altos, destinados principalmente ao segmento residencial. A empresa comercializa seus produtos

---

[2] Citado em "The North American Top 50 Carpet & Rug Manufacturers", *Carpet & Rug Industry* (April 1996), pp. 12-13.

[3] "Shaw Industries to Sell Retail Arm to Maxim Group", *Wall Street Journal* (June 24, 1998), p. B11.

FIGURA 3

Demonstrativos financeiros da Merton Industries
(para o ano fiscal com término em 30 de junho de 2000)

Demonstrativo	
Vendas líquidas	$75.000.000
Menos custo de mercadorias vendidas	56.250.000
Margem bruta	$18.750.000
Despesas de distribuição	$2.250.000
Despesas administrativas e de vendas	11.250.000
Outras despesas	2.250.000
Receita líquida antes de impostos	$3.000.000
Balanço patrimonial	
Ativo atual	$26.937.500
Ativo fixo	24.000.000
Ativo total	$50.937.500
Passivo atual	$10.312.500
Dívida de longo prazo e valor líquido	40.625.000
Passivo total e valor líquido	$50.937.500

Fonte: Registros da empresa.

sob os nomes de marca Masterton e Chesterton. As vendas comerciais para instituições e empresas também são feitas, mas geram apenas 28% das vendas da Merton e ocorrem, em especial, no sudeste dos Estados Unidos. A empresa não realizava exportações. O total de vendas da empresa no ano fiscal de 2000 foi de 75 milhões de dólares, com um lucro líquido antes de impostos de três milhões de dólares. A Figura 3 mostra os demonstrativos financeiros resumidos da empresa.

A Merton Industries atualmente distribui sua linha por meio de sete atacadistas de revestimentos localizados em todos os Estados Unidos. Esses atacadistas, por sua vez, abasteciam 4.000 contas de varejo, incluindo lojas de departamentos, lojas de móveis e lojas especializadas em revestimentos. A inspeção de registros de distribuição revelou que 80% das vendas do segmento residencial foram feitas por meio de 50% de suas contas de varejo. Essa relação existe dentro de todas as áreas do mercado atendidas pela Merton Industries. Meadows acreditava que essas porcentagens de vendas por conta indicavam que, no nível varejista, a empresa estava obtendo cobertura adequada, se não maior. A revisão dos registros de distribuição também indicou que custava 6% das vendas do segmento residencial da Merton para atender os sete atacadistas de revestimentos.

As propagandas da Merton Industries apareciam principalmente em jornais e revistas de casa. A ênfase nas propagandas estava no tipo de fibra, nas cores, na durabilidade e na resistência ao sol. Um programa de propaganda cooperativa com os atacadistas tinha sido expandido com base na recomendação de Goldman. De acordo com Goldman, "o programa cooperativo está sendo bem recebido e nos proporcionou um contato mais próximo com as contas de varejo". A empresa empregava dois coordenadores regionais de vendas que atuavam como um elo com os atacadistas, auxiliavam a administrar o programa de propaganda cooperativa e faziam visitas periódicas a grandes varejistas. Além disso, eram responsáveis pelo gerenciamento de vendas comerciais para instituições e empresas.

Os atacadistas de revestimentos desempenhavam um papel importante na estratégia de *marketing* da Merton Industries. Seus sete atacadistas tinham relações de longo prazo com a empresa. Dois haviam representado os produtos da Merton por mais de 30 anos; quatro estavam com a empresa de 20 a 25 anos; e um acompanhava a Merton havia 10 anos. Os atacadistas da Merton Industries mantinham extensas organizações de vendas; um atacadista comum empregava 10 vendedores. Em média, as contas de varejo recebiam pelo menos uma visita de vendas por mês. A avaliação anterior de Goldman do programa de vendas revelou que os representantes de vendas atacadistas realizavam uma série de tarefas, incluindo a verificação de estoque e amostras de carpetes, *displays* nos pontos de venda, gerenciamento de perguntas e reclamações dos varejistas e efetivação de pedidos. Cerca de 25% do tempo dos vendedores era gasto em atividades não ligadas diretamente às vendas (preparação de relatórios de visitas, atuação como elo com os fabricantes, viagens, etc.). Em torno de 40% de cada visita de vendas de uma hora era dedicada à venda de produtos da Merton Industries; 60% era direcionada para a venda de produtos não-concorrentes. Essa descoberta perturbou a administração da empresa, que achava que era necessário dedicar uma hora completa à representação da linha de produtos. Além de fazer as vendas, os atacadistas também faziam estoque de carpetes. Os atacadistas da Merton Industries costumavam ter estoque suficiente para manter o número de rotatividade de estoque em cinco por ano. Os executivos da Merton Industries, entretanto, achavam que os níveis de estoque suficientes para quatro trocas anuais eram necessários para atender os varejistas adequadamente. Por fim, os atacadistas estendiam o crédito às contas de varejo. Em troca desses serviços, os atacadistas recebiam uma margem de 20% das vendas contratadas, a preço de varejo. Os atacadistas normalmente aplicavam um acréscimo ao custo de 125% para os carpetes vendidos aos varejistas.

Em uma reunião em junho de 2000 com seus atacadistas, os executivos da Merton Industries foram informados que vários atacadistas estavam sentindo uma pressão cada vez maior para cortar suas margens de lucros a fim de acomodar as demandas de preços dos varejistas. Parecia que um número crescente de suas contas de varejo havia se integrado a grupos de compras locais e estava em busca de quebras de preços comparáveis às que eram possibilitadas por meio de suas compras em grupo. Uma sondagem posterior sobre esse tópico levou os executivos da Merton Industries a concluir que aproximadamente 1.200 dos atuais varejistas da empresa eram membros de grupos de compras; eles representavam cerca de um terço das vendas do segmento residencial da empresa. A reunião encerrou com os executivos da Merton Industries concordando em considerar uma redução em seu preço aos atacadistas que pudesse ser repassada para os varejistas. Ao mesmo tempo, os atacadistas concordaram em considerar uma modesta redução em suas margens também. A proposta "Divisão de Margens", assim denominada por uma atacadista, teria prioridade na reunião seguinte, em janeiro de 2001. Enquanto isso, as acomodações de preços seriam realizadas onde e quando fossem necessárias para opor-se à concorrência.

■ EXPERIÊNCIA DOS CONCORRENTES COM DISTRIBUIÇÃO DIRETA

Após sua reunião com Meadows, Goldman buscou informações sobre a experiência dos concorrentes com distribuição direta. Apesar das informações conflitantes das publicações comerciais e de observadores conhecedores do setor, ela conseguiu chegar a várias conclusões importantes. Primeiro, os concorrentes com suas próprias operações de armazenagem ou de distribuição direta situavam-nas nas áreas metropolitanas ou em suas proximidades: Atlanta, Chicago, Dallas-Fort Worth, Denver, Los Angeles, New York e Filadélfia. A Merton Industries já tinha atacadistas operando nessas áreas metropolitanas, com exceção de Dallas-Fort Worth e Atlanta. A empresa atendia essas duas áreas a partir de atacadistas localizados em Houston, Texas e Richmond, Virginia, respectivamente. Segundo, um volume mínimo de aproximadamente sete milhões de dólares em vendas de atacado era necessário para pôr em funcionamento uma operação de atacado em termos econômicos. Uma instalação de atacado comum poderia ser operada a um custo fixo anual de $700.000 (incluindo aluguel, funcionários e operações). Goldman foi informada de que espaços adequados para atacados estavam disponíveis nas áreas metropolitanas sob consideração; portanto, a empresa não precisaria se envolver em um programa de construção. Terceiro, os salários e as despesas de representantes de vendas altamente qualificados ficariam em torno de 70.000 dólares anuais para cada um. Um gerente de vendas de campo seria necessário para gerenciar oito representantes de vendas. Os salários e as despesas seriam de aproximadamente 80.000 dólares anuais por gerente. Os custos de administração de vendas (incluindo benefícios extras) eram normalmente 40% dos custos totais administrativos e da equipe de vendas por ano. Estimava-se que os custos de entrega e associados com transporte para as contas de varejo fossem de aproximadamente 4% das vendas, e os custos de estoque e de contas a receber representavam, cada um, 10%. As contas a receber levam cerca de 90 dias para serem pagas, em média. Embora esses números representassem aproximações, na opinião de Goldman e de outras pessoas com quem ela conversou, eram as melhores estimativas disponíveis.

No final de setembro de 2000, quando Goldman estava delineando seu posicionamento para apresentá-lo a Robert Meadows, ela recebeu um telefonema perturbador de um atacadista bem-sucedido que há muito tempo trabalhava com os produtos da Merton Industries. O atacadista disse-lhe que ele e outros ficaram desapontados ao saber de suas pesquisas sobre possibilidades de distribuição direta, algo que havia transpirado na reunião de junho. Por meio de uma insinuação, o atacadista ameaçou um êxodo em massa da Merton Industries assim que a primeira operação atacadista da empresa fosse aberta. Ele deixou implícito que já havia planos de estabelecer um acordo comercial com um concorrente. Essa conversa teria impacto significativo sobre a recomendação de Goldman se a distribuição direta fosse considerada viável. Resumindo, a expansão por área de mercado parecia menos provável. Uma rápida transição seria necessária, o que exigiria consideráveis recursos financeiros e um programa agressivo de recrutamento da equipe de vendas.

CAPÍTULO 8

Estratégia e Gerenciamento de Preços

Reconheça-se ou não, a definição de preços é uma das funções de decisão mais cruciais de um gerente de *marketing*. De acordo com uma autoridade em *marketing*: "a definição de preços é uma arte, um jogo de altos interesses; para os estrategistas de *marketing*, é a hora da verdade. Todo o *marketing* é focalizado na decisão de preços".[1] Em grande parte, as decisões sobre preços determinam os tipos de clientes e concorrentes que uma organização atrairá. Do mesmo modo, um único erro no preço pode efetivamente anular outras atividades do *mix* de *marketing*. Apesar de sua importância, o preço raramente serve como foco da estratégia de *marketing*, em parte porque é a atividade do *mix* de *marketing* mais fácil de ser imitada pela concorrência.

Pode-se facilmente demonstrar que o preço é um determinante direto dos lucros (ou prejuízos). Tal fato é evidenciado a partir da relação fundamental

Lucro = receita total − custo total

A receita é resultado direto do preço unitário multiplicado pela quantidade vendida, e os custos são indiretamente influenciados por esta última, que, por sua vez, é parcialmente dependente do preço unitário. Assim, o preço simultaneamente influencia tanto as receitas quanto os custos.

Apesar de sua importância, a definição de preços continua sendo uma das atividades menos compreendidas do *mix* de *marketing*. Seus efeitos sobre o comportamento de compra e sua determinação ainda são foco de estudo e discussão intensa.

■ CONSIDERAÇÕES SOBRE A DEFINIÇÃO DE PREÇOS

Embora as respectivas estruturas de demanda e custo obviamente não possam ser negligenciadas, outros fatores devem ser considerados na determinação dos objetivos e estratégias em termos de preços. O que é mais importante, os objetivos do preço têm que ser coerentes com os objetivos gerais de *marketing* da organização. Tratar a maximização dos lucros como o único objetivo do preço não só é uma simplificação grosseira, como também pode abalar os objetivos mais amplos de uma organização. Outros objetivos da definição de preços incluem melhorar o produto ou a imagem da marca, oferecer valor ao consumidor, obter um retorno adequado sobre o investimento ou fluxo de caixa e manter a estabilidade de preços em um setor ou mercado. É comum as empresas estabelecerem mais de um objetivo de preço e priorizarem esses objetivos.

FIGURA 8.1

Orientação conceitual para a definição de preços

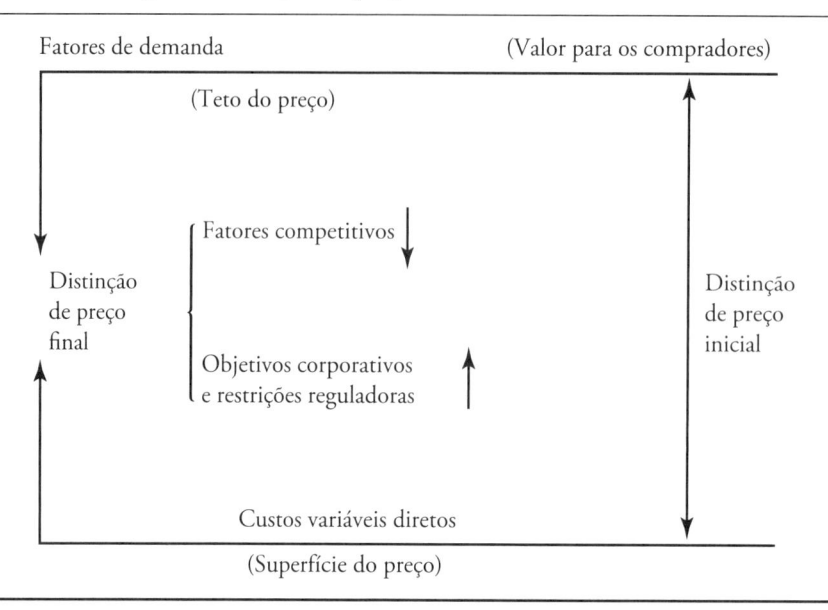

```
Fatores de demanda                              (Valor para os compradores)
                        (Teto do preço)
                                  ↓
    ↓               ⎧ Fatores competitivos ↓                      ↑
Distinção           ⎨                                          Distinção
de preço            ⎩                                          de preço
final                 Objetivos corporativos  ↑                inicial
    ↑                 e restrições reguladoras                    ↓
                       Custos variáveis diretos
                       (Superfície do preço)
```

Fonte: Kent B. Monroe, *Pricing: Making Profitable Decisions*, 3rd ed. (Burr Ridge, IL: McGraw-Hill/Irwin, 2003). Reproduzido com permissão de McGraw-Hill/Irwin.

A Figura 8.1 mostra como inúmeros fatores afetam o discernimento de preços por um gerente de *marketing*. A demanda por um produto ou serviço coloca um teto para o preço. Os custos, especialmente os diretos (variáveis), determinam a superfície. De maneira mais ampla, as percepções de valor do consumidor e a sensibilidade do comprador aos preços determinarão o(s) preço(s) máximo(s) que pode(m) ser cobrado(s). Executivos da Campbell Soup Company podem confirmar essa visão.[2] A empresa levou sete anos e gastou 55 milhões de dólares desenvolvendo a linha de produtos alimentícios Intelligent Quisine (IQ). Os 41 tipos de café da manhã, almoço, jantar e lanche seriam as primeiras refeições "com capacidade cientificamente comprovada de diminuir os níveis de colesterol e açúcar no sangue e de baixar a pressão sangüínea". Após 15 meses de teste de mercado, a Campbell Soup recolheu toda a linha IQ. Os consumidores acharam os produtos muito caros e sem variedade. Por outro lado, o(s) preço(s) escolhido(s) deve(m) no mínimo cobrir os custos unitários variáveis; senão, para cada produto vendido ou serviço oferecido, haverá uma perda. Algumas empresas que vendem produtos via Internet reconheceram que os custos variáveis por unidade de uma transação (incluindo despesas com o atendimento do pedido e entrega) freqüentemente excedem o preço dos produtos comprados. Resultado? Maiores vendas em dólares e consideráveis prejuízos financeiros.[3]

Embora a demanda e as estruturas de custos estabeleçam os limites superior e inferior dos preços, as regulamentações governamentais, o preço das ofertas concorrentes e os objetivos e políticas organizacionais restringem o modo como o gerente distingue os preços. As regulamentações proibindo os preços predatórios, o nível de diferenciação entre ofertas concorrentes e as metas financeiras estabelecidas pela organização são fatores que podem afetar a gama de preços dentro de fronteiras amplas de demanda e de custos.

Ainda há outros fatores que devem ser considerados ao se estabelecer o preço de um produto ou serviço. O estágio do ciclo de vida do produto ou serviço é um deles – há maior distinção de preços nos estágios mais iniciais do ciclo de vida. O efeito das decisões de preços sobre as margens de lucro dos membros do canal de *marketing* deve ser avaliado. Os preços de outros produtos e serviços oferecidos pela organização também devem ser considerados; ou seja, devem existir diferenciais de preço entre as ofertas, de modo que os compradores percebam diferenças de valor.

Preço como indicador de valor

Na determinação do valor, os consumidores muitas vezes comparam o preço com os benefícios percebidos, derivados de um produto ou serviço. Especificamente, o *valor* pode ser definido como a razão dos benefícios percebidos e do preço:[4]

$$\text{Valor} = \frac{\text{benefícios percebidos}}{\text{preço}}$$

Essa relação mostra que, para um dado preço, o valor aumenta à medida que aumentam os benefícios percebidos. Além disso, para um dado preço, o valor decresce à medida que os benefícios percebidos diminuem. Profissionais de *marketing* experientes sabem que o valor é mais do que um preço baixo. De acordo com um executivo da Procter & Gamble, "o valor não é apenas preço; ele está ligado ao desempenho e à satisfação das expectativas dos consumidores".[5]

Para alguns produtos, o preço por si só influencia a percepção de qualidade do consumidor – e, essencialmente, do valor. Por exemplo, em uma pesquisa de *Better Homes and Gardens* com compradores de móveis domésticos, 84 % concordaram com a afirmação: "quanto mais alto o preço, maior a qualidade".

O preço também afeta as percepções de prestígio do consumidor, de forma que, à medida que aumenta o preço, a demanda pelo item pode realmente crescer.[6] Automóveis Rolls-Royce, jóias Cartier, perfumes Chanel, porcelana fina, relógios suíços e cristais Lalique podem vender bem menos a preços menores. O sucesso do fabricante suíço de relógios TAG Heuer é um exemplo. A empresa elevou o preço médio de seus relógios de 250 para 1.000 dólares, e seu volume de vendas aumentou sete vezes. A TAG Heuer atualmente é a segunda marca de relógios de luxo, depois da Rolex.

As avaliações de valor do consumidor são quase sempre comparativas. Em tais casos, a determinação do valor envolve um julgamento pelo consumidor quanto ao valor e à desejabilidade de um produto ou serviço em relação aos substitutos que satisfazem a mesma necessidade. A comparação feita por um consumidor dos custos e benefícios de itens substitutos cria um "valor de referência". Embora Splenda, um substituto para o açúcar, possa ser mais caro do que este, alguns consumidores valorizam-no mais porque não tem calorias. Os varejistas descobriram que as marcas das lojas não devem ter preços que fiquem além de 20 a 25% abaixo dos preços das marcas dos fabricantes. Quando isso ocorre, os consumidores vêem o preço menor como sinônimo de menor qualidade.[7]

Elasticidade-preço da demanda

Um importante conceito usado para caracterizar a natureza da relação preço-quantidade é o de *elasticidade-preço da demanda*. O coeficiente de elasticidade-preço, E, é uma medida da capacidade de resposta da *quantidade* de um produto ou serviço necessária para uma mudança no *preço* daquele produto ou serviço. Em outras palavras, o coeficiente de elasticidade-preço mede a razão da mudança de porcentagem na quantidade comprada de um produto ou serviço em relação à mudança subjacente da porcentagem no preço do produto ou serviço. Essa relação pode ser expressa como segue:

$$E = \frac{\text{mudança de porcentagem na quantidade necessária}}{\text{mudança de porcentagem no preço}}$$

Quando a mudança de porcentagem na quantidade necessária é maior do que a mudança de porcentagem no preço, dizemos que a demanda é *elástica*. Em tais casos, uma pequena redução no preço resultará em um grande aumento na quantidade comprada; assim, a receita total aumentará. Ao contrário, se a mudança de porcentagem na quantidade exigida é menor do que a mudança de porcentagem no preço, a demanda é *inelástica*, e uma redução de preço terá menos impacto sobre as receitas. A elasticidade-preço da demanda é um importante fator, por exemplo, na definição de preços de linhas aéreas para as passagens comerciais e de lazer.[8] As passagens comerciais são menos elásticas no preço do que as de lazer.

Inúmeros fatores influenciam a elasticidade-preço da demanda por um produto ou serviço. Em geral,

- Quanto mais *substitutos* um produto ou serviço tem, maior sua elasticidade-preço.
- Quanto mais *usos* um produto ou serviço tem, maior sua elasticidade-preço.
- Quanto mais alta a *razão* entre o preço do produto ou serviço e a renda do comprador, maior a elasticidade-preço.

Definição de preço de linha de produtos

Na prática, é comum aplicar o conceito de elasticidade de preço simultaneamente a mais de um produto ou serviço. Calculando-se a *elasticidade transversal* de demanda para o produto A e o produto B, é possível mensurar a capacidade de resposta da quantidade exigida de produto A para uma mudança de preço no produto B. Os produtos são considerados como complementares (substitutos) se o decréscimo (ou aumento) no preço de um leva a um aumento nas vendas unitárias do outro produto.[9] A compreensão das implicações da elasticidade transversal é de especial importância para a implementação bem-sucedida do preço de uma linha de produtos, em que a demanda do produto é inter-relacionada e a meta é maximizar a receita para toda a linha, e não apenas para produtos ou serviços individuais.

Consideremos o responsável pelo *marketing* de câmeras e filmes (ou de aparelhos de videogame e jogos). Ele deverá colocar preços muito baixos nas câmeras, talvez próximo ou mesmo abaixo do preço de custo, a fim de promover a venda de filmes? O filme poderia então ser comercializado a preços relativamente altos. Ou uma estratégia oposta deve ser empregada – venda de câmeras de alto preço, mas de filmes de preço baixo? Exemplos dessas estratégias alternativas de preço amarrado são fáceis de encontrar. Por exemplo, para a Nintendo, líder no setor de videogames, os aparelhos tradicionalmente têm preço de custo ou pouco acima deste, e os lucros advêm das vendas dos jogos.[10] O ponto importante é que, na maioria das organizações, não se atribuem preços aos produtos isoladamente. Em certos casos, produtos individuais podem ser vendidos com prejuízo simplesmente para atrair compradores ou para garantir que a organização possa oferecer linhas completas de produtos aos compradores potenciais. Em tais situações, o preço pode ter pouca relação com o custo real de um produto.

Além disso, a definição de preço de linhas de produtos envolve determinar (1) o preço do produto com preço mais baixo, (2) o preço e o produto de preço mais alto e (3) diferenciais de preços para todos os outros produtos da linha. Os itens de preço mais baixo e mais alto na linha de produtos desempenham papéis importantes. O item de preço mais alto é tipicamente posicionado como o item máximo em qualidade e características. O item de preço mais baixo é o gerador de demanda, destinado a atrair a atenção do comprador hesitante ou de primeira viagem. Diferenciais de preço entre itens da linha devem fazer sentido aos clientes e refletir diferenças no valor percebido dos produtos oferecidos. Uma pesquisa de comportamento sugere que os diferenciais de preço devem aumentar à medida que nos movemos na linha de produtos em direção a itens mais caros.[11]

Estimativa do impacto no lucro a partir de mudanças de preço

No Capítulo 2, os princípios básicos da análise de ponto de equilíbrio e alavancagem foram descritos. Esses mesmos princípios podem ser aplicados quando se avalia o efeito de mudanças de preço sobre o volume.[12]

O impacto das mudanças de preço sobre o lucro pode ser determinado verificando-se dados de custo, de preço e de volume para produtos e serviços individuais. Consideremos os dados mostrados no alto da Figura 8.2 para dois produtos, alfa e beta. Os produtos têm preços idênticos (10 dólares), mesmo volume de unidades (1.000 unidades) e lucros líquidos iguais (2.000 dólares), mas suas estruturas de custos diferem. O produto alfa tem um custo variável por unidade de sete dólares e custos fixos atribuíveis de 1.000 dólares. O produto beta tem um custo variável por unidade de dois dólares e custos fixos atribuíveis de 6.000 dólares. O volume de unidade de ponto de equilíbrio para o produto alfa é de 333,3 unidades ($1.000/$3). O volume de unidade de ponto de equilíbrio do produto beta é de 750 unidades ($6.000/$8).

FIGURA 8.2

Estimativa do efeito das mudanças de preço

	Produto alfa	Produto beta
Dados de custo, volume e lucros		
Volume de vendas unitário	1.000	1.000
Preço de venda unitário	$10	$10
Custo variável unitário	$7	$2
Contribuição (margem) unitária	$3 (30%)	$8 (80%)
Custos fixos	$1.000	$6.000
Lucro líquido	$2.000	$2.000
Mudança de vendas no ponto de equilíbrio		
Para uma redução de 5% no preço	+20,0%	+6,7%
Para uma redução de 10% no preço	+50,0%	+14,3%
Para um aumento de 5% no preço	−14,3%	−5,9%
Para um aumento de 10% no preço	−25,0%	−11,1%

O cálculo para determinação do volume de unidades necessário para o ponto de equilíbrio em uma mudança de preço é o que segue (porcentagens expressas em números inteiros):

$$\text{Mudança de porcentagem em volume de unidades para o ponto de equilíbrio em uma mudança de preço} = \frac{-(\text{porcentagem de mudança de preço})}{(\text{margem de contribuição original}) + (\text{porcentagem de mudança de preço})}$$

Por exemplo, se um produto tem uma margem de contribuição de 20%, a redução de 5% no preço exigirá um aumento de 33% no volume de unidades para o ponto de equilíbrio:

$$+33 = \frac{-(-5)}{[20]+[-5]}$$

De modo alternativo, um produto com a mesma margem de contribuição poderá absorver um declínio de 20% no volume de unidades se seu preço aumentar 5%, sem incorrer em perda de lucro:

$$-20 = \frac{-(+5)}{[20]+[+5]}$$

A parte inferior da Figura 8.2 ilustra o impacto potencial no lucro de mudanças de preço dos produtos alfa e beta. Para o produto alfa lucrar com um corte de 10% no preço, seu volume de unidades teria que aumentar 50%. Por outro lado, as vendas de unidades do produto beta, com sua maior contribuição, teriam apenas que aumentar um pouco mais de 14% para que houvesse lucro.

O mesmo tipo de análise pode ser aplicado a aumentos de preços. Por exemplo, se o preço do produto alfa aumentasse 10%, seu volume de unidades poderia diminuir 25% antes de os lucros diminuírem. Por outro lado, o produto beta, com maior contribuição, poderia absorver somente um declínio de 11% no volume de unidades com um aumento de 10% no preço.

ESTRATÉGIAS DE PREÇOS

Devido à dificuldade de calcular a demanda, a maioria das estratégias de preço tem o custo como base. Em grande parte, as estratégias de preço podem ser denominadas de estratégias de custo total ou de custo variável. As *estratégias de preço de custo total* são as que consideram os custos variáveis e os custos fixos (às vezes, denominados de *custos diretos* e *indiretos*). As *estratégias de preço de custo variável* levam em conta somente os custos variáveis diretos associados com a oferta de um produto ou serviço.

Preço de custo total

As estratégias de preço de custo total geralmente tomam um das três formas a seguir: precificação *markup*, precificação de equilíbrio e precificação da taxa de retorno. Precificação *markup* é uma estratégia em que o preço de venda de um produto ou serviço é determinado simplesmente adicionando-se uma quantia fixa ao custo (total) do produto. A quantia fixa normalmente é expressa como porcentagem do custo ou do preço do produto. Se o produto custa 4,60 dólares para ser produzido e o preço de venda é $6,35, *markup* no *custo* seria de 38% e *markup* no *preço* seria de 28%.

Precificação *markup* é utilizado com freqüência em situações rotineiras de definição de preços, tais como itens de supermercado e de vestuário, mas às vezes também é usado na definição de preços de produtos ou serviços especiais – por exemplo, equipamento militar ou projetos de construção. Pode ser que precificação *markup* seja o tipo mais comum de estratégia de definição de preços. Embora apresente problemas indiscutíveis (especialmente se uma única porcentagem for aplicada aos produtos, sem considerar sua elasticidade ou concorrência), a simplicidade, flexibilidade e possibilidade de controle tornam essa estratégia muito popular.

Como foi observado no Capítulo 2, quando discutimos os aspectos financeiros do gerenciamento de *marketing*, a análise de ponto de equilíbrio é uma ferramenta útil para determinar quantas unidades de um produto ou serviço devem ser vendidas a um preço específico para que uma organização cubra seus custos totais (custos fixos mais custos variáveis). Com o uso cuidadoso da análise de ponto de equilíbrio, também é possível calcular o preço de ponto de equilíbrio para um produto ou serviço. Especificamente, o preço de ponto de equilíbrio de um produto ou serviço equivale aos custos fixos por unidade, mais os custos variáveis por unidade.

Precificação da taxa de retorno é um pouco mais sofisticado do que *markup* ou precificação de equilíbrio. Ainda assim, contém os ingredientes básicos de ambas as estratégias e pode ser visto como uma extensão delas. Em uma *estratégia de preço taxa de retorno*, o preço é estabelecido de forma a obter-se uma taxa de retorno pré-especificada sobre o investimento (capital) para a organização. Como a taxa de retorno sobre o investimento (RI) é igual ao lucro (Lr) dividido pelo investimento (I),

$$RI = Lr/I = \frac{\text{receitas} - \text{custos}}{\text{investimento}} = \frac{P.Q - C.Q}{I}$$

onde P e C são, respectivamente, preço de venda unitário e custo unitário, e Q representa a quantidade vendida.

Trabalhando-se retroativamente a partir de uma taxa de retorno predeterminada, é possível derivar um preço de venda que obtenha essa taxa de retorno. Se uma organização deseja um RI de 15% sobre um investimento de 80.000 dólares, estima-se que os custos totais por unidade sejam de $0,175 e prevê-se que a demanda seja de 20.000 unidades; assim, o preço necessário será

$$\frac{(RI) \times I + CQ}{Q} = P = \frac{(0,15)\$80.000 + \$0,175 \times 20.000}{20.000} = 0,775$$

ou aproximadamente $0,78.

Essa estratégia de preço é mais comumente utilizada por grandes empresas e serviços públicos cujas taxas de retorno são estritamente observadas e reguladas por órgãos ou comissões governamentais. Como outros tipos de estratégias de preço de custo total, a estratégia de preço taxa de retorno pressupõe uma função da demanda padrão (linear) e a insensibilidade dos compradores ao preço. Entretanto, essa suposição muitas vezes mostra-se verdadeira somente para certas faixas de preço.

Preço de custo variável

Uma alternativa às estratégias de preço de custo total é a estratégia de preço de custo variável ou de contribuição. Esse tipo de estratégia é às vezes usado quando uma organização não está operando em sua plena capacidade e os custos fixos constituem uma grande proporção dos custos unitários totais. A idéia básica subjacente à *definição de preços de custo variável* é que, em certas situações de preços de curto prazo, os custos relevantes a considerar são os variáveis, e não o custo total. Especificamente, nessa estratégia, o custo unitário variável representa o preço mínimo de venda em que o produto ou serviço pode ser comercializado. Qualquer preço acima desse mínimo representa uma contribuição aos custos fixos e lucro.

O preço de custo variável é uma forma de definição de preços orientada pela demanda. Como tal, pode servir a dois propósitos diferentes: (1) estimular a demanda e (2) mudar a demanda. Como os preços de custo variável são mais baixos do que os preços de custo total, a suposição é que eles *estimularão a demanda* e aumentarão as receitas, assim levando a economias de escala, custos unitários mais baixos e maiores lucros. É por isso que as companhias aéreas oferecem diferentes classes de passagens, hotéis oferecem taxas especiais de fim de semana e cinemas dão descontos para pessoas idosas. O preço de custo variável também faz sentido porque os custos fixos devem ser atendidos, não importando se um produto ou serviço é vendido – a companhia aérea deve manter seus horários de vôo, com ou sem passageiros; o hotel ou o cinema devem permanecer abertos mesmo se estiverem apenas parcialmente ocupados – e os custos adicionais (variáveis) de atender mais um cliente são mínimos.

Consideremos uma linha de ônibus que percorre diariamente o trajeto de Chicago, Illinois, a Miami, Flórida. O preço de uma passagem de ida ou de volta é $119,00, e, em média, o ônibus tem 60% dos assentos ocupados. Se o custo variável unitário por assento for $15,00, a linha de ônibus deverá oferecer uma passagem por metade do preço para crianças com menos de cinco anos? Ignorando-se a elasticidade de preços e considerações semelhantes por enquanto, a resposta é sim, a passagem reduzida deveria ser oferecida. A passagem reduzida (59 dólares) cobre os custos variáveis (15,00 dólares) e faz uma contribuição de 44 dólares para os custos fixos. Como a linha de ônibus fará a viagem com o número de passageiros que houver, a curto prazo, cada passagem reduzida vendida contribui com 44 dólares para as despesas fixas. Tal abordagem de preço sempre supõe que nenhum uso mais lucrativo pode ser feito da atividade de geração de receita.

Além de estimular a demanda, a definição de preços de custo variável pode ser usada para *mudar a demanda* de um período para outro. Os cinemas às vezes têm ingressos de matinê mais baratos para incentivar os clientes a freqüentarem as salas à tarde em vez de à noite. Do mesmo modo, certos serviços de utilidade pública, como as companhias de gás e de energia elétrica, têm diferentes preços para diferentes horários, para desviar a demanda dos horários de pico e distribuí-la por períodos de tempo esparsos.

Estratégias de preço para uma nova oferta

As estratégias de preço de custo total e variável são *estratégias técnicas* que podem ser usadas quando uma organização inicialmente estabelece seus preços ou quando os modifica. Quando se estabelece o preço de um novo produto ou serviço, porém, o gerente também deve considerar outras estratégias, de natureza mais *conceitual*.

Ao introduzir um novo produto ou serviço no mercado, uma organização pode empregar uma de três estratégias de colocação de preço.[13] Com uma *estratégia de preço seletivo*, o preço é estabelecido muito alto inicialmente e, em geral, é reduzido com o passar do tempo. Uma estratégia seletiva pode ser apropriada para um novo produto ou serviço se alguma das seguintes condições for pertinente:

1. É provável que a demanda seja inelástica ao preço.
2. Há diferentes segmentos de preço-mercado, atraindo primeiro os compradores que têm uma gama mais alta de preços aceitáveis.

3. A oferta é peculiar o suficiente para ser protegida da concorrência por patente, direito autoral ou segredo comercial.
4. Os custos de produção ou de *marketing* são desconhecidos.
5. Existe uma restrição de capacidade na produção do produto ou fornecimento do serviço.
6. Uma organização deseja gerar fundos rapidamente para recuperar seu investimento ou financiar outras atividades de desenvolvimento.
7. Existe um valor percebido realista no produto ou serviço.

Muitas dessas condições estavam presentes quando a Gillette decidiu colocar em seu inovador sistema de barbear Fusion um preço 30% mais alto do que seu amplamente bem-sucedido sistema Mach 3. Espera-se que o Gillette Fusion obtenha um bilhão de dólares em vendas anuais no mundo inteiro dentro de três anos após seu lançamento, no início de 2006.[14]

No outro extremo, uma organização pode usar uma *estratégia de preço de penetração*, em que um produto ou serviço é introduzido a um preço baixo. Essa estratégia pode ser adequada se existir alguma das condições abaixo:

1. É provável que a demanda seja elástica ao preço nos segmentos do mercado alvo a que o produto ou serviço se destina.
2. A oferta não é única, nem está protegida por patentes, direitos autorais ou segredos comerciais.
3. Espera-se que os concorrentes entrem no mercado rapidamente.
4. Não existem segmentos de preço-mercado distintos e separados.
5. Existe a possibilidade de grandes economias nos custos de produção e de *marketing* se um grande volume de vendas puder ser gerado.
6. O principal objetivo da organização é obter uma grande participação no mercado.

A Nintendo considerou cada um desses fatores e conscientemente optou por uma estratégia de penetração quando introduziu o Nintendo DS, seu videogame portátil da mais nova geração, com o preço inicial de 149,99 dólares – aproximadamente metade do preço esperado para o Playstation Portable, da Sony.[15]

Entre esses dois extremos, está a *estratégia de preço intermediária*. Como se poderia esperar, esse tipo de estratégia é o que predomina na prática. Os outros dois tipos de estratégias de preço inicial são, por assim dizer, mais flutuantes; dadas as variações do mercado, no entanto, a estratégia intermediária tem maior probabilidade de uso na grande maioria de decisões sobre os preços iniciais.

Definição de preços e interação competitiva

Nenhuma discussão sobre estratégias e gerenciamento de preços estará completa sem mencionar a interação competitiva.[16] Como o preço é o único elemento do *mix* de *marketing* que pode ser mudado rápida e facilmente, a interação competitiva é comum. A interação competitiva em um contexto de preços refere-se à ação seqüencial ou reação de empresas rivais na definição e na modificação de preços de sua(s) oferta(s) e na avaliação de resultados possíveis, como vendas, volume de unidades e lucro para cada empresa e todo o mercado. A interação competitiva é como o jogo de xadrez. Os jogadores que fazem os movimentos um de cada vez, procurando minimizar as perdas imediatas ou explorar as oportunidades quando estas se apresentam, invariavelmente são derrotados por aqueles que visualizam o jogo alguns movimentos à frente.

De modo um pouco surpreendente, pesquisas e a prática sugerem que os gerentes de *marketing* poucas vezes vêem além da decisão de preço inicial para considerar os movimentos da concorrência, seus próprios movimentos subseqüentes e os resultados. Duas soluções são muitas vezes propostas para superar esse imediatismo. Primeiro, aconselha-se que os gerentes se concentrem menos nos resultados de curto prazo e prestem mais atenção às conseqüências de longo prazo de suas ações. As interações competitivas raramente se restringem a um período, isto é, uma ação seguida por uma reação. Além disso, as conseqüências de ações e reações nem sempre são imediatamente observáveis. Portanto, os gerentes são aconselhados a "olhar para frente e raciocinar para trás", visualizando padrões de futuras movimentações de preços, contra-ataques da concorrência e resultados prováveis. Segundo, recomenda-se que os gerentes se coloquem no lugar dos gerentes ou empresas concorrentes e respondam uma série de questões:

1. Quais são as metas e objetivos dos concorrentes? Em que são diferentes de nossas metas e objetivos?
2. Quais são as suposições do concorrente sobre si próprio, nossa empresa, as ofertas e o mercado? Suas suposições são diferentes das nossas?
3. Que pontos fortes o concorrente acredita ter e quais são seus pontos fracos? Quais poderiam ser os nossos pontos fortes e fracos na opinião do concorrente?

Falhar na resposta a essas questões pode levar a julgamentos errôneos sobre o(s) preço(s) estabelecido(s) ou modificado(s) pelos concorrentes e orientar mal as modificações de preço subseqüentes e as reações entre os concorrentes. A má interpretação da situação pode resultar em guerra de preços.

Uma *guerra de preços* envolve o corte sucessivo de preços pelos concorrentes para aumentar ou manter suas vendas unitárias ou sua participação no mercado.[17] Ao longo da última década, guerras de preços têm irrompido em uma série de setores: dos computadores pessoais às fraldas descartáveis, dos refrigerantes às linhas áreas e dos supermercados aos serviços de telefonia de longa distância. As guerras de preços não acontecem simplesmente. Os gerentes que esperam que um preço mais baixo resulte em uma maior participação no mercado, melhores vendas unitárias e maiores lucros para sua(s) oferta(s) são os que geralmente as deflagram. Isso pode de fato ocorrer. Entretanto, se os concorrentes igualarem seus preços, com as demais características sendo iguais, perdem-se a participação, as vendas e os lucros esperados. O que é mais importante, o nível de preço global resultante do preço mais baixo não beneficia nenhum dos concorrentes. Recomenda-se que os gerentes de *marketing* considerem o corte de preço somente quando uma ou mais condições existirem: (1) a empresa tem uma vantagem tecnológica ou de custo sobre seus concorrentes, (2) a demanda primária por uma classe de produtos crescerá se os preços baixarem e (3) o corte de preço restringe-se a produtos ou clientes específicos (como no caso das linhas aéreas) e não em toda a carteira.

Certos ambientes industriais mostram-se inclinados a guerras de preços. A Figura 8.3 demonstra que o risco das guerras de preços é maior ou menor quando um setor exibe certas características. Por exemplo, se um produto ou serviço fornecido pelo setor não é diferenciado, o preço tende a ser um importante fator de compra. Essa situação aumenta a probabilidade da competição e da guerra de preços. Uma taxa de crescimento de mercado estável ou em declínio associada com baixa utilização da capacidade das empresas tende a resultar em objetivos corporativos de crescimento de volume, freqüentemente promovidos por meio do corte de preços. Preços da concorrência claramente visíveis, compradores altamente sensíveis ao preço e custos em declínio em um setor também aumentam o risco das guerras de preços.

FIGURA 8.3

Características do setor e o risco de guerras de preços

	Nível de risco	
Características do setor	*Mais alto*	*Mais baixo*
Tipo de produto/serviço	Não-diferenciado	Diferenciado
Taxa de crescimento do mercado	Estável/Em declínio	Em expansão
Visibilidade do preço aos concorrentes	Alto	Baixo
Sensibilidade do comprador aos preços	Alto	Baixo
Tendência geral de custos do setor	Em declínio	Estável
Utilização da capacidade do setor	Baixo	Alto
Número de concorrentes	Muitos	Poucos

NOTAS

1. E. Raymond Corey, *Industrial Marketing: Cases and Concepts*, 4th ed. (Upper Saddle River, NJ: Prentice Hall, 1991): 256.
2. Vannessa O'Connell,"How Campbell Saw a Breakthrough Menu Turn into Leftovers," *Wall Street Journal* (October 6, 1998): A1, A12.
3. "Lessons of Cyber Survivors,"*Business Week* (April 22, 2002): 42.
4. Para uma revisão abrangente da relação preço-qualidade-valor, ver Valarie A. Zeithaml,"Consumer Perceptions of Price, Quality, and Value,"*Journal of Marketing* (July 1988): 2–22. Also see Rolf Leszinski and Michael V. Marn,"Setting Value, Not Price," *The McKinsey Quarterly* (Number 1, 1997):98–115.
5. "Laundry Soap Marketers See the Value of 'Value'!" *Advertising Age* (September 21, 1992): 3, 56.
6. Jean-Noel Kapferer, "Managing Luxury Brands," *The Journal of Brand Management* (July 1997): 251–260;"TAG Heuer Makes Time for New *Marketing* Tactics," *Brandweek* (May 9, 2005): 16.
7. Jagmohan S. Raju, Raj Sethuraman, and Sanjay Dhar,"National Brand-Store Brand Price Differential and Store Brand Market Share," *Pricing Strategy and Practice*,Vol. 3, No. 2 (1995): 17–24.
8. "Business Fares Increase Even as Leisure Travel Keeps Getting Cheaper,"*Wall Street Journal* (November 3, 1997): A1, A6.
9. Para uma ampla discussão sobre complementos e substitutos de produtos e implicações de *marketing*, ver Allan D. Shocker, Barry Boyus, and Namwoon Kim, "Product Complements and Substitutes in the Real World: The Relevance of Other Products," *Journal of Marketing* (January 2004):28–40.
10. "Video Games: Everything to Play For,"*The Economist* (May 13, 2006):75.
11. Kent B. Monroe, *Pricing: Making Profitable Decisions*, 3rd ed. (Burr Ridge, IL: McGraw-Hill/Irwin, 2003): Chapter 15.
12. Essa discussão baseia-se em Thomas T. Nagle and Reed K. Holden, *The Strategy and Tactics of Pricing*, 3rd ed. (Upper Saddle River, NJ: Prentice Hall, 2002): Chapter 3.
13. As condições que favorecem a definição de preços seletivos versus a de penetração são descritas em Monroe, *Pricing: Making Profitable Decisions*, 380–383.
14. "Gillette's New Edge,"*Business Week* (February 6, 2006): 44.
15. "Nintendo to Sell New Game Device,"*Wall Street Journal* (September 21, 2004):B8
16. Essa discussão baseia-se em Bruce Clark, "Managing Competitive Interactions," *Marketing Management* (Fall/Winter 1998): 9–20; Joel E. Urbany and David B. Montgomery, "Rational Strategic Reasoning: An Unnatural Act?"*Marketing Letters* (August 1998):285–300.
17. O restante da discussão baseia-se em Michael R. Baye, *Managerial Economics and Business Strategy*, 5th ed. (Burr Redge, IL:McGraw-Hill/Irwin, 2006): Chapters 9–10; Robert A. Garda and Michael V. Marn,"Price Wars,"*The McKinsey Quarterly* (November 3, 1993):87–100; Akshay R. Rao, Mark E. Burgen, and Scott Davis,"How to Fight a Price War," *Harvard Business Review* (March–April 2000): 1076–1116; and "The Price Is Not Always Right, *Fortune* (May 14, 2001): 240.

CASO

EMI Group, PLC

Precificação do CD na indústria musical

Em 3 de setembro de 2003, Doug Morris, presidente e CEO do Universal Music Group (UMG), deixou a indústria musical atordoada com um anúncio surpreendente. Como líder mundial de vendas na indústria musical, o UMG anunciou sua intenção de reduzir os preços sugeridos de varejo na América do Norte em aproximadamente todos os seus CDs para $12,98, a partir do início de outubro. De acordo com o Morris:

> Vamos revigorar o mercado musical na América do Norte. Nossa nova política de preço nos permitirá tomar a iniciativa de fazer da música a melhor diversão e a opção mais atrativa para os consumidores. O UMG é responsável por quase 30% das vendas de álbuns nos Estados Unidos, de modo que temos uma posição única para tentar essa nova estratégia... Realmente acreditamos que, quando os preços forem drasticamente reduzidos em tantos títulos, levaremos os consumidores de volta às lojas e impulsionaremos significativamente as vendas de música.[1]

Em 4 de setembro de 2003, os altos executivos do EMI Group, PLC, terceira maior empresa de música do mundo, testemunharam uma queda de 10% no preço de suas ações. Analistas do setor especularam que o EMI e outras empresas de música seriam forçadas a ingressar em uma guerra de preços potencialmente danosa nos Estados Unidos. De acordo com um analista, "o grupo Universal já tem uma grande participação de mercado nos Estados Unidos, e os cortes de preços significam que ele provavelmente vai ocupar ainda mais espaço nas prateleiras".[2]

Alain Levy, presidente e CEO da gravadora EMI, recusou-se a dizer que medida, se houvesse alguma, seria tomada em resposta ao corte de preços anunciado pelo UMG na América do Norte e, especialmente, nos Estados Unidos. Ele e outros altos executivos da EMI achavam que a medida de preços do UMG teria que ser examinada cuidadosamente, dado o tamanho do mercado musical norte-americano e a posição competitiva da EMI nos Estados Unidos. A América do Norte é o maior mercado musical e a fonte de quase um terço da receita total da EMI e de aproximadamente 27% do lucro operacional da empresa no ano fiscal de 2003 (com término em 31 de março de 2003).[3]

---

[1] Ethan Smith, "Universal Slashes CD Prices in Bid to Revive Music Industry", *Wall Street Journal* (September 4, 2003), pp. B1, B8; "Universal Music Group Dramatically Reduces CD Prices", TheWebNewsroom@azreporter, September 3, 2003.

[2] Annie Lawson, "ENI Feels the Squeeze Over CD Price Cuts", media.guardian.co.uk (September 5, 2003); "EMI Group PLC: Universal Music's Price Cuts, Merger Talks Hit Share Price", *Wall Street Journal* (September 5, 2003), p. B4.

[3] EMI Group, PLC, *2003 Annual Report*, p.66.

Este caso foi preparado pelo professor Roger A. Kerin, da Edwin L. Cox School of Business, Southern Methodist University, como base para discussão em aula e não se destina a ilustrar o manejo eficaz ou ineficaz de uma situação administrativa. O caso foi baseado em publicações, incluindo relatórios anuais da empresa, arquivos da SEC, boletins da empresa e do setor, artigos publicados e informações fornecidas por indivíduos conhecedores do setor. Consequentemente, a interpretação e as perspectivas apresentadas no caso não são necessariamente as do Universal Music Group, do EMI Group, PLC, nem de seus funcionários. Onde apropriado, citações, estatísticas e informações publicadas aparecem em notas de rodapé para fins de referência. Copyright © 2004 Roger A. Kerin. Nenhum excerto deste caso pode ser reproduzido sem consentimento por escrito do detentor dos direitos autorais.

A INDÚSTRIA MUSICAL

A indústria musical consiste em empresas envolvidas em lançar, promover e distribuir gravações musicais. Essas empresas fabricam ou contratam a fabricação de CDs, fitas cassetes, discos de vinil, vídeos de música e DVDs de áudio e vídeo e promovem e distribuem esses produtos para varejistas ou diretamente ao público. As próprias empresas produzem as gravações master ou obtêm os direitos de reprodução e distribuição das gravações master produzidas por outras empresas. Essa indústria emprega cantores, músicos, engenheiros de som, promotores musicais, funcionários de fabricação de CDs e de armazenagem, funcionários e administradores de lojas de discos e equipe administrativa da empresa de música, o que inclui pessoal de *marketing*, relações públicas e vendas.

Dimensão e desenvolvimentos da indústria

A indústria da música mundial de singles registrou vendas de 32 bilhões de dólares em 2002.[4] Esse número representou um declínio de 7% nas vendas em dólares e de 8% no volume em unidades em relação a 2001. Em comparação com 2001, as vendas de álbuns diminuíram 6% globalmente, havendo decréscimos contínuos nas vendas de *singles* (menos 16%) e de cassetes (menos 36%). As vendas de vídeos e DVDS de música aumentaram 9% em 2002.

Os Estados Unidos são o maior mercado musical, seguidos pela Europa Ocidental. Em 2002, as vendas em dólares nos Estados Unidos foram de $12,6 bilhões, ou 39,4% das vendas mundiais. Contudo, as vendas em dólares e o volume em unidades nos Estados Unidos têm diminuído desde 2000. A Figura 1 mostra a tendência de vendas em unidades de álbuns de CD nos Estados Unidos para o período de 1993 a 2002 e as estimativas de vendas em unidades para 2003. O volume em unidades atingiu o pico de 942,5 milhões de unidades em 2000. A estimativa de volume para 2003 era de 729 milhões de unidades.

A Europa Ocidental (incluindo o Reino Unido) é responsável por 36% das vendas e do volume em unidades da indústria, tendo registrado apenas um modesto crescimento nos últimos dois anos. Na Ásia, as vendas diminuíram 10% no último ano. As vendas na América Latina também decresceram. O México – maior mercado latino-americano de música – passou por dois anos consecutivos de declínio nas vendas, com uma redução de 19% em 2002.

O *downloading* em massa a partir do compartilhamento não-autorizado de arquivos na Internet, a proliferação da gravação de CDs, a concorrência de outros formatos de entretenimento (como filmes em DVD e novos consoles de videogames) e a precária condição econômica mundial têm contribuído para a recente tendência à diminuição das vendas na indústria musical. Analistas do setor estimam que só o compartilhamento não-autorizado de arquivos tenha sido responsável por 700 milhões de dólares em perdas de vendas no setor em 2002. A gravação de CDs também se disseminou. No Japão, estima-se que 236 milhões de CDs tenham sido gravados em 2002, enquanto as vendas de CDs originais foram de 229 milhões de unidades. Conseqüentemente, as grandes empresas de música têm fechado instalações de fabricação e demitido milhares de funcionários devido à queda nas vendas da indústria mundial. Ainda assim, essas grandes empresas constataram uma considerável capacidade de fabricação e alto potencial de operação que não foram utilizados. Há previsões no setor de que, em 2007, as vendas em unidades de álbuns nos Estados Unidos e no mundo cairão quase 30% em relação ao pico atingido em 2000 se o atual ritmo de *downloading* não-autorizado continuar.[5]

---

[4] Essa discussão baseia-se em "Global Sales of Recorded Music Down 7% in 2002", International Federation of Phonographic Industry Press Release, April 9, 2003"; "2002 Yearend Statistics", The Recording Industry Association of America Press Release, February 28, 2003.

[5] "Study: CDs May Soon Go the Way of Vinyl", CNN.com, September 8, 2003.

FIGURA 1

Tendência de vendas em unidades para álbuns de CD nos Estados Unidos: estimativas para 1993-2003

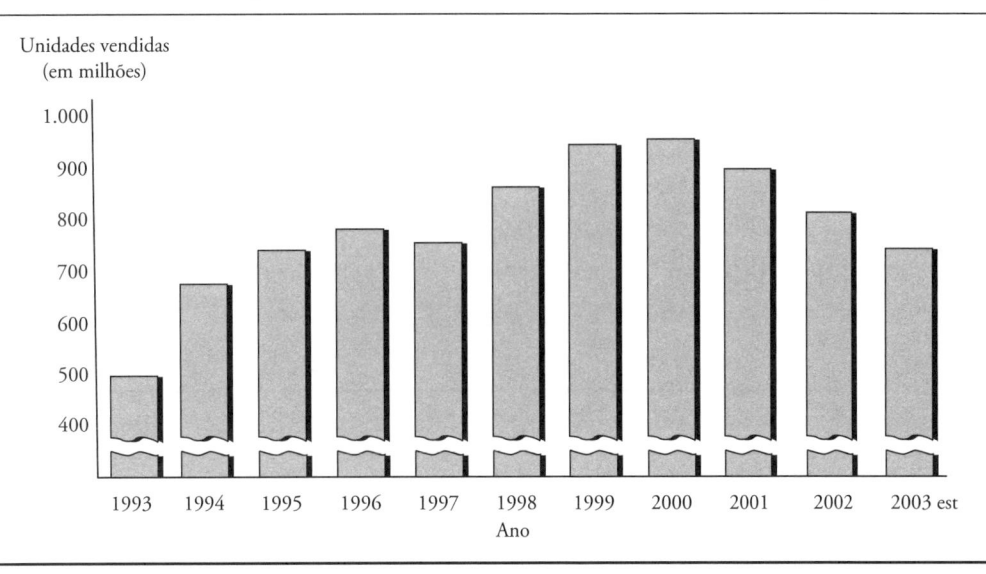

Unidades vendidas (em milhões)

Ano	Unidades (milhões aprox.)
1993	500
1994	680
1995	740
1996	780
1997	755
1998	860
1999	940
2000	950
2001	900
2002	810
2003 est	745

Fonte: Os dados de 1993-2002 foram fornecidos pela Recording Industry Association of America's 2002 Yearend Statistics. Usado com permissão. A estimativa para 2003 baseia-se em "RIAA Releases 2003 Mid-Year Shipments", RIAA Press Release, August 29, 2003.

Executivos da indústria da música reconhecem que o *downloading* e a gravação de CDs representam uma tendência popular que crescerá com o uso de conexões de banda larga da Internet. As empresas de música agora autorizam as lojas *online* a venderem canções digitais. Entre as lojas autorizadas, estão: iTunes Music Store, de propriedade da Apple Computer, Rhapsody, MP3.com, Buymusic.com e Musicnet.com. O custo por canção individual varia de $0,79 a $0,99. No entanto, *sites* de compartilhamento de arquivos, tais como KaZaA, Grokster e Morpheus, não estão autorizados pelas empresas de música a baixarem canções.

A Recording Industry Association of America (RIAA), que representa empresas de música, iniciou uma série de programas destinados a educar os consumidores e as autoridades nos Estados Unidos e na União Européia sobre as implicações legais e econômicas do *downloading* e gravação não-autorizados de CDs. No início de setembro de 2003, a RIAA abriu 261 processos nos Estados Unidos contra indivíduos envolvidos no compartilhamento não-autorizado de arquivos. Analistas do setor esperavam que o litígio tivesse um efeito de amortecimento a curto prazo sobre o *downloading* e a gravação não-autorizados de CDs. Entretanto, o efeito do litígio sobre essas práticas foi visto como tendo um efeito mínimo no longo prazo.

Concorrência na indústria musical

A indústria musical é muito competitiva. A posição competitiva de uma empresa de música depende de sua habilidade de atrair, desenvolver e promover artistas, da aceitação desses artistas pelo público e do número e popularidade das gravações da empresa lançadas em um determinado período. As receitas e os lucros de uma empresa são direcionados pelas gravações de sucesso, com uma porção relativamente pequena de novos lançamentos em um dado ano dominando a maior parte das vendas. Fontes da indústria calculam que as gravações de superestrelas da música são responsáveis por 50% das vendas em unidades de uma grande empresa em um ano normal.

FIGURA 2

Participações no mercado mundial das cinco principais empresas de música: 1999-2002

Empresa	Ano			
	1999	2000	2001	2002
Universal Music Group	21,7%	22,9%	23,5%	25,9%
Sony Music Entertainment	17,0	14,4	14,7	14,1
EMI Group, PLC	11,8	13,5	13,4	12,6
Warner Music Group	11,4	12,0	11,9	11,9
BMG Entertainment	10,1	8,4	8,2	11,1
Total	72,0%	71,2%	71,7%	75,6%

Fonte: Relatórios anuais da empresa.

Propaganda, promoção e publicidade para artistas e gravações são elementos fundamentais no programa de *marketing* de uma empresa de música. As despesas de *marketing* e promoção (incluindo propaganda na mídia) representam uma porcentagem considerável dos custos de uma empresa de música. As aparições públicas e as apresentações também são importantes no *marketing* de artistas e gravações. As empresas de música organizam participações na televisão e no rádio e oferecem financiamento para as turnês de apresentações.

Cinco empresas de música dominam a indústria mundial da música e esse mercado nos Estados Unidos. São elas: Universal Music Group, Sony Music Entertainment, EMI Group, Warner Music Group e BMG Entertainment. Essas cinco empresas dominaram 75,6% do mercado global de música para CDs e DVDs em 2002. A Figura 2 mostra as participações no mercado mundial das cinco maiores empresas de música para o período de 1999 a 2002.

Universal Music Group O Universal Music Group (UMG) é uma unidade da Vivendi Universal, S.A., com sede em Paris, França. A Vivendi Universal é uma das maiores empresas de mídia e telecomunicações do mundo com interesse em telecomunicações, música, filmes, televisão, parques e hotéis temáticos e *software* interativo educacional e de entretenimento. No início de setembro de 2003, a Vivendi Universal e a General Electric estavam finalizando negociações para fusão das divisões de filmes, televisão, parques temáticos e hotéis da Vivendi com a unidade de entretenimento NBC da General Electric.

O UMG é a maior empresa de música do mundo e não fez parte das negociações de fusão com a General Electric. Seus principais selos incluem: Island/Def Jam, Interscope/Geffer/A&M, MCA Records, Mercury Records, Universal Motown Records, DEcca e Mercury Nashville. Entre os artistas representativos sob contrato com o UMG, seja diretamente ou por meio de terceiros, estão: Ashanti, Cecilia Bartoli, Mary J. Blige, blink 182, Andrea Bocelli, Bon Jovi, Vanessa Carlton, Jacky Cheung, Sheryl Crow, Dr. Dre, Eminem, Mylène Farmer, 50 Cent, Johnny Hallyday, Enrique Iglesias, India.Arie, Ja Rule, Elton John, Ronan Keating, t.A.T.u, Limp Bizkit, Nelly, Nickelback, No Doubt, Florent Pagny, Luciano Pavarotti, Puddle of Mudd, Andre Rieu, Paulina Rubio, Texas, The Who, Shania Twain e Stevie Wonder.

Além das gravações recentemente lançadas, o UMG possui um dos maiores catálogos de música do mundo que o grupo comercializa, licencia e vende. O catálogo inclui artistas como ABBA, Louis Armstrong, James Brown, Eric Clapton, John Coltrane, Ella Fitzgerald, Jimi Hendrix, Billy Holiday, Bob Marley, The Police, Rod Stewart e o catálogo da Motown, que inclui

The Four Tops, Marvin Gaye, The Supremes e The Jackson Five. Por meio do Universal Music Publishing Group, o UMG é uma das maiores empresas globais de publicação de música, com mais de um milhão de títulos de sua propriedade ou por ele administrados, incluindo algumas das mais famosas canções do mundo, como *Strangers in the Night, Respect, I Want to Hold Your Hand, Candle in the Wind* e *I Will Survive*. Entre os artistas e compositores importantes representados, estão U2, Prince, Chuck Berry, The Beach Boys, Leonard Bernstein, Anastácia, Björk e Emilio e Gloria Estefan.

O UMG comercializa sua música em 71 países. A empresa obtém 44,2% de sua receita na América do Norte e 41,2% na Europa. De acordo com o *Annual Report* de 2002 da Vivendi Universal (ano encerrado em 31 de dezembro de 2002), as receitas do UMG diminuíram 4% em 2002, e a receita operacional foi de 556 milhões de euros, 22,7% menos do que em 2001. O UMG registrou uma perda de 42 milhões de euros nos primeiros seis meses de 2003 (1 euro = US $1,15).

Sony Music Entertainment A Sony Music Entertainment é uma unidade da Sony Corporation, a maior empresa de produtos eletrônicos do mundo. A Sony Music Entertainment tem três divisões: Sony Music (operações musicais nos Estados Unidos), Sony Music International (operações musicais fora dos Estados Unidos e do Japão) e Sony Classical. A empresa comercializa sua música em 60 países.

A Sony Music Entertainment é a segunda maior empresa de música do mundo. Seus principais selos de gravação incluem: Columbia, Epic, Sony Classical, Legacy Records, Sony Nashville e Sony Music Soundtrax. Entre os artistas que gravam para a Sony Music Entertainment, estão: AC/DC, Aerosmith, Marc Anthony, Tony Bennet, Black Sabbath, Miles Davis, Destiny's Child, Dixie Chicks, Celine Dion, Bob Dylan, Beyonce Knowles, Jennifer Lopez, Wynton Marsalis, Ricky Martin, John Mayer, Pearl Jam, Shakira, Will Smith, Bruce Springsteen e Barbra Streisand.

Um *joint venture* operado pela Sony Music Entertainment, Sony Music Entertainment Japan e Michael Jackson, chamado Sony/ATV Music Publishing, possui ou administra os direitos autorais de artistas de música, tais como Hank Williams, Roy Orbison e The Everly Brothers. Além disso, a empresa tem um amplo catálogo de gravações que ela comercializa, licencia e vende. Analistas do setor estimam que aproximadamente um terço das vendas da Sony Music Entertainment provenha da América do Norte. De acordo com o *Annual Report* de 2003 da Sony Corporation (ano encerrado em 31 de março de 2003), a empresa registrou um declínio de 5% nas vendas no ano fiscal de 2003, com uma perda operacional de 72 milhões de dólares.

Warner Music Group O Warner Music Group é uma unidade da AOL Time Warner. A AOL Time Warner é a maior empresa de mídia e entretenimento do mundo, e seus negócios abrangem serviços interativos, sistemas de TV a cabo, entretenimento filmado, redes de televisão, música e publicidade.

O Warner Music Group é a quarta maior empresa de música do mundo. Seus principais selos de gravação são: Warner Brothers, Atlantic, Elecktra e Word. Seu rol de artistas inclui: Josh Groban, Enya, Kid Rock, Faith Hill, Red Hot Chili Peppers, Linkin Park, Missy Elliot, P.O.D., Michelle Branch e Nappy Roots. A divisão Warner Music International do Warner Music Group opera por meio de diversas subsidiárias, afiliadas e licenciados não-afiliados em mais de 70 países ao redor do mundo. A Warner/Chappell, divisão de publicação de música do Warner Music Group, possui ou controla os direitos de mais de um milhão de composições musicais. Seu catálogo inclui trabalhos de Madonna, Staid, Barry Gibb, George e Ira Gershwin e Cole Porter. A Warner/Chappell também administra a música de várias empresas de televisão e cinema, como a Lucasfilm, Ltd. e a Hallmark Entertainment. Analistas do setor calculam que mais da metade das vendas do Warner Music Group provenha da América do Norte.

De acordo com o *Annual Report* de 2002 da AOL Time Warner (ano encerrado em 31 de dezembro de 2002), o Warner Music Group registrou um aumento de 4% nas vendas em 2002 e uma perda operacional de 1,3 bilhão de dólares.⁶ O Warner Music Group relatou uma perda de oito milhões de dólares no primeiro semestre de 2003.

BMG Entertainment A BMG Entertainment é uma unidade da Bertelsmann, AG, uma corporação alemã. A Bertelsmann é uma das maiores empresas de mídia do mundo, com interesses em publicação de livros e revistas, gravação de música e radiodifusão.

A Berteslmann Entertainment é a quinta maior empresa de música do mundo, com operações em 41 países. Seus principais selos de gravação incluem: Ariola, Arista Records, Jive Records, RCA e Zomba Records. Entre os artistas que gravam para a BNG Entertainment, encontram-se: Backstreet Boys, Christina Aguilera, Clint Black, Dave Mathews Band, Foo Fighters, Kenny G, Whitney Houston, Alicia Keys, Sarah McLachlan, Britney Spears, Santana, TLC e George Winston. Além disso, a BMG Music Publishing possui os direitos de mais de 700.000 títulos populares e clássicos de artistas como Elvis Costello, Eurythmics, Aretha Franklin, Puccini e Verdi.

A BMG Entertainment obtém 44,1% de sua receita dos Estados Unidos e 37% da Europa. De acordo com o *Annual Report* de 2002 da Berteslmann AG (ano encerrado em 31 de dezembro de 2002), a empresa registrou uma queda de 9% na receita no mercado musical e uma receita operacional de 226 milhões de euros. No entanto, a BMG Entertainment registrou uma perda de 117 milhões de euros no primeiro semestre de 2003. No início de setembro de 2003, as empresas-mãe da BMG Entertainment e do Warner Music Group envolveram-se em discussões sobre a fusão de suas respectivas empresas de música. As discussões terminaram sem chegar a um acordo em meados de setembro de 2003.

Economia da música: preços e custos de CDs

A lucratividade na indústria musical é determinada, em grande parte, pelos custos da fabricação, distribuição e *marketing* dos CDs, demanda dos consumidores por CDs, concorrência entre empresas de música e os preços para formas alternativas de música e entretenimento. A importância dos CDs para a indústria musical reside no fato de que mais de 90% da receita de vendas do setor é gerada pelas vendas de CDs.

Preços de CDs Entre 1983 (quando os CDs foram lançados) e 1996, o preço médio do fabricante sugerido para varejo de um CD caiu mais de 40%. No entanto, o preço médio do fabricante sugerido para varejo de um álbum aumentou 17,6% entre 1996 e 2002. Entre 2000 (quando o volume em unidades de álbuns de CD chegou ao pico nos Estados Unidos e no mundo) e 2002, o preço médio do fabricante sugerido para varejo de um álbum de CD aumentou 4% ao ano; o volume anual em unidades decresceu uma média de 8% ao ano. Analistas do setor especularam que o aumento do preço dos CDs, juntamente com preços menores para DVDs de filmes, aumento de compartilhamento de arquivos e gravação freqüente de CDs, contribuíram para o decréscimo nas vendas de CDs em unidades desde 2000. Eles também acreditavam que os consumidores de música haviam se tornado mais sensíveis ao preço nos últimos anos. As empresas de música argumentam que, mesmo com maiores preços sugeridos para o varejo, os álbuns de CD, que são tocados com freqüência por muitos anos, permanecem com bom valor se comparados com outras formas de entretenimento, tais como filmes, eventos esportivos e ingressos para *shows*.⁷

O preço do fabricante sugerido para varejo de uma empresa de música para um álbum de CD é normalmente estabelecido perto de um desses níveis de preço. Gravações de grandes artistas têm o preço de $18,98 e representam metade das vendas em unidades do setor. As gravações de outros artistas têm o preço de $16,98 ou $17,98. Os restantes 50% das vendas em unidades do setor são

---

⁶ A perda operacional deveu-se, principalmente, a 1,499 bilhão em custos de ativos intangíveis em 2002. Sem esse custo, o Warner Music Group teria registrado um lucro de 482 milhões de dólares, conforme mensurado por EBITDA (lucros antes dos efeitos financeiros, impostos sobre a renda, depreciação e amortização).

⁷ Jennifer Odronez, "CDs on the Discount Rack", wsjclassroomedition.com, September 2, 2003.

divididos entre esses dois últimos níveis de preço em um ano comum (35% de vendas em unidades por $17,98; 15% de vendas em unidades por $16,98). Um preço promocional de $12,98 às vezes é usado para "artistas em desenvolvimento". Além disso, as empresas de música oferecem descontos no preço sugerido aos atacadistas, o que ocasionalmente é transferido para os consumidores na forma de preços mais baixos. A típica margem de lucro bruto do varejista é de 36,7% sobre o preço sugerido do fabricante para o varejo para um álbum de CD. Entretanto, lojas de comercialização em massa com freqüência vendem álbuns de CD abaixo do preço sugerido pelo fabricante e, com isso, têm menor margem de varejo.

Custos de CDs O custo unitário de fabricação, distribuição, embarque dos CDs, com *royalties* do artista e do compositor, juntamente com os incentivos ao varejista, reflete-se nos preços dos álbuns de CD. O custo variável unitário de uma empresa de música para fabricação, distribuição e embarque de CDs é de $1,92. As verbas para propaganda cooperativa e descontos dados aos varejistas, ambos custos variáveis, totalizam $0,85 por unidade. Essas categorias de custos variáveis e quantidades em dólares são as mesmas para todas as empresas de música e para os três níveis de preço de álbum de CD no setor. As quantias em dólares em *royalties* dos artistas e compositores variarão de acordo com o preço pelo qual as empresas de música venderem seus álbuns de CD para os varejistas. Esses *royalties* são uma porcentagem fixa do preço pelo qual as empresas de música vendem os álbuns de CD para os varejistas. Esse número fica na média de 18,5%. Por exemplo, um álbum de CD com um preço do fabricante sugerido para varejo de $16,98 seria vendido para um varejista por $10,75 (margem de lucro bruto de 36,7% para o varejo); o *royalty* do artista e do compositor por unidade seria de $1,99 (18,5% de $10,75). A despesa de vendas e *marketing* e a produção musical geralmente são despesas gerais fixas, consideradas como parte do custo de venda, do custo geral e do custo administrativo de uma empresa de música.

O mercado musical nos Estados Unidos

Os Estados Unidos é o país com o maior mercado musical. Portanto, as empresas de música dão especial atenção às tendências de compra dos consumidores e às suas respectivas posições competitivas nos Estados Unidos.

Perfil de consumidores de música Uma pesquisa realizada em nome da Recording Industry Association of America detalha o perfil dos compradores de música nos Estados Unidos. Os resultados dessa pesquisa são apresentados na Figura 3.

O *rock* é, e foi na década passada, o gênero musical mais popular quando se pede que os compradores classifiquem sua preferência musical. O *rap* e o *hip-hop* substituíram a música *country* como segundo gênero musical mais popular em 2000. CDs completos (álbuns) representam 90,5% de todas as compras.

Não há diferença material entre homens e mulheres na incidência de compra. Um pouco mais de 25% dos compradores têm 45 anos ou mais. Outros 25% estão na faixa dos 15 aos 24 anos. Essa faixa etária representou aproximadamente 32% dos consumidores de 1993 a 1996. No entanto, essa faixa foi identificada como a dos indivíduos que mais baixam músicas e gravam CDs nos Estados Unidos atualmente. De acordo com a Edison Media Research, 56% dos indivíduos com idade entre 12 e 17 anos e 44% dos que têm de 18 a 24 anos estão baixando arquivos de músicas da Internet. Metade dos americanos entre as idades de 12 e 24 anos está gravando seus próprios CDs de músicas. Quase três de cada quatro adolescentes e 60% dos indivíduos com idade entre 18 e 24 anos não acreditam que haja algo moralmente condenável em baixar música sem pagar por ela, embora essa prática seja ilegal. Quatro de cada dez adolescentes e um quarto dos indivíduos na faixa dos 18 aos 24 anos acreditam que pagar por música é "coisa do passado".[8]

---

[8] "Study Links Burning and Downloading to Falling Music Sales", writenews.com, June 20, 2003.

FIGURA 3

Perfil de compradores de música nos Estados Unidos: 1993-2002

Gênero musical	1993	1994	1995	1996	1997	1998	1999	2000	2001	2002
Rock	30,2%	35,1%	33,5%	32,6%	32,5%	25,7%	25,2%	24,8%	24,4%	24,7%
Rap / Hip-Hop [1]	9,2	7,9	6,7	8,9	10,1	9,7	10,8	12,9	11,4	13,8
R&B / Urbana [2]	10,6	9,6	11,3	12,1	11,2	12,8	10,5	9,7	10,6	11,2
Country	18,7	16,3	16,7	14,7	14,4	14,1	10,8	10,7	10,5	10,7
Pop	11,9	10,3	10,1	9,3	9,4	10,0	10,3	11,0	12,1	9,0
Religiosa [3]	3,2	3,3	3,1	4,3	4,5	6,3	5,1	4,8	6,7	6,7
Jazz	3,1	3,0	3,0	3,3	2,8	1,9	3,0	2,9	3,4	3,2
Clássica	3,3	3,7	2,9	3,4	2,8	3,3	3,5	2,7	3,2	3,1
Trilhas sonoras	0,7	1,0	0,9	0,8	1,2	1,7	0,8	0,7	1,4	1,1
Antigas	1,0	0,8	1,0	0,8	0,8	0,7	0,7	0,9	0,8	0,9
Nova Era	1,0	1,0	0,7	0,7	0,8	0,6	0,5	0,5	1,0	0,5
Infantil	0,4	0,4	0,5	0,7	0,9	0,4	0,4	0,6	0,5	0,4
Outras [4]	4,6	5,3	7,0	5,2	5,7	7,9	9,1	8,3	7,9	8,1
Forma do produto										
CDs completos	51,1	58,4	65,0	68,4	70,2	74,8	83,2	89,3	89,2	90,5
Cassetes completos	38,0	32,1	25,1	19,3	18,2	14,8	8,0	4,9	3,4	2,4
Singles (todos os tipos)	9,2	7,4	7,5	9,3	9,3	6,8	5,4	2,5	2,4	1,9
Vídeos de música / DVDs [5]	1,3	0,8	0,9	1,0	0,6	1,0	0,9	0,8	1,1	0,7
DVD Áudio [6]	ND	ND	ND	ND	ND	ND	ND	ND	1,1	1,3
Download Digital [6]	ND	ND	ND	ND	ND	ND	ND	ND	0,2	0,5
LPs de vinil	0,3	0,8	0,5	0,6	0,7	0,7	0,5	0,5	0,6	0,7
Idade										
10 – 14 anos	8,6	7,9	8,0	7,9	8,9	9,1	8,5	8,9	8,5	8,9
15 – 19 anos	16,7	16,8	17,1	17,2	16,8	15,8	12,6	12,9	13,0	13,3
20 – 24 anos	15,1	15,4	15,3	15,0	13,8	12,2	12,6	12,5	12,2	11,5
25 – 29 anos	13,2	12,6	12,3	12,5	11,7	11,4	10,5	10,6	10,9	9,4
30 – 34 anos	11,9	11,8	12,1	11,4	11,0	11,4	10,1	9,8	10,3	10,8
35 – 39 anos	11,1	11,5	10,8	11,1	11,6	12,6	10,4	10,6	10,2	9,8
40 – 44 anos	8,5	7,9	7,5	9,1	8,8	8,3	9,3	9,6	10,3	9,9
Mais de 45 anos	14,1	15,4	16,1	15,1	16,5	18,1	24,7	23,8	23,7	25,5
Fonte de compra										
Loja de discos	56,2	53,3	52,0	49,9	51,8	50,8	44,5	42,4	42,5	36,8
Outra loja	26,1	26,7	28,2	31,5	31,9	34,4	38,3	40,8	42,4	50,7
Clube de fitas/discos	12,9	15,1	14,3	14,3	11,6	9,0	7,9	7,6	6,1	4,9
TV, jornal, revista, propaganda ou número 0800	3,8	3,4	4,0	2,9	2,7	2,9	2,5	2,4	3,0	2,5
Internet [7]	NA	NA	NA	NA	0,3	1,1	2,4	3,2	2,9	3,4
Sexo										
Feminino	49,3	47,3	47,0	49,1	51,4	51,3	49,7	49,4	51,2	50,6
Masculino	50,7	52,7	53,0	50,9	48,6	48,7	50,3	50,6	48,8	49,4

[1] "Rap": inclui rap (10,5%) e hip-hop (3,3%).
[2] "R&B": inclui R&B, *blues, dance, disco, funk, fusion*, Motown, *reggae, soul*.
[3] "Religiosa": inclui cristã, *gospel*, inspiracional, religiosa e espiritual.
[4] "Outras": inclui étnica, standards, Big Band, *swing*, latina, eletrônica, instrumental, comédia, humor, motivacional, exercícios, línguas, música folclórica e de datas comemorativas.
[5] 2001 foi o primeiro ano em que DVDs de vídeo e música foram gravados separadamente.
[6] 2001 foi o primeiro ano em que foram coletados dados sobre compras de *download* digital e de DVDs de áudio.
[7] "Internet": não inclui compras de clubes de discos feitas pela Internet.

Fonte: Recording Industry Association of America. Usado com permissão. As colunas podem não totalizar 100%.

Mais de 87% dos consumidores compram as músicas em lojas de varejo. As grandes redes de lojas de discos (por exemplo, Tower Records, Wherehouse Entertainment) perderam seu status como primeira fonte de compra. Em 2002, "outras" lojas (especialmente as de comércio de massa; por exemplo, Best Buy, Kmart, Target e Wal-Mart) foram responsáveis por 50,7% das compras. Essas lojas costumam tratar a música como um "líder de prejuízo", apresentando preços menores do que os sugeridos pelos fabricantes para o varejo para aumentar o tráfego nas lojas. Por exemplo, analistas do varejo estimam que os CDs sejam responsáveis por 5 a 20% das vendas da Best Buy. No entanto, os CDs atraem até 50% dos clientes da loja.[9] Uma pesquisa relacionada indica que os consumidores percebem maior valor para o dinheiro gasto em lojas de comércio de massa do que em redes de lojas de discos e que eles estão em sintonia com os diferenciais de preços entre varejistas.[10]

Concorrentes As mesmas cinco empresas de música que dominam a indústria da música gravada também comandam uma participação dominante das vendas nos Estados Unidos. Essas cinco empresas são responsáveis por um pouco mais do que 85% das vendas de música gravada nos Estados Unidos. As participações de mercado das empresas de música dos Estados Unidos em agosto de 2003 são mostradas abaixo:[11]

Empresa de música	*Participação de mercado nos Estados Unidos*
Universal Music Group	29,4%
Warner Music Group	16,6
BMG Entertainment	16,3
Sony Music Entertainment	13,0
EMI Group, PLC	9,8
Outras	14,9
	100,0%

■ EMI GROUP, PLC

O EMI Group, PLC, é a terceira maior empresa de música do mundo. É a maior empresa de música independente, não sendo uma unidade, subsidiária ou divisão de uma corporação maior. A sede da EMI está localizada em Londres, Inglaterra.

Histórico da empresa

A Electric & Musical Industries (EMI) foi estabelecida em 1931. Em 1955, a empresa comprou a Capitol Records, com sede em Los Angeles, que contava com artistas como Frank Sinatra e Nat "King" Cole. Em 1962, os Beatles assinaram seu primeiro contrato com Parlaphone, um selo de discos da EMI, e seu sucesso "Love me Do" foi lançado. Em 1979, a EMI fundiu-se com a Thorn Electrical Industries, uma grande empresa britânica de aparelhos e eletrônicos. A empresa foi chamada de Thorn EMI. A Thorn EMI adquiriu 50% da Chrysalis Records em 1989. No ano seguinte, a empresa comprou a empresa de divulgação musical Filmtrax. Em 1992, a empresa adquiriu o Virgin Music Group de Richard Branson. Essa compra incrementou a participação de mercado da empresa no mercado musical dos Estados Unidos e tornou-a uma das maiores empresas de música do mundo.

---

[9] Ethan Smith, "Universal's CD Price Will Squeeze Music Retailers", *Wall Street Journal* (September 18, 2003), pp. B1, B4.

[10] "Cracking the Value Code: An Early View", NARM Research Briefs, National Association of Recording Merchandisers, June 2002.

[11] Dados de participação de mercado são relatados em Ethan Smith, "Universal Slashes CD Prices in Bid to Revive Music Industry", *Wall Street Journal* (September 4, 2003), pp. B1, B8.

Em 1996, a Thorn EMI dividiu-se em empresas separadas, formando-se o EMI Group, PLC. Em seguida, ocorreu a compra de metade das ações nas empresas Berry Gordy's Jobete (subseqüentemente aumentada para 80%) e de seu catálogo Motown com 15.000 canções. No final da década de 1990, a EMI continuou a comprar outros selos. Em 2000, foram realizadas negociações de fusão com o Warner Music Group, da Time Warner, mas foram interrompidas com a fusão da AOL com a Time Warner. Posteriormente, a EMI envolveu-se em negociações de fusão com a Berteslmann AG e BMG Entertainement em 2001. No entanto, as negociações terminaram devido à pressão da legislação da União Européia.

Em 22 de setembro de 2003, a EMI relatou ter iniciado discussões não-exclusivas com a AOL Time Warner a respeito de uma possível transação envolvendo o mercado musical do Warner Music Group. Um *press release* da EMI indicou que as discussões eram preliminares. Qualquer transação potencial estaria sujeita à aprovação dos acionistas e dos legisladores.[12]

O mercado musical da EMI

O mercado musical da EMI compreende dois grupos principais: (1) gravadora EMI e (2) EMI Editora Musical. A gravadora EMI respondeu por 81,6% das vendas do EMI Group PLC e 59,3% do lucro operacional da empresa no ano fiscal de 2004 (ano encerrado em 31 de março de 2003).

Gravadora EMI A EMI possui mais de 100 selos de gravação, apresentando alguns dos maiores artistas de *rock* e *pop* da história da música. Seus principais selos de gravação são: Capitol Records e Capitol Records Nashville, Chrysalis, EMI Classics, Java Records, Mosaic Records, Mute, Parlaphone e Virgin Records America, Nashville e Reino Unido. Seus artistas, com os principais álbuns de 2002 e 2003, incluem: David Bowie, The Beatles, Blue, Coldplay, Utada Hikaru, Norah Jones, Atomic Kitten, Paul McCartney, Kylie Minogue, Massive Attack, Queen, Rolling Stones, Snoop Dog e Robbin Williams. Outros artistas de sua lista são: Garth Brooks, Ice Cube, Janet Jackson, Pink Floyd, Radiohead e Smashing Pumpkins. Norah Jones e seu álbum de estréia *Come Away with Me* receberam oito prêmios Grammy em fevereiro de 2003. Mais de 13 milhões de cópias desse álbum foram vendidas no mundo inteiro.

Esperando pelo ano fiscal de 2004 (com início em 1 de abril de 2003), Alain Levy, presidente e CEO da EMI, disse:

> Olhando além do ano fiscal atual, é provável que os mercados permaneçam desafiadores. No entanto, estamos confiantes de que conseguiremos enfrentar as situações, tanto em termos de fornecimento de música de alta qualidade, para a qual há uma crescente demanda, quanto no que se refere à maximização da receita que a EMI gera com essa música. Nessa base, esperamos melhorar a participação de mercado.[13]

Editora musical EMI A editora musical EMI detém os direitos de mais de um milhão de composições musicais, as quais ela comercializa, licencia e vende. Por exemplo, a empresa licencia canções para a Philips Electronics (para um comercial de televisão que apresenta "Getting Better", dos Beatles) e Sony (para um jogo do PlayStation que toca "The James Bond Theme"). *Royalties* derivados de composições de propriedade da EMI para a venda de música no formato de CD abrangiam 53% da receita da editora EMI no ano fiscal de 2003. A renda de apresentações, originada da apresentação pública de canções do catálogo da EMI, representou 25% da receita da Editora musical EMI. Canções dos catálogos da EMI também estão incluídas em uma série de musicais. Espetáculos atuais incluem: *We Will Rock You*, com base no catálogo do Queen; *Mamma Mia*, usando canções do ABBA; e *Our House*, apresentando canções de Madness. Artistas e compositores representativos

---

[12] "EMI Group PLC Entering Into Non-exclusive Discussions with AOL Time Warner, Inc.", EMI Group PLC Press Release, September 2, 2003.

[13] EMI Group, PLV, *2003 Annual Report*, p.14.

nos catálogos da EMI incluem: Nirvana, Pink, Cliff Magness, Sean Paul, Queen, Sting, Norah Jones, Alan Jackson e White Stripes.

Desempenho operacional da EMI

Desempenho no mercado   O EMI Group PLC comercializa sua música no mundo todo, em aproximadamente 50 países. A América do Norte foi responsável por 32,4% das vendas da empresa e 26,9% do lucro operacional da empresa no ano fiscal de 2003. A Europa Continental produziu 30,4% das vendas da empresa e 34,9% de seu lucro operacional. O Reino Unido e a Irlanda representaram 15,2% das vendas da empresa e 27,2% do lucro operacional. Aproximadamente 22% das vendas da EMI e 11% de seu lucro operacional vieram de outras regiões.

A maior participação de mercado da EMI estava no Reino Unido e na Irlanda, onde a empresa detinha 20,5%, seguida pela participação na Australásia (17%) e pela participação da Europa Continental (15,2%). Exceto pelo Japão e pela Ásia, a participação de mercado da EMI declinou em cada um dos seus mercados regionais durante o ano fiscal de 2003. A participação mundial de mercado da empresa passou de 13,4% no ano fiscal de 2002 para 12,6% no ano fiscal de 2003. A Figura 4 mostra as participações de mercado da EMI por região para 2002 e 2003.

Desempenho financeiro   O EMI Group PLC registrou vendas mundiais de 2.175,4 milhões de libras no ano fiscal de 2003 (uma libra britânica = aproximadamente US $1,50, dados de 2004). As vendas do ano fiscal de 2003 ficaram 11,1% abaixo das do ano fiscal de 2002, devido, em grande parte, a uma queda nas vendas. O lucro operacional para a empresa aumentou 33,1% entre 2002 e 2003 (ver a Figura 5).

O declínio nas vendas refletiu o colapso mundial no volume de vendas de CDs em unidades. A melhora no lucro operacional deveu-se a uma reorganização abrangente da divisão da gravadora EMI, incluindo uma redução de 1.900 funcionários e esforços contínuos para reduzir custos de despesas gerais e melhorar a eficiência de operação. Esse esforço produziu resultados positivos, especialmente no mercado musical norte-americano. Embora as vendas norte-americanas da EMI tivessem diminuído 1,5% no ano fiscal de 2003, a renda operacional saltou de uma perda de 2,1 milhões de libras no ano fiscal de 2002 para um lucro de 68,3 milhões de libras no ano fiscal de 2003. Os negócios lucrativos na América Norte no ano fiscal de 2003 seguiram cinco anos consecutivos de perdas para a EMI nesse mercado.

Durante o primeiro semestre do ano operacional de 2004 (de 1 de abril a 30 de setembro de 2003), a EMI relatou vendas de 960,3 milhões de libras e um lucro operacional de 79,7 milhões de libras. As vendas ficaram inalteradas em relação ao mesmo período do ano anterior. O lucro operacional aumentou 0,9%.

■ INICIATIVA DE ESTABELECIMENTO DE PREÇOS DO UNIVERSAL MUSIC GROUP

Em 3 de setembro de 2003, o Universal Music Group (UMG) anunciou uma iniciativa de estabelecimento de preços destinada a "revigorar o mercado musical na América do Norte". O anúncio foi acompanhado de um documento de 29 páginas detalhando para seus varejistas como a iniciativa seria implementada. Os concorrentes do UMG não tiveram acesso a esse documento. Entretanto, entrevistas publicadas com varejistas, autoridades do UMG e analistas do setor de música proporcionaram uma descrição geral de seu conteúdo.[14]

---

[14] Essa discussão baseia-se em informações das seguintes fontes: Ethan Smith, "Universal Slashes CD Prices in Bid to Review Music Industry", *Wall Street Journal* (September 4, 2003), pp. B1, B8; Jon Fine, "Universal Move Upends Music Biz", *Advertising Age* (September 8, 2003), pp. 3, 91; Ed Christman, "Retail Pays for UMG's Price Cut", *Billboard Magazine* (September 13, 2003), pp. 1, 68; "Selling CDs for a Song", *Newsweek* (September 15, 2003), p. 58; Ethan Smith, "Universal's CD Price Cuts Will Squeeze Music Retailers", *Wall Street Journal* (September 18, 2003), pp. B1, B4; e "Sticker Price Scrapped for Universal CDs", BizReport.com, September 24, 2003.

FIGURA 4

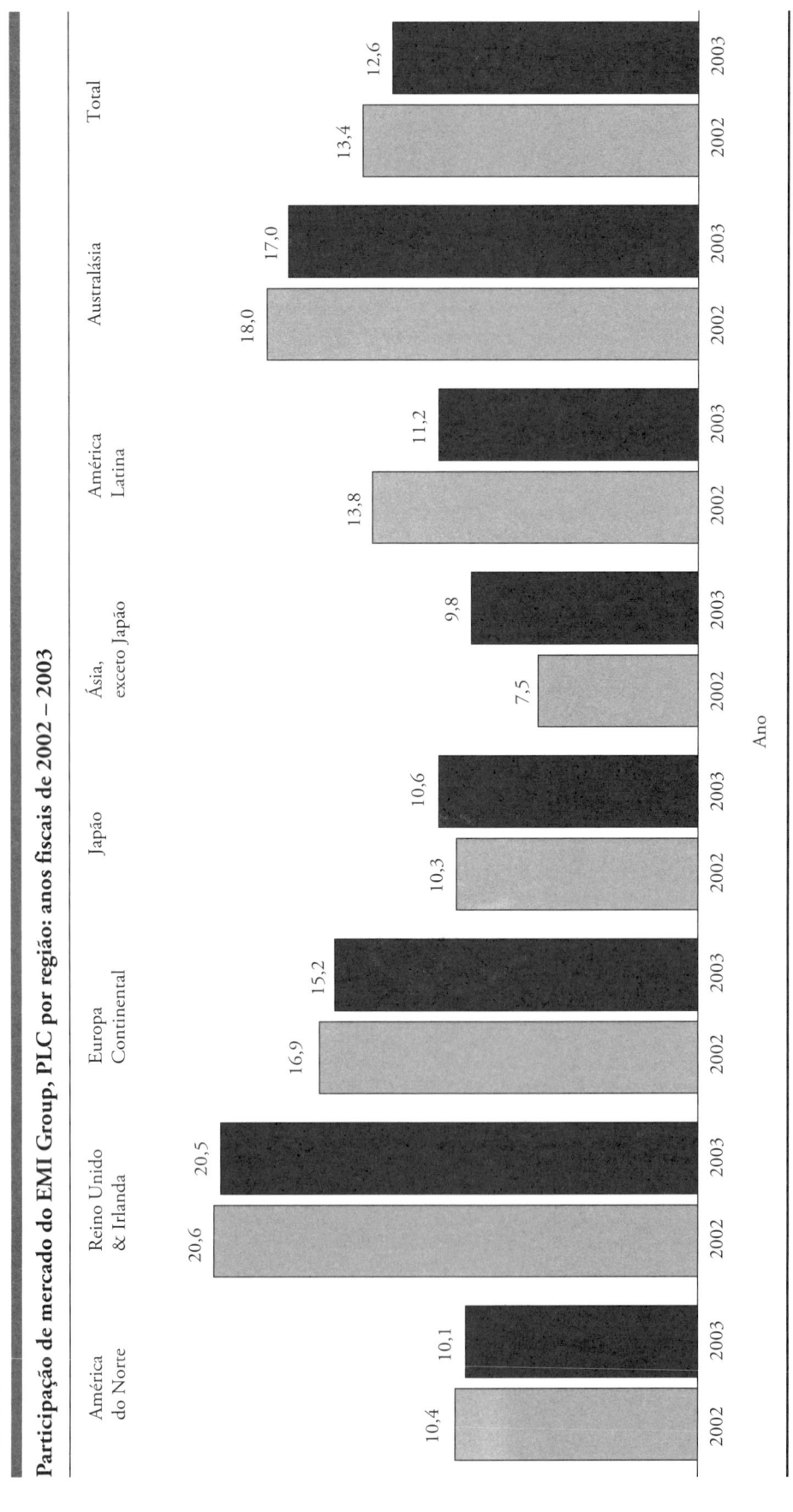

Participação de mercado do EMI Group, PLC por região: anos fiscais de 2002 – 2003

Região	2002	2003
América do Norte	10,4	10,1
Reino Unido & Irlanda	20,6	20,5
Europa Continental	16,9	15,2
Japão	10,3	10,6
Ásia, exceto Japão	7,5	9,8
América Latina	13,8	11,2
Australásia	18,0	17,0
Total	13,4	12,6

Fonte: EMI Group, PLC, *2003 Annual Report*, p. 12

FIGURA 5

Vendas e lucro operacional do EMI Group, PLC:
anos fiscais de 2002 e 2003 (término em 31 de março)

	Rotatividade (vendas) em milhões			Lucro operacional em milhões*		
	2003 £m	2002 £m	% de mudança	2003 £m	2002 £m	% de mudança
Música	1.774,2	2.029,4	(12,6)	150,5	83,1	81,1
Divulgação de músicas	401,2	416,4	(3,7)	103,5	107,8	(4,0)
Total do grupo	2.175,4	2.445,8	(11,1)	254,0	190,9	33,1

*Antes de itens excepcionais e amortização de bens intangíveis e direitos autorais das músicas.
Fonte: EMI Group, PLC, *2003 Annual Report*, p. 27.

Esboço da iniciativa de estabelecimento de preços do UMG

A iniciativa de estabelecimento de preços do UMG incluía uma redução do preço sugerido ao varejo, exigências de espaço nos *displays* nas lojas e abolição de bonificações e descontos cooperativos para o varejo. Cada um dos principais elementos da iniciativa do UMG é descrito abaixo.

Redução de preço O elemento mais divulgado da iniciativa de estabelecimento de preços do UMG foi o anúncio de que quase todos os álbuns de CD da empresa vendidos na América do Norte teriam o preço de varejo sugerido pelo fabricante de $12,98. Doug Morris, presidente e CEO do UMG, disse: "estamos dando um passo estratégico contundente para levar as pessoas de volta às lojas de música". Os CDs afetados pelo corte de preços sugerido apresentavam preços sugeridos de varejo entre $16,98 e $18,98. Somente títulos clássicos e de música latina e caixas com vários CDs, que representavam uma pequena porcentagem do volume em unidades, foram excluídos do corte de preços. De acordo com autoridades do UMG, o novo preço sugerido para o varejo baseava-se em extensa pesquisa da empresa, que indicava que um preço sugerido de varejo de $12,98 era o "ideal" para os consumidores.

O UMG também reduziria os preços dos CDs para os varejistas. Exceto para títulos de grandes artistas, o UMG baixaria o preço do CD por atacado que cobrava dos varejistas $9,09, de acordo com a *Billboard Magazine*. A redução de preços do UMG permitiria que os varejistas colocassem os preços desses CDs em $9,99 para os consumidores, obtendo um lucro bruto de $0,99 em cada CD vendido. Títulos de grandes artistas teriam o preço de $10,10 para os varejistas, mas ainda seriam vendidos pelo preço sugerido de $12,98. Com a nova política de preço aplicando-se somente à América do Norte, o UMG tencionava limitar as exportações de CDs pelos varejistas para outros países, impondo penalidades sobre as contas que se envolvessem nessa prática.

Plano de vendas "Jump Start" Os preços de $9,09 e $10,10 do UMG estariam acessíveis apenas para os varejistas que adotassem políticas de espaço de exposição delineadas no plano de vendas "Jump Start" da empresa. De acordo com fontes do setor, esse plano exigia que os varejistas garantissem que os títulos do UMG receberiam aproximadamente 27% do espaço de exibição nas lojas, ou 33% do espaço de exposição que os varejistas usavam para promover os principais lançamentos da empresa. O UMG também manteria o direito de determinar quais dos seus CDs seriam promovidos. Se alguns varejistas optassem por não garantir o espaço de exibição sob as condições do UMG, eles não teriam que participar do programa "Jump Start". Para esses varejistas, os preços de álbuns de CD ficariam entre $0,50 e $0,55 mais baratos do que os preços do UMG para varejistas. Esperava-se que os varejistas notificassem o UMG quanto à sua intenção de participar do programa de vendas "Jump Start" até 19 de setembro de 2003.

Logo depois do anúncio do plano "Jump Start", o UMG reconheceu as preocupações dos varejistas quanto à colocação do adesivo com o preço de varejo sugerido pelo fabricante de $12,98 nas embalagens dos álbuns de CD. O plano original apresentado aos varejistas estabelecia que o preço $12,98 seria colocado nas embalagens dos CDs pelo UMG. Os varejistas opuseram-se a essa prática por três motivos. Primeiro, por princípio, os varejistas opunham-se a receber os CDs com etiquetas de preço. Segundo, se os varejistas colocassem um adesivo com preço mais alto em um CD que tinha o preço sugerido de $12,98, poderiam ser hostilizados pelos consumidores. Terceiro, os maiores varejistas queriam ter flexibilidade para colocar preços nos CDs abaixo do preço sugerido de $12,98. Em uma carta aos varejistas datada de 17 de setembro, o UMG mudou seu posicionamento em relação aos adesivos de preços, afirmando: "Embora o oferecimento de grande valor para o consumidor seja a principal meta por trás do plano 'Jump Start', acreditamos que, neste momento, a meta pode ser atingida sem o preço sugerido ao varejo".[15] Em vez disso, o UMG consideraria um rótulo alternativo para as embalagens de CDs, tais como "Ótima Música, Ótimo Preço" ou "Novo Preço Revolucionário". Após essa mudança, o UMG anunciou que quase todos os 30 principais varejistas da empresa nos Estados Unidos haviam concordado com as condições do plano "Jump Start" até 19 de setembro de 2003. Esses varejistas incluíam diversas das maiores redes de lojas de discos e a maioria dos comerciantes de massa.

Bonificações e descontos na propaganda   Com os varejistas participando ou não do programa "Jump Start" do UMG, a empresa afirmou que eliminaria todas as bonificações e os descontos de propaganda cooperativa. As bonificações e os descontos de propaganda cooperativa, como item de custos, ficavam na média de $0,85 por CD. De acordo com Jim Urie, presidente da Universal Music & Video Distribution, "a propaganda cooperativa era uma denominação equivocada. Era dinheiro que ia para os varejistas, e eles não cooperavam de forma alguma". Autoridades do UMG disseram que pretendiam triplicar o gasto da empresa com propaganda na mídia, dando ênfase à propaganda "com foco no artista". O UMG gastou $4,7 milhões para propaganda na mídia nos Estados Unidos em 2002; a Sony Music Entertainment despendeu $8,3 milhões; o Warner Music Group gastou $242.000; a BMG Entertainment, $8,8 milhões; e a EMI, $734.000.[16]

Reação inicial à iniciativa de estabelecimento de preços do UMG

No final de setembro de 2003, nenhuma das maiores empresas de música havia respondido publicamente à iniciativa de estabelecimento de preços do UMG com uma iniciativa própria.[17] Contudo, executivos em algumas dessas empresas faziam comentários, desde que não fossem identificados nas reportagens da imprensa. Alguns executivos caracterizaram a medida da UMG como "muito radical". Eles previram que tal medida exigiria um aumento impossivelmente grande no volume de vendas para compensar a redução nas margens de lucro das empresas de música, que já estavam diminuindo. O diretor executivo de operações do UMG, Zach Horowitz, respondeu dizendo: "precisamos de um aumento nas vendas para torná-la [a redução de preços] permanente". Outros executivos de empresas de música acreditavam que a estratégia de preços do UMG era menos agressiva do que havia parecido inicialmente. Um alto executivo financeiro de uma grande empresa de música concorrente disse: "Como os planos do UMG são manter um nível de preço de $10,10 para cerca de uma dúzia de títulos de grandes artistas por ano, e esses álbuns são responsáveis por 50% das vendas do UMG, a empresa não está dando um passo tão grande quanto sugere a redução de preço. Estamos avaliando seriamente a iniciativa". Alguns executivos de empresas de música expressaram a preocupação de que os preços mais baixos também viessem a baixar os *royalties* dos artistas. No entanto, um executivo de uma agência de talentos observou: "diminuirá o dinheiro que vai para os artistas e para os bolsos da empresa de produção. Mas valerá a pena se pudermos vender muitos discos".

---

[15] "Sticker Price Scrapped for Universal CDs", BizReport.com, September 24, 2003.
[16] "AD $ Summary: Multi-Media Service, January-December 2002", CMR/Taylor Nelson Sofres U.S.
[17] O texto a seguir baseia-se em material contido em: Steve Knopper, "Artists Question Cheaper CDs". Rolling-Stone.com, September 29, 2003; Ethan Smith, "Universal Slashes CD Prices in Bid to Review Music Industry", *Wall Street Journal* (September 4, 2003), pp. B1, B8.

Os varejistas do comércio de massa, de modo geral, deram boas-vindas à iniciativa de estabelecimento de preços do UMG. Muitos já estavam precificando em $9,99 CDs de grandes artistas para os consumidores. Lojas especializadas em música foram mais reservadas em sua reação. Foi observado que o preço sugerido para varejo reduziria seu lucro bruto com CDs e a margem de lucro líquido das lojas. Essas lojas também expressaram preocupação com a eliminação de bonificações e descontos na propaganda cooperativa. Muitas lojas especializadas haviam confiado nas bonificações da propaganda cooperativa para permanecerem lucrativas em vez de comprar propaganda. Além disso, os descontos da empresa de música nem sempre eram repassados para os consumidores na forma de menores preços de varejo pela mesma razão. De acordo com um analista da indústria, "a eliminação [das bonificações e descontos], se ela se tornar uma tendência em toda a indústria, transformará as lojas [especializadas em música] que já não estão muito lucrativas em perdedoras de dinheiro e poderá afundar aquelas que já estão em dificuldades". De fato, algumas das grandes redes de lojas de música, tais como Musicland, Tower Records e Wherehouse Entertainment, já estavam passando por sérias dificuldades financeiras.

Alguns analistas da indústria especularam que as medidas do UMG poderiam ser consideradas como "uma tentativa de agarrar participação em um mercado em declínio" tanto quanto um esforço "para revigorar o negócio de discos na América do Norte". Os analistas também consideraram quais poderiam ser as implicações para outras regiões do mundo se a iniciativa de redução de preços do UMG nos Estados Unidos tivesse sucesso. As reduções de preço na Europa Continental e no Reino Unido poderiam ser as próximas, dada a proeminência da participação do UMG nesses mercados. O UMG tinha a posição de líder de participação no mercado europeu, com 27,3% em 2002, de acordo com o *Annual Report* de 2002 da Vivendi Universal.

■ FORMULAÇÃO DA RESPOSTA DA EMI ÀS INICIATIVAS DO UMG

As autoridades da EMI precisavam avaliar o provável impacto das medidas do UMG sobre a indústria musical em geral e como a resposta da EMI influenciaria sua própria posição competitiva nos Estados Unidos.[18] Inúmeras questões tinham que ser consideradas. Doug Morris, presidente e CEO do UMG, disse ter esperança de que outras grandes empresas de música também diminuíssem seu preço sugerido para varejo. Analistas da indústria acreditavam que todas as grandes empresas de música estavam considerando seriamente essa opção. Em jogo estava a questão do que a EMI e outras empresas de música ganhariam ou perderiam baixando ou não seus preços sugeridos de varejo para CDs e o preço cobrado dos varejistas. As exigências de exposição no varejo feitas pelo UMG e a decisão de eliminar as bonificações da propaganda cooperativa e os descontos aos varejistas necessitavam ser consideradas. O UMG também havia anunciado que triplicaria sua propaganda na mídia nos Estados Unidos. O que a EMI e outras empresas de música teriam a ganhar ou a perder acompanhando também essas iniciativas do UMG, além da redução de preços? Essencialmente, os altos executivos da EMI precisavam determinar o impacto sobre as vendas e o lucro, bem como as conseqüências competitivas, independentemente de sua decisão de resposta.

---

[18] Essa discussão baseia-se em "Universal Slashing CD Prices", Hoover's.com, September 4, 2003; Annie Lawson, "EMI Feels Squeeze Over CD Price Cuts", media.guardian.co.uk (September 5, 2003).

CASO

Southwest Airlines

No final de janeiro de 1995, Dave Ridley, vice-presidente de *marketing* e vendas da Southwest Airlines, estava se preparando para juntar-se a Joyce Rogge, vice-presidente de propaganda e promoção, Keith Taylor, vice-presidente de gerenciamento de receita e Pete McGlade, vice-presidente de planejamento de horários, para a "reunião de terça", realizada semanalmente. O propósito dessa reunião regular era trocar idéias, manter-se informado sobre desenvolvimentos internos e externos referentes às suas respectivas áreas de responsabilidade e coordenar atividades de preço e *marketing*. Essa reunião informal promovia a comunicação entre áreas funcionais e incentivava o espírito de equipe que é parte da cultura corporativa da Southwest.

Um tópico recorrente na "reunião de terça" durante os seis meses anteriores havia sido a mudança do panorama competitivo para a Southwest, evidente nas iniciativas "Continental Lite" e "Voe pela United", empreendidas pela Continental Airlines e United Airlines, respectivamente. Ambas as iniciativas representavam esforços direcionados pelas grandes companhias para equipararem seu preço *e* serviço aos oferecidos pela Southwest – uma estratégia que nenhuma das grandes companhias aéreas havia conseguido implementar com sucesso no passado. No início de janeiro de 1995, o trabalho da Continental estava sendo reduzido devido a dificuldades operacionais e resultantes perdas financeiras.[1] No entanto, a iniciativa da United permanecia em vigor. Lançado em 1º de outubro de 1994, o programa "Voe pela United" estava atendendo 14 rotas na Califórnia e estados adjacentes em meados de janeiro de 1995, nove das quais estavam em direta competição com as da Southwest. Quando o "Voe pela United" foi anunciado, o CEO da United previu: "Vamos nos equiparar a eles (Southwest) em preço e superá-los em atendimento".[2] Em resposta à iniciativa da United, o presidente da Southwest, Herb Kelleher, disse: "O programa 'Voe pela United' é como um míssil balístico intercontinental apontado diretamente para a Southwest".

Assim que a reunião começou, um membro da equipe apressou-se em dizer ao grupo que a United recém havia feito duas mudanças no serviço e preço do "Voe pela United". Primeiro, o atendimento ao mercado Oakland–Ontário, Califórnia, seria interrompido em 2 de abril de 1995. Esse mercado tinha estado entre as mais contestadas das nove rotas em que a United e a Southwest competiam de perto, sendo que a Southwest havia perdido participação de mercado nessa rota desde outubro de 1994. Segundo, a passagem só de ida na primeira classe e na classe econômica tinha acabado de aumentar 10 dólares em todas as 14 rotas "Voe pela United". O "Voe pela United" anteriormente havia igualado os preços de suas passagens aos da Southwest em nove rotas concorrentes e, em meados de janeiro de 1995, aumentou o número de vôos nessas rotas e nas outras cinco em que não havia concorrência.

As mudanças nos preços e serviços da United em sua operação de vôo pegaram os executivos da Southwest de surpresa. A pauta original da "reunião de terça" foi imediatamente deixada de lado. A atenção concentrou-se em (1) o que fazer quanto a esses desenvolvimentos inesperados e (2) como a Southwest poderia reagir, se o fizesse, às novas iniciativas "Voe pela United".

---

[1] Bridget O'Brian, "Continental's CALite Hits Some Turbulence in Battling Southwest", *Wall Street Journal* (January 10, 1995): A1, A5.

[2] Citado em Jon Proctor, "Everyone Versus Southwest", *AIRWAYS Magazine* (November/December 1994): 6-13.

Agradecemos pela cooperação da Southwest Airlines na preparação deste caso. O caso foi elaborado pelo professor Roger A. Kerin, da Edwin L. Cox School of Business, Southern Methodist University, como base para discussão em aula e não se destina a ilustrar o manejo eficaz ou ineficaz de uma situação administrativa. Certas informações foram alteradas e não se prestam para fins de pesquisa. Copyright © 1996, Roger A. Kerin. Nenhum excerto deste caso pode ser reproduzido sem autorização por escrito do detentor dos direitos autorais.

O SETOR DE TRANSPORTE AÉREO DE PASSAGEIROS NOS ESTADOS UNIDOS

O Ministério dos Transportes dos Estados Unidos classificou as linhas aéreas de passageiros em três categorias, com base na receita anual.[3] Uma "grande companhia" era uma empresa com uma receita anual de mais de um bilhão de dólares. Uma "companhia nacional" tinha receitas anuais entre 100 milhões e um bilhão de dólares, e uma "companhia regional e de ponte aérea" tinha receitas menores do que 100 milhões de dólares. As grandes companhias foram responsáveis por mais de 95% dos passageiros domésticos transportados em 1994. Cinco empresas – American Airlines, Continental Airlines, Delta Airlines, Northwest Airlines e United Airlines – respondiam por mais de 80% de todo o tráfego doméstico de passageiros das grandes companhias aéreas. A Figura 1 mostra as participações de mercado estimadas das grandes companhias de aviação para 1994 nos Estados Unidos.

Histórico da empresa

A situação do setor de linhas aéreas dos Estados Unidos no início de 1995 podia remontar a 1978. Antes de 1978, e durante 40 anos, o setor de linhas aéreas dos Estados Unidos foi regulado pelo governo federal por meio do Civil Aeronautics Board (CAB). O CAB regulava as passagens aéreas, as rotas e as fusões de empresas, e sua aprovação era necessária antes que quaisquer mudanças nas passagens ou nos sistemas de rotas pudessem ser feitas. Com essa atribuição, o CAB garantia que linhas aéreas individuais recebessem rotas altamente lucrativas e semi-exclusivas necessárias para subsidiar rotas menos rentáveis, as quais também eram designadas em favor do interesse público. A competição de preços era suprimida, os aumentos de custos das empresas aéreas eram rotineiramente repassados para os passageiros, e o CAB possibilitava que as companhias obtivessem uma razoável taxa de retorno sobre seus investimentos. Em 1978, a Lei de Desregulamentação de Linhas Aéreas foi aprovada. Essa lei permitiu que as companhias aéreas estabelecessem os preços de suas passagens e iniciassem ou interrompessem o atendimento de rotas, sem necessidade de aprovação do CAB. A jurisdição para fusões foi primeiramente transferida para o Ministério dos Transportes dos Estados Unidos e subseqüentemente destinada ao Ministério da Justiça dos Estados Unidos em 1988. O CAB foi dissolvido em 1985.

FIGURA 1

Estimativas das participações de mercado das grandes companhias aéreas dos Estados Unidos em 1994 com base na receita das milhas voadas por passageiro

Companhia aérea	Participação de mercado (%)	Companhia aérea	Participação de mercado (%)
1. United Airlines	22,1	6. USAir	7,8
2. American Airlines	20,2	7. Trans World Airlines	5,1
3. Delta Airlines	17,6	8. Southwest Airlines	4,4
4. Northwest Airlines	11,8	9. America West Airlines	2,5
5. Continental Airlines	8,5		

Fonte: Registros da Southwest Airlines. Números arredondados.

---

[3] Esta seção baseia-se em informações fornecidas em *FAA Aviation Forecast* (Washington, D.D.: U.S. Department of Transportation, March 1995); *Standard & Poor's Industry Surveys* (New York: Standard & Poor's, January 1995); *U.S. Industrial Outlook* 1995 (Washington, D.C.: U.S. Department of Commerce, January 1995); Timothy K. Smith, "Why Air Travel Doesn't Work", *Fortune* (April 3, 1995), pp. 42-56; e Jon Proctor, "Everyone Versus Southwest", *AIRWAYS Magazine* (November/December 1994), pp. 6-13.

Desregulamentação e uma década de transição   Os legisladores e analistas do setor esperavam que a desregulamentação prosseguisse de forma ordenada, com as várias grandes companhias servindo rotas anteriormente semi-exclusivas, dando origem a uma saudável competição de preços. No entanto, as companhias responderam à desregulamentação com mudanças inesperadas em suas operações que teriam efeitos de longo prazo no setor.

Duas mudanças, em especial, foram dignas de nota. Primeiro, as grandes companhias voltaram sua atenção para o atendimento de rotas de "longa distância" sem escalas, ancoradas em áreas metropolitanas densamente povoadas ou em pares de cidades, que tinham sido altamente lucrativas no ambiente regulamentado. Isso significou que rotas mais longas, tais como Nova York – Los Angeles e Chicago – Dallas, eram favorecidas em detrimento de rotas de "curta distância" entre cidades menores, como Baltimore – Newark, New Jersey. À medida que as grandes companhias eliminavam ou reduziam o atendimento das rotas de curta distância, as empresas aéreas regionais existentes e novas companhias de aviação preenchiam as lacunas. Em 1978, os Estados Unidos tinham 36 companhias aéreas domésticas; em 1985, o número havia aumentado para 100. Em segundo lugar, as grandes companhias abandonaram quase uniformemente os sistemas de rota ponto a ponto e adotaram o sistema de "eixo". Os sistemas ponto a ponto envolviam vôos sem escala entre pares de cidades e freqüentemente vôos curtos de ida e volta entre pares de cidades. O sistema de "eixo" tinha "vôos de carga" de cidades periféricas para uma cidade central, onde os passageiros ou continuavam sua viagem no mesmo avião, ou tomavam outro avião operado pela mesma empresa para prosseguir até seu destino final. A chave para esse sistema de rotas era programar diversos vôos de carga para o aeroporto central de forma a coincidirem com os vôos de longa distância mais lucrativos, com cada ponto periférico adicionando passageiros à aeronave maior que percorria distâncias mais longas. O potencial de aumento de receitas e algumas economias de custos nos vôos de distâncias maiores com mais passageiros, porém, eram contrabalançados por aumento dos custos resultantes da utilização reduzida das aeronaves enquanto esperavam para coletar passageiros, do investimento de capital nas instalações centrais e da necessidade de uma equipe maior em terra.

A competição pela sobrevivência e pelo sucesso intensificou-se no setor de companhias aéreas imediatamente depois da desregulamentação. Empresas aéreas recém formadas e companhias regionais, que antes só podiam atender a mercados regionais no ambiente regulamentado, expandiram tanto o número quanto a extensão de suas rotas. Essas empresas em geral mantiveram o sistema de rota ponto a ponto, cuja operação era mais econômica do que a do sistema de eixos. Sem os custos mais altos associados com o sistema de eixo e menos dívidas do que as contraídas pelas grandes companhias durante a época da regulamentação, essas empresas aéreas tiveram uma vantagem de custo imediata. Tal vantagem resultou em passagens mais baratas em rotas de curta e longa distância. A competição de preços rapidamente emergiu à medida que todas as companhias aéreas lutavam para preencher os vôos. A competição de preços baixou a média das passagens pagas nas rotas de longa distância antes lucrativas atendidas pelas grandes companhias enquanto seus custos operacionais permaneciam altos. A redução do lucro fez com que as grandes companhias aéreas diminuíssem seus horários e posteriormente reduzissem o número de rotas de curta distância.

Cinco anos depois da desregulamentação, as grandes companhias viram-se em uma situação embaraçosa de preço – custo, mais bem descrita por uma alto executivo de empresa de aviação: "Ou não nos equiparamos (nas passagens) e perdemos clientes, ou nos equiparamos e, então, por causa de nossos custos muito altos, perdemos baldes de dinheiro". [4] Tal situação continuou ao longo do restante da década de 1980, quando uma desgastante guerra de preços foi travada, finalmente resultando em um fluxo de aquisições pelas grandes companhias. Entre as aquisições mais notáveis estavam a da Ozark Airlines pela Trans World Airlines (TWA), da Western Airlines pela Delta e da Republic Airlines pela Northwest em 1986. Em 1987, a AMR (empresa-mãe da American Airlines) adquiriu a Air California, e a USAir adquiriu a Pacific Southwest Airlines.

---

[4] William M. Carley, "Rough Flying: Some Major Airlines Are Being Threatened by Low-Cost Carriers", *Wall Street Journal* (October 12, 1983), p. 23.

Calamidade financeira no início dos anos 1990 A atividade de aquisição em meados da década de 1990 levou analistas do setor a acreditarem que o setor aéreo dos Estados Unidos em breve evoluiria para um oligopólio, com algumas companhias capturando uma porção desproporcional do tráfego doméstico. No final dos anos 80, oito empresas aéreas controlavam 91% do tráfego nos Estados Unidos, mas sua situação financeira era frágil devido a uma década de lucratividade marginal.

A falência e o colapso de companhias marcaram o início da década de 1990 devido a uma recessão, à duplicação dos preços de combustíveis durante a Guerra do Golfo em 1991 e ao excesso de capacidade no setor. O setor de companhias aéreas dos Estados Unidos registrou um déficit acumulado de 12 bilhões de dólares de 1990 a 1993. (Ver a Figura 2, que apresenta um gráfico das receitas e despesas de operação de companhias aéreas para os anos fiscais de 1979 a 1994.) Entre 1989 e 1992, a Pan American Airlines (Pan Am), a Continental Airlines, a America West Airlines, a Midway Airlines (companhia regional), a Eastern Airlines e a TWA entraram com pedido de falência, amparadas pelo Capítulo 11 do U.S. Bankruptcy Code. A Eastern, a Pan Am e a Midway cessaram suas operações em 1991. A Continental e a TWA emergiram da falência em 1993, assim como a America West no final de 1994, e o setor como um todo registrou um modesto lucro operacional no ano fiscal de 1994. A Figura 3 mostra as estatísticas financeiras e operacionais para as grandes companhias nos Estados Unidos em 1994.

Enquanto as companhias aéreas existentes faliam, novas empresas eram formadas. A maiorias das novas companhias aéreas, como a ValuJet, a Reno Air e a Kiwi International Airlines, posicionou-se como empresas de "passagem barata, poucos serviços extras". Beneficiando-se de um suprimento barato de aeronaves das grandes companhias de 1989 a 1993, da disponibilidade de funcionários licenciados e das economias de custos dos sistemas de rotas ponto a ponto, as novas participantes tinham estruturas de custos que novamente estavam significativamente abaixo das estruturas da maioria das grandes companhias. Por exemplo, a Kiwi foi formada por ex-componentes da Eastern e da Pan Am e, em grande parte,

FIGURA 2

Receitas e despesas de operação de companhias aéreas dos Estados Unidos, 1979-1994

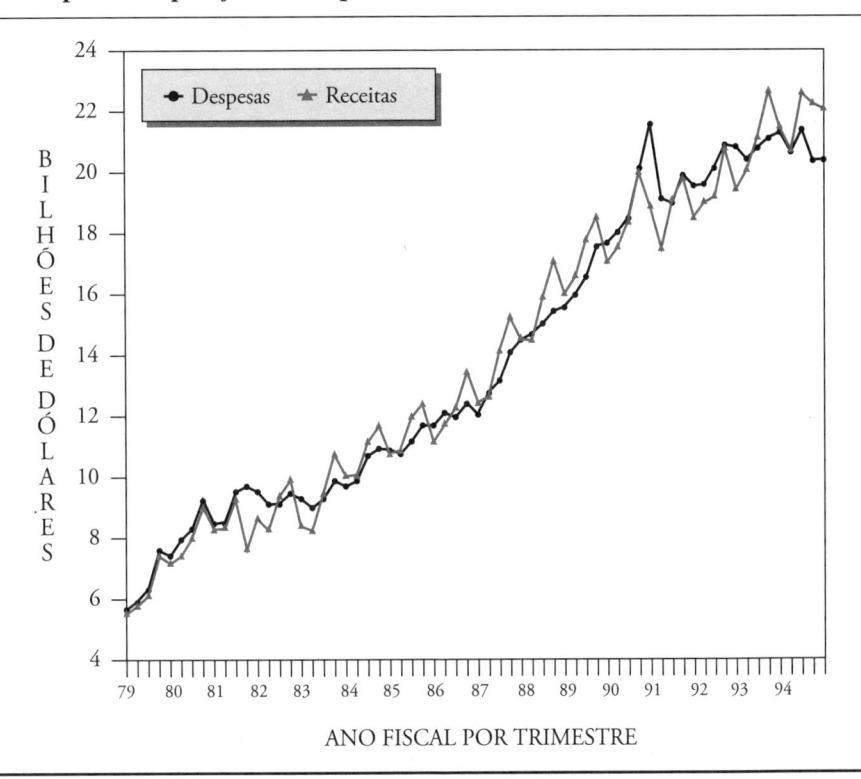

Fonte: Ministério dos Transportes dos Estados Unidos.

FIGURA 3

Estatísticas financeiras e operacionais para grandes companhias aéreas dos Estados Unidos em 1994

	American Airlines (AMR)	America West Airlines	Continental Airlines	Delta Airlines	Northwest Airlines	Southwest Airlines	Trans World Airlines	United Airlines (UAL)	USAir
Dados financeiros (milhões de dólares)									
Receita operacional	$14.895	$1.409	$5.670	$12.062	$8.343	$2.592	$3.408	$13.950	$6.997
Passageiros	13.616	1.320	5.036	11.197	7.028	2.498	2.876	12.295	6.358
Fretes/outros	1.279	89	634	865	1.315	94	532	1.655	639
Despesas operacionais [a]	$14.309	$1.319	$5.921	$12.151	$7.879	$2.275	$3.883	$13.801	$7.773
Ganho operacional	$586	$90	$(251)	$(89)	$464	$317	$(475)	$149	$(776)
Outros ganhos (despesas)	$(593)	$2	$(399)	$(325)	$52	$(17)	$39	$22	$91
Renda líquida antes de impostos	$(7)	$92	$(650)	$(414)	$516	$300	$(436)	$171	$(685)
Estatísticas operacionais									
Assentos disponíveis por milha (milhões)	157.047[e]	18.060	65.861[f]	130.198	85.016	32.124	39.191	152.193	61.540
Receita por passageiro por milha (milhões)	101.382	12.233	31.588	86.296	57.872	21.611	24.906	108.299	37.941
Taxa de ocupação (%)	64,6	67,7	63,1	66,3	68,1	67,3	63,5	71,2	61,3
Rentabilidade (¢) [b]	13,40	10,79	11,44	12,97	12,14	11,56	11,31	11,35	16,76
Custo por assento disponível por milha (¢) [c]	9,11	7,30	7,86	9,33	9,26	7,08	9,91	9,06	12,63
Produtividade da mão-de-obra [d]	1.739	1.695	1.668	1.915	1.968	2.019	1.502	2.125	1.451

[a] As despesas operacionais incluem despesas de juros.
[b] Receita de passagens por receita por passageiro por milha.
[c] Despesas operacionais incluindo despesas de juros por milhas voadas por assentos disponíveis.
[d] Milhares de receitas disponíveis por milha por funcionário.
[e] Inclui a empresa de ponte aérea American Eagle e negócios de transporte apenas.
[f] As estatísticas operacionais da Continental Airlines são somente para operações com jatos.

Fonte: Registros anuais das empresas. Dados e cálculos (todos arredondados) são úteis para análise de caso, mas não para fins de pesquisa. As estatísticas de receita, despesas e de operação também incluem operações internacionais.

financiada por seus funcionários (os pilotos pagavam 50.000 dólares cada um para conseguir emprego; outros funcionários pagavam 5.000 dólares). Essas novas companhias de "passagem barata, poucos serviços extras" relataram receitas combinadas de aproximadamente 1,4 bilhão de dólares em 1994, em comparação com 450 milhões de dólares em 1992. Embora respondendo por uma pequena porcentagem da receita do setor, suas práticas de preços diminuíram as tarifas em um número crescente de rotas também atendidas por grandes companhias. Em 1994, 92% dos passageiros de linhas aéreas compravam suas passagens com desconto, pagando em média apenas 35% do valor total da passagem.

Economia do setor e desempenho das companhias

O desempenho financeiro das companhias individualmente e do setor de empresas aéreas dos Estados Unidos como um todo podia ser atribuído, em parte, à economia subjacente de viagens aéreas. A maioria dos custos de uma companhia (por exemplo, mão-de-obra, combustível, instalações, aviões) era fixa, não importando o número de passageiros atendidos. O maior custo de uma companhia aérea estava ligado às pessoas (salários, pagamentos e benefícios), seguido do combustível. Essas duas fontes de custo representavam quase metade dos custos de uma empresa aérea e estavam relativamente fixas em um determinado nível de capacidade de operação. Os custos de combustível eram incontroláveis, e o setor periodicamente confrontava altos preços, os mais recentes ocorridos durante a Guerra do Golfo, em 1991. Esperava-se que o custo do combustível aumentasse 4,3 centavos por galão no final de 1995, a partir de um imposto colocado pela Lei de Reconciliação de Receita, de 1993. Observadores do setor estimaram que esse imposto custaria ao setor aéreo dos Estados Unidos mais 500 milhões de dólares anualmente em despesas com combustível.

O custo com mão-de-obra, em comparação, era uma despesa controlável dentro de limites, e mais de 100.000 funcionários de companhias aéreas perderam seus empregos entre 1989 e 1994. Esforços recentes das grandes companhias para reduzir a mão-de-obra incluíram a United Airlines, que realizou uma aquisição de 55% da empresa pelos funcionários em troca por 4,9 bilhões de dólares em concessões de mão-de-obra no verão de 1994. Na primavera daquele ano, a Delta Airlines anunciou um plano de três anos para reduzir as despesas de operação em 2 bilhões de dólares, o que envolveria a eliminação de 12.000 a 15.000 empregos.

Desempenho operacional das companhias aéreas Embora a maioria dos custos de uma companhia aérea fosse fixada em um determinado nível de capacidade, sem interessar o número de passageiros transportados, as receitas de passageiros de uma empresa aérea estavam ligadas ao número de passageiros transportados e à passagem paga por cada poltrona em um determinado nível de capacidade de passageiros. A capacidade de passageiros de uma companhia aérea é medida por assentos disponíveis por milha (ASMs) que pode transportar, considerando-se sua frota de aviões, programação de vôos e distância das rotas. Um ASM é definido como uma milha de vôo de uma poltrona, estando ela ocupada por um passageiro ou vazia. A produtividade de uma companhia aérea normalmente é mapeada dividindo-se o custo operacional total da companhia por assentos disponíveis por milha. A utilização de uma companhia aérea é mensurada pelo que é chamado de taxa de ocupação. A taxa de ocupação é calculada dividindo-se a receita por passageiro por milha da companhia aérea por assentos disponíveis por milha. Um RPM é definido como uma poltrona ocupada por um passageiro por uma milha voada e é uma medida do tráfego de uma companhia aérea. Rendimento é a medida da capacidade de produção de receita de passageiros de uma companhia aérea e é expressa como a quantidade média em dólares recebida por uma milha voada por um passageiro. O rendimento é calculado dividindo-se a receita de passageiros pela receita por passageiro por milha.

A seguinte expressão mostra como o rendimento, a taxa de ocupação e o custo se combinam para determinar a lucratividade das operações de passageiros para companhias individuais e para o setor:

$$\text{Renda operacional} = (\text{rendimento} \times \text{taxa de ocupação}) - \text{custo ou}$$

$$\frac{\text{Renda operacional}}{\text{ASM}} = \left(\frac{\text{receita de passageiros}}{\text{RPM}} \times \frac{\text{RPM}}{\text{ASM}} \right) - \frac{\text{custo operacional}}{\text{ASM}}$$

FIGURA 4

Assentos disponíveis por milha, receita por passageiro por milha e taxas de ocupação para todas as companhias aéreas autorizadas dos Estados Unidos, anos fiscais 1974 – 1994

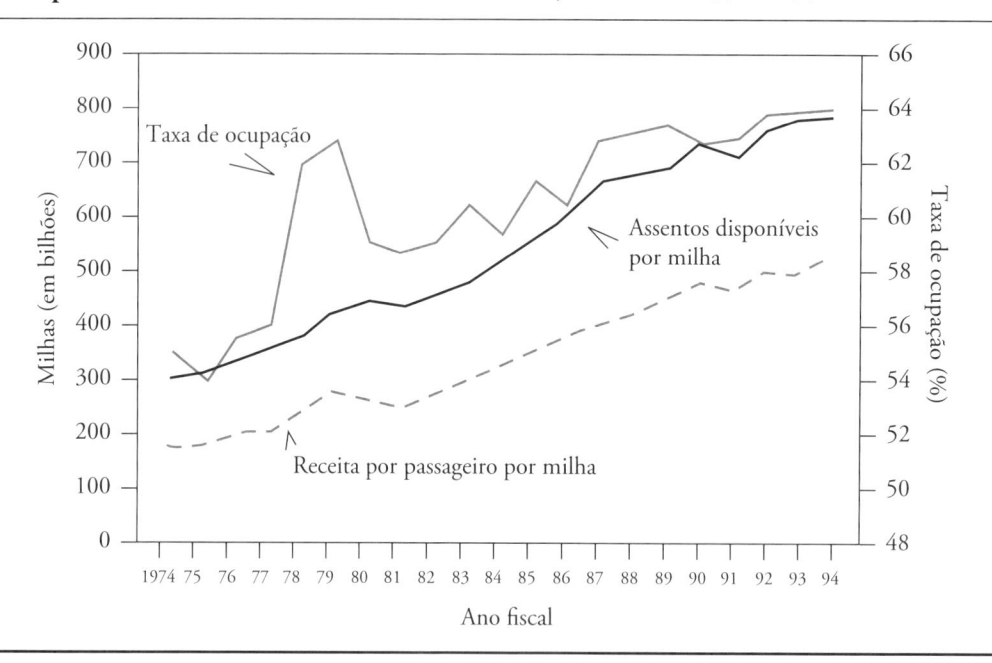

Fonte: Ministério dos Transportes dos Estados Unidos.

Estabelecendo-se renda operacional em zero e monitorando-se o rendimento e o custo, as companhias freqüentemente computavam uma taxa de ocupação de ponto de equilíbrio para operações de passageiros que era continuamente comparada com taxas de ocupação reais. Taxas de ocupação reais maiores do que a taxa de ocupação de ponto de equilíbrio produziam uma renda operacional para operações de passageiros; taxas de ocupação reais abaixo da taxa de ocupação de ponto de equilíbrio resultavam em uma perda operacional.

Tendências do setor   A Figura 4 apresenta assentos disponíveis por milha, receita por passageiro por milha e taxas de ocupação para todas as companhias aéreas autorizadas pela FAA para os anos fiscais de 1974 a 1994. Embora receita por passageiro por milha e assentos disponíveis por milha para o setor tivessem mostrado uma tendência de elevação, a taxa de ocupação flutuou devido a desequilíbrios periódicos entre capacidade do setor e demanda de passageiros. Por exemplo, a capacidade de linhas aéreas domésticas (ASMs) aumentou somente 1,6% no ano fiscal de 1994, enquanto a receita por passageiro por milha aumentou 6,5%, gerando uma taxa de ocupação de 64,3%. Esse número representou a taxa de ocupação mais alta do setor já atingida em rotas domésticas. Os rendimentos de passageiros domésticos evidenciaram uma tendência decrescente de longo prazo por 25 anos em dólares reais (ajustados à inflação). Em termos de rendimento real (com tarifas descontadas da inflação), as passagens nos anos 1969 a 1971 produziram rendimento médio de 21,4 centavos em dólares de 1994. Nesse ano, a média de rendimento do setor foi de 12,73 centavos.

O custo por assentos disponíveis por milha também exibiu uma tendência a baixar desde 1978, apesar das flutuações periódicas nos preços dos combustíveis. No entanto, a redução do custo de mão-de-obra e as melhorias na produtividade, associadas com a adição gradual de aviões mais econômicos e com custos menores de manutenção pelas grandes companhias não haviam acompanhado o ritmo de declínio de rendimento no setor. Os esforços das grandes companhias aéreas para reduzir o custo da mão-de-obra, conforme descrito anteriormente, refletiam a contínua atenção à redução do custo por assentos disponíveis por milha.

O conceito de companhia aérea dentro de uma companhia aérea

Somente a Southwest Airlines, entre as grandes companhias, parecia capaz de navegar eficazmente na economia das viagens aéreas e evitar a calamidade financeira que havia se abatido sobre o setor aéreo no início da década de 1990. Operando principalmente em rotas ponto a ponto de curta distância, com um mínimo de serviços extras e capaz de fazer um rápido rodízio de aeronaves entre vôos, a Southwest tinha custos operacionais muito mais baixos do que outras grandes companhias aéreas. Os custos operacionais mais baixos eram repassados para os clientes na forma de passagens sistematicamente mais baratas. De 1990 a 1994, a Southwest mais do que duplicou suas receitas operacionais e quase quadruplicou sua renda de operação. Suas práticas de operação e seu desempenho financeiro fizeram com que um estudo de 1993 do Ministério dos Transportes dos Estados Unidos concluísse: "O drástico crescimento da Southwest tornou-se a principal força a impulsionar as mudanças que estão ocorrendo no setor de linhas aéreas... À medida que a Southwest continuar a se expandir, outras companhias serão forçadas a desenvolver um serviço de baixo custo em mercados de curtas distâncias".[5]

Com as práticas de operação da Southwest como ponto de referência, várias das grandes companhias já haviam explorado maneiras de implementar um serviço de baixo custo em mercados de curtas distâncias e produzir um "clone" da Southwest. Um resultado desse esforço foi o conceito de "companhia aérea dentro de uma companhia aérea". Tal conceito envolvia operar um sistema de rotas ponto a ponto, de curta distância e preço baixo de passagens, juntamente com um sistema de rotas de eixo das grandes companhias.

Continental Lite A Continental foi a primeira das grandes companhias aéreas a implementar esse conceito. Recém tendo emergido da falência com custos operacionais mais baixos e munida com preponderância em uma pesquisa do consumidor que mostrava que 75% dos clientes escolhia uma companhia aérea com base no horário de vôo e no preço, a Continental revelou o que veio a ser conhecido como "Continental Lite" em 1º de outubro de 1993. Esse serviço inicialmente concentrava-se em rotas da Continental no leste e sudeste dos Estados Unidos. Em dezembro de 1994, a Continental havia convertido cerca da metade de seus 2.000 vôos diários ao serviço ponto a ponto de curta distância e à passagem de menor preço, mas estava passando por dificuldades operacionais. No início de 1995, com dificuldades de operação que resultaram em uma considerável perda financeira, a iniciativa "Continental Lite" começou a voltar ao sistema de eixo da Continental.

Voe pela United A United, maior companhia aérea do mundo em 1994, inaugurou sua versão de "companhia aérea dentro de uma companhia aérea" em 1º de outubro de 1994. Com a marca "Voe pela United", essa iniciativa seguiu-se à compra da United pelos funcionários no verão de 1994, quando cortes nos salários dos trabalhadores e regras de trabalho mais flexíveis possibilitaram uma operação de vôo com menor custo juntamente com o sistema de rotas de eixo da United. A iniciativa "Voe pela United" foi criada para ser uma operação de vôo de curta distância, com alta freqüência, passagens baratas e um mínimo de serviços extras, inicialmente atendendo destinos na Califórnia e estados adjacentes. Os executivos da United observaram que essa iniciativa, se fosse bem-sucedida, poderia ser estendida para 20% das operações domésticas nos Estados Unidos e especialmente a áreas onde a companhia tinha presença significativa. Uma dessas áreas era o centro-oeste, onde a United operava um grande sistema de eixo a partir do Aeroporto O'Hare, em Chicago.

Começando com oito rotas, seis das quais envolviam o eixo de San Francisco da United, a iniciativa "Voe pela United" expandiu-se para 14 rotas em janeiro de 1995. Oito das 14 rotas envolviam rotas ponto a ponto separadas do eixo de San Francisco. Nove das rotas competiam diretamente com as da Southwest. No início de dezembro de 1994, executivos da United relataram que a iniciativa estava superando as expectativas e que algumas rotas eram lucrativas. "O 'Voe pela United' está funcionando bem", disse o presidente, A. B. "Sky" Magary.[6]

---

[5] *Press release* do Ministério dos Transportes dos Estados Unidos, 11 de maio de 1993.
[6] Citado em Michael J. McCarty, "New Shuttle Incites a War Between Old Rivals", *Wall Street Journal* (December 1, 1994), pp. B1, B5.

■ SOUTHWEST AIRLINES

A Southwest Airlines era a oitava maior companhia aérea dos Estados Unidos em 1994, com base no número de receita por passageiro por milha voada. A Southwest registrou renda líquida de 179,3 milhões de dólares sobre receita operacional total de 2,6 bilhões de dólares em 1994, marcando assim 22 anos consecutivos de operações lucrativas – um feito não reproduzido no setor de companhias áreas nos Estados Unidos nas últimas duas décadas. De acordo com o diretor, presidente, CEO e cofundador da Southwest, Herb Kelleher, a fórmula de sucesso da empresa poderia ser sucintamente descrita como: "Melhor qualidade mais menor preço igual a valor, mais atitude espiritual de nossos funcionários igual a imbatível".

O modelo da Southwest

A Southwest começou o atendimento programado em 18 de junho de 1971, como linha aérea ponto a ponto, de curtas distâncias, alta freqüência e passagens baratas, comprometida com um atendimento excepcional aos clientes. Iniciando com três aeronaves Boeing 737 que atendiam três cidades do Texas – Dallas, Houston e San Antonio –, a Southwest atualmente opera 199 aeronaves Boeing 737 e oferece atendimento a 44 cidades, especialmente nas regiões centro-oeste, sudoeste e leste dos Estados Unidos. Cinqüenta e nove por cento da capacidade da Southwest, medida em assentos disponíveis por milha voada, foi distribuída no oeste dos Estados Unidos, 22% no sudoeste (Texas, Oklahoma, Arkansas e Louisiana) e 19% no centro-oeste. A Figura 5 apresenta o mapa de rotas da Southwest no início de 1995.

FIGURA 5

Mapa de rotas da Southwest Airlines no início de 1995

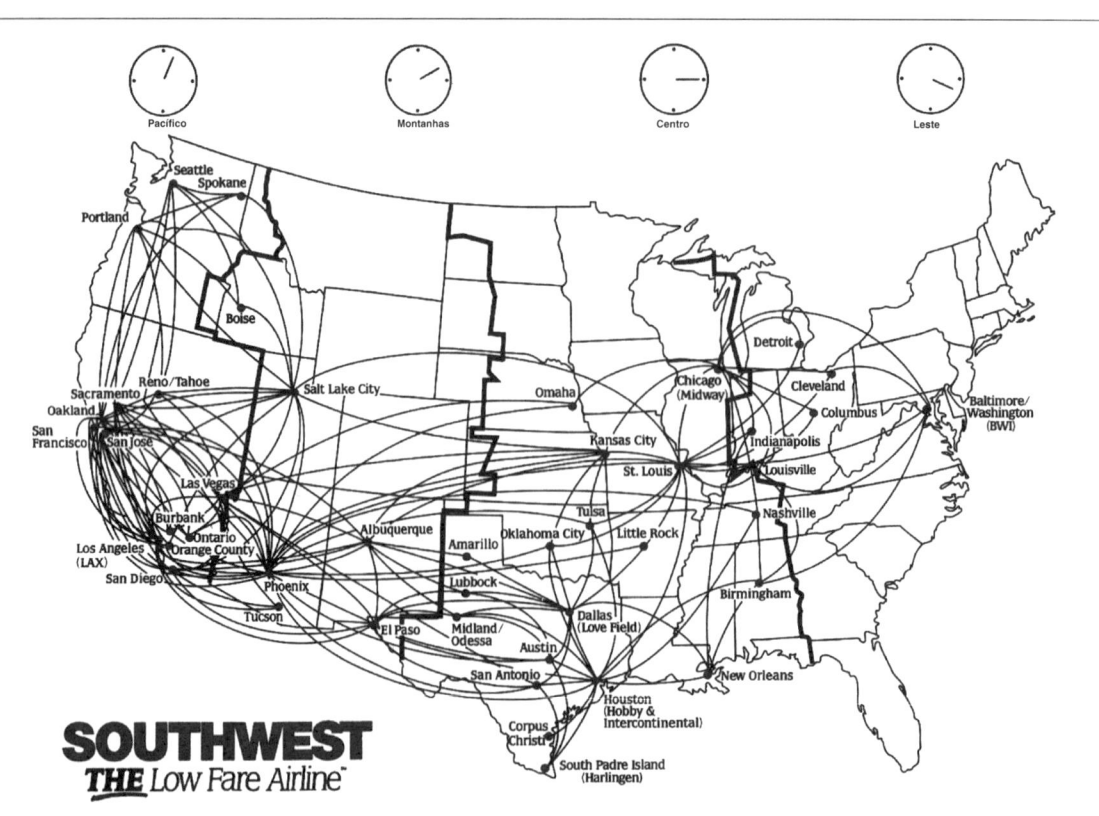

Fonte: Cortesia da Southwest.

Exceto pelas aquisições da Muse Air em 1985 e da Morris Air em 1993, a administração da Southwest tem firmemente insistido no crescimento interno e no refinamento e na reprodução do que veio a ser conhecido como "Modelo Southwest" no setor de companhias aéreas. Esse modelo era uma mistura de atenção incansável ao atendimento ao cliente e às operações, *marketing* criativo e comprometimento da Southwest com seus funcionários. Uma saudável dose de diversão era acrescentada.

Atendimento ao cliente   A atenção da Southwest ao atendimento ao cliente foi incorporada nas atitudes de seus funcionários. De acordo com Herb Kelleher:

> O que estamos procurando, em primeiro lugar e acima de tudo, é senso de humor. Então, estamos procurando pessoas que têm que se superar para se satisfazer e que trabalham bem em um ambiente de grupo. Não nos importamos muito com escolaridade e conhecimento porque podemos treinar as pessoas para fazerem o que tiverem que fazer. Nós empregamos atitudes.[7]

O senso de humor, a solidariedade com os passageiros e colegas, a vontade de trabalhar e uma visão positiva manifestavam-se no atendimento ao cliente na Southwest. Os pilotos podiam ser encontrados ajudando no portão de embarque; os agentes de passagens podiam ser vistos cuidando da bagagem. Era tão importante a atenção ao atendimento ao cliente que a Southwest reuniu crônicas de acontecimentos lendários em uma publicação interna chamada *The BOOK on Service: What Positively Outrageous Service Looks Like at Southwest Airlines*.

O foco da Southwest no atendimento ao cliente também produziu resultados tangíveis. Em 1994, a Southwest ganhou a "coroa tripla" anual não-oficial do setor de transportes aéreos pelo terceiro ano consecutivo classificando-se em primeiro lugar entre as grandes companhias áreas de desempenho pontual, manejo de bagagem e satisfação geral dos clientes (ver a Figura 6). Nenhuma outra companhia aérea jamais havia conquistado a "coroa tripla" nem por um único mês.

Operações   A Southwest dedicou seus esforços para oferecer serviço de curta distância, passagem barata, ponto a ponto e alta freqüência para passageiros de linhas aéreas. Como companhia de curta distância

FIGURA 6

Classificações do Ministério dos Transportes dos Estados Unidos das grandes companhias aéreas para 1994 por desempenho pontual, manejo de bagagem e satisfação dos clientes

Desempenho Pontual		*Manejo de Bagagem*		*Satisfação dos Clientes*	
Southwest	1	Southwest	1	Southwest	1
Northwest	2	America West	2	Delta	2
Alaska	3	American	3	Alaska	3
United	4	Delta	4	Northwest	4
American	5	Alaska	5	American	5
America West	6	United	6	United	6
Delta	7	TWA	7	USAir	7
TWA	8	USAir	8	America West	8
USAir	9	Northwest	9	TWA	9
Continental	10	Continental	10	Continental	10

Fonte: Ministério dos Transportes dos Estados Unidos.

---

[7] Citado em Kenneth Labich, "Is Herb Kelleher America's Best CEO?" *Fortune* (May 2, 1994), pp. 28-35.

com sistema de rotas ponto a ponto, ela se concentrava no tráfego local, não no tráfego cruzado ou de conexões, que era comum entre as companhias que usavam o sistema de eixo. Conseqüentemente, cerca de 80% de seus passageiros voavam sem escalas. Em 1994, a distância média de viagem por passageiro era de 506 milhas, e a média de tempo de vôo era ligeiramente acima de uma hora. Desde o início, os executivos da Southwest reconheceram que os horários e a freqüência de vôos eram considerações importantes para o viajante de curtas distâncias. Isso significava que a aeronave da Southwest tinha que "voltar" rapidamente para maximizar o tempo no ar e minimizar o tempo em terra. A volta referia-se ao tempo decorrido do momento em que o avião chegava ao portão até o momento em que "começava a voltar", indicando o início de outro vôo.[8] Mais da metade dos aviões da Southwest "voltavam" em 15 minutos ou menos, e o restante estava programado para "voltar" em 20 minutos. O tempo médio de volta no setor aéreo dos Estados Unidos ficava em torno de 55 minutos. Um resultado dessa diferença era que os aviões da Southwest faziam cerca de 10 vôos por dia, o que era mais do que o dobro da média no setor.

As operações da Southwest diferiam das operações das grandes companhias em outros aspectos importantes. Primeiro, a Southwest geralmente evitava os eixos das grandes companhias aéreas em grandes cidades. Os aeroportos em cidades menores ou os menos congestionados em cidades maiores eram atendidos. O Midway Airport, em Chicago, Illinois, e o Love Field, em Dallas, Texas, eram exemplos de aeroportos menos congestionados de onde a Southwest operava. Menos congestionamento significava que, nos vôos da Southwest, os aviões ficavam menos tempo taxiando e circulando os aeroportos enquanto esperavam autorização para aterrissar. A prática de utilizar aeroportos secundários em vez de aeroportos centrais também significava que a Southwest não transferia bagagens dos passageiros para outras grandes companhias. Na verdade, a Southwest não coordenava transferências de bagagem com outras companhias aéreas nem mesmo nos grandes aeroportos centrais onde operava, tais como o aeroporto internacional de Los Angeles (LAX).

Em segundo lugar, a Southwest diferenciava-se de outras grandes companhias em termos de agendamento de reservas e oferecimento de assentos. Em vez de fazer reservas por meio de sistemas computadorizados, os passageiros e agentes de viagens tinham que ligar para a Southwest. Como resultado, menos da metade das poltronas da Southwest era reservada por agentes de viagens. (A maioria das companhias aéreas conta com os agentes de viagens para reservarem até 90% de suas passagens.) A economia da Southwest com comissões para agentes de viagem chegava a aproximadamente 30 milhões de dólares por ano. Também ao contrário de outras grandes companhias, a Southwest não reservava assentos específicos. Como disse Herb Kelleher: "Ainda reservamos sua poltrona. Só não podemos lhe dizer se é 2C ou 38B!". Em vez disso, passes de embarque reutilizáveis e numerados identificavam os passageiros e determinavam a prioridade de embarque. Os 30 primeiros passageiros a fazerem *check-in* no portão de embarque passavam primeiro, depois um segundo grupo de 30 (31-60) embarcava e assim por diante.

Terceiro, somente bebidas e lanches eram servidos nos vôos da Southwest. O lanche principal consistia de amendoins; 64 milhões de pacotes de amendoim foram servidos em 1994. Biscoitos eram oferecidos em vôos mais longos.

Finalmente, a Southwest voava apenas com jatos Boeing 737 em todas as configurações de poltronas iguais, uma vez que não existiam classes de passagens (primeira classe, classe econômica, classe executiva, etc.). Essa prática diferia das de outras grandes empresas aéreas, que voavam com uma variedade de aeronaves a jato fabricadas pela Airbus Industries, Boeing e McDonnell Douglas, e reduzia os custos de manutenção dos aviões. A frota da Southwest estava entre as mais novas das grandes companhias, com 7,6 anos, e havia uma entrega de 25 novas aeronaves Boeing 737 programada para 1995. Em 1994, menos de 1% dos vôos da Southwest eram cancelados ou atrasados devido a incidentes mecânicos, e a Southwest era sistematicamente classificada entre as companhias aéreas mais seguras do mundo.

O efeito combinado das operações da Southwest ficava aparente em sua estrutura de custos. Em 1994, o custo de 7,08 centavos por assento disponível por milha da Southwest estava entre os mais baixos das grandes companhias dos Estados Unidos.

---

[8] Inúmeras atividades ocorriam durante o tempo de "volta". Os passageiros entravam e saíam do avião, e a bagagem era colocada e descarregada. A cabine e os lavatórios eram arrumados, o avião era reabastecido e inspecionado, e eram repostos os suprimentos de lanches e bebidas.

Marketing O *marketing* criativo foi usado para diferenciar a Southwest de outras linhas aéreas desde o começo. Como disse Herb Kelleher: "Definimos uma personalidade, bem como um nicho de mercado. [Procuramos] divertir, surpreender e entreter".

A orientação de *marketing* da Southwest era mesclada com sua orientação para o cliente e para as operações. Nesse sentido, o atendimento, a conveniência e o preço representavam três pilares do esforço de *marketing* da Southwest. Como no atendimento ao cliente e nas operações, a característica única do *marketing* da Southwest diferenciava a empresa das outras companhias aéreas. No domínio do preço, por exemplo, a Southwest sempre viu o automóvel como seu primeiro concorrente, e não as outras companhias. De acordo com Colleen Barrett, vice-presidente executiva da Southwest responsável pelos clientes: "Sempre vimos o carro como nosso concorrente. Temos que oferecer um atendimento melhor e mais conveniente a um preço que faça valer a pena deixar o carro em casa e voar conosco". Em 1994, a média da passagem da Southwest era de $58,44. As comunicações de *marketing* continuamente comunicavam aos clientes os benefícios de voar pela Southwest. As campanhas de propaganda nos últimos 24 anos apresentaram o atendimento da Southwest na campanha "A Linha Aérea do Amor", sua conveniência na campanha "O Avião da Companhia" e, mais recentemente, o preço baixo na campanha "*A* Linha Aérea de Preço Baixo" (ver a Figura 7).

A Southwest oferecia um programa para clientes freqüentes chamado "O Clube da Companhia", mas novamente com uma diferença. De forma coerente com o foco na freqüência dos vôos e em curtas distâncias, os passageiros recebiam uma passagem grátis para qualquer cidade atendida pela Southwest com oito viagens de ida e volta realizadas em 12 meses. Para 50 viagens de ida e volta em um período de 12 meses, a Southwest oferecia um passe da empresa, válido por um ano. Sem milhagem nem outras companhias aéreas qualificando-se para acompanhá-los, os custos do programa "Clube da Companhia" eram mínimos se comparados com outros programas para clientes freqüentes, recompensando o verdadeiro viajante assíduo.

A Southwest voava com aviões com pintura peculiar que significava os lugares de sua estrutura de rotas. Os aviões eram pintados de forma a parecerem com Shamu, a Baleia Assassina, para destacar o relacionamento da Southwest tanto com o Sea World da Califórnia e do Texas. Outros aviões eram pintados como a bandeira do Estado do Texas, sendo chamados de "A Estrela Solitária no Texas", enquanto outros, tais como o "Arizona One", apresentavam a bandeira do Estado do Arizona (ver a Figura 8).

Compromisso dos funcionários A ligação entre a Southwest e seus funcionários geralmente era vista pela empresa como o elemento mais importante no modelo Southwest. Herb Kelleher referia-se a essa ligação como "pátina de espiritualidade". Ele acrescentava:

> Acho que você tem que estar ao lado de seus funcionários em todas as suas dificuldades, que você tem que estar pessoalmente interessado neles. Eles podem estar decepcionados com seu país. Até sua família pode não estar funcionando do jeito que eles gostariam. Mas eu quero que eles saibam que a Southwest sempre estará ao seu lado.[9]

A relação próxima entre todos os funcionários da Southwest contribuiu para a colocação da empresa como um dos dez melhores lugares para trabalhar em um recente estudo de empresas americanas. O estudo observou que o maior ponto positivo da Southwest era que "é o máximo trabalhar aqui"; o ponto negativo era que "você pode morrer trabalhando".[10]

O compromisso da Southwest com seus funcionários era evidente em uma série de formas. A empresa tinha pouca rotatividade de funcionários em comparação com outras grandes companhias e era a primeira linha aérea dos Estados Unidos a oferecer um plano de participação nos lucros para os funcionários. Oitenta por cento das promoções eram internas, e o treinamento em diferentes áreas, bem como a formação de equipe, era enfatizado na "Universidade de Pessoas" da Southwest.

---

[9] Citado em Kenneth Labich, "Is Herb Kelleher America's Best CEO?" *Fortune* (May 2, 1994), pp. 28-35.
[10] Robert Levering and Milton Mosckowitz, *The 100 Best Companies to Work for in America* (New York: Doubleday/Currency, 1993).

FIGURA 7

Campanha de mídia impressa da Southwest Airlines

WHEN YOU WANT A LOW FARE, LOOK TO THE AIRLINE THAT OTHER AIRLINES LOOK TO.

SOUTHWEST®
THE Low Fare Airline™

Call your travel agent or **1-800-I-FLY-SWA**

Fonte: Cortesia da Southwest Airlines.

Capítulo 8 Estratégia e Gerenciamento de Preços **337**

FIGURA 8

Aeronaves da Southwest Airlines

Fonte: Cortesia da Southwest Airlines.

Desempenho financeiro e competitivo

A atenção da Southwest ao atendimento aos clientes e à eficiência das operações, ao *marketing* criativo e ao compromisso com as pessoas produziu resultados financeiros e competitivos extraordinários.

Desempenho competitivo   De acordo com o Ministério dos Transportes dos Estados Unidos, a Southwest transportava mais passageiros do que qualquer outra companhia aérea nos 100 melhores mercados de pares de cidades, com a maioria dos passageiros nos 48 estados da área continental dos Estados Unidos.[11] Esses 100 mercados representavam aproximadamente um terço de todos os passa-

---

[11] *Press release* do Ministério dos Transportes dos Estados Unidos, 11 de maio de 1993.

geiros domésticos. Em seus próprios 100 melhores mercados de pares de cidades, a Southwest tinha uma média de 65% de participação de mercado, em comparação com cerca de 40% de participação de outras companhias aéreas em seus 100 melhores mercados de pares de cidades. A Southwest sistematicamente se classificava em primeiro ou segundo lugar em participação de mercado em mais de 90% de seus 50 melhores mercados de pares de cidades. No Texas, onde a Southwest começou suas operações em 1971, ela se classificava em primeiro lugar em embarques de passageiros em 10 dos 11 aeroportos texanos atendidos e tinha uma participação de mercado de 70,8% fora do Texas em meados de 1994. A Southwest registrou uma participação de mercado de 56,4% no mercado dentro da Califórnia em meados de 1994, em relação a uma participação de menos de 3% em 1989.

Desempenho financeiro   A receita média, a taxa de crescimento de renda, o retorno sobre ativos totais e o patrimônio dos acionistas da Southwest foram mais altos do que os de qualquer outra companhia aérea dos Estados Unidos ao longo da década de 1990. A Figura 9 fornece um resumo financeiro e operacional consolidado de cinco anos da Southwest Airlines.

Embora a Southwest tivesse atingido recordes nos níveis de receita e renda em 1994, a renda líquida no quarto trimestre daquele ano (1º de outubro – 31 de dezembro de 1994) caiu 47% em comparação com o quarto trimestre de 1993. A última vez em que a Southwest relatou ganhos trimestrais que eram menores do que os do mesmo trimestre do ano anterior foi no terceiro trimestre de 1991. As receitas operacionais do quarto trimestre de 1994 subiram apenas 3% em relação ao mesmo período em 1993. Esse resultado foi consideravelmente menor do que os ganhos de dois dígitos em renda operacionais registrados em cada um dos três trimestres precedentes em comparação com 1993. O relatório financeiro do quarto trimestre da Southwest derrubou a cotação das ações para fechar em uma baixa de $15,75 em 52 semanas em dezembro de 1994 no volume de negócio da Bolsa de Valores de Nova York, abaixo do recorde de $39,99 em fevereiro de 1994.

O desempenho dos ganhos do quarto trimestre de 1994 da Southwest refletia o efeito acumulado de inúmeros fatores. Esses incluíam a conversão da recentemente adquirida Morris Air Corporation às operações da Southwest, o uso persistente dos concorrentes de vendas de passagens com que a Southwest freqüentemente se equiparava e as iniciativas de companhia aérea dentro de companhia aérea da Continental e da United. Comentando sobre o desempenho financeiro e operacional do quarto trimestre, Herb Kelleher disse:

> Embora esses resultados de curto prazo sejam decepcionantes para nossos acionistas, os recentes investimentos feitos para fortalecer a Southwest Airlines são vitalmente importantes para nosso sucesso de longo prazo. Estamos preparados emocionalmente, espiritualmente e financeiramente para acompanhar a crescente competição com custos ainda menores e melhor atendimento aos clientes.[12]

■ SOUTHWEST VERSUS "VOE PELA UNITED"

O primeiro vôo do programa "Voe pela United" partiu do aeroporto internacional de Oakland para o aeroporto internacional de Los Angeles às 6h25min em um sábado, 1º de outubro de 1994. Mais tarde, naquela manhã, o vice-presidente executivo de operações da United, que voou da sede da empresa, perto de Chicago, para marcar a ocasião, falou para a mídia:

> O que estamos fazendo é voltar para o mercado e trazer nossos passageiros de volta. Tínhamos Oakland e LA, e então veio Herb (Kelleher). O que temos que fazer é proteger o que é nosso.[13]

Na época, Dave Ridley acreditava que o vôo de Oakland tinha "significado simbólico" por duas razões. Primeiro, até o final dos anos 80, a United foi a principal companhia aérea no aeroporto de

---

[12] Citado em Terry Maxon, "Southwest Forecasts Dip in Earnings", *The Dallas Morning News* (December 8, 1994), pp. D1,D3.

[13] Citado em Catherine A. Chriss, "United Shuttle Takes Wing", *The Dallas Morning News* (December 8, 1994), pp. D1, D3.

FIGURA 9

Resumo financeiro e operacional de cinco anos da Southwest Airlines (condensado)

Dados financeiros consolidados selecionados [a]					
(Em milhares, exceto quantias porcentuais)	1994	1993	1992	1991	1990
Receitas operacionais:					
Passageiros	$2.497.765	$2.216.342	$1.623.828	$1.267.897	$1.144.421
Fretes	54.419	42.897	33.088	26.428	22.196
Charter e outros	39.749	37.434	146.063	84.961	70.659
Total de receitas operacionais	2.591.933	2.296.673	1.802.979	1.379.286	1.237.276
Despesas operacionais	2.275.224	2.004.700	1.609.175	1.306.675	1.150.015
Renda operacional	316.709	291.973	193.804	72.611	87.261
Outras despesas (renda), líquidas	17.186	32.336	36.361	18.725	(6.827)[f]
Renda antes de impostos	299.523	259.637	157.443	53.886	80.434
Provisão para impostos de renda [c]	120.192	105.353	60.058	20.738	29.829
Renda líquida [c]	$179.331	$154.284[d]	$97.385[e]	$33.148	$50.605
Total de ativos	$2.823.071	$2.576.037	$2.368.856	$1.854.331	$1.480.813
Dívida de longo prazo	$583.071	$639.136	$735.754	$617.434	$327.553
Patrimônio de acionistas	$1.238.706	$1.054.019	$879.536	$635.793	$607.294
Razões financeiras consolidadas [a]					
Retorno sobre média de ativos totais	6,6%	6,2%[d]	4,6%[e]	2,0%	3,5%
Retorno sobre média de patrimônio de acionistas	15,6%	16,0%[d]	12,9%[e]	5,3%	8,4%
Dívida como porcentagem de capital investido	32,0%	37,7%	45,5%	49,3%	35,0%
Estatísticas operacionais consolidadas [b]					
Receita por passageiro embarcado	42.742.602[g]	36.955.221[g]	27.839.284	22.669.942	19.830.941
RPMs (milhares)	21.611.266	18.827.288	13.787.005	11.296.183	9.958.940
ASMs (milhares)	32.123.974	27.511.000	21.366.642	18.491.003	16.411.115
Taxa de ocupação	67,3%	68,4%	64,5%	61,1%	60,7%
Distância média de viagem do passageiro	506	509	495	498	502
Viagens voadas	624.476	546.297	438.184	382.752	338.108
Média de passagem do passageiro	$58,44	$59,97	$58,33	$55,93	$57,71
Receita de passageiro por RPM	11,56¢	11,77¢	11,78¢	11,22¢	11,49¢
Receita operacional por ASM	8,07¢	8,35¢	7,89¢	7,10¢	7,23¢
Despesas operacionais por ASM	7,08¢	7,25¢[b]	7,03¢	6,76¢	6,73¢
Número de funcionários no final do ano	16.818	15.175	11.397	9.778	8.620
Tamanho da frota no final do ano [i]	199	178	141	124	106

[a] Os Dados Financeiros Consolidados Selecionados e as Razões Financeiras Consolidadas para 1989 a 1992 foram refeitos para incluir os resultados financeiros da Morris.
[b] Antes de 1993, a Morris operava como transportador *charter*, portanto, nenhuma estatística da Morris foi incluída para esses anos.
[c] Pro forma, supondo-se que a Morris, uma empresa **S** antes de 1993, tivesse impostos cobrados a taxas estatutárias.
[d] Exclui efeito acumulado de mudanças de contabilidade de $15,3 milhões ($.10 por ação).
[e] Exclui efeito acumulado de mudança de contabilidade de $12,5 milhões ($0,09 por ação).
[f] Inclui ganhos de $2,6 milhões sobre vendas de aeronaves e $3,1 milhões de venda de certos ativos financeiros.
[g] Inclui certas estimativas para a Morris.
[h] Exclui despesas de fusão de $10,8 milhões.
[i] Inclui aluguel de aeronave.

Fonte: Southwest Airlines *1994 Annual Report.*

Oakland, mas deixou essa posição no início da década de 90 após competição acirrada com a Southwest. Segundo, Oakland havia se tornado a principal base de operação da Southwest no norte da Califórnia e era o aeroporto de crescimento mais rápido dos 10 maiores daquele estado, em termos de tráfego aéreo.

Voe pela United[14]

Criado por uma equipe de gerentes e funcionários da United Airlines no período de um ano, com o nome de código interno "U2", o programa "Voe pela United" foi planejado para reproduzir muitas características operacionais da Southwest: atendimento ponto a ponto, passagens baratas, vôos freqüentes e poucos serviços extras. A redução do custo operacional era uma alta prioridade, já que o custo da United para rotas domésticas mais curtas (abaixo de 750 milhas) era de 10,5 centavos por assento disponível por milha. O custo almejado da United por milha voada por assento era de 7,5 centavos para sua operação "Voe pela United".

Como a Southwest, o "Voe pela United" contava com jatos Boeing 737 com uma capacidade de 137 passageiros, concentrava-se em atingir "voltas" de 20 minutos e oferecia somente o serviço de bebidas e lanches (amendoins e *pretzels*). A administração e as equipes de terra haviam freqüentado aulas motivacionais e de "enculturação" que enfatizavam o trabalho em equipe e o atendimento ao cliente. Diferentemente da Southwest, o "Voe pela United" oferecia assentos de primeira classe (12 poltronas) e assentos econômicos. Em vez de embarcar os passageiros em grupos de 30 pessoas, como a Southwest fazia, um processo de embarque – conhecido como WILMA, para assentos do tipo *window* (janelas), *middle* (centro) e *aisle* (corredor) – foi utilizado para a acomodação dos passageiros. Os passageiros que tinham assentos junto às janelas embarcavam primeiro, seguidos pelos que tinham assentos no centro e depois pelos que tinham poltronas junto aos corredores. O programa de cliente freqüente "Milhagem Plus" da United estava disponível aos passageiros, com uma opção que se equiparava à oferta da Southwest de uma passagem gratuita para cada oito viagens de ida e volta.

O "Voe pela United" foi inaugurado com oito rotas. Seis delas eram rotas da United que haviam sido convertidas, envolvendo o eixo de San Francisco da empresa. Somente três das oito rotas originais competiam diretamente com as da Southwest: San Francisco – San Diego, Oakland – Los Angeles e Los Angeles – Sacramento. Nessas três rotas, a passagem econômica de última hora só de ida do "Voe pela United" era idêntica à "Passagem do Estado da Califórnia" da United, de $69,00, que era a passagem de valor mais alto da Southwest em todos os assentos e vôos dentro daquele estado.[15] As passagens econômicas de última hora só de ida variavam nas cinco rotas em que não havia concorrência. O atendimento de San Francisco a Burbank e Ontário tinha o preço de $104,00. As passagens para as rotas restantes de San Francisco custavam $89 para Los Angeles, $99 para Las Vegas e $139 para Seattle. A passagem de primeira classe do "Voe pela United" geralmente custava $20 dólares a mais em relação à passagem de classe econômica. O "Voe pela United" foi anunciado intensamente, usando a mídia impressa e eletrônica.

O "Voe pela United" logo expandiu seu sistema de rotas para incluir seis rotas adicionais. Todas as seis rotas competiam diretamente com as da Southwest. O atendimento a partir de Oakland incluía Oakland – Burbank, Oakland – Ontário e Oakland – Seattle. De Los Angeles a Phoenix e Las Vegas e San Diego – Sacramento aderiram ao novo serviço. Exceto pela rota Oakland – Seattle, todas as passagens econômicas de última hora só de ida custavam $69 na Southwest e no "Voe pela United". Uma passagem econômica só de ida de última hora de $99 era cobrada na rota Oakland-Seattle pelas duas companhias aéreas. O "Voe pela United" também aumentou sua freqüência de vôo em 12 dos 14 mercados de pares de cidades, primeiramente a partir do eixo de San Francisco. As cidades atendidas pelo "Voe pela United" aparecem no mapa da Figura 10.

---

[14] Partes desta discussão baseiam-se em Jesus Sanchez, "Shuttle Launch", *Los Angeles Times* (September 29, 1994), pp. D1, D3; Randy Drummer, "The Not-So-Friendly Skies", *Daily Bulletin* (September 30, 1994): C1, C10; "United Brings Guns to Bear", *Airlines Business* (November 1994), p. 10; Michael J. McCarthy, "New Shuttle Incites a War Between Old Rivals", *Wall Street Journal* (December 1, 1994), pp. B1, B5.

[15] As passagens de última hora referem-se às passagens disponíveis a qualquer momento, sem restrições, sem multas e nenhuma exigência de compra antecipada.

FIGURA 10

Cidades atendidas pelo programa "Voe pela United"

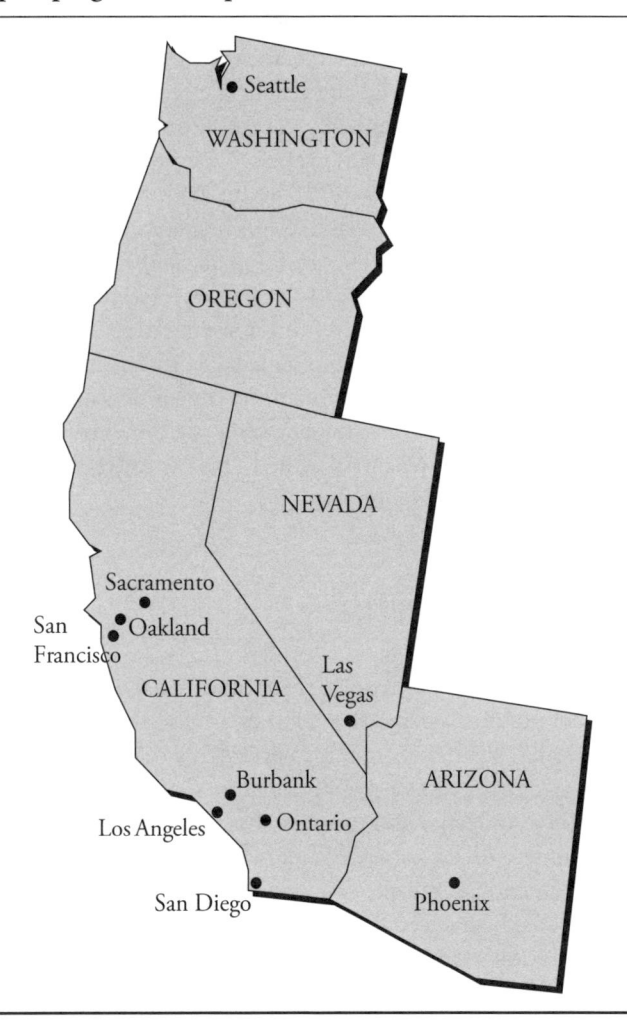

Nota: O mapa não está representado em escala.

No início de dezembro de 1994, a United relatou que o custo por assento disponível por milha de sua operação de vôo ainda não havia atingido os almejados 7,5 centavos. Em uma entrevista, "Sky" Magary disse: "Passamos um pouco da metade do caminho".[16]

Southwest Airlines

O planejamento da Southwest em relação à iniciativa da United começou meses antes do lançamento do "Voe pela United", programado para 1º de outubro. Em junho de 1994, um porta-voz da Southwest disse que a companhia "lutaria vigorosamente para manter sua forte posição na Califórnia".

Antes do lançamento do "Voe pela United", a Southwest designou aeronaves adicionais para o mercado da Califórnia para aumentar as freqüências de vôos em rotas competitivas. Em meados de janeiro de 1995, a Southwest havia distribuído 16% de sua capacidade total (em termos de assentos disponíveis por milha voada) para o mercado interno da Califórnia. Treze por cento da capacidade total de assentos disponíveis por milha da Southwest se sobrepunha à do "Voe pela United" no final de janeiro de 1995.

---

[16] Michael J. McCarthy, "New Shuttle Incites a War Between Old Rivals", *Wall Street Hournal* (December 1, 1994), pp. B1, B5.

A Southwest também incrementou seu orçamento de propaganda e promoção para o mercado interno da Califórnia, com ênfase especial nos pares de cidades onde o "Voe pela United" competia diretamente com a empresa. A campanha de propaganda "*A Linha Aérea de Baixo Preço*" foi a ponta de lança dessa iniciativa. A passagem de última hora da Southwest permaneceu em $69 durante o quarto trimestre de 1994, sem alteração desde o último trimestre de 1993. No entanto, as passagens compradas com 21 dias de antecedência e outras passagens com desconto da Southwest estavam sendo intensamente promovidas. O efeito desses preços foi que a passagem média de passageiro nos mercados também atendidos pelo "Voe pela United" (excluindo-se Oakland – Seattle) custava $44,00 durante o quarto trimestre de 1994 e no início de janeiro de 1995, comparada com os $45,00 do terceiro trimestre de 1994. A média da passagem do quarto trimestre de 1994 para a rota Oakland – Seattle era $51,00, em comparação com os $60,00 do terceiro trimestre de 1994. Dave Ridley estimou que a média da passagem do "Voe pela United" era de 5 a 10% mais alta do que a média da passagem da Southwest nos nove mercados em que as empresas competiam diretamente e cerca de $20,00 mais cara do que a média da passagem da Southwest nos cinco mercados atendidos a partir de San Francisco onde não havia concorrência direta entre ambas as companhias. A diferença nas médias das passagens de passageiros entre as empresas devia-se ao oferecimento de assentos de primeira classe pelo "Voe pela United" em mercados competitivos e às passagens geralmente mais caras em mercados não-competitivos.

■ A REUNIÃO DE TERÇA-FEIRA

A pauta original para a "reunião de terça" do final de janeiro de 1995 concentrava-se, em sua maior parte, em questões operacionais. Por exemplo, a Southwest começaria o atendimento programado para Omaha, Nebraska, em março de 1995, e os assuntos referentes a propaganda, vendas, promoção e programação ainda exigiam atenção. O sistema "sem passagem" da Southwest, ou "passagem eletrônica", também estava na pauta. Esse sistema, em que os viajantes fazem reservas pelo telefone, dão o número de seu cartão de crédito e recebem um número de confirmação, mas nenhuma passagem pelo correio, foi agendado para uso em todo o país em 31 de janeiro de 1995, depois de um teste regional bem-sucedido. Os detalhes finais tinham que ser discutidos.

Dave Ridley também pretendia informar seus colegas sobre a situação competitiva na Califórnia. Um membro da equipe havia preparado um relatório mostrando a taxa de ocupação do quarto trimestre por rota para a Southwest e a taxa de ocupação estimada para o "Voe pela United". Ele queria compartilhar essas informações com o grupo (ver a Figura 11), bem como outros desenvolvimentos recentes. Por exemplo, alguns dias antes, o "Voe pela United" tinha reduzido sua passagem econômica de última hora só de ida na rota San Francisco – Burbank para $69,00. Esse preço era idêntico ao cobrado na rota Oakland – Burbank por ambas as empresas. Além disso, o rendimento consolidado e a taxa de ocupação da Southwest para janeiro de 1995 estavam mais baixos do que o rendimento consolidado e a taxa de ocupação para janeiro de 1994. Se os atuais padrões de tráfego continuassem, a taxa de ocupação consolidada da Southwest seria de aproximadamente cinco pontos mais baixo em janeiro de 1995 em comparação com o de janeiro de 1994.

A notícia inesperada de que o "Voe pela United" pretendia interromper alguns serviços e elevar o preço das passagens alterou a pauta original da reunião e colocou uma série de questões para os executivos da Southwest. Por exemplo, o aumento da passagem significava uma grande modificação na estratégia "Vamos nos equiparar à Southwest", defendida pela United? Em caso afirmativo, quais eram as implicações para a Southwest? Como a Southwest poderia reagir a essas mudanças, se reagisse? A Southwest deveria seguir com um aumento próprio de $10,00 ou continuar com seu atual preço e estratégia de atendimento? Qual poderia ser o impacto da ação da United e da reação da Southwest sobre os lucros, se houvesse, para cada companhia aérea? E como a medida de preços da United estava ligada, se estivesse, à anunciada retirada do mercado Oakland – Ontário?

Capítulo 8 Estratégia e Gerenciamento de Preços **343**

FIGURA 11
Viagens de ida e volta programadas diariamente pela Southwest Airlines e pelo programa "Voe pela United" e estimativas das taxas de ocupação trimestrais

Mercado (Pares de cidades)	Milhas Aéreas	Vôos diários de ida e volta da Southwest Airlines		Vôos diários de ida e volta do "Voe pela United"		Taxa de ocupação 4º trimestre – 1994		Taxa de ocupação 3º trimestre – 1994		Taxa de ocupação 4º trimestre – 1993	
		Outubro–Dezembro 1994	Meados de Janeiro 1995	Outubro–Dezembro 1994	Meados de Janeiro 1995	United	Southwest	United	Southwest	United	Southwest
San Francisco–Los Angeles	338	← sem atendimento	← sem atendimento	31	40	66%	–	77%	–	68%	–
San Francisco–Burbank	359	← sem atendimento	← sem atendimento	11	12	60%	–	70%	–	64%	–
San Francisco–Ontario	364	← sem atendimento	← sem atendimento	11	12	47%	–	63%	–	64%	–
San Francisco–Las Vegas	417	← sem atendimento	← sem atendimento	9	10	73%	–	85%	–	74%	–
San Francisco–Seattle	678	← sem atendimento	← sem atendimento	13	16	74%	–	89%	–	77%	–
San Francisco–San Diego	417	12	12	10	12	77%	61%	87%	68%	84%	70%
Oakland–Los Angeles	338	19	25	10	15	62%	59%	–	74%	–	63%
Oakland–Burbank	326	13	16	7	11	40%	63%	–	80%	–	70%
Oakland–Ontario	362	12	14	7	7	32%	57%	–	68%	–	65%
Oakland–Seattle	671	4	7	4	5	52%	66%	–	77%	–	–
Los Angeles–Sacramento	374	5	6	5	6	81%	65%	73%	53%	67%	–
Los Angeles–Phoenix	366	25	23	9	10	48%	61%	–	60%	–	56%
Los Angeles–Las Vegas	241	13	19	10	12	61%	65%	–	73%	–	61%
San Diego–Sacramento	481	9	9	5	5	50%	68%	–	78%	–	67%

Fonte: Registros da Southwest Airlines. Para fins de análise, a taxa de ocupação pode ser aplicada para vôos diários de ida e volta para ambas as companhias aéreas em ambos os extremos da viagem de ida e volta.

CASO

Superior Supermarkets
Preço baixo todos os dias

No início de abril de 2003, James Ellis estava revisando os resultados financeiros do primeiro trimestre do Superior Supermarkets. Como vice-presidente sênior da Hall Consolidated e presidente do Superior Supermarkets, ele estava para se reunir com o gerente distrital responsável por três lojas do Superior em Centralia, Missouri. Outros presentes seriam o vice-presidente de operações de varejo da Hall Consolidated e o controlador do Superior Supermarkets. A pauta para a primeira de quatro reuniões trimestrais programadas para 2003 era a discussão do progresso do distrito em direção às metas planejadas e a abordagem de questões relacionadas aos supermercados a cargo do gerente distrital.

Em antecipação à revisão trimestral, Randall Johnson, gerente do Superior Supermarkets do 3º Distrito, tinha proposto que a estratégia de preço baixo todos os dias fosse reconsiderada para suas três lojas em Centralia.[1] Ele mencionou a pesquisa da empresa que documentava os preços relativamente mais altos do Superior em Centralia e a crescente preocupação com o preço entre os compradores daquela localidade. Ele também observou que o Superior Supermarkets poderia perder participação de mercado em Centralia, uma vez que as vendas das lojas estavam abaixo dos níveis orçados no primeiro trimestre de 2003. Ele acrescentou que a receita de vendas do quarto trimestre de 2002, que normalmente era um período de muitas compras devido aos feriados de Ação de Graças e Natal, também havia sido menor do que as vendas no mesmo período em 2001.

A opção pela estratégia de preço baixo todos os dias para Centralia havia sido discutida brevemente em agosto de 2002, como parte do processo de planejamento anual. No entanto, tomou-se a decisão de continuar com a atual estratégia de preços, à espera de outros estudos. James Ellis acreditava que tinha chegado a hora de formalmente abordar a questão com detalhes.

■ A EMPRESA

Superior Supermarkets é uma divisão da Hall Consolidated, distribuidora de alimentos para atacado e varejo de propriedade particular. A Hall Consolidated foi formada em 1959 e inicialmente incluía uma série de operações de atacado de alimentos e empresas de hortifrutigranjeiros. A primeira rede varejista de supermercados foi comprada em 1970. A rede dos Superior Supermarkets foi adquirida em 1975. Em 2002, a Hall Consolidated distribuía alimentos e produtos afins para cerca de 150 unidades de supermercados de propriedade da empresa operando sob três nomes de redes de supermercados por meio de 12 centros de distribuição por atacado. Esses centros de distribuição também abasteciam aproximadamente 1.100 supermercados independentes nos Estados Unidos. As vendas da Hall Consolidated, em 2002, foram de 2,3 bilhões de dólares.

---

[1] Com uma política de preço baixo todos os dias, o varejista cobra um preço constante e mais baixo diariamente pelas mercadorias com poucos descontos, quando há. Essa prática difere de uma política de preço "alto e baixo", em que o varejista cobra preços mais altos diariamente, mas com freqüência faz promoções, liquidações ou ofertas especiais em que os preços de mercadorias selecionadas são bastante reduzidos.

Este caso foi preparado pelo professor Roger A. Kerin, da Edwin L. Cox School of Business, Southern Methodist University, como base para discussão em aula e não pretende ilustrar o manejo eficiente ou ineficiente de uma situação administrativa. Certos nomes e dados foram modificados. Copyright © 2003 Rober A. Kerin. Nenhum excerto deste caso pode ser reproduzido sem permissão por escrito do detentor dos direitos autorais.

Superior é a menor das três redes de supermercados de propriedade da Hall Consolidated, com vendas de 192,2 milhões de dólares em 2002. A rede Superior opera supermercados convencionais em áreas comerciais que atendem pequenas cidades na região centro-sul dos Estados Unidos. A área média de um supermercado da rede Superior era de 6.200 m^2, considerada pequena para os padrões do setor (a área média de um supermercado nos Estados Unidos é de aproximadamente 13.200 m^2). Apesar disso, a rede Superior era a número 1 ou número 2 em cada um dos mercados comerciais, de acordo com a participação de mercado.

■ AMBIENTE COMPETITIVO EM CENTRALIA, MISSOURI

Centralia é a principal área comercial em Scott County, que se localiza no centro de Missouri. A área comercial de Centralia tinha um total de vendas de 725 milhões de dólares em 2002. As vendas de alimentos e bebidas em lojas de varejo foram de 62,3 milhões em 2002, o que representou um aumento de 4,6% em relação a 2001. Há 20 estabelecimentos em Centralia que vendem alimentos e bebidas.

De acordo com o Censo dos Estados Unidos de 2000, Centralia tem uma população total de 41.000 habitantes, incluindo 13.500 domicílios. A média de idade da população de Centralia era de 35 anos; a renda média de cada domicílio era de 36.000 dólares; e 80% dos habitantes tinham ensino médio ou mais. Um pouco mais da metade (51,5%) dos habitantes de Centralia trabalhava em estabelecimentos de fabricação, varejo e serviços ligados à educação, à saúde e à área social. A Figura 1 mostra a idade e a distribuição de renda familiar dos residentes de Centralia.

Principais concorrentes

Quatro redes de supermercados responsáveis por 85% de todas as vendas de alimentos em Centralia em 2002 (ver a Figura 2). O restante do negócio de alimentos ao varejo era partilhado por dois pequenos supermercados independentes, várias lojas de conveniência, lojas especializadas em alimentos (padarias, açougues) e uma Feira do Agricultor, de caráter sazonal. Três das redes – Harrison's, Grand American e Missouri Mart – operavam uma loja em Centralia. A Hall operava três Superior Supermarkets em Centralia. Cada uma das três lojas Superior eram menores do que as lojas das outras redes. Grand American, Harrison's e Missouri Mart atraíam seus clientes de áreas geográficas

FIGURA 1

Perfil da população de Centralia: distribuição por idade e renda familiar

Distribuição por idade		*Distribuição por renda familiar*	
Categoria	Porcentagem	Categoria	Porcentagem
Até 19 anos	29,6	Menos de $10.000	10,4
20 – 24 anos	6,8	$10.000 – $14.999	7,5
25 – 34 anos	13,8	$15.000 – $24.999	16,1
35 – 44 anos	14,9	$25.000 – $34.999	14,5
45 – 54 anos	12,9	$35.000 – $49.999	19,8
55 – 59 anos	4,4	$50.000 – $74.999	19,8
60 – 64 anos	3,5	$75.000 – $99.999	6,3
65 – 74 anos	6,9	$100.000 – $149.000	3,8
Mais de 75 anos	7,3	$150.000 ou mais	1,9
	100,0		100,0

Fonte: U.S. Census 2000.

FIGURA 2

Estimativa de participação de mercado para supermercados em Centralia

	1995	1996	1997	1998	1999	2000	2001	2002
Superior	24%	29%	27%	30%	31%	22%	23%	23%
Grand American	22	11	7	6	6	6	6	13
Missouri Mart	25	25	26	28	30	34	34	27
Harrison's	9	14	19	16	14	20	20	22
Outros	20	21	21	20	19	18	17	15

Fonte: Registros da empresa.
Nota: As estimativas de participação de mercado foram feitas por executivos da Hall Consolidated com base em informações que eles consideraram confiáveis. O mercado total (100%) representa todas as vendas de alimentos feitas em Centralia.

mais distantes do que as atendidas pela rede Superior, inclusive negócios de fora de Centralia. Missouri Mart, especificamente, desfrutava de um comércio considerável fora de Centralia. As localizações das lojas são apresentadas na Figura 3.

Harrison's O Supermercado Harrison's, na West Main Street, foi construído em 1976, expandido em 1990 e reformado em 1999. Aproximadamente 15% dos 15.000 m^2 da loja são dedicados a uma extensa gama de produtos em geral e uma pequena farmácia. Autoridades da Hall acreditam que o Harrison's capturou a maior parte dos negócios dos grupos de classe média e alta em Centralia, com rendas familiares anuais acima de 40.000 dólares. O supermercado Harrison's ocupa o segundo lugar em vendas entre todas as principais redes de supermercados. Sua loja em Centralia é uma das 65 da empresa, localizadas no Missouri e em Illinois.

O Harrison's é bem administrado, limpo, organizado e atraente. A decoração é aconchegante, os funcionários são gentis, e a estrutura física facilita as compras. Seu ponto forte é uma variedade equilibrada de alimentos, carnes de qualidade e hortifrutigranjeiros. A loja tem uma localização conveniente, com excelente local para estacionamento. O principal tema de promoção da loja é preço baixo todos os dias, conforme evidenciado por seu *slogan* de propaganda: "Economize no total". De acordo com executivos da Hall, o Harrison's tem uma imagem extremamente favorável para o cliente.

Grand American A loja Grand American, com quase 12.000 m^2, abriu em meados de 2001 e está localizada na esquina das ruas Fairview e West Main. Esta loja substituiu uma instalação menor e mais antiga localizada a vários quarteirões a nordeste do novo local. A loja de Centralia é um dos 148 supermercados operados pelo Grand American, um grande distribuidor e varejista regional de alimentos. A loja Grand American é a mais moderna de Centralia e tem os acessórios e a decoração mais requintados. Tem amplos corredores, e é relativamente fácil comprar no local.

As autoridades da Hall consideram a loja Grand American como um concorrente secundário. De acordo com executivos da Hall, a loja é altamente organizada e carece de qualquer apelo comercial inovador. Apresenta uma modesta variedade de carnes, hortifrutigranjeiros e alimentos em geral, mas sua seção de laticínios é muito bem vista pelos compradores de Centralia. A loja oferece uma variedade básica de mercadorias em geral e abriga uma farmácia. A propaganda semanal do Grand American enfatiza itens de grande volume e também tenta criar uma imagem de preço baixo, destacando preços competitivos nos itens apresentados em cada anúncio. A loja também oferece cupons duplos e as "Ofertas Especiais do Gerente". Os clientes da loja vêm de áreas residenciais semelhantes às dos clientes do Harrison's; no entanto, a renda familiar anual dos clientes do Grand American varia de 20.000 a 35.000 dólares.

FIGURA 3

Localização das lojas, vias de tráfego mais importantes e principais áreas comerciais urbanas das maiores redes de supermercados em Centralia

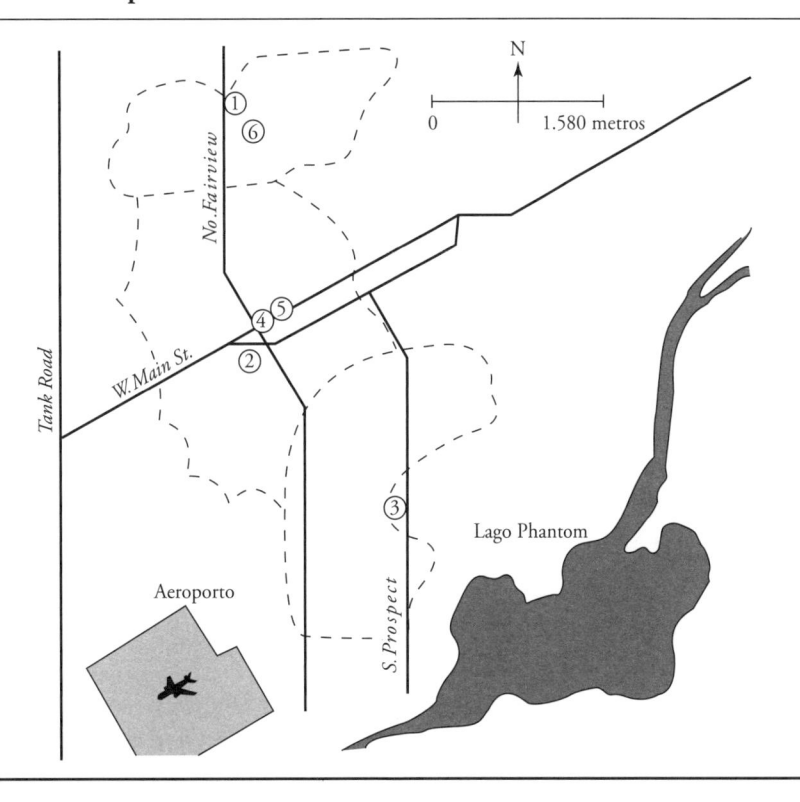

Convenção:

1. Superior (N. Fairview)   4. Grand American
2. Superior (W. Main St.)   5. Harrison's
3. Superior (S. Prospect)   6. Missouri Mart

Nota: Os limites da área comercial foram traçados com base em entrevistas pessoais com clientes em cada loja da rede Superior. O endereço de cada entrevistado foi localizado no mapa, e os limites foram delineados.

Missouri Mart Segundo autoridades da Hall, o Missouri Mart é líder em volume de vendas de alimentos em Centralia e o principal concorrente dos supermercados da rede Superior. Aproximadamente 32% dos clientes da rede Superior compram regularmente no Missouri Mart. A maioria dos clientes do Missouri Mart provém de famílias de meia-idade ou mais cujas rendas anuais passam de 30.000 dólares. Dedicam-se 60% da área de 36.000 m^2 a mercadorias em geral; 40% destinam-se a produtos alimentícios. A loja foi reformada em 2001. Os gerentes das lojas Superior apontam que "o principal ponto forte do Missouri Mart está nos alimentos e nos mostruários especiais". Um gerente afirmou que "a organização e a limpeza são sacrificadas em nome da produção, e a loja carece da qualidade e frescor presentes em outros supermercados em Centralia". Os anúncios apresentam preços muito baixos em certos itens, os quais são expostos em grandes quantidades no final dos corredores na seção de alimentos da loja. Diferentemente do Harrison's e do Grand American, que são independentes, a loja Missouri Mart faz parte de um complexo de outros tipos de estabelecimentos comerciais, incluindo várias lojas de serviços, uma padaria, uma farmácia e uma loja de móveis. A Missouri Mart, Inc., rede regional que construiu a loja de Centralia e a operou por muitos anos, recentemente franqueou o estabelecimento para um negociante independente que continua a operar a loja sob o nome Missouri Mart.

Superior Supermarkets Os três Superior Supermarkets em Centralia eram, de modo geral, mais antigos do que os seus principais concorrentes. Cada uma das lojas abrigava um *strip shopping center* (de propriedade da Hall Consolidated), que consistia de um supermercado Superior e uma farmácia, mais duas ou três lojas (por exemplo, uma loja de lavagem a seco, uma sapataria, uma barbearia ou uma floricultura). As vendas das três lojas haviam aumentado nos últimos três anos, chegando a $14.326.700 em 2002 (ver a Figura 4). A margem total de lucro bruto para as três lojas foi de 28,8% em 2002. Em comparação, a margem média de lucro bruto do setor de supermercados nos Estados Unidos era de 26,4%.

As vendas das três lojas da rede Superior eram divididas como segue: alimentos (incluindo laticínios), 50%; carne fresca, aves e frutos do mar, 20%; hortifrutigranjeiros, 18%; itens sazonais e produtos em geral (incluindo itens para cuidado de saúde e beleza), 7%; padaria (incluindo pães e produtos de pastelaria) e *délicatessen* (incluindo auto-atendimento e serve deli), 5%. As margens de lucro bruto em cada um desses departamentos eram de: alimentos (incluindo laticínios), 30%; carne fresca, aves e frutos do mar, 18%; hortifrutigranjeiros, 30%; produtos em geral (incluindo itens para cuidado de saúde e de beleza), 33%; e padaria e *délicatessen*, 50%.

Autoridades da empresa acreditavam que as lojas Superior ofereciam uma variedade mais limitada de mercadorias do que os principais concorrentes, mas que o Superior tinha produtos de mais alta qualidade, especialmente itens alimentícios e frutas e legumes frescos. As autoridades reconheciam que as seções de carne fresca, aves e frutos do mar das três lojas variavam em termos de aceitação pelos consumidores.

Os supermercados Superior acompanham tanto o Missouri Mart quanto o Harrison's em termos de exposição geral em propagandas, mensurada em relação ao espaço ocupado em jornais, circulares e inserções em jornais, comerciais de rádio e *outdoors*. A exposição do Grand American é consideravelmente maior do que a do Superior nesses meios. O Superior apresenta um posicionamento de valor em seus anúncios: Superior Supermarkets = Valor Superior. Em 2002, o Superior gastou $127.500 em propaganda, ou 0,89% de suas vendas. O Missouri Mart e o Harrison's estavam gastando o equivalente a aproximadamente 1% de suas vendas em propaganda, acreditavam as autoridades da Hall Consolidated. Nenhuma das lojas de alimentos em Centralia anuncia na televisão.

Os supermercados Superior são as lojas de alimentos de preço mais alto na região de Centralia, de acordo com estudos comparativos da cesta básica dos concorrentes. (A Figura 5 mostra o detalhamento em dólares dos produtos vendidos nos supermercados de Centralia.) Entretanto, o Superior anuncia itens de grande volume a preços com grandes descontos e apresenta os "líderes de prejuízo" – itens vendidos aos consumidores pelo preço de custo do vendedor ou por um valor aproximado. Refrigerantes, pão, ovos e farinha são líderes de prejuízo populares no mercado de Centralia.

North Fairview Construída em 1975, a loja de North Fairview é a mais antiga das três lojas Superior de Centralia. Foram feitas melhorias na loja em 1990 e 1995, incluindo novos balcões de cai-

FIGURA 4

Vendas dos Superior Supermarkets em Centralia: 2000 – 2002

Loja	*2000*	*2001*	*2002*
North Fairview	$4.050.277	$4.287.686	$4.437.632
West Main	5.194.972	5.174.051	5.374.517
South Prospect	4.098.898	4.227.304	4.514.551
Total	$13.345.147	$13.689.041	$14.326.700

Fonte: Registros da empresa.

FIGURA 5

Como 100 dólares são gastos em um supermercado típico de Centralia

Perecíveis		$49,67
Carne fresca, aves, frutos do mar	$14,32	
Hortifrutigranjeiros	9,70	
Laticínios	9,08	
Alimentos congelados	6,95	
Délicatessen	3,38	
Pão e produtos de pastelaria	3,15	
Produtos de pastelaria da loja	2,14	
Délicatessen self-service	0,77	
Flores	0,18	
Produtos alimentícios		$30,95
Bebidas	10,71	
Itens principais de refeição	8,44	
Lanches	6,39	
Diversos	5,41	
Produtos não-alimentícios		$8,77
Cuidado de saúde e beleza		3,72
Mercadorias em geral		3,45
Farmácia		2,49
Não-classificados		0,95
		$100,00

Fonte: Registros da empresa.

xa e novos congeladores. A loja está localizada a menos dois quarteirões do complexo comercial onde está o Missouri Mart. Cerca de 20% dos clientes da loja de North Fairview vêm de fora de Centralia. A maioria desses clientes mora a aproximadamente três ou quatro milhas de distância da loja.

West Main Street A loja Superior de West Main Street foi inaugurada em 1977. Melhorias substanciais foram feitas em 1992, incluindo expansão das seções de laticínios e comida congelada e adição de novos balcões de caixa. Uma "mini" *délicatessen* foi acrescentada em 2000 como parte de uma modesta renovação. A *délicatessen* prepara itens para venda no próprio estabelecimento e para entrega e venda nas lojas de North Fairview e South Prospect.

    Dois concorrentes, Harrison's e Grand American, estão situados do outro lado da rua. Embora ambos sejam concorrentes fortes, os executivos da Hall acreditam que a loja da West Main Street atraia a maior parte de seus clientes da área ao sul da loja e que o Harrison's e o Grand American tragam menos clientes daquela área. Aproximadamente 22% das vendas da loja de West Main provêm de pessoas que moram além dos limites da cidade.

South Prospect A loja de South Prospect foi construída em 1982 e passou por uma reforma substancial em 2000. Atualmente, não há nenhum grande concorrente na vizinhança próxima da loja. Das três lojas Superior, a de South Prospect é a única com padaria cujos produtos são todos feitos no próprio estabelecimento. As entregas são feitas nas outras lojas diariamente. Executivos da empresa acham que a padaria oferece itens de alta qualidade, mas com menor variedade do que a de uma típica padaria de varejo em Centralia. Aproximadamente 23% das vendas da loja são para pessoas que moram fora de Centralia.

■ INICIATIVAS DE PESQUISA DO CONSUMIDOR

Em meados do ano 2002, a Hall encomendou uma série de estudos sobre as lojas Superior de Centralia para uma empresa independente de pesquisa de *marketing*. Foram delineados dois objetivos para os estudos. Primeiro, os executivos da Hall buscavam (1) desenvolver um perfil atualizado dos compradores do Superior e (2) determinar o comportamento de compra desses clientes. Essas informações deveriam ser usadas para a tomada de decisões sobre comercialização e renovação das lojas. Segundo, os executivos esperavam que o questionamento dos compradores a respeito do que gostavam e não gostavam nas lojas Superior revelasse que tipo de imagem de varejo as lojas projetavam. A questão da imagem da loja tinha sido um tópico de discussão entre as autoridades corporativas desde o ano 2000, quando um consultor de varejo da empresa havia concluído que as lojas de Centralia não concretizavam todo o seu potencial de vendas e lucro porque careciam de uma forte imagem junto ao consumidor.

O primeiro estudo consistiu de uma pesquisa por telefone com 400 moradores de Centralia, a quem se pediu que comentassem os principais pontos fortes das lojas Superior, Missouri Mart, Grand American e Harrison's. Mais de 30% dos entrevistados consideraram os preços do Superior "acima da média". Por outro lado, em torno de 20% dos respondentes achavam que os preços no Missouri e no Grand American estavam abaixo da média. Segundo os entrevistados, o Harrison's tinha os menores preços diários. Resultados adicionais desse estudo aparecem na Figura 6.

Um segundo estudo consistiu de dois grupos focais recrutados para discutir vários aspectos da clientela e opções de lojas de alimentos em Centralia. Um resumo dos comentários segue abaixo:

Preço. O preço é o mais importante determinante na escolha da loja. Os participantes do grupo focal acreditam que, para itens alimentícios, em especial, as lojas de Centralia têm as mesmas marcas na-

FIGURA 6

Associação de características da loja com as principais lojas de alimentos de Centralia

Característica	Grand American	Harrison's	Superior	Missouri Mart	Não Sabe	Total
Preços mais razoáveis	11%	36%	7%	34%	12%	100%
Mais conveniente	18	21	35	25	1	100
Carne de melhor qualidade	20	27	18	11	24	100
Maior variedade de carnes	22	25	20	18	15	100
Hortifrutigranjeiros de melhor qualidade	24	35	21	11	9	100
Maior variedade de hortifrutigranjeiros	24	30	14	18	14	100
Melhor atendimento	12	30	28	13	17	100
Qualidade dos produtos enlatados	12	24	14	14	26	100
Melhor qualidade geral	6	8	2	74	10	100
Melhor apresentação da loja	27	24	14	9	26	100
Melhor padaria	5	20	25	5	45	100
Melhor *délicatessen*	5	9	9	2	75	100

Fonte: Registros da empresa.

cionais e que as marcas próprias das lojas apresentam qualidade semelhante. O Harrison's é percebido como o que tem os melhores preços em geral.

Carne. Vinte dos 24 participantes dos grupos focais afirmaram que a qualidade da carne é o segundo determinante mais importante na escolha da loja e na freqüência. Eles gostam de ver limpeza na seção de carnes e promoções que não sejam simplesmente cortes menos nobres das carnes. A exposição dos produtos também é uma importante consideração. O Harrison's foi visto como o de melhor qualidade e variedade em termos de carnes. O Missouri Mart recebeu as menores pontuações nesse item.

Hortifrutigranjeiros. A qualidade, a variedade e a exposição dos hortifrutigranjeiros seguem a carne como importante determinante na escolha e freqüência de uma loja. Os participantes dos grupos focais mostraram tendência a igualar a qualidade dos produtos (e da carne) com a imagem da qualidade da loja. O Harrison's é a "loja de hortifrutigranjeiros" de Centralia. O Missouri Mart tem a menor classificação para qualidade, variedade e exposição de frutas, legumes e verduras.

Conveniência de compra. Os participantes dos grupos focais mostraram-se inclinados a agrupar uma série de fatores que parecem representar uma quarta consideração importante na escolha e freqüência de uma loja. Esses fatores tendem a representar a conveniência de compra. A conveniência inclui a facilidade de entrar e sair dos estacionamentos da loja, a rapidez nos caixas, o serviço de carregamento de compras, prateleiras bem abastecidas e organizadas e funcionários prestativos. A proximidade de casa ou do trabalho também parece ser importante, especialmente para as compras de última hora.

Lojas em geral. Os participantes dos grupos focais estão, de modo geral, satisfeitos com suas opções para compra de produtos alimentícios. Em média, eles compram alimentos duas vezes por semana. Uma vez é para as compras mais importantes; a outra é para repor itens. Eles costumam comprar em mais de uma loja regularmente.

Missouri Mart. O típico comentário dos participantes dos grupos focais sobre o Missouri Mart foi que "não se consegue ficar dentro do orçamento quando se compra no Missouri Mart porque tem muita coisa para comprar". No entanto, os participantes não gostam do atendimento no Missouri Mart, nem da qualidade da carne.

Grand American. A maioria das observações sobre o Grand American seguiu uma linha neutra ou negativa. Os participantes dos grupos focais afirmaram que a loja freqüentemente não tem produtos em estoque e costuma fazer propaganda demais. As ofertas especiais anunciadas pelo Grand American não são realmente especiais, de acordo com alguns participantes dos grupos focais.

Harrison's. O Harrison's é o vencedor na competição de preços com o Missouri Mart em Centralia. O Harrison's é reconhecido como o melhor em termos de preço, cortesia, qualidade das mercadorias e atendimento. Os participantes dos grupos focais acreditam na propaganda "Economize no total" veiculada pelo Harrison's.

Superior (lojas combinadas). O Superior parece ser o vencedor na conveniência de compra. Os participantes dos grupos focais de todas as regiões de Centralia viram o Superior como uma boa loja da vizinhança. A propaganda "Superior Supermarkets = Valor superior" foi questionada, dados os preços mais altos de alimentos, carnes e hortifrutigranjeiros.

Um terceiro estudo envolveu entrevistas pessoais com 587 clientes do Superior nas três lojas. Solicitou-se que os clientes respondessem as perguntas do entrevistador e fizessem comentários sobre a loja. As respostas das perguntas estão tabuladas na Figura 7 para cada loja e para as três lojas combinadas.

Comentando sobre as lojas Superior, os compradores enfatizaram que eram necessários preços mais baixos e maior variedade. Os compradores sugeriram que a seção de laticínios fosse mais limpa, que os preços das carnes baixassem, que a variedade dos produtos na padaria fosse maior, que fosse melhorada a situação de marcas particulares que não se encontravam em estoque e que a qualidade e o frescor das verduras, legumes e frutas melhorassem. As perguntas referentes a aspectos das lojas Superior que os compradores apreciavam geraram uma variedade de respostas. A aparência e limpeza, a gentileza, o atendimento e a conveniência da proximidade de casa ou do trabalho foram aspectos apontados pela maioria dos compradores.

A REUNIÃO DE REVISÃO TRIMESTRAL

James Ellis convocou a reunião de revisão trimestral logo após os participantes terem trocado cumprimentos amistosos. O desempenho das 15 lojas de Randall Johnson no 3º Distrito foi revisado.

FIGURA 7

Resultados da entrevista com compradores dos supermercados Superior

	S. Prospect	W. Main	N. Fairview	*Lojas Superior combinadas*
Idade do cliente (anos)				
Mais de 65	7,5%	16,8%	9,7%	10,7%
64-50	13,7	25,5	28,0	21,6
49-35	33,0	35,8	33,1	33,8
34-25	18,9	15,3	24,0	19,7
24-18	21,2	6,6	4,0	11,6
Menos de 18 e sem resposta	5,7	0	1,2	2,6
Média de pessoas por família	2,6	1,9	1,9	2,1
Freqüência de visitas à loja:				
4 vezes por semana	18,1%	11,7%	9,7%	13,4%
3 vezes por semana	19,9	21,2	22,7	21,2
2 vezes por semana	28,2	38,0	40,0	35,0
1 vez por semana	10,6	11,2	9,2	10,3
3 vezes por mês	0,9	1,7	5,4	2,6
2 vezes por mês	6,0	4,5	7,0	5,9
1 vez por mês	9,7	8,9	5,4	8,1
Outras	6,5	2,8	0,5	3,5
Tempo de freqüência:				
Menos de um ano	11,4%	10,0%	7,1%	7,6%
1 – 3 anos	19,3	8,8	8,0	12,5
Três anos ou mais	69,3	81,2	84,9	77,9
Proporção comprada do total de necessidades de alimentos:				
Quase tudo	13,0%	12,4%	24,4%	17,0%
Aproximadamente ¾	18,8	14,1	13,3	15,0
Aproximadamente ½	50,0	58,2	47,2	51,7
Aproximadamente ¼ a ½	6,7	7,9	7,2	7,1
Menos de ¼	11,5	7,3	7,8	9,2
Seções onde compra:				
Alimentos, carnes, hortifrutigranjeiros	22,5%	17,4%	30,2%	23,4%
Alimentos, carnes	10,7	10,4	13,6	11,5
Alimentos, hortifrutigranjeiros	11,2	7,3	5,4	8,2
Carnes, hortifrutigranjeiros	6,5	3,7	2,2	4,3
Somente alimentos	33,5	45,1	32,2	36,9
Somente carnes	1,4	2,4	4,3	2,7
Somente hortifrutigranjeiros	0,9	3,7	2,7	2,3
Mercadorias em geral, incluindo:				
Itens de saúde e beleza	15,2	9,2	7,5	10,9
Alimentos congelados	22,4	20,8	28,5	23,9
Laticínios	39,6	37,6	49,7	42,3
Padaria e/ou *délicatessen*	23,3	22,4	29,1	24,9

(Continua)

FIGURA 7 *(continuação)*

	S. Prospect	W. Main	N. Fairview	Lojas superior combinadas
Outras lojas onde compra com mais regularidade:				
Grand American	7,6%	7,8%	4,9%	6,8%
Harrison's	30,8	40,8	16,8	29,5
Missouri Mart	29,0	22,1	43,8	31,6
Superior	0,6	0,6	—	0,4
Independente 1	5,8	—	0,6	2,2
Independente 2	4,7	0,6	3,7	1,8
Outras	3,5	3,0	0,1	3,4
Nenhuma	18,0	15,0	30,1	14,3
O que mais gosta na outra loja onde compra regularmente:				
Preços	33,8%	29,5%	19,5%	27,0%
Carnes	8,8	22,7	7,8	11,6
Hortifrutigranjeiros	10,3	9,1	6,5	8,5
Localização	10,3	9,1	5,2	7,9
Outras respostas	36,8	29,6	61,0	45,0
(Nenhuma categoria foi responsável por mais de 7% do total.)				

Fonte: Registros da empresa.

Exceto pelas três lojas Superior de Centralia, Missouri, todas as outras atingiram as metas planejadas para vendas, margem de lucro bruto, despesas e lucros. As três lojas de Centralia haviam registrado uma variação negativa de 1% nas vendas. A inspeção do *mix* de vendas das lojas, que evidenciaram um aumento nas vendas em porcentagem entre categorias de margem bruta mais alta (alimentos, mercadorias em geral e padaria/*délicatessen*), tinha impulsionado o percentual de margem de lucro bruto das lojas. O percentual um pouco maior de margem bruta, juntamente com despesas operacionais mais baixas, resultou em uma margem de lucro líquido das lojas ligeiramente abaixo de 1% – quase a margem de lucro líquido de 1% planejada para o primeiro trimestre de 2003. Além disso, as contas dos clientes em todas as três lojas estavam mais altas do que as do primeiro trimestre de 2002. No geral, o 3º Distrito estava indo de acordo com o planejado.

Discussão sobre a estratégia de preço baixo todos os dias

Após a revisão de desempenho trimestral do 3º Distrito, a discussão voltou-se para proposta de Randall Johnson de implementar a estratégia de preço baixo todos os dias em Centralia, Missouri. Ele reiterou os pontos apresentados em um memorando enviado anteriormente para James Ellis: (1) os preços do Superior eram mais altos do que os da concorrência em uma época de crescente preocupação com os preços por parte dos compradores de Centralia e (2) o Superior poderia perder participação de mercado em Centralia devido ao diferencial de preço. As vendas em Centralia já haviam decrescido 3% no primeiro trimestre de 2003, se comparadas com as metas de vendas planejadas. Esse declínio, seguindo um quarto trimestre de 2002 mais lento do que o esperado, "poderia indicar o início de uma tendência", disse Johnson. Ele acrescentou: "estamos correndo o risco de perder nossa posição como segundo maior supermercado (com base na participação de mercado) em Centralia".

A Hall Consolidated tinha seletivamente empregado a estratégia de preço baixo em áreas bem-definidas do mercado atendidas por cada uma das suas três redes de supermercados. De acordo com o vice-presidente das operações de varejo,

Nosso sucesso com a estratégia de preço baixo todos os dias é misto. Aprendemos que essa estratégia de preço tende a funcionar melhor quando é parte de uma estratégia mais ampla de posicionamento da loja, apoiada por propaganda. Também aprendemos que, para que essa estratégia funcione, não precisamos ser o supermercado de preço mais baixo na região.

James Ellis concordou com essas observações e acrescentou:

A estratégia de preço baixo todos os dias tem que ser usada por todas as lojas em uma área comercial, senão só confundiremos a imagem ou posicionamento da loja. Em resumo, acho que precisamos dar uma boa olhada na nossa recente pesquisa do consumidor para ver como estamos posicionados em Centralia e como a estratégia de preço baixo todos os dias mudará nossa imagem.

O controlador dos Superior Supermarkets apontou que a estratégia de preço baixo todos os dias tinha o potencial de reduzir os custos operacionais. Disse ele:

A estratégia do preço baixo todos os dias pode baixar nossos custos operacionais de duas maneiras. Ela pode reduzir nossos custos de estoque e manejo devido a uma demanda mais constante e previsível. Ela também pode reduzir os custos com mão-de-obra relativos a reduções de preço temporárias menos freqüentes. Nossa experiência indica que podemos obter 50 pontos básicos adicionais (0,5% de vendas) devido a custos mais baixos de estoque e manejo. A necessidade de remarcar as mercadorias e as etiquetas das prateleiras, incluindo as despesas com mão-de-obra, nos custa 60 pontos básicos (0,6% de vendas), o que poderia ser eliminado com a estratégia de preço baixo todos os dias. Ambas as economias poderiam ser adicionadas à nossa margem de lucro bruto.

Randall Johnson disse ainda: "ou usamos as economias para impulsionar nosso orçamento de propaganda apresentando nossa nova estratégia de preço baixo todos os dias". Todos concordaram que existia tal opção.

Considerações sobre a implementação da estratégia de preço baixo todos os dias

"Não vamos nos apressar para uma conclusão sobre a estratégia de preço baixo todos os dias", disse James Ellis. "Ainda temos algumas coisas para considerar, sendo algumas das mais importantes as complicadas questões de implementação".

Todos os executivos da Hall admitiam que o Superior Supermarkets era "corretamente percebido pelos compradores como o de preços mais altos em Centralia". No entanto, todos concordavam que poucos compradores tinham conhecimento específico dos preços de produtos ou marcas para poder comparar com outras lojas. Até onde existia conhecimento dos preços, ele tinha tendência de ser uma categoria dependente. Uma pesquisa do consumidor feita anteriormente pela empresa indicou que os compradores eram propensos a ter uma idéia relativamente boa dos preços de produtos que compravam com freqüência. Por exemplo, novos pais têm um maior conhecimento dos preços de alimentos infantis e de fraldas. Os compradores conhecedores de preços também tendiam a reconhecer preços atraentes (mais baixos) e não-atraentes (mais altos) e eram capazes de detectar um "bom negócio" quando o viam, fosse em um anúncio ou na loja.

"Quando consideramos a estratégia de preço baixo todos os dias, temos que pensar se a adotaremos ou não inteiramente para todos os nossos produtos ou apenas em certas categorias", disse James Ellis. Randall Johnson era a favor da abordagem integral, observando que o impacto sobre os compradores seria maior. O vice-presidente de operações de varejo preferia limitar a estratégia de preço baixo todos os dias aos itens alimentícios (incluindo os laticínios) e aos produtos gerais e sazonais (incluindo itens de saúde e beleza), partindo de um ponto de vista operacional. O controlador concordou: "é mais provável que vejamos economias de custos devido à estratégia de preço baixo todos os dias nessas categorias do que nas outras. Essas categorias representam 57% das vendas do Superior em Centralia, e a estratégia do preço baixo todos os dias deve transmitir a imagem que desejamos projetar".

James Ellis continuou: "uma outra consideração é quanto ao próprio preço. Quanto nossos preços devem baixar?" Estudos sobre a cesta básica de supermercados concorrentes mostraram sistematicamente que os preços diários (não-promocionais) do Superior eram cerca de 10% mais altos do que os preços do Harrison's e aproximadamente 7% mais caros do que os do Grand American e os do Missouri Mart. "Ou seja, se é que existe tal estratégia de preço baixo todos os dias no Grand American ou no Missouri Mart, tendo em vista seus descontos desenfreados", disse Randall Johnson. Todos os executivos da Hall concordaram que o Superior não poderia "ir além" dos preços do Harrison's e que qualquer sugestão de que o Superior tencionasse fazer isso em Centralia não seria sábia. "Não vamos começar uma guerra de preços em um mercado que tem sido lucrativo para nós", disse James Ellis. "Além disso", disse o vice-presidente de operações de varejo, "oferecemos mais conveniência de compra com nossas três lojas, e isso tem seu valor".

Naquele momento, o telefone tocou, e James Ellis foi informado de que estava atrasado para a reunião agendada com o gerente do 3º Distrito. "Randy, eu tinha lhe prometido que chegaríamos a uma conclusão sobre a proposta do preço baixo todos os dias enquanto você estivesse na cidade", disse James Ellis. Ele concluiu a reunião dizendo: "fizemos algum progresso esta manhã, mas acho que o assunto exige mais atenção. Vamos nos reunir novamente amanhã de manhã. Enquanto isso, todos nós precisamos ver bem a situação de Centralia, considerar nossa atual posição competitiva no mercado e chegar a um acordo sobre como devemos proceder".

CASO

Burroughs Wellcome Company
Retrovir

"Acho que a Burroughs Wellcome está muito interessada em reaver todo aquele dinheiro o mais cedo possível, pois o sol não vai brilhar para sempre[1]."

> Co-fundador da Project Inform,
> uma agência de informações sobre o tratamento da AIDS
> (1987)

"Assim que o medicamento estiver no mercado, a empresa é que controla o preço."[2]

> Dr. George Stanley,
> Food and Drug Administration (1987)

"Para tornar o AZT acessível a todos que precisam dele, a Burroughs Wellcome tem obrigação de renunciar a uma quantia significativa de dinheiro para permitir que as pessoas tenham acesso ao medicamento."[3]

> Diretor-executivo,
> National Gay and Lesbian Force
> (1989)

"Não há planos para outra redução de preço."[4]

> Sir Alfred Sheppard,
> Presidente da diretoria,
> Wellcome PLC
> (1989)

Em janeiro de 1990, os executivos da Burroughs Wellcome encontravam-se sob pressão contínua para reduzir o preço do Retrovir. A zidovudina da marca Retrovir é o nome comercial para um fármaco chamado azidotimidina (AZT), que se descobriu ser eficaz no tratamento da síndrome de imunodeficiência adquirida (AIDS) e do complexo relativo à AIDS (ARC). A AIDS é uma doença causada por um vírus que ataca o sistema imunológico do corpo e prejudica a habilidade do sistema de combater outras infecções. Sem o sistema imunológico em funcionamento, a pessoa torna-se vulnerável a infecção por bactérias, protozoários, fungos, vírus e outros agentes malignos, o que pode causar doenças com risco de vida, tais como pneumonia, meningite e câncer. A AIDS é causada pelo HIV (vírus de imunodeficiência humana), um vírus humano que foi descoberto em 1983. O AZT é classificado como um medicamento antiviral que interfere na reprodução do HIV. Como tal, o AZT é um tratamento, não a cura para a AIDS.

---

[1] "The Unhealthy Profits of AZT", *The Nation* (October 17, 1987), p. 407.
[2] Ibid.
[3] "AZT Maker Expected to Reap Big Gain", *New York Times* (August 29, 1989), p. 8.
[4] "Wellcome Seeks Approval to Sell AZT to All Those Inflicted with AIDS Virus", *Wall Street Journal* (November 17, 1989), p. B4.

Este caso foi preparado pelo professor Roger A. Kerin, da Edwin L. Cox School of Business, Southern Methodist University, com o auxílio de Angela Bullard, estudante de pós-graduação, como base para discussão em aula e não se destina a ilustrar o manejo eficaz ou ineficaz de uma situação administrativa. O caso foi preparado a partir de publicações. Citações, estatísticas e informações operacionais publicadas aparecem em notas de rodapé para propósitos de referências. Copyright © 1995, Roger A. Kerin. Nenhum excerto deste caso pode ser reproduzido sem permissão por escrito do detentor dos direitos autorais.

Em 1987, a Burroughs Wellcome obteve aprovação da U.S. Food and Drug Administration para comercializar o Retrovir, o primeiro – e, até 1990, o único – medicamento autorizado para tratamento da AIDS. Logo depois de a Burroughs Wellcome ter colocado o Retrovir à disposição para venda com receita médica, em 9 de março de 1987, a empresa viu-se envolvida em controvérsias relativas ao preço do remédio. Críticos acusaram que a Burroughs Wellcome, que vendia o medicamento para atacadistas pelo preço de $188 por 100 cápsulas de 100mg, estaria tirando vantagem de um "mercado altamente vulnerável". O presidente da empresa, T. E. Haigler, respondeu que o alto preço era devido ao "mercado incerto do medicamento, ao possível advento de novas terapias e às margens de lucro costumeiramente geradas por novos remédios importantes".[5]

No entanto, a empresa reduziu seu preço em 20% em dezembro de 1987 e mais 20% em setembro de 1989. Antes da redução de preço em 1989, o Subcomitê de Saúde e Ambiente da Assembléia Legislativa dos Estados Unidos havia iniciado uma investigação sobre o possível preço "inapropriado" do Retrovir. Logo depois da anunciada redução de preço em 1989, o presidente do subcomitê disse que aquilo havia sido "um bom passo inicial. Mas acho que a empresa pode fazer mais".[6] Em novembro de 1989, o presidente da Wellcome PLC, empresa-mãe da Burroughs Wellcome, teria dito: "Não há planos para outra redução de preço".[7] Entretanto, a pressão para uma nova redução de preço continuou.

■ SÍNDROME DA IMUNODEFICIÊNCIA ADQUIRIDA

A síndrome da imunodeficiência adquirida pode remontar a uma amostra de sangue retirada e armazenada no Zaire, nação da África Central, em 1959 (ver a Figura 1 para a cronologia de eventos importantes). Contudo, só foi em 1982 que o Centro de Controle e Prevenção de Doenças em Atlanta, Geórgia, classificou a doença e alertou que ela poderia ser disseminada por um vírus em fluidos corporais, como o sangue e o sêmen. Em 1983 e 1984, cientistas franceses e americanos isolaram um vírus suspeito de ser o causador da AIDS que posteriormente foi denominado vírus de imunodeficiência humano, ou HIV, em 1988. O HIV é um retrovírus que pode se tornar um elo extra no código genético, ou DNA, de uma célula. O HIV inibe e finalmente destrói a célula T-4, que é parte fundamental do sistema imunológico de uma pessoa, cuja função é atacar os germes. Sem as células T-4, as pessoas sucumbem a todos os modos de infecção. A identificação do HIV foi uma grande revolução, especialmente porque, antes de 1984, não estava estabelecido na comunidade científica que retrovírus como o HIV causavam doenças humanas.

Incidência e custo do HIV e da AIDS

Esforços para mapear e prever a incidência e o custo do HIV e da AIDS começaram a ser realizados seriamente em 1986. Uma pesquisa concentrou-se na identificação de indivíduos de alto risco, determinando a concentração geográfica da doença e chegando a estimativas do número de pessoas afetadas pelo HIV e pela AIDS.[8] Essa pesquisa descobriu que quase 90% das vítimas da AIDS eram ho-

---

[5] "The High-Cost AIDS Drug: Who Will Pay for It?" *Drug Topics* (April 6, 1987), p. 52.

[6] "How Much for a Reprieve from AIDS?" *Time* (October 2, 1989), p. 81.

[7] "Wellcome Seeks Approval to Sell AZT", *Wall Street Journal* (November 17, 1989), p. B4.

[8] Partes deste material baseiam-se em estatísticas relatadas em Brad Edmunson, "AIDS and Aging", *American Demographics* (March 1990), pp. 28-34; Fred J. Hellinger, "Forecasting the Personal Medical Care Cost of AIDS from 1988 through 1991", *Public Health Reports* (May-June 1988), pp. 309-319; William L. Roper and William Winkenwerder, "Making Fair Decisions about Financing Care for Persons with AIDS", *Public Health Reports* (May-June 1988), pp. 305-308; Centers for Disease Control, "Human Immunodeficiency Virus Infection in the United States: A Review of Current Knowledge", *Morbidity and Mortality Weekly Report* (December 18, 1987), pp. 2-3, 18-19; "Now That AIDS Is Treatable, Who'll Pay the Crushing Cost?", *Business Week* (September 11, 1989), pp. 115-116; Centers for Disease Control, "HIV/AIDS Surveillance Report" (U.S. Department of Health and Human Services, Public Health Services: December 1990).

FIGURA 1

Cronologia da AIDS, 1959 – 1990

1959	Amostra de sangue é retirada e armazenada no Zaire, nação da África Central. Em novo teste da amostra em 1986, médicos descobrem que ela estava infectada com HIV.
1978	Médicos determinam que uma criança em Nova York morreu em conseqüência direta de um colapso no sistema imunológico.
1981	O Centro para Controle de Doenças (CCD) relata o colapso do sistema imunológico de vários homens homossexuais, resultando na ocorrência de doenças infecciosas e cânceres.
1982	O CCD chama a "doença misteriosa" de síndrome de imunodeficiência adquirida (AIDS) e alerta que ela pode ser disseminada por um vírus nos fluidos corporais, como sangue e sêmen.
1983	Cientistas do Instituto Pasteur, em Paris, França, isolam um vírus suspeito de causar AIDS.
1984	Pesquisadores dos Estados Unidos identificam um vírus causador de AIDS como sendo o mesmo que havia sido isolado pelos cientistas franceses.
1985	Um teste para detectar o vírus da AIDS no sangue é autorizado.
1986	O vírus causador da AIDS é denominado de vírus de imunodeficiência adquirida humana, ou HIV.
1987	A U.S. Food and Drug Administration permite a venda de azidotimidina (AZT), que atenua alguns dos sintomas da AIDS e do complexo relacionado com a AIDS (ARC).
1988-1990	As fatalidades devido à AIDS continuam a aumentar enquanto a indústria farmacêutica busca uma cura.

mens homossexuais ou usuários de drogas intravenosas. Metade de todos os casos de AIDS relatados localizava-se nas áreas metropolitanas de San Francisco, Miami, Nova York, Los Angeles e Houston.

O mapeamento e a previsão da incidência de casos de AIDS e de infecção por HIV provaram ser mais difíceis. O Centro de Controle e Prevenção de Doenças (CCPD) relatou 5.992 casos de AIDS em 1984 e 35.198 casos em 1989. Estimativas das infecções por HIV em 1990 variavam de 800.000 a 1.300.000 americanos, dependendo do procedimento de cálculo empregado. A incidência de casos de AIDS no período 1981-1989 aparece na Figura 2. A taxa de fatalidade para pessoas afetadas pela AIDS era de aproximadamente 91% em 1981 e de 46% em 1989.

O tratamento de pacientes com AIDS provou ser extremamente caro. De acordo com um estudo de 1987, feito pela Rand Corporation, uma organização de pesquisa conhecida internacionalmente, estimava-se que os custos médicos para toda a vida de um paciente de AIDS na faixa dos 30 anos ficassem entre $70.000 e $141.000. Em comparação, o custo de tratamento para toda a vida de uma pessoa na faixa dos 30 anos que tivesse câncer do trato digestivo era de $47.000; os de uma pessoa com leucemia eram de $29.000; e os de um paciente com doença cardíaca, $67.000.

Estimava-se que 40% das pessoas com AIDS haviam recebido assistência do Programa Medicaid, que é administrado pela Health Care Financing Administration e financiado pelo governo federal (55%) e estados individuais (45%). Os custos anuais estimados para assistência e tratamento da AIDS financiados pelo Medicaid variavam de $700 milhões a $750 milhões em 1988. Calcula-se que os gastos do Medicaid com a AIDS chegassem a $2,4 bilhões em 1992. Além disso, convênios particulares despendiam $250 milhões anualmente em pagamentos médicos relativos à AIDS.

Tratamento com medicamento anti-HIV

A identificação do HIV em meados da década de 1980 fez com que diversas empresas farmacêuticas procurassem medicamentos antivirais. A Burroughs Wellcome liderou as pesquisas, em parte, devi-

FIGURA 2

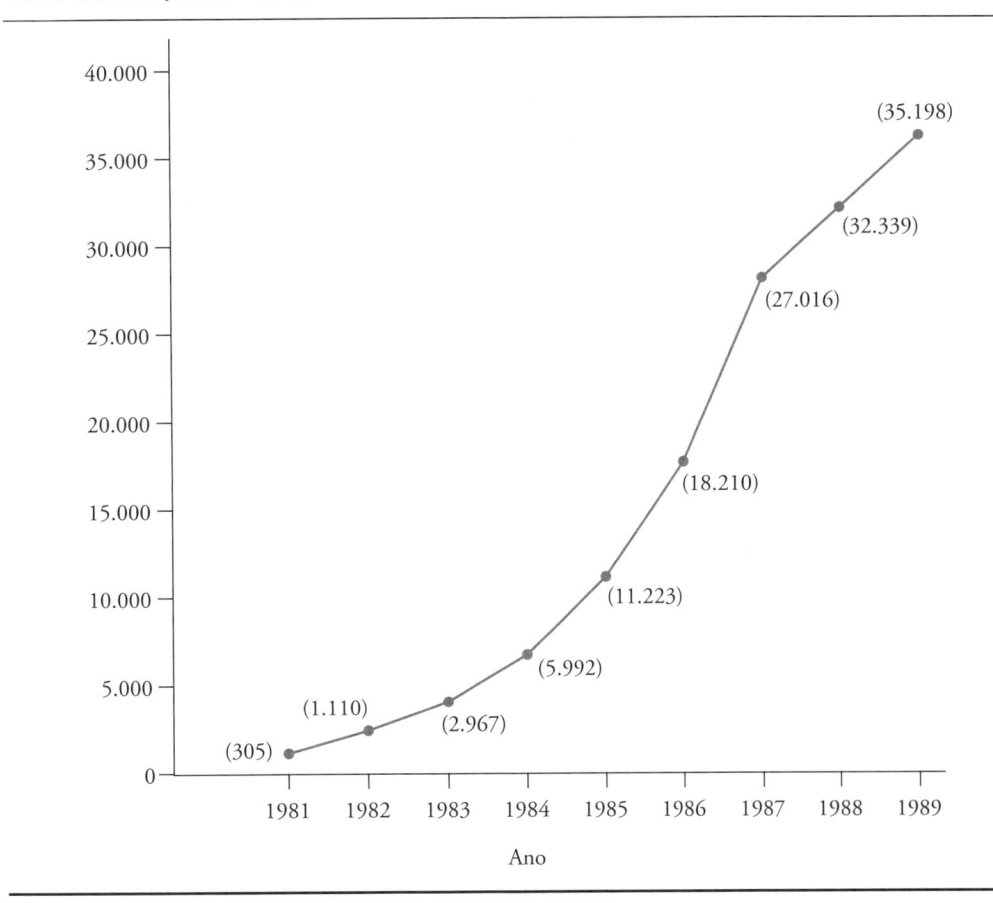

Casos de AIDS, 1981 – 1989

[Gráfico de linha mostrando casos de AIDS por ano:
- 1981: (305)
- 1982: (1.110)
- 1983: (2.967)
- 1984: (5.992)
- 1985: (11.223)
- 1986: (18.210)
- 1987: (27.016)
- 1988: (32.339)
- 1989: (35.198)

Eixo Y: 0 a 40.000
Eixo X: Ano]

Fonte: Baseado em Centers for Disease Control and Prevention, "HIV/AIDS Surveillance Report" (U.S. Department of Health and Human Services, Public Health Services: December 1990).

do ao seu trabalho anterior de desenvolvimento de fármacos para combate a doenças virais. Além do AZT fornecido pela Burroughs Wellcome, outros compostos estavam em diferentes estágios de desenvolvimento e comercialização.[9] Um medicamento antiviral recebeu aprovação limitada da FDA e está disponível para pacientes que têm reação negativa ao AZT. Esse medicamento, produzido pela Bristol Myers e chamado de DDI, é um composto antiviral que parece inibir a reprodução do HIV e desacelerar o dano que ele causa. O DDI inicialmente foi estudado para combater a AIDS pelo National Cancer Institute. Como o AZT, ele interfere na habilidade das células infectadas pelo HIV de produzir novos vírus e desacelera a progressão da infecção pelo HIV, mas não erradica nem elimina a infecção. A principal vantagem do DDI em relação ao AZT é que ele parece ser menos tóxico. O DDC, desenvolvido pela Hoffman-LaRoche, estava em testes clínicos em 1989. Outros medicamentos produzidos pela Glaxo e Triton Biosciences, Inc., estavam sendo testados também. Analistas do setor acreditavam que um ou mais desses medicamentos obteria a aprovação da FDA para venda com receita médica em 1991.

---

[9] Parte desse material baseia-se em "A Quiet Drug Market Takes a Big Swing at AIDS", *Business Week* (October 6, 1986), p. 32; "There's No Magic Bullet, but a Shotgun Approach May Work", *Business Week* (September 11, 1989), p. 118.

BURROUGHS WELLCOME COMPANY

A Burroughs Wellcome é uma subsidiária americana da Wellcome PLC, uma companhia pública limitada britânica com sede em Londres.[10] A Wellcome PLC é uma empresa multinacional com operações de fabricação em 18 países que emprega 20.000 pessoas. Aproximadamente 18% dos funcionários da empresa estão envolvidos em pesquisa e desenvolvimento. O principal negócio da empresa, responsável por 89% de sua receita no ano fiscal de 1989, são os produtos de assistência para a saúde humana, sejam eles éticos (que exigem receita médica) ou adquiridos sem necessidade de receita. Dois produtos éticos respondem por 34% de sua receita com produtos para assistência à saúde humana: Zovirax e Retrovir. O Zovirax, usado no tratamento de herpes, é o produto mais vendido da empresa, com vendas anuais de $492 milhões em 1989. O Retrovir é o segundo produto mais vendido, com vendas anuais de $225 milhões em 1989. Além disso, a empresa comercializa o Actifed e o Sudafed, compostos para tosse e gripe, como medicamentos liberados. Esses dois produtos combinados geram vendas de $253 milhões. A Wellcome PLC tinha um setor de assistência à saúde animal que gerava aproximadamente 11% da receita da empresa o qual foi vendido no final de 1989.

A América do Norte representa o maior mercado para os produtos vendidos pela Wellcome PLC, com vendas anuais de $997 milhões. As vendas nos Estados Unidos equivalem a aproximadamente 42% das vendas mundiais da Wellcome PLC. O Reino Unido é o segundo maior mercado da empresa, sendo responsável por cerca de 10% das vendas mundiais.

A Wellcome PLC registrou receitas totais de $1,75 bilhão e lucro líquido antes de impostos de $262,1 milhões no ano fiscal de 1987. As receitas totais para o ano fiscal de 1981(com término em 31 de agosto de 1989) foram de $2,1 bilhões com lucro líquido antes de impostos de $475 milhões.[11] Razões operacionais e financeiras selecionadas para a Wellcome PLC para os anos fiscais de 1987-1989 são mostradas na Figura 3. A Figura 4 apresenta estatísticas comparativas para outras grandes empresas do setor farmacêutico dos Estados Unidos. As porcentagens de vendas e o crescimento da renda líquida desde o ano fiscal de 1985 para a Wellcome PLC são mostrados abaixo:

Ano fiscal	Crescimento de vendas	Crescimento de renda líquida
1985-1986	0,2%	7,2%
1986-1987	12,6	47,3
1987-1988	10,4	35,1
1988-1989	12,6	42,9

DESENVOLVIMENTO DO RETROVIR

O programa de pesquisa sobre AIDS da Burroughs Wellcome iniciou-se em junho de 1984 com uma extensa busca por prováveis candidatos. De acordo com Philip Furman, chefe de pesquisa sobre vírus: "Consideramos todos os nossos antivirais conhecidos, para o caso de um deles funcionar contra os retrovírus".[12]

---

[10] Grande parte deste material está descrito nos relatórios anuais de 1989 e 1990 da Wellcome PLC; "Burroughs Wellcome Company", boletim da Burroughs Wellcome, 13 de dezembro de 1990; Brian O'Reilly, "The Inside Story of the AIDS Drug", *Fortune* (November 5, 1990), pp. 112-29. Os números e porcentagens financeiras representam aproximações, já que as informações são relatadas em dólares e em libras esterlinas britânicas. Esses números não se prestam para fins de pesquisa.

[11] Esses números baseiam-se na taxa de câmbio média de $1,55 = £1 em 1987, e $1,68 = £1 em 1989 (*Wellcome PLC 1990 Annual Report*).

[12] Este material baseia-se em "The Development of Retrovir", boletim informativo da Burroughs Wellcome Company, junho de 1990; L. Wastila and L. Lasagna, "The History of Zidovudina (AZT)", *Journal of Clinical Research and Pharmacoepidemiology*, Vol. 4 (1990): 25-29; "The Inside Story of the AIDS Drug", *Fortune* (November 5, 1990), pp. 112-129; "AIDS Research Stirs Bitter Fight over Use of Experimental Drugs", *Wall Street Journal* (June 18, 1986), pp. 26.

FIGURA 3

Participações financeiras e operacionais selecionadas da Wellcome PLC

	Ano Fiscal*		
	1989	1988	1987
Participações financeiras			
Margem de lucro bruto (lucro bruto/vendas)	70,6%	68,1%	67,5%
Retorno sobre vendas (renda líquida antes de impostos/vendas)	20,0	17,7	14,9
Retorno sobre ativos (renda líquida antes de impostos/total de ativos)	20,0	18,0	15,0
Retorno sobre patrimônio (renda líquida antes de impostos/patrimônio comum)	35,0	36,0	32,0
Participações operacionais			
Gastos de P&D/vendas	13,4	13,1	12,6
Custos de venda, gerais e administrativos/vendas	36,9	36,5	39,2

* Ano fiscal com término em 31 de agosto.
Fonte: Relatórios anuais da Wellcome PLC.

Testes de laboratório

Os cientistas da Burroughs Wellcome examinaram centenas de compostos ao longo de um período de cinco meses, mas nenhum se mostrou aceitável. Em novembro de 1984, descobriu-se que o AZT inibia vírus animais em laboratório. O AZT havia sido sintetizado em 1964 por um pesquisador da Michigan Cancer Foundation. Esperava-se, então, que o fármaco fosse útil no tratamento do câncer, mas, ao ser investigado, constatou-se que ele não tinha nenhum potencial como agente para combate ao câncer. No início da década de 1980, cientistas da Burroughs Wellcome sintetizaram novamente o AZT em sua exploração de compostos com possível eficácia contra infecções bacterianas. Essa pesquisa forneceu informações sobre o espectro da atividade antibacteriana do fármaco e sua toxicidade e seu metabolismo em animais de laboratório, mas não houve um desenvolvimento intensivo. O composto só foi examinado outra vez no final de 1984, quando se mostrou promissor como tratamento da AIDS. (A Figura 5 detalha os eventos significativos no desenvolvimento do Retrovir.)

Após demonstração *in vitro* de seu potencial pelos cientistas da Burroughs Wellcome, 50 compostos codificados, inclusive o AZT, foram enviados para a Duke University, ao National Cancer Institute (NCI) e à FDA para testes independentes a fim de avaliar sua atividade *in vitro* contra o retrovírus humano.[13] No início de 1985, esses testes demonstraram que o AZT era, de fato, ativo contra o HIV. A empresa começou então uma série de testes toxicológicos e farmacológicos pré-clínicos na primavera de 1985. Ao mesmo tempo, foi dado início ao trabalho de síntese do fármaco em maior escala na preparação para os testes clínicos em pacientes com HIV. Em 14 de junho de 1985, a Burroughs Wellcome inscreveu-se na FDA para obter o status de Investigational New Drug (IND) para o composto, o que permitiria seu uso em um número limitado de pacientes gravemente afetados pela AIDS e o ARC. Uma semana depois, a FDA informou à Burroughs

---

[13] *In vitro*, expressão latina que significa "em vidro", é usada em medicina com o sentido de isolar um organismo vivo e mantê-lo artificialmente em um tubo de ensaio.

FIGURA 4

Participações financeiras e operacionais para companhias farmacêuticas nos Estados Unidos, 1989

	Companhia farmacêutica					
	Schering-Merck & Co.	Pfizer, Inc.	Laboratórios Abbott	Upjohn	Plough	Eli Lilly
*Participações financeiras**						
Margem de lucro bruto	76,3%	63,6%	52,5%	69,8%	73,8%	69,9%
Retorno sobre vendas	34,8	16,2	22,2	15,8	20,4	31,9
Retorno sobre ativos	33,8	11,0	24,6	14,2	17,9	22,7
Retorno sobre patrimônio	64,9	20,2	43,8	26,5	33,0	35,4
Participações operacionais						
P&D/vendas	11,5	9,4	9,3	14,0	10,3	14,5
Custos de venda, gerais e administrativos/vendas	30,7	37,2	20,5	40,3	42,3	27,5

* Ver a Figura 3 para definições de razões.
Fonte: Relatórios anuais da empresa.

Wellcome que os dados apresentados eram suficientes para permitir o início de estudos clínicos em seres humanos.

Teste em humanos

O Retrovir foi administrado a pacientes pela primeira vez em 3 de julho de 1985, no Clinical Center do National Institutes of Health (NIH) em Bethesda, Maryland. Esse estudo (Fase I), realizado sob protocolo desenvolvido pela Burroughs Wellcome em colaboração com cientistas do NCI, da Duke University, da Universidade de Miami e da UCLA, envolveu 40 pacientes infectos pelo HIV. O propósito dos testes da Fase I era determinar como o Retrovir agia no corpo, a dosagem adequada e as reações adversas potenciais ou efeitos colaterais. Os resultados iniciais foram promissores. Alguns dos pacientes evidenciaram melhora, incluindo maior sensação de bem-estar, ganho de peso e mudanças positivas em várias avaliações da função do sistema imunológico. No entanto, o tratamento extensivo diminuiu a produção de células vermelhas do sangue e de certos leucócitos em alguns pacientes que haviam recebido altas doses.

No início de 1986, dados suficientes sobre o Retrovir estavam disponíveis para que se desse prosseguimento a testes mais extensos com seres humanos. A necessidade agora era provar que o medicamento poderia ser uma terapia útil para pacientes de AIDS e de ARC. Mais voluntários e uma base objetiva para comparação eram essenciais para a realização da Fase II experimental. Um experimento duplo-cego, controlado com placebo, realizado e financiado pela Burroughs Wellcome, começou em 18 de fevereiro de 1986. Participaram 281 pacientes. Itens de segurança incluídos no estudo fizeram com que os dados fossem revisados periodicamente por um conselho de especialistas imparciais reunidos sob os auspícios do National Institute of Allergy and Infectious Diseases (NIAID). Se o grupo que recebia placebo ou o grupo tratado com o medicamento apresentasse resultados tão desfavoráveis ou tão bons a ponto de a continuidade do tratamento não ser eticamente aceitável, o estudo teria que ser interrompido.

Por essa época, tanto a comunidade médica quanto o público em geral tinha ouvido falar da Fase III experimental. À medida que a publicidade aumentava em torno do experimento, grupos de defesa dos pacientes de AIDS ficaram contrariados com o que eles percebiam como um processo excessivamente tedioso e desnecessário. Eles começaram a acusar a Burroughs Wellcome e a FDA de atrasar

FIGURA 5

Marcos na história do Retrovir, 1984 – 1990

Junho de 1984	A Burroughs Wellcome começa um programa de pesquisa sobre AIDS em busca de compostos químicos que pudessem ser eficazes contra o HIV.
Novembro de 1984	Cientistas da Burroughs Wellcome identificam o AZT como sendo potencialmente útil no combate à AIDS.
Primavera de 1985	A atividade *in vitro* do AZT no combate ao HIV é confirmada pelos laboratórios da Duke University, da FDA e do NCI. Esse trabalho de confirmação, solicitado pela Burroughs Wellcome, é feito com amostras codificadas cuja identidade química não foi revelada para os laboratórios externos.
Primavera de 1985	A Burroughs Wellcome dá continuidade aos testes toxicológicos e farmacológicos do AZT. Inicia-se um trabalho para aumentar a síntese do fármaco, já que jamais haviam sido produzidas mais do que poucas gramas para fins de pesquisa.
Junho de 1985	A FDA permite que a Burroughs Wellcome inicie testes clínicos do AZT em seres humanos.
Julho de 1985	O AZT é designado como "droga órfã" para o tratamento da AIDS (tal designação é dada quando a população afetada é menor de 200.000).
Julho de 1985	A Burroughs Wellcome começa a Fase I de um estudo em colaboração com o NCI e a Duke University para avaliar a segurança e a tolerância do AZT em seres humanos.
Dezembro de 1985	Continua a Fase I do estudo, que acaba por envolver 40 pacientes e investigadores do NCI, da Duke University, da Universidade de Miami, da UCLA. As reações dos pacientes são promissoras.
Fevereiro de 1986	A Burrouhgs Wellcome dá início à Fase II do estudo, sendo sua única patrocinadora em 12 centros acadêmicos, chegando a envolver 281 pacientes.
Setembro de 1986	A Fase II do estudo é interrompida quando a análise interina de um conselho independente de monitoramento e segurança de dados mostra uma taxa de mortalidade significativamente menor em pacientes tratados com o AZT em comparação com os que aleatoriamente recebiam placebo.
Outubro de 1986	A Burroughs Wellcome, os National Institutes of Health e a FDA estabelecem um programa de tratamento IND (Investigational New Drug) como forma de oferecer acesso mais amplo ao AZT antes da liberação pela FDA.
Dezembro de 1986	A Burroughs Wellcome finaliza a inscrição de Aplicação de Novo Medicamento junto à FDA.
Março de 1987	A FDA libera a zidovudina (AZT) da marca Retrovir como tratamento para ARC e AIDS em estágio avançado.
Fevereiro de 1988	A Burroughs Wellcome recebe patente dos Estados Unidos para uso do Retrovir como tratamento da AIDS e do ARC, com base no trabalho inovador feito pelos cientistas da empresa.
Agosto de 1989	Testes clínicos controlados indicam que o Retrovir pode beneficiar certas pessoas no início da infecção por HIV, com ou sem sintomas, causando-lhes menos efeitos colaterais ou atenuando-os.
Outubro de 1989	A Burroughs Wellcome estabelece um programa IND de Tratamento Pediátrico, oferecendo maior acesso ao Retrovir para crianças medicamente selecionadas, antes da liberação do medicamento pela FDA.
Janeiro de 1990	A FDA libera orientações modificadas sobre a dosagem para terapia com Retrovir para pacientes com grave infecção por HIV.

Fonte: Condensado de um boletim informativo da Burroughs Wellcome. "Retrovir Milestones", datado de 13 de dezembro de 1990.

a disponibilização do medicamento. Esses críticos argumentavam que negar uma terapia potencialmente eficaz aos pacientes de AIDS era inumano e contra a ética, assim como o uso de um placebo. David Barry, vice-presidente e chefe das divisões de pesquisa, medicina e desenvolvimento, defendia o processo de experimentação, afirmando que, se os controles tratados com placebo fossem afastados, "isso poderia destruir os planos de pesquisa clínica mais modernos e rápidos já criados".[14]

Em setembro de 1986, o conselho de revisão recomendou que a administração de placebo fosse interrompida. Análise dos dados havia mostrado uma taxa de mortalidade significativamente inferior entre os pacientes tratados com Retrovir para um período médio de seis meses. Quando o experimento foi interrompido, tinham ocorrido 19 mortes entre os 137 pacientes que recebiam placebo e uma morte entre os pacientes que tomavam Retrovir. O grupo tratado com Retrovir também teve menor número de infecções. Além disso, o ganho de peso, as melhoras no sistema imunológico e a habilidade de realizar atividades cotidianas, observadas na Fase I, foram confirmadas. No entanto, os pacientes envolvidos na Fase II também tiveram reações adversas semelhantes às relatadas no experimento anterior. Como não era mais apropriado negar o tratamento com o medicamento aos pacientes tratados com placebo, o tratamento com Retrovir, com concordância da FDA, foi oferecido a todos os pacientes que tinham anteriormente sido tratados com placebo.

A expansão da distribuição do medicamento significava que a empresa teria que obter um maior suprimento de timidina, uma substância química biológica primeiramente colhida de esperma de arenque e matéria-prima essencial no AZT. Em 1986, o suprimento mundial de timidina era de aproximadamente 11 quilos. Reconhecendo que esse estoque seria exaurido rapidamente, o chefe de desenvolvimento técnico da Burroughs Wellcome começou uma busca mundial por um fornecedor de timidina, sabendo que eram necessários meses e 20 reações químicas para produzir o material. A pesquisa descobriu uma pequena subsidiária da Pfizer, Inc., uma empresa farmacêutica com sede em Nova York, que já havia produzido timidina na década de 60. Essa empresa foi persuadida a produzir timidina em grandes quantidades.

Em março de 1987, a FDA liberou o Retrovir para tratamento de pacientes adultos com infecção sintomática por HIV, pacientes para quem o medicamento tinha se mostrado benéfico em testes clínicos. Embora não houvesse números exatos à disposição, acreditava-se que cerca de 50.000 indivíduos nos Estados Unidos tinham infecção sintomática por HIV. A dosagem recomendada para pacientes sintomáticos de HIV era de 1.200 miligramas por dia, administradas em 12 cápsulas de 100 miligramas.

Custos de pesquisa e desenvolvimento

Os custos diretos de pesquisa e desenvolvimento associados com o Retrovir eram estimados em aproximadamente 50 milhões de dólares, de acordo com analistas do setor.[15] Esse custo era considerado baixo, uma vez que o custo-padrão para desenvolvimento de um novo fármaco nos Estados Unidos é de 125 milhões de dólares. De fato, a Wellcome PLC havia gasto 726 milhões de dólares para pesquisa e desenvolvimento de dezenas de medicamentos nos cinco anos que precederam a aprovação do Retrovir, sem produzir um grande sucesso comercial. No entanto, quando os custos de uma nova fábrica e novos equipamentos para produzir o Retrovir também foram considerados, as estimativas de custo de pesquisa e desenvolvimento variaram de 80 a 100 milhões de dólares. Além disso, a empresa ofereceu gratuitamente o equivalente a 10 milhões de dólares do medicamento a 4.500 pacientes de AIDS e forneceu de graça uma tonelada de AZT aos National Institutes of Health's AIDS Clinical Trials Group.

O trabalho de pesquisa e desenvolvimento da Burroughs Wellcome realmente beneficiou-se do fato de o AZT ter sido classificado como "droga órfã" em 1985, sob as provisões da Lei de Drogas Órfãs, de 1983. Essa lei, que se aplica a medicamentos úteis para tratar 200.000 pessoas ou menos

---

[14] David Barry, testemunho diante do House Committee on Government Operations Subcommittee on Intergovernmental Relations and Human Resources, 1º de julho de 1987.

[15] As estimativas de custos foram feitas por analistas do setor e não foram nem confirmadas, nem negadas pela Burroughs Wellcome.

nos Estados Unidos, confere consideração especial aos fornecedores desses fármacos. Por exemplo, a designação de droga órfã para o Retrovir proporcionou exclusividade de comercialização durante sete anos após sua introdução comercial, créditos fiscais e subsídio governamental para testes clínicos.

■ *MARKETING* DO RETROVIR

A distribuição inicial do Retrovir foi limitada devido ao seu abastecimento escasso em 1987. Um sistema de distribuição especial foi estabelecido para garantir a disponibilidade do medicamento aos pacientes que tinham demonstrado benefícios com seu uso. Esse sistema permaneceu em funcionamento até setembro de 1987, quando os suprimentos foram adequados e uma distribuição mais ampla se tornou possível

O preço inicial estabelecido para o Retrovir aos atacadistas de medicamentos em março de 1988 era de $188 por 100 cápsulas de 100 miligramas. Esse preço representava um custo anual de $8.528 a $9.745 aos pacientes com AIDS, dependendo das margens do atacadista e da farmácia, que, combinadas, variavam de 5 a 20%. Uma controvérsia imediatamente foi criada, com o público, a mídia e grupos defensores dos pacientes com AIDS, na busca de justificativa para o preço do Retrovir, de redução do seu preço ou subsídio federal. Críticos apontaram que, em comparação, o custo anual do Interferon, um medicamento de combate ao câncer, era de somente $5.000. O co-fundador do Project Inform, uma agência de informações sobre o tratamento da AIDS, disse: "Acho que a Burroughs Wellcome está muito interessada em reaver todo aquele dinheiro o mais cedo possível, pois o sol não vai brilhar para sempre".[16] Audiências no Congresso levaram o presidente do House Subcommittee on Health and the Environment a acusar a Burroughs Wellcome de ter "expectativas de que as pessoas que quiserem comprar o remédio aparecerão com o dinheiro" e de que o governo "se apresentaria" para subsidiar o medicamento para quem não pudesse pagar.[17] O Congresso posteriormente criou um fundo de emergência de 30 milhões de dólares para pacientes de AIDS que não tinham como arcar com o custo do AZT.[18]

Autoridades da empresa reconheceram que a decisão sobre o preço fora difícil de tomar. De acordo com uma autoridade: "não sabíamos qual era a demanda, como produzir em grande escala ou que medicamentos concorrentes apareceriam no mercado. Não havia como descobrir". Outra autoridade da empresa disse: "Acho que pensamos que o medicamento... seria pago de alguma maneira pelo paciente, do seu próprio bolso, ou por terceiros. Na realidade, não fizemos muitos cálculos nesse sentido".[19]

Em 15 de dezembro de 1987, o preço da cápsula de Retrovir teve uma redução de 20%. A empresa anunciou que a redução de preço tinha se tornado possível devido às economias de custos no processo de produção e a um melhor abastecimento de timidina fabricada sinteticamente. A empresa continuou sua pesquisa sobre o AZT ao longo de 1988 e 1989, incluindo tratamentos para crianças infectadas pelo HIV. Em agosto de 1989, esse programa de pesquisa indicou que o Retrovir produzia resultados positivos no adiamento do aparecimento da AIDS em pessoas infectadas pelo HIV. Esse desenvolvimento expandiu os usuários potenciais do medicamento para algo entre 600.000 e um milhão de pessoas. (Porém, fontes do setor acreditam que menos de metade das pessoas com HIV tenha se submetido a exames e tenha ficado sabendo de sua condição para, assim, buscar tratamento.) A aprovação da FDA para comercialização a essa população maior era esperada para março de 1990.

Reconhecendo-se o potencial de uma maior população de pacientes e as economias da produção antecipada, o preço da cápsula de Retrovir foi novamente reduzido em 20% em setembro de 1989. Com referência a essa redução de preço, o *1989 Annual Report* da Burroughs Wellcome observou:

---

[16] "The Unhealthy Profits of AZT", *The Nation* (October 17, 1987), p. 407.
[17] Relatórios da FDC 1987 – Pink Sheet 49 (11), p.5.
[18] "Find the Cash or Die Sooner", *Time* (September 5, 1988), p. 27.
[19] "The Inside Story of the AIDS Drug", *Fortune* (November 5, 1990), pp. 124-125.

Para chegarmos à decisão de reduzir o preço, ponderamos cuidadosamente uma série de fatores. Entre eles, está nossa responsabilidade para com os pacientes e acionistas, as incertezas reais remanescentes no mercado e a necessidade vital de financiar nossos contínuos programas de pesquisa e desenvolvimento.[20]

O novo preço do medicamento aos atacadistas foi estabelecido em $120 para 100 cápsulas de 100 miligramas. O preço de varejo para os usuários era de aproximadamente $150 por essa quantidade e dosagem. Analistas do setor calculavam que o custo direto de fabricação e comercialização do Retrovir era de 30 a 50 centavos por cápsula.[21]

As vendas do Retrovir desde seu lançamento são mostradas na Figura 6. O volume em unidades para o Retrovir no ano fiscal de 1990 foi previsto em 53% a mais do que o volume em unidades no ano fiscal de 1989.

Os grupos de defesa dos pacientes continuaram a criticar o preço do Retrovir. Ativistas da AIDS entoavam *slogans* como "Seja o primeiro a vender ações da Burroughs Wellcome" em piquetes nas bolsas de valores de Londres, Nova York e San Francisco. O diretor executivo da National Gay and Lesbian Task Force disse: "Para tornar o AZT acessível a todos que precisam dele, a Burroughs Wellcome tem obrigação de renunciar a uma quantia significativa de dinheiro para permitir que as

FIGURA 6

Volume de vendas do Retrovir, anos fiscais 1987-1989

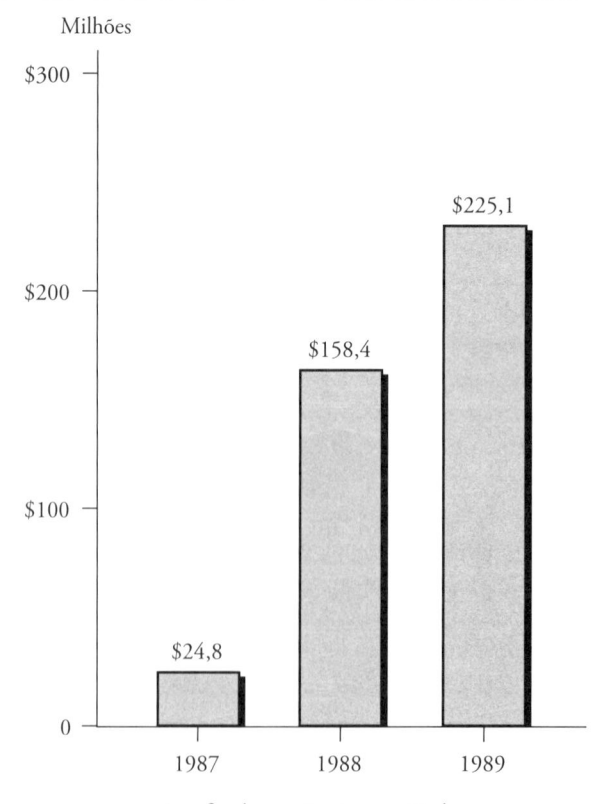

Ano	Volume (Milhões)
1987	$24,8
1988	$158,4
1989	$225,1

Ano fiscal com término em 31 de agosto

Observação: Volume de vendas em dólares americanos computado utilizando-se taxas médias de câmbio: £1 = $1,55 (1987), £1 = $1,76 (1988) e £1 = $1,68 (1989).
Fonte: Wellcome PLC, *1990 Annual Report*.

---

[20] Wellcome PLC, *1989 Annual Report*: 13.
[21] "How Much for a Reprieve from AIDS?" *Time* (October 2, 1989), p. 81.

pessoas tenham acesso ao medicamento".[22] Membros da equipe do Senador Edward Kennedy começaram a pesquisar possíveis modos de nacionalizar o medicamento, invocando uma lei que permite ao governo dos Estados Unidos revogar licenças exclusivas para atender ao interesse de segurança nacional. Além disso, foi publicado que a American Civil Liberties Union estava considerando abrir um processo contra a Burroughs Wellcome. O processo desafiaria a patente de 17 anos concedida à Burroughs Wellcome para o Retrovir, sob o argumento de que cientistas do governo haviam descoberto a eficácia do AZT contra o HIV.[23] O Subcommittee on Health and the Environment do U.S. House of Representatives, que já tinha iniciado uma investigação sobre o possível preço "inapropriado" do medicamento, continuou com suas audiências. No entanto, Sir Alfred Sheppard, presidente da empresa, permaneceu firme: "Não há planos para outra redução de preço". Mais tarde, em 1990, ele acrescentou: "Se embrulhássemos o medicamento em uma nota de 10 libras e o doássemos, as pessoas diriam que ele é muito caro".[24]

Em janeiro de 1990, a FDA aprovou modificações nas orientações de dosagem do Retrovir. Essas orientações reduziram a dose para adultos, das 1.200 miligramas diárias recomendadas em 1987 para 500 miligramas por dia, no caso de alguns pacientes com sintomas de AIDS. Entretanto, alguns médicos alertaram para o fato de que dosagens menores deveriam ser prescritas com cautela. Também em janeiro, lobistas do Congresso iniciaram uma campanha para frear os "lucros excessivos da indústria farmacêutica como um todo". Observadores do setor estavam especulando que o preço do Retrovir poderia ter que ser reduzido novamente em algum momento em 1990 devido à contínua pressão do Congresso dos Estados Unidos, da mídia e dos grupos de defesa dos pacientes de AIDS.[25]

---

[22] "AZT Maker to Reap Big Gain", *New York Times* (August 19, 1989), p. 8.
[23] "A Stitch in Time", *The Economist* (August 18, 1990), pp. 21-22.
[24] "Profiting from Disease", *The Economist* (January 27, 1990), pp.17-18.
[25] "Profiting from Disease", *The Economist* (January 27, 1990), pp. 17-18.

CASO

Virgin Mobile USA
Estabelecendo preços pela primeira vez

Quando Richard Branson me chamou para falar sobre o cargo de CEO da Virgin Mobile USA, rapidamente considerei a oportunidade: a chance de ser executivo-chefe de uma empresa recém criada em um setor saturado, cada vez mais maduro, com grande capital e altamente competitivo. Ah, sim, tenho que mencionar também que esse setor não é conhecido pelo atendimento ao cliente, e estaríamos entrando com uma marca pouco reconhecida nos Estados Unidos, exceto, possivelmente, como companhia aérea. Mas pensei: "É nesse tipo de oportunidade que uma equipe pode se definir, e, se isso pudesse ser feito, seria inacreditável".

— Dan Schulman, CEO, Virgin Mobile USA

Schulman aceitou o desafio no verão de 2001 e começou a montar uma equipe para desenvolver a nova operação da marca Virgin, com data de lançamento prevista para julho de 2002. Schulman tinha 18 anos de experiência em telecomunicações na AT&T e, mais recentemente, havia sido CEO da Priceline.com. Ele teria que contar com sua experiência em ambas as empresas para criar uma oferta atraente que decolasse em um mercado saturado. Sua meta era chegar a uma taxa de desempenho em que a Virgin Mobile tivesse o total de um milhão de assinantes no final do primeiro ano e três milhões no quarto ano.[1]

Uma das principais decisões da Virgin Mobile USA foi a seleção de uma estratégia de preços que atraísse e mantivesse os assinantes.

■ HISTÓRICO DA EMPRESA

A Virgin, empresa com sede no Reino Unido liderada por Sir Richard Branson, era uma das três marcas mais conhecidas na Grã-Bretanha. A empresa tinha uma história de extensões de marca – mais do que qualquer outra grande empresa nos últimos 20 anos –, o que resultava em um vasto portfólio, que consistia de mais de 200 entidades corporativas diferentes envolvidas em tudo, desde aviões e trens até bebidas e cosméticos. O que ligava todos esses negócios eram os valores da marca Virgin:

> Acreditamos em fazer a diferença. Aos olhos de nossos clientes, a Virgin significa valor pelo dinheiro, pela qualidade, inovação, diversão e senso de desafio competitivo... Procuramos oportunidades onde possamos oferecer algo melhor, mais novo e mais valioso e as aproveitamos. Com freqüência, entramos em áreas onde o cliente tradicionalmente não fez bons negócios e onde a concorrência é

---

[1] Os números foram alterados por razões competitivas e utilizam dados primários de analistas do setor.

Este caso foi preparado pela professora Gail McGovern. Os casos da HBS são desenvolvidos somente para discussões em aula. Certos detalhes foram alterados. O s casos não se destinam a servir como endosso, fonte primária de dados ou ilustração de administração eficaz ou não. Copyright © 2003, President and Fellows of Harvard College. Para encomendar cópias ou pedidos de permissão para reprodução de materiais, ligar para 1-800-545-7685, escrever para Harvard Business School Publishing, Boston, MA 02163, ou acessar http://www.hbsp.harvard.edu. Nenhum excerto desta publicação pode ser reproduzido, armazenado em sistema de recuperação, usado em planilhas ou transmitido sob qualquer forma ou por quaisquer meios – eletrônico, mecânico, fotocópia, gravação ou outros – sem permissão da Harvard Business School.

complacente... Somos pró-ativos e rápidos para agir, muitas vezes ultrapassando empresas maiores e mais lerdas pelo caminho.[2]

Muitos dos empreendimentos da empresa, tais como o Virgin Music Group, comprovaram um sucesso fenomenal; outros, como a Virgin Cola, resultaram em fracasso. As operações de telefonia celular da Virgin no Reino Unido tinham estado entre as histórias de sucesso da empresa – a Virgin havia conquistado aproximadamente 2,5 milhões de clientes em apenas três anos. O empreendimento abrira novos caminhos ao ser a primeira operadora de rede virtual móvel (ORVM) do país, o que significou que, em vez de investir e administrar uma rede própria, a empresa alugou espaço de rede de outra empresa, a Deutsche Telekom.

Em Cingapura, porém, a história tinha sido diferente. Lá, o serviço de telefonia celular – um *joint venture* com a Sigapore Telecommunications – tinha passado por dificuldades, atraindo menos de 30 mil clientes depois de seu lançamento, em outubro de 2001. A ORVM de Cingapura havia recentemente fechado suas portas, e, embora as parceiras tivessem concordado que o mercado estava muito saturado para sustentar um novo participante, alguns analistas ofereceram outra explicação para o fracasso: o posicionamento avançado e de vanguarda da Virgin não tinha conseguido uma resposta no mercado de Cingapura.

Apesar desse problema, a Virgin havia ido em frente com seus planos de lançar um serviço de telefonia sem fio nos Estados Unidos. Novamente utilizando o modelo da ORVM, a empresa iniciou um *joint venture* meio a meio com a Sprint, no qual os serviços da Virgin Mobile USA seriam oferecidos pela rede PCS da Sprint. (A Sprint estava em processo de atualização de sua rede e de aumento de sua capacidade, de modo que tinha ampla capacidade para adição de usuários.) De acordo com o contrato, a Virgin Mobile compraria minutos da Sprint com base na utilização.

"O bom desse modelo é que não precisamos nos preocupar com grandes custos fixos, nem com infra-estrutura física", disse Schulman. "Podemos nos concentrar no que fazemos melhor – compreender e satisfazer as necessidades dos clientes".

■ O SATURADO MERCADO DE TELEFONIA CELULAR: IDENTIFICAÇÃO DE UM NICHO

A equipe que liderava a Virgin Mobile USA estava plenamente ciente da natureza saturada do setor de comunicações móveis nos Estados Unidos. No final de 2001, os Estados Unidos tinham seis operadoras nacionais e uma série de provedores afiliados e regionais. A penetração do setor estava próxima de 50%, com cerca de 130 milhões de clientes, e achava-se que o mercado havia chegado à maturidade. (Ver a Figura 1 para dados sobre número de clientes por operadora.)

Entre os consumidores de 15 a 29 anos de idade, no entanto, a penetração era significativamente menor, e projetava-se que a taxa de crescimento nessa demografia seria significativa nos cinco anos seguintes.[3]

Contudo, como observou Schulman, "os grandes participantes ainda não abordaram esse segmento". Uma razão para tal era que os jovens consumidores costumavam ter baixa qualidade de crédito. "São pessoas que não necessariamente possuem cartões de crédito e geralmente não são aprovadas nas avaliações de crédito exigidas nos contratos de telefonia celular", disse Schulman.

Além disso, em um setor onde o custo médio para aquisição de um cliente era de aproximadamente $370, muitas operadoras não acreditavam que valesse a pena adquirir consumidores que poderiam não utilizar seus telefones celulares com freqüência. "A suposição é a de que, se você não está usando o telefone para fins profissionais ou se você ainda não conta com serviço de telefonia celular, então, você provavelmente é alguém que não utilizará muito o celular", explicou Schulman. Na verdade, a conta média de telefone celular para as operadoras nacionais era de $52, o que repre-

---

[2] *Site* da empresa.
[3] Strategis Group.

FIGURA 1

Usuários sem fio nos Estados Unidos, por operadora (Q4 2001, em milhões)

Operadora	Clientes
AT&T subsidiárias	20,5
Cingular	21,7
Verizon	29,5
VoiceStream	6,5
Alltel	6,7
Sprint	14,5
U.S. Cellular	3,5
Leap	1,1
Outras operadoras	26,1
Total	130,0

Fonte: Adaptado de The Yankee Group.

senta aproximadamente 417 minutos de uso. Como o custo para atender um cliente ficava em torno de $30 por mês, as operadoras eram cautelosas com a aquisição de clientes de baixo valor.

Apesar desses desafios, a equipe da Virgin Mobile decidiu que esse segmento representava a maior oportunidade. "É um mercado que tem sido mal servido pelas operadoras existentes", explicou Schulman. "Eles têm necessidades específicas que não foram atendidas". Ele continuou:

> Muitos consumidores dessa faixa etária estão em fluxo em suas vidas. Ou estão na universidade, ou recém estão saindo de casa, ou podem estar adquirindo seu primeiro telefone celular. Provavelmente, seu uso não é sistemático. Em um mês, eles podem não usar o telefone, mas em outro podem usar bastante, dependendo de onde estiverem, na escola ou de férias.

FIGURA 2

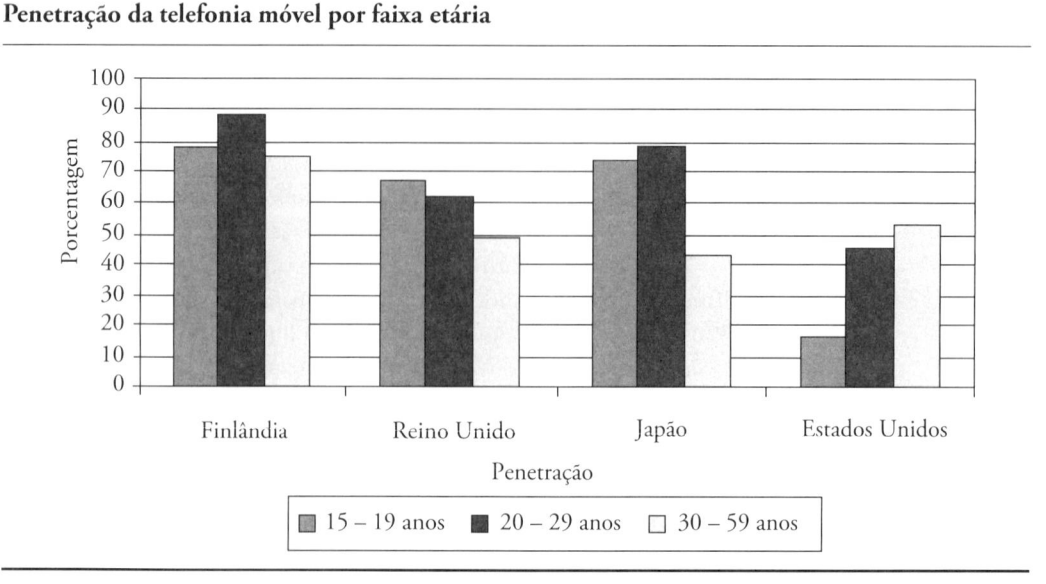

Penetração da telefonia móvel por faixa etária

Fonte: Adaptado de IDC, Salomon Smith Barney.

Seus padrões de chamadas são diferentes dos de uma pessoa que tipicamente usa o celular para fins profissionais. Eles são mais abertos a coisas novas, como enviar mensagens de texto e baixar informações através dos telefones. Também têm mais probabilidade de usar toques, fundos de tela e figuras. De fato, alguns deles precisam de toques personalizados, de tão viciados. Os telefones são mais do que um instrumento para esses jovens; são um acessório de moda e uma afirmação pessoal.

■ VIRGINXTRAS

A pedra de nosso estilingue nesta batalha de Davi contra vários Golias é o foco. Concentrando-nos exclusivamente no mercado jovem desde o início, estamos nos colocando em posição de atender esses clientes de um modo como nunca foram atendidos antes.

— Dan Schulman

A equipe da Virgin Mobile USA rapidamente começou a procurar maneiras de desenvolver uma proposta de valor que atraísse o mercado jovem. Como havia projeções de que a receita de entretenimento via telefonia celular aumentaria constantemente ao longo dos anos seguintes (ver a Figura 3), a equipe decidiu que uma parte importante do serviço da Virgin Mobile envolveria a oferta de conteúdo, características e entretenimento, o que foi chamado de "VirginXtras". Para esse fim, a empresa selou um contrato exclusivo de conteúdo e *marketing*, com duração de vários anos, com as redes MTV para oferecer música, jogos e outros conteúdos da MTV, VH1 e Nickelodeon aos usuários da Virgin Mobile. (Ver a Figura 4, onde aparecem exemplos de conteúdos). O contrato garantia que os usuários teriam acesso a acessórios e telefones da marca MTV, bem como a conteúdo de marca, como figuras, toques, alertas de texto e correio de voz. A Virgin Mobile também receberia tempo promocional nos canais e no *site* da MTV. Sob o contrato, os usuários da Virgin Mobile poderiam

FIGURA 3

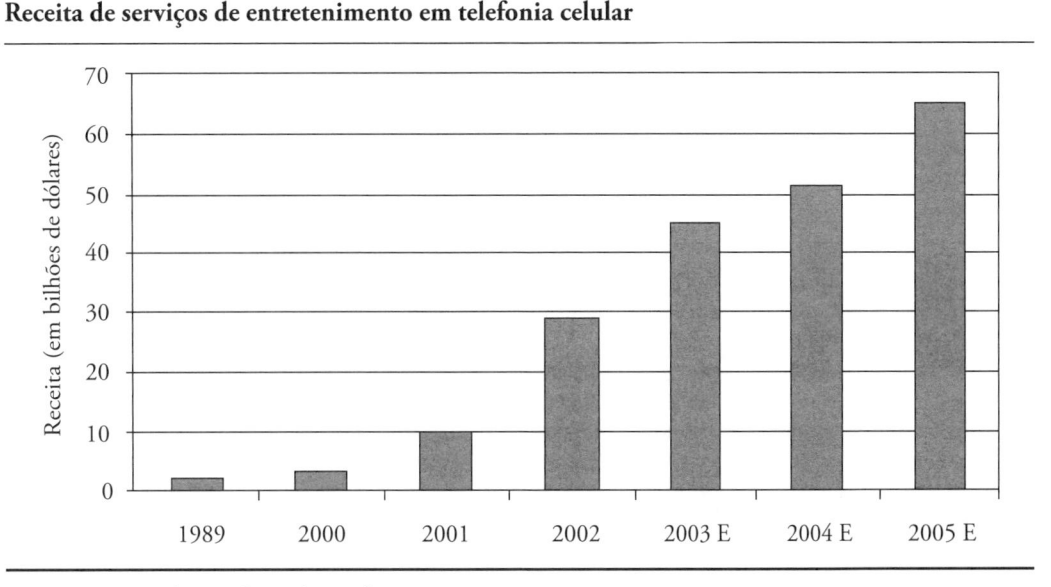

Receita de serviços de entretenimento em telefonia celular

Ano	Receita (em bilhões de dólares)
1989	2
2000	3
2001	10
2002	29
2003 E	45
2004 E	52
2005 E	65

Nota: As receitas incluem vídeo, áudio, gráficos e jogos.
Fonte: Adaptado de The Yankee Group.

FIGURA 4

Fotografias de conteúdos dos celulares da Virgin Mobile USA

Fonte: Site da empresa.

usar seus telefones celulares para votar em seus vídeos favoritos durante programas como o "Total Request Live", da MTV. Como disse Schulman:

> Estamos levando o conteúdo de telefones celulares para um nível totalmente novo. É uma excelente combinação: a MTV Network abriga algumas das marcas jovens mais reconhecidas no país; tem alcance incomparável no mercado abaixo dos 30 anos. A marca Virgin tem tudo a ver com diversão, honestidade e grande valor para o dinheiro, que é o que nosso mercado-alvo deseja. Colocamos as duas juntas e temos algumas das características mais interessantes da telefonia celular no mercado. É um relacionamento poderoso para nós.

Além do conteúdo da marca MTV, o serviço da Virgin Mobile incluiria os seguintes VirginXtras:

- **Mensagem de texto.** Schulman acreditava que a mensagem de texto era um ponto-chave das vendas para os jovens: "o número de mensagens de texto tende a subir muito durante o horário escolar. Os garotos discretamente enviam mensagens de texto enquanto estão em aula. Em parte, eles se comunicam assim porque, desse modo, seus pais não vêem com quem estão falando. É uma forma muito particular de comunicação para eles".

- **Contas *online* em tempo real.** Para maior privacidade em relação aos pais, os garotos não teriam detalhes das chamadas em contas mensais. A Virgin Mobile ofereceria um *site* com o registro de chamadas individuais em tempo real.

- **Toque de resgate.** Os usuários da Virgin Mobile poderiam agendar um "toque de resgate", que os chamaria em um momento pré-programado para que pudessem "escapar" no caso de um encontro não estar indo muito bem. Se o encontro estivesse indo bem, eles poderiam dizer para a "pessoa que ligou" que eles retornariam a ligação no dia seguinte.
- **Chamada de despertar.** Para aqueles que precisassem de uma pequena ajuda para sair da cama de manhã, a Virgin Mobile USA ofereceria aos seus usuários a chance de acordar com mensagens originais de uma série de personalidades famosas e atrevidas.
- **Toques.** Uma ampla seleção de músicas estaria à disposição para que os usuários as baixassem se quisessem personalizar os toques do telefone, indo desde *hip-hop* e *rock* até a música do Bob Esponja Calça Quadrada.
- **Clipes divertidos.** Esses clipes consistiriam de novidades, piadas, fofocas, informações sobre esportes e outras.
- **A lista de sucessos.** Os usuários poderiam usar seus aparelhos para ouvir e votar em uma lista com as dez músicas de maior sucesso. Depois de votar, os clientes poderiam ouvir a percentagem de usuários que "adoraram" ou "detestaram" a música.
- **Mensageiro de música.** Este serviço permitiria que os usuários explorassem uma lista com as dez melhores músicas e depois enviassem uma mensagem para algum amigo para que este pudesse conferir um novo sucesso.
- **Filmes.** Este serviço forneceria descrições de filmes e horários de *shows*, permitindo que os usuários comprassem ingressos antecipados via telefone celular.

A equipe da Virgin achava que essas características atrairiam o mercado jovem, gerariam uso adicional e criariam lealdade. Schulman foi mais adiante: "Nossa pesquisa de mercado indica que os VirginXtras atrairão e manterão o segmento jovem. Acreditamos que essas características não só serão atraentes, como também prenderão os clientes aos seus telefones celulares".

■ A COMPRA DO SERVIÇO

A maioria dos provedores de telefonia celular vendia seus serviços em suas próprias lojas de varejo, quiosques em *shoppings*, lojas de artigos eletrônicos sofisticados (por exemplo, a Radio Shack), lojas especializadas, etc. Como essas lojas de varejo costumavam empregar vendedores especializados em alta tecnologia, a maioria dos provedores pagava altas comissões de vendas para garantir um atendimento profissional.

Ao contrário, a equipe da Virgin Mobile já havia decidido adotar uma estratégia de canal diferente que estivesse mais alinhada com a sua seleção de mercado-alvo. Schulman explicou:

> Decidimos distribuir em canais onde os jovens compram. Isso significa lugares como a Target, as lojas de música Sam Goody e a Best Buy. Nessas lojas, os garotos estão acostumados a comprar produtos eletrônicos ao consumidor. Estão acostumados a comprar um aparelho de CD ou um MP3. Então, decidimos colocar nossos produtos em embalagens de aparelhos eletrônicos. Em vez de ser uma caixa trancada atrás de um balcão, criamos uma embalagem clara, transparente, em forma de concha, que permite que os consumidores peguem o telefone sem ajuda de um vendedor e o comprem como se fosse qualquer outro produto eletrônico.

As operadoras de telefonia celular historicamente compravam aparelhos de fabricantes de celulares, como Nokia, Motorola, Samsung e Lucky Goldstar. Embora o custo por aparelho geralmente variasse de $15 a $300, as operadoras costumavam cobrar dos usuários finais entre $60 e $90.[4] Esse subsídio aos aparelhos era uma parte aceita dos custos de aquisição da operadora.

A Virgin tinha um contrato com a fabricante de aparelhos Kyocera, de acordo com o qual compraria telefones por algum valor entre $60 e $100, dependendo das características e funções do

---

[4] Pesquisa Morgan Stanley.

FIGURA 5

Modelos de aparelhos da Virgin Mobile USA

Nota: Os telefones de baixo mostram diferentes partes frontais de um único modelo.
Fonte: Site da empresa.

aparelho.[5] Os dois primeiros modelos básicos seriam chamados de "Party Animal" (Kyocera 2119) e "Super Model" (Kyocera 2255). Ambos viriam com parte frontal intercambiável, que poderia ser decorada com cores e padrões chamativos (ver a Figura 5 para exemplos de telefones), e viriam nas embalagens Starter Packs da Virgin Mobile, com formato de concha e em vermelho vivo (ver a Figura 6, com ilustração da embalagem).

As Starter Packs seriam facilmente visualizadas em grandes mostruários nos pontos de venda (ver a Figura 7) que a empresa colocaria à disposição de seus varejistas. A empresa tinha feito acordos de distribuição com a Target e a Best Buy, que cobravam comissões menores do que os canais tradicionais – $30 por telefone, em comparação com uma média de $100 no setor.[6] As Starter Packs também estariam disponíveis em varejistas como Sam Goody, Circuit City, Media Play e Virgin Megastores. No total, a empresa esperava que seus telefones estivessem à disposição em mais de 3.000 lojas de varejo nos Estados Unidos na época de lançamento do serviço, em julho.

---

[5] Os números foram alterados por razões competitivas.
[6] Os números foram alterados por razões competitivas.

FIGURA 6

Virgin Mobile USA: a Starter Pack do Super Model (embalagem em forma de concha)

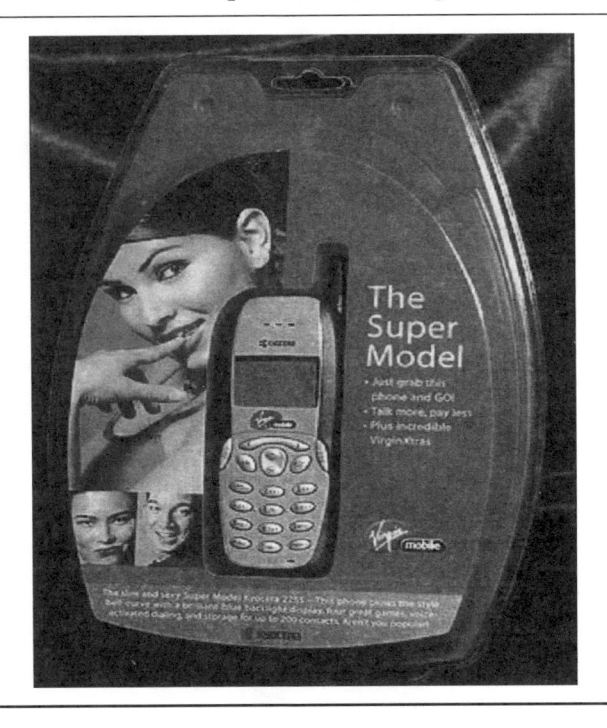

Fonte: Site da empresa.

■ PROPAGANDA

A menos que você tenha entre 14 e 24 anos, provavelmente você nunca verá nossos anúncios. Se alguma vez você nos vir no programa 60 Minutes, é porque você enlouqueceu. Pense em WB, MTV e Comedy Central [três redes direcionadas para os jovens].

— Dan Schulman

Estima-se que o setor de telefonia celular tenha gastado cerca de 1,8 bilhão de dólares em propaganda em 2002. A maioria das operadoras nacionais tinha enormes orçamentos de propaganda; por exemplo, esperava-se que só a Verizon Wireless gastasse mais de 650 milhões de dólares para anunciar nas principais mídias em 2002.[7] Em comparação, o orçamento da Virgin Mobile USA era minúsculo: aproximadamente 60 milhões de dólares.

Ainda assim, Schulman estava decidido a conseguir o máximo com seu orçamento limitado: "Por definição, os grandes participantes precisam ser todas as coisas para todas as pessoas. Eles estão destinando grandes quantias em mensagens que não são nada diferenciadas", disse ele. "Nossa meta é diferente; queremos sobressair na multidão. Nossa vantagem é que temos um foco muito mais restrito sobre um mercado muito mais limitado; isso significa que temos que conseguir transmitir nossa mensagem com mais eficiência do que nossos concorrentes".

---

[7] TNS Media Intelligence/CMR. Para as operadoras nacionais, o gasto com propaganda costumava ficar entre $75 e $105 por cliente adquirido.

FIGURA 7

Mostruários da Virgin Mobile USA em pontos de venda

Fonte: Site da empresa.

A equipe já tinha se decidido por uma campanha de propaganda que ela acreditava ser espirituosa, original e completamente diferente dos tratamentos dados às propagandas dos concorrentes. Os comerciais apresentariam adolescentes e usariam metáforas estranhas, freqüentemente difíceis de decifrar. Como disse Howard Handler, diretor de *marketing* da Virgin Mobile, "precisamos nos destacar do resto da multidão, o que significa que temos que oferecer anúncios que não sejam padronizados. Eles precisam ser mais divertidos e mais peculiares em sua execução criativa". Além disso, a empresa estava trabalhando com editores de revistas para jovens, como *The Complex*, *Vibe* e *XXL*, para publicar "editoriais de propaganda", textos elogiando a Virgin Mobile para seus leitores. "Essas são as revistas formadoras de opinião", Handler disse. "Conseguir convencê-las é importante para nós".

A Virgin Mobile também estava planejando uma série de eventos de *marketing* de rua de alto perfil. Esses eventos apresentariam artistas pagos – dançarinos e ginastas vestidos de vermelho da cabeça aos pés – que fariam diversos números.

Finalmente, a equipe estava em processo de planejamento de um evento extremamente incomum para dar o pontapé inicial no lançamento do serviço da Virgin Mobile USA. O plano exigia que o elenco de *The Full Monty*, um *show* da Broadway, aparecesse com Sir Richard Branson pendendo de um prédio na Time Square, em Nova Iorque, sem vestir nada além de um telefone celular estrategicamente colocado (ver a Figura 8, que mostra uma imagem do lançamento).

FIGURA 8

Fotografia de Richard Branson no lançamento

Fonte: © Lawrence Lucier/Getty Images, usada com permissão.

■ A DECISÃO DE PREÇO

Sabíamos que não poderíamos colocar o preço errado quando criamos nossa oferta. Isso pode construir ou destruir o sucesso. Conseqüentemente, fizemos muita pesquisa de mercado em nosso segmento-alvo, e uma coisa ficou clara: nosso público não confiava nos planos de preços do setor. Todos eles anunciavam "grátis isso" e "grátis aquilo", mas os jovens sabem que há muitas taxas embutidas e se ressentem com isso. São consumidores sábios e detestam se sentir enganados. Então, tínhamos a oportunidade de usar o preço como um modo de nos diferenciarmos da concorrência.

— Dan Schulman

Mais de 90% de todos os usuários dos Estados Unidos tinham acordos contratuais com seus provedores de telefonia celular. Os contratos geralmente eram para um período de um a dois anos e exigiam uma rigorosa avaliação de crédito. Muitos planos tinham estabelecido "pacotes" de minutos. Os clientes podiam contratar um pacote de 300 minutos, por exemplo. No entanto, se realmente usassem mais de 300 minutos, eram penalizados com taxas extremamente altas (por exemplo, 40 centavos/minuto) pelo excedente. Se usassem menos de 300 minutos, ainda assim pagavam a taxa fixa mensal, que então aumentava o preço pago por minuto.

FIGURA 9a

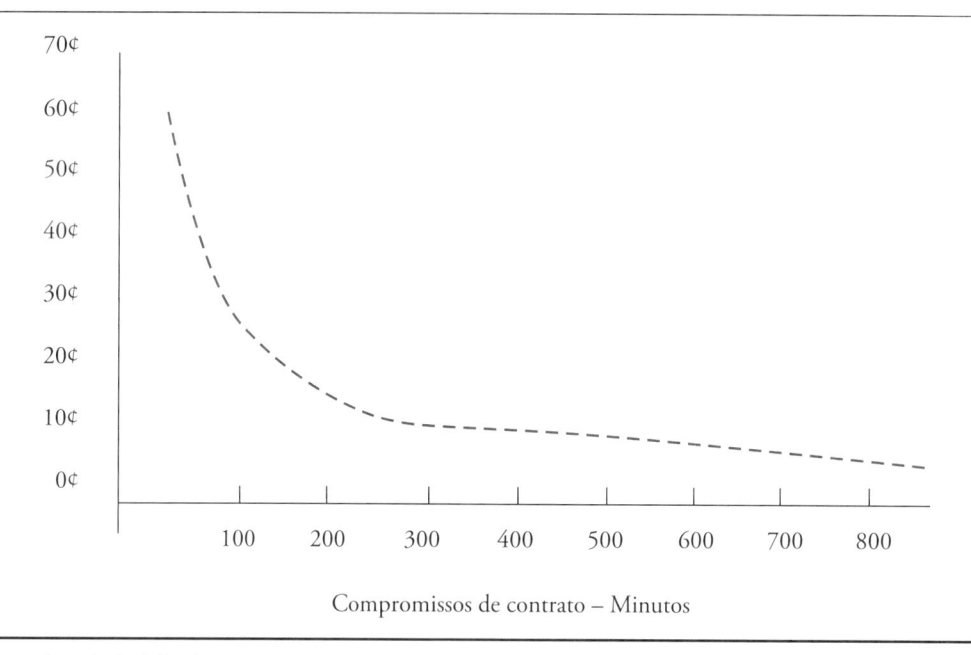

Planos de chamadas – Preços do setor

[Gráfico: eixo Y de 0¢ a 70¢; eixo X "Compromissos de contrato – Minutos" de 100 a 800; curva decrescente partindo de cerca de 60¢ em 100 minutos e caindo para próximo de 0¢ em 800 minutos.]

Fonte: Adaptado de dados da empresa, pesquisa Morgan Stanley.

As operadoras costumavam cobrar mais pelos minutos usados em horários de pique, mas o período fora desses horários tinha diminuído com o passar do tempo. Originalmente, o horário mais barato começava às 18h; depois passou para 19h, para 20h e, finalmente, para 21h. Algumas operadoras, como a Cingular, cobravam uma taxa mensal (cerca de $7) para retroceder o horário de pique em uma hora. Schulman observou:

> O setor está fazendo dinheiro com a confusão do cliente. Como cliente, você precisa usar os minutos dentro da estreita faixa que você contratou a fim de obter uma boa taxa. Seus minutos fora e dentro do horário de pique também têm que chegar à combinação certa. Se todos os clientes realmente contratassem o plano ótimo para seu uso, as operadoras fariam muito menos dinheiro do que fazem hoje.

Na verdade, os planos de preços do setor eram bastante racionais sempre que os clientes selecionavam o plano certo para seus padrões de uso. (Ver a Figura 9a). Entretanto, os clientes geralmente não podiam prever seu uso. A Virgin Mobile estudou centenas de clientes e descobriu que os preços que eles realmente pagavam variavam amplamente (ver a Figura 9b). Schulman continuou:

> Com freqüência, os clientes *acham* que usam mais minutos do que *realmente* usam. Por exemplo, em nosso segmento-alvo, a maioria dos jovens, na realidade, usa de 100 a 300 minutos por mês. No entanto, se você lhes pedir que prevejam seu uso, eles vão indicar um número muito mais alto. Outras pessoas tentarão escolher planos com pacotes de menos minutos para evitar as altas taxas mensais. Então, recebem uma conta de 100 dólares porque não perceberam que lhes custaria 40 centavos para cada minuto acima do especificado no pacote.

Somado ao ressentimento do cliente, estava o fato de que a maioria das operadoras jogava com as taxas adicionais para aumentar a conta mensal. Schulman explicou: "As operadoras só vão lhe falar da taxa do pacote mensal; elas não vão mencionar os impostos que você terá que pagar ou a taxa padrão de serviços que você também terá que pagar. Há um conjunto de custos pagos uma única vez que são colocados no alto da conta e não são anunciados. Então, se você conseguir ser exato no uso de seu pacote, um plano de $29 termina sendo um plano de $35".

FIGURA 9b

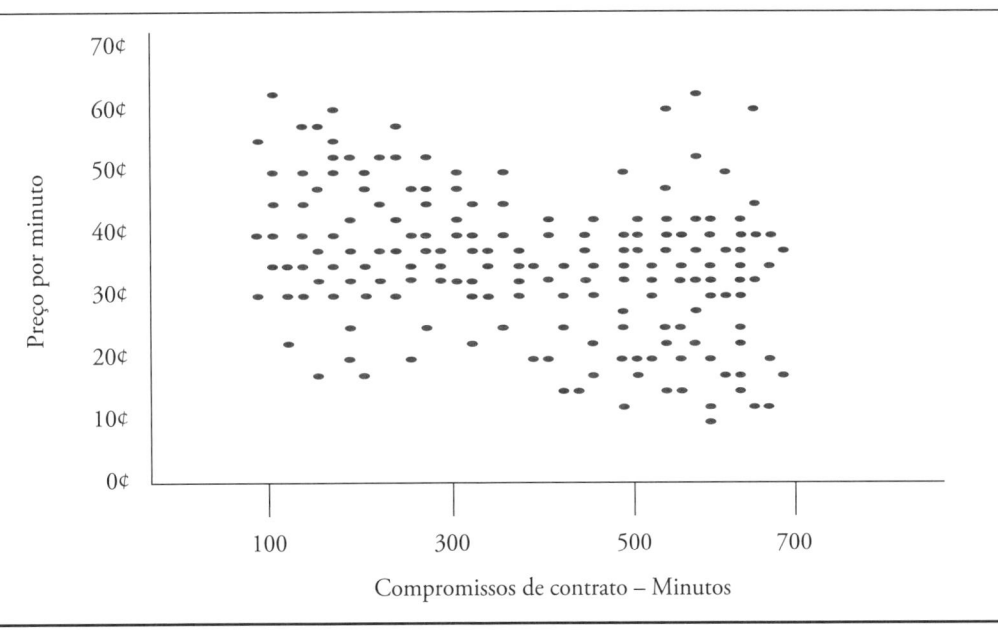

Preços reais pagos pelos clientes

[Gráfico de dispersão: Preço por minuto (eixo Y, de 0¢ a 70¢) vs. Compromissos de contrato – Minutos (eixo X, de 100 a 700)]

Fonte: Adaptado de dados da empresa, pesquisa Morgan Stanley.

Schulman e sua equipe consideraram cuidadosamente várias estratégias de preço. Embora as possibilidades de preço fossem infinitas, a equipe acreditava que, em termos realistas, havia três opções viáveis. Schulman disse: "Estamos tentando ser o mais abertos possível. Temos o privilégio de começar do nada, por isso, esta é uma oportunidade de remediar alguns dos problemas que são endêmicos neste setor. Nossas únicas restrições são que (1) queremos ter certeza de que nossos preços sejam competitivos, (2) queremos ter certeza de que podemos ganhar dinheiro e (3) não queremos acionar reações competitivas".

Opção 1 – "Clonar os preços do setor"

A primeira opção era simplesmente "clonar" a estrutura de preços existente no setor (ver a Figura 10a). Todas as grandes operadoras pagavam altas comissões para os vendedores explicarem suas complicadas estruturas de preços e avaliar crédito. (Na verdade, 30% de clientes potenciais não eram aprovados nas avaliações de crédito.) Dada a estratégia de canal não-tradicional da Virgin Mobile, sua mensagem de preço teria que ser relativamente simples. Schulman disse: "Com essa primeira opção, simplesmente estaríamos dizendo aos consumidores que nossos preços são como o de toda a concorrência, mas com algumas vantagens importantes, como aplicações diferenciadas [MTV] e atendimento de qualidade superior".

Além disso, a Virgin Mobile poderia tentar diferenciar-se da concorrência oferecendo melhores períodos fora dos horários de pique e menos taxas embutidas. "Sabemos que os consumidores estão fartos de taxas embutidas e detestam contratos em que o período fora de horário de pique começa às 21h, então, vamos abordar um verdadeiro ponto nevrálgico entre os jovens", disse Schulman.

Ele acrescentou: "O bom dessa idéia é que ela é fácil de promover. As pessoas podem não gostar dos planos de preços, mas, dado todo o dinheiro que o setor gasta para promovê-los, os clientes estão acostumados a 'pacotes' e distinções de horários. Como nosso orçamento de propaganda é limitado, começar com algo diferente pode ser demais para nós. Também poderíamos pôr isso na nossa embalagem, de forma que, mesmo sem a ajuda de um vendedor, os consumidores pudessem entender a mensagem".

FIGURA 10a

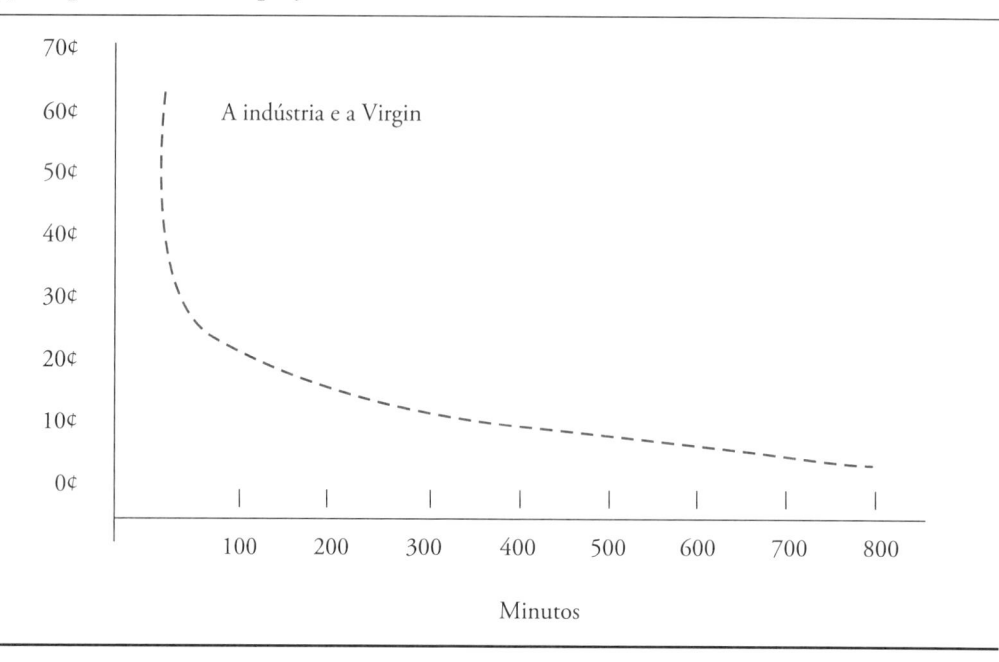

Opção 1 para estrutura de preços

[Gráfico: eixo Y de 0¢ a 70¢; eixo X de 100 a 800 Minutos; curva tracejada decrescente rotulada "A indústria e a Virgin"]

Fonte: Adaptado de dados da empresa, pesquisa de Morgan Stanley.

Opção 2 – "Preço menor do que os da concorrência"

A segunda opção era adotar uma *estrutura* de preço semelhante à do resto do setor, com preços *reais* ligeiramente abaixo dos preços dos concorrentes. Ou seja, a Virgin Mobile manteria os descontos por pacote e volume, mas seu preço por minuto seria estabelecido abaixo da média do setor para alguns pacotes principais (ver a Figura 10b).

"Essa opção nos permitiria dizer aos consumidores que somos mais baratos, simplesmente isso. Como nosso mercado-alvo geralmente usa entre 100 e 300 minutos por mês, seria nesse aspecto que os consumidores obteriam o melhor preço", disse Schulman. "Nessa opção, também poderíamos oferecer melhores períodos fora dos horários de pique e menos taxas embutidas, mas não sei se isso seria necessário se nosso preço por minuto estivesse claramente abaixo do preço da concorrência. Não iríamos querer deixar tanto dinheiro em cima da mesa".

Opção 3 – "Um plano totalmente novo"

A terceira opção era a mais radical. A idéia era começar do zero e aparecer com uma estrutura de preços totalmente diferente – uma estrutura que fosse significativamente distinta de qualquer outra oferecida pela concorrência. As variáveis de preços em que Schulman estava pensando incluíam:

- **O papel dos contratos.** Fazia sentido reduzir o tempo dos contratos ou talvez até mesmo eliminar os contratos completamente? Os contratos oferecem às operadoras uma barreira contra perda de clientes e um fluxo de anuidade garantido; contudo, mesmo com os contratos, as operadoras de celulares lutavam com uma taxa média de 2% de perda de clientes no setor por mês. Se a Virgin Mobile fosse reduzir ou eliminar os contratos, haveria o risco de sua taxa de perda de clientes aumentar muito. Na verdade, estimava-se que a perda de clientes aumentaria 6% ao mês.[8]

---

[8] Pesquisa de Morgan Stanley.

FIGURA 10b

Opção 2 para estrutura de preços

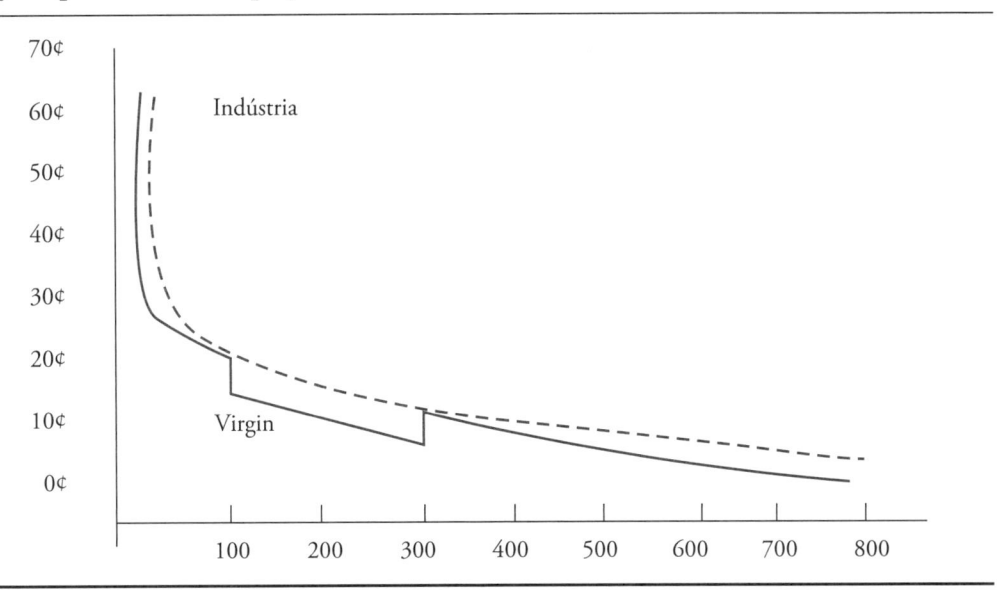

[Gráfico: eixo Y de 0¢ a 70¢; eixo X de 100 a 800. Duas curvas decrescentes rotuladas "Indústria" (tracejada) e "Virgin" (sólida).]

Nota: Os preços referem-se a uma combinação de minutos dentro e fora do horário de pique, com o período fora do horário começando às 21h. Cada hora adicional fora do horário de pique reduz o preço médio por minuto em aproximadamente 1,5 centavos.
Fonte: Adaptado de dados da empresa, pesquisa de Morgan Stanley.

Schulman acrescentou:

> Da perspectiva do *marketing*, não há dúvida que seria ótimo se pudéssemos anunciar ao mundo que eliminamos os contratos. Tenha em mente que, se você tem menos de 18 anos, não pode ter um contrato com um provedor de telefonia celular. Seus pais precisam fazer isso por você. Assim, a eliminação de contratos seria uma grande vantagem para nós do ponto de vista de aquisição de clientes. Naturalmente, em termos de retenção, os contratos são uma rede de segurança. Então, a questão é se faz sentido tentarmos voar sem rede de segurança.

- **Pré-pago versus pós-pago.** A vasta maioria (92%) dos atuais usuários de telefonia celular nos Estados Unidos possuía planos pós-pagos, o que significava que eram cobrados mensalmente com base no seu contrato. Os acordos pré-pagos, em que os consumidores compravam um número de minutos com antecedência, não eram comuns devido aos preços proibitivos (geralmente, entre 35 e 50 centavos por minuto e até 75 centavos por minuto). A maioria dos clientes de planos pré-pagos usava seus telefones ocasionalmente como dispositivo de segurança: "Eles simplesmente deixam o aparelho no porta-luvas", como disse Schulman. Muitos desses clientes não tinham boas condições de crédito; na verdade, a razão de os planos pré-pagos serem atraentes para eles era que tais planos não exigiam avaliações de crédito. Portanto, os clientes pensavam que seus planos pré-pagos eram um estigma, e as ofertas de pré-pagos tendia a atrair clientes de baixo uso. Contudo, em países como a Finlândia e o Reino Unido, os acordos pré-pagos eram comuns, sendo responsáveis pela maior parte das novas aquisições brutas.

Schulman sabia que os riscos de adotar uma estrutura de preços pré-pagos eram significativos. As operadoras dos Estados Unidos eram extremamente cautelosas com os consumidores de planos pré-pagos devido às suas altas taxas de perda de clientes; os consumidores de planos pré-pagos tendiam a mostrar lealdade a um provedor assim que terminavam de usar todos os seus minutos pré-pagos. Se a Virgin Mobile adotasse uma estrutura de preços pré-pagos, o perigo era que a empresa nunca conseguiria recuperar seus custos de aquisição de clientes. De fato, analistas do setor estimam que os custos totais de aquisição teriam que ser de 110 dólares ou menos por nova aquisição bruta para que os pré-pagos fossem viáveis.

Além disso, havia uma série de questões relacionadas a serem consideradas. Uma estrutura de preço pré-pago exigiria algum mecanismo – talvez via Web ou por meio de cartões de telefone – em que os consumidores pudessem facilmente acrescentar minutos ao seu telefone.

- **Subsídios aos aparelhos.** A maioria das operadoras comprava os aparelhos de fabricantes de telefones celulares, como Nokia, Motorola e Samsung, a um custo por aparelho que variava de 150 a 300 dólares para o setor. As operadoras então subsidiavam o custo do aparelho para os usuários finais. Esse subsídio – que era normalmente de 100 a 200 dólares – era parte do custo de aquisição do cliente.

  "Estamos discutindo todas as nossas opções aqui", disse Schulman, "tudo, desde aumentar o subsídio para que nossos telefones sejam mais baratos do que os da concorrência até a redução do subsídio como forma de fazer com que os consumidores sintam que investimos mais neles e sejam mais leais ao nosso serviço".

- **Taxas embutidas e períodos fora do horário de pique.** "Uma de nossas metas é oferecer um serviço que tenha preços tão simples que os consumidores não precisem ser formados em matemática para calculá-los", falou Schulman. "Uma maneira de fazer isso seria eliminar *todas* as taxas embutidas, incluindo impostos, taxas de serviço padrão, *tudo*. Literalmente, seria 'você tem o que você vê'. No entanto, isso significaria transferir todos esses custos ocultos para nossa estrutura de preços de tal modo que nossos preços parecessem competitivos para nosso mercado-alvo e ainda ganhássemos dinheiro".

  Quanto ao período fora dos horários de pique, "precisamos pensar sobre o que faz sentido para nosso cliente-alvo", disse Schulman. "Esses garotos não têm o mesmo estilo de vida de um típico profissional, de maneira que nosso serviço deve definir os horários tendo isso em mente".

Enquanto Schulman revisava as diversas opções para estabelecimento de preços, ele percebeu a importância de lançar as bases para a lucratividade futura. "Existe a suposição de que você não pode se dirigir aos jovens e ganhar dinheiro", disse ele. "Nossa meta é provar o contrário. De modo ideal, cada cliente que adquirirmos terá valor de duração positivo (VD) para nós" (ver a Figura 11).

"É por isso que esta decisão de preço é tão crítica", continuou ele. "Se pudermos imaginar uma forma de criar valor para que possamos entrar com sucesso em um mercado muito competitivo e saturado e também gerar lucratividade com esse segmento de mercado, então teremos verdadeiramente realizado algo importante".

FIGURA 11

Cálculo do valor de duração (VD) para usuários de telefonia celular

Em geral, o valor de duração (VD) de um cliente é calculado como segue:

$$LTV = \sum_{a=1}^{N} \frac{(M_a)^{(a-1)}}{(1+i)^a} - AC$$

Onde
N = número de anos sobre o qual o relacionamento é calculado
M_a = margem que o cliente gera no ano a
r = taxa de retenção ($r^{(a-1)}$ é a taxa de sobrevivência para o ano a)
i = taxa de juros
AC = *custo de aquisição*

Fonte: Adaptado de "Customer Profitability and Lifetime Value", HBS Note 503-019.

No setor de telefonia celular, a margem é relativamente fixa ao longo dos períodos. Portanto, pode-se simplificar a expressão acima, supondo-se uma vida econômica infinita (isto é, deixando N → ∞), o que leva a:

$$LTV = \frac{M}{1-r+i} - AC$$

Margem mensal = receita média por unidade por mês (RMPU) – custo mensal para atendimento (CMPA, ou custo monetário por usuário)

Os componentes de CA eram os de propaganda por aquisição bruta, a comissão de vendas paga por usuário e o subsídio do aparelho oferecido ao usuário.

O CMPA consistia de custos do cuidado com o cliente, custo de rede (o custo de utilizar a rede da Sprint), custos de TI e despesas gerais. Analistas do setor estimaram que o CMPA da Virgin Mobile seria constante em 45% das receitas durante seu primeiro ano de operações, já que a maior parte dos custos da Virgin era variável. Perda de clientes mensal era calculado em 2% para clientes sob contrato e em 6% para clientes de planos pré-pagos.[a]

As taxas de juros eram de 5%.

[a]Números alterados por razões competitivas.

CAPÍTULO 9

Reformulação da Estratégia de *Marketing*: O Processo de Controle

As estratégias de *marketing* raramente são permanentes, se é que podem sê-lo. À medida que o ambiente muda, também devem mudar os planos do *mix* de *marketing* e de produto-mercado. Mais ainda, como as organizações lutam por ganhos na produtividade, constante atenção deve ser dada à melhora da eficiência do trabalho de *marketing*.

O processo de controle de *marketing* serve como mecanismo para a adaptação estratégica às mudanças ambientais e para a adaptação operacional às necessidades de produtividade. O controle de *marketing* consiste de duas atividades complementares: o controle estratégico, que se concentra em "fazer as coisas certas", e o controle operacional, focado em "fazer as coisas direito". O *controle estratégico* avalia a direção da organização, conforme evidenciado por suas metas implícitas ou explícitas, seus objetivos, estratégias e capacidade de desempenho no contexto de ambientes mutáveis e de ações competitivas. A questão sempre presente da definição da adequação entre as capacidades e objetivos de uma organização e as ameaças e oportunidades ambientais é o centro do controle estratégico. O *controle operacional* avalia como a organização desempenha as atividades de *marketing* à medida que procura alcançar os resultados planejados. Fica implícito que a direção da organização é correta e que somente sua habilidade de desempenhar tarefas específicas precisa ser melhorada.

É importante compreender a distinção entre controle estratégico e de operações. Observa-se que um "plano mal executado pode produzir resultados indesejáveis tão facilmente quanto um plano mal concebido".[1] Embora os resultados indesejáveis (declínio nas vendas, redução da participação no mercado ou menores lucros) possam ser idênticos, as medidas corretivas diferem para cada tipo de controle. As atividades corretivas, na perspectiva do controle operacional, são focadas na intensificação do trabalho de *marketing* ou na identificação de maneiras de melhorar a *eficiência*. Já as atividades corretivas baseadas em uma orientação de controle estratégico concentram-se na melhora da *eficácia* da organização na busca de oportunidades e na amenização das ameaças em seu ambiente. A avaliação inapropriada da necessidade de controle operacional *versus* controle estratégico pode levar a uma resposta desastrosa em que a organização destina fundos adicionais a uma estratégia mal concebida só para perceber maior declínio nas vendas, na participação no mercado e nos lucros.

■ MUDANÇA ESTRATÉGICA

A *mudança estratégica* é definida aqui como mudança no ambiente que afeta o bem-estar de longo prazo de uma organização. A mudança estratégica pode representar oportunidades ou ameaças para a organização, dependendo de sua postura competitiva. Por exemplo, o envelhecimento gradual da população dos Estados Unidos representa uma ameaça potencial às organizações direcionadas a crianças, enquanto essa mudança representa uma oportunidade para organizações que oferecem produtos e serviços para idosos.

Fontes de mudança estratégica

A mudança estratégica pode surgir a partir de uma série de fontes.[2] Uma delas é a *evolução do mercado*, que resulta de mudanças na demanda primária por uma classe de produtos. Por exemplo, a maior demanda por cálcio nas dietas das crianças e adultos fez com que os profissionais de *marketing* do antiácido Tums, do Total Cereal, das barras Nutri-Grain e do suco de laranja Minute Maid promovessem a presença de cálcio em seus produtos. De forma semelhante, as preocupações do consumidor com a privacidade e a segurança na Internet criaram uma demanda primária por *softwares* e sistemas de computador que mantêm os dados pessoais do consumidor protegidos.

A *inovação tecnológica* dá origem a mudanças estratégicas, uma vez que novas tecnologias substituem as mais antigas. As capacidades de processamento de textos dos computadores pessoais levaram as máquinas de escrever ao declínio. Os discos compactos fizeram o mesmo com as fitas cassete no setor de música. Os DVDs substituíram os videocassetes. A inovação tecnológica também afeta a prática de *marketing*, como se pode ver pelo impacto da Internet nas comunicações de *marketing* e nos canais de *marketing*, conforme descrito nos Capítulos 6 e 7.

A redefinição do mercado é outra fonte de mudança estratégica. A *redefinição de mercado* resulta de mudanças na oferta exigidas pelos compradores ou promovidas pela concorrência. Por exemplo, empresas que forneciam somente as máquinas de caixa eletrônico para bancos viram o mercado ser redefinido com a transferência eletrônica de fundos, ocorrendo a compra de sistemas completos, e não mais apenas do equipamento. As empresas com capacidades em termos de sistemas, como a IBM, ganharam assim uma vantagem competitiva no mercado redefinido.

A mudança nos canais de *marketing* é uma terceira fonte de mudança estratégica. O papel cada vez maior da tecnologia da Internet, o foco contínuo na redução dos custos de distribuição e mudanças de poder nos canais de *marketing* representam três oportunidades ou ameaças, dependendo da posição relativa do profissional de *marketing* no mercado. A mudança estratégica, juntamente com essas dimensões, fica evidente na distribuição de automóveis nos Estados Unidos.[3] Os consumidores atualmente podem comparar preços na Internet, sem visitar as lojas. A erosão nas margens de lucro no setor fez com que os fabricantes e os comerciantes procurassem oportunidades de corte dos custos, principalmente dos custos de distribuição, que representam de 25 a 30% do preço de varejo de um carro novo.

Mudança estratégica: ameaça ou oportunidade?

A gravidade da ameaça ou o potencial da oportunidade é determinado pela definição do negócio da organização. Em outras palavras, a ameaça ou oportunidade tem a ver com os tipos de clientes atendidos pela organização, as necessidades dos clientes, os meios pelos quais a organização satisfaz essas necessidades ou alguma combinação desses fatores?

Os efeitos da mudança estratégica são aparentes na transformação da indústria internacional de relógios de pulso.[4] Embora os fabricantes suíços tenham dominado esse setor durante um século, a evolução do mercado, a inovação tecnológica, a redefinição do mercado e mudanças no canal de *marketing* combinaram-se de forma desastrosa para a indústria suíça. Enquanto a evolução de um mercado tecnologicamente motivado passou a oferta de relógios como artigos de joalheria para eletrônicos e quartzo, o canal de *marketing* primário passou de seletas joalherias para supermercados e lojas de massa. Além disso, ocorreu a redefinição do termo *relógio*. Um relógio não é mais definido somente em termos de arte ou elegância como jóia. Muitas pessoas começaram a pensar nos relógios como um aparelho econômico e descartável. Essas mudanças, trazidas pela Timex e empresas japonesas, como a Seiko e a Citizen, afetaram fortemente os fabricantes suíços. Hoje, estes fabricantes, em sua maioria, retiraram-se para um nicho de mercado altamente especializado, que pode ser identificado como o segmento de relógios de prestígio, luxo e arte. Por exemplo, os relógios suíços "dizem algo sobre você" (Patek) e "são os mais caros do mundo" (Piaget).

Esse exemplo destaca como a mudança estratégica pode afetar todo um setor e seus participantes individuais. Na prática, existem várias opções para lidar com a mudança estratégica:

1. Uma organização pode tentar conduzir os recursos necessários para alterar suas capacidades técnicas e de *marketing* para adequar-se às exigências de sucesso no mercado. (Os fabricantes de relógios suíços não fizeram isso, e sim dedicaram modestos recursos de pesquisa para aperfeiçoar o *design* de relógios mecânicos, nos quais apresentavam competência diferenciada. Somente a Ebauches S.A. investiu em tecnologia eletrônica e buscou a oportunidade de mercado disponível para um relógio barato da moda – o Swatch. O Swatch Group é hoje o maior fabricante de relógios, responsável por aproximadamente um quarto das vendas mundiais de relógios.)

2. Uma organização pode mudar sua ênfase para mercados em que a combinação de exigências de sucesso e a competência distintiva da empresa é clara e pode reduzir os esforços nos mercados onde foi afetada. (Muitos fabricantes de relógios suíços optaram por essa alternativa.)

3. Uma organização pode abandonar o setor. (Mais de 1.000 relojoeiros suíços fizeram essa opção, assim eliminando mais de 45.000 empregos na Suíça.)

■ CONTROLE DE OPERAÇÕES

A meta do controle de operações é melhorar a produtividade do trabalho de *marketing*. Como a identificação e alocação de custos são centrais para a avaliação das atividades de *marketing* e a lucratividade, a análise de custos de *marketing* é um aspecto fundamental do controle de operações. Esta seção fornece um panorama da análise de custos de *marketing* e exemplos de análise do *mix* produto-serviço, análise de vendas, análise de canal de *marketing* e análise de clientes.

Natureza da análise de custos de *marketing*

O propósito da *análise de custos de marketing* é mapear, atribuir ou alocar custos para uma entidade (aqui referida como *segmento*) ou atividade de *marketing* específica, de uma maneira que demonstre com precisão a contribuição financeira das atividades ou entidades para a organização. Os segmentos de *marketing* são normalmente definidos com base (1) nos elementos da oferta de produto ou serviço, (2) no tipo ou dimensão dos clientes, (3) nas divisões, distritos ou territórios de vendas e/ou (4) nos canais de *marketing*. A alocação de custos baseia-se no princípio de que certos custos são direta ou indiretamente planejáveis ou atribuíveis a todo segmento de *marketing*.[5]

Diversas questões surgem em relação ao tópico da alocação de custos:

1. *Como os recursos devem ser alocados para segmentos de marketing separados?* Como regra geral, o gerente deve tentar atribuir custos de acordo com uma média identificável de aplicação a uma entidade.

2. *Que custos devem ser alocados?* Novamente, como regra geral, os custos advindos do desempenho de uma atividade de *marketing* ou computados a essa atividade de acordo com a política administrativa são os custos que devem ser alocados.

3. *Todos os custos devem ser alocados a segmentos de marketing?* A resposta a essa pergunta dependerá da opção ou não do gerente por um demonstrativo em que "o todo é igual à soma das partes". Se for esta a opção, então todos os custos devem ser completamente alocados. Se parecer que certos custos não têm medida identificável de aplicação a um segmento ou que não provêm de um segmento específico, tais custos não deverão ser alocados.

O gerente deve seguir duas orientações ao considerar a questão de alocação de custos. Primeiro, quando os custos são alocados, devem ser mantidas as distinções fundamentais entre os padrões de comportamento de custos. Segundo, quanto mais custos conjuntos (custos que não têm base identificável para alocação ou que advêm de diversos segmentos de *marketing*), menos exatas serão as alocações de custos. Em geral, um maior detalhamento ou planejamento na alocação de custos proporcionará mais informações úteis para ações corretivas.

Análise do *mix* produto-serviço

A análise adequada do *mix* produto-serviço envolve duas tarefas inter-relacionadas. Em primeiro lugar, o gerente deve avaliar o desempenho das ofertas nos mercados relevantes. Em segundo lugar, o gerente deve verificar o valor financeiro das ofertas de produtos e serviços.

O volume de vendas, como índice de desempenho, pode ser abordado a partir de duas direções. O crescimento ou o declínio no volume unitário de vendas oferece um indicador quantitativo da aceitação das ofertas em seus mercados relevantes. Igualmente importante é a proporção de vendas advindas de ofertas individuais no *mix* de produtos e serviços e como a distribuição dessas vendas afeta a lucratividade. Muitas empresas utilizam a "regra 80-20" – 80% de vendas ou lucros provêm de 20% das ofertas da empresa. Por exemplo, no início da década de 1990, 20% dos produtos da Kodak contribuíam com mais de 80% das vendas da empresa. Tal desequilíbrio no *mix* poderá ter um efeito desastroso sobre a lucratividade total se mudanças repentinas no comportamento da concorrência ou do mercado ameaçarem a viabilidade desses 20%. Isso aconteceu com a Kodak quando inovações tecnológicas, como as câmeras digitais, começaram a redefinir o mercado fotográfico. Além disso, a Fuji mostrou ser um concorrente agressivo nos tradicionais mercados de filmes e de fotografia da Kodak.[6]

A participação no mercado complementa o volume de vendas como um indicador de desempenho. A participação no mercado oferece um meio para determinar se uma organização está ganhando ou perdendo terreno em comparação com os concorrentes, desde que seja utilizada adequadamente. Várias questões devem ser consideradas quando a participação no mercado é empregada para fins de controle. Primeiramente, qual é o mercado em que se baseia a porcentagem? E a definição do mercado mudou? A participação no mercado pode ser calculada por área geográfica, tipo ou modelo do produto, tipo de cliente ou de canal, etc. No caso da Goodyear Tire and Rubber Company, discutido no Capítulo 7, a participação no mercado era verificada a partir da geografia (participação nos Estados Unidos *versus* participação mundial), tipo de produto (veículos de passeio e caminhões), tipo de lojas (lojas da empresa, lojas de desconto especializadas em pneus, etc.), bem como pelas vendas totais do fabricante. A segunda questão é: o próprio mercado está mudando? Por exemplo, uma alta participação no mercado, por si só, pode ser enganosa, já que as vendas totais no mercado podem estar em declínio ou em expansão. Finalmente, a unidade de análise – vendas em dólares ou vendas em unidades – deve ser levada em conta. Devido aos diferenciais de preços, é melhor usar o volume em unidades em vez do volume em dólares ao se examinar a participação no mercado.

Um segundo aspecto do controle de produtos e serviços consiste da apreciação da contribuição financeira das ofertas no mercado. Um passo importante nesse processo é atribuir ou planejar custos para as ofertas de uma maneira que reflita sua lucratividade. No entanto, esse passo é difícil e muitas vezes requer um julgamento administrativo astuto. Mais ainda, a definição de uma oferta é por si só ilusória. Por exemplo, um vôo "madrugadão" (de manhã bem cedo ou tarde da noite), programado por uma companhia aérea, pode ser visto como uma oferta. A decisão da McDonald's e da Taco Bell de abrir para o horário de café da manhã pode ser vista como uma oferta de mercado, cujos custos incluem não somente o custo de produção dos itens do menu, como também o custo de estar com as portas abertas.

Da perspectiva da análise, o gerente deve examinar o valor financeiro das ofertas no mercado usando uma *abordagem de margem de contribuição*, em que os custos relevantes computados a uma

FIGURA 9.1

Desagregação de custos de um posto de serviços para controle do mix de produtos e serviços (milhares de dólares)

	Total	Departamento		
		Gasolina	Mercadorias em geral	Serviços em automóveis
Vendas	$4.000	$2.000	$1.700	$300
Custo de mercadorias vendidas e despesas variáveis	3.000	1.600	1.220	180
Margem de contribuição	1.000	400	480	120
Despesas fixas	900	500	310	90
Renda líquida	$100	$(100)	$170	$30

oferta incluem os custos diretos e as despesas gerais atribuíveis. As unidades em que esses custos são divididos devem ser as que contribuem mais significativamente para a análise.

Consideremos a situação em que o proprietário de uma rede de postos de gasolina está examinando o desempenho operacional. A Figura 9.1 mostra o desempenho operacional antes e depois da alocação de custos por departamento. O exame do total produz pouca informação administrativamente relevante. Porém, quando os custos são desagregados e mensurados por departamento, torna-se evidente que a gasolina opera em um prejuízo líquido, enquanto as mercadorias em geral e os serviços operam com lucro. Felizmente, cada departamento "contribui" para despesas gerais; isto é, a receita de cada departamento excede seus custos variáveis alocados.

Tal análise presta-se a um propósito útil na identificação de pontos de problemas potenciais. Há várias alternativas para as medidas corretivas. Se o proprietário decidisse abandonar a linha não-lucrativa e deixar o espaço de venda vazio, então as mercadorias em geral e os serviços teriam que cobrir os custos fixos totais, que continuariam a existir. Duvida-se que isso acontecesse. (Observe que a gasolina realmente contribui para o pagamento dos custos fixos.) Uma outra possibilidade é que o gerente pudesse expandir os outros departamentos para utilizar o espaço vazio. Estimativas de demanda de mercado e previsões de receita seriam necessárias para uma melhor consideração dessa medida. Além disso, teria que haver um comprometimento de recursos que, com efeito, alterasse significativamente a natureza do negócio.

Análise de vendas

A análise de vendas dirige a atenção do gerente para os aspectos comportamentais e de custos da atividade de vendas. O elemento comportamental consiste do trabalho de vendas e da alocação de tempo de venda. O aspecto de custo consiste das despesas originárias do desempenho e da administração da função de vendas.

A análise de vendas geralmente baseia-se em uma avaliação de desempenho por territórios ou distritos de vendas, dimensão e tipo de clientes ou contas, produtos ou alguma combinação dessas variáveis. As diversas medidas usadas para avaliar o desempenho de vendas incluem a receita das vendas, o lucro bruto, a freqüência de visitas de venda, a penetração das contas em um território de vendas e as despesas de venda e de administração das vendas.

Suponhamos uma situação em que um gerente de vendas de um distrito tenha solicitado uma revisão de desempenho trimestral para dois vendedores em um território dentro do distrito. Esses indivíduos não conseguiram atingir suas quotas de vendas, de lucros brutos e de lucro. A Figura 9.2 apresenta o desempenho dos representantes de acordo com as categorias de conta cliente-volume.

FIGURA 9.2

Resumo de desempenho de dois representantes de vendas

Categoria de vendas	(1) Contas potenciais no distrito de vendas[a]	(2) Contas ativas[b]	(3) Volume de vendas[c]	(4) Lucro bruto[d]	(5) Total de visitas[e]	(6) Despesas de vendas[f]	(7) Administração de vendas[g]
A	80	60	$48.000	$14.000	195	$18.400	
B	60	40	44.000	15.400	200	17.900	
C	40	10	25.000	12.250	50	11.250	
D	20	6	33.000	16.500	42	9.000	
Totais	200	116	$150.000	$58.550	487	$56.550	$10.000

[a] Baseado em dados de pesquisa de *marketing*, identificando usuários potenciais dos produtos da empresa.
[b] Contas atuais.
[c] Baseado em faturas.
[d] Baseado em preço de fatura para *mix* completo de produtos vendidos.
[e] Baseado em relatórios de visitas de vendas referidos por nome do cliente.
[f] Custos diretos de vendas, incluindo salários alocados de dois representantes de vendas.
[g] Custos não atribuíveis em uma base significativa; inclui despesas de escritório.

Tais categorias foram estabelecidas pelo gerente nacional de vendas com base nas normas do setor, como também as seguintes freqüências de visitas trimestrais esperadas:

Definição da conta	Freqüência esperada de visitas trimestrais
A: $1.000 ou menos em vendas	2
B: $1.000-$1.999 em vendas	4
C: $2.000-$4.999 em vendas	6
D: $5.000 ou mais em vendas	8

Ambos os representantes tinham um número igual de contas A, B, C e D.

A Figura 9.3 mostra vários índices preparados pelo gerente de vendas do distrito a partir do resumo de desempenho exibido na Figura 9.2. Entre as principais descobertas evidenciadas na Figura 9.3, estão as seguintes:

1. A penetração de contas dos representantes variou inversamente ao tamanho da conta. Enquanto os representantes haviam penetrado em 75% das contas menores A, somente 30% das contas potencialmente grandes D apareciam como compradores ativos.

2. Parte do motivo para esse desempenho parece residir na freqüência de visitas dos representantes. Os representantes excederam a norma de visitas nas contas A e B, e não tiveram a freqüência necessária para as contas C e D. Além disso, seu nível de "esforço" parece questionável (487 visitas ÷ 90 dias ÷ 2 representantes = 2,7 visitas por dia).

3. A porcentagem de lucro bruto derivado de vendas a contas menores foi consideravelmente mais baixa do que a do lucro derivado de vendas a contas maiores, o que, por sua vez, afetou a lucratividade.

4. Quando o volume de vendas por conta é combinado com o lucro bruto e as despesas de vendas, fica evidente que as contas menores realmente produziram uma perda em dólares na contribuição líquida.

FIGURA 9.3

Índices operacionais selecionados de desempenho de vendas

Volume de vendas/ conta ativa (Col. 3 ÷ Col. 4)	Lucro bruto conta ativa (Col. 4 ÷ Col. 2)	Despesas de vendas/ conta ativa (Col. 6 ÷ Col.2)	Contribuição para administração de vendas (lucro bruto – despesas de vendas)
A: $800	$240	$307	–$67
B: $1.100	$385	$448	–$63
C: $2.500	$1.225	$1.125	$100
D: $5.500	$2.750	$1.500	$1.250
Penetração de conta (Col. 2 ÷ Col. 3)	**Freqüência de visitas/** **conta ativa** (Col. 5 ÷ Col. 2)	**Despesa de venda** **por visita** (Col. 6 ÷ Col. 5)	**Lucro bruto %/** **conta ativa** (Col. 4 ÷ Col. 3)
A: 75%	3,25	$94,36	30%
B: 67%	5,0	$89,50	35%
C: 25%	5,0	$225,00	49%
D: 30%	7,0	$214,29	50%

O processo de análise de vendas nesse caso revelou que os dois representantes não estavam ativamente visitando as contas (somente 2,7 visitas por dia) e que sua alocação da atividade de visitas se concentrava em contas de menor volume e menos lucrativas, que estavam, na verdade, contribuindo com um *prejuízo* nas despesas gerais. O redirecionamento do trabalho é claramente necessário nessa situação.

Análise de canal de *marketing*

A análise de canal de *marketing* consiste de dois processos complementares. O gerente deve primeiro avaliar fatores ambientais e organizacionais que podem alterar a estrutura, a conduta e o desempenho dos canais de *marketing*. Essas considerações foram destacadas no Capítulo 7. Segundo, o gerente deve avaliar a lucratividade dos canais de *marketing*.

A análise da lucratividade para canais de *marketing* segue o formato geral delineado para a análise produto-serviço. Contudo, a identificação e a alocação de custos diferem. Dois tipos de custos – custos para obtenção de pedido e custos para atendimento de pedido – devem ser identificados e mapeados para diferentes canais de *marketing*. Os *custos para obtenção de pedido* incluem as despesas de vendas e os gastos com propaganda. Os *custos para atendimento de pedido* incluem custos de embalagem e entrega, despesas de armazenagem e custos de faturamento.[7]

Consideremos uma empresa hipotética que comercializa vernizes para móveis, limpadores e produtos diversos para cuidado do mobiliário. Essa empresa usa sua própria equipe de vendas para vender seus produtos através de três canais de *marketing*: lojas de móveis, lojas de ferragem e lojas de artigos para o lar. A Figura 9.4 apresenta declaração de renda para todos os canais combinados, bem como individualmente (custos gerais e administrativos não estão alocados nem incluídos). É evidente que, quando os custos e as receitas são mapeados por canal, a loja de móveis e a loja de ferragens geram receita de venda igual; no entanto, as lojas de móveis incorrem em uma perda considerável, e as lojas de ferragem respondem por quase toda a renda líquida. Por que os retornos são tão diferentes?

A inspeção de custos desagregados sugere o seguinte:

1. A porcentagem de margem bruta sobre o *mix* de produtos vendidos para as lojas de ferragem é de 38%, enquanto que a porcentagem de margem bruta sobre os produtos vendidos para as lojas de móveis e as lojas de artigos para o lar é de 30%. Assim, produtos de margem mais baixa estão sendo vendidos pelas lojas de móveis e de artigos para o lar na média.

FIGURA 9.4

Custos desagregados de produtos para cuidado de móveis, para fins de análise de canal de *marketing* (milhares de dólares)

		Canal de marketing		
	Total	Lojas de móveis	Lojas de ferragens	Lojas de artigos para o lar
Vendas	$12.000	$5.000	$5.000	$2.000
Custo de mercadorias vendidas	8.000	3.500	3.100	1.400
Margem bruta	4.000	1.500	1.900	600
Despesas				
Venda	1.000	617	216	167
Propaganda	750	450	150	150
Embalagem e entrega	800	370	300	130
Armazenagem	400	200	150	50
Cobrança	600	300	250	50
Total de despesas	3.550	1.937	1.066	547
Renda (perda) líquida de canal	$450	$(437)	$834	$53

2. Os custos para obtenção de pedido (venda e propaganda) levam cerca de 21% das vendas para as lojas de móveis, mas somente 7% para as lojas de ferragem e 16% para as lojas de artigos domésticos.

3. Os custos para atendimento de pedido são 17% de vendas para lojas de móveis, 14% para lojas de ferragens e cerca de 12% para lojas de produtos para o lar.

Resumindo, um gerente pode concluir que o esforço (refletido nos custos) necessário para gerar vendas e serviço no canal de lojas de móveis é muito maior do que aquele necessário para as lojas de ferragens e de artigos domésticos. Além disso, as lojas de móveis compram produtos com uma margem bruta menor. Uma vez identificados esses problemas, os esforços para remediar a situação podem ser explorados de um modo mais sistemático.

Análise de lucratividade do cliente

Avanços na tecnologia de informação e em técnicas de gerenciamento de dados tornaram possível identificar a contribuição de um cliente individual para a lucratividade de uma organização. Um cliente lucrativo é uma pessoa, economia doméstica ou empresa que, ao longo do tempo, produz um fluxo de receita que excede, por uma quantia aceitável, o custo da organização para atrair tal cliente, atendê-lo e vender para ele.[8] Observe que a ênfase está em um fluxo contínuo de receita e custo de um cliente, não no lucro de uma determinada transação de vendas com um cliente.

A análise de lucratividade do cliente gera percepções parecidas e coerentes com as obtidas dos tipos de análise anteriormente discutidos. Por exemplo, variações da "regra 80 – 20" foram observadas. Consideremos o caso da empresa LSI Logic.[9] Esse fabricante de semicondutores de alta tecnologia recentemente descobriu que 90% de seu lucro provinha de 10% de seus clientes. Além disso, a empresa estava perdendo dinheiro com metade de seus clientes! A implicação dessa observação é que a empresa poderia melhorar seu quadro de lucros "despedindo" seus piores clientes, deixando de procurar negócios futuros com eles. Lembremo-nos que, conforme a discussão sobre análise de canal de *marketing*, dois tipos de custo são considerados quando se avalia a lucratividade de canais de *marketing*: (1) custos para obter o pedido e (2) custos para atender ao pedido. Ambos os tipos de custo se aplicam quando se realiza a análise de lucratividade do cliente, mas diferentes termos são utilizados. Os custos para obtenção do pedido são chamados de custos de "aquisição de cliente"; os custos para atendimento do pedido são denominados de custos de "retenção de cliente". A subtração desses custos do fluxo de margem bruta do cliente em dinheiro resulta na lucratividade do cliente. Quando isso é feito para cada cliente, é possível classificar os clientes em diferentes camadas de lucro. Um esquema de classificação é que categoriza os clientes como clientes de platina (altamente lucrativos), clientes de ouro (lucrativos), clientes de ferro (baixa lucratividade, mas desejáveis) e clientes de chumbo (não-lucrativos e indesejáveis).[10] Com isso feito, a tarefa do gerente é transformar clientes de ferro em clientes de ouro e os de ouro em clientes de platina, cruzando em vendas as ofertas da empresa ou aumentando o ticket médio dos clientes; ou seja, apresentando os clientes a ofertas mais lucrativas da empresa. Aconselha-se que os profissionais de *marketing* abandonem os clientes de chumbo, que lhes cobrem preços mais altos ou que reduzam o custo de atendê-los, a fim de torná-los mais lucrativos. O setor de serviços financeiros faz isso há anos, dedicando atenção aos seus clientes lucrativos e cobrando taxas de seus clientes não-lucrativos por utilizarem caixas eletrônicos ou por retirarem extratos bancários. Essas práticas, mesmo comuns, podem ter conseqüências indesejáveis nas relações com os clientes e precisam ser consideradas com cuidado.

■ CONSIDERAÇÕES SOBRE O CONTROLE DE *MARKETING*

A implementação adequada do controle estratégico e de operações requer que o gerente esteja ciente de diversas considerações pertinentes. Três delas são as que seguem.

Problemas *versus* sintomas

O controle eficaz, seja no nível estratégico, seja no nível de operações, exige que o gerente reconheça a diferença entre problemas básicos e sintomas superficiais. Isso significa que o gerente deve desenvolver relações causais entre as ocorrências. Por exemplo, se houver evidências de declínio nas vendas ou de baixas margens de lucro, o gerente deverá "olhar os números para trás" para identificar as causas desse desempenho e então tentar remediá-las. Esse papel de diagnóstico é semelhante ao de um médico, que deve primeiro estabelecer os sintomas do paciente a fim de identificar a doença.

Eficácia *versus* eficiência

Uma segunda consideração é a tensão dinâmica que existe entre eficácia e eficiência. A eficácia aborda a questão de a organização estar ou não atingindo suas metas desejadas, dadas as oportunidades e restrições ambientais e as capacidades organizacionais. A eficiência relaciona-se com a produtividade – os níveis de produção, dada uma unidade específica de informação. Suponhamos que um representante de vendas tenha uma alta freqüência de visitas por dia e uma baixa razão de despesa em custo por visita. O indivíduo pode ser visto favoravelmente da perspectiva de eficiência. Se a ênfase da organização está no atendimento ao cliente e na solução de problemas, no entanto, essa pessoa pode ser considerada como ineficaz.

Dados *versus* informações

Uma terceira consideração é a diferença qualitativa entre dados e informações. Os dados são essencialmente *relatórios* de atividades, eventos ou desempenho. As informações, por outro lado, podem ser vistas como uma *classificação* de atividades, eventos ou desempenho, destinadas a serem interpretadas e úteis para a tomada de decisões. A distinção entre dados e informações foi ilustrada na discussão de vários tipos de análise descritos neste capítulo, onde os dados foram organizados em classificações e razões operacionais significativas.

NOTAS

1. Thomas Bonoma, "Making Your *Marketing* Strategy Work," *Harvard Business Review* (March–April 1984):68–76.
2. Esses conceitos foram retirados de Derek Abell, "Strategic Windows," *Journal of Marketing* (July 1978):21–26.
3. Evan R. Hirsh et. al., "Changing Channels in the Automotive Industry: The Future of Automotive *Marketing* and Distribution," *Strategy & Business* (First Quarter 1999): 42–50; and "Click Here for a New Sedan! (Not Yet, Alas),"*Newsweek* (November 11, 2002): E-10–E-12.
4. David S. Landes, *Revolution in Time*, revised ed. (Cambridge, MA: Harvard University Press, 2000); and Anthony Young, "Markets in Time: The Rise, Fall, and Revival of Swiss Watchmaking,"(New York:The Foundation for Economic Education, September 9, 2005).
5. B. Ames and J. Hlavacek, "Vital Truths about Managing Your Costs,"*Harvard Business Review* (January–February 1990):140–47;and S. L. Mintz, "Two Steps Forward, One Step Back," *CFO* (December 1998):21–25.
6. "New Digital Camera Deals Kodak a Lesson in Microsoft's Ways,"*Wall Street Journal* (July 2, 2001): A1, A6.
7. Para um exemplo de identificação de custos em canais de *marketing*, ver Robin Cooper and Robert S. Kaplan, "Profit Priorities from Activity-Based Costing," *Harvard Business Review* (May–June 1991):130–137.
8. Philip Kotler and Kevin Lane Keller, *Marketing Management*, 12th ed. (Upper Saddle River, NJ: Prentice Hall, 2006): 149.
9. Bob Donath, "Fire Your Big Customers? Maybe You Should,"*Marketing News* (June 21, 1999): 9.
10. Valerie Zeithaml, Roland Rust, and K. Lemon, "The Customer Pyramid: Creating and Serving Profitable Customers,"*California Management Review* (Summer 2001):118–142.

CASO

Pharmacia & Upjohn, Inc.
Tratamento Rogaine para Calvície

Em 9 de fevereiro de 1996, a U.S. Food and Drug Administration (FDA) aprovou a venda, sem necessidade de receita médica, do Tratamento Rogaine para Calvície. Rogaine, na época o único tratamento para calvície com eficácia clinicamente comprovada para homens e mulheres com perda hereditária de cabelo, vinha sendo vendido com receita nos Estados Unidos desde 1988. As vendas acumuladas de Rogaine nos Estados Unidos, desde sua introdução, passavam de $700 milhões. As vendas acumuladas de Rogaine no mundo todo excediam um bilhão de dólares (ver Figura 1).[1]

Como a patente de Rogaine expiraria em quatro dias, a aprovação do tratamento pela FDA sem necessidade de receita médica, ou seja, como medicamento liberado, foi bem-vinda pela Pharmacia & Upjohn, Inc., fabricante do produto. De acordo com uma autoridade da empresa, "estamos satisfeitos com a decisão da FDA de permitir que Rogaine seja vendido sem receita médica. A venda liberada de Rogaine é uma conveniência bem-vinda por milhões de homens e mulheres que sofrem da perda comum de cabelo. Queremos seguir um cronograma rígido para tornar Rogaine rápida e amplamente acessível aos consumidores".[2] O lançamento de Rogaine sem necessidade de receita foi programado para abril de 1996. Naquela época, a venda de Rogaine com exigência de receita médica seria interrompida, já que os produtos com e sem receita tinham fórmulas idênticas. A empresa também solicitou aprovação da FDA para um período de três anos de exclusividade de comercialização para Rogaine sem receita, amparada na Emenda Waxman-Hatch à Lei Federal de Alimentos, Remédios e Cosméticos. Essa emenda permite que as empresas farmacêuticas solicitem à FDA um período de três anos de exclusividade de comercialização, desde que paguem por uma nova pesquisa, necessária para converter um medicamento vendido com receita em produto comercializado sem receita. Esperava-se obter a resposta da FDA a essa solicitação no final de março ou em abril de 1996.

Antecipando-se à aprovação da FDA para Rogaine sem receita, após recomendação positiva de um comitê consultivo em novembro de 1995 e uma resposta favorável da FDA à solicitação dos três anos de exclusividade de comercialização, autoridades da empresa delinearam o programa de *marketing* para a marca, com lançamento planejado para abril de 1996.[3] Rogaine seria dirigido para homens e mulheres com idade de 25 a 49 anos. A marca seria posicionada como o único produto

---

[1] Os dados sobre vendas baseiam-se em informações fornecidas em "Rogaine Will Be Sold Over-the-Counter", *PR Newswire*, February 12, 1996; estimativas feitas por analistas do setor da Bear, Stearns & Company e Prudential Securities; e dados publicados em "For Rogaine, No Miracle Cure – Yet", *Business Week* (June 4, 1990), p. 100, e "Blondes, Brunettes, Redheads, and Rogaine", *American Druggist* (June 1992), pp. 39-40.

[2] "Rogaine Will Be Sold Over-the-Counter", *PR Newswire*, February 12, 1996.

[3] Essa descrição baseia-se em "Rogaine Will Be Sold Over-the-Counter", *PR Newswire*, February 12, 1996; Michael Wilke, "New Rivals Push Rogaine to Jump-Start Its OTC Ads", *Advertising Age* (April 15, 1996), p. 45; Michael Wilke, "Rogaine, Nicorette Seek Edge from FDA", *Advertising Age* (February 19, 1996), p. 4; "OTC Rogaine Receives FDA Advisory Committee Recommendation", *PR Newswire*, November 17, 1995; Sean Mehegan, "Hair Today", *BRANDWEEK* (April 8, 1996), pp. 1,6.

Este caso foi preparado pelo professor Roger A. Kerin, da Edwin L. Cox School of Business, Southern Methodist University, como base para discussão em aula e não pretende ilustrar o manejo eficaz ou ineficaz de uma situação administrativa. O caso baseia-se em fontes publicadas, incluindo os relatórios anuais da Upjohn Company e Pharmacia & Upjohn, Inc., boletins e entrevistas com indivíduos conhecedores do setor. Citações, estatísticas e informações publicadas constam em notas de rodapé para fins de referência. Copyright © 1996 Roger A. Kerin. Nenhum excerto deste caso pode ser reproduzido sem autorização por escrito do detentor dos direitos autorais.

FIGURA 1

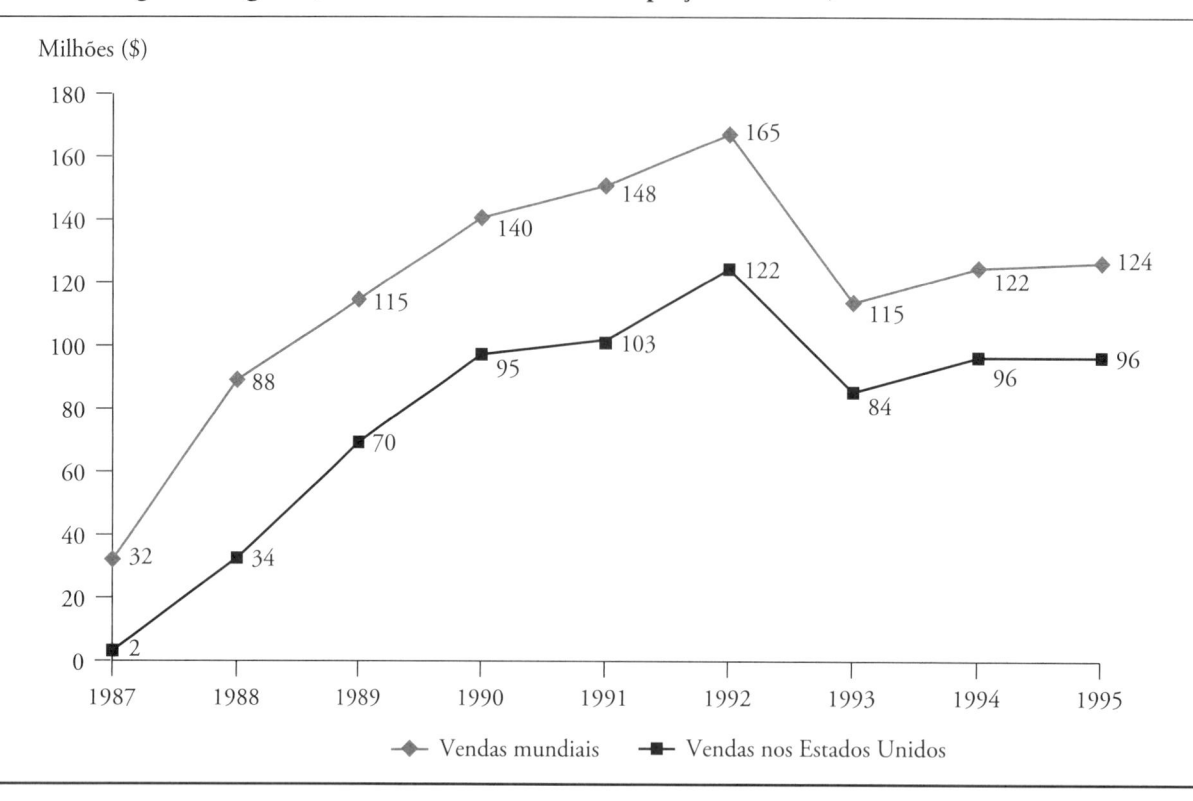

Vendas de Rogaine e Regaine (vendas relatadas utilizando-se preços de fábrica)

Ano	Vendas mundiais	Vendas nos Estados Unidos
1987	32	2
1988	88	34
1989	115	70
1990	140	95
1991	148	103
1992	165	122
1993	115	84
1994	122	96
1995	124	96

disponível sem receita médica e com eficácia clinicamente comprovada para fazer crescer cabelo novamente. O produto seria vendido em embalagens separadas – Rogaine para homens e Rogaine para mulheres. Cada embalagem apresentaria rótulo e incluiria uma brochura para auxiliar usuários potenciais a identificar com precisão se eram candidatos à utilização de Rogaine. O preço de varejo sugerido para um frasco, equivalente à quantidade necessária para um mês, seria de $29,50. Esse preço era aproximadamente a metade do preço de Rogaine com receita, com a mesma quantidade do produto. A distribuição seria expandida para colocar Rogaine na farmácia ou na seção de cuidados com os cabelos em lojas varejistas de alimentos, medicamentos e grandes supermercados. Os gastos de *marketing* durante os seis primeiros meses da introdução da marca, estimados em $75 milhões, sustentariam Rogaine e o relançamento do xampu Progaine da empresa, vendido sem receita. Mais da metade dos $75 milhões seria dedicada à propaganda para o consumidor final. O nível de gastos representava a maior campanha de promoção, para o setor e para o consumidor, de um produto sem receita na história da empresa. De acordo com fontes do setor, autoridades da empresa estavam dizendo às lojas de varejo, compradoras de produtos de saúde e beleza, que a marca possuía um potencial de vendas no varejo de $250 milhões anuais.

Em 5 de abril de 1996, a FDA notificou à Pharmacia & Upjohn, Inc. que sua solicitação de um período de três anos de exclusividade de comercialização de Rogaine sem receita havia sido negada.[4] Além disso, em 9 de abril de 1996, a FDA aprovou três versões genéricas concorrentes de Rogaine contendo soluções de minoxidil 2% – o componente ativo em Rogaine que estimula o crescimento

---

[4] Essa discussão baseia-se em "Generic Versions of Rogaine Ok'd", *The Dallas Morning News* (April 9, 1996), p. 4D; "Pharmacia & Upjohn Files Lawsuit Over OTC Rogaine Exclusivity", *PR Newswire*, April 12, 1996; "Rogaine Awarded Temporary Restraining Order", *PR Newswire*, April 15, 1996.

de cabelo – para venda sem receita. Os produtos genéricos, supostamente equivalentes a produtos medicinais de marca, normalmente são vendidos a preços de 25 a 50% mais baixos do que os dos produtos de marca e não são anunciados. Em 12 de abril de 1996, a Pharmacia & Upjohn abriu um processo contra a FDA no Tribunal Federal em Grand Rapids, Michigan. A empresa pediu que o Tribunal revertesse a regulamentação da FDA quanto à exclusividade de comercialização para o Rogaine sem prescrição e que ordenasse à FDA que adiasse a aprovação de produtos concorrentes, sem necessidade de receita médica, contendo minoxidil. Em 15 de abril, o Tribunal aprovou uma ordem restritiva temporária proibindo a medida da FDA. Uma audiência preliminar foi marcada para 30 de abril para ouvir a ação da Pharmacia & Upjohn, Inc. para uma injunção preliminar que tentava estender a licença até a realização de um julgamento completo.

A conversão de Rogaine, da condição de medicamento vendido com receita para medicamento liberado sem receita, a possível recusa da FDA em conceder exclusividade de *marketing* por três anos ao produto, juntamente com a aprovação de produtos genéricos, levantaram uma série de questões relativas ao mercado e à comercialização. Primeiro, que potencial de vendas em unidades e em dólares para a categoria do produto como um todo poderia ser esperado, agora que o tratamento com minoxidil para calvície não precisava mais de receita? A Pharmacia & Upjohn, Inc. acreditava que vendas de um bilhão de dólares de Rogaine fossem possíveis ao longo de cinco anos, dado seu programa de *marketing* e supondo-se a inexistência de produtos concorrentes. No entanto, existiam visões menos otimistas. Um analista do setor acreditava que "há bastante vaidade lá fora, muitas pessoas vão experimentar, pelo menos no início". Já um outro analista observava que "aqueles que se sentem verdadeiramente motivados provavelmente já experimentaram".[5]

Em segundo lugar, como a perda da proteção de patente nos Estados Unidos e da exclusividade de comercialização que Rogaine havia tido desde sua introdução e a concorrência dos produtos genéricos poderiam afetar a marca Rogaine? Não havia situações em que se basear na indústria farmacêutica para responder essa pergunta em relação a um produto como Rogaine.[6] Por exemplo, analistas do setor farmacêutico estimam que era comum que os medicamentos patenteados, vendidos com receita, perdessem até 60% de seu volume dentro de seis meses após expiração da patente, devido à concorrência dos genéricos. Entretanto, essa situação era típica entre os medicamentos com receita e não necessariamente para aqueles que passavam a ser vendidos sem receita ao expirar a patente. Em uma outra situação, Nicorette Gum, um produto para parar de fumar, perdeu sua exclusividade de *marketing* em junho de 1994. Mas, com aumento de propaganda e nenhuma concorrência direta de marca ou de genéricos, exceto a dos *patches* de nicotina, a marca Nicorette viu suas vendas (em $) aumentarem quase 6% em 1995. Diferentemente de Nicorette Gum, se Rogaine perdesse sua exclusividade de *marketing*, poderia ter que enfrentar a concorrência de produtos genéricos ou de marca com solução de minoxidil 2% em 1996. Esses produtos eram fabricados pela Bausch & Lomb, Alpharma e Lemmon Company, uma divisão da Teva Pharmaceutical Industries, com sede em Israel. Um porta-voz da Bausch & Lomb disse: "Realmente vemos um mercado viável para o minoxidil e gostaríamos muito de participar". A Lemmon Company, que fabrica medicamentos genéricos e produtos com marca própria, anunciou que pretendia disponibilizar versões genéricas e com marca própria de minoxidil em meados de 1996. A empresa também havia começado a discutir com outras empresas a oferta de um produto de marca. Além disso, a Merck estava testando seu remédio para próstata, Proscar, no tratamento de calvície, na forma de pílulas. Esse produto poderia ser submetido à aprovação da FDA dentro de um ano e estaria no mercado em 1999. Finalmente, a estratégia de *marketing* desenvolvida nos Estados Unidos para Rogaine sem receita antes das recentes regulamentações da FDA, precisaria ser modificada? Se precisasse,

---

[5] Laurie McGinley, "Baldness Drug Cleared for Sale Over the Counter", *Wall Street Journal* (February 13, 1996), p. B3; Michael Wieke, "OTC Status Might Not Be Boon to Rogaine", *Advertising Age* (January 29, 1996), p. 10.

[6] A discussão seguinte baseia-se em Patricia Winters, "Prescription Drug Ads Up", *Advertising Age* (January 18, 1993), pp. 10, 50; "Rogaine, Nicorette Seek Edge from FDA", *Advertising Age* (February 19, 1996), p. 4; Sean Mehegan, "Hair Today", *BRANDWEEK* (April 8, 1996), pp. 1,6.

como seria? Rogaine sem receita já estava sendo despachado para varejistas, e o programa de promoção de vendas e de propaganda para o consumidor já estava pronto para ser implementado.

■ TRATAMENTOS PARA CALVÍCIE

Existem cerca de 300.000 fios de cabelo no couro cabeludo de uma pessoa, cuja cabeça é completamente "coberta" de cabelos.[7] O número exato de fios na cabeça de uma pessoa depende do número de folículos de cabelo, estabelecido antes do nascimento. Em média, uma pessoa perde de 100 a 150 fios de cabelo por dia, e um novo fio começa a crescer a partir do folículo. No entanto, muitas pessoas passam pela experiência da perda permanente de cabelo. Chamada de *alopecia androgenética*, homens e mulheres podem ser afetados por essa condição. Na calvície de padrão masculino, a forma mais comum de *alopecia*, inicialmente perde-se cabelo nas têmporas e no alto da cabeça, sendo substituído por cabelo fino e macio. A área afetada gradualmente torna-se maior à medida que a linha capilar normal retrocede. Esse processo de perda de cabelo é herdado; seu desenvolvimento típico em homens é ilustrado na Figura 2. As mulheres também podem perder cabelo, condição conhecida como perda de cabelo difusa, que se manifesta pela diminuição do cabelo em toda a cabeça, em vez do desenvolvimento característico da calvície masculina, embora mulheres jovens e mulheres que passaram da menopausa ocasionalmente apresentem esse tipo de perda de cabelo.

Uma pesquisa indica que 38,6% das mulheres dizem que procurariam tratamento se estivessem perdendo cabelo, em comparação com 30,4% de homens que dizem que fariam o mesmo.[8] No entanto, a pesquisa também relatou que, no máximo, 13,3% das mulheres entrevistadas que estavam apresentando queda de cabelo realmente procuraram alguma forma de tratamento, enquanto, no máximo, 9,9% dos homens na mesma situação buscaram tratamento. As pessoas com queda de cabelo que procuram tratamentos dispõem de diversas opções. Os tratamentos mais populares envolvem xampus, loções e condicionadores vendidos com ou sem receita. Freqüentemente, esses produtos para espessar o cabelo são utilizados para tratar cabelos finos. Estima-se que haja 40 milhões de

FIGURA 2

Progressão típica da calvície em homens

---

[7] Esse material baseia-se em Charles B. Clayman, ed., *The American Medical Association Encyclopedia of Medicine* (New York: Ramdom House, 1989), pp. 88, 504; William G. Flanagan e David Stix, "The Bald Truth", *Forbes* (July 22, 1991), pp. 309-310; "Baldness: Is There Hope?", *Consumer Reports* (September 1988), pp. 533-547; Gary Belsky, "Beating Hair Loss" *MONEY* (March 1996), pp. 152-155; "Hair Loss: Does Anything Really Help?", *Consumer Reports* (August 1996), pp. 62-63.

[8] Laurie Freeman, "Upjohn Takes a Shine to Balding Women", *Advertising Age* (February 27, 1989), p. S1. Essas estatísticas baseiam-se em uma pesquisa da Gallup Organization com 1.000 adultos nos Estados Unidos.

FIGURA 3

Quantidade de adultos nos Estados Unidos dispostos a gastar com o tratamento para calvície

Quantidade	*Homens*	*Mulheres*
$1.000–$10.000	11,3%	11,1%
$600–$1.000	7,1	5,3
$300–$599	13,5	9,7
$100–$299	14,2	13,5
$99 ou menos	27,0	28,5
Não sabe	26,9	31,9
	100%	100%

Fonte: Pesquisa da Gallup Organization com 1.000 adultos americanos, encomendada por *Advertising Age*. Referido em Laurie Freeman, "Upjohn Takes a Shine to Balding Women", *Advertising Age* (February 27, 1989), p. S1. Reproduzido com permissão de *Advertising Age*.

homens calvos e 20 milhões de mulheres com redução na quantidade de cabelo nos Estados Unidos, gastando mais de $300 milhões anuais nesses tipos de produtos. A Figura 3 mostra a quantidade de dinheiro que homens e mulheres dizem estar dispostos a gastar por ano no tratamento da calvície. Apliques ou perucas, transplantes de cabelo e medicamentos, tais como o minoxidil, podem ser usados quando a perda de cabelo é muito evidente. Os consumidores americanos despendem cerca de $1,3 bilhão anualmente nesses tratamentos. Outros $100 milhões são gastos com elixires, chás, pomadas de casco de cavalo e produtos afins para o tratamento da queda de cabelo.

Apliques ou perucas

Apliques (ou perucas parciais) e perucas são usados por dois milhões de americanos. Cerca de $400 milhões são gastos anualmente com esses produtos, incluindo limpeza e penteados periódicos. Apliques e perucas podem ser feitos de cabelo humano ou de material sintético, geralmente o náilon. Os apliques feitos de cabelo humano geralmente não duram mais de um ano. O cabelo sintético dura até dois anos. O custo de um pequeno aplique de preenchimento, feito de cabelo humano para o alto da cabeça de um homem calvo, pode ser comprado por $325; uma peruca completa para mulheres pode custar $2.000 ou mais. Um aplique masculino tradicional de cabelo humano custa de $1.000 a $3.500. Apliques sintéticos para homens custam de $1.800 a $2.500. Os apliques precisam de manutenção a cada seis ou oito semanas, com o custo médio para ajuste, limpeza e penteado, ficando entre $50 e $100. Cola especial ou fita dupla-face são utilizadas para fixar o aplique ou peruca na cabeça.

Transplantes de cabelo

O transplante de cabelo consiste de uma operação cirúrgica estética em que seções de cabelo do couro cabeludo são removidas e transplantadas para áreas calvas. Um dos seguintes procedimentos, ou uma combinação deles, pode ser empregado. O "enxerto por punção" é o procedimento mais comum. Com esse procedimento, uma punção é usada para remover pequenas porções da área calva (com cerca de ¼ de polegada de diâmetro), que são substituídas por áreas com cabelo. Os enxertos são posicionados com adesivos até que o processo natural de cicatrização termine. O "enxerto por faixas" é um procedimento em que faixas de pele calva são removidas e substituídas por faixas de pele com cabelo, que são posicionadas por meio de sutura. O "enxerto por abas" é semelhante ao enxerto por faixas, mas abas de pele com cabelo são descoladas do couro cabeludo, giradas e suturadas para substituir áreas de pele calva. Esse procedimento é tipicamente usado para formar uma nova linha capilar. A "redução da calvície de padrão masculino" consiste em retirar áreas de pele calva e esticar áreas adjacentes com cabelo para substituir a região afetada pela calvície. Os transplantes de cabelo, mesmo quando bem-sucedidos, não duram indefinidamente. Com o passar do tempo, as áreas transplantadas tornam-se calvas.

Cerca de $800 milhões são gastos anualmente em transplantes de cabelo nos Estados Unidos. Procedimentos de transplantes de cabelo do tipo enxerto custam de $3.500 a $15.000. A redução da calvície de padrão masculino freqüentemente custa de $2.000 a $3.500 por procedimento, mais os honorários do transplante. Tais procedimentos geralmente não são cobertos por seguros de saúde.

Medicamentos

Embora muitas pomadas e elixires de uso tópico sejam promovidos, somente um produto havia sido aprovado pela FDA como medicamento para restaurar o crescimento de cabelo em homens e mulheres antes de abril de 1996. O Tratamento para Calvície Rogaine, produzido pela Pharmacia & Upjohn, Inc., recebeu aprovação da FDA para utilização por homens, nos Estados Unidos, em agosto de 1988, e por mulheres em agosto de 1991. Rogaine é uma solução de minoxidil 2%, que é aplicada duas vezes por dia nas áreas do couro cabeludo com redução de cabelo ou calvas. Testes clínicos realizados pela empresa indicaram que a restauração do crescimento de cabelo parecia ser mais pronunciada em homens com menos de 30 anos de idade e naqueles que estavam nos estágios iniciais do desenvolvimento da calvície de padrão masculino. Estima-se que 35% dos homens com menos de 30 anos tenham queda de cabelo. As propriedades do minoxidil e seu uso como pomada tópica para crescimento de cabelo são tais que, se não for aplicado duas vezes por dia, causará queda de cabelo. Em outras palavras, o minoxidil é um tratamento a ser feito por toda a vida, para que seus efeitos de crescimento e manutenção do cabelo sejam permanentes.

Até fevereiro de 1996, o tratamento com Rogaine exigia apresentação de receita médica. A quantidade necessária do produto para um mês de uso custava de $50 a $60 e até $125, se o produto tivesse que ser usado em altas concentrações ou em combinação com outros medicamentos, como Retin-A. Além disso, os honorários médicos periódicos elevavam o custo anual do tratamento para o paciente. Rogaine não era coberto por seguros de saúde.

Em fevereiro de 1996, a FDA aprovou Rogaine como medicamento livre, sem necessidade de receita para compra. Essa decisão reverteu uma regulamentação estabelecida pela FDA, em 1994, que negava o *status* de medicamento sem receita para Rogaine. Naquela época, autoridades da FDA testemunharam que o medicamento era mais eficaz quando aplicado durante os estágios iniciais da calvície, mas que não se tratava de uma cura. O líder da equipe de dermatologia da FDA disse que Rogaine era um "produto marginal" na cura da calvície.[9] Aprovando Rogaine como medicamento livre em 1996, a FDA relatou que seu uso havia resultado em "significativo" crescimento de cabelo em 25% dos homens e em 20% das mulheres.[10] "Significativo" crescimento de cabelo foi definido pela FDA como "novos fios de cabelo que cobriam parte ou toda a área com redução de cabelo, mas não tão próximos quanto os fios de cabelo no restante do couro cabeludo". Uma porcentagem maior de usuários constatou um crescimento "mínimo" de cabelo, em que "alguns novos fios de cabelo foram vistos, mas não em número suficiente para cobrir as áreas com redução na quantidade de cabelo".

Em testes clínicos conduzidos pela Pharmacia & Upjohn, Inc., 26% de uma maioria de homens brancos na faixa etária de 18 a 49 anos, com perda de cabelo moderada, relataram crescimento de cabelo de moderado a denso, e 33% relataram crescimento mínimo após uso de Rogaine durante quatro meses.[11] Em comparação, 11% dos homens entre 18 e 49 anos de idade do grupo que utilizou placebo (um líquido sem a solução de minoxidil 2%) relataram crescimento de cabelo de

---

[9] "Upjohn's Rogaine Fails to Win Vote of FDA Panel in Nonprescription Bid", *Wall Street Journal* (July 28, 1994), p. A2.

[10] Laurie McGinley, "Baldness Drug Cleared for Sale Over the Counter", *Wall Street Journal* (Fevereiro 13, 1996), p. B3.

[11] Baseado em literatura sobre o produto Rogaine preparada pela Pharmacia & Upjohn, Inc.

moderado a denso, enquanto 31% relataram crescimento mínimo após quatro meses de tratamento. Testes clínicos com uma maioria de mulheres brancas, com idade entre 18 e 45 anos com perda de cabelo de leve a moderada produziram resultados diferentes. Nesses testes, 19% das mulheres relataram crescimento moderado de cabelo, e 40% relataram crescimento mínimo após usar Rogaine por oito meses. No grupo de controle que recebeu placebo, 7% das mulheres relataram crescimento moderado de cabelo, e 33% constataram crescimento mínimo após oito meses de uso.

De acordo com um executivo de *marketing* de Rogaine: "Fomos bem claros quanto ao que o medicamento proporciona, que não é um produto de efeito rápido, que precisa de disciplina para ser usado duas vezes por dia, todos os dias, e que é um medicamento que deve ser usado por quatro a seis meses – e, para alguns indivíduos, por até um ano até que se vejam os resultados".[12] Mais ainda, Rogaine tratava somente a calvície de padrão masculino. Essa condição causa 95% dos casos de queda de cabelo em homens e mulheres nos Estados Unidos. Além disso, o medicamento provavelmente não faz crescer cabelo no alto da cabeça, nem na linha capilar frontal.

■ PHARMACIA & UPJOHN, INC.

A Pharmacia & Upjohn, Inc. foi criada com a fusão da Pharmacia AB, da Suécia, com a The Upjohn Company, dos Estados Unidos, em novembro de 1995.[13] A fusão transformou a nova empresa na nona maior companhia farmacêutica do mundo. A Pharmacia & Upjohn, Inc. apresentou vendas líquidas de $6,949 bilhões e ganhos líquidos de $924 milhões (excluindo-se taxas relativas à fusão) ao término de 1995.

A Pharmacia & Upjohn é provedora de produtos de cuidado de saúde humana e negócios afins e opera em escala global. Seu centro administrativo e corporativo está localizado em Londres, Inglaterra, com os principais centros de pesquisa e produção situados nos Estados Unidos, Suécia e Itália. Os produtos farmacêuticos respondem por 90% das vendas da empresa; produtos de diagnóstico e biotecnológicos/biosensores produzem 10% das vendas da empresa. Quase 70% das vendas ocorrem fora dos Estados Unidos.

O trabalho contínuo da empresa em termos de pesquisa e desenvolvimento, sustentado por $1 bilhão em recursos por ano, concentrou-se em desenvolver novos produtos e extensões das linhas existentes. Em 1995, a empresa tinha 25 novos produtos ou extensões de linhas a serem avaliados para aprovação no período 1995-1997.

A área da saúde humana

Com a fusão, a Pharmacia & Upjohn, Inc. anunciou seu compromisso com a conquista e manutenção de posições de liderança, em uma série de áreas terapêuticas. As maiores dessas áreas eram oncologia, doenças metabólicas, terapia intensiva, doenças infecciosas, neurologia/sistema nervoso central, saúde feminina e nutrição. A Figura 4 mostra as vendas líquidas da empresa em cada grande grupo terapêutico para 1994 e 1995.

Vendas de produtos farmacêuticos com receita Cerca de 84% das vendas farmacêuticas da empresa são de produtos vendidos com receita médica. Esses produtos são comercializados diretamente, junto aos provedores de assistência médica no mundo todo, por representantes tecnicamente treinados que visitam médicos, farmacêuticos, equipes de hospitais, organizações para manutenção da saúde (HMOs) e outras organizações de saúde e atacadistas de medicamentos. Literatura com propaganda dos produtos e esforço de vendas para produtos farmacêuticos que exigem receita são direcionados principalmente para profissionais da área da saúde. Essa prática

---

[12] "Rogaine: Promises, Promises, Promises", *Advertising Age* (October 3, 1993), p. S14.

[13] Esse panorama da empresa baseia-se em *The Upjohn Company Annual Report: 1994* e *Pharmacia & Upjohn, Inc. Annual Report 1995*.

FIGURA 4

Comparação ano a ano da Pharmacia & Upjohn, Inc. de vendas líquidas consolidadas por grupos de principais produtos terapêuticos (em $ milhões)

Grupo de produtos	Vendas em 1995	% de mudança	Vendas em 1994
Doença contagiosa	$687,1	10,3%	$622,9
Doença metabólica	635,9	(2,1)	649,4
Trombose e cuidados intensivos	579,7	12,8	514,1
Sistema nervoso central	571,8	0,3	570,3
Oncologia	566,2	6,7	530,6
Saúde feminina	541,2	6,1	509,9
Nutrição	399,0	8,1	369,0
Oftalmologia	296,0	5,3	281,0
Outros medicamentos com receita	957,7	(12,8)	1.098,1
Assistência médica ao consumidor	441,5	(2,1)	451,2
Saúde animal	383,1	14,0	336,2
Fabricação de produtos químicos	199,9	17,1	170,7
Total de medicamentos	6.259,1	2,6	6.103,4
Biotec/Biosensor	437,0	13,5	385,0
Diagnósticos	253,0	17,1	216,0
Vendas líquidas consolidadas	$6.949,1	3,6%	$6.704,4

Fonte: Pharmacia & Upjohn, Inc. Annual Report: 1995, p. 37.

é necessária devido às antigas regulamentações da FDA, que exigem que virtualmente toda propaganda de medicamento que necessita de receita médica apresente todos os efeitos colaterais e contra-indicações dos produtos. A divulgação completa de tais informações para a grande maioria dos produtos farmacêuticos vendidos com receita era, quase sempre, muito onerosa para ser feita em anúncios impressos e de televisão dirigidos aos consumidores, devido às exigências de tempo e de espaço e à linguagem técnica.

Em 1995, as vendas de produtos para doenças contagiosas eram lideradas pela família de antibióticos Cleocin (Dalacin fora dos Estados Unidos). As vendas de produtos para doenças metabólicas eram lideradas por Genotropin, um hormônio de crescimento. Nas vendas de produtos para terapia intensiva e trombose, predominavam Solu-Medrol, um esteróide injetável, e outros produtos Medrol. As vendas de agentes para o sistema nervoso central eram encabeçadas por Xanax, um agente ansiolítico; Halcion, um agente indutor do sono; e Sermion para a demência senil. Farmorubicin, que trata tumores sólidos e leucemias, e Adriamycin, para tratamento de câncer, lideravam as vendas de produtos oncológicos. As vendas, na categoria de produtos para a saúde feminina, eram lideradas por Depo-Provera, um contraceptivo injetável. Entre os produtos para nutrição, fora dos Estados Unidos, prevalecia o Intralipid, uma emulsão de gordura para administração intravenosa de nutrientes, enquanto Healon, para cirurgia de catarata, liderava as vendas de produtos oftalmológicos.

Vendas de produtos farmacêuticos sem receita A Pharmacia & Upjohn, Inc. também fabrica e distribui muitos outros produtos conhecidos, que não exigem receita para compra, incluindo Motrin IB em comprimidos e cápsulas, usado como analgésico; produtos Kaopectate, para diarréia; produtos Cortaid, antiinflamatórios de uso tópico, contendo hidrocortisona; a família de produtos vitamínicos Unicap; produtos Dramamine, para enjôo; Mycitracin, pomada antibiótica para tratamento de queimaduras e pequenas infecções de pele; e os produtos laxativos Doxidan e Surfak. A empresa também produz Nicorette Gum, um produto para parar de fumar, comercializado sob licença de SmithKline Beecham.

A concorrência no setor de saúde humana é intensa. Existem, no mínimo, 50 concorrentes nos Estados Unidos que comercializam produtos farmacêuticos com e sem receita médica. As empresas competem na base do desenvolvimento dos produtos e em sua eficácia na introdução de produtos novos ou aperfeiçoados para o tratamento e prevenção de doenças. Outras características competitivas incluem a qualidade dos produtos, o preço para e através de canais de vendas e a disseminação de informações técnicas e apoio médico para profissionais da saúde. Promoções publicitárias e de vendas, dirigidas aos consumidores, e promoções no setor, oferecidas para varejistas, são importantes na comercialização de produtos farmacêuticos sem receita. Por essa razão, tais produtos freqüentemente são chamados de "remédios anunciados".

Desenvolvimento do tratamento Rogaine para calvície[14]

O desenvolvimento de Rogaine remonta a meados da década de 1960, quando pesquisadores da The Upjohn Company observaram que um fármaco, originalmente criado para atuar como um possível antiácido, baixava a pressão sangüínea em animais de laboratório. Pesquisas posteriores produziram um fármaco que recebeu o nome genérico de minoxidil e provou ser um potente agente para baixar a pressão arterial em seres humanos. Com o nome comercial Loniten, o fármaco recebeu aprovação da FDA para comercialização em 1979.

Pesquisas clínicas com minoxidil como anti-hipertensivo levaram a uma descoberta inesperada em 1971, quando os pesquisadores observaram o crescimento incomum de pêlos em alguns pacientes que estavam tomando minoxidil por via oral. Então, em 1973, um paciente que tomava minoxidil para hipertensão notou que estava crescendo cabelo em uma região de sua cabeça que era anteriormente calva. Testes clínicos adicionais com o minoxidil e estudos relacionados foram realizados entre 1977 e 1982 com mais de 4.000 pacientes. O primeiro estudo clínico, em 27 diferentes locais de teste, mapeou 2.326 pacientes, quase todos homens brancos com boa saúde, entre 18 e 49 anos, com diagnóstico de queda de cabelo moderada. O estudo concluiu que a solução de minoxidil 2%, aplicada duas vezes por dia na cabeça, oferecia o melhor perfil de segurança e eficácia para esse grupo. A segurança e a eficácia da solução para pessoas com menos de 18 anos não foi testada (Rogaine não é recomendado para pessoas abaixo de 18 anos). Alguns efeitos colaterais do fármaco incluíam coceira e irritação da pele nas áreas tratadas. Em termos de eficácia, 48% dos pacientes disseram que tinham conseguido crescimento de cabelo entre moderado e denso após um ano de uso. Na época, os pesquisadores avaliaram que 39% dos pacientes haviam conseguido crescimento de cabelo entre moderado e denso depois de um ano de uso do produto. Esses dados foram submetidos à avaliação da FDA em 1985. A FDA aprovou a afirmação de 39% de crescimento de cabelo de moderado a denso. Em 1986, a The Upjohn Company começou a vender a solução de minoxidil 2% fora dos Estados Unidos sob o nome de marca Regaine. Entretanto, procedimentos de revisão mais exigentes e demorados da FDA atrasaram o processo de aprovação nos Estados Unidos.

A continuação dos estudos sobre o minoxidil levou os pesquisadores da empresa a duas conclusões:

> Primeiro, ficou claro, após quatro meses, que o minoxidil tópico poderia fazer crescer cabelo em alguns couros cabeludos. Segundo, a eficácia parecia estar relacionada em muitos casos com a idade do paciente, a extensão e o tempo de calvície. Homens mais jovens, com o processo de perda de cabelo ainda não muito avançado, pareciam responder melhor ao fármaco. Há exceções a essa descoberta, contudo, e a correlação entre idade e eficácia não foi cientificamente estabelecida.[15]

---

[14] Essa descrição baseia-se em *The Upjohn Company Annual Report: 1988*, pp. 10-11; Steven W. Quickel, "Bald Spot", *Business Month* (November 1989), pp. 36-43; "Baldness: Is There Hope?" *Consumer Reports* (September 1988), pp. 533-547.

[15] *The Upjohn Company Annual Report: 1988*, p. 11.

Em 1987, a empresa estabeleceu a Unidade de Pesquisa de Crescimento Capilar para determinar o mecanismo de ação do minoxidil, desenvolver novos e melhores análogos do fármaco e investigar outros agentes que afetam o crescimento ou a perda de cabelo. Na época, pesquisadores poderiam somente teorizar sobre o porquê de o minoxidil estimular o crescimento de cabelo em alguns pacientes. De acordo com o diretor de dermatologia da empresa:

> A teoria mais plausível é que o minoxidil, de algum modo, estimula a célula matriz do folículo de cabelo para o crescimento quando ele já estaria destinado a parar de produzir o fio. É uma superação da propensão genética de deixar de produzir cabelo. Mas não sabemos como o minoxidil modifica a atividade metabólica dessas células.[16]

Dois desenvolvimentos notáveis ocorreram em 1988. Primeiro, foi realizado um estudo clínico de oito meses de duração sobre o uso de Rogaine para queda de cabelo em mulheres. O estudo foi submetido à FDA e decididamente levou à aprovação da agência para comercialização da solução de minoxidil para mulheres em agosto de 1991. Porém as mulheres grávidas ou que estavam amamentando foram aconselhadas a não utilizar Rogaine. Segundo, em agosto de 1988, a FDA aprovou a comercialização da solução para homens nos Estados Unidos; no entanto, o nome Regaine foi substituído por Rogaine porque uma autoridade da FDA acreditava que o nome Regaine sugeria que a solução de minoxidil resultaria em completo crescimento de cabelo. Durante esse período, o minoxidil havia recebido considerável publicidade nas mídias de *marketing*, dirigidas ao consumidor, e na comunidade financeira, como uma cura milagrosa para a calvície. Por exemplo, analistas financeiros de Wall Street acreditavam que a habilidade de Rogaine para reverter a calvície de padrão masculino em homens rapidamente produziria de $400 a $500 milhões em vendas anuais.[17]

■ PROGRAMA DE *MARKETING* DO TRATAMENTO ROGAINE PARA CALVÍCIE COMO UM PRODUTO VENDIDO COM EXIGÊNCIA DE RECEITA MÉDICA

O plano de *marketing* inicial para Rogaine para homens, com exigência de receita nos Estados Unidos, foi desenvolvido simultaneamente com o processo de aprovação da FDA. O objetivo de *marketing* anunciado para Rogaine foi "maximizar as vendas de Rogaine no novo mercado dos Estados Unidos".[18] Desde que Rogaine obteve a aprovação da FDA como medicamento a ser vendido com receita, a atenção inicial da Upjohn concentrou-se na educação de membros de sua equipe de vendas que visitavam médicos, dermatologistas e outros profissionais da saúde. Rogaine foi introduzido na comunidade médica pela equipe de vendas e através de anúncios em revistas e periódicos médicos. Um porta-voz da empresa disse: "Não poderíamos começar a comercializar Rogaine para os consumidores antes de percebermos o nível de consciência adequado na comunidade médica".[19]

---

[16] "Baldness: Is There Hope?", *Consumer Reports* (September 1988), p. 544.

[17] "The Hottest Products: Baldness Treatment", ADWEEK (November 7, 1988), p. 6; "For Rogaine, No Miracle Cure – Yet", *Business Week* (June 4, 1990). A The Upjohn Company não confirmou, nem negou essas projeções de vendas.

[18] The Upjohn Company, relatório anual, 1988, p. 11. O material a seguir baseia-se em Stuart Elliot, "Upjohn Turns to Women to Increase Rogaine Sales", *Advertising Age* (January 2, 1992), p. 4; "Rogaine for Women Gets $20M in Support", *Advertising Age* (January 6, 1992), p. 1; "New Hope for the Hair-Impaired", *Business Week* (June 4, 1990), p. 100; "Britain Approves Upjohn Hair Drug", *New York Times* (April 6, 1990), p. 4; Laurie Freeman, "Can Rogaine Make Gains Via Ads?" *Advertising Age* (September 11, 1989), p. 4; Laurie Freeman, "Can Rogaine Make Gains Via Ads?" *Advertising Age* (September 11, 1989), p. 12; Stephen W. Quickel, "Bald Spot", *Business Month* (November 1989), pp. 36-37 ff; Laurie Freeman, "Upjohn Takes a Shine to Balding Women", *Advertising Age* (February 27, 1989), p. S1; Patricia Winters e Laurie Freeman, "Nicorette, Rogaine Seek TV OK", *Advertising Age* (November 27, 1989), p. 31; "Minoxidil", *Vogue* (September 1989), p. 56; "Hair Today: Rogaine's Growing Pains", *New York* (October 30, 1990), p. 20; "Blondes, Brunettes, Redheads, and Rogaine", *American Druggist* (June 1992), pp. 39-40.

[19] Steven W. Quickel, "Bald Spot", *Business Month* (November 1989), p. 40.

Programa de propaganda ao consumidor

A propaganda de Rogaine para o consumidor, direcionada para homens entre 25 e 49 anos de idade, iniciou em novembro de 1988 (ver Figura 5 para uma síntese de idade e renda de homens e mulheres americanos). Essa data de início, dois meses antes do planejado, foi ocasionada pela lentidão das vendas com receita, devido à baixa experimentação do produto. A campanha na televisão começou em 23 de novembro de 1988. A campanha na imprensa apresentava anúncios em revistas populares e publicações para homens de negócios, vendidas em jornaleiros.

As mensagens de propagandas impressas e na televisão incentivavam o consumidor: "Visite seu médico... caso você esteja preocupado com a queda de cabelo". Essas propagandas não faziam menção a Rogaine, já que as regulamentações federais da época proibiam o uso de nomes de marca em anúncios de medicamentos vendidos com receita. Entretanto, o nome The Upjohn Company aparecia nas propagandas. Com uma taxa de vendas, nos Estados Unidos, de $4 milhões por mês para o primeiro trimestre de 1989, tomou-se a decisão de renovar a campanha publicitária. A nova campanha apresentava um homem calvo em frente ao espelho do banheiro. Como as mensagens anteriores, as pessoas novamente eram incentivadas a visitar seu médico. As vendas nos Estados Unidos aumentaram, alcançando $70 milhões em 1989. Uma terceira campanha publicitária foi desenvolvida e lançada em fevereiro de 1990 com anúncios impressos, mostrando o nome Rogaine, pela primeira vez com aprovação da FDA. A propaganda enfatizava que Rogaine era o único produto aprovado pela FDA para crescimento de cabelo, com o título: "A boa notícia é que há apenas um produto comprovado para crescimento de cabelo... Rogaine". A propaganda na televisão, porém, não mencionava Rogaine. As vendas de Rogaine nos Estados Unidos, em 1990, totalizaram $95 milhões de dólares. Essa campanha continuou em 1991; no entanto, o nome Rogaine agora aparecia nos anúncios de televisão com aprovação da FDA. As vendas de Rogaine atingiram $103 milhões em 1991. Fontes do setor estimaram que a quantia gasta em propaganda na mídia mensurada, dirigida ao consumidor, para Rogaine foi de $4.914.500 em 1989, $9.347.500 em 1990 e $3.443.000 em 1991.[20]

Programa de preço e promoção de vendas

O suprimento para um ano de uso de Rogaine poderia custar ao usuário entre $600 e $720, dependendo das margens das farmácias.[21] O custo direto total para os pacientes, incluindo visitas periódicas aos médicos, poderia ficar entre $800 e $900 por ano, pois os pacientes eram aconselhados a visitar seus médicos duas vezes por ano, após a consulta inicial.

Uma série de atividades de incentivos de preço e promoção de vendas também foi implementada para estimular as visitas ao médico. Por exemplo, descontos eram oferecidos a pessoas que recebiam a receita de Rogaine de seu médico. O paciente ganhava um cheque no valor de $10 na primeira compra de Rogaine ou $20 pelo envio de tampas dos primeiros quatro frascos adquiridos. Determinadas barbearias e salões de beleza também recebiam pacotes de informações a serem dadas aos clientes preocupados com a queda de cabelo, incluindo 150.000 cópias de vídeos informativos. A propaganda para o consumidor também incluía um telefone de discagem gratuita para obtenção de informações sobre o produto. Em 1991, cerca de um milhão de chamadas haviam sido feitas para a The Upjohn Company. Estima-se que a The Upjohn Company tenha gasto entre $40 e $50 milhões anualmente para comercializar Rogaine com receita desde sua introdução em 1991. Esse custo incluía propaganda para os consumidores e profissionais, o programa de preço e promoção de vendas e despesas de venda.

---

[20] *Mídia mensurada* refere-se a jornais, revistas ao consumidor e revistas dominicais, *outdoors*, redes de televisão, televisão regional, a cabo e corporativa, redes de rádio e rádios regionais. *Mídia não-mensurada* inclui mala direta, propaganda cooperativa, cupons, catálogos e publicações empresariais.

[21] Embora as margens das farmácias variassem, os farmacêuticos normalmente obtinham uma margem de lucro bruto de 10% com base no preço de venda ao consumidor, de acordo com "Blondes, Brunettes, Redheads, and Rogaine", *American Druggist* (June 1992), p. 40.

FIGURA 5

Idade e renda de pessoas nos Estados Unidos

Categoria de idade	Pessoas (milhões)	Menos de $2.500	$2.500-$4.999	$5.000-$9.999	$10.000-$14.999	$15.000-$24.999	$25.000-$49.999	$50.000-$74.999	$75.000 ou mais
Homens									
15–24	17,4	28,1	15,1	22,0	14,9	14,8	4,9	0,3	—
25-34	21,3	3,1	3,7	10,0	13,8	28,6	34,4	4,7	1,7
35-44	19,0	2,6	2,8	6,5	8,3	20,1	41,8	11,8	6,0
45-54	12,4	3,0	2,4	6,3	8,5	18,4	39,3	13,9	8,1
55-64	10,2	3,1	4,1	10,8	11,2	21,1	33,1	10,1	6,4
65 ou mais	12,5	1,9	5,8	24,7	20,9	24,2	16,0	3,9	2,6
Total de homens	92,8								
Mulheres									
15-24	17,5	31,0	19,7	22,8	13,1	10,5	2,7	0,1	—
25-34	21,6	15,7	8,8	16,5	15,3	25,0	17,2	1,2	0,4
35-44	19,6	14,9	7,6	14,8	13,8	23,0	22,2	2,7	1,0
45-54	13,3	14,7	7,9	15,3	14,2	21,7	22,2	3,0	1,0
55-64	11,2	17,0	14,8	20,4	14,5	17,0	13,0	2,5	0,8
65 ou mais	17,5	5,0	19,4	37,0	16,7	13,8	6,8	0,9	0,5
Total de mulheres	100,7								

Fonte: U.S. Bureau of the Census, *Current Population Reports*.

Em setembro de 1991, o programa de preço e promoção de vendas de Rogaine foi submetido a uma audiência de um dia no Congresso, em Washington, D.C..[22] Vários membros do Congresso criticaram a prática dos descontos para o consumidor e incentivos em dinheiro para comercialização de um medicamento controlado. Uma autoridade da FDA disse: "Estamos preocupados com esse tipo de tática". Comentando sobre a propaganda para o consumidor de medicamentos controlados, David Kessler, secretário da FDA, expressou: "Acreditamos que o público em geral não está sendo bem servido com anúncios de medicamentos controlados". Um porta-voz da FDA posteriormente disse que a agência "...deixará [a atual campanha de Rogaine] continuar como está, embora não possamos assegurar o que pode acontecer no futuro".

Apesar de a FDA e alguns médicos não serem favoráveis à propaganda de medicamentos controlados, a resposta do consumidor a esse tipo de anúncio geralmente era positiva. Uma pesquisa com 2.000 consumidores adultos nos Estados Unidos relatou que 40% deles tinham conversado com seus médicos por causa da propaganda, 72% disseram que a propaganda era um recurso educativo, e 71% achavam que a propaganda de medicamentos vendidos com receita era válida.[23]

Rogaine para mulheres[24]

A aprovação da FDA para o uso de Rogaine por mulheres foi concedida em agosto de 1991, e o programa de propaganda e promoção, dirigido para o público feminino, iniciou em fevereiro de 1992. O plano de entrada no mercado feminino refletia o programa de *marketing* para homens, incluindo o mesmo preço e a referência ao nome Rogaine nas propagandas. O uso extensivo de propaganda impressa para o consumidor apareceu nas revistas *Cosmopolitan*, *People*, *US*, *Vogue* e *Woman's Day*, dentre outras. O anúncio de Rogaine para mulheres diferia do utilizado para homens, pois a queda de cabelo era um assunto discutido entre homens, mas com menos freqüência entre mulheres. De acordo com uma autoridade da Upjohn Company, as mulheres que sofrem de queda de cabelo "sentem-se muito isoladas, pois ninguém fala disso".[25] Essa visão materializou-se na mensagem transmitida nos anúncios impressos de Rogaine para mulheres. Por exemplo, uma mulher, em um desses anúncios, dizia: "Finalmente posso fazer muito mais pela minha perda de cabelo do que simplesmente cruzar os braços e aceitá-la. A propaganda concluía dizendo: "Assuma o controle que você sempre quis ter e faça isso agora". Os comerciais de televisão também apareceram nos grandes mercados metropolitanos dos Estados Unidos, durante o dia, no início da noite e em programas de fim de semana, em estações locais e televisão a cabo. Nos comerciais de televisão, uma mulher, representando o papel de uma repórter, diz: "neste trabalho, você não pode fazer uma história antes de ter os fatos. Então, quando ouvi falar de Rogaine com minoxidil, eu mesma quis averiguar os fatos".

O programa de preços e promoção de vendas incluía um incentivo de $10 para a visita a um médico ou dermatologista e um telefone de discagem gratuita para pedido de uma brochura com informações sobre o produto. As brochuras eram disponibilizadas em farmácias e em consultórios médicos. Um extenso trabalho profissional de propaganda em periódicos, mala direta e apoio da equipe de vendas lançou o produto, incluindo novos materiais impressos e de vídeo para farmacêuticos. O orçamento total de *marketing*, incluindo propaganda para o lançamento no mercado feminino em 1992, foi estimado em $20 milhões. As vendas de Rogaine nos Estados Unidos, em 1992, aumentaram para $122 milhões devido à expansão da clientela do produto. A despesa total

---

[22] Steven W. Colford e Pat Sloan, "Feds Take Aim at Rogaine Ads", *Advertising Age* (September 16, 1991), p. 47.

[23] "Upswing Seen in R_x Drug Ads Aimed Directly at Consumer", *American Medical News* (June 1, 1990), pp. 13, 15.

[24] Essa discussão baseia-se em "Blondes, Brunettes, Redheads, and Rogaine", *American Druggist* (June 1992), pp. 39-40; Steven W. Colford e pat Sloan, "Feds Take Aim at Rogaine Ads", *Advertising Age* (September 16, 1991), p. 47; Stuart Elliot, "Upjohn Turns to Women to Increase Rogaine Sales", *Advertising Age* (January 2, 1992), p. 4.

[25] Stuar Elliot, "Upjohn Turns to Women to Increase Rogaine Sales", *Advertising Age* (January 2, 1992), p. 4.

com a propaganda de Rogaine para o consumidor foi de $12.569.600 em 1992, de acordo com fontes do setor.

Rogaine foi comercializado para homens e mulheres como medicamento controlado no decorrer de 1995.[26] Duas outras campanhas publicitárias direcionadas para mulheres apareceram durante esse período, e uma nova campanha para homens foi lançada. Os gastos com propaganda também aumentaram. De acordo com um porta-voz da empresa, a propaganda agressiva, que incitava os consumidores a iniciarem o diálogo sobre perda de cabelo com seu médico, foi essencial para manter as vendas de Rogaine. O porta-voz disse: "Muitos médicos não falam sobre queda de cabelo na frente do paciente".[27] O gasto com propaganda na mídia, em média foi de $34.579.800 em 1993, $32.404.000 em 1994 e $40 milhões em 1995, de acordo com fontes do setor. Com mais de $21 milhões gastos apenas com a televisão a cabo em 1995, Rogaine foi classificado como a quinta marca mais anunciada naquele meio nos Estados Unidos. Além disso, a empresa criou o primeiro infomercial para um medicamento com receita em 1995. O infomercial de 30 minutos era direcionado para mulheres e apresentado pela atriz Cindy Williams, que entrevistava um dermatologista, um cabeleireiro e um executivo de *marketing* da empresa. A empresa também estabeleceu um *website* para o produto, outra ação pioneira no setor.

Durante esse período de três anos, a atenção da empresa também foi dirigida para a construção de um banco de dados de usuários e de consumidores potenciais de Rogaine como apoio a um programa de *marketing* de relacionamento. Esse programa provou ser útil para atingir usuários e consumidores potenciais por mala direta e *telemarketing*. Um resultado desse trabalho foi que as pessoas que começaram o tratamento com Rogaine tendiam a continuar utilizando-o por um período mais longo. Além disso, o programa de preços e promoção de vendas de Rogaine continuou. As vendas de Rogaine, nos Estados Unidos, caíram para $84 milhões em 1993, subindo a seguir e permanecendo no platô de $96 milhões em 1994 e 1995.

Desenvolvimento do produto e do mercado

A empresa continuou seu trabalho de desenvolvimento do produto e do mercado com Rogaine desde sua introdução em 1988. Por exemplo, uma diferente concentração de minoxidil havia sido examinada, o que viria a exigir somente uma aplicação por dia, em vez de duas. Esse desenvolvimento poderia melhorar a conveniência de uso do produto, como admitiu um ex-executivo da empresa: "É difícil usar alguma coisa duas vezes por dia, em qualquer situação".[28] Além disso, um gel mais fácil de usar foi introduzido na Europa. No início de 1989, a linha de xampu Progaine, sem receita, para espessar o cabelo, foi introduzida para uso de homens e mulheres. Esses produtos não prometiam o crescimento de cabelo, mas serviam como tratamento para a escassez de cabelos. Acreditava-se que esses produtos se beneficiariam com a semelhança do nome e seriam considerados como acompanhantes de Rogaine. Em dezembro de 1995, a empresa submeteu uma nova aplicação do fármaco à FDA para a formulação de Rogaine com minoxidil 5%, para tratamento da queda comum de cabelo. Esperava-se que a autorização para a comercialização desse tratamento com receita fosse concedida no final de 1996.

O desenvolvimento de mercado em escala global também prosseguiu. Em abril de 1996, Rogaine (Regaine nos mercados fora dos Estados Unidos) era comercializado em mais de 80 países, e mais de três milhões de pessoas haviam usado o produto. A aprovação da FDA de Rogaine sem receita

---

[26] Essa discussão baseia-se em Emily DeNitto, "Rogaine Raises Women's Interest", *Advertising Age* (February 28, 1994), p. 12; "Rogaine: Promises, Promises, Promises", *Advertising Age* (October 3, 1993), p. S14; Emily DeNitto, "Rogaine Fashions New Ads for Women", *Advertising Age* (February 28, 1994), p. 12; Jeffrey D. Zbar, "Upjohn Database Rallies Rogaine", *Advertising Age* (January 23, 1995), p. 42; Joshua Levine, "Scalped", *Forbes* (November 6, 1995), p. 128; "Rogaine Opens New Category for Infomercials: Pharmaceuticals", *Advertising Age* (March 11, 1996), p. 10A; "Top 80 Brands on Cable TV", *Advertising Age* (March 25, 1996), p. 34.

[27] Yumiko Ono, "Prescription-Drug Makers Heighten Hard-Sell Tactics", *Wall Street Journal* (August 29, 1994), pp. B1, B7.

[28] "For Rogaine, No Miracle Cure – Yet", *Business Week* (June 4, 1990), p. 100.

levou à venda do produto em 13 países, incluindo Dinamarca, Holanda, Nova Zelândia, Espanha, Reino Unido e Estados Unidos. As vendas de Rogaine (Regaine) fora dos Estados Unidos foram de $30 milhões em 1995, em face da concorrência das marcas genéricas e dos produtos substitutos em mercados estrangeiros.

■ PROGRAMA DE *MARKETING* PARA VENDA DE ROGAINE EM BALCÃO

O plano de *marketing* de Rogaine sem necessidade de receita médica fez com que o programa de *marketing* do medicamento com receita fosse eliminado em abril de 1996. A produção, distribuição, propaganda e promoção de Rogaine com receita foram interrompidas em 3 de abril de 1996.

Programa de *marketing* para Rogaine sem receita

O processo de planejamento do programa de *marketing* para Rogaine sem receita havia iniciado no final de 1995. Sua missão era criar uma nova categoria de produto, chamada de "categoria para crescimento de cabelo". A despesa informada do programa de *marketing* foi de $75 milhões de dólares. Mais da metade dessa quantia seria destinada para propaganda para o consumidor final, a fim de criar a consciência e estimular a experimentação do produto. Os principais elementos do programa são delineados abaixo.[29]

Direcionamento de Rogaine, posicionamento do produto e embalagem Como no programa de *marketing* do medicamento com receita, o mercado-alvo para Rogaine seria homens e mulheres com idade entre 25 e 49 anos. Rogaine seria posicionado como o único produto clinicamente comprovado para restaurar o crescimento de cabelo.

Embalagens separadas para homens e mulheres seriam elaboradas, embora o produto fosse idêntico. Rogaine para Homens seria embalado em uma caixa azul clara. Rogaine para Mulheres seria acondicionado em uma caixa rosa salmão. Cada caixa conteria uma brochura com instruções de uso de acordo com o sexo, abordando possíveis perguntas dos consumidores. O produto seria vendido em embalagens com um, dois ou três frascos de 60 ml de Rogaine. Um frasco continha quantidade suficiente da solução para um mês de uso. Os frascos seriam lacrados e inquebráveis. Rogaine para Homens viria com conta-gotas e aplicadores de *spray*. Rogaine para Mulheres teria um aplicador de *spray* para facilidade de aplicação em cabelos longos.

Propaganda e promoção de Rogaine Um programa variado de propaganda e promoção foi criado para Rogaine. Os objetivos publicitários para Rogaine eram aumentar o reconhecimento pelo consumidor da recente aprovação da venda do produto sem necessidade de receita, incentivar a experimentação e comunicar os resultados esperados aos usuários. Inicialmente, um novo comercial de televisão, com duração de 30 segundos, seria criado para Rogaine para mulheres. De acordo com um porta-voz da empresa, "homens e mulheres vivenciam os efeitos físicos e psicológicos da queda de cabelo de modo diferente. Mais ainda, homens e mulheres reagem de maneira diferente a Rogaine. Por isso, a propaganda de Rogaine, assim como a embalagem, abordará preocupações específicas dos usuários de cada sexo".[30] O gerente de marca de Rogaine acrescentou que a propaganda teria uma tendência educativa, enfatizando o fato de que aquele era "o único produto clinicamente comprova-

---

[29] Essa discussão baseia-se em "Rogaine Will Be Sold Over-the-Counter", *PR Newswire* (February 12, 1996); "OTC Rogaine Introduced", *PR Newswire* (April 8, 1996); "New Rogaine TV Commercials Begin", *PR Newswire* (April 22, 1996); Sean Mehegan, "Hair Today", *BRANDWEEK* (April 8, 1996), pp. 1, 6; Sean Mehegan, "Rogaine/Progaine", *MEDIAWEEK* (April 8, 1996), p. 38; Michael Wilkie, "New Rivals Push Rogaine to Jumpstart Its OTC Ads", *Advertising Age* (April 5, 1996), p. 45.

[30] "New Rogaine TV Commercials Begin", *PR Newswire* (April 22, 1996).

do para fazer crescer cabelo".[31] O comercial de televisão de Rogaine para Homens iria ao ar durante programas no horário nobre noturno, programas de esportes, esportes na TV a cabo, programas em rede e tarde da noite. O comercial de televisão de Rogaine para mulheres iria ao ar durante programas no horário nobre da noite e, durante o dia, na televisão aberta, a cabo e em rede.

O horário de mídia planejado para Rogaine foi criado de forma que 92% do mercado-alvo vissem os comerciais de televisão sete vezes em um período de quatro semanas, após a introdução da marca como medicamento sem necessidade de receita. As propagandas impressas foram programadas para atingir 77% do público-alvo. O executivo da agência de publicidade responsável por Rogaine disse: "Se ainda há consumidores que não conhecem Rogaine, não sabem como aplicá-lo, como funciona e que está disponível sem receita, essa nova campanha publicitária vai cuidar disso".[32]

O programa publicitário de Rogaine seria complementado por uma extensa campanha de promoção para o consumidor e para o setor. Cerca de 40.000 médicos receberiam uma correspondência, anunciando a situação de Rogaine como medicamento sem necessidade de receita. Mais de 20.000 farmacêuticos receberiam um *kit* Rogaine para farmácia, incluindo uma brochura explicativa e um vídeo para os farmacêuticos, brochuras explicativas para os consumidores e um expositor para ser colocado no balcão da farmácia. *Displays*, anúncios na loja e cupons constituiriam o programa de promoção para o consumidor.

Atividades de *marketing* direto seriam utilizadas com o objetivo de encorajar a aceitação do produto e a repetição do uso e para reforçar as expectativas do usuário. Correspondência periódica direcionada para os usuários incluiria cupons de desconto, um boletim com sugestões de cuidado e penteado dos cabelos e comentários de usuários, dermatologistas e outros especialistas. Os consumidores poderiam filiar-se ao programa de *marketing* direto enviando um cartão de inscrição da embalagem de Rogaine ou ligando para um telefone de discagem gratuita de Rogaine.

Distribuição e preço de Rogaine A distribuição planejada de Rogaine incluiria as seções de medicamentos ou de cuidados com os cabelos de lojas de varejo de alimentos, remédios e varejo de massa. Esse tipo de colocação foi baseado em pesquisa de *marketing* da Pharmacia & Upjohn, Inc. que indicou que os consumidores procurariam e esperariam encontrar Rogaine nessas seções.

Rogaine sem receita custaria cerca da metade do preço de Rogaine com receita. O preço sugerido para a embalagem com um frasco no varejo seria de $29,50. As embalagens com dois frascos custariam $55, e as de três frascos estariam disponíveis em algumas lojas com o preço sugerido de $75. A margem do varejista sobre Rogaine seria de aproximadamente 20% do preço de varejo sugerido. Comentando sobre a expansão da distribuição e o preço, um alto executivo da empresa disse: "A disponibilidade de Rogaine sem receita é uma notícia bem-vinda para os milhões de homens e mulheres neste país que vivenciam a perda comum hereditária de cabelo. Em vez de ir ao consultório médico, podem simplesmente entrar em uma loja de alimentos, uma farmácia ou uma grande loja e comprar Rogaine sem receita, com todo o poder de ação de Rogaine com receita. É muito mais conveniente e, como o preço agora é menor, é muito mais acessível".[33]

Desenvolvimento da categoria de crescimento de cabelo: Rogaine e Progaine

O lançamento de Rogaine sem receita concentrou-se na criação de uma marca, com $250 milhões por ano em vendas no varejo aos preços sugeridos, do que executivos da Pharmacia & Upjohn, Inc. chamaram de produtos da "categoria de crescimento de cabelo". A esse respeito, o lançamento simultâneo do xampu Progaine representou um esforço para sinergia dos nomes de marca Rogaine/Progaine em um sistema de cuidado com os cabelos. O relançamento de Progaine envolveu um novo *design* da embalagem e uma nova fórmula com adição de proteínas, condicionadores e agentes para espessar o cabelo. Para reforçar o elo entre Rogaine e Progaine, cupons para compra de Progaine

---

[31] Sean Mehegan, "Hair Today", *BRANDWEEK* (April 8, 1996), p. 6.
[32] "New Rogaine TV Commercials Begin", *PR Newswire* (April 22, 1996).
[33] "OTC Rogaine Introduced", *PR Newswire* (April 8, 1996).

seriam inseridos em caixas de Rogaine. Os dois produtos também seriam colocados lado a lado na seção de cuidado com os cabelos em lojas de varejo. As vendas de xampu Progaine no varejo, em 1995, eram cerca de $2 milhões. As vendas de xampus no varejo, nos Estados Unidos, em 1995, aproximaram-se de $1,5 bilhão.[34]

■ 30 DE ABRIL DE 1996: A DECISÃO DO TRIBUNAL DO DISTRITO FEDERAL

Em 30 de abril de 1996, o Tribunal do Distrito Federal decidiu a favor da FDA.[35] Isso significou que Rogaine não teria a exclusividade de comercialização por três anos e que três produtos genéricos concorrentes obteriam aprovação para venda sem receita nos Estados Unidos.

Tal resultado levantou uma série de questões relativas à oportunidade de *marketing* para produtos de crescimento de cabelo aprovados pela FDA para venda sem receita, contendo solução de minoxidil 2%, e especialmente a marca Rogaine. Por exemplo, como o potencial de vendas em unidades e em dólares da categoria para crescimento de cabelo poderia ser afetado? A Pharmacia & Upjohn, Inc. acreditava que vendas de um bilhão de dólares eram possíveis durante cinco anos para Rogaine quando ele fosse o único produto para crescimento de cabelo contendo solução de minoxidil 2%. Essas estimativas de vendas para a categoria como um todo poderiam precisar de revisão? De quanto? Um bom ponto de partida poderia ser revisar a história de vendas de Rogaine com exigência de receita. Isso envolveria a simulação dos padrões de experimentação e de repetição de compra de Rogaine com receita e a determinação do modo como esses padrões poderiam ter contribuído para o crescimento das vendas.

Relativamente, a ausência de exclusividade de *marketing* e a presença de produtos genéricos modificaram o panorama competitivo para Rogaine. Rogaine não mais deteria o monopólio como único produto para crescimento de cabelo com solução de minoxidil 2%. Ao contrário, usuários potenciais desse produto poderiam agora experimentar um produto concorrente e os usuários de Rogaine, poderiam mudar para outro produto. O efeito sobre as vendas de Rogaine exigia maior atenção.

As vendas da categoria de produtos para crescimento de cabelo sem receita e a participação de Rogaine nessas vendas dependeriam, em grande medida, do programa de *marketing* para Rogaine sem receita. Desenvolvido com a expectativa de uma resposta favorável da FDA à sua solicitação de exclusividade de comercialização por três anos, o programa estava sendo executado. Nesse momento, o que estava em jogo era como o plano de *marketing* deveria ser modificado, se é que deveria ser.

---

[34] Pat Sloan, "Brand Scorecard: Premium Products Lather Up Sales", *Advertising Age* (July 24, 1995), p. 24.
[35] "Court Allows Sale of Generic Forms of Rogaine", *New York Times* (May 1, 1996), p. 40.

CASO

Marshant Museum of Art and History

No início de 2005, Ashley Mercer, diretora de Desenvolvimento e Assuntos Comunitários, e Donald Pate, diretor de Finanças e Administração, do Marshant Museum of Art and History, reuniram-se para discutir o que havia transpirado de uma reunião na tarde anterior. A reunião, em que compareceram a equipe sênior e vários membros do conselho de administração, havia se concentrado na situação financeira do museu. O Marshant Museum registrara sua terceira perda anual consecutiva em 2004, e Mercer e Pate receberam a responsabilidade de fazer recomendações que revertessem a situação.

■ MARSHANT MUSEUM OF ART AND HISTORY

O Marshant Museum of Art and History (MMAH) é uma corporação sem fins lucrativos localizada em Universal City, uma grande área metropolitana no oeste dos Estados Unidos. Fundado em 1925, o museu originalmente fora licenciado como Fannel County Museum of Fine Arts e financiado por um rateio anual de Fannel County. Em 2000, o nome foi mudado para Jonathon A. Marshant Museum of Art and History, em reconhecimento ao seu principal benfeitor, Jonathon A. Marshant. Marshant, um rico proprietário de terras e filantropo local, tinha destinado ao museu um dote considerável. De acordo com os termos de uma doação de 25 milhões de dólares feita ao museu por ocasião de sua morte, o instrumento de formação da entidade foi revisado e seu nome foi alterado. O documento declarava que a finalidade do museu era

> oferecer um ambiente convidativo para a apreciação de arte em seus contextos histórico e cultural para o benefício dessa e de futuras gerações de cidadãos e visitantes de Fannel County.

Randall Brent III, diretor do museu, observou que esse documento diferenciava o MMAH de outros museus de arte. Disse ele:

> Nosso acervo nos oferece tanto uma oportunidade quanto um desafio. Abrangendo arte e história, o museu dá uma perspectiva única sobre ambas. Por outro lado, uma pessoa só pode verdadeiramente apreciar o que fizemos aqui se estiver disposta a tornar-se historicamente alfabetizada – esse é nosso desafio.

Em 1977, o MMAH beneficiou-se de destinação do condado de 28 milhões de dólares, o que levou à construção e expansão de uma nova instalação no distrito comercial central de Universal City, o centro de Fannel County. A localização, a seis quarteirões da sede anterior do museu, contava com grande área para estacionamento e acesso por meio de transporte público. O local tornou-se disponível por um dólar dos ativos imobiliários de Jonathon Marshant. Na dedicatória do MMAH, em janeiro de 2000, Brent disse:

Este caso foi preparado pelo professor Roger A. Kerin, da Edwin L. Cox School of Business, Southern Methodist University, como base para discussões em aula e não se destina a ilustrar o manejo eficaz ou ineficaz de uma situação administrativa. O nome do museu e certos dados operacionais foram alterados e não se prestam para fins de pesquisa. Copyright © 2006 Roger A. Kerin. Nenhum excerto deste caso pode ser reproduzido sem permissão por escrito do detentor dos direitos autorais.

Sempre acreditarei que o principal ponto forte de nosso novo museu é que sua administração é pública. Os cidadãos de Fannel County e a visão e generosidade de Jonathon Marshant proporcionaram o ambiente para apreciação de arte e de seus contextos cultural e histórico. Como administrador deste consórcio público, o Marshant Museum agora pode se concentrar em colecionar obras de arte significativas, estimulando a erudição e a educação e decifrando a história e a cultura da arte.

ACERVO E MOSTRA DO MUSEU

O MMAH possui mais de 15.000 obras de arte em seu acervo permanente. No entanto, como acontece na maioria dos museus, o MMAH não exibe todo o seu acervo ao mesmo tempo, devido a limitações de espaço. As obras de arte passam por um rodízio e algumas são periodicamente emprestadas a outros museus.

O acervo do MMAH inclui arte pré-colombiana, africana e do período da Depressão, bem como artes decorativas européias e americanas. A arte é exibida em diferentes áreas do museu, onde a arquitetura do prédio destaca a exposição. Por exemplo, obras de arte do período da Depressão são exibidas em um ambiente *art deco*, das décadas de 1920 e 1930; a arte decorativa e arquitetônica do final do século XIX é exposta na ala de estilo *art nouveau*. Além disso, os professores do museu apresentam o contexto histórico das obras de arte durante as visitas.

O acervo do MMAH está aberto à visitação de segunda-feira a sábado, das 10h às 18h e, nas noites de quinta-feira, até às 20h. O horário de domingo vai das 12h às 18h. Não se paga ingresso para ver o acervo permanente, entretanto, uma modesta taxa de $3 a $5 é cobrada em exposições especiais. O MMAH também está disponível para mostras particulares e freqüentemente é utilizado para eventos corporativos, de fundações e de levantamento de fundos durante nas noites de dias úteis e de fins de semana. A Figura 1 mostra a freqüência de visitação do museu no período de 1996-2004.

Organização do museu

O museu está organizado por função: (1) Acervos e Exposições; (2) Desenvolvimento e Assuntos Comunitários e (3) Finanças e Administração. Cada função é liderada por um diretor, subordinado ao diretor do museu, Randall Brent III. O museu conta com uma equipe de 185 funcionários. Além disso, 475 voluntários trabalham no museu em uma série de atividades.

FIGURA 1

Freqüência de visitação ao museu

Ano	Freqüência total do museu	Exposições especiais[a]	
		Freqüência	Proporção da freqüência total
1996	269.786	N/A	N/A
1997	247.799	N/A	N/A
1998	303.456	N/A	N/A
1999	247.379	N/A	N/A
2000	667.949	220.867	0,33
2001	486.009	140.425	0,29
2002	527.091	227.770	0,43
2003	468.100	203.800	0,44
2004	628.472	284.865	0,45

[a] A freqüência a exposições especiais inclui a freqüência a eventos corporativos, de fundações e de levantamento de fundos que são realizados no museu.

A equipe de Acervos e Exposições, chefiada por Thomas Crane, supervisiona as coleções de arte do museu, organiza exposições especiais, é responsável pela programação educacional e dá apoio profissional e administrativo para operações dos museus que envolvam diretamente as obras de arte. A equipe de Finanças e Administração, liderada por Donald Pate, é responsável pela operação diária do museu. Os centros de lucro do museu (o restaurante Skyline Buffet, o estacionamento, a loja de presentes e os eventos de exposições especiais) também são administrados por essa função. A equipe de Desenvolvimento e Assuntos comunitários, sob a direção de Ashley Mercer, está encarregada do *marketing*, relações públicas, sócios e doações. Essa função está envolvida no levantamento de fundos para o museu, o que oferece recursos suplementares para apoio operacional geral, doações e aquisições. Essa função também administra todas as aplicações de doações locais, estaduais, federais e de fundações.

Finanças do museu

A Figura 2 mostra as condições financeiras do MMAH para o período 2002-2004. As receitas e despesas totais durante esse período são apresentadas abaixo:

	2004	*2003*	*2002*
Receita total	$10.794.110	$7.783.712	$8.694.121
Total de despesas	11.177.825	7.967.530	8.920.674
Renda (perda) líquida	($383.715)	($183.818)	($226.533)

Os três anos consecutivos de perdas seguiram-se a sete anos consecutivos de ponto de equilíbrio ou de situação lucrativa. A perda acumulada de $794.066 havia consumido as reservas financeiras do museu.

Durante uma recente reunião do conselho administrativo, várias observações e projeções foram feitas indicando que a situação financeira do museu exigia atenção:

1. A doação de Fannel County diminuiria. Embora o distrito doasse cerca de dois milhões de dólares para o MMAH anualmente, o museu não poderia esperar mais de $1,6 milhão em doações do distrito em 2005 e no futuro próximo.
2. Baixas taxas de juros em 2003 e 2004 indicaram que os ganhos com doações e investimentos provavelmente permaneceriam os mesmos ou diminuiriam.
3. A renda de doações e outras contribuições em 2004 foram extraordinárias era improvável que as mesmas quantias fossem recebidas em 2005.
4. As receitas provenientes de associados estavam em baixa pelo quinto ano consecutivo. Os sócios representavam a maior fonte de receita do museu.
5. A renda de atividades auxiliares – as que tinham o propósito de produzir lucro – continuava a mostrar uma contribuição positiva para as operações do museu.

Os eventos e as exposições especiais eram muito lucrativos. No entanto, a disponibilidade limitada de exposições especiais em 2005, o número decrescente de eventos agendados e os custos crescentes (dos seguros, por exemplo) indicavam que as receitas de tais atividades provavelmente diminuiriam e que os custos aumentariam em 2005. O restaurante Skyline Buffet, a loja de presentes e o estacionamento, mais a Associação do Museu, estavam operando aproximadamente no ponto de equilíbrio.

■ *MARKETING* DO MUSEU

Como diretora de Desenvolvimento e Assuntos comunitários, Ashley Mercer era responsável pelo *marketing* do MMAH. Suas atribuições específicas estavam relacionadas com a promoção da imagem do museu, o aumento da visitação e crescimento do número de associados. Refletindo sobre suas responsabilidades, ela disse:

FIGURA 2

Resumo de receitas e despesas, 2002-2004

	Ano encerrado em 31 de dezembro		
Operações	2004	2003	2002
Receita			
Doações de Fannel County	$1.786.929	$1.699.882	$1.971.999
Associações	2.917.325	2.956.746	3.134.082
Contribuições	338.664	221.282	42.244
Doações	763.581	281.164	645.853
Renda de investimentos	27.878	28.537	32.205
Ganhos de doações	673.805	693.625	583.612
Outros	149.462	128.628	196.195
Receita total	$6.657.644	$6.009.864	$6.606.190
Despesas			
Funcionários	$1.973.218	$1.086.177	$1.681.653
Associações	854.461	869.043	906.314
Publicações/informações públicas	594.067	404.364	441.710
Educação	616.828	519.805	542.076
Administração *	3.777.042	3.345.153	3.389.124
Total de despesas	$7.815.616	$6.224.542	$6.960.877
Receita operacional	($1.157.972)	($214.678)	($354.687)
Atividades auxiliares			
Receitas auxiliares de			
Exposições especiais	$1.655.200	$510.415	$451.347
Loja de presentes do museu	1.596.775	606.503	810.123
Skyline Buffet	515.843	305.952	418.960
Estacionamento do museu	131.512	45.068	64.651
Associação do museu	337.136	305.910	342.850
Receitas auxiliares	4.236.466	1.773.848	2.087.931
Despesas auxiliares de			
Exposições especiais	814.741	313.057	137.680
Loja de presentes do museu	1.679.294	662.685	990.090
Skyline Buffet	592.051	457.841	462.475
Estacionamento do museu	31.168	16.528	16.536
Associação do museu	344.955	292.877	353.016
Despesas auxiliares	3.462.209	1.742.988	1.959.797
Lucro com atividades auxiliares	$774.257	$30.860	$128.134
Renda líquida	($383.715)	($183.818)	($226.553)

* As despesas administrativas incluíam, em sua maioria, os custos gerais, tais como seguro, manutenção, serviços públicos, contratos de aluguel de equipamentos, etc.

Na realidade, a imagem do museu, a visitação e o número de sócios estão interligados. A imagem influencia a visitação e o interesse em associar-se. A visitação é impulsionada em parte pela associação, mas a associação parece também estimular a visitação e, de modo sutil, afeta a imagem do museu.

Imagem do museu

O interesse na imagem pública do MMAH começou logo depois que a nova instalação foi inaugurada. O novo prédio de quatro andares, situado no centro, em área adjacente a arranha-céus, foi ocasionalmente chamado de "caixa de mármore" por seus críticos, já que a fachada do prédio tinha mármore italiano. Quando lhe perguntaram sobre a imagem do MMAH, Brent comentou:

> Basicamente, é correto dizer que, na mente do público, o MMAH não tem imagem. Não tem nada nisto [o prédio] que diga: "eu sou um museu" ou "entre". Há muita gente que não está interessada em alta cultura e pensa que isto é um banco ou um prédio comercial.
>
> A maior parte dos museus de arte nos Estados Unidos tem problema com a imagem. Uma das coisas que me deixam louco é que as pessoas acham que há algo errado com o museu. O MMAH é um dos mais públicos no país e que mais depende da contribuição de associados do que qualquer outro [museu]. Como a maioria, recebe poucas doações e é financiado de forma insuficiente por recursos públicos confiáveis. De fato, a American Association of Museums relata que somente cerca de 60% dos mais de 2.000 museus de arte americanos têm renda suficiente de doações para cobrir seus custos operacionais. No entanto, esta instituição optou por ser pública, com livre acesso, e isso é muito nobre. É maravilhoso que o museu tenha decidido não pertencer a um aglomerado de pessoas muito ricas.
>
> Este museu tem mais caráter do que se pensa. Tem a mais equilibrada coleção entre arte ocidental e não-ocidental de qualquer museu do país. Optamos por vender ou promover os aspectos únicos deste acervo ou a ênfase do museu no contexto histórico. O que temos é a formação de uma instituição que é muito diferente de outros museus, e devemos ser capazes de transformar esse fato em vantagem, e não nos desculparmos por isso.

Outros membros da equipe acreditavam que existia uma imagem, mas era diferente para os diferentes públicos atendidos pelo museu ou que o MMAH não tinha se esforçado o suficiente para criar uma imagem para si. De acordo com Ashley Mercer:

> Com base em nossa pesquisa de *marketing*, acho que há duas imagens distintas. Uma é uma não-imagem. As pessoas não sabem o que é o museu. Também não sabem o que temos a oferecer no caminho para o almoço, jantar, lanche, compras, cinema, etc. e não estão familiarizadas com nossos acervos. No entanto, provavelmente se orgulham de sua comunidade ter um belo museu de arte.
>
> A outra imagem é que existimos apenas para pessoas específicas. Essa imagem provavelmente tem base em nossos associados. Aproximadamente 85% dos membros têm escolaridade superior (em comparação com os 70% da população do distrito, que é de 2,5 milhões), 60% têm renda familiar acima de 70 mil dólares (em comparação com 20% da população do distrito), metade está acima dos 40 anos de idade (em relação a 25% da população do distrito), e 98% são brancas (comparadas com 75% da população do distrito).

Janet Blake, assistente de equipe encarregada das associações, observou:

> Entre nossos associados, o MMAH é visto como uma organização comunitária com marca de classe. É empolgante, educativo, conveniente e convidativo. É um ótimo lugar para trazer visitantes à nossa cidade para uma tarde de almoço e passeio.

Um crítico do museu disse:

> O MMAH tem uma imagem definida, em minha opinião. É um ótimo lugar para almoçar ou lanchar, comprar um livro de arte ou de história para a mesa de centro e ver algumas coisas, se o tempo permitir. Seu estacionamento está estrategicamente localizado para possibilitar que seus associados estacionem de forma conveniente para fazer compras no centro, especialmente durante a época de Natal.

Visitação do museu

Com a crença geral de que um maior número de visitantes leva a um maior número de associados, a equipe de Mercer historicamente tem concentrado seus esforços em aumentar o trânsito de pessoas no museu. "A atividade social, cultural e educacional no museu é uma meta importante e não se limita à apreciação de arte", disse Mercer. Os esforços podem ser separados em programas gerais e extensivos e programas que envolvem eventos e exposições especiais.

Relações com a imprensa O MMAH continuamente promove suas atividades e exposições especiais enviando *press releases* e mantém um relacionamento próximo com a mídia local. Comentários sobre arte e história, programas públicos e questões de interesse humano com freqüência são apresentados na mídia local. Uma festa pelo quinto aniversário foi realizada no museu em janeiro de 2005, criada como um evento especial gratuito para o público geral ter contato com o museu.

Educação e extensão O MMAH tem muitos programas direcionados para a educação do público. Entre eles, estão programas públicos, tais como visitações para adultos, visitas de estudantes, palestras, filmes de arte e filmes que estão em cartaz. O museu dedica-se a programações que propiciam o envolvimento da comunidade e empresta espaço de apresentação para organizações artísticas locais.

Exposições especiais Anúncios de utilidade pública criados pelo museu são veiculados em estações de rádio locais para promover exposições especiais. Anúncios de exposições especiais são colocados em jornais locais, em uma área que abrange cinco distritos. Para as grandes exposições especiais, a propaganda geralmente é patrocinada por uma corporação local.

Ashley Mercer acreditava que esses esforços aumentavam a freqüência ao museu. Por exemplo, pesquisas periódicas da visitação indicavam que, em um dia comum, quando apenas o acervo permanente estava disponível para visitação, 85% dos visitantes não eram membros do MMAH. Mercer acrescentou que, embora menos de 1% dos não-associados realmente se inscrevesse como associado durante uma visita, a exposição incrementava a solicitação anual de associação.

Associação ao museu

De acordo com Mercer:

> A associação ao museu e a receita obtida com ela desempenham papéis significativos no sucesso e nas operações diárias do MMAH. O museu e seus associados têm um relacionamento simbiótico. Os associados dão ao museu uma base de voluntários, sem a qual nosso custo de operação seria astronômico. Os voluntários encarregam-se das visitações, ajudam no balcão de informações, auxiliam na loja de presentes e no Skyline Buffet e são de valor inestimável no recrutamento de novos membros e na renovação dos sócios existentes.
>
> A Associação do Museu foi criada para incentivar o envolvimento dos associados no MMAH. A Associação, com cerca de 1.000 sócios, torna possível o nosso trabalho voluntário – 95% de nossos 475 voluntários são membros da Associação. A assistência da Associação no levantamento de fundos é fundamental, e apreciamos o que seus membros têm feito pelo MMAH. Só no ano passado, a Associação foi diretamente responsável por levantar quase 350.000 dólares. Em troca, o MMAH patrocina eventos sociais para os membros da Associação, oferece-lhes palestras de especialistas em arte e em história e proporciona vários outros privilégios que não estão disponíveis para os associados em geral.

Categorias, benefícios e custos dos associados O MMAH tem dois tipos distintos de sócios: (1) pessoa física e (2) pessoa jurídica. Esses dois tipos de sócios são ainda divididos em categorias, com base nas contribuições em dólares e nos benefícios recebidos. Há seis categorias de sócios pessoas físicas, variando de $50 a $5.000 por ano. Os sócios pessoas jurídicas são divididos em quatro categorias, que vão de $1.000 a $10.000 por ano. Essas categorias e níveis de participação foram criados com a mudança para o novo prédio. Em 2004, havia 17.429 pessoas físicas e 205 pessoas jurídicas associadas.

A Figura 3 mostra os benefícios recebidos por cada categoria de pessoa física. A Figura 4 oferece o detalhamento de associações de pessoas físicas por categoria e a receita gerada por cada uma nos últimos cinco anos. Em 2004, as associações de pessoas físicas eram responsáveis por quase 80% da receita de associações.

As associações de pessoas jurídicas proporcionam muitos dos mesmos benefícios concedidos às pessoas físicas associadas que contribuem com 500 dólares ou mais. Além disso, as empresas associadas recebem "Associações de Funcionários", dependendo de sua categoria. Por exemplo, os associados pessoas jurídicas, que recaem na categoria de 1.000 dólares, recebem 25 Associações de Funcionários; os que estão na categoria dos 10.000 dólares recebem 250.

O custo direto dos benefícios oferecidos pelo MMAH aos associados – pessoas físicas ou pessoas jurídicas – era calculado pela empresa de contabilidade do museu. O MMAH tinha que fazer isso devido às leis de imposto de renda, que limitavam a dedutibilidade de associação da diferença entre custo direto de associação e do valor dos benefícios recebidos. O custo total estimado dos benefícios dos associados passava de um milhão de dólares por ano desde 2000.[1] Um resumo em itens dos custos dos benefícios por categoria em 2002 é fornecido a seguir.

FIGURA 3

Benefícios da associação por categoria de sócios

Benefícios	\$50	\$100	\$250	\$500	\$1.500	\$5.000
Convites para pré-estréias/eventos especiais	*	*	*	*	*	*
Estacionamento grátis limitado	*	*	*	*	*	*
Ingresso gratuito em exposições especiais	*	*	*	*	*	*
15% de desconto no restaurante e na loja de presentes	*	*	*	*	*	*
Calendário mensal	*	*	*	*	*	*
Descontos em filmes/palestras	*	*	*	*	*	*
Associação recíproca a outros museus		*	*	*	*	*
Convites para palestras especiais				*	*	*	*
Menção no relatório anual				*	*	*	*
Visitas pessoais nas áreas de exposição					*	*	*
Convites para pré-estréias/eventos exclusivos					*	*
Estacionamento grátis ilimitado					*	*
Oportunidades especiais de viagem					*	*
Reconhecimento em placas no museu					*	*
Apreciação de novas aquisições em primeira mão					*	*
Prioridade em todas as viagens do museu						*
Jantar com o diretor						*

---

* O custo estimado dos benefícios excede a despesa de associação mostrada na Figura 2 porque o custo de publicações e de outros itens está incluído no cálculo. Esses custos são alocados em vários itens diferentes na Figura 2.

FIGURA 4

Categorias de associação de pessoas físicas e receitas por ano, 2000-2004

Categoria de sócio	Quantia	Número de membros				
		2004	2003	2002	2001	2000
Regular	$50	13.672	12.248	13.483	16.353	17.758
Associado	$100	2.596	2.433	2.548	2.576	2.465
Colecionador	$250	364	325	397	461	454
Patrono	$500	102	85	65	0	0
Parceiro	$1.500	604	638	679	741	882
Clube do diretor	$5.000	91	86	98	0	0
Total de sócios		17.429	15.815	17.370	20.131	21.559

Categoria de sócio	Quantia	Receita da associação[a]				
		2004	2003	2002	2001	2000
Regular	$50	$639.664	$556.120	$611.864	$600.188	$662.631
Associado	$100	234.871	232.398	249.317	244.961	242.981
Colecionador	$250	81.415	76.987	97.474	108.432	105.840
Patrono	$500	48.100	44.293	35.500	0	0
Parceiro	$1.500	815.666	958.419	968.239	1.187.728	1.041.898
Clube do diretor	$5.000	406.673	405.016	458.938	282.219	0
Total da receita de sócios[b]		$2.298.449	$2.334.583	$2.485.352	$2.451.638	$2.079.330

[a] O número de associados vezes o valor em dólares não é igual às quantias dadas como receita de associação, já que alguns membros recebem o título de sócios gratuitamente.

[b] A incoerência entre esses números e os números mostrados na declaração de renda e despesas deve-se às associações concedidas gratuitamente.

Categoria	Custo do benefício
Regular ($50)	$631.016
Associado ($100)	81.903
Colecionador ($250)	64.135
Patrono ($500)	39.628
Parceiro ($1.500)	99.567
Clube do diretor ($5.000)	15.975
Pessoa jurídica (todas as categorias)	125.576
Custo total	$1.057.800

Os principais itens de custo em cada categoria eram (1) ingressos gratuitos para as exposições, (2) estacionamento, (3) calendário mensal das atividades do museu, exposições e eventos e (4) descontos no restaurante Skyline Buffet e na loja de presentes.

Recrutamento e renovação dos associados "Recrutar novos associados e renovar os existentes é uma tarefa importante", disse Mercer. Embora alguns recrutamentos e renovações ocorram no museu durante as visitas, o trabalho de recrutamento, em sua maior parte, gira em torno de correspondência, telefonemas e contatos pessoais. Os contatos via correio ou telefone concentram-se primeiramente no recrutamento e renovação de associações de pessoas físicas nas categorias de 50 a 250 dólares. As visitas pessoais da Associação do Museu são usadas para recrutar e renovar as associações de pessoas físicas nas categorias de 500 a 5.000 dólares e nas de pessoas jurídicas.

O MMAH usa listas de endereço e telefone obtidas de outras organizações culturais e agências de dados. Essas listas são selecionadas de acordo com os códigos de endereçamento postal e prefixos de números de telefone. Os contatos pelo correio incluem uma carta do diretor do museu, uma brochura descrevendo o museu e um formulário de inscrição de sócio. Os contatos telefônicos incluem o envio posterior da brochura e da ficha de inscrição.

As economias dos contatos por mala direta são ilustradas abaixo, com base no número de correspondências enviadas em agosto de 2004, considerado normal por Mercer.

Total de contatos pelo correio	148.530
Total de sócios obtidos	1.532
Taxa de resposta	1,03%
Receita total de associações	$84.280,00
Custo total de mala direta	$66.488,80

Dois contatos por mala direta com essa abrangência são realizados por ano.

O processo de visitas às pessoas físicas associadas em categoria de maior contribuição em dólares está baseado no contato pessoal feito por voluntários e executivos associados ao MMAH. Os sócios potenciais são identificados com base nos contatos pessoais e a partir da lista de associados que não renovaram sua inscrição, na coluna social, em listas de associados de outras organizações e em listas de associados de nível mais baixo. Uma vez identificados, os sócios potenciais são procurados um a um. Uma carta inicial é enviada, apresentando o museu ao sócio potencial. Essa primeira carta é seguida por um telefonema pessoal ou outra carta, convidando o possível associado para um encontro informal no museu. Nesse encontro, o sócio potencial é apresentado a outros membros e é diretamente convidado a associar-se.

O trabalho para renovação inclui contatos por correio, telefone e Internet. Além disso, são usadas festas dos associados, pré-estréias especiais e inserções especiais no calendário mensal das atividades do MMAH.

Registros do museu indicam que 70% dos sócios da faixa de $50 não renovam sua associação depois do primeiro ano. Entre os que o fazem, 50% renovam em cada ano sucessivo. Os membros na faixa de $100 a $500 apresentam uma taxa de renovação de 60%, e os das categorias de $1.500 e $5.000 demonstram uma taxa de 85% de renovação. Mercer acreditava que menos de 10% das pessoas físicas associadas que renovavam sua associação aumentavam o valor em dólares de sua contribuição. As taxas de renovação das pessoas jurídicas eram de aproximadamente 75%, independentemente da categoria.

■ CONSIDERAÇÕES PARA 2005

Ashley Mercer e Donald Pate reuniram-se para discutir as medidas que poderiam recomendar ao conselho administrativo a fim de reverter a situação financeira em deterioração do MMAH. Pate observou que, em uma reunião anterior com sua equipe, a redução de funcionários foi discutida. Especificamente, ele achava que uma redução de 10% nos custos administrativos e de pessoal era possível. Mais ainda, sua equipe havia estimado que as doações de Fannel County, contribuições, doações, renda de investimento, ganhos de doações e outras receitas ficariam 15% abaixo dos níveis de 2004. A "melhor das hipóteses" do diretor de Acervo e Exposições indica que os eventos e exposições especiais gerariam receitas de $1,2 milhão e custos de $675.000 em 2005. As receitas e custos provenientes do estacionamento para visitantes não-associados permaneceriam inalteradas em relação às de 2004. Orçamentos aproximados para programas educativos indicaram que uma despesa de $500.000 para 2005 seria realista, dados os esforços planejados. Pate disse que as mudanças em outras atividades auxiliares pelas quais ele era responsável, a saber, o restaurante Skyline Buffet e a loja de presentes, não haviam sido planejadas.

Mercer estava impressionada com a atenção que Pate dedicava à situação do museu. Ela também considerou questões relativas à imagem do museu, à visitação e às associações, antes da reunião.

Infelizmente, uma reunião anterior com sua equipe tinha levantado mais questões do que recomendações rigorosas. As sugestões da equipe iam desde a implementação de uma modesta taxa de ingresso de um dólar por adulto (com ingresso gratuito para crianças com menos de 12 anos) até a instituição de associação para estudantes (com idade entre 13 e 22 anos) e idosos (a partir de 60 anos) por 30 dólares. A necessidade de propaganda institucional foi lembrada, já que o MMAH só anunciava os eventos e exposições especiais. Outros membros da equipe disseram que os benefícios proporcionados aos sócios deveriam ser melhorados. Por exemplo, sugeriu-se o aumento do desconto no restaurante Skyline Buffet e na loja de presentes para 20%. Outra possibilidade apontada foi a encomenda de um livro para mesa de centro com as principais obras de arte do MMAH, a ser oferecido aos sócios da categoria de pessoa física na faixa dos 500 dólares ou mais.

Mercer ouviu as sugestões, sabendo que era improvável que algumas delas fossem receber a aprovação do conselho administrativo. Estas incluíam qualquer proposta de aumentar as despesas de Publicações/Informações Públicas (por exemplo, novos livros e propagada institucional paga). Ela já havia sido informada de que as despesas para tais atividades não poderiam exceder as de 2004. A melhoria do pacote de benefícios dos sócios parecia uma boa idéia. O aumento dos descontos no restaurante e na loja, apesar de que 65% do negócio de ambos já estivesse com desconto, também parecia uma boa idéia, pelo menos superficialmente. Pate disse que consideraria essa sugestão, mas pediu que Mercer pensasse mais sobre isso no contexto do pacote total de benefícios aos sócios. A cobrança de uma taxa de ingresso nominal para não-membros também parecia razoável. Pesquisas com visitantes haviam mostrado que 50% dos visitantes não-sócios disseram estar dispostos a pagar um dólar para ver o acervo permanente (o acesso às exibições especiais continuaria a ser cobrado). Além disso, os associados poderiam receber ainda um benefício adicional, ou seja, ingresso gratuito. Entretanto, Pate observou que o MMAH sempre havia se orgulhado da entrada gratuita e ele se perguntava como o conselho administrativo veria essa sugestão. As categorias adicionais de associados, abaixo de $50, para estudantes e idosos, também pareciam oferecer novas oportunidades de atrair segmentos da população que tradicionalmente não haviam produzido sócios.

Mercer e Pate acreditavam que sua reunião inicial tinha dado origem a boas idéias, mas ambos achavam que tinham que pensar mais nessas questões. Eles concordaram em se reunir novamente e começar a preparar um plano integrado de ação e um demonstrativo financeiro *pro forma* para 2005.

CASO

Circle K Corporation

A Circle K Corporation é um dos principais varejistas especializados dos Estados Unidos e é a segunda maior operadora e franqueadora de lojas de conveniência do país. Do ano fiscal de 1984 (com final em 30 de abril), quando principiou uma importante estratégia de crescimento, até o ano fiscal de 1990, a empresa adquiriu 3.326 lojas e construiu outras 983 enquanto fechava 899 unidades. Durante esse período, as vendas passaram de um bilhão de dólares no ano fiscal de 1984 para quase 3,7 bilhões de dólares no ano fiscal de 1990.

Em 15 de maio de 1990, a empresa e suas principais subsidiárias pediram amparo sob o Capítulo 11 do Código de Falência dos Estados Unidos. Tal medida foi tomada devido à deterioração da situação financeira da empresa, em parte, devido ao aumento da concorrência, a uma pesada dívida originada pelo programa de expansão e ao efeito negativo das políticas comerciais e de preços instituídas em 1989. Pouco depois de pedir falência, o presidente da Circle K, Robert A. Dearth Jr., anunciou que estava determinado a reposicionar a empresa de modo que ela voltasse à lucratividade e pagasse sua dívida no ano fiscal de 1991.[1] Os elementos principais do plano para revitalizar a Circle K incluíam uma mudança nas práticas comerciais, aumento dos esforços promocionais e um programa de preços agressivo, todos criados para melhorar o atendimento ao cliente e aumentar as vendas. Além disso, seriam buscadas oportunidades para fechar ou vender lojas não-lucrativas. A estratégia de recuperação planejada da Circle K teve sua implementação programada para o verão de 1990. De importância fundamental para a administração da Circle K eram a resposta do consumidor e da concorrência e a lucratividade da estratégia anunciada.

■ A EMPRESA

A Circle K Corporation, com sede em Phoenix, Arizona, é o 30º maior varejista dos Estados Unidos, de acordo com a revista *Fortune*. O negócio de lojas de conveniência da empresa teve início com a Circle K Convenience Stores, Inc. em 1951. Em 1980, essa empresa tornou-se subsidiária da Circle K Corporation. A Circle K. Corporation é uma *holding* que, por meio de subsidiárias totalmente suas, opera 4.631 lojas de conveniência nos Estados Unidos e instalações afins. Além disso, a Circle K Corporation tem aproximadamente 1.400 lojas licenciadas ou *joint ventures* em 13 países estrangeiros.

A Circle K registrou um aumento médio anual de 25% nas vendas desde o ano fiscal de 1984. O número de lojas operadas pela Circle K aumentou em 14% ao ano durante o período compreendido entre 1984 e o ano fiscal de 1990. A maior parte do aumento nas lojas proveio de aquisições. Nos quatro anos antes do ano fiscal de 1989, quando a Circle K incorreu em uma perda operacional

---

[1] "Circle K Squares Off with its Creditors", *Wall Street Journal* (May 17, 1990): A4.

Este caso foi preparado pelo professor Roger A. Kerin, da Edwin L. Cox School of Business, Southern Methodist University, como base para discussões em aula e não se destina a ilustrar o manejo eficaz ou ineficaz de uma situação administrativa, nem a ser usado para fins de pesquisa. O caso foi baseado em fontes publicadas, incluindo os relatórios anuais da Circle K Corporation e relatórios 10K. Agradecemos pelo auxílio de Angela Bullard e Deborah Ovitt, estudantes de pós-graduação, na preparação deste caso. Copyright © 1995 Roger A. Kerin. Nenhum excerto deste caso pode ser reproduzido sem permissão por escrito do detentor dos direitos autorais.

de $3,8 milhões, a empresa tinha registrado um aumento médio anual de 25% no lucro operacional. A Figura 1 e a Figura 2 apresentam os demonstrativos financeiros consolidados da Circle K Corporation para o ano fiscal de 1988 até o ano fiscal de 1990.

Expansão de lojas e unidades

As lojas Circle K geralmente têm 780 m² de espaço para venda de varejo. A maioria das unidades está localizada em esquinas, tem espaço para estacionamento em um ou mais lados e está equipada com aparelhos modernos, acessórios e refrigeração. Quase todas as lojas ficam abertas sete dias por

FIGURA 1

Demonstrativo consolidado de receitas da Circle K Corporation (em milhares de dólares)

	Para o ano com término em 30 de abril		
	1990	*1989*	*1988*
Receitas:			
Vendas	$3.686.314	$3.441.384	$2.613.843
Outras	50.238	53.507	42.879
Receitas brutas	3.736.552	3.494.891	2.656.722
Custo de vendas e despesas:			
Custo de vendas	2.796.559	2.580.398	1.893.058
Operacionais e administrativas	865.602	729.306	561.894
Taxa de reorganização e reestruturação [a]	639.310	–	–
Depreciação e amortização	127.652	93.033	65.659
Juros e despesas de dívidas	126.799	95.912	56.608
Custo total de vendas e despesas	4.555.922	3.498.649	2.577.219
Lucro (perda) operacional	(819.370)	(3.758)	79.503
Ganho com venda de ativos [b]	–	32.323	8.198
Perda de patrimônio em *joint ventures* estrangeiros	(15.064)	(1.784)	–
Ganhos (perda) antes de impostos federais e estaduais e efeito cumulativo da mudança de contabilidade	(834.434)	26.781	87.701
Benefício (despesa) de imposto de renda federal e estadual	61.565	(11.367)	(32.790)
Ganhos (perda) líquidos antes do efeito cumulativo de mudança de contabilidade	(772.869)	15.414	54.911
Efeito cumulativo em anos anteriores da mudança de contabilidade para impostos de renda	–	–	5.500
Ganhos (perda) líquidos	($772.869)	$15.414	$60.411

[a] A empresa estava tentando uma reestruturação financeira desde outubro de 1989. Uma revisão e avaliação de operações pelo Conselho Administrativo resultaram em uma taxa de reorganização e reestruturação de 639,3 milhões de dólares em 30 de abril de 1990. A taxa inclui (1) custos excessivos sobre ativos líquidos adquiridos e investimento estrangeiro; (2) abandono, rejeição e reservas para ativos fixos em lojas de baixo desempenho cedidas por leasing; (3) reduções de valores de imóveis e outros projetos não mais em desenvolvimento e (4) emissão de dívida e outros custos.
[b] Em 31 de outubro de 1988, a empresa vendeu todos os seus ativos relacionados com fabricação e distribuição de gelo em blocos ou fragmentado, de sanduíches e de outros lanches. Em 28 de outubro de 1987, a empresa vendeu 50% de participação em sua subsidiária totalmente própria no Reino Unido.
Fonte: Circle K Corporation, relatório 10K. Ano fiscal com término em 30 de abril de 1990, Relatório Anual da Circle K Corporation, 1989. A declaração de informações sobre ganhos é acompanhada por extensas explicações, que são parte desses demonstrativos financeiros consolidados.

FIGURA 2

Balanço patrimonial consolidado da Circle K Corporation, resumido (em milhares de dólares)

	30 de abril de 1990	30 de abril de 1989	30 de abril de 1988
Ativos atuais:			
Dinheiro e investimentos de curto prazo	$50.205	$38.488	$44.216
Contas a receber	38.138	36.265	34.446
Estoques	175.308	239.916	191.000
Outros ativos atuais	39.865	94.341	109.851
Total de ativos atuais	303.516	409.010	379.513
Ativos, fábrica e equipamento (menos depreciação cumulativa e amortização)	836.123	1.068.489	708.314
Outros ativos	134.651	567.441	447.957
Total de ativos	$1.274.290	$2.044.940	$1.535.784
Passivos atuais:			
Dívida em bancos	$ –	$91.000	$60.000
Contas a pagar	112.111	134.944	112.144
Outros passivos atuais	101.504	124.501	108.463
Total de passivos atuais	213.615	350.445	280.607
Passivo sujeito a acordo mútuo	1.206.395	–	–
Dívida de longo prazo	54.651	1.158.563	844.065
Impostos de renda diferidos	40.496	93.045	38.133
Outros passivos	130.915	45.359	17.191
Receita diferida	32.285	19.632	24.767
Ações preferenciais resgatáveis	42.500	47.500	47.500
Patrimônio de acionistas	(451.567)	330.396	283.521
Total de passivos e patrimônio de acionistas	$1.274.290	$2.044.940	$1.535.784

Fonte: Circle K Corporation, relatório 10K, Ano Fiscal com Término em 30 de Abril de 1990; Relatório Anual da Circle K Coporation, 1989. As informações do balanço patrimonial são acompanhadas por extensas explicações, as quais são parte dos demonstrativos financeiros consolidados.

semana, 24 horas por dia. As 4.631 lojas operadas pela Circle K estão localizadas em 32 estados. Contudo, aproximadamente 84% das lojas estão situados em estados da Faixa do Sol, indo da Califórnia à Flórida. A maior concentração das lojas está na Flórida (846 lojas), no Texas (735 lojas), no Arizona (679 lojas), na Califórnia (604 lojas) e na Louisiana (301 lojas).

O atual número de lojas foi conseqüência de um agressivo programa de aquisição iniciado em dezembro de 1983, com a compra das quase 1.000 lojas da rede UToteM. Essa aquisição foi seguida, em outubro de 1985, pela compra da Little General Stores, consistindo de 435 unidades. Em fevereiro de 1985, a Circle K comprou 21 lojas Day-n-Nite e, em setembro daquele ano, adquiriu as 449 unidades da rede Stop & Go. A empresa comprou 189 unidades da National Convenience Stores em março de 1987 e, três meses mais tarde, comprou também 63 unidades franqueadas de 7-Eleven da Southland Corporation. No final de 1987, o diretor de relações públicas da Circle K anunciou que a empresa pretendia possuir 5.000 lojas em 1990.[2]

---

[2] "Mergers of Convenience", *Progressive Grocer* (December 1987), pp. 50-51; "Karl Eller's Big Thirst for Convenience Stores", *Business Week* (June 13, pp. 86, 88; 10-K Form de 1990 da Circle K Corporation.

Em abril de 1988, a Circle K comprou os ativos de 473 lojas de conveniência, 90 lojas fechadas, pontos de lojas de conveniência, lojas em construção e instalações afins da Southland Corporation. A última grande aquisição da empresa ocorreu em 30 de setembro de 1988, com a compra do Charter *Marketing* Group. A transação resultou na adição de 538 postos de gasolina e lojas de conveniência. A Circle K não adquiriu nenhuma loja no ano fiscal de 1990 devido à sua má situação financeira, o que levou a empresa a pedir falência, apoiada no Capítulo 11 da legislação americana. No entanto, negociações referentes à venda de 375 lojas no Havaí e na região noroeste do Pacífico foram iniciadas.

Mix de produtos e serviços

As lojas Circle K vendem mais de 3.000 produtos e serviços diferentes. A área de alimentos inclui itens de mercearia, laticínios, doces, pães, hortifrutigranjeiros, carne, ovos, sorvete, comidas congeladas, refrigerantes e bebidas alcoólicas (cerveja, vinho e destilados), onde for permitido. Itens de *fast food*, como refrigerantes de máquinas dispensadoras, rosquinhas, sanduíches e café, também são vendidos. Entre os itens não-alimentícios vendidos pela Circle K estão produtos derivados de tabaco, produtos de saúde e beleza, revistas, livros, jornais, artigos domésticos, presentes e brinquedos. As categorias de produtos alimentícios e não-alimentícios foram responsáveis por 50% da receita da empresa no ano fiscal de 1990.

A Circle K vende gasolina em 77,5% de suas lojas. A gasolina originou 48,6% da receita da empresa no ano fiscal de 1990. Além disso, a empresa oferece uma série de serviços ao consumidor. Estes incluem ordens de pagamento, bilhetes de loteria, máquinas de jogos e aluguel de vídeos. Esses serviços, combinados com receitas de juros e taxas de *royalties* e licenciamento, geraram o restante da receita da empresa.

A Circle K havia seguido um programa de testes contínuos e introdução de novos produtos e serviços criados para atrair uma clientela maior e estimular o trânsito pela loja. De acordo com o diretor da empresa, Karl Eller: "somos um sistema de distribuição em massa. Tudo o que pudermos colocar na loja, nós colocaremos".[3] O acréscimo de caixas eletrônicos ou programas de débito em cartão em 1.146 lojas, mais o aluguel de espaço em certos locais para o serviço de entrega do Federal Express, são inovações recentes que indicam essa estratégia.

Os esforços para vender e promover produtos com alta margem de lucro, sem incentivar a venda de mercadorias populares e menos lucrativas, mostraram-se onerosos para a Circle K no verão de 1989. Embora a margem de lucro bruto para as vendas de mercadorias tivesse aumen-

FIGURA 3

Vendas de mercadorias e gasolina e porcentagem de lucro bruto da Circle K Corporation, anos fiscais 1988-1990

	1990		1989		1988	
Fonte de receita	*Vendas (Milhões)*	*Lucro bruto (porcentagem)*	*Vendas (milhões)*	*Lucro bruto (porcentagem)*	*Vendas (milhões)*	*Lucro bruto (porcentagem)*
Mercadorias	$1.869,4	37,2%	$1.962,4	36,0%	$1.649,2	37,5%
Gasolina	1.817,0	10,8	1.479,0	10,5	964,6	10,6
Outros*	50,2		53,5		42,9	
Total	$3.736,6		$3.494,9		$2.656,7	

* Outras receitas consistem de comissões sobre máquinas de jogos e bilhetes de loteria, taxas de ordem de pagamento, receitas de juros, taxas de *royalties* e licenciamento e outros itens.
Fonte: The Circle K Corporation, 1990 10-K Form, pp.30-31.

---

[3] Lisa Gubernick, "Stores for Our Times", *Forbes* (November 3, 1986), pp.40-42.

tado, as vendas em dólares diminuíram (ver a Figura 3, que detalha as vendas e margens brutas para mercadorias e gasolina). Os clientes tradicionais não queriam esses produtos, de acordo com Dearth, presidente da empresa. Uma parte desse plano de comercialização para o ano fiscal de 1992 incluía a adequação das ofertas de produtos e serviços ao caráter étnico ou socioeconômico específico da clientela de cada loja.[4] A National Convenience Stores, Inc., com suas lojas Stop & Go, adotou um programa semelhante, adaptando seus produtos à demografia de cada região. Os primeiros resultados desse programa de comercialização indicam que as vendas em dólares aumentarão de 4 a 5%.[5]

Programa de propaganda e promoção

A Circle K historicamente tem utilizado promoções especiais e propagandas na mídia para atrair clientes. No ano fiscal de 1989, a empresa gastou quatro milhões de dólares em propaganda. Esse número diminuiu 41,2% em relação aos gastos com propaganda referentes ao ano fiscal de 1988. Em comparação, a National Convenience Stores, Inc. (com 1.100 lojas Stop & Go), gasta aproximadamente 12 milhões de dólares anualmente com propaganda. A propaganda como porcentagem das vendas no setor de lojas de conveniência como um todo foi de 0,6% em 1989 e de 0,3% em 1988 e 1987.

A Circle K restringiu a propaganda no ano fiscal de 1990. "A Circle K não anunciou e não vai anunciar", disse o gerente nacional de propaganda da empresa em abril de 1990. "Estamos passando por momentos difíceis".[6] A promoção mais recente da empresa foi uma campanha de "destruição de preços" na Flórida e no Arizona. A campanha terminou no segundo trimestre do ano fiscal de 1990.

Trabalho mais agressivo de propaganda e promoção era a segunda parte da estratégia de recuperação planejada pela Circle K. A empresa anunciou que uma promoção de 100 milhões de dólares seria lançada no verão de 1990.[7] A promoção de oito semanas estaria centrada em um jogo chamado "Baixa de preços", incluindo aproximadamente 180 milhões de cupons para raspar na hora, que seriam distribuídos aos clientes que fizessem compras nas mais de 3.700 lojas. Os cupons dariam descontos nas mercadorias e em parques temáticos e prêmios especiais, como Jeep Wranglers, passagens de ida e volta da Continental Airlines e lanchas Bayliner Capri, de 17 pés.

O jogo seria divulgado em cartazes colocados nas vitrines das lojas, pendentes do teto e também nos balcões dos caixas. Placas nas proximidades das bombas de gasolina também haviam sido planejadas. Além disso, a promoção seria apoiada por propaganda no rádio e na rua. O objetivo da promoção era comunicar a mudança nos preços da loja, dando aos clientes da Circle K "mais valor para seu dinheiro", de acordo com um *press release* da empresa.

Esse novo programa promocional planejado para o verão de 1990 competiria diretamente com uma iniciativa semelhante lançada pela 7-Eleven em abril de 1990.[8] O programa da 7-Eleven envolvia o oferecimento de porções de 180g de café, refrigerantes de máquinas dispensadoras e Slurpees. A empresa também estava distribuindo um bloco de cupons, no valor de 250 dólares, com descontos em produtos da 7-Eleven, bem como em itens vendidos na Sears, Roebuck and Company, Radio Shack e Children's Place. A 7-Eleven estava promovendo seu programa por meio de propaganda no rádio e na televisão.

---

[4] "Circle K Squares Off with Its Creditors", p. A4.
[5] "Convenience Chains Pump for New Life", *Advertising Age* (April 23, 1990), p. 80.
[6] *Ibid.*
[7] "Circle K Unveils $100 Million Promotion", *Convenience Store News* (August 27 – September 23, 1990), p. 12.
[8] "Convenience Chains Pump for New Life", p. 80.

Política de preço

O terceiro ponto de apoio da estratégia da Circle K envolvia um corte global de 10 centavos em todos os preços, a ser implementado concomitantemente com a promoção de 100 milhões de dólares e a mudança nas práticas de comercialização. "Antes, tínhamos por hábito tirar o máximo possível do cliente", disse Dearth.[9] Historicamente, a Circle K havia conseguido cobrar preços altos por itens alimentícios e não-alimentícios devido à conveniência de localização, horário de funcionamento mais longo, acessibilidade e atendimento rápido, sem longas filas no caixa. Os preços promocionais de itens de alta rotatividade, como cigarros, cerveja, pão, refrigerante, leite e gasolina, também eram praticados periodicamente. Essas práticas de preço ofereceram à Circle K as maiores porcentagens de margem de lucro bruto no setor de lojas de conveniência. No entanto, devido ao aumento da pressão por parte da concorrência e aos maiores custos durante o ano fiscal de 1989, a porcentagem de margem de lucro bruto passou para 25% pela primeira vez desde o ano fiscal de 1984. Além disso, a Circle K Corporation teve sua primeira perda operacional desde sua incorporação em 1980.

No início do ano fiscal de 1990, a Circle K aumentou os preços das mercadorias das lojas em cerca de 6 a 7%. De acordo com analistas do setor, o volume de vendas de mercadorias nas lojas declinou de 8 a 10%. O volume de vendas de gasolina decresceu de 1 a 5%.[10] Em fevereiro de 1990, a Circle K reverteu o aumento de preços. As vendas de mercadorias em dólares para a Circle K no ano fiscal de 1990 ficaram 4,7% abaixo dos níveis do ano fiscal de 1989, e o lucro bruto da empresa caiu 3,3%.

■ O SETOR DE LOJAS DE CONVENIÊNCIA

O setor de lojas de conveniência é um dos setores de varejo de crescimento mais rápido nos últimos 20 anos. Desde 1977, o número de lojas de conveniência aumentou a uma taxa média anual de 17%. Entretanto, as vendas e o crescimento de lojas declinaram na última metade da década de 1980. Em 1989, o setor de lojas de conveniência gerou vendas de 67,7 bilhões de dólares, provenientes de cerca de 70.200 lojas nos Estados Unidos.

A lucratividade do setor de lojas de conveniência tem flutuado durante os últimos cinco anos. A margem de lucro bruto do setor caiu para seu nível mais baixo em 1989, em conseqüência do estreitamento de margens sobre as mercadorias das lojas. A margem de lucro bruto do setor antes dos impostos diminuiu em cada um dos últimos cinco anos, atingindo uma baixa de 0,4% em 1989. Os maiores custos de aluguel, construção, seguros e operação das lojas, associados com custos financeiros atribuídos à expansão das lojas, contribuíram para esse declínio, de acordo com analistas do setor. Um resumo das vendas do setor, do crescimento de unidade e da lucratividade é apresentado na Figura 4.

Concorrência

O setor de lojas de conveniência é altamente fragmentado. Em 1989, 1.353 empresas estavam registradas na National Association of Convenience Stores. Segundo Alex Brown and Sons, Inc., uma empresa de investimentos, aproximadamente 42% do total de lojas e 31% das vendas do setor foram contabilizados por redes de lojas de conveniência com menos de 50 lojas.[11] A maior rede de lojas de conveniência é a Southland Corporation (7-Eleven). Os maiores operadores de lojas de conveniência dos Estados Unidos em termos de vendas e unidades são apresentados na Figura 5.

---

[9] "Circle K Squares Off with Its Creditors", p. A4.
[10] *Ibid.*
[11] *The Convenience Store Industry* (Baltimore: Alex Brown and Sons, 1988).

FIGURA 4

Resumo do setor de lojas de conveniência: 1980 – 1989

	Ano									
	1980	*1981*	*1982*	*1983*	*1984*	*1985*	*1986*	*1987*	*1988*	*1989*
Vendas, incluindo gasolina										
Total de vendas (bilhões de dólares)	24,5	31,2	35,9	41,6	45,6	51,4	53,9	59,6	61,2	67,7
Mudanças ano a ano (%)	31,0	27,3	15,1	15,9	9,6	12,7	4,9	10,5	2,7	10,6
Vendas, excluindo gasolina										
Vendas (bilhões de dólares)	17,7	21,6	23,7	25,8	29,3	33,3	36,0	39,1	39,2	40,6
Mudanças ano a ano (%)	22,9	22,0	15,7	8,9	13,6	13,3	8,4	8,6	–	3,6
Dados sobre as lojas										
Número total de lojas (milhares)	44,1	47,9	51,2	54,4	58,0	61,0	64,0	67,5	69,2	70,2
Mudanças ano a ano (%)	10,0	8,6	6,9	6,3	6,6	5,2	4,9	5,5	2,5	1,4
Vendas por loja (milhares de dólares) (excluindo gasolina)	394,0	450,0	463,0	474,0	511,0	544,0	564,0	579,2	567,0	578,0
Mudanças ano a ano (%)	11,0	14,2	2,9	2,4	7,8	6,5	3,7	2,7	2,1	1,9
Dados sobre lucratividade										
Margem de lucro bruto (%)										
Mercadorias						32,5	35,5	35,9	36,4	32,1
Gasolina						7,3	11,2	10,6	11,5	11,7
Total						22,8	25,1	24,4	26,2	21,8
Margem de lucro líquido antes de impostos (%)						2,7	2,6	2,2	1,9	0,4

Fonte: Baseado em *The Convenience Store Industry* (Baltimore; Alex Brown & Sons, 1989), p. 3; *The State of the Convenience Store Industry 1990* (Alexandria, VA: National Association of Convenience Stores, 1990).

Os executivos de lojas de conveniência acreditam que seus principais concorrentes sejam outras lojas de conveniência, postos de gasolina que vendem alimentos (*g-stores*), supermercados e restaurantes de *fast food*. S. R. "Dick" Dole, executivo da Southland Corporation, acreditava que a concorrência para as lojas de conveniência dependia da categoria do produto:

> Se você está falando em *post-mix*, café e sanduíches, então, nossos concorrentes são os restaurantes de "lanches rápidos", como McDonald's e Burger King, e outras lojas de conveniência. Se está falando de cerveja e refrigerante, aí nossos concorrentes são os supermercados, outras lojas de conveniência e algumas *g-stores*, ou uma grande empresa de combustíveis que opera uma pequena loja de conveniência, com mais ênfase na gasolina.[12]

As empresas de combustíveis que operam *g-stores* envolvem-se em competição mais direta com as lojas de conveniência. Texaco, Chevron Corporation, Amoco Corporation, Atlantic Richfield Company, Coastal Corporation, Mobil Corporation, BP America e Diamond Shamrock operam mais de 600 lojas cada uma.[13] Essas empresas bem capitalizadas, com a vantagem de ótimas localizações e lojas mais novas, tornaram-se bastante agressivas na criação de estabelecimentos do tipo loja de conveniência. Embora menores do que as lojas de conveniência em termos de espaço de venda ao varejo e número de itens oferecidos (as lojas de conveniência estocam 33% a mais de itens do que as *g-stores*), as *g-stores* concentram-se em itens tradicionalmente vistos como artigos de lojas de conveniência – produtos de tabaco, refrigerantes e cervejas.

---

[12] "Convenience Chains Pump for New Life", p. 80.
[13] "Convenience Chains Pump for New Life", p.80.

FIGURA 5

Maiores operadores de lojas de conveniência dos Estados Unidos

Empresa	Principal(is) rede(s)	Volume de vendas (em milhões de $)	Número de unidades de lojas (aprox.)
The Southland Corporation	7-Eleven, High's Dairy Stores, Quick Marts, Super 7	$7.950,3	7.200
The Circle K Corporation	Circle K	3.441,4	4.631
Emro *Marketing* Co.	Speedway, Gastown, Starvin Marvin, Bonded	1.250,0	1.673
National Convenience Stores, Inc.	Stop N Go	1.072,5	1.147
Convenient Food Mart, Inc.	Convenient Food Mart	875,0	1.258
Cumberland Farms, Inc.	Cumberland Farms	800,0	1.150

Fonte: Relatórios anuais da empresa e 10-K forms; *Convenience Store News Industry Report 1989* (New York: BMT Publications, 1989).

Os supermercados também têm se mostrado agressivos na tentativa de atrair o comprador de conveniência. Em especial, os supermercados almejam os consumidores "de reposição", que costumam freqüentar os balcões de caixa rápido para "oito itens ou menos", oferecendo-lhes horários mais longos e alimentos pré-embalados. Esse segmento representa cerca de 45 bilhões de dólares em vendas anuais. Os supermercados também apelam para consumidores que desejam alimentos prontos para levar. Os alimentos prontos vendidos pelos supermercados atualmente são responsáveis por mais de 2,4 bilhões de dólares em vendas anualmente. Mais ainda, pesquisa do setor mostra que os supermercados desfrutam de uma melhor reputação entre os consumidores no que se refere a preços mais baixos e alimentos de melhor qualidade do que os das lojas de conveniência.[14]

O cliente de lojas de conveniência e comportamento de compra

Cerca de 90% dos americanos adultos (de 18 anos ou mais) visitam uma loja de conveniência pelo menos uma vez por ano. Quase dois terços desses consumidores visitam uma loja de conveniência duas a três vezes por mês. O típico cliente de loja de conveniência é branco, com idade entre 18 e 34 anos, educação de nível médio, que trabalha em uma função técnica. Um perfil do cliente de lojas de conveniência é mostrado na Figura 6.

Executivos de lojas de conveniência são sensíveis ao fato de que existe um cliente estereotipado para o serviço que oferecem. Eles também reconhecem que há oportunidades para futuro crescimento das vendas com a atração de mulheres, empregadas ou autônomas, consumidores mais velhos de ambos os sexos, profissionais qualificados e funcionários administrativos. De acordo com um executivo da 7-Eleven:

> Dois grupos demográficos importantes para a 7-Eleven são os números crescentes de pessoas mais velhas e de mulheres que trabalham. Os idosos, o segmento de mais rápido crescimento da população, geralmente não são clientes de lojas de conveniência. Além disso, as mulheres agora representam 45% da mão-de-obra. Em 1995, 80% de todas as mulheres com idade entre 25 e 44 anos estarão trabalhando. Neste momento, as mulheres representam menos de um terço de nossos negócios. Devemos

---

[14] "Convenience Store/Supermarket Market Segment Report", *Restaurant Business* (February 10, 1990), p. 125.

FIGURA 6

Perfil dos clientes de lojas de conveniência em um determinado dia

	Clientes de lojas de conveniência (porcentagem)	População dos Estados Unidos (porcentagem)
Sexo		
Masculino	57%	48%
Feminino	43	52
Idade		
18 a 24	21	15
25 a 34	31	24
35 a 49	25	25
50 ou mais	23	35
Escolaridade		
Ensino Médio incompleto	19	18
Ensino Médio completo	62	60
Freqüentou universidade	19	22
Renda familiar anual		
Menos de $10.000	14	13
$10.000 a $14.999	11	10
$15.000 a $19.999	12	10
$20.000 ou mais	48	48
Desconhecida	15	19
Raça		
Branca	83	87
Não-branca	17	13

Fonte: The Gallup Organization. Usado com permissão.

trabalhar melhor para atrair clientes potenciais para as nossas lojas, desenvolvendo programas que se adaptem às suas necessidades.

A faixa etária dos 24-25 anos está tendo um tremendo crescimento na renda disponível, o que aumenta nossa necessidade de melhorar nossas lojas para atender às suas exigências e gostos.[15]

De forma semelhante, um executivo da Circle K disse: "Achamos que podemos atrair outros grupos além do tradicional cliente de nível técnico do passado. Gostaríamos de nos dirigir mais para funcionários de escritórios e funcionários públicos".[16]

Os analistas do setor também acreditam que uma clientela mais ampla será necessária para o setor de lojas de conveniência prosperar na década de 1990. Eles observam que a população dos Estados Unidos com idade entre 18 e 34 anos, na verdade, vai diminuir no início dos anos 90. Também apontam que o setor deve expandir sua clientela para incluir clientes mais velhos, casados, com duas fontes de renda e mulheres.

---

[15] "A conversation with S. R. 'Dick' Dole", p. 9-10.
[16] "Convenience Store/Supermarket Market Segment Report", p.134.

As principais compras feitas pelos 643 clientes que visitam uma loja de conveniência comum diariamente são de gasolina, produtos de tabaco, bebidas alcoólicas, comidas prontas e refrigerantes. Essas cinco categorias de produtos são responsáveis por quase 80% das vendas de lojas de conveniência. A venda média de mercadorias por visita de cliente era de $2,29 em 1989.

Tendências e preocupações do setor

Observadores do setor identificaram várias tendências que provavelmente afetarão o setor de lojas de conveniência e as perspectivas de lucratividade no futuro próximo. Essas tendências e suas implicações são delineadas abaixo:

A primeira tendência relaciona-se com a maturidade do setor e a saturação de lojas. Analistas do setor citam vários desenvolvimentos. Alguns deles aparecem na Figura 4.

1. O crescimento das vendas do setor desacelerou nos últimos anos, se comparado com as taxas de crescimento da década de 1970 e do início dos anos 1980. De maneira semelhante, o número de novas lojas que estão sendo abertas ficou nivelado, e a consolidação está ocorrendo à medida que as empresas optam por crescer por meio de aquisições.

2. A lucratividade do setor declinou nos últimos anos. A espiral descendente das margens de lucro líquido tem dificultado a capacidade de as empresas reinvestirem em suas operações.

3. A saturação de lojas está presente em muitos mercados geográficos. Entre as áreas potencialmente saturadas, estão o sudoeste, o sudeste e o oeste dos Estados Unidos. Analistas do setor prevêem que a demanda por lojas de conveniência é tal que o mercado só pode suportar de 400 a 500 lojas novas por ano no período de 1990-1995.

Uma segunda preocupação é a falta de diferenciação entre lojas de conveniência concorrentes. De acordo com um executivo da 7-Eleven, "o que deve ser superado é a batalha da massificação".[17] A falta de diferenciação com freqüência produz uma onerosa competição de preços em mercados selecionados, mais notavelmente na Flórida e no Texas. Esforços para diferenciação refletidos em novos produtos e serviços muitas vezes se deparam com resposta imediata. "Somos os piores ladrões", disse um executivo da Circle K. "Assim que um de nós descobre uma coisa que funciona, os imitadores começam a trabalhar".[18]

Uma terceira tendência é a mudança de *mix* de vendas entre mercadorias e gasolina. No final dos anos 70, aproximadamente 82% das vendas de lojas de conveniência eram de mercadorias. Em 1989, 60% das vendas eram de mercadorias. O aumento nas vendas de gasolina como porcentagem da receita total afetou a lucratividade do setor, devido à margem de lucro bruto menor da gasolina e, freqüentemente, ao maior custo do equipamento. Além disso, observadores do setor acreditam que as *g-stores* de empresas de combustíveis são mais bem equipadas para lidar com as margens menores. Essas *g-stores* de "baixo preço e alto volume", com cerca de 80% de suas vendas vindo da gasolina, e os supermercados, com o crescente compromisso de atender o consumidor interessado em conveniência, deixaram as lojas de conveniência "entaladas", dizem analistas do setor.[19]

■ CONSIDERAÇÕES ESTRATÉGICAS PARA O ANO FISCAL DE 1991

Uma semana antes do anúncio de falência, Karl Eller pediu demissão de seu cargo de presidente, CEO e diretor consultivo da Circle K Corporation. Fez isso para ir à procura de oportunidades pessoais de negócios e para dar à diretoria da empresa "a latitude para estabelecer novos objetivos para o futuro".[20]

---

[17] "Convenience Chains Pump for New Life", p. 80.
[18] "Stores for Our Times", p. 41.
[19] "Recent Events Show Plight of C-Store Chains", *National Petroleum News* (May 1990), p. 10.
[20] "Karl Eller Resigns as Circle K Chairman, CEO", *Wall Street Journal and Dow Jones News Wire* (May 7, 1990).

Os principais elementos da estratégia anunciada para revitalizar a Circle K Corporation incluíam (1) uma redução global de 10 centavos em todos os preços, (2) mudança nas práticas comerciais, de modo que lojas individuais pudessem oferecer itens que refletissem as características socioeconômicas de suas áreas e (3) um programa de 100 milhões de dólares para propaganda e promoção. Como arquiteto da estratégia, Dearth, presidente da Circle K, não demonstrou nenhuma intenção de reduzir a empresa ou demitir nenhum dos 27.000 funcionários quando a falência foi anunciada.

A reação inicial à estratégia foi variada. De acordo com um dos credores bancários da Circle K, "incentivaríamos qualquer plano que gerasse receitas. Acreditamos que esse plano [de *marketing*] provavelmente o fará".[21] Entretanto, analistas do setor estavam céticos. Alguns acreditavam que os problemas da empresa a forçariam a vender cerca de 10% de suas lojas. Em agosto de 1990, a Circle K havia encerrado 400 aluguéis de lojas que haviam sido fechadas. Estimou-se que esses 400 aluguéis custassem de um milhão a um milhão e meio de dólares por mês. Mais ainda, estava programado o fechamento de 201 lojas não-lucrativas para agosto de 1990. Além disso, a empresa tinha acordos para venda de 375 lojas no Havaí e na região noroeste do Pacífico antes da falência. Esses acordos estavam atrasados, faltando a aprovação do tribunal de falências. As economias com o fechamento de lojas, os custos associados com o fim dos aluguéis e o ganho potencial com a venda de lojas ainda tinham que ser determinados.[22]

Analistas do setor também expressaram dúvidas quanto à viabilidade financeira de elementos específicos da estratégia de recuperação da Circle K. Preços mais baixos poderiam atrair clientes e aumentar o trânsito nas lojas. Contudo, as margens de lucro bruto sofreriam. Além disso, os esforços para modificar o *mix* de produtos envolveriam uma mudança substancial nos estoques, e o programa de propaganda e promoção era caro. Disse um analista de lojas de conveniência: "não sei onde eles vão conseguir dinheiro".[23]

Em garantias dadas à Securities and Exchange Commission, a administração da Circle K afirmou que "acredita, mas não tem certeza, que esse plano será bem-sucedido na melhora dos resultados operacionais". A empresa também "espera continuar com perdas operacionais até que o plano empresarial seja totalmente implementado e refinado".[24] A questão ainda a ser respondida era: "A estratégia anunciada poderia fazer com que a Circle K voltasse à lucratividade, conforme seu presidente havia imaginado?".

---

[21] "Circle K Squares Off Its Creditors", p. A4.
[22] "Circle K Begins Closing 201 Unprofitable Stores", *Wall Street Journal and Dow Jone News Wire* (August 21, 1990).
[23] "Circle K Squares Off with Its Creditors", p. A4.
[24] Formulário 10-K da Circle K Corporation para o ano fiscal com término em abril de 1990, "Management's Discussion and Analysis of Financial Condition and Results of Operations", pp. 26, 30.

CAPÍTULO **10**

Programas de *Marketing* Abrangentes

O programa abrangente de *marketing* de uma organização integra a escolha de quais mercados de produto ou serviço a serem procurados com a escolha de qual *mix* de *marketing* utilizar para atingir os mercados alvo e, essencialmente, criar valor para os clientes. O processo de formular e implementar um programa de *marketing* abrangente compreende todos os conceitos, ferramentas e perspectivas descritos nos capítulos anteriores.

O desafio a ser enfrentado pelo gerente responsável pela formulação e implementação de um programa de *marketing* abrangente divide-se em três decisões e ações relacionadas.[1] Primeiro, o gerente deve decidir *onde competir*. A escolha de produto e mercado determina os clientes e os concorrentes da organização. Essa decisão freqüentemente é baseada na definição do negócio da empresa e na análise de oportunidade e do mercado-alvo. Nesse sentido, o gerente tem muitas opções, variando do *marketing* concentrado, com foco em um único mercado para o produto, até o *marketing* diferenciado, em que vários mercados para os produtos são buscados simultaneamente. Segundo, o gerente deve decidir *como competir*. Os meios que o gerente tem à disposição situam-se nos elementos ou atividades do *mix* de *marketing*. Novamente, há muitas opções. Em uma situação simples, com duas alternativas para cada um dos quatro elementos do *mix* de *marketing*, há 16 diferentes combinações possíveis. Terceiro, o gerente deve determinar *quando competir*. Essa decisão relaciona-se com o tempo. Por exemplo, algumas organizações adotam uma postura de "primeira a comercializar", enquanto outras assumem a posição de "esperar para ver" em relação às decisões de entrada no mercado. Quatro questões são centrais para o *design* e a execução de programas de *marketing* abrangentes. Primeiro, o gerente de *marketing* deve considerar questões de *adequação* ao mercado, à organização e à concorrência. Segundo, as *sensibilidades* e as *interações* do *mix* de *marketing* devem ser levadas em consideração, pois se relacionam com os mercados-alvo. Terceiro, questões de *implementação* devem ser abordadas. Quarto, também as questões *organizacionais* devem ser consideradas. Cada um desses tópicos será discutido neste capítulo.

■ ADEQUAÇÃO DO PROGRAMA DE *MARKETING*

Um programa de *marketing* abrangente bem-sucedido deve eficazmente estimular os mercados-alvo a comprarem, deve ser coerente com as capacidades organizacionais e deve superar os concorrentes em termos de estratégia.[2] A adequação do programa a um mercado é determinada pelo grau de satisfação das necessidades únicas e exigências do comprador de um determinado mercado-alvo, proporcionado pelo *mix* de *marketing*. A adequação de um programa a uma organização depende da combinação entre as habilidades de *marketing* e posição financeira de uma organização, por um lado, e da consideração do *mix* de *marketing*, por outro. Finalmente, a adequação de um programa à concorrência diz respeito aos pontos fortes, aos pontos fracos e aos *mixes* de *marketing* de concorrentes que estão atendendo os mercados-alvo em foco.

O estabelecimento da adequação de um programa ao mercado pode ser uma tarefa assustadora. Por mais de 20 anos, a DuPont explorou aplicações para a Kevlar, uma fibra sintética com cinco vezes o poder de tensão do aço para uma mesma base de peso. O mercado-alvo escolhido foi a indústria de pneus que produzia radicais com cinturão de aço. Apesar das qualidades incomparáveis da Kevlar e dos 600 milhões de dólares em custos de desenvolvimento e *marketing*, o programa de *marketing* da DuPont não persuadiu os fabricantes de pneus de que a Kevlar satisfazia adequadamente às suas necessidades. Posteriormente, o presidente executivo da DuPont anunciou que a empresa deveria se concentrar "mais intensamente nas necessidades dos clientes". Hoje, a Kevlar é comercializada com sucesso como equipamento de proteção pessoal à prova de balas para o exército, como componente de tacos de *hockey*, na construção de aviões e barcos, juntamente com inúmeras outras aplicações, cada qual com um programa de *marketing* próprio.[3]

Um programa de *marketing* abrangente deve estar em simbiose com sua implementação pela empresa. Programas de *marketing* bem-sucedidos destacam os pontos fortes e as competências distintivas da organização e evitam enfatizar seus pontos fracos. O fracasso nessa tarefa pode ter sérias conseqüências. Por exemplo, a Continental Airlines lançou um programa de *marketing* abrangente chamado de "Continental Lite", dedicado a imitar o sistema bem-sucedido de rotas ponto a ponto, de curta distância e passagens baratas da Southwest Airlines. No entanto, os custos operacionais mais altos da Continental e sua incapacidade de administrar um sistema de rotas ponto a ponto de curta distância produziram um prejuízo financeiro de quase 600 milhões de dólares em 15 meses. A iniciativa "Continental Lite" foi abandonada, em grande parte, porque enfatizava as dificuldades organizacionais em vez de intensificar seus pontos fortes e suas competências.[4]

Finalmente, um programa de *marketing* bem-sucedido enquadra-se nas realidades competitivas do mercado. Como descrevemos no Capítulo 9, as estratégias de *marketing* raramente são permanentes. À medida que o ambiente competitivo se modifica, também mudam os programas de *marketing*. Foi esse o caso no setor de telecomunicações nos Estados Unidos, que passou por uma desregulamentação. A Lei das Telecomunicações de 1996 permitiu que companhias telefônicas de longa distância competissem pelo serviço de telefonia local com as companhias regionais, como a Bell Atlantic, a U.S. West e a Nynex. A lei também abriu caminho para a fusão de tecnologias e serviços de comunicação por telefones, telefonia celular, *pagers* e Internet e para a formação de novas alianças de concorrentes, cada uma delas competindo para satisfazer todas as necessidades de comunicação empresariais e residenciais. Esses desenvolvimentos tornaram obsoletos os programas de *marketing* criados em um ambiente que se aproximava do monopólio. Programas de *marketing* que se concentravam em uma única tecnologia de comunicação (por exemplo, a telefonia celular) e de serviços com preços altos possibilitados pela regulamentação foram substituídos por programas de *marketing*, focalizados na aglutinação de tecnologias e serviços de comunicação com preços mais baixos.

■ SENSIBILIDADES E INTERAÇÕES DO *MIX* DE *MARKETING*

Muitas das análises de casos vistas até agora implícita ou explicitamente concentraram-se na sensibilidade do mercado-alvo a um ou mais elementos do *mix* de *marketing*. O caso da Jones-Blair Company, no Capítulo 4, é um exemplo. Quando a administração da empresa envolveu-se no trabalho de planejamento, surgiram diversas visões de como estimular as vendas. Um executivo defendia um acréscimo de 350.000 dólares na propaganda da marca corporativa. Um outro argumentava a favor de uma redução de 20% nos preços, e um terceiro recomendava a contratação de mais representantes de vendas. Cada um desses executivos implicitamente sugeria que o mercado-alvo era mais sensível ao elemento de *mix* de *marketing* que ele próprio indicava.

Na realidade, porém, as opções são geralmente mais amplas, e os efeitos da interação entre dois ou mais elementos do *mix* de *marketing* devem ser considerados. Por exemplo, qual seria o efeito sobre as vendas se houvesse aumento da propaganda da marca corporativa *e* introdução de uma redução de 20% nos preços? Essa medida seria mais ou menos eficaz no estímulo das vendas do que a mudança de somente um elemento do *mix* de *marketing*?

Embora a consideração simultânea de sensibilidades e interações do *mix* de *marketing* seja um processo complexo, constitui-se em uma necessidade para o gerente de *marketing*. Consideremos a situação enfrentada por John Murray, gerente de *marketing* de Sontara, da DuPont, um tecido de poliéster utilizado para aventais e lençóis cirúrgicos descartáveis usados nas salas de cirurgia em hospitais.[5] A tarefa de Murray era preparar um programa de *marketing* abrangente que atingisse dois objetivos para Sontara: (1) manter a participação no mercado e (2) persuadir os fabricantes de roupas de que a DuPont poderia apoiá-los na promoção de Sontara aos usuários finais e de que a empresa manteria sua força no negócio de tecidos descartáveis.

Murray achava que, se as despesas com equipe de vendas e manutenção passassem do nível proposto, de 450.000 dólares, para um nível razoável máximo de 550.000 dólares, enquanto outros gastos fossem mantidos nos níveis propostos, a participação no mercado poderia chegar a 35%. De forma semelhante, se os outros elementos do *mix* de *marketing* fossem elevados aos níveis razoáveis máximos enquanto as demais despesas fossem mantidas nos níveis propostos, os aumentos na participação no mercado também seriam prováveis, embora não fossem tão notáveis. Especificamente, ele pensava:

- Se, em vez de não gastar nada com equipe de vendas/missionários, a administração gastasse 200.000 dólares, a participação no mercado aumentaria para 33%.
- Se as despesas de apoio/manutenção comercial aumentassem para 100.000 dólares, o resultado seria uma participação de 33% no mercado.
- Se 100.000 dólares fossem gastos em apoio comercial/missionários, a participação no mercado seria de 33%.
- Se a propaganda para usuários intermediários aumentasse para 50.000 dólares, o efeito líquido seria de 1% de aumento na participação no mercado.
- Um aumento para 300.000 dólares em propaganda aos usuários finais também resultaria em ganho de 1% na participação.

Pensava-se que as reduções nos gastos tivessem o efeito oposto. Supunha-se que a redução de despesas de equipe de vendas/manutenção a zero, enquanto se mantivessem outros gastos nos níveis propostos, provavelmente reduzisse a participação de Sontara a 22% do mercado total durante os 12 meses seguintes. De forma semelhante, as reduções a zero, nas despesas de equipe de vendas/missionários, apoio comercial/manutenção, apoio comercial/missionários, propaganda para intermediários ou para usuários finais, provavelmente reduziriam a participação esperada no mercado para 32, 27, 32, 31 ou 28%, respectivamente.

Como teste de validade das estimativas acima, Murray descreveu o que ele pensava que aconteceria se todos os elementos do *mix* fossem elevados simultaneamente aos seus níveis máximos de gasto razoável ou se todo o apoio ao produto fosse interrompido. Ele pensava que, com um esforço máximo, seria possível uma participação de 39%, embora ele não tivesse certeza da viabilidade de uma estratégia tão agressiva a longo prazo. Se todo o apoio fosse interrompido, Murray calculava que a participação no mercado cairia para 22% nos 12 meses seguintes e depois declinaria ainda mais.

Esse exemplo demonstra as complexas relações existentes entre os elementos do *mix* de *marketing*. Também ilustra o papel das suposições e do discernimento ao considerarem-se as sensibilidades e interações do *mix* de *marketing*.

Cada vez mais, os gerentes de *marketing* estão se voltando para testes de *marketing* cuidadosamente criados para mensurar as sensibilidades e interações do *mix* de *marketing*. Manipulando-se experimentalmente a quantidade e o tipo de propaganda e promoção e os níveis de preço em testes de mercado, as estimativas quantitativas da elasticidade e de relações do *mix* de *marketing* podem ser determinadas para produtos e serviços individuais. Por exemplo, uma descoberta sistemática desses testes é de que a intensidade da propaganda na televisão tem um efeito muito maior sobre o crescimento no volume de vendas para novos produtos de consumo do que para produtos já estabelecidos no mercado.[6] Os testes de mercado ajudam a qualificar suposições feitas pelos gerentes de *marketing*; no entanto, não são substitutos para o discernimento adquirido com a experiência.

■ IMPLEMENTAÇÃO DE *MARKETING*

A implementação é o terceiro ponto no desenvolvimento de um programa de *marketing* abrangente. Os gerentes de *marketing* perceberam que a má implementação pode impedir o sucesso de um programa brilhante em sua concepção. Dito de modo mais sucinto: "a melhor estratégia para qualquer empresa é a estratégia que ela consegue implementar".[7]

Entre a ampla gama de fatores sutis que podem construir ou destruir um programa de *marketing* está o tempo. O fracasso na execução de um programa de *marketing*, quando se abre uma porta para a oportunidade, pode levar ao fracasso ou à redução da probabilidade de sucesso. Por exemplo, alguns observadores do setor acreditam que o fracasso de Matilda Bay Wine Cooler, introduzido pela Miller Brewing Company, foi devido ao mau planejamento do tempo em duas contas. Primeiro, a popularidade dos refrigerantes à base de vinho estava em declínio. Segundo, o produto foi lançado no outono, tradicionalmente uma estação de pouca venda do produto.[8]

Um segundo fator que pode dificultar a implementação é deixar de considerar aspectos logísticos de um programa de *marketing*. Quando a Holly Farms fez o teste de mercado de um frango assado para distribuição em supermercados, a resposta do consumidor foi favorável. A Holly Farms logo percebeu, contudo, que o frango assado podia ser consumido por somente 18 dias e que eram necessários nove dias para levar o produto da produção ao supermercado. Como não se podia esperar que os supermercados vendessem o frango em nove dias, a Holly Farms teve que interromper sua planejada introdução nacional do produto.[9]

A má implementação freqüentemente é marcada por uma falha na sincronização das atividades do *mix* de *marketing*. A experiência do Iridium LLC é um exemplo.[10] O sistema global de telefonia por satélite de cinco bilhões de dólares da empresa pretendia revolucionar as telecomunicações ao permitir chamadas telefônicas a qualquer momento, em qualquer lugar. O plano de *marketing* internacional de cem milhões de dólares do Iridium, ancorado em uma campanha publicitária mundial, gerou mais de um milhão de perguntas de clientes potenciais. No entanto, sem canais de *marketing*, com poucos representantes de vendas e uma pequena quantidade de telefones para demonstração, os pedidos não se concretizaram. A empresa posteriormente pediu falência.

A formulação de um programa de *marketing* abrangente é uma tarefa imensa que exige análise rigorosa e discernimento, muitas vezes sem o benefício de informações completas. Ao mesmo tempo, o planejamento e o *design* do programa não podem ser separados das questões de implementação. "O que devemos fazer?" não pode ser separado de "Como vamos fazer?". Dedicando igual atenção à formulação e à implementação do programa, os gerentes de *marketing* aumentam a probabilidade de que seus programas de *marketing* abrangentes sejam bem-sucedidos.[11]

■ ORGANIZAÇÃO DE *MARKETING*

A ênfase na implementação de *marketing* concentra atenção na estrutura organizacional. Com freqüência se diz que a estratégia determina a estrutura e que a estrutura organizacional, por sua vez, determina se uma estratégia de *marketing* é eficaz e eficientemente criada e implementada.[12]

Uma questão central na criação de uma organização de *marketing* eficaz e eficiente é a descoberta do equilíbrio adequado entre centralização e descentralização das atividades de *marketing*, incluindo a formulação e a implementação de estratégias. A estratégia de *marketing* regional, em que as empresas tentam satisfazer necessidades específicas dos clientes e atender às demandas competitivas em áreas geográficas limitadas, tem gerado uma maior descentralização de decisões e práticas de *marketing* estratégico. Por exemplo, grupos de *marketing* regional da Frito-Lay criam e implementam programas de *marketing* específicos para cada região, incluindo práticas de estabelecimento de preços e atividades de promoção de vendas. Eles também administram 30% do orçamento de propaganda e promoção da empresa.[13] Os esforços para "glocalizar" programas de *marketing* na arena internacional têm criado estruturas organizacionais elásticas que, simultaneamente, lutam pela eficiência em economias de escala no desenvolvimento e na fabricação de produtos, e, por eficácia, na personalização de propaganda, promoção, preço e distribuição em diferentes países. Como exemplo, temos a fórmula do concentrado e o tema de propaganda da Coca-Cola, padronizados internacionalmente, mas com diferentes adoçantes e embalagens em diferentes países, assim como seus programas de distribuição e vendas.[14] A ênfase relativa na padronização *versus* personalização no planejamento e na execução de estratégia de *marketing* basicamente se manifesta na estrutura organizacional. Para a Frito-Lay, a Coca-Cola e um número cada vez maior de empresas, a noção de "centralização coordenada" tem produzido estruturas organizacionais domésticas e globais que tentam promover a adaptabilidade às condições locais, enquanto preservam a direção centralizada na busca de oportunidade de mercado e de implementação de programas de *marketing* abrangentes.

NOTAS

1. Essa discussão baseia-se em Subhash C. Jain, *Marketing Planning and Strategy*, 7th ed. (Cincinnati, OH:Southwestern Publishing Co., 2005):26.
2. Benson P. Shapiro, "Rejuvenating the *Marketing* Mix," *Harvard Business Review* (September–October 1985):28–34.
3. Scott McMurry,"Changing a Culture:DuPont Tries to Make Its Research Wizardry Serve the Bottom Line," *Wall Street Journal* (March 27, 1992): A1, A4;and "What's New,"Kevlar.com.
4. Robert H. Hartley, "Southwest Airlines—'Try to Match Our Prices,'" in *Marketing Mistakes & Successes*, 10th ed. (New York: John Wiley & Sons, 2006):292–308.
5. *E. I. DuPont de NeMours & Co.: Marketing Planning for Sontara and Tyvek* (Charlottesville,VA:University of Virginia, Darden School of Business Administration).
6. Para uma descrição desta pesquisa e outros estudos, ver Demetrios Vakratsas and Tim Ambler,"How Advertising Works:What Do We Really Know?"*Journal of Marketing* (January 1999):26–43.
7. Claudio Aspesi and Dev Vardan,"Brilliant Strategy, But Can You Execute?" *The McKinsey Quarterly* (Number 1, 1999):88–99.
8. "Miller Jumps into Cooler Cooler Market,"*Business Week* (October 26, 1987):36–38.
9. "Holly Farms' *Marketing* Error: The Chicken That Laid an Egg," *Wall Street Journal* (February 9, 1988): 36.
10. Eric M. Olson, Stanley F. Slater, and Andrew J. Czaplewski,"The Iridium Story: A *Marketing* Disconnect?"*Marketing Management* (Summer 2000):54–57.
11. Para uma discussão sobre implementação de estratégia de *marketing*, ver Charles H. Noble and Michael P. Mokwa, "Implementing *Marketing* Strategies: Developing and Testing a Managerial Theory,"*Journal of Marketing* (October 1999):57–73.
12. Bill Donaldson and Tom O'Toole, *Strategic Marketing Relationships:From Strategy to Implementation* (New York: John Wiley & Sons, 2002).
13. S. McKenna, *The Complete Guide to Regional Marketing* (Homewood, IL: Richard D. Irwin, 1992).
14. Philip R. Cateora and John L. Graham, *International Marketing*, 12th ed. (Burr Ridge, IL:McGraw-Hill/Irwin, 2005).

CASO

Keurig Residencial
Administração do lançamento de um novo produto

Em uma tarde de quarta-feira, em fevereiro de 2003, o presidente e CEO da Keurig Inc., Nick Lazaris, estava indo em direção ao sul pela estrada interestadual 89, de volta ao escritório de Wakefield, Massachusetts, pensando sobre os acontecimentos do dia para preparação de uma reunião com a equipe da alta administração (ver a Figura 1). Ele percebeu que as duas semanas seguintes seriam críticas para o sucesso da mais nova iniciativa de produto da empresa no mercado de máquinas de porção individual de café. Lazaris recém havia terminado uma apresentação para a equipe administrativa da Green Mountain Coffee Roasters Inc. (GMCR), uma das parceiras estratégicas da empresa e investidora no negócio. Enquanto revisava o progresso da empresa para o lançamento de seu sistema inovador para preparação de café no mercado do consumidor residencial, a GMCR tinha pedido que a Keurig reconsiderasse sua decisão de usar uma versão diferente da embalagem de porção individual de café, conhecida como K-Cup, no mercado consumidor. Ao fazer seu pedido, a GMCR havia oferecido uma série de razões contundentes para o uso, em ambos os canais, da embalagem de porção individual comercial existente.

Enquanto dirigia, Lazaris passou por um novo Starbucks e refletiu sobre como os estabelecimentos especializados em café haviam ajudado a abrir caminho para o sistema de preparação de porção individual de café da Keurig. A proliferação de refrigerantes desde a década de 1960 tinha feito com que o café perdesse seu lugar como componente central de reuniões sociais, incitando uma queda vertiginosa no consumo de café, que chegou a 2,7 quilos *per capita* em meados dos anos 1990, em comparação com o auge de 7,4 quilos *per capita* em meados da década de 1940.[1] A entrada das casas especializadas em café tinha revigorado o mercado, desenvolvendo uma subcultura distinta de bebedores de café e educando os consumidores mais jovens sobre bons cafés tradicionais, bem como sobre bebidas especiais à base de leite e café expresso. Em conseqüência disso, em 2003, estimou-se que 20 milhões de americanos estivessem bebendo cafés especiais diariamente.

O lançamento da Keurig de um sistema de preparação de uma porção individual no mercado de café para escritórios no final dos anos 1990 havia se beneficiado da maior sofisticação dos apreciadores de café. Os funcionários de escritórios poderiam apreciar a maior variedade, o frescor e a conveniência derivados da possibilidade de preparar uma única xícara de café na hora. Os gerentes de escritórios reconheceram as vantagens advindas do menor desperdício de café, aumento da produtividade dos funcionários e redução do incômodo de ter que controlar a máquina de café.

Em fevereiro de 2003, a Keurig aguardava para lançar seu novo modelo no segmento residencial, o sistema B100, esperando repetir seu sucesso em um mercado muito maior, mas mais competitivo. Com boatos de que outros concorrentes estavam prontos para entrar no mercado, Lazaris sabia que a Keurig precisava agir rapidamente a fim de obter seu desejado posicionamento no emergente merca-

---

[1] United States Department of Agriculture.

© 2005, Kellogg School of Management, Northwestern University. Este caso foi preparado por Elizabeth L. Anderson sob a supervisão do professor Eric T. Anderson. Os casos são desenvolvidos somente como base para discussões em aula e não servem como endossos, fontes de dados primários ou ilustração de administração eficaz ou ineficaz. Para pedido de cópias ou de permissão para reproduzir materiais, ligar para 847-491-5400 ou escrever para cases@kellogg.northwestern.edu. Nenhum excerto desta publicação pode ser reproduzido, armazenado em sistema de recuperação, usado em planilha ou transmitido de qualquer forma ou por qualquer meio – eletrônico, mecânico, fotocópia, gravação ou outros – sem a permissão da Kellogg School of Management. Permissão para uma única reprodução dada pela Kellogg School of Management, 27 de janeiro de 2006.

FIGURA 1

Equipe da alta administração da Keurig

NICK LAZARIS: PRESIDENTE, CEO E DIRETOR

Lazaris começou a trabalhar na Keurig em 1997. Sua experiência empresarial de mais de 20 anos inclui experiência nos níveis de presidente/CEO e vice-presidente em *marketing*, vendas, finanças e desenvolvimento de negócios na indústria de artigos para o lar e produtos para escritório. Antes da Keurig, ele foi presidente/CEO da MW Carr, empresa fabricante/comerciante de porta-retratos, e vice-presidente e gerente geral de divisão da Tech Specialists, uma empresa de recrutamento de executivos. No início de sua carreira, Lazaris atuou como chefe de equipe do Governador Jay Rockefeller, de West Virginia. Em 2001 e 2003, foi finalista regional para Empreendedor do Ano de Ernst & Young. Ele graduou-se no MIT e concluiu o MBA da Harvard Business School e é contador licenciado.

DICK SWEENEY: CO-FUNDADOR E VICE-PRESIDENTE DE ENGENHARIA E OPERAÇÕES

Sweeney co-fundou a Keurig em 1993 e passou a trabalhar na empresa em tempo integral como vice-presidente de engenharia em 1996. Ele levou à Keurig mais de 25 anos de experiência em fabricação, desenvolvimento de produtos e consultoria para aparelhos industriais e ao consumidor, incluindo máquinas de café expresso. Antes da Keurig, foi vice-presidente de fabricação da Canrad-Hanovia, um fabricante de iluminação científica e ultravioleta. Ainda antes disso, foi vice-presidente de operações da V-M Industries, fabricante e importador de aparelhos ao consumidor. Sweeney formou-se no New Jersey Institute of Technology, com MBA da Fairleigh Dickinson University.

CHRIS STEVENS: VICE-PRESIDENTE DE VENDAS

Stevens juntou-se à Keurig em 1996. Levou para a Keurig mais de 20 anos de experiência em vendas e *marketing* de produtos ao consumidor, bem como em administração em geral. Depois de começar sua carreira em vendas com sete anos na Procter & Gamble, tornou-se presidente da August A. Busch Co., uma subsidiária da Anheuser-Busch. Após trabalhar também como gerente de divisão na A-B, foi vice-presidente executivo da United Liquors antes de tornar-se diretor do Sports Museum of New England. Stevens formou-se na Notre Dame e completou o programa de Educação de Executivos na Columbia Business School.

DAVE MANLY: VICE-PRESIDENTE DE *Marketing*

Manly começou na Keurig em 2002. Levou para a empresa mais de 20 anos de experiência em vendas e *marketing* de produtos ao consumidor. Sua experiência incluía cargos de vice-presidente e gerente geral na construção de marcas bem conhecidas nos setores de produtos ao consumidor e produtos alimentícios por meio de abordagens inovadoras. Manly ocupou cargos na área de *marketing* na Nexus EnergyGuide, EnergyUSA, LoJack Corporation, Boston Whaler Boat Company e Procter & Gamble (divisão de produtos alimentícios). Manly formou-se na DePauw University, obtendo seu MBA na Purdue University.

JOHN WHORISKEY: VICE-PRESIDENTE, GERENTE GERAL – DIVISÃO RESIDENCIAL

Whoriskey juntou-se à Keurig em 2002. Tinha mais de 20 anos de experiência, incluindo os níveis de vice-presidente e presidente de *marketing* e vendas na indústria de artigos domésticos, presentes e produtos ao consumidor. Antes de começar na Keurig, foi presidente da Fetco Home Décor e presidente da Optelec Inc. Antes disso, atuou no cargo de vice-presidente da Honeywell Consumer Products, Tucker Housewares, The First Years e Polaroid. Whoriskey formou-se e fez seu MBA no Boston College.

Fonte: Keurig, Inc.

do consumidor de porções individuais de café. A revisão da decisão de prosseguir com a estratégia de dois tipos de embalagens K-Cup tinha o potencial de desviar o trabalho de lançamento da empresa e exigia imediata atenção de Lazaris e da equipe da alta administração. A reavaliação da decisão sobre o K-Cup também os forçaria a repensar outros elementos de seus planos para o produto, incluindo preço e *marketing*. Com menos de seis meses até o lançamento em setembro, o tempo era essencial.

■ A EMPRESA E SEUS PRODUTOS

A Keurig Inc. foi fundada para desenvolver uma técnica inovadora que permitisse aos apreciadores de café preparar uma perfeita xícara de café por vez. Começando com a criação da empresa em 1992, a palavra "Keurig", da palavra holandesa para "excelência", havia sido o princípio orientador por trás do desenvolvimento de seus produtos e serviços. A empresa alavancou investimentos a par-

FIGURA 2

Máquina comercial de café B2003 e os K-Cups da Keurig

Fonte: Keurig, Inc.

tir de fundos de capital de risco para transformar seu conceito de um sistema de preparação de uma única porção em um negócio comercialmente viável com o desenvolvimento e patenteamento de um pacote de porção individual e uma nova e revolucionária máquina de café. A primeira máquina, dirigida ao mercado de café em escritórios, a B2000, foi lançada em 1998. Um contrato de licenciamento permitiu que a GMCR incluísse seus cafés especiais no recipiente patenteado da Keurig, o K-Cup (ver a Figura 2). Oito variedades de café estavam originalmente disponíveis para vendas a escritórios. A Keurig continuou a expandir suas relações com empresas como a GMCR, usando uma estratégia seletiva, mas não-exclusiva. Esse trabalho contínuo havia expandido o número de parcerias com empresas de café para cinco, resultando na maior variedade de cafés à disposição no mercado em um sistema de porção individual em 2003.

Em fevereiro de 2002, a estrutura de propriedade da Keurig mudou por meio de acordos com duas de suas parceiras. A Keurig vendeu ações para a Van Houtte Inc. para levantar cerca de 10 milhões de dólares para apoiar o lançamento do negócio residencial. Este investimento deu à Van Houtte aproximadamente 28% de propriedade na Keurig. Ao mesmo tempo, a GMCR adquiriu e executou opções para comprar um grande número de ações da Keurig de acionistas existentes, possibilitando que a Keurig se consolidasse em um número menor de acionistas significativos. A GMCR obteve 42% da Keurig. Com essas medidas, a Van Houtte e a GMCR juntaram-se à Memorial Drive Trust (MDT) como as três maiores acionistas da Keurig. A MDT, uma empresa de consultoria de investimentos que administrava um plano de compartilhamento de lucros com base nos Estados Unidos, havia atuado como principal investidor de capital de risco na Keurig desde 1995 e liderado a diretoria da Keurig. Conforme previsto em acordos separados de propriedade de ações com a MDT, nem a GMCR nem a Van Houtte podiam ter participação na diretoria. Lazaris reforçou a posição da empresa a respeito desses acionistas em uma carta para seus distribuidores autorizados e outros parceiros do setor de café:

> Não planejamos permitir que nenhuma empresa de café ou qualquer outro parceiro comercial participe de nossa diretoria. Nossa estratégia central permanece inalterada: estamos comprometidos com uma estratégia de atuação com várias empresas, baseada em fortes relações com empresas de café selecionadas que se orgulham da experiência de consumo de café que sustenta o significado de sua marca para os consumidores.[2]

---

[2] Memorando interno de 5 de fevereiro de 2002.

Tecnologia de preparação de porção individual

O sistema de porção individual da Keurig articulava-se em três elementos-chave: uma máquina de café que controlava perfeitamente a quantidade, a temperatura e a pressão da água para sistematicamente oferecer uma xícara de café de sabor superior; um sistema de embalagem de uma única porção contendo grãos de café moídos e um filtro de papel; e uma variada seleção de cafés para reproduzir as opções disponíveis em um estabelecimento especializado em café.

A máquina de café da Keurig para o mercado comercial incluía a característica "sempre ligada", possibilitando a preparação de uma xícara de café em menos de um minuto a qualquer hora do dia. Ligado a uma saída de água, o reservatório de enchimento automático mantinha até 12 xícaras de água na temperatura para preparação do café. Depois de o cliente inserir um copo K-Cup em uma gaveta, posicionar o copo de 226 gramas para receber o café pronto e apertar o botão "preparar", a máquina furava o K-Cup, injetava água quente pressurizada e preparava o café. O K-Cup, que evoluiu a partir de um *design* simulado com base em um copo de iogurte modificado, continha um filtro em formato de cone e a exata quantidade e granulação de café para preparar uma única xícara de 226 gramas de café fresco. Os copos K-Cups eram impermeáveis ao ar, à umidade e à luz para garantir que o conteúdo permanecesse fresco por, no mínimo, seis meses.

Um importante diferencial para o sistema de preparação de café da Keurig era ampla seleção de cafés à disposição mediante contratos de licenciamento com diversas empresas de café. As empresas de café controlavam a qualidade do café e o número de variedades disponíveis por meio de linhas de produção do K-Cup. Uma linha de produção poderia ser de propriedade da empresa de café ou alugada da Keurig. Os K-Cups eram produzidos por cinco empresas de café com seis marcas e mais de 75 variedades de café.[3] As empresas de café parceiras incluíam Green Mountain Coffee Roasters, Dietrich Coffee, Van Houtte, Timothy's World Coffee e Ueshima Coffee Company. Para cada K-Cup vendido, a empresa de café pagava um *royalty* de aproximadamente $0,04 à Keurig.

A arte de *cupping*

"*Cupping*" era um método de provar o sabor do café pronto; era usado pelas empresas de café e muitos dos grandes varejistas para avaliar o perfil de sabor de um café. Semelhante à degustação de vinho, o *cupping* consistia em revolver o café na boca para avaliar elementos do perfil de sabor. Os especialistas em *cupping* conseguiam provar de 10 a 20 variedades por dia e realizar uma análise que incluía sabor, brilho (grau de acidez), fragrância e aroma, corpo e fim. O processo começava com a torração e moagem de uma pequena porção de grãos. Assim que os grãos moídos eram colocados em uma xícara, despejava-se água quente sobre eles, e o processo de análise iniciava. O processo de *cupping* poderia ser complementado por equipamentos sofisticados para garantir a consistência do produto.

No mundo dos cafés especiais, as empresas de café ofereciam uma variedade de cafés, adequados às diferentes preferências dos apreciadores do produto. Para cada variedade de café oferecida, os especialistas em *cupping* tinham estabelecido um perfil de sabor esperado. O processo pelo qual o perfil era atingido era estritamente controlado pelo especialista durante o processo de *cupping*. No entanto, esses mesmos controles nem sempre podiam ser alcançados no processo de preparo tradicional de café em casa. O perfil de sabor desejado poderia ser afetado por uma série de fatores que estavam além do controle da empresa que torrava o café e do especialista em *cupping*: a quantidade de café ou de água utilizada pelo consumidor, variações de temperatura durante o preparo ou o período de tempo que o café ficava no bule antes de ser consumido. Por meio de rígido controle dos elementos críticos no processo de preparação de café, o sistema Keurig possibilitava que o perfil de sabor fosse recriado de forma sistemática e garantia que o apreciador de café tivesse a mesma experiência de sabor repetidamente.

---

[3] Na época, havia três linhas de produção alugadas e mais oito linhas de propriedade das empresas de café. Três linhas adicionais estavam planejadas.

■ O MERCADO COMERCIAL

O mercado da Keurig incluía dois amplos clientes-alvo: usuários de escritórios e residências.[4] A Keurig optou por concentrar-se primeiro no segmento comercial "fora de casa", formado por usuários de escritórios, na esperança de que uma expansão bem-sucedida impulsionasse para o lançamento no segmento residencial. Os alicerces para o lançamento no mercado de café para escritórios (CE) foram colocados pelo Starbucks e outros fornecedores de cafés especiais. Eles tinham tido sucesso em educar os consumidores sobre o café de boa qualidade e em tornar aceitável que se pagasse $1,50 ou mais por uma xícara de café ou até mais por bebidas especiais à base de café. Esse comportamento abriu as portas para a Keurig e outras empresas oferecerem um sistema de porção individual para escritórios, capitalizando com o desejo das pessoas de terem no trabalho o mesmo sabor delicioso do café consumido em um estabelecimento especializado.

Em 2002, o mercado de CE atingiu 3,46 bilhões de dólares no total de receitas.[5] Ao mesmo tempo, a aceitação da tecnologia de preparo de porções individuais era evidente em pesquisas de distribuidores de CE. Em 2000, apenas 14,8% dos distribuidores haviam oferecido um sistema de porção individual, mas esse número aumentou para 44,8% em 2001.[6] Em 2003, o número das máquinas de porção individual havia chegado a 143.200 (ver a Figura 3).

FIGURA 3

Número de máquinas de café de porção individual nos Estados Unidos por distribuidores de CE

Fabricante	*Produto(s)*	*1999/2000*	*2000/2001*	*2001/2002*	*2002/2003*
Cafection	Avalon	7.500	11.000	13.000	16.000
Crane	Cafe System	22.500	23.000	11.000	12.000
Filterfresh	Filterfresh/Keurig	23.000	24.000	26.500[a]	30.000[b]
Flavia	Flavia	8.000	19.000	32.000	40.000
Keurig	Keurig	13.000	23.000	30.000	33.000
Newco	Gevalia	0	1.000	1.200	1.300
Progema	Venus	0	0	1.000	2.400
Unibrew	Unibrew	3.200[c]	3.200	3.200	3.200
Zanussi	Brio/Colibri	5.000	6.400	8.000	10.000
Outros		1.100	1.600	516	4.600
Total		83.300	112.200	126.416	143.200

[a] Inclui 1.484 unidades Keurig.
[b] Inclui 2.300 unidades Keurig.
[c] Disponível somente para franquias Filterfresh.
Nota: A tabela foi modificada para excluir as vendas de máquinas de café expresso.
Fonte: Automatic Merchandiser, February 2002, July 2004.

Desde o lançamento de sua primeira máquina comercial de café, em 1998, a Keurig rapidamente havia se tornado líder nas vendas de sistemas de preparação de porção individual. Depois de cinco anos no mercado, no final de 2002, a Keurig forneceu mais de 33.000 máquinas de café na América do Norte, o que equivalia a 1% de todas as máquinas de CE. Em comparação com a concorrência, Lazaris foi rápido em apontar a velocidade com que a Keurig havia penetrado no mercado:

---

[4] A partir de atividades iniciais de teste, a Keurig havia determinado que seu sistema de preparação de porção única não estava muito de acordo com as necessidades de estabelecimentos que serviam um grande volume de café.
[5] International Coffee Organization, Londres, Reino Unido.
[6] *Automatic Merchandiser* 2002 Coffee Service Market Report.

A Filterfresh levou 20 anos para fornecer 45.000 unidades na América do Norte. Em seus primeiros cinco anos, a Flavia forneceu apenas 8.000 unidades na América do Norte. Além disso, nossa expansão para a Ásia, no final de 2001, nos uma oportunidade extra de crescimento. Em parceria com a maior empresa de torração de café asiática, a UCC, nossas vendas iniciais no Japão e na Coréia tinham sido de mais de 2.700 máquinas de café.

Uma segunda medida das conquistas da Keurig no mercado de CE foi o fornecimento de seus K-Cups patenteados. Em 2002, as empresas de café parceiras da Keurig forneceram mais de 125 milhões de K-Cups, levando a um total de mais de 340 milhões de K-Cups desde seu lançamento. Também estava nos planos o lançamento de chás em T-Cups, e os primeiros chás seriam os chamados "Celestial Seasonings".

Canal de distribuição comercial

O mercado de café para escritórios era atendido por uma rede de aproximadamente 1.700 distribuidores que eram responsáveis pela colocação e manutenção de máquinas de café em escritórios e pelo contínuo abastecimento de café. A Keurig trabalhava com um total de 180 distribuidores autorizados pela empresa (KADs – Keurig *authorized distributors*) para vendas em toda a América do Norte. Um pequeno número de KADs lidava com clientes nos Estados Unidos e na América do Norte, enquanto a maioria abrangia regiões menores.

A decisão de compra era administrada pelos gerentes de escritórios. "Os gerentes de escritórios fazem tudo para eliminar dores de cabeça. A variedade de cafés, a conveniência do preparo e a limpeza do sistema Keurig significam menos reclamações dos funcionários e maior produtividade", explicou Chris Stevens, vice-presidente de vendas para o setor comercial, que era responsável por administrar o relacionamento cotidiano da Keurig com sua rede de KADs. As relações com os clientes eram administradas pelos KADs e as informações sobre problemas ou novas características desejadas passavam pelos KADs até serem compartilhadas com a Keurig.

Os KADs compravam máquinas comerciais da Keurig por um preço de atacado que variava de 500 a 1.000 dólares. A máquina de café era colocada nos escritórios sem custos ou sob pagamento de um pequeno aluguel mensal em troca da contínua venda de café. Normalmente, não havia nenhum contrato formal entre o KAD e o gerente do escritório, embora o KAD estabelecesse os volumes esperados com base no número de funcionários do escritório. Se os volumes ficassem abaixo dos níveis esperados, o KAD poderia remover a máquina de café do escritório ou aumentar o preço dos K-Cups. O KAD também era responsável pelos consertos da máquina.

O KAD oferecia uma variedade de cafés aos escritórios, a partir dos perfis de consumo individual. Os KADs estabeleciam relações diretas com uma ou mais empresas de café licenciadas para a compra dos K-Cups. Geralmente, os KADs pagavam às empresas $0,25 por K-Cup e vendiam os K-Cups aos gerentes de escritórios por $0,40 – $0,50. As empresas de café pagavam, então, um *royalty* de $0,04 à Keurig por cada K-Cup vendido.

Concorrência de porção individual comercial

Havia dois concorrentes primários no mercado comercial.

Filterfresh A Filterfresh Coffee Service Inc., com sede em Westewood, Massachusetts, havia sido pioneira na tecnologia de porção individual com depósito, no final da década de 1980. A Filterfresh era uma subsidiária americana da canadense Van Houtte (acionista da Keurig), líder em torração, comercialização e distribuição de cafés especiais na América do Norte. O sistema comercial de porção individual Filterfresh baseava-se no método de preparação "prensa francesa". Grãos de café moído eram colocados em um depósito de armazenamento na máquina. Quando o botão para café era pressionado, certa quantidade de grãos moídos do depósito era medida e misturada com água quente. A mistura era então coada para remover os grãos, resultando em uma única xícara de café. Como não ficavam resíduos de café preparado na máquina, não havia desperdício, como era comum no sistema tradicional de cafeteira de vidro, e as pessoas desfrutavam de uma xícara por vez de café recém preparado. O controle regular do sistema era necessário para remover os grãos de café utilizados e reabastecer o depósito com novos grãos moídos. A Filterfresh estabeleceu seu relacionamento com a Keurig em outubro de 2001 para comercializar a máquina comercial da Keurig e oferecer um sistema que pudesse proporcionar uma maior variedade de cafés e chás em porções individuais.

Flavia A Flavia era de propriedade da Mars Inc. e havia lançado sua primeira máquina de café de porções individuais para escritórios na Grã-Bretanha em 1985, expandindo-se para a Europa e o Japão antes de lançar seu sistema "Brew-by-Pack" nos Estados Unidos e no Canadá em 1996. De modo semelhante ao da máquina de café da Keurig, sua máquina comercial de 350 dólares utilizava pacotes para preparo de uma única porção. Cada Filterpack continha seu próprio filtro e a medida adequada de ingredientes, acondicionados em papel alumínio, o que os protegia contra a ação do ar e da umidade. Uma seleção de 24 variedades de café estava disponível com o sistema.

■ MERCADO RESIDENCIAL

Partindo de seu sucesso no mercado de CE, a Keurig via o mercado do consumidor residencial como uma extensão lógica para sua estratégia de negócios. John Whoriskey começou a trabalhar na Keurig como gerente geral e vice-presidente da divisão residencial em 2002. Whoriskey tinha mais de 20 anos de experiência em vendas e *marketing* de produtos ao consumidor. "Eu me apaixonei pela Keurig e seu sistema de preparo de café", ele comentou. "Não me considero um gourmet, mas gosto muito de uma boa xícara de café. Eu dirigiria uma milha fora do caminho do trabalho para pegar uma xícara de café. Com uma máquina da Keurig, podemos oferecer o benefício da conveniência com garantia do sabor no conforto da sua própria casa".

O mercado residencial representava uma enorme oportunidade para a Keurig. As principais empresas de pesquisa de mercado estimavam que a dimensão total do mercado varejista de café fosse de 18,5 bilhões de dólares em 2000. O consumo de varejo residencial era um mercado de 6,9 bilhões de dólares, com os cafés especiais residenciais sendo responsáveis por 3,1 bilhões (ver a Figura 4). O café especial comercial representava um mercado de 3,9 bilhões de dólares e era normalmente vendido por xícara em cafés como o Starbucks e em outros locais de alimentação, como os restaurantes. Ao mesmo tempo, as estimativas mostravam que 157 milhões de americanos bebiam café, com 60% predominantemente bebendo café previamente moído e outros 10% usando café em grão inteiro moído na hora.[7] Os perfis dos apreciadores de café variavam por tipo de produto, com consumidores de café em grão inteiro exibindo um perfil mais sofisticado (ver a Figura 5). Além

FIGURA 4

Mercado de café residencial no varejo nos Estados Unidos

Ano	Vendas de café no mercado de massa (milhões de $)	Volume em quilos (em milhões)	Vendas de cafés especiais (em milhões de $)	Volume em quilos (em milhões)
2000	3.815	840	3.100	320
1999	3.800	850	3.000	310
1998	3.975	830	2.800	290
1997	4.205	845	2.500	270
1996	3.905	850	2.200	255

Fonte: Packaged Facts Market Profile: The U.S. Coffee and Tea Market, September 2001.

[7] Simmons Market Research Bureau (2000).

FIGURA 5

Características demográficas por forma do produto

Fator	Moído	Instantâneo	Grão integral
Idade	55-64	NS	45-54
Raça	NS	Negro; hispânico	Asiático; outro
Estado civil	NS	Viúvo	Casado
Renda familiar (em milhares)	NS	$ 10 - $15	$ 75 +
Escolaridade	NS	Ensino Médio incompleto	Ensino Superior completo
Situação empregatícia	Aposentado	Do lar	Turno integral
Ocupação	NS	NS	Profissional especializado/ cargo administrativo
Tamanho da família	NS	NS	NS
Região	Centro-oeste	NS	Oeste

Notas: Adultos americanos. NS indica diferenças que não são significativas estatisticamente.
Fonte: Packaged Facts Market Profile: The U.S. Coffee and Tea Market, September, 2001.

disso, aproximadamente 18 milhões de cafeteiras eram compradas anualmente nos Estados Unidos, representando cerca de 450 milhões de dólares em vendas de varejo. As cafeteiras representavam um dos pequenos aparelhos de maior volume vendidos para uso doméstico.[8]

Antes fazendo parte do escopo das lojas sofisticadas – lojas de chá e café, lojas de especialidades e artigos para gourmets e cafés –, os cafés especiais estavam sendo cada vez mais vendidos em lojas de varejo de massa. Ao mesmo tempo, a crescente popularidade do café em grão havia impulsionado o lançamento de uma variedade de tipos de torração, misturas e sabores. O Starbucks, por exemplo, mostrou crescimento nas vendas de café em grão acima de 100% no ano 2000.[9]

As propagandas de café centravam-se em dois temas principais: bom sabor e estímulo positivo. Dizeres como o da Maxwell House, "Bom até a última gota", refletiam a ênfase na experiência do paladar. O estímulo positivo concentrava-se nos benefícios causados pelo consumo de um determinado café. Por exemplo, os dizeres bem-conhecidos "A melhor parte de acordar é o Folgers na sua xícara" sugeriam que o estresse e os desafios da vida poderiam ser superados com aquele primeiro gole.

Pesquisa de mercado para porção individual residencial

A Keurig encomendou diversos estudos de pesquisa de mercado sobre o conceito do produto residencial de 1999 a 2001, antes de prosseguir com qualquer esforço significativo de desenvolvimento. "Queríamos ter um entendimento da aceitabilidade da abordagem de porção individual, ter alguma percepção sobre o preço do K-Cup e da máquina de café e traçar o perfil de nossos principais consumidores potenciais", explicou Lazaris. Essa pesquisa foi executada em uma variedade de formatos, incluindo pesquisas de interceptação, pesquisas pela Internet, pesquisas de atuais usuários de CE e pesquisas e grupos focais de testadores do uso doméstico.

As entrevistas de interceptação foram realizadas em três cidades no verão de 2000. Lazaris explicou o foco do estudo: "Estávamos interessados em falar com apreciadores regulares dos cafés espe-

---

[8] Informações da empresa Keurig.
[9] *The U.S. Market for Freshly Brewed Coffee Beverages,* Packaged Facts, March 2004.

ciais, de modo que os respondentes foram selecionados com base nos hábitos de preparo e consumo de café". Para se qualificarem para a pesquisa de interceptação, os consumidores tinham que beber cafés especiais, o que incluía café de grãos inteiros recém-moídos, café de empresas produtoras de cafés especiais e café servido em estabelecimentos especializados, como Starbucks, Dunkin' Donuts, Seattle's Best ou Caribou Coffee. Todos os participantes tinham que beber pelo menos uma xícara de café por dia.

Embora quase 94% dos respondentes tivessem indicado estar satisfeitos com o café que bebiam em casa, 88% expressaram interesse pelo conceito do produto. O interesse concentrou-se primeiramente na conveniência, em especial no preparo rápido, na facilidade de uso e nas exigências mínimas de limpeza, fontes da maior parte da insatisfação com os sistemas de preparo caseiro existentes. Com base apenas na explicação sobre o produto, mais de três quartos dos respondentes disseram que provavelmente comprariam um sistema como aquele proposto. A demonstração do produto teve um grande impacto sobre esse número. Mais de 90% dos respondentes indicaram que a demonstração havia aumentado a probabilidade de compra do produto. Os principais fatores com melhor classificação na demonstração incluíam o tempo de preparação do café e o tempo para limpeza.

A Keurig tinha conseguido alguma percepção inicial quanto ao preço da máquina de café a partir de pesquisa de mercado anterior (Figura 6). Agora ela queria explorar o preço do produto com consumidores que consideraram o sistema (a máquina e os K-Cups) e que também haviam visto uma demonstração do produto. Entre os respondentes de interceptação, a taxa de consumo diário de café relatada por eles foi uma média de duas a três xícaras. Quando lhes perguntaram sobre sua disposição de pagar por uma xícara de café como o que haviam provado, 44 % indicaram que pagariam $0,55 (ver a Figura 7). Posteriormente na pesquisa, foi perguntado aos participantes sobre sua disposição de pagar pelos K-Cups e pela máquina. Mais de 30% dos respondentes que estavam interessados no sistema mostraram-se dispostos a pagar $0,50 ou mais por um K-Cup. Antes de obter informações sobre o preço da máquina, os respondentes foram informados de que as cafeteiras de alta qualidade eram vendidas na faixa dos $69 a $149. Aproximadamente um quarto dos respondentes estava disposto a pagar mais de $130 pela máquina de café. Os consumidores que bebiam mais café estavam dispostos a pagar pela máquina e pelos K-Cups.

Uma pesquisa na Internet usou como base um resumo do sistema Keurig (ver a Figura 8), que era mostrado a pessoas que bebiam café diariamente. Descobriu-se que o conceito tinha forte apelo, com 67% dos respondentes expressando interesse. O principal fator diferenciador tinha a ver com a velocidade de preparação de uma xícara de café. Em segundo lugar em termos de importância estava a conveniência de não haver preparativos e limpeza. Como parte do estudo, um ponto de preço de $149,99 foi testado. Os 9% dos respondentes que indicaram que "decididamente comprariam" ou "provavelmente comprariam" o sistema de café por esse preço foram classificados como "clientes principais". Esses respondentes tendiam a ser mais jovens, e a maioria era do sexo masculino. Questões de pesquisa de acompanhamento revelaram que o preço médio que os clientes principais estavam dispostos a pagar pelo sistema de café era de $125.

FIGURA 6

Pesquisa de mercado inicial

Preço da máquina de café	Conhecedores % (N = 170)	Não-conhecedores % (N = 601)
$199	6	1
$449	9	7
$99	31	18

Nota: Os resultados do teste inicial de interceptação na rua foram segmentados em "conhecedores da Keurig", ou seja, pessoas familiarizadas com o sistema da Keurig, e "não-conhecedores da Keurig".
Fonte: Pesquisa de mercado patrocinada pela empresa.

FIGURA 7

Pesquisa de mercado com teste de interceptação

Tabela 7A: Disposição para pagar pelo café

Perguntou-se aos respondentes da pesquisa quanto estariam dispostos a pagar por uma xícara de café como o que tinham experimentado. Os entrevistadores orientaram os respondentes e começaram com o ponto de preço de $0,55. As porcentagens de respondentes representam as porcentagens acumuladas de pessoas dispostas a pagar cada preço.

Preço inicial	Porcentagem de respondentes (acumulada)
$0,55	43,8
0,50	53,5
0,45	60,0
0,40	69,5
0,35	79,3
0,30	87,3
0,25	97,8

Fonte: Pesquisa de mercado patrocinada pela empresa.

Tabela 7B: Preço do K-Cup com base no consumo de café

Perguntou-se aos respondentes da pesquisa quanto estariam dispostos a pagar por um K-Cup. As porcentagens de respondentes representam as porcentagens acumuladas de pessoas dispostas a pagar cada preço. As respostas incluem somente clientes que indicavam muita ou alguma probabilidade de comprar o sistema.

Preço do K-Cup	1 xícara/dia [a] (N = 78) %	+2 xícaras/dia [a] (N = 446) %
$0,55 +	5,1	14,6
0,50–0,54	16,7	30,7
0,45–0,49	20,5	33,6
0,40–0,44	22,0	41,5
0,35–0,39	28,2	48,2
0,30–0,34	41,0	58,5
0,25–0,29	60,3	75,6

[a] Consumo de café por dia útil

Fonte: Pesquisa de mercado patrocinada pela empresa.

Tabela 7C: Preço da máquina e do K-Cup com base no consumo de café

Esta tabela reflete as porcentagens de respondentes dispostos a pagar certos preços pela máquina. As informações estão segmentadas com base no preço do K-Cup afirmado previamente e no consumo de café. As respostas incluem somente os clientes que demonstraram muita ou alguma probabilidade de comprar o sistema.

Preço do K-Cup	1 Xícara/Dia [a] (N = 78)%			2+ Xícaras/Dia [a] (N = 446)%		
	< $100	$100–$129	$130+	< $100	$100–$129	$130+
<$0,30	34,1	9,4	5,9	22,2	8,9	6,3
0,30–0,39	7,1	8,2	2,4	6,2	5,3	5,2
0,40–0,49	2,4	2,4	4,7	5,7	2,5	1,9
0,50 +	10,6	5,9	1,2	9,9	9,5	10,1
Não sabe	5,9			6,3		

[a] Consumo de café por dia útil.

Fonte: Pesquisa de mercado patrocinada pela empresa.

FIGURA 8

Descrição do conceito na pesquisa via Internet

Apresentação de um novo e revolucionário sistema de preparo de café
Gosto de café caseiro em cada xícara™

Fresco
Rápido
Conveniente
Delicioso

- *O sistema* – Um sistema revolucionário de preparo de café que usa pacotes com porções individuais de café fresco moído e torrado, com uma cafeteira projetada para preparar EXCELENTES xícaras de café, uma de cada vez. Cada usuário escolhe a marca e a variedade de café que deseja e prepara uma xícara de café fresco e bem quente em apenas 30 segundos.

- *Delicioso e fresco* – Pacotes com porções individuais de mais de 36 variedades de cafés das marcas Green Mountain, Coffee Roasters, Diedrich Coffee e Gloria Jean's Coffees. O café é torrado, moído e embalado na fábrica de café em pacotes com porções individuais, tendo seu frescor preservado. A embalagem oferece uma barreira ao ar, à luz e à umidade para assegurar a qualidade do café recém-moído, que é garantida por seis meses. Seja qual for sua preferência – cafés levemente torrados, bastante torrados, misturados, sem cafeína ou aromatizados –, este sistema serve o café que você preferir, preparado com perfeição todas as vezes.

- *Conveniente* – Todo o processo de preparação ocorre no pacote com a porção individual. Não há desperdício, nada de bules ou filtros para limpar e nenhum incômodo. Simplesmente descarte o pacote utilizado depois do preparo.

- *Rápido* – É só apertar um botão, e em 30 segundos você terá uma xícara de café fresco e quente. A máquina está sempre ligada e abastecida com água quente, pronta para preparar sua xícara de café.

Fonte: KEURIG, Inc.

Para o teste de uso residencial, uma máquina de modelo comercial foi colocada nas casas de apreciadores de cafés especiais. Os testadores foram solicitados a comprar K-Cups a um preço de varejo de $0,50 via fax, *e-mail* ou telefone para seu próprio consumo individual de café. Entrevistas subseqüentes e grupos focais descobriram que os usuários sistematicamente faziam referência ao ótimo sabor do café com um sistema que era rápido e conveniente. Atributos adicionais do produto que foram salientados incluíram a consistência do sabor, variedade dos cafés e a limpeza no preparo. Uma observação especial foi o fato de que o consumo de café em casa aumentou com a presença da máquina Keurig. Em média, 2,25 xícaras de café foram consumidas por dia em casa. Os participantes não só estavam consumindo mais café pela manhã, como também estavam comprando menos café fora de casa. Uma faixa de preço aceitável para a máquina de café foi determinada entre $129 e $199, com o preço acima de $200 acionando uma reação que indica que o item se tornaria uma compra de luxo que exigiria maiores considerações. O preço do K-Cup, no entanto, não pareceu ser um problema.

Concorrência da porção individual residencial

Um elemento-chave na estratégia da Keurig no mercado residencial era ser uma das primeiras a entrar na categoria do produto. Estabelecendo-se como pioneira na categoria de preparo de porção individual sofisticada, a Keurig imaginava que a subseqüente cobertura da imprensa naturalmente incluiria uma referência ao sistema Keurig como pioneiro na porção individual e promoveria sua visibilidade no mercado de classe alta.

No mercado de café do consumidor tradicional, a Procter & Gamble (P&G) e a Kraft eram as líderes em participação, com ampla distribuição em minimercados (ver a Figura 9). Em termos de despesas com propaganda, as duas empresas representavam 84% dos gastos totais de 163 milhões

FIGURA 9

Participação no mercado de café

Empresa	Participação de mercado (%)
Procter & Gamble[a]	36,9
Philip Morris/Kraft	31,8
Nestlé[b]	5,0
Starbucks	3,7
Chock Full o' Nuts[c]	3,1
Tetley[d]	2,1
Community Coffee	1,8
Marca própria	7,5
Outras	8,1
Total	100,0

[a] Inclui vendas do café moído comum da Folgers e Millstone.
[b] A Nestlé vendeu suas marcas de café moído para a Sara Lee em 2000.
[c] Chock Full o' Nuts foi vendido para a Sara Lee em 2000.
[d] A Tetley vendeu suas marcas de café em 2000.
Fonte: Packaged Facts Market Profile: The U.S. Coffee and Tea Market, September 2001.

de dólares.[10] No mercado de aparelhos para fazer café, as marcas dirigiam-se ou para os varejistas sofisticados ou para os de mercado de massa. No segmento de classe superior, Cuisinart, Krups, Braun, DeLonghi e Bunn tinham forte distribuição. No canal de massa, por meio do qual eram vendidos cerca de 70% de todas as cafeteiras, Mr. Coffee, Black & Decker, Sunbeam e Hamilton Beach tinham fortes posições.

Indicadores de mercado levaram a Keurig a acreditar que uma série dessas grandes empresas estabelecidas de produtos aos consumidores estava se preparando para entrar no emergente mercado das porções individuais. Além do crescimento do sistema de porção individual no mercado comercial, tendências recentes na Europa estavam mostrando a adaptação de sistemas tradicionais de sachês de café expresso para preparação de café ao estilo americano. Em cada caso, incluindo a Keurig, os sistemas eram patenteados, com as máquinas individuais funcionando somente com sistemas compatíveis de sachês de café.

A Salton, com vendas de 922 milhões de dólares em 2002, era líder nacional em *design*, comercialização e distribuição de uma ampla gama de aparelhos pequenos de marca. Sob seu nome de marca licenciado, Melitta, a empresa havia formalmente anunciado planos para o lançamento de um novo sistema de preparo de café em maio de 2003: One:One. A máquina One:One prepararia café utilizando Javapods, pequenos pacotes redondos de papel filtro onde os grãos eram acondicionados. O preço de varejo esperado para a máquina de café da Salton era de $49, com cada sachê custando $0,25.

A Sara Lee, empresa de produtos embalados ao consumidor, com sede nos Estados Unidos e com vendas de $17,6 bilhões de dólares em 2002, tinha estado ativa primeiramente no mercado europeu de café, mas, por meio de uma série de aquisições realizadas em 2000, havia se tornado uma força mais poderosa no mercado americano. Suas duas marcas mais conhecidas eram Chock Full o' Nuts e Hills Brothers. A Sara Lee tinha afirmado que o sistema de sachês Senseo-Crema poderia estar no mercado americano no segundo semestre de 2003. Previamente lançado na Europa, o Senseo Coffee Pod System usava sachês de café de tamanho diferente dos Javapods da Salton. Os sachês da Sara Lee eram embalados em um pacote feito com uma camada muito fina de alumínio para preservar o

---

[10] *Packaged Facts Market Profile: The U.S. Coffee and Tea Market*, September 2001.

frescor. A Sara Lee colocou quase dois milhões de sachês do sistema Senseo na Europa desde o lançamento do produto. A experiência da empresa no mercado consumidor deu-lhe potencial para ser uma fortíssima concorrente. A precificação do sistema Senseo na Europa sugeria um preço de varejo nos Estados Unidos de cerca de $70, com o preço do sachê sendo de aproximadamente $0,20 (eram necessários dois sachês para preparar uma porção de 225 gramas).

Também havia boatos de que a P&G havia se associado com um comerciante de aparelhos para lançar seu próprio sistema patenteado de sachês. Esperava-se que a P&G se concentrasse na distribuição em massa tanto dos aparelhos quanto dos sachês, dada a força da P&G no canal de supermercados. Esperava-se também que o preço e a distribuição da P&G fossem semelhantes aos da Salton e aos da Sara Lee.

O Nespresso, desenvolvido pela Nestlé, era um sistema de café expresso de porção individual em cápsulas. Oferecia benefícios semelhantes aos do sistema Keurig, incluindo, sabor, variedade e conveniência. Desde seu lançamento em 1987, mais de 500.000 unidades haviam sido vendidas, em grande parte na Europa, usando a requisição direta por telefone, fax e Internet. A Keurig se perguntava se a Nestlé decidiria entrar no mercado de porção individual ao estilo americano, com base em sua experiência com o expresso em porções individuais.

■ A XÍCARA ESTÁ MEIO CHEIA OU MEIO VAZIA?

A Keurig não tinha recursos para lançar seu sistema de preparação de café B100 pelo canal de varejo. No entanto, achava que pudesse desenvolver uma abordagem de *marketing* direta usando um *site* da Web habilitado para comércio eletrônico para vender tanto a máquina de café quanto os K-Cups, alavancando em conjunto as capacidades de distribuição das empresas de café e dos KADs. Na busca dessa estratégia, a Keurig havia encontrado uma série de questões relativas ao canal que poderiam ameaçar seu negócio estabelecido no mercado comercial de CE. Chris Stevens explicou o desafio de equilibrar as necessidades do canal de CE com o desenvolvimento do novo negócio residencial:

> Informações de nossos KADs indicaram que eles interpretariam nossa entrada no mercado residencial com uma abordagem de venda direta como o primeiro passo para uma abordagem direta também no mercado de CE em longo prazo. A preocupação com isso diminuiria os esforços de *marketing* dos KADs, tanto no mercado de CE quanto no mercado residencial, resultando em erosão de nossa clientela consolidada e do fluxo de receita de nosso segmento principal de CE, bem como em um lançamento menos eficaz no mercado residencial. Ao mesmo tempo, estávamos preocupados com a perda de controle dos preços, com os KADs colocando preços mais baixos para a Keurig e as empresas de café por não terem nenhum investimento a recuperar com as máquinas. Além disso, havia a preocupação de que os gerentes de escritórios não apoiassem nosso trabalho de *marketing* residencial por temor de furto dos K-Cups para uso na máquina doméstica.

Devido a essas questões, a meta da Keurig foi introduzir uma distribuição controlada das máquinas de café e das embalagens das porções, maximizando o lançamento do negócio residencial e, ao mesmo tempo, protegendo o canal comercial de CE. A chave nessa estratégia era a introdução de uma segunda embalagem de porções como base para a diferenciação da produção – um novo K-Cup para o mercado residencial –, e tal decisão havia impulsionado seu trabalho de desenvolvimento até então. O K-Cup funcionaria somente na máquina comercial, enquanto que o Keurig-Cup só funcionaria na máquina residencial (ver a Figura 10). Outra distinção era feita quanto às cores das duas embalagens: os K-Cups eram brancos, e os Keurig-Cups eram escuros. As duas embalagens das porções seriam fabricadas nas mesmas linhas de embalagem. O *design* dos novos equipamentos necessários para moldar por calor as novas bases dos copos tinha sido realizado a um custo de aproximadamente 400.000 dólares. Além disso, novas peças para as linhas de embalagem nas empresas de café licenciadas foram fabricadas pela Keurig a um custo ligeiramente abaixo de 60.000 dólares por linha para possibilitar que as linhas fabricassem ambos os tipos de copos. Embora a nova máquina B100 fosse dirigida tanto a clientes de CE de baixo volume quanto para uso domésticos, diferentes modelos de copos e diferentes displays de cores distinguiriam as máquinas nos dois mercados.

FIGURA 10

K-Cup (à esquerda) e o Keurig-Cup residencial proposto (à direita)

Nota: Os copos são mostrados de cabeça para baixo para ilustrar a diferença de *design*.
Fonte: Keurig, Inc.

Partindo dessa diferenciação dos produtos, a estratégia de distribuição controlada da Keurig permitia que as empresas de café vendessem os Keurig-Cups em mercados diretos e indiretos e que os KADs os vendessem em mercados diretos, supondo que certos compromissos em relação ao volume fossem cumpridos nas vendas da máquina associada. Os acordos dos KADs em relação ao volume das máquinas garantiam que as partes que vendiam os Keurig-Cups seriam igualmente investidas de autoridade nas vendas das máquinas e se concentrariam na comercialização de todo um sistema. As empresas de café fabricariam os Keurig-Cups para a Keurig revendê-los diretamente para os usuários residenciais pela Internet. Além de oferecer as garantias necessárias aos KADs sobre os futuros planos da Keurig, a estratégia de duas embalagens eliminou as preocupações dos gerentes de escritórios quanto ao furto potencial das porções para uso nas máquinas domésticas, aumentando a probabilidade de sua participação nas promoções do sistema Keurig nos escritórios.

Infelizmente, o plano tinha atingido um obstáculo na reunião daquela tarde com a GMCR. Lazaris mais tarde resumiu as preocupações da GMCR para a alta administração em um *e-mail*: "Revisamos a estrutura de distribuição controlada com a administração da GMCR. A GMCR respondeu que era complicado e que resultaria na duplicação do número de embalagens que eles teriam que fabricar e estocar. Também poderia haver o potencial para insatisfação do cliente, resultando do uso do pacote na máquina errada. A GMCR preferia o modelo de um copo com base na simplicidade de longo prazo e no desejo de avançar rapidamente devido aos sistemas concorrentes surgindo no mercado. Claramente, a GMCR tem os mesmos interesses que nós – a empresa tem a maior participação no negócio dos K-Cups comerciais e não pode alienar-se do canal. Ela possui um interesse de propriedade na Keurig e quer ver a criação de valor em longo prazo. Mas voltar à diretoria para discutir uma grande mudança a esta altura não será fácil".

Preço do produto residencial

Outra questão que estava sendo confrontada pela alta administração no início de 2003 era a determinação da estratégia de preço do Keurig-Cup e da máquina B100 para o mercado residencial.

A decisão por um só copo versus a abordagem de dois copos desafiada pela GMCR teria impacto direto sobre a estratégia de preço das embalagens de porções da Keurig. Um benefício da estratégia de distribuição controlada utilizando duas embalagens distintas era o maior controle do preço, especificamente para o Keurig-Cup. "Estávamos interessados em usar o modelo de vendas diretas para o mercado residencial", explicou John Whoriskey. "Com o Keurig-Cup, poderíamos estabelecer o preço para o mercado consumidor sem termos que nos preocupar com a erosão de nossa base de receita estabelecida no mercado de CE". Sem a distinção do produto, os gerentes de escritórios teriam a oportunidade de comprar os pacotes de porções de seu atual KAD ou diretamente do *site* da Keurig, potencialmente afastando as vendas dos KADs e ameaçando suas relações com seus clientes. Sem importar qual a abordagem, de um ou de dois copos, a Keurig precisava estabelecer um preço para as vendas diretas de café.

Igualmente desafiador era o preço da máquina B100. Pesquisa inicial do mercado sugeriu que os consumidores prestavam mais atenção ao preço da máquina e este teria impacto direto sobre sua decisão de investir no sistema Keurig. Nos testes de preço, os consumidores de classes altas pareceram reagir favoravelmente ao preço entre $149 e $170, dando à Keurig o preço-alvo para o desenvolvimento de seu produto e previsões de plano de negócios. Com o lançamento programado para setembro de 2003, a Keurig havia previsto o fornecimento de cerca de 20.000 máquinas de café residenciais até o final do ano. Esperava-se que pouco menos de dois terços dessas vendas ocorressem por meio de atividades de vendas diretas da Keurig, com o restante sendo impulsionado pelas empresas de café e KADs ou com a venda de máquinas B100 para consumidores residenciais ou recomendando a Keurig, encaminhando clientes potenciais para o *site* da empresa. Adicionalmente, a Keurig esperava que os KADs comprassem aproximadamente 3.000 máquinas B100 para colocação em pequenos escritórios no canal de CE. Esperava-se que as vendas de K-Cups e Keurig-Cups seguissem a mesma divisão de distribuição residencial/comercial das máquinas de café.

Contudo, outra questão eram os custos de fabricação da nova máquina. O trabalho de desenvolvimento da máquina residencial tinha ficado suspenso em 2002 para acelerar o desenvolvimento de uma máquina comercial menor, chamada de B1000, que deveria ser lançada em dezembro de 2002. Sob a liderança do vice-presidente de Desenvolvimento em Engenharia Dick Sweeney, a criação da nova máquina residencial B100 foi retomada depois que a B1000 foi lançada. Embora a B100 também pudesse ser usada em escritórios, ela era direcionada para o mercado consumidor residencial. A máquina B1000 tinha custos de mais de 330 dólares e algumas questões de *design* significativas. Sweeney explicou: "O desenvolvimento de produtos sempre tem a nuvem negra das conseqüências inesperadas. O que distingue uma empresa é como ela resolve os problemas e segue em frente. Neste caso, nossas experiências com a máquina B1000 nos proporcionaram uma valiosa compreensão para o desenvolvimento da máquina residencial B100". Mesmo assim, os últimos relatórios da parceira de fabricação apontavam custos de 220 dólares. O trabalho adicional de engenharia foi concentrado na redução desses custos para 200 dólares.

Como resultado, a alta administração e a diretoria da Keurig estavam lutando com o preço da B100. Os três pontos principais de preço que estavam sendo revisados eram $199, $249 e $299. A empresa poderia simplesmente não conseguir vender pelo preço desejado de $149, e era tarde para projetar outra máquina por custos menores. Por $299, haveria uma pequena margem de lucro a aplicar em custos de *marketing* e infra-estrutura. Por $199, haveria uma grande perda imediata nas vendas das máquinas, mas a pesquisa de *marketing* tinha mostrado que o preço de $199 era mais atraente do que o de $200 ou mais. Embora o modelo comercial da Keurig permitisse a recuperação de perdas com a máquina por meio dos *royalties* do K-Cups, o grau de perdas tinha impacto sobre o caixa. Lazaris pensava: "Se colocamos um preço alto, sempre podemos baixá-lo, mas podemos não ter tempo para corrigir o preço, em vista das pressões competitivas".

Plano de *marketing* para o lançamento residencial

Diferentemente do mercado de CE, o mercado residencial não incluía uma única fonte para as vendas da máquina e do café. Tradicionalmente, os consumidores faziam compras separadas. A distribuição das máquinas era feita por meio de varejistas de pequenos aparelhos domésticos, como lojas de departamentos, lojas de massa e lojas especializadas em equipamentos de cozinha, enquanto que a distribuição de café ocorria por meio de mercados, varejistas de alimentos especiais e cafés. Cada produto era promovido de forma independente, e essencialmente todas as máquinas funcionavam com todos os cafés. A máquina da Keurig e sua embalagem patenteada de porção individual apresentavam desafios de distribuição peculiares. Para ser realizada a venda de um sistema Keurig, seria necessária a distribuição direta ou um grande investimento para desenvolver canais tradicionais e dispor máquinas suficientes para que as embalagens de uma porção fossem colocadas nas prateleiras do varejo. Para complicar as coisas, a pesquisa de mercado tinha tornado claro que o sistema Keurig era uma "produto direcionado pela demonstração". A questão era qual a melhor maneira de demonstrar o sistema para o mercado-alvo de apreciadores de cafés especiais.

"Com base na pesquisa de mercado e nos desafios únicos do sistema Keurig, a alavancagem de nossa atual penetração no mercado de CE era o primeiro foco de nossa estratégia de lançamento do produto residencial. Planejamos almejar os usuários de escritório da Keurig, pessoas já familiarizadas com os benefícios do sistema Keurig, e convertê-los em compradores residenciais a fim de construir massa crítica para sustentar a expansão do canal", explicou o vice-presidente de *marketing* comercial Dave Manly. "Com mais de 30.000 máquinas de café comerciais colocadas, a Keurig tinha em torno de um milhão de pessoas em quem concentrar seu trabalho de *marketing* direto".

Fundamentais para o sucesso do trabalho de *marketing* direto para os apreciadores de café "conhecedores da Keurig" eram o apoio e o envolvimento dos distribuidores autorizados da Keurig. Os KADs mantinham relações com os gerentes de escritórios onde as máquinas comerciais eram colocadas e tinham conhecimento do tamanho de cada escritório. A Keurig não conseguiria vender para os apreciadores de café nos escritórios sem a assistência dos KADs. Como resultado, a Keurig tinha criado um programa de recomendação para os KADs, dando-lhes incentivos atraentes para apoiar o *marketing* da nova máquina.

O programa de recomendação para os KADs deveria ser dirigido por propaganda no ponto de venda que havia sido desenvolvida para exibição sobre a máquina ou perto dela (ver a Figura 11). Em troca da colocação dos materiais de propaganda, o KAD receberia $15 por cada venda de máquina residencial atribuída aos seus clientes de CE e ganharia uma anuidade de 2% do K-Cup sobre as vendas de café subseqüentes que a Keurig fizesse para aquele cliente durante três anos. Chris Stevens delineou as expectativas da empresa: "Imaginamos que cerca de 60% de nossos KADs participariam do nosso programa de *marketing* conjunto com vendas das duas máquinas para cada escritório onde a propaganda fosse colocada. Estimamos que os 40% restantes já estariam planejando seu próprio programa de *marketing* e desejariam manter mais controle de seus clientes".

Um segundo caminho para o *marketing* para os "conhecedores da Keurig" seria via uma campanha de *marketing* direto pela Internet. Desde o lançamento da máquina comercial no mercado de CE, a Keurig havia recebido *e-mails* não-solicitados de mais de 12.000 usuários de seu sistema comercial que queriam saber quando um sistema semelhante estaria disponível para uso doméstico. A Keurig planejava um *marketing* direto para essas pessoas e esperava que 20% delas comprassem uma máquina residencial nos primeiros três meses do lançamento. Finalmente, uma campanha de relações públicas, associada com atividades adicionais de *marketing* por parte das empresas de café, tais como colocação em suas lojas de varejo, catálogos e *sites* da Web, propiciaria vias adicionais para as vendas aos apreciadores de cafés especiais.

Os dilemas de Lazaris

Enquanto Lazaris refletia sobre a estratégia da Keurig para o lançamento de sua máquina residencial, preparando-se para a reunião com a alta administração, ele se perguntava:

1. Como devemos responder à solicitação da GMCR de passar para a abordagem de um único copo K-Cup? O que realmente precisamos saber para tomar essa decisão? Como as outras empresas de café e os KADs reagirão? A nossa equipe realmente pode implementar um novo plano de ação neste momento e ainda lançá-lo em seis meses? Podemos arcar com o cancelamento do novo Keurig-Cup e dos equipamentos da linha de embalagem?

2. Qual é o preço certo para a máquina? Existe um modo de sustentar o ponto de preço de $149 para a máquina que ainda não nos ocorreu?

3. Como devemos estabelecer o preço do pacote com a porção residencial? Se tivermos um copo em todos os mercados, qual será o preço ótimo? Se tivermos o K-Cup e o Keurig-Cup, que preço faz sentido e otimiza nossa oportunidade de mercado?

4. Demos os passos necessários para que nosso plano de *marketing* seja bem-sucedido? Existe algum outro caminho que não estamos percebendo?

FIGURA 11

Display em ponto de venda

Fonte: Keurig, Inc.

CASO

Graneer Systems, Inc.
Entrada no mercado indiano

"Que pena que não pude ficar para o Diwali, pensou Rahul Chatterjee. "Mas, de qualquer modo, foi bom voltar para Calcutá". O feriado de Diwali e suas festividades começariam no início de novembro de 2000, umas duas semanas depois de Chatterjee ter voltado para os Estados Unidos. Chatterjee trabalhava como intermediário de mercado internacional para a Graneer Systems, Inc. Esse era o oitavo ano com a empresa e, certamente, seu favorito. "Seu desafio será fazer com que a empresa floresça nos países em desenvolvimento, em vez de ficar só marcando passo", seu chefe havia dito quando Chatterjee foi promovido para o cargo em janeiro. Chatterjee tinha concordado e ficou ansioso quando lhe pediram para visitar Bombaim e Nova Déli em abril. A finalidade da viagem era reunir dados básicos sobre a possibilidade de a Graneer Systems entrar no mercado indiano de purificadores de água domésticos. Os resultados iniciais foram promissores e deram origem à segunda viagem.

Chatterjee havia utilizado essa segunda viagem basicamente para estudar os consumidores indianos em Calcutá e Bangalore e para juntar informações sobre possíveis concorrentes. As duas cidades representavam áreas metropolitanas bem diferentes em termos de localização, dimensão, língua e infra-estrutura – embora ambas tivessem problemas semelhantes no que dizia respeito à água fornecida aos seus moradores. Esses problemas podiam ser encontrados em muitos países em desenvolvimento, e sua solução poderia ser o sistema de purificação doméstica da água.

As informações reunidas em ambas as visitas seriam usadas para uma recomendação sobre a entrada no mercado e elementos de uma estratégia de penetração. Os executivos da Graneer Systems iriam comparar a recomendação de Chatterjee com as de dois outros intermediários da empresa que estavam concentrando seus esforços na Argentina, no Brasil e na Indonésia.

■ O MERCADO INDIANO PARA FILTRAGEM E PURIFICAÇÃO DOMÉSTICA DE ÁGUA

Como a maioria das peculiaridades da Índia, o mercado para filtragem e purificação doméstica de água exigia muito esforço para ser entendido. Contudo, apesar de ter feito esse esforço, Chatterjee percebeu que ainda havia muita coisa para saber ou em conflito. Por exemplo, o mercado parecia estar claramente maduro, com quatro ou cinco concorrentes indianos estabelecidos lutando por participação no mercado. Ou não? Outra perspectiva retratava o mercado como fragmentado, sem nenhum grande concorrente com presença nacional e talvez uns 100 pequenos fabricantes regionais, cada um competindo em apenas um ou dois dos 25 estados da Índia. Na verdade, o mercado poderia estar em seus estágios iniciais de crescimento, conforme era refletido pelo grande número de designs, materiais e desempenhos dos produtos. Talvez com uma nova geração de produtos e um trabalho de *marketing* de categoria internacional a Graneer Systems poderia consolidar o mercado e estimular um tremendo crescimento – de modo muito parecido com a situação do mercado indiano para automóveis.

Este caso foi escrito pelo professor James E. Nelson, Universidade do Colorado, Boulder. Ele agradece aos alunos do Instituto Indiano de Administração, Calcutá, por sua inestimável ajuda na coleta de todos os dados necessários para escrever este caso. Ele também agradece ao professor Roger A. Kerin, Southern Methodist University, por seus comentários úteis para a escrita deste caso. O caso tem fins educacionais, e não pretende ilustrar uma tomada de decisão eficaz ou ineficaz. Alguns dados, bem como a identidade da empresa, foram alterados. Copyright James E. Nelson. Usado com permissão.

Tal incerteza dificultou a estimativa do potencial de mercado. No entanto, Chatterjee havia coletado estimativas de vendas unitárias para um período de 10 anos para três categorias de produtos semelhantes – aspiradores de pó, máquinas de costura e televisores coloridos. Além disso, uma empresa de pesquisa com sede em Déli havia lhe fornecido estimativas de vendas unitárias para Aquaguard, o purificador de água mais vendido em vários estados indianos. Chatterjee usou os dados em dois modelos de previsão disponíveis na Graneer Systems, juntamente com três cenários subjetivos – realista, otimista e pessimista – para chegar às estimativas e previsões para purificadores de água mostradas na Figura 1. "No mínimo", explicou Chatterjee ao seu chefe, "minhas estimativas são conservadoras, pois descrevem somente as vendas feitas pela primeira vez, e não as vendas para substituição no horizonte de previsão de 10 anos". Ele também apontou que suas previsões se aplicavam somente às vendas da indústria em áreas urbanas maiores, que eram o foco atual da indústria.

Uma coisa que parecia certa era que muitos indianos reconheciam a necessidade de melhorar a qualidade da água. O folclore, os jornais, ativistas dos consumidores e autoridades do governo regularmente reforçavam essa necessidade, descrevendo a baixa qualidade da água indiana. A qualidade era afetada especialmente durante as monções devido à entrada de água altamente poluída nas estações de tratamento e a inúmeros vazamentos e extrações não-autorizadas dos sistemas de água. Tais vazamentos e extrações muitas vezes poluíam a água limpa depois de esta ter saído das estações. Políticos que concorriam a cargos nos governos locais, estaduais e nacional também reiteravam a necessidade de melhoria na qualidade da água nas promessas de campanha eleitoral. Os governos nesses níveis estabeleciam padrões para a qualidade da água, recolhiam dados em milhares de locais por todo o país e alertavam os consumidores quando a água ficava inapropriada para consumo.

Durante os períodos de baixa qualidade da água, muitos consumidores indianos não tinham muita escolha a não ser consumir a água como ela era encontrada. Entretanto, consumidores com

FIGURA 1

Estimativas e previsões de vendas no setor para purificadores de água na Índia 1995-2010 (milhares de unidades)

Ano	Vendas unitárias Estimativas	Previsão de vendas unitárias em... Cenário realista	Cenário otimista	Cenário pessimista
1995	60			
1996	90			
1997	150			
1998	200			
1999	220			
2000	240			
2001		250	250	250
2002		320	370	300
2003		430	540	400
2004		570	800	550
2005		800	1.200	750
2006		1.000	1.500	850
2007		1.300	1.900	900
2008		1.500	2.100	750
2009		1.600	2.100	580
2010		1.500	1.900	420

maior nível educacional, mais ricos e preocupados com a saúde tomavam medidas para proteger a saúde de sua família e, com freqüência, continuavam a agir assim o ano todo. Uma boa estimativa do número de tais domicílios, Chatterjee pensou, seria de aproximadamente 40 milhões. Esses consumidores eram, em muitos aspectos, semelhantes aos consumidores de lares de classe média e média alta dos Estados Unidos e da União Européia. Eles davam valor ao conforto e à escolha do produto. Viam o consumo de bens materiais como um meio para uma melhor qualidade de vida. Eles apreciavam marcas estrangeiras e pagariam um preço mais alto por elas, desde que os produtos adquiridos superassem os produtos indianos concorrentes em termos de desempenho. Chatterjee tinha identificado como mercado-alvo esses 40 milhões de domicílios, mais o de outros quatro milhões de residências que tinham valores e estilos de vida semelhantes, mas que não se esforçavam muito para melhorar a qualidade da água em suas casas.

Método tradicional para purificação doméstica de água

O método tradicional para purificação de água no mercado-alvo era a fervura, e não um produto oferecido comercialmente. Cada dia, ou várias vezes por dia, uma cozinheira, empregada doméstica ou membro da família fervia de dois a cinco litros de água por 10 minutos, deixava-os esfriar e os transferia para recipientes de armazenamento (geralmente, em um refrigerador). Chatterjee calculava que cerca de 50% do mercado-alvo usava esse procedimento. A fervura era vista pelos consumidores como barata e eficaz na eliminação de bactérias nocivas e estava arraigada na tradição. Muitos consumidores que utilizavam esse método consideram-no mais eficaz do que qualquer produto do mercado. No entanto, a fervura afetava o sabor da água assim purificada, deixando-a um pouco "sem graça" ao paladar. A fervura também era incômoda, demorada e ineficaz na remoção de impurezas físicas e odores desagradáveis. Conseqüentemente, em torno de 10% do mercado-alvo realizava um segundo procedimento, filtrando a água fervida em "filtros de vela" antes de armazená-la. Muitos consumidores faziam isso apesar de saberem que a água poderia ficar contaminada novamente durante o manuseio e a armazenagem.

Métodos mecânicos para filtragem e purificação de água

Cerca de 40% do mercado-alvo usava um dispositivo mecânico para melhorar a qualidade da água. Metade desse grupo usava filtros de vela, basicamente devido ao seu baixo preço e facilidade de uso. O típico filtro de vela consiste de dois recipientes, um em cima do outro. O recipiente de cima contém um ou mais cilindros (velas) de cerâmica que filtram a água, e a gravidade a leva para o recipiente de baixo. Os recipientes são feitos de plástico, porcelana ou aço inoxidável e costumam armazenar entre 15 e 25 litros de água filtrada. Os custos de compra dependem dos materiais e da capacidade, variando de 350 rúpias por um modelo pequeno de plástico a 1.100 rúpias por um modelo grande de aço inoxidável.[1] Os filtros de vela são lentos, produzindo de 15 litros (uma vela) a 45 litros (três velas) de água filtrada a cada 24 horas. Para manter essa produtividade, as velas precisam ser regularmente removidas, limpas e fervidas por 20 minutos. A maioria dos fabricantes recomenda que os consumidores as substituam (40 rúpias cada) ou uma vez por ano ou com mais freqüência, dependendo dos níveis de sedimentos.

A outra metade desse grupo usava "purificadores de água", aparelhos que eram consideravelmente mais sofisticados do que os filtros de vela. Os purificadores de água costumam ter três estágios de processamento da água. O primeiro remove os sedimentos, o segundo elimina odores e cores desagradáveis, e o terceiro mata bactérias e vírus nocivos. Os engenheiros da Graneer Systems não acreditavam que a maioria dos purificadores que afirmavam oferecer o último benefício realmente fosse capaz de cumprir sua promessa. No entanto, todos os purificadores tinham melhor desempenho do que os filtros de vela. Estes eram totalmente ineficazes na eliminação de bactérias e vírus (e podiam até mesmo aumentar esse tipo de contaminação), apesar de a propaganda afirmar o contrário. Os

---

[1] Em 2000, 35 rúpias indianas eram equivalentes à $1.

purificadores de água geralmente usavam recipientes de aço inoxidável e eram vendidos a preços que iam de 2.000 a 7.000 rúpias, dependendo dos fabricantes, das características e das capacidades. As taxas comuns de fluxo eram de um a dois litros de água purificada por minuto. Atividades simples de manutenção podiam ser realizadas nos purificadores pelos consumidores quando necessário. Entretanto, consertos mais complicados exigiam que as unidades fossem levadas à assistência técnica mais próxima ou a visita de um técnico habilitado.

Os 10% restantes do mercado-alvo não tinham nem filtro, nem purificador e raramente ferviam a água. Muitos consumidores desse grupo não sabiam dos problemas da água e achavam que a qualidade da água era aceitável. No entanto, alguns consumidores desse grupo recusavam-se a pagar por produtos que eles acreditavam ser, em grande parte, ineficazes. Em geral, Chatterjee achava que somente alguns consumidores desse grupo poderiam ser induzidos a mudarem seus hábitos e tornarem-se clientes. Os segmentos mais atraentes consistiam dos 90% de domicílios do mercado-alvo que ferviam, ferviam e filtravam, somente filtravam ou purificavam a água.

Todos os segmentos no mercado-alvo demonstravam muita semelhança em termos do que consideravam importante na compra de um purificador de água. De acordo com a pesquisa de Chatterjee, o fator mais importante era o desempenho do produto quanto à remoção de sedimentos, bactérias e vírus, capacidade (na forma de armazenagem ou taxa de fluxo), segurança e ocupação de espaço. O preço de compra também era um ponto importante entre os consumidores que ferviam, ferviam e filtravam ou somente filtravam a água. O ponto mais importante seguinte era a facilidade de instalação e manutenção, com o estilo e a aparência tendo importância quase igual. O fator menos importante era a garantia e a disponibilidade de financiamento para compra. Finalmente, todos os segmentos esperavam que os purificadores de água oferecessem garantia contra defeitos de operação por 18 a 24 meses e que funcionassem sem problemas por um período de cinco a dez anos.

■ INVESTIMENTO ESTRANGEIRO NA ÍNDIA

A Índia parecia atraente para muitos investidores estrangeiros devido às ações do governo iniciadas na década de 1980 durante a administração do Primeiro Ministro Rajiv Gandhi. A denominação geral aplicada a essas ações foi "liberalização". A liberalização havia aberto a economia indiana aos investidores estrangeiros, partindo-se do reconhecimento de que as políticas protecionistas não tinham funcionado muito bem, ao contrário das economias e tecnologias ocidentais – vistas em relação ao colapso da União Soviética. A liberalização tinha significado grandes mudanças nas exigências de aprovação para novos projetos comerciais, políticas de investimento, procedimentos tributários e, o mais importante, nas atitudes das autoridades governamentais. Tais mudanças tinham sido mantidas ao longo dos governos que sucederam o assassinato de Gandhi em 1991.

Se a Graneer Systems entrasse no mercado indiano, ela o faria de uma das seguintes formas: (1) contrato de trabalho conjunto, (2) empresa de joint venture ou (3) aquisição. Em um contrato de trabalho conjunto, a Graneer systems forneceria os principais componentes do purificador a uma empresa indiana que fabricaria e comercializaria o produto montado. As taxas de licença seriam remetidas à Graneer Systems de modo unitário ao final do contrato (geralmente, cinco anos, com a opção de renovação por mais três anos). Sob um contrato de joint venture, a Graneer Systems teria uma parceria com uma empresa indiana existente expressamente para o propósito de fabricação e comercialização de purificadores de água. Os lucros da operação de joint venture seriam divididos entre as duas partes pelo contrato, o qual costumava conter uma cláusula descrevendo procedimentos de compra/venda disponíveis às duas partes após um período mínimo de tempo. Com a entrada por meio de aquisição, a Graneer Systems compraria uma empresa indiana existente cujas operações, então, seriam expandidas para incluir o purificador de água. Os lucros da aquisição pertenceriam à Graneer Systems.

Para além do entendimento dessas possibilidades básicas de entrada, Chatterjee admitia não ser um especialista em aspectos legais referentes ao projeto. Porém, dois dias passados com uma empresa de consultoria de Calcutá haviam produzido as seguintes informações. A Graneer Systems deve inscrever-se para entrada no mercado no Conselho de Promoção de Investimento Estrangeiro, Secretariado para Aprovações Industriais, Ministérios das Indústrias. A proposta seria apresentada ao Conselho para avaliação da relevância da tecnologia e da necessidade desta na Índia. Se aprovada pelo Conselho, a proposta então iria para o Banco de Reservas da Índia, Ministério das Finanças, para aprovações de royalties ou taxas, remessas de dividendos e juros (se houvesse), repatriações de lucros e de capital investido e pagamento de empréstimos estrangeiros. Embora o processo parecesse incômodo e demorado, o consultor assegurou a Chatterjee que o governo geralmente completava suas deliberações em menos de seis meses e que sua empresa de consultoria poderia "virtualmente garantir" a aprovação final.

Marcas registradas e patentes eram protegidas por lei na Índia. As marcas registradas eram resguardadas por sete anos e podiam ser renovadas sob pagamento de uma taxa prescrita. As patentes duravam por 14 anos. Em comparação, Chatterjee disse a seu chefe que a Graneer Systems não teria "mais problemas para proteger seus direitos de propriedade intelectual na Índia do que nos Estados Unidos – desde que ficassem longe dos tribunais". Chatterjee prosseguiu, explicando que os litígios na Índia eram caros e demorados. Problemas litigiosos contavam com um processo de apelação que facilmente poderia estender um caso por uma geração. Conseqüentemente, muitas empresas estrangeiras preferiam a arbitragem, já que a Índia fazia parte da Convenção de Genebra, abrangendo as Sentenças de Arbitragem Estrangeira.

As empresas estrangeiras eram tributadas sobre a receita advinda de operações na Índia. Também pagavam impostos sobre quaisquer juros, dividendos e royalties recebidos e sobre quaisquer ganhos de capital recebidos da venda de ativos. O governo oferecia uma ampla gama de concessões tributárias aos investidores estrangeiros, incluindo abatimentos liberais por depreciação e deduções generosas. O governo oferecia um tratamento tributário ainda mais favorável se os investidores estrangeiros se estabelecessem em uma das seis Zonas Comerciais Livres da Índia. No todo, Chatterjee achava que as taxas tributárias de empresas na Índia provavelmente eram um pouco mais altas do que nos Estados Unidos. No entanto, os lucros também eram – a média de retorno sobre ativos para todas as corporações indianas nos últimos anos era de quase 18%, comparada com aproximadamente 11% para as corporações nos Estados Unidos.

A aprovação do Banco de Reservas da Índia era necessária para a repatriação de lucros comuns. Entretanto, a aprovação deveria ser obtida facilmente se a Graneer Systems pudesse mostrar que os lucros repatriados estavam sendo pagos com os ganhos de exportação de moedas fortes. Chatterjee achava que os ganhos com exportação não seriam difíceis de perceber, dadas as taxas extremamente baixas de salários na Índia e sua localização central em relação a países mais ricos do sul da Ásia. "A repatriação de lucros não era realmente um problema, de qualquer maneira", pensou ele. Poderiam passar três anos antes que lucros de qualquer magnitude pudessem ser percebidos; pelo menos cinco anos passariam até que lucros substanciais estivessem disponíveis para repatriação. A aprovação da repatriação pelo Banco de Reservas poderia não ser exigida nessa época, dadas as tendências de liberalização. Finalmente, se a repatriação continuasse difícil, a Graneer Systems poderia realizar comércio exterior ou tomar outras medidas para desbloquear os lucros.

Em geral, as regulamentações comerciais e de investimentos na Índia em 2000 significavam que os negócios podiam ser realizados muito mais facilmente do que antes. Centenas de empresas da União Européia, do Japão, da Coréia e dos Estados Unidos estavam entrando na Índia em todos os setores da economia do país. No mercado de aparelhos domésticos, Chatterjee podia identificar 11 empresas desse tipo – Carrier, Electrolux, General Electric, Goldstar, Matsushita, Singer, Samsung, Sanyo, Sharp, Toshiba e Whirlpool. Muitas dessas empresas ainda tinham que perceber lucros substanciais, mas todas viam a promessa de um grande mercado se desenvolvendo no decorrer nos anos seguintes.

■ GRANEER SYSTEMS, INC.

A Graneer Systems, Inc. foi fundada em 1980 por Eugene Graneer, depois de ele deixar seu cargo no setor de pesquisa e desenvolvimento na Culligan International Company. O primeiro produto da empresa foi um dessalinizador usado por parques de motor-homes na Flórida para remover sais da água salobra de poço com que os residentes eram abastecidos. O produto foi um grande sucesso, e os mercados rapidamente se expandiram, incluindo municipalidades próximas, empresas menores, hospitais e engarrafadores de água para venda aos consumidores. Os mercados geográficos também se expandiram, primeiro para outras regiões costeiras perto da sede da empresa, em Tampa, Flórida, e depois para áreas desérticas no sudeste dos Estados Unidos. Em seguida, novos produtos foram adicionados, e em 2000 a linha de produtos incluía dessalinizadores, filtros de partículas, ozonizadores, resinas de trocas de íons e purificadores. Os analistas do setor em geral consideravam a linha de produtos superior em termos de desempenho e qualidade, com preços mais altos do que os de muitos concorrentes.

As receitas de vendas da Graneer Systems para 2000 seriam de quase 400 milhões de dólares, com um lucro esperado de aproximadamente 50 milhões de dólares. O crescimento anual em receitas de vendas tinha ficado na média de 12% nos últimos cinco anos. A Graneer Systems empregava mais de 4.000 pessoas, sendo que 380 delas tinham experiência e responsabilidades de nível técnico.

As exportações dos dessalinizadores e produtos afins começaram na Graneer Systems em 1985. As unidades foram primeiramente vendidas para hotéis no México e em Belize e posteriormente para engarrafadores de água na Alemanha. As vendas de exportação cresceram rapidamente, e a empresa achou necessário organizar sua Divisão Internacional em 1990. As vendas na Divisão Internacional também aumentaram com rapidez e chegariam a quase 140 milhões de dólares em 2000. Cerca de 70 milhões de dólares viriam de países da América Latina e do Sul, 30 milhões da Europa (incluindo embarques para a África), e 40 milhões do sul da Ásia e da Austrália. A Divisão Internacional contava com escritórios de vendas, pequenas áreas de reunião e instalações de distribuição em Frankfurt, Alemanha; Tóquio, Japão; e Cingapura.

O escritório de Frankfurt tinha sido o ímpeto, em 1995, para o desenvolvimento e a comercialização do primeiro produto da empresa, dirigido exclusivamente a domicílios – um filtro de água doméstico. Os engenheiros de vendas de Frankfurt começaram a receber pedidos de um filtro de água doméstico dos consumidores e dos distribuidores em 1994. No final de 1995, dois modelos haviam sido criados nos Estados Unidos e lançados na Alemanha (especialmente para as regiões do leste), Polônia, Hungria, Romênia, República Tcheca e Eslováquia.

Os executivos da Graneer Systems assistiram ao sucesso dos dois filtros de água com grande interesse. O mercado para água limpa nos países em desenvolvimento era enorme, lucrativo e atraente, de uma perspectiva socialmente responsável. No entanto, a qualidade da água em muitos países em desenvolvimento era tal que um filtro de água geralmente não seria satisfatório. Conseqüentemente, no final de 1999, os executivos dirigiram o desenvolvimento de um purificador de água que pudesse ser acrescentado à linha de produtos. Os engenheiros deram ao design final no projeto o nome de "Delight". No momento, Chatterjee e os outros analistas de mercado aceitaram o nome, sem saber se ele poderia infringir alguma marca existente na Índia ou nos outros países sob consideração.

■ O PURIFICADOR DELIGHT

O purificador Delight usava uma combinação de tecnologias para remover quatro tipos de contaminantes encontrados na água potável – sedimentos, substâncias químicas orgânicas e inorgânicas, micróbios ou cistos, e odores e sabores desagradáveis. As tecnologias eram eficazes, desde que os contaminantes na água estivessem presentes em níveis "razoáveis". Os engenheiros da Graneer Systems interpretaram "razoáveis" como os níveis descritos em vários relatórios da Organização Mundial de Saúde (OMS) sobre água potável e haviam combinado as tecnologias para purificar a água até um nível além dos padrões da OMS. Os engenheiros haviam repetidamente garantido a Chatterjee que o design do Delight em termos de tecnologias não deveria ser uma preocupação. Dez unidades em operação no laboratório de testes da empresa não mostraram sinais de falha, nem de deterioração do desempenho depois de 5.000 horas de uso contínuo. "Mesmo assim", Chatterjee pensou, "ainda faremos muitos testes de campo na Índia antes de entrarmos no mercado. Os riscos de falha são muito grandes para serem ignorados. E, além disso, os resultados de nossos testes seriam úteis para convencer os consumidores e os varejistas a comprarem o produto".

Chatterjee e os outros analistas de mercado ainda enfrentaram importantes questões de design na configuração das tecnologias nos produtos físicos. Por exemplo, um design de "ponto de entrada" posicionaria o produto imediatamente depois da entrada de água na casa, tratando toda a água antes de ela fluir para todas as saídas. Por outro lado, um design de "ponto de uso" posicionaria o produto sobre um balcão de cozinha, numa parede ou em uma torneira e trataria somente a água que chegasse àquele local. Com base em estimativas de custos, designs de produtos concorrentes e seu conhecimento dos consumidores indianos, Chatterjee orientou os engenheiros a prosseguirem somente com o design de "ponto de uso" para o mercado.

Outros detalhes técnicos ainda tinham que ser trabalhados. Por exemplo, Chatterjee tinha que dar sugestões aos engenheiros sobre as taxas de fluxo de água, as capacidades de armazenagem (se houvesse), o layout das unidades e as dimensões gerais, mais uma série de características especiais. Uma dessas características era a possibilidade de uma pequena bateria operar o filtro por várias horas no caso de falta de energia elétrica (uma ocorrência comum na Índia e em muitos outros países em desenvolvimento). Outra poderia ser a inclusão de um ou dois "sinos ou apitos" para avisar aos cozinheiros, empregados e membros da família que a unidade estava, de fato, funcionando adequadamente. Contudo, uma característica poderia ser "aditiva", permitindo que os usuários acrescentassem flúor, vitaminas ou até mesmo sabores à sua água.

Chatterjee sabia que o mercado indiano viria a exigir diversos modelos. No entanto, no estabelecimento da entrada no mercado, ele provavelmente poderia passar com apenas dois – um com maior capacidade, para casas e bangalôs, e outro com menor capacidade, para apartamentos. Ele achava que o estilo e a aparência específica do modelo deveriam refletir uma linha de design ocidental de alta tecnologia a fim de distinguir o purificador Delight dos produtos concorrentes. Para esse fim, ele havia

FIGURA 2

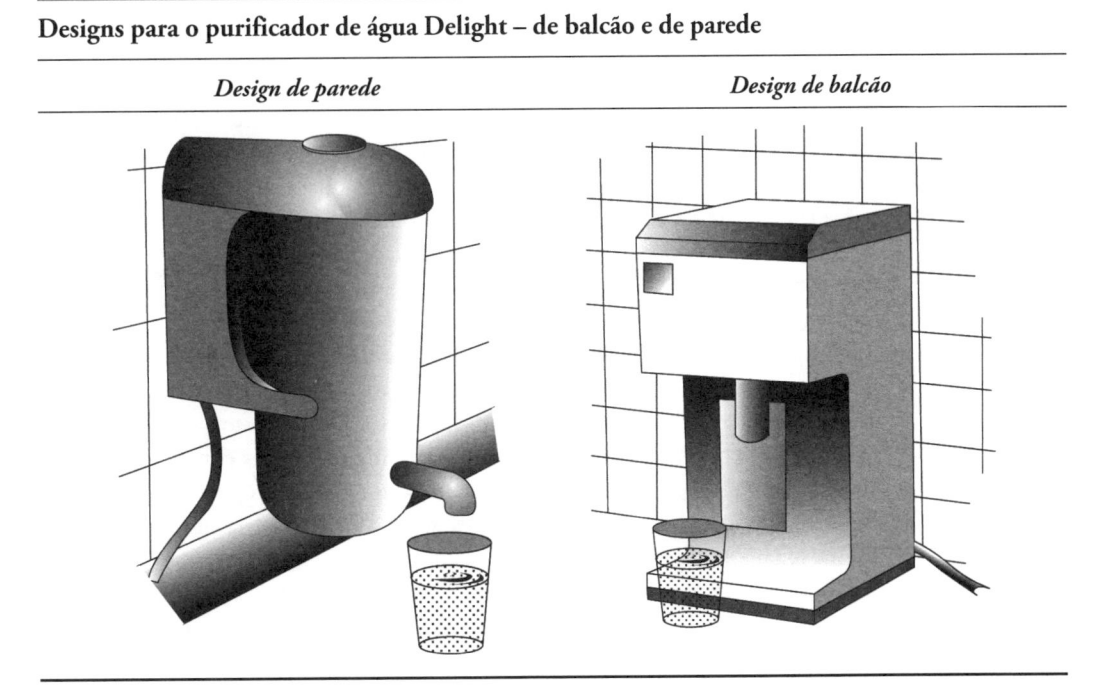

Designs para o purificador de água Delight – de balcão e de parede

Design de parede | *Design de balcão*

instruído um artista gráfico a desenvolver duas idéias que ele tinha usado para aferir as reações dos consumidores em sua última visita (ver a Figura 2). Os consumidores gostaram de ambos os modelos, mas preferiram o design para colocação em cima do balcão ao design para fixação na parede.

■ CONCORRENTES

Mais de 100 empresas competiam no mercado indiano no setor de filtros e purificadores de água domésticos. Embora fosse difícil obter informações sobre essas empresas, Chatterjee e as agências de pesquisa indianas conseguiram desenvolver descrições de três grandes concorrentes e breves perfis de diversos outros.

Eureka Forbes

O concorrente mais estabelecido no mercado de purificadores de água era a Eureka Forbes, uma empresa de joint venture, fundada em 1982 entre a Electrolux e a Forbes Campbell (Índia). A empresa comercializava uma ampla linha de "produtos da vida moderna", o que incluía purificadores de água, aspiradores de pó e liquidificadores/moedores. O nome de marca usado para os purificadores era "Aquaguard", um nome tão consolidado que muitos consumidores erroneamente o utilizavam para referir-se a outros purificadores de água ou a toda a categoria do produto. Aquaguard, com sua história no mercado, era claramente o líder no mercado e quase chegava a ser a única marca nacional da Índia. No entanto, a Eureka Forbes recentemente havia lançado uma segunda marca de purificador de água chamada "PureSip". O modelo PureSip era semelhante ao Aquaguard, exceto pelo terceiro estágio do processo, que usava uma resina poli-iodada em vez de raios ultravioleta para matar bactérias e vírus. Isso significava que a água de um purificador PureSip poderia ser armazenada com segurança para uso posterior. Também em contraste com o Aquaguard, o modelo PureSip não precisava de eletricidade para funcionar.

Entretanto, a maior diferença entre os dois produtos era o modo como eram vendidos. Aquaguard era vendido exclusivamente por uma equipe de vendas de 2.500 pessoas que ia diretamente às residências. Por sua vez, PureSip era vendido por revendedores independentes de aparelhos domésticos de menor porte. Os preços por unidade aos consumidores do Aquaguard e do PureSip ficavam em torno de 5.500 rúpias e 2.000 rúpias, respectivamente. Chatterjee acreditava que as vendas unitárias de PureSip eram muito menores do que as vendas unitárias para Aquaguard, mas estavam crescendo a uma razão muito maior.

O Aquaguard era normalmente montado em uma parede da cozinha, exigindo encanamento para levar a água à entrada do purificador. Um fio de dois metros de comprimento era conectado a uma saída elétrica de corrente alternada de 230 volts – o padrão indiano. Se a voltagem caísse para 190 volts ou menos, a unidade pararia de funcionar. Outros limites do produto incluíam uma pequena quantidade de carbono ativado que poderia eliminar somente leves odores orgânicos, sem conseguir remover odores fortes ou solutos inorgânicos, como nitratos e compostos de ferro. A unidade não tinha capacidade de armazenamento, e sua razão de fluxo de um litro por minuto parecia lenta para alguns consumidores. A remoção da água para armazenagem ou a conexão da unidade a um tanque reservatório poderia afetar a qualidade da água, assim como o filtro de vela.

A estratégia de promoção do Aquaguard enfatizava a venda pessoal. Cada vendedor recebia uma área específica e era monitorado por um supervisor. Esperava-se que cada vendedor examinasse sua área, selecionasse domicílios potenciais (por exemplo, aqueles com rendas anuais acima de 70.000 rúpias), demonstrasse o produto e fizesse um esforço intenso para vendê-lo. As repetidas visitas de venda ajudavam a educar os consumidores sobre a qualidade da água e a reafirmar que a assistência do Aquaguard estava prontamente à disposição. Comerciais de televisão e anúncios em revistas e jornais (ver a Figura 3) apoiavam o trabalho de vendas pessoais. Chatterjee calculava que a Eureka Forbes gastasse cerca de 120 milhões de rúpias em todas as atividades de vendas ou aproximadamente 11% de suas receitas de vendas. Ele estimava que aproximadamente 100 milhões de rúpias dos 120

FIGURA 3

Anúncio de jornal do Aquaguard

---

milhões seriam gastos na forma de comissões de vendas. Chatterjee achava que o total de despesas com propaganda da empresa durante o ano seria de um milhão de rúpias.

A Eureka Forbes era um concorrente muito forte. A equipe de vendas era enorme, altamente motivada e bem administrada. Mais ainda, o Aquaguard havia sido o primeiro produto a entrar no mercado de purificadores de água, e o nome tinha um tremendo patrimônio de marca. O próprio produto era provavelmente o componente estratégico mais fraco – mas precisaria de um grande esforço para os consumidores se convencerem disso. E, embora a equipe de vendas oferecesse uma grande vantagem competitiva, ela representava um imenso custo fixo e essencialmente limitava o trabalho de venda a grandes áreas urbanas. Mais de 80% da população da Índia vivia em áreas rurais, onde a qualidade da água era ainda pior.

Ion Exchange

A Ion Exchange era a melhor empresa de tratamento de água da Índia, especializando-se em tratamentos de água, líquidos processados e água residual em mercados industriais. A empresa começou as operações em 1964 como uma subsidiária de total propriedade da British Permutit. A Permutit diversificava seus ativos em 1985, e a Ion Exchange tornou-se uma empresa de propriedade totalmente indiana. A empresa no momento atendia clientes em um grupo variado da indústria, incluindo estações de energia térmica e nuclear, fertilizantes, refinarias petroquímicas, têxteis, automóveis e purificadores de água domésticos. Seus purificadores domésticos levavam o nome da família de marca ZERO-B (Zero-Bacteria).

Os purificadores ZERO-B usavam uma tecnologia de resina halogenada como parte de um processo de purificação de três estágios. O primeiro estágio removia impurezas em suspensão através de filtros, o segundo eliminava gostos e odores desagradáveis com carbono ativado, e o terceiro matava bactérias usando pequenas quantidades de poli-iodo (iodo). Esta última característica era interessante, pois auxiliava a prevenir doenças causadas pela deficiência de iodo e permitia que a água purificada fosse armazenada por até oito horas, sem perigo de nova contaminação.

O purificador básico para residências era chamado de "Puristore". Os aparelhos Puristore costumavam ser colocados em um balcão de cozinha, perto da torneira, sem necessidade de eletricidade nem de encanamento para operação. A unidade armazenava 20 litros de água purificada. O Puristore era vendido aos consumidores por 2.000 rúpias. Uma vez por ano, o usuário deve substituir a resina halogenada a um custo de 200 rúpias.

Chatterjee calculou que o ZERO-B captava aproximadamente 7% do mercado indiano de purificadores de água. Provavelmente a maior razão para essa pequena participação fosse a falta de conhecimento do produto entre os consumidores. Os purificadores ZERO-B estavam no mercado havia alguns anos. Eles não eram intensamente anunciados, nem contavam com a força do trabalho de venda do Aquaguard. A distribuição também era limitada. Durante a visita de Chatterjee, ele só conseguiu encontrar cinco revendedores em Calcutá que trabalhavam com os produtos ZERO-B e nenhum em Bangalore. Os revendedores com quem ele havia tido contato eram da opinião de que o trabalho de *marketing* do ZERO-B logo seriam intensificados – dois haviam ouvido boatos de que uma equipe de vendas de porta em porta estava planejada e que a propaganda ao consumidor estava para começar.

Chatterjee confirmou isso com uma visita a uma agência de propaganda de Calcutá. Um modesto número de comerciais de 10 segundos na televisão logo iria ao ar nos canais metropolitanos Zee TV e DD. Os comerciais se concentrariam em educar os consumidores com o posicionamento: "Não é um filtro". Ao contrário, ZERO-B é um purificador de água e muito mais eficaz do que um filtro de vela na prevenção de problemas de saúde. À parte desse trabalho de propaganda, a única outra forma de promoção usada era uma brochura nos pontos de venda que os revendedores poderiam dar a clientes potenciais (ver a Figura 4).

De modo geral, Chatterjee achava que a Ion Exchange pudesse ser uma participante importante no mercado. A empresa tinha mais de 30 anos de experiência no campo de purificação de água e dedicava mais de 10 milhões de rúpias por ano a pesquisas e desenvolvimento. "Na verdade", pensava Chatterjee, "tudo o que a Ion Exchange precisa realmente fazer é reconhecer o potencial do mercado e torná-lo prioridade na empresa". No entanto, isso poderia ser difícil, dada a forte ênfase da empresa nos mercados industriais. Chatterjee estimava que os produtos ZERO-B seriam responsáveis por menos de 2% do total de vendas da Ion Exchange, calculados em um milhão de rúpias. Ele achava que a despesa total de *marketing* para o ZERO-B estivesse em torno de três milhões de rúpias.

FIGURA 4

Brochura de venda de ZERO-B

Singer

A mais recente concorrente a entrar no mercado indiano de purificadores de água era a Singer India Ltd. Originalmente, a Singer India era uma subsidiária da Singer Company, localizada nos Estados Unidos, mas uma participação minoritária (49%) foi vendida para investidores indianos em 1982. A mudança de proprietários levou à construção de instalações de fabricação de máquinas de costura na Índia em 1983. As instalações foram expandidas em 1993 para produzir uma ampla linha de aparelhos domésticos. As receitas de vendas para toda a linha de produtos – máquinas de costura, processadores de alimentos, ferros de passar roupa, liquidificadores, torradeiras, aquecedores de água, ventiladores de teto, fogões e televisores a cores – estariam em torno de 900 milhões de rúpias.

Durante a estada de Chatterjee em Calcutá, ele havia visitado um showroom da Singer Company em Park Street. Inicialmente, ele esperava que a Singer pudesse ser uma parceira adequada para fabricar e distribuir o purificador Delight. Contudo, para sua grande surpresa, disseram-lhe que a Singer agora tinha sua própria marca no mercado: "Aquarius". O produto ainda não estava disponível em Calcutá, mas já era vendido em Bombaim e Déli.

Uma agência de pesquisa de *marketing* em Déli conseguiu reunir algumas informações sobre o purificador Singer. O produto continha nove estágios (!) e era vendido aos consumidores por 4.000 rúpias. Ele removia sedimentos e metais pesados, além de gostos, odores e cores desagradáveis. Também matava bactérias e vírus, fungos e nematóides. O purificador exigia pressão de água (mínimo de 8 PSI) para operar, mas não precisava de eletricidade. Era oferecido em apenas um modelo para colocação sobre balcão que podia ser levado de uma peça para outra. A vida do dispositivo a uma razão de fluxo de 3,8 litros por minuto era de 40.000 litros – cerca de seis anos de uso em uma típica residência indiana. A vida do produto poderia ser estendida para 70.000 litros, com uma razão de fluxo menor. No entanto, aos 70.000 litros, o produto deveria ser descartado. A agência relatou uma forte campanha de propaganda junto ao lançamento em Déli – enfatizando a propaganda na TV e no jornal, com o apoio de anúncios em outdoors e em veículos. Todos os 10 showrooms em Déli faziam vívidas demonstrações da operação do produto.

Chatterjee teve que admitir que as fotos do purificador Aquarius mostradas no showroom em Calcutá pareciam atraentes. E um artigo comercial que ele encontrou descrevia o produto como "estado da arte" em comparação com os produtos "primitivos" que estavam no mercado. Chatterjee e os engenheiros da Graneer Systems concordaram – a resina desinfetante do Aquarius havia sido desenvolvida pela NASA, e tinha provado eficácia de 100% contra bactérias e vírus. "Se eu ao menos pudesse ter trazido uma unidade", pensou Chatterjee. "Poderíamos ter alguns resultados de testes para ver se é bom mesmo". O artigo comercial também mencionava que a Singer esperava vender 40.000 unidades ao longo dos dois anos seguintes.

Chatterjee sabia que a Singer era um nome de marca bem-conhecido e respeitado na Índia. Mais ainda, os canais de distribuição da Singer eram superiores aos de qualquer concorrente no mercado, inclusive, aos dos produtos da Eureka Forbes. O mais notável dos três canais de distribuição da Singer eram os 210 showrooms da empresa localizados nas principais áreas urbanas em todo o país. Cada um vendia toda a linha de produtos Singer e oferecia assistência técnica. Todos eram muito bem organizados e contavam com uma equipe experiente. Os produtos da Singer também eram vendidos por toda a Índia por mais de 3.000 revendedores independentes, que recebiam estoque de cerca de 70 distribuidores indicados pela Singer. De acordo com a agência de pesquisa de *marketing* em Déli, os distribuidores obtinham margens de 12% do preço de varejo para o Aquarius, enquanto os revendedores tinham margens de 5%. Finalmente, a Singer empregava mais de 400 vendedores, que vendiam máquinas de costura e processadores de alimentos de porta em porta. Como a Eureka Forbes, a equipe de vendas diretas vendia os produtos principalmente em grandes mercados urbanos.

■ OUTROS CONCORRENTES

Chatterjee sabia da existência de vários outros purificadores de água no mercado indiano. A marca Delta, da S&S Industries, em Madras, parecia uma cópia do Aquaguard, exceto pelo design mais bonito, para colocação em cima de balcão. De acordo com a literatura promocional, o Delta oferecia uma linha de produtos relacionados com água – purificadores, suavizadores de água, removedores de ferro, dessalinizadores e ozonizadores. Outra concorrente era a Alfa Water Purifiers, de Bombaim. A empresa oferecia quatro modelos de purificadores a preços que variavam de 4.300 a 6.500 rúpias, dependendo da capacidade. A marca Symphony's Spectrum vendia bem em Bombaim por 4.000 rúpias, mas removia apenas sedimentos em suspensão, sem eliminar metais pesados nem bactérias. O Sam Group, em Coimbatore, havia lançado recentemente seu purificador "Water Doctor" por 5.200 rúpias. O aparelho usava um ozonizador no terceiro estágio para matar bactérias e vírus e vinha em dois modelos atraentes para colocação em balcão, com 6 e 12 litros de capacidade de armazenamento. Batliboi foi mencionado pela agência de pesquisa de Déli como outro concorrente, embora Chatterjee não soubesse nada mais sobre a marca. Tomadas em conjunto, as vendas unitárias de todos os purificadores dessas empresas, mais o ZERO-B e os da Singer, provavelmente perfariam um total aproximado de 600.000 unidades no ano 2000. As 190.000 unidades restantes seriam de Aquaguard e PureSip.

Pelo menos 100 empresas indianas fabricavam e vendiam filtros de vela. A maior delas provavelmente era a Bajaj Electrical Division, cuja linha de produtos também incluía aquecedores de água, ferros de passar roupa, lâmpadas elétricas, torradeiras, liquidificadores e grelhas. Os filtros de vela da Bajaj eram vendidos por um grande número de revendedores, que ofereciam toda a linha de produtos. Os filtros de vela produzidos por outros fabricantes eram vendidos, em sua maioria, por revendedores especializados em pequenos aparelhos domésticos e em ferragens em geral. Provavelmente nenhum fabricante de filtros de vela detinha mais de 5% de qualquer um dos mercados regionais no país. Nenhum fabricante tentava satisfazer um mercado nacional. Ainda assim, o mercado dos filtros de vela merecia séria consideração – talvez a estratégia de entrada do Delight tentasse "levar" os usuários de filtros de vela a um produto melhor e mais seguro.

Finalmente, Chatterjee sabia que as vendas de quase todos os purificadores em 2000, na Índia, viriam de grandes áreas urbanas. Nenhum fabricante se dirigia a zonas rurais ou áreas urbanas menores, e, na melhor das hipóteses, Chatterjee havia calculado que os fabricantes existentes estavam atingindo somente de 10 a 15% de toda a população indiana. Uma explosão nas vendas ocorreria se o produto certo pudesse ser vendido fora das áreas metropolitanas.

■ RECOMENDAÇÕES

Chatterjee decidiu que a entrada da Graneer Systems no mercado indiano estava sujeita a três "dados", como ele dizia. Primeiro, ele achava que um foco estratégico em áreas urbanas menores ou em zonas rurais não seria inteligente, pelo menos não no início. A falta de distribuição adequada e de infra-estrutura de comunicação na Índia rural significava que qualquer entrada de mercado começaria pelas cidades indianas maiores, mais provavelmente na costa ocidental.

Segundo, a entrada no mercado exigiria unidades de fabricação na Índia. Como o custo da mão-de-obra habilitada na Índia estava em torno de 20 a 25 rúpias por hora (em comparação com os 20 a 25 dólares por hora nos Estados Unidos), a importação de unidades completas estava fora de cogitação. No entanto, a importação de alguns elementos principais seria necessária no início da operação.

Terceiro, a Graneer Systems deveria encontrar uma parceira indiana. As visitas de Chatterjee haviam produzido uma série de parceiras promissoras: Polar Industries, Calcutá; Milton Plastics, Bombaim; Videocon Appliances, Aurangabad; BPL Sanyo Utilities and Appliances, Bangalore; Onida Savak, Déli; Hawkins India, Bombaim; e Voltas, Bombaim. Todas as empresas fabricavam e comercializavam uma linha de aparelhos domésticos de alta qualidade, possuíam um ou mais nomes de marca fortes e tinham redes de revendedores estabelecidas (mínimo de 10.000 revendedores). Todas estavam envolvidas, em maior ou menor grau, com parceiras internacionais. Todas eram empresas de porte médio – nem tão grandes a ponto de a parceria com a Graneer Systems ser unilateral, nem tão pequenas a ponto de não terem talento administrativo e outros recursos. Finalmente, todas eram lucrativas e buscavam o crescimento. No entanto, Chatterjee não tinha a menor idéia se alguma dessas empresas acharia o purificador Delight e a Graneer Systems atraentes ou se elas poderiam ser persuadidas a vender uma parte ou o todo de suas operações em um processo de aquisição.

Teste de campo e recomendações do produto

A decisão mais premente de Chatterjee era se ele deveria ou não recomendar um teste de campo. O teste custaria aproximadamente 25.000 dólares, colocando 20 unidades em domicílios indianos em três cidades e monitorando seu desempenho por três a seis meses. A decisão de fazer o teste realmente era maior do que parecia – o chefe de Chatterjee tinha explicado que a decisão de testar era, na verdade, uma decisão de entrar. Não fazia sentido gastar esse tempo e esse dinheiro se a Índia não fosse uma oportunidade atraente. O período de testes também daria aos representantes da Graneer Systems tempo para identificar uma empresa indiana adequada para ser licenciada, parceira de joint venture ou aquisição.

Fundamental para a entrada no mercado era o design do produto. Os engenheiros da Graneer Systems afirmavam que as tecnologias de purificação planejadas para o Delight poderiam ser "empacotadas em praticamente qualquer modelo, desde que houvesse energia elétrica". A eletricidade era necessária para operar o ozonizador do produto, bem como para indicar aos usuários se a unidade estava funcionando adequadamente (ou não, como poderia acontecer). Além dessa exigência, qualquer coisa era possível.

Chatterjee achava que uma abordagem em módulos seria melhor. O módulo básico seria uma unidade para colocação sobre o balcão, como a apresentada na Figura 2. O módulo superaria qualquer outro dispositivo no mercado em termos de razão de fluxo, paladar, durabilidade e confiabilidade e armazenaria dois litros de água purificada. Dois módulos adicionais removeriam o ferro, o cálcio e outros contaminantes metálicos que eram peculiares a determinadas regiões. Por exemplo, Calcutá e grande parte da área circundante sofriam com a contaminação por ferro, que nenhum filtro ou purificador na época no mercado indiano conseguia remover até um nível satisfatório. Sabia-se que as reservas de água em outras regiões do país continham concentrações indesejáveis de cálcio, sal, arsênico, chumbo ou enxofre. A maioria dos consumidores indianos não precisaria dos módulos adicionais, alguns precisariam de um ou de outro, mas poucos necessitariam de ambos.

Entrada no mercado e recomendações para planejamento de *marketing*

Supondo-se que Chatterjee recomendasse o prosseguimento com o teste de campo, ele precisaria fazer uma recomendação quanto ao modo de entrada no mercado. Além disso, sua recomendação deveria incluir um esboço de um plano de *marketing*.

Considerações sobre licenciamento Se a entrada no mercado fosse na forma de contrato de trabalho conjunto com um licenciado, o investimento financeiro da Graneer Systems seria mínimo. Chatterjee achava que a Graneer Systems poderia arriscar apenas 30.000 dólares de capital para equipamento e instalações de produção, mais 5.000 dólares para equipamento e instalações de escritórios. Esses investimentos seriam completamente compensados pelo pagamento do licenciado à Graneer Systems pela transferência de tecnologia e treinamento de funcionários. Os custos fixos anuais para a Graneer Systems não deveriam passar de 40.000 dólares no início e diminuiriam para 15.000 dólares assim que um indiano pudesse ser contratado e treinado e assumisse a responsabilidade. As obrigações desse indivíduo seriam trabalhar com a equipe da Graneer Systems nos Estados Unidos e com a administração da empresa licenciada para verificar se as unidades estariam sendo produzidas de acordo com as especificações da empresa. Fora essa atividade, a Graneer Systems teria que controlar as operações do licenciado. Chatterjee esperava que a empresa licenciada pagasse royalties para a Graneer Systems de aproximadamente 280 rúpias por cada unidade vendida no mercado doméstico e de 450 rúpias para cada unidade que fosse exportada. A média de royalties provavelmente ficaria em torno de 300 rúpias.

Considerações sobre joint venture/aquisição Se a entrada no mercado ocorresse por meio de joint venture ou de aquisição, o investimento financeiro e os custos fixos anuais seriam muito maiores e dependeriam muito do escopo das operações. Chatterjee tinha feito algumas estimativas

FIGURA 5

Investimentos e custos fixos para uma entrada no mercado via joint venture

	Escopo operacional		
	Duas regiões	Quatro regiões	Mercado nacional
Potencial de mercado em 2003 (unidades)	55.000	110.000	430.000
Investimento inicial (Rs. 000)	4.000	8.000	30.000
Despesas gerais fixas anuais (Rs. 000)			
Usando canais de revendedores	4.000	7.000	40.000
Usando equipe de vendas diretas	7.200	14.000	88.000

para uma entrada por joint venture, com base em três níveis de escopo (Figura 5). Suas estimativas refletiam o que ele achava que fossem suposições razoáveis para todos os investimentos necessários, mais as despesas fixas anuais para atividades de vendas, despesas administrativas gerais, pesquisa e desenvolvimento, seguro e depreciação. Suas estimativas permitiam que o purificador Delight fosse vendido por meio de revendedores ou por equipe de vendas diretas, de porta em porta. Chatterjee pensava que as estimativas de despesas fixas anuais para entrada no mercado via aquisição seriam idênticas às de um joint venture. No entanto, as estimativas para o investimento (compra) poderiam ser consideravelmente mais altas, iguais ou mais baixas. Dependia do que fosse comprado.

As estimativas de Chatterjee para as margens de contribuição unitária do Delight refletiam uma série de suposições – as economias de escala esperadas, efeitos de curva de experiência, custos da mão-de-obra indiana e das matérias-primas e estratégias de preço dos concorrentes. Contudo, a suposição mais importante dizia respeito à estratégia de preço do Delight. Se uma estratégia de desnatação fosse utilizada e o produto fosse vendido através de um canal de revendedor, o módulo básico teria o preço de 5.550 rúpias para os revendedores e de 5.900 rúpias para os consumidores. "Isso nos daria aproximadamente 650 rúpias de contribuição unitária, assim que a produção estive fluindo uniformemente", pensou Chatterjee. Por outro lado, se uma estratégia de penetração fosse usada e o produto fosse vendido por meio de um canal de revendedores, o módulo básico custaria 4.100 rúpias para os revendedores, 4.400 para os consumidores e produziria uma contribuição unitária de 300 rúpias. Para fins de simplificação, Chatterjee supôs que os dois módulos adicionais custariam 800 rúpias para os revendedores e 1.000 rúpias para os consumidores, produzindo uma contribuição unitária de 100 rúpias. Finalmente, ele supôs que todos os produtos vendidos para os revendedores iriam diretamente da Graneer Systems para os pontos de revenda (não seriam usados distribuidores).

Se uma equipe de vendas diretas fosse empregada em vez dos revendedores, Chatterjee acreditava que os preços cobrados dos consumidores não seriam diferentes dos apresentados acima. No entanto, as comissões de vendas teriam que ser pagas, além dos custos fixos necessários para manter e administrar a equipe. Em uma estratégia de desnatação, a comissão de vendas seria de 550 rúpias por unidade, e a contribuição unitária seria de 500 rúpias. Em uma estratégia de penetração, a comissão de vendas seria de 400 rúpias por unidade, e a contribuição unitária seria de 200 rúpias. Essas estimativas financeiras, Chatterjee explicaria em seu relatório, se aplicariam ao primeiro ano esperado de operação.

Desnatação *versus* penetração era mais do que uma simples estratégia de preços. O design do produto para a estratégia de desnatação seria notavelmente superior, com melhor desempenho e qualidade, período de garantia mais longo, mais vantagens e aparência mais atraente do que no design para estratégia de penetração. O posicionamento, também, muito provavelmente seria diferente. Chatterjee reconhecia várias possibilidades de posicionamento: desempenho e sabor, valor para o dinheiro/preço baixo, segurança, saúde, conveniência, estilo atraente, prevenção de doenças e gastos relacionados com a saúde e tecnologia americana superior. A única posição que ele considerava "tomada" no mercado era a ocupada pelo Aquaguard – proteção da saúde da família e assistência na porta de casa. Embora outros concorrentes reivindicassem certas posições para seus produtos, nenhum tinha dedicado recursos financeiros de um modo que o Delight não pudesse desbancá-los. Chatterjee acreditava que gastos consideráveis com propaganda e promoção seriam necessários para comunicar o posicionamento do Delight. Ele precisaria de estimativas desses gastos em sua recomendação.

"Se prosseguirmos com o Delight, teremos que andar rápido", pensou Chatterjee. "A janela de oportunidade está aberta, mas se o produto da Singer for tão bom quanto eles afirmam, entraremos numa guerra. Mesmo assim, o Aquarius parece vulnerável quanto às exigências de pressão de água e no que se refere ao preço. Precisaremos de uma categoria de produto 'arrasadora' para vencer".

CASO

Carvão Kingsford

As gerentes de marca Marcilie Smith Boyle (MBA na HBS, turma de 1996) e Allison Warren iam se encontrar para sua reunião semanal de avaliação do carvão Kingsford ("Kingsford") em fevereiro de 2001 nos escritórios da Clorox em Oakland, CA. Como gerentes de marca que trabalhavam em conjunto para o negócio de carvão de 350 milhões de dólares, Smith Boyle e Warren tinham muito que discutir durante sua quarta-feira "conjunta". Ambas haviam assumido a marca em julho de 2000, bem quando ficou evidente que os resultados do verão iriam ficar abaixo do previsto. Desde a década de 1980, o Kingsford tinha desfrutado de um crescimento constante e moderado de 1-3% de receitas por ano. Durante esse período, a categoria de carvão vegetal como um todo também tinha crescido. No entanto, o verão de 2000 representou o primeiro enfraquecimento na categoria geral de carvão em vários anos, e Smith Boyle e Warren receberam a tarefa de determinar as causas e propor recomendações.

Enquanto a equipe analisava várias tendências com relação a competição, preços, propaganda, promoção e produção, Smith Boyle e Warren viam-se confrontadas com uma série de decisões estratégicas críticas que teriam impacto sobre a futura trajetória da marca Kingsford. Os preços do Kingsford não tinham aumentado por muitos anos, nem a marca havia sido anunciada de forma significativa desde 1998 – opções que agora exigiam consideração. Com o longo percurso do Kingsford marcado pelo forte impulso de atividades de comercialização e vendas, Smith Boyle e Warren perguntaram-se se haveria uma oportunidade de equilibrar esse esforço e investir mais em reacender o interesse do consumidor no preparo de grelhados com carvão. Elas perceberam que essa iniciativa poderia ter um impacto significativo na imagem da marca e na mensagem de propaganda. Também havia algumas questões de produção pairando no horizonte – se a Clorox realmente investisse na construção do negócio Kingsford, a capacidade existente seria adequada? Smith Boyle e Warren tinham combinado se reunir com seu diretor de *marketing*, Derek Gordon, na semana seguinte e estavam ansiosas para saber sua opinião sobre as recomendações antes da revisão anual do negócio Kingsford, a ser realizada mais tarde naquele mês.

■ O HÁBITO DE GRELHAR NOS ESTADOS UNIDOS

As pessoas do mundo inteiro cozinham sobre chamas, mas os americanos o fazem com mais freqüência e melhor. Grelhar é a arte culinária americana essencial, um glorioso direito inato celebrado todos os dias de um lado a outro do país. É uma paixão, uma festa, um modo de cozinhar que não parece uma obrigação. Tem a ver com brincar com fogo sob céu aberto, brandindo uma espátula comum em uma mão

---

Os professores Das Narayandas e Alison Berkley Wagonfeld prepararam a versão original deste caso, "Kingsford Charcoal", HBS No. 505-076, que está sendo substituída por esta versão, elaborada pelos mesmos autores. Dados selecionados foram alterados para fins de confidencialidade. Os casos HBS são desenvolvidos unicamente como base para discussão em aula e não se destinam a servir de endosso, fontes de dados primários ou ilustração de administração eficaz ou ineficaz. Copyright © 2005 President and Fellows of Harvard College. Para pedir cópias ou solicitar permissão para reproduzir materiais, telefonar para 1-800-545-7685, escrever para Harvard Business School Publishing, Boston, MA 02163, ou acessar HTTP://www.hbsp.harvard.edu. Nenhum excerto desta publicação pode ser reproduzido, armazenado em sistema de recuperação, usado em planilha ou transmitido de qualquer forma ou por qualquer meio – eletrônico, mecânico, fotocópia, gravação ou outros – sem a permissão da Harvard Business School.

e uma bebida gelada na outra. Acima de tudo, é um meio infalível de você conseguir uma boa comida, divertindo-se muito. Faça disso uma grande refeição...

Excerto da capa frontal de *Born to Grill: An American Celebration* (1998), Cheryl Alters Jamison e Bill Jamison

No final da década de 1990, três de cada quatro residências dos Estados Unidos possuía uma churrasqueira, com 80% delas pertencendo a famílias mais jovens, maiores e de maior renda. O número total de churrascos nos Estados Unidos havia passado de 1,4 bilhão em 1987 para 2,7 bilhões em 1995 e mais de três bilhões no ano 2000.[1]

Pouco mais da metade dos proprietários de churrasqueiras era formada por usuários moderados/freqüentes, mas eram estes que faziam a maior parte dos churrascos (mais de 85% de todas as ocasiões). Mais de 60% dos churrasqueiros eram homens, e as mais populares ocasiões para se fazer churrasco eram: 4 de Julho, Dia do Trabalho, Dia dos Combatentes de Guerra e ocasiões especiais, como *tailgating*.[2] Razões comuns para se fazer um churrasco incluía o ótimo sabor, vontade de estar ao ar livre, passeio com a família e amigos, mudança de ritmo, limpeza fácil e informalidade. Embora os assadores tivessem expandido amplamente seu repertório de assados com o passar do tempo, os alimentos que costumavam estar freqüentemente "no topo da lista" não haviam mudado muito. Entre os mais populares, estavam os hambúrgueres, bifes, cachorros-quentes, peitos de frango, costeletas de porco, costelas e lingüiças. Batatas assadas, vegetais ao vapor ou marinados eram os mais freqüentes pratos de acompanhamento para os assados.[3]

Churrasqueiras a gás e a carvão eram os dois tipos mais usados. Embora o processo de assar com carvão fosse mais demorado tanto para organizar quanto para cozinhar, a maioria dos assadores mais dedicados preferia a churrasqueira a carvão porque ela oferecia uma experiência mais vívida no preparo e por causa do sabor que ela proporcionava aos alimentos. A churrasqueira a gás, por outro lado, era preferida por aqueles que buscavam conveniência, maior controle sobre a temperatura de cozimento, menos tempo de preparo e facilidade de limpeza.

■ HISTÓRIA DA CLOROX COMPANY

A Clorox Company ("Clorox") foi fundada em 1913 como The Electro-Alkaline Company. Seu primeiro produto foi um alvejante líquido para uso industrial feito de uma combinação de cloro e hidróxido de sódio. O alvejante originalmente era fabricado em Oakland, Califórnia, e vendido na Bay Area. Em 1922, a empresa mudou seu nome para Clorox Chemical Company, e logo expandiu sua distribuição para o resto dos Estados Unidos. Em 1957, a Clorox era líder na produção de alvejante nos Estados Unidos e mudou seu nome para The Clorox Company.

A Procter & Gamble foi atraída pela liderança da Clorox na categoria e ofereceu-se para comprar a empresa em 1957. Apesar de a venda ter sido feita, a U.S. Federal Trade Commission contestou a aquisição com base no argumento de que a empresa combinada poderia criar um monopólio no setor de alvejantes líquidos domésticos. Depois de 10 anos de litígio, o Supremo Tribunal dos Estados Unidos forçou a P&G a vender a Clorox, e, em 1969, a Clorox tornou-se uma empresa autônoma, participando da Bolsa de Valores de Nova York. Após obter sua independência, a Clorox

---

[1] Não há uma versão definitiva para a origem da palavra *barbecue* ("churrasco", em inglês), nem se sabe por que às vezes é usada como substantivo, verbo ou adjetivo. Alguns dizem que os espanhóis têm o crédito pela palavra, derivada de *barbacoa*, palavra indígena americana para designar uma estrutura de madeira verde sobre a qual os alimentos eram colocados para serem cozidos sobre carvão quente. Outros acham que os responsáveis são os franceses, explicando que, quando piratas caribenhos chegaram às praias do sul dos Estados Unidos, costumavam assar caça em uma espécie de espeto que perpassava o animal "dos bigodes à cauda", ou "de barbe à queue". Fonte: *site* da Hearth, Patio, and Barbecue Association – http://www.hpba.org/consumer/bbq/bbqTrivia.shtml.

[2] *Tailgating* literalmente significa participar de um piquenique que é servido na parte de trás de um veículo, como ocorre antes de um evento esportivo.

[3] Hearth, Patio, and Barbecue Association – http://www.hpba.org/consumer/bbq/bbqTrivia.shtml.

buscou uma estratégia agressiva de crescimento, impulsionada por aquisições e pesquisa e desenvolvimento internos. Em 2000, a empresa tinha mais de 50 produtos que eram comercializados para consumidores do mundo inteiro.[4]

Em 30 de junho de 2000, a Clorox tinha vendas anuais de 4,1 bilhões de dólares e ganhos líquidos de 394 milhões de dólares. Para fins de relatório, a empresa dividiu seus resultados em três categorias principais: Produtos Domésticos EUA e Canadá (40% das vendas), Produtos Especiais EUA (45% das vendas) e Internacional (15% das vendas) (ver a Figura 1 para dados financeiros da empresa). Além do alvejante Clorox, havia produtos domésticos, como Glad, filtros de água (Brita) e produtos de limpeza, como Formula 409, Pine Sol, Soft Scrub, Liquid Plumr, Tilex e Ready Mop. Os produtos especiais consistiam em areia sanitária para gatos (Fresh Step, Scoop Away); produtos

FIGURA 1

Dados financeiros da Clorox Company

Demonstração condensada de lucros consolidados – Dados anuais

Anos terminados em 30 de junho (em milhões de $, exceto quantias percentuais e por ação)	2000	1999	1998
Vendas líquidas	**$4.083**	**$4.003**	**$3.898**
Custos e despesas			
Custo de produtos vendidos	2.250	2.181	2.124
Venda e administração	525	554	548
Propaganda	465	474	491
Pesquisa e desenvolvimento	63	63	62
Fusão, reestruturação e ajuste de ativos	36	180	3
Despesa de juros	98	97	104
Outras despesas – Líquidas	24	24	10
Total de custos e despesas	3.461	3.573	3.342
Ganhos antes de impostos e efeito cumulativo de mudança em princípio de contabilidade	622	430	556
Impostos de renda	228	184	206
Ganhos antes de efeito cumulativo de mudança em princípio de contabilidade	394	236	350
Efeito cumulativo de mudança em princípio de contabilidade	–	–	(7)
Ganhos líquidos	**$394**	**$246**	**$343**
Ganhos por participação			
Básico			
Ganhos antes de efeito cumulativo de mudança em princípio de contabilidade	$1,67	$1,05	$1,49
Efeito cumulativo de mudança em princípio de contabilidade	–	–	(0,03)
Ganhos líquidos	$1,67	$1,05	$1,46
Diluídos			
Ganhos antes de efeito cumulativo de mudança em princípio de contabilidade	$1,64	$1,03	$1,46
Efeito cumulativo de mudança em princípio de contabilidade	–	–	(0,03)
Ganhos líquidos	$1,64	$1,03	$1,43

Fonte: Clorox 2000 Annual Report. *(continua)*

---

[4] Baseado na história da empresa, disponível em www.clorox.com/company/history, acessado em 30 de agosto de 2004.

FIGURA 1 *(continuação)*

Demonstração condensada de lucros consolidados – Dados trimestrais e semestrais

Anos com término em 31 de dezembro (em milhões de $, exceto quantias percentuais e por ação)	Três meses com término em		Seis meses com término em	
	31/12/00	31/12/99	31/12/00	31/12/99
Vendas líquidas	$899	$954	$1.884	$1.896
Custos e despesas				
Custo de produtos vendidos	525	535	1.074	1.052
Venda e administração	128	135	251	262
Propaganda	100	110	210	226
Pesquisa e desenvolvimento	17	15	31	29
Reestruturação e ajuste de ativos	4	6	4	8
Despesa de juros	23	23	49	46
Outras despesas – líquidas	3	10	11	16
Total de custos e despesas	800	834	1.630	1.639
Ganhos antes de impostos e efeito cumulativo de mudança em princípio de contabilidade	99	120	254	257
Impostos de renda	35	44	90	94
Ganhos antes de efeito cumulativo de mudança em princípio de contabilidade	64	76	164	163
Efeito cumulativo de mudança em princípio de contabilidade	–	–	(2)	–
Ganhos líquidos	$64	$76	$162	$163
Ganhos por participação				
Ganhos líquidos por ação (básico)	$0,27	$0,32	$0,69	$0,69

Fonte: Clorox, 31 de dezembro de 2001, Form 10-Q.

para automóveis (Armor All; STP), carvão e fluído acendedor (Kingsford, MatchLight); e temperos e molhos (Hiden Valley, KC Masterpiece).[5] Quase todos os produtos da Clorox estavam entre os líderes em suas respectivas categorias.

Cada grupo de produtos era administrado por uma equipe de marca que tipicamente consistia de um gerente de marca e vários gerentes de marca associados. A organização da marca era geralmente responsável pelo estabelecimento da estratégia de negócios, compreensão do consumidor, desenvolvimento de propaganda, elaboração de previsões de curto prazo e auxílio nas promoções de vendas. Por isso, a equipe de marca tinha que trabalhar próxima de outras funções, especialmente com vendas, fornecimento de produtos e finanças. Gordon explicou: "Uma das principais funções da equipe de marca é entender o consumidor e aplicar esse aprendizado".

A Clorox vendia a maior parte de seus produtos para supermercados varejistas e distribuidores, instalações militares no mundo todo, comerciantes de massa, clubes atacadistas e lojas de medicamentos, de descontos, de ferragens e de variedades. A empresa contava com sua própria equipe de vendas, bem como com uma combinação de corretores/distribuidores. A Clorox também vendia produtos para clientes profissionais/institucionais por meio de uma rede de corretores e representantes industriais. Em junho de 2000, a Clorox tinha aproximadamente 11.000 funcionários no mundo inteiro.

---

[5] A Clorox havia adquirido várias dessas marcas (por exemplo, Glad, STP, Scoop Away) por meio de sua aquisição em 1999 da First Brands Corp. por dois bilhões de dólares.

O CARVÃO KINGSFORD

O carvão Kingsford representava um dos maiores grupos de produtos no portfólio da Clorox. Em 2000, o carvão representava aproximadamente 9% das receitas da Clorox e uma porcentagem substancialmente mais alta de sua renda líquida. O negócio havia iniciado nos anos 20, quando Henry Ford desenvolveu um processo para transformar sobras de madeira em briquetes de carvão que queimavam mais e em temperatura mais elevada do que a madeira comum. E. G. Kingsford, madeireiro e parente de Ford, ajudou a construir a primeira fábrica de briquetes e a comercializá-los. A fábrica mais tarde foi comprada por um grupo de investimentos e depois adquirida pela Clorox em 1973.

Produto e preço

O carvão Kingsford era feito de madeira, minerais, calcário, amido, bórax, nitrato de sódio e serragem, envolvendo um procedimento de duas fases. O processo começava com a transformação de sobras de madeira (por exemplo, resíduos de fábricas de móveis) em cinzas em uma instalação de transformação de 15 a 20 milhões de dólares, que aquecia a madeira em uma atmosfera controlada de oxigênio. A cinza de madeira era então combinada com os outros ingredientes em uma instalação de 20 a 30 milhões de dólares, que convertia os materiais em briquetes no formato de almofada. Em junho de 2000, o Kingsford tinha cinco fábricas nos Estados Unidos, cada uma abrigando as duas fases da operação.

Alguns dos briquetes de carvão eram embalados como estavam em pacotes azuis e eram vendidos como Kingsford Charcoal ("comum" ou "pacote azul"), enquanto outros eram tratados com o fluído acendedor Kingsford e vendidos como Kingsford Match Light em pacotes vermelhos ("instantâneo" ou "pacote vermelho"). A maior parte do volume de ambos os tipos era vendida em três tamanhos: 4,5 Kg, 9 Kg e 22 Kg (dois pacotes de 11 Kg) para o comum, e 3,5 Kg, 7 Kg e 14 Kg (dois pacotes de 7 Kg) para o instantâneo. O tamanho maior geralmente só estava disponível em atacados, como Costco e Sam's Club, enquanto que as lojas de alimentos (por exemplo, supermercados), comerciantes de massa (como a Target e a K-Mart) e farmácias (por exemplo, a Walgreens) e a Wal-Mart ofereciam uma mistura dos outros tamanhos de embalagem.

Em 2000, as lojas de alimentos eram responsáveis por 66% do total de vendas de carvão; os comerciantes de massa e a Wal-Mart, por um pouco mais de 15%; as farmácias, por 2%; e atacados e outros canais não registrados respondiam pelos 16% restantes. O carvão comum representava aproximadamente 75% do fornecimento total, com o tamanho de 9 Kg compreendendo cerca de 60% das vendas.

Os preços variavam de acordo com o produto e o tamanho da embalagem. Em janeiro de 2001, o preço médio aos consumidores para o pacote de 4,5 Kg de carvão comum era $4,25 e o do pacote de 9 Kg era $6,78. Os preços médios ao consumidor para os pacotes de carvão instantâneo eram de $5,20 para 3,5 Kg e de $8,07 para 7 Kg.[6] Na maioria dos canais, o carvão Kingsford competia com o Royal Oak e marcas próprias. As marcas próprias eram normalmente vendidas com 25 a 30% de desconto em relação aos Kingsford, sendo que o Royal Oak costumava ficar com um preço intermediário. Virtualmente todos os produtos de marcas próprias eram fabricados e distribuídos pela Royal Oak.

Principais fatores para o sucesso

O negócio do Kingsford era sazonal, com quase 60% das compras dos consumidores ocorrendo entre 1º de maio e 1º de setembro (ver a Figura 2 para vendas semanais em 2000). Os feriados de 4 de Julho e dos Combatentes de Guerra, que se estendiam pelo fim de semana, representavam 35% das vendas anuais do Kingsford, impulsionadas em grande parte pelas promoções nas lojas organizadas pela equipe do Kingsford. Smith Boyle explicou: "Nossa equipe de vendas causa grande impacto trabalhando com os varejistas para garantir que haja sempre, no mínimo, 3.400 Kg disponíveis durante

---

[6] Com base em dados de 2001 do Information Resources Inc. (IRI), conforme foram fornecidos pela Clorox.

FIGURA 2

Vendas semanais em 2000

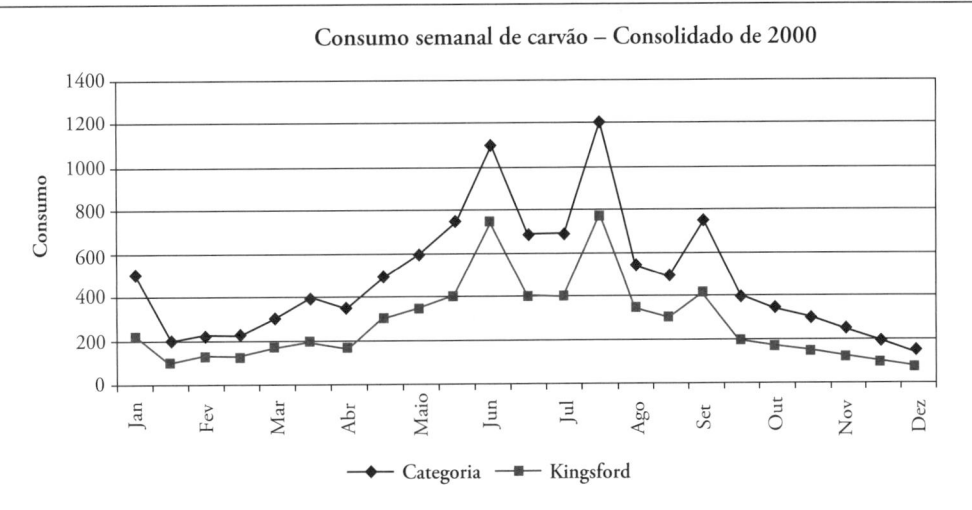

Consumo semanal de carvão – Consolidado de 2000

[Gráfico de linhas mostrando consumo semanal de Jan a Dez, com séries "Categoria" e "Kingsford". Picos de Categoria em Jun (~1100) e Jul (~1200).]

Estação	Datas	Feriados	Consolidado de 2000 Consumo (%)	Fornecimento (%)
Início	1º de março a 1º de maio	Páscoa	17%	45%
Pico	1º de maio a 1º de agosto	Dia das Mães, Dia dos Pais Dia dos Combatentes de Guerra, 4 de Julho	46%	28%
Final	1º de agosto a 1º de outubro	Dia do Trabalho	18%	10%
Fora de estação	1º de outubro a 1º de março	Ação de Graças, Domingo do Superbowl	19%	17%

Fonte: IRI Consumption Data, OLAP Wired Shipment Data: Consolidado de 2000.

os primeiros meses da temporada de churrascos. Os feriados de verão são de especial importância, e o Kingsford costuma contribuir com dinheiro para ajudar a reduzir preços dos nossos produtos durante os principais fins de semana".

A equipe de vendas da Clorox tinha anos de experiência no trabalho com contas importantes, e muitos dos altos executivos de vendas da empresa, tais como Grant LaMontagne, vice-presidente de vendas, haviam vendido carvão no início de suas carreiras. LaMontagne acreditava que a Clorox realmente entendia da categoria. Ele explicou:

> Nosso sucesso na categoria de carvão é a "disciplina". Isso levou à constância nas ações de *marketing* e vendas no decorrer do tempo e à coerência na mensagem comunicada dentro de nossa própria organização de vendas e *marketing* para o canal e para o consumidor final. Descobri que as marcas de sucesso podem se desviar com o tempo quando a empresa começa a brincar com a marca. Em seu esforço para fazer o negócio crescer, é comum que os profissionais de *marketing* mudem a imagem da marca à medida que buscam novos segmentos do mercado. Com o passar do tempo, tais ações criam uma enorme confusão na empresa e no mercado. O resultado líquido é que os diversos trabalhos de vendas e *marketing* começam a operar em desacordo uns com os outros.

Warren lembra ter ouvido pelo menos cinco vezes em sua primeira semana como gerente de marca em julho de 2000:

> Com o Kingsford, a chave é *mostrar* – você precisa fazer uma pilha bem alta e vê-la voar. A exposição é o que impulsiona as vendas, já que um terço das compras de carvão se dá por impulso. Quando o tempo está bom, os compradores se deparam com os expositores de carvão na loja e pensam: "Hoje seria um ótimo dia para fazer churrasco". Nossa função é tornar o carvão visível e deixar que o tempo faça o resto.

Em termos de qualidade, os testes de laboratório do Kingsford mostraram que o produto era superior ao Royal Oak e às marcas próprias. Estudos dos consumidores também apontaram que o Kingsford era percebido como um produto melhor, com aproximadamente 60% dos consumidores pesquisados indicando que o Kingsford "é uma marca de alta qualidade", em relação a 13% para marcas próprias.[7]

■ OS NEGÓCIOS DO KINGSFORD EM 1999-2000

Quando Smith Boyle e Warren começaram no grupo, Gordon tinha avisado as duas gerentes de marca que seria difícil atingir as previsões feitas anteriormente naquele ano, pois o negócio estava iniciando em um ritmo mais lento. Warren relembrou:

> Derek disse para mim no meu primeiro dia com a marca: "Bem-vinda à Kingsford. Com base na forma como o 4 de Julho está se preparando, você já está no buraco, e não há mais dinheiro para gastar. O Kingsford não se saiu tão bem quanto esperávamos no ano fiscal de 2000 [com término em 30 de junho], e estamos preocupados que não se saia muito melhor no ano fiscal de 2001. Esperamos que você e Marcilie possam imaginar o que fazer".

Smith Boyle acrescentou: "Sentimos a pressão imediatamente. O Kingsford é uma parte tão importante do desempenho geral da Clorox que, quando ele não chega aonde deveria chegar, é bem provável que a Clorox também não chegue".

Smith Boyle e Warren começaram com uma análise em profundidade sobre a razão de a categoria parecer menos forte do que havia sido nos anos anteriores. A categoria de carvão tinha desacelerado de 4% de crescimento de 1998 a 1999 para 2% no primeiro semestre de 1999 até o primeiro semestre de 2000. O crescimento previsto para o segundo semestre do ano 2000 parecia ainda pior, e no final do ano toda a categoria estaria em baixa em relação a 1999. Os declínios eram mais pronunciados no canal de alimentos, com uma redução de 5,7% durante o segundo semestre de 2000 (ver a Figura 3 para crescimento de volume por canal).

Com a ajuda de dois gerentes de marca associados, a equipe estimou os números de todos os diferentes fatores que poderiam ter levado a um enfraquecimento na categoria. A análise revelou algumas tendências interessantes. A equipe ficou surpresa em descobrir um estreitamento da diferença de preços entre várias marcas de carvão como resultado de uma série de aumentos de preço de marcas particulares que o canal havia repassado para os consumidores. No final de 2000, os preços dos pacotes de marcas próprias estavam quase 10% mais altos do que em 1999 em todos os canais – o maior salto de preço em anos (ver a Figura 4 para tendências de preços). Smith Boyle explicou:

> Nos anos anteriores, os preços raramente variaram mais de 5% ao longo do ano. Descobrimos que as lojas recentemente haviam aumentado o preço de suas marcas particulares. Também descobrimos

FIGURA 3

Crescimento de volume

Canal	Crescimento no primeiro semestre consolidado de 2000	Crescimento no segundo semestre (declínio) consolidado de 2000	Crescimento Total anual (declínio) consolidado de 2000
Alimentos	2,0%	(5,7)%	(1,9)%
Massa	6,7%	0,2%	3,5%
Outros canais	2,4%	(4,7)%	(1,1)%

Fonte: IRI Consumption Data, F/M Total Charcoal, dados de 2000, conforme foram fornecidos pela Clorox.

---

[7] Com base no teste Clorox Usage & Awareness em 2000.

FIGURA 4

Tendências de preços na categoria de carvão

	Preço básico média ponderada[a]			Preço médio por unidade[b]		
	Consolidado de 2000	Consolidado de 1999	% Chg	Consolidado de 2000	Consolidado de 1999	% Chg
Comum: 4,5Kg						
Kingsford (KFD)	$4,11	$4,03	**2,0%**	$3,94	$3,91	**0,8%**
Royal Oak	3,71	3,59	**3,5%**	3,39	3,05	**11,1%**
Marca própria (MP)	2,85	2,62	**8,5%**	2,65	2,41	**9,9%**
Diferença KFD *versus* MP	1,25	1,40	**−10,4%**	1,29	1,50	**−13,9%**
Comum: 9Kg						
Kingsford (KFD)	$6,83	$6,72	**1,7%**	$6,30	$6,19	**$1,8%**
Royal Oak	$6,56	$6,41	**2,2%**	$6,39	$6,00	**6,6%**
Marca própria (MP)	$5,05	$4,68	**7,9%**	$4,87	$4,50	**8,0%**
Diferença KFD *versus* MP	$1,78	$2,03	**−12,5%**	$1,43	$1,69	**−15,0%**
Instantâneo: 3,5Kg						
Kingsford (KFD)	$5,15	$5,01	**2,9%**	$4,97	$4,86	**2,2%**
Royal Oak	$4,30	$4,06	**5,8%**	$4,19	$4,01	**4,4%**
Marca própria (MP)	$3,87	$3,70	**4,7%**	$3,80	$3,60	**5,6%**
Diferença KFD *versus* MP	$1,28	$1,31	**−2,1%**	$1,17	$1,26	**−7,4%**
Instantâneo: 7Kg						
Kingsford (KFD)	$8,46	$8,20	**3,2%**	$8,12	$8,01	**1,4%**
Marca própria (MP)	$6,37	$6,49	**−1,8%**	$6,25	$6,25	**0,0%**
Diferença KFD *versus* MP	$2,09	$1,71	**22,1%**	$1,87	$1,76	**6,2%**

[a] A média ponderada reflete o "preço do dia-a-dia", sem preços promocionais.
[b] Preço médio ao consumidor, incluindo preços promocionais.
Fonte: IRI, January-December, 2000, F/D/M, conforme Clorox.

que o Royal Oak tinha aumentado os preços durante esse período. Finalmente, embora tivéssemos mantido constantes os preços do Kingsford, vários de nossos parceiros de canal haviam optado por também aumentar os preços do Kingsford aos consumidores durante esse período.

A equipe da marca Kingsford acreditava que as churrasqueiras a gás tinham capturado alguns dos consumidores que haviam reagido negativamente aos aumentos dos preços de carvão. No ano 2000, o fornecimento de churrasqueiras a gás aumentou 8% em relação a 1999, com 9,3 milhões de novas churrasqueiras a gás sendo oferecidas, enquanto o fornecimento de churrasqueiras a carvão caiu 3% no decorrer do ano, com pouco menos de seis milhões de novas churrasqueiras a carvão fornecidas (ver a Figura 5 para o fornecimento de churrasqueiras de 1996 a 2000). Em geral, a penetração das churrasqueiras a carvão demonstrou uma tendência negativa desde 1997, ao passo que a penetração das churrasqueiras a gás teve tendência a aumentar. Em 2000, aproximadamente 54% das residências dos Estados Unidos possuíam uma churrasqueira a gás, em comparação com 49% que possuíam uma churrasqueira a carvão, e cerca de 20% dos domicílios americanos tinham churrasqueiras dos dois tipos (ver a Figura 6 para tendências de penetração da categoria de churrasqueiras).

FIGURA 5

Fornecimento de churrasqueiras em 1996 – 2000 – a carvão e a gás (em 000s)

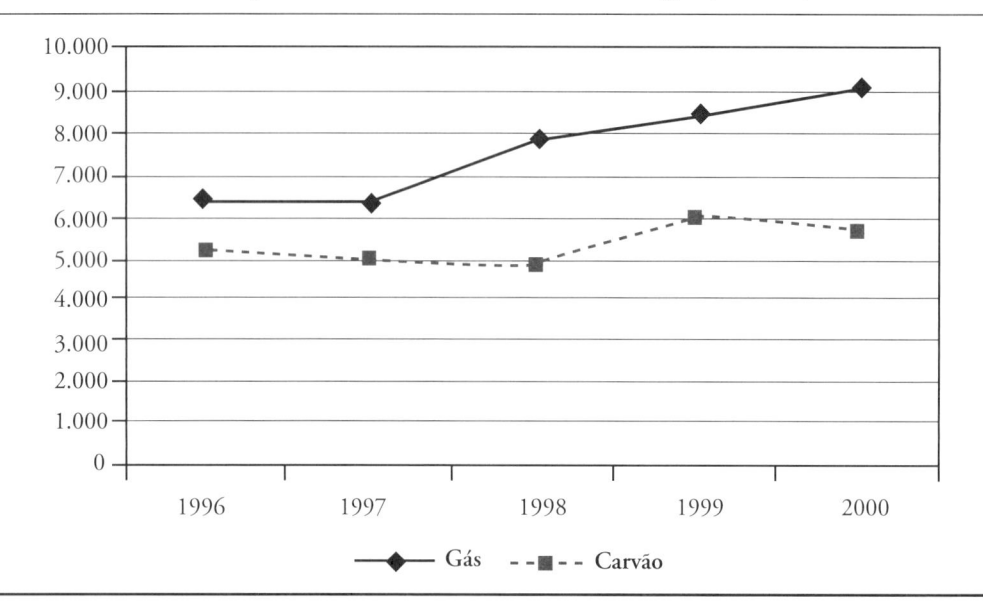

[Gráfico de linhas mostrando Gás e Carvão de 1996 a 2000. Gás: ~6.500 (1996), ~6.400 (1997), ~7.800 (1998), ~8.400 (1999), ~9.000 (2000). Carvão: ~5.200 (1996), ~5.000 (1997), ~4.900 (1998), ~6.000 (1999), ~5.700 (2000).]

Fonte: Barbecue Industry Association, 2001, conforme Clorox.

FIGURA 6

Tendências de penetração de churrasqueiras (ler os dados como porcentagem de residências que possuem churrasqueiras)

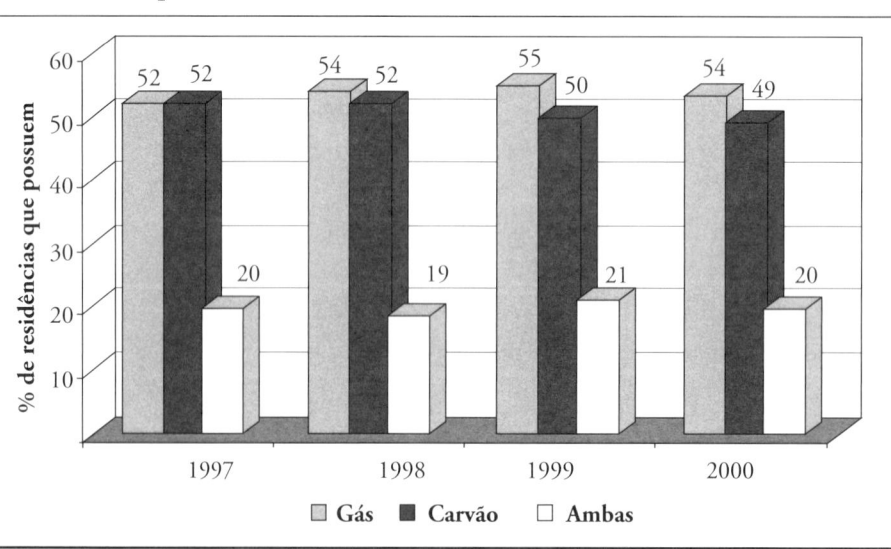

Ano	Gás	Carvão	Ambas
1997	52	52	20
1998	54	52	19
1999	55	50	21
2000	54	49	20

Fonte: Charcoal U&A 2000, conforme Clorox.

Smith Boyle e Warren também achavam que a ausência da propaganda na mídia do Kingsford contribuiu ainda mais para o enfraquecimento da categoria. Nem o Royal Oak nem as marcas próprias fizeram propaganda, de modo que, quando o Kingsford não foi anunciado, não havia nenhuma mensagem sobre carvão sendo veiculada. Isso foi somado ao fato de que, enquanto o Kingsford tinha reduzido seus gastos com a mídia de mais de seis milhões de dólares em 1998 para um pouco mais de um milhão de dólares em 2000, as churrasqueiras a gás aumentaram suas despesas com a mídia no mesmo período, de menos de quatro milhões de dólares em 1998 para mais de 10 milhões em 2000. Warren explicou: "A categoria de carvão estava pagando o preço por vários anos de propaganda reduzida".

Essa tendência foi ainda exacerbada por uma redução na atividade promocional em toda a categoria. Nos anos anteriores, o Royal Oak tinha contribuído com recursos substanciais para oportunidades de comercialização em varejistas, tais como reduções temporárias de preços, bônus e promoções nos mostruários. No entanto, esses esforços recuaram durante o ano 2000. Além disso, a equipe do Kingsford especulava que os varejistas poderiam ter se inclinado a fazer menos promoções importantes para o Royal Oak depois dos aumentos de preços.[8] As marcas próprias tiveram menos promoções de bônus e promoções nos mostruários durante o ano 2000, mas as lojas continuaram com as reduções temporárias de preços (ver a Figura 7 para comercialização da categoria em 2000). A comercialização de Kingsford em 2000 mostrou-se coerente com a de 1999.

Um último fator que contribuiu para o enfraquecimento da categoria foi relacionado com o tempo no ano 2000. Comparações com as precipitações e temperaturas de 1999 mostraram um leve aumento de chuvas de outubro a dezembro de 2000, associado com uma grande queda de temperaturas. As temperaturas médias nos Estados Unidos em novembro e dezembro de 2000 estiveram quase 10 graus mais baixas do que as temperaturas durante o mesmo período em 1999. Os churrascos de outono e inverno estavam positivamente correlacionados com temperaturas amenas, de forma que o tempo frio reduzia as oportunidades de ocasiões para churrasco.

FIGURA 7

Comercialização da categoria em 2000

Atividade promocional em 2000

	Semanas de promoção	*% mudança versus 1999*	*Incremento de volume com promoção*	*% Mudança versus 1999*	*Volume promovido*	*% mudança versus 1999*
Kingsford	28,7	1,8%	22,5%	−0,1%	45,6%	0,3%
Royal Oak	3,3	−51,0%	14,7%	−14,5%	31,4%	−20,2%
Marca própria	14,2	−6,3%	18,0%	−3,4%	42,5%	−4,0%

*Tipos de Promoções – semanas de cada**

	Bônus	*Índice versus 1999*	*Mostruário*	*Índice versus 1999*	*Redução temporária de preço*	*Índice versus 1999*
Kingsford	4,6	107	13,1	98	8,4	108
Royal Oak	0,4	50	0,9	45	2,5	79
Marca própria	2,7	77	7,5	66	5,5	102

* Os números foram alterados para preservação da confidencialidade.
Nota: Era comum que os diferentes tipos de promoção fossem realizados simultaneamente.
Fonte: Registros da empresa.

---

[8] Embora as empresas com freqüência destinem dólares em mercadorias para os varejistas com recomendações quanto a como devem ser usados, os varejistas têm o controle final sobre a maneira de aplicar os recursos.

FIGURA 8

Participação de mercado da concorrência na categoria de carvão (1997-2000)

Participação da categoria de carvão em geral	CE1997	CE1998	CE1999	1º semestre CE2000	2º semestre CE2000	CE2000
Kingsford	50,4	51,3	52,4	56,1	59,5	57,7
Royal Oak	14,2	13,7	13,0	7,7	6,4	7,1
Marca própria	34,0	33,7	33,3	34,9	32,7	33,9

CE = Consolidado em.
Fonte: IRI, January-December, 2000, F/D/M, conforme Clorox.

Apesar de o volume de vendas da categoria como um todo ter caído no ano 2000, o volume do Kingsford elevou-se ligeiramente, e sua participação de mercado aumentou.[9] Para o primeiro semestre de 2000, o Kingsford teve uma participação de mercado de 56,1%, em comparação com 7,7% do Royal Oak e 34,9% de marcas próprias. Para o segundo semestre daquele ano, o Kingsford passou para uma participação de mercado de 59,5%, enquanto a participação do Royal Oak caiu para 6,4% e a das marcas próprias passou para 32,7% (ver a Figura 8 para tendências em participação de mercado). De acordo com Smith Boyle, "os aumentos de preço levaram mais consumidores para o Kingsford, de modo que nos beneficiamos muito. Mas, dada nossa grande participação de mercado, nosso sucesso está atrelado ao sucesso geral da categoria, por isso não poderíamos ser complacentes".

Além dos dados sobre tendências do mercado, Smith Boyle e Warren tiveram acesso a um detalhado estudo de segmentação interna de mais de 300 usuários freqüentes do Kingsford (que faziam churrasco pelo menos seis vezes por mês), que revelou três segmentos de fortes usuários de carvão: usuários *exclusivos comuns*, que usavam exclusivamente o carvão comum; usuários *exclusivos instantâneos*, que usavam somente o carvão instantâneo; e usuários *aceitadores instantâneos*, que se sentiam à vontade comprando os dois tipos de carvão. Os três segmentos eram responsáveis por aproximadamente 30, 10 e 60% de todos os usuários freqüentes do Kingsford, e por 28, 11 e 62% do volume total consumido por esses usuários respectivamente. A Figura 9 sintetiza os resultados do estudo de segmentação.

AS DECISÕES EMPRESARIAIS DE 2001

Com toda a análise e as informações sobre segmentação dos consumidores em mãos, Smith Boyle e Warren começaram a pensar sobre um plano de ação para apresentar em sua reunião de revisão de negócios com os altos executivos da Clorox. Elas sabiam que a lucratividade era essencial e acreditavam que o crescimento contínuo também era importante. Depois de uma série de reuniões com Gordon e outras pessoas da empresa, elas se concentraram em quatro áreas: preço, propaganda, promoção e produção.

Preço

Os aumentos de preço tanto do Royal Oak quanto das marcas próprias levantaram uma série de questões importantes: o Kingsford deveria aumentar de preço também? Se aumentasse, que aumento deveria ser considerado? Eles deveriam aumentar os preços tanto do carvão comum quanto do carvão instantâneo e para todos os canais? Se aumentassem os preços, os varejistas retirariam o apoio à comercialização (por exemplo, bônus e mostruários especiais) que tinham dado ao Kingsford por

---

[9] Os dados de participação de mercado estão baseados em números do IRI nos canais de alimentos (por exemplo, Safeway), de medicamentos (como Walgreens) e de massa (por exemplo, Target). Os dados não refletem as vendas na Wal-Mart e em atacados, como Costco.

FIGURA 9

Resultados selecionados da pesquisa com usuários freqüentes de Kingsford

Exclusivo comum

Descrição do segmento

O aperfeiçoamento das capacidades de vida reflete quem eu sou, minha integridade pessoal e masculinidade. Cuidar da família, fazer o fogo e preparar churrasco com carvão de verdade – essas são habilidades que valem a pena concretizar e aperfeiçoar do jeito certo.

Afirmações típicas

Acredito em um respeitável "Jeito Certo" para o churrasco, numa rotina estruturada para assar, aperfeiçoada com o tempo, o que traz satisfação pessoal e proporciona reconhecimento como líder e provedor.

Aceitador instantâneo

Descrição do segmento

Procuro diversão nas experiências do dia-a-dia. Quero uma refeição fácil, sem incomodação para a família, e o churrasco é flexível, um jeito fácil de não ter que se incomodar com a refeição no cotidiano.

Afirmações típicas

Eu preparo o ambiente para a diversão – quanto mais formal a ocasião, menos divertida ela é. Sei como passar o tempo com qualidade com a minha família.

Exclusivo instantâneo

Descrição do segmento

A vida pode ser agitada, os dias úteis são cansativos, e as exigências da família podem ser estressantes; preciso que as tarefas sejam realizadas de forma rápida e fácil. Fazer churrasco é uma ótima maneira de sair da cozinha e ter uma refeição divertida com a família, por isso preciso de um carvão que não dê trabalho, que é o modo mais rápido e mais fácil de fazer o churrasco.

Afirmações típicas

Não me interessa o processo; me interessa o resultado. Com freqüência sou apressado e pressionado, então me sinto bem quando posso usar um produto que me ajude a fazer o que tem que ser feito e eu me sinto um pai cuidadoso quando consigo achar maneiras de liberar tempo.

Atitudes no preparo de churrasco

	Total	Exclusivos comuns	Aceitadores instantâneos	Exclusivos instantâneos
Quando faço churrasco, quero que o fogo dure para que eu possa servir todos os meus convidados.	57%	49%	60%	64%
Fazer churrasco é uma maneira relaxante de cozinhar.	55%	55%	57%	51%
Acho fácil fazer fogo com carvão regular.	49%	61%	50%	30%
Quando faço churrasco, quero que o fogo acenda logo para que eu possa me concentrar em outras coisas.	41%	35%	38%	57%
Considero-me um excelente assador.	34%	35%	39%	26%
Fazer churrasco é um *hobby* para mim.	33%	29%	39%	32%
Existe apenas uma marca de carvão que eu usaria.	27%	31%	16%	34%
Fico à vontade fazendo o fogo com carvão comum, mas raramente tenho tempo.	20%	11%	18%	35%
Não gosto do incômodo de fazer o carvão pegar fogo.	15%	8%	13%	26%
Fazer churrasco para grandes grupos me deixa nervoso.	11%	6%	13%	22%

Nota: Ler como porcentagem de consumidores em cada segmento (na amostra) que concordaram com a afirmação.
Nota: Os números sublinhados e em caixas são estatisticamente diferentes da média geral da amostra de 95% do índice de confiabilidade.

Fonte: Documentos da empresa.

vários anos? Um aumento de preço levaria os consumidores a comprarem outras marcas? Ou, pior ainda, faria com que comprassem churrasqueiras a gás? A fim de responder essas perguntas, a equipe de marca fez estudos de elasticidade de preço para diferentes cenários para calcular o impacto do volume e da lucratividade a partir dos aumentos de preço potenciais. Os cenários incluíram: (1) um aumento moderado de preço (~4,0%), somente para atacados, (2) um pequeno (~2,5%) aumento de preço no pacote azul em todos os canais, (3) um aumento moderado (~5,0%) no pacote azul em todos os canais e (4) aumento de 5% do pacote azul e do pacote vermelho em todos os canais. Para cada cenário, a equipe do Kingsford estimou o impacto sobre volume, vendas e lucro, também respondendo pela retirada potencial de apoio à comercialização (ver a Figura 10 para informações dos estudos de elasticidade de preço).

Gordon acreditava que o aumento de preços era uma ótima maneira de aumentar os lucros em curto prazo, proporcionando algum dinheiro que poderia ser reinvestido no Kingsford e em outros negócios da divisão de produtos especiais da Clorox. Além disso, isso garantiria a permanência do Kingsford na faixa de preço almejada de 25 a 30% em relação às marcas próprias. Havia, porém, algumas dificuldades potenciais. O diretor de vendas, Nick Vlahos, acreditava que o Kingsford tinha angariado muita boa vontade junto aos parceiros de canal da Clorox ao longo do ano anterior, o que poderia se traduzir em aumento de oportunidades para a empresa. Ele explicou:

> Temos trabalhado com nossos parceiros de canal há vários anos para aumentar a promoção do Kingsford, especialmente à custa do Royal Oak. Se adiarmos quaisquer aumentos de preços por mais um ano, poderemos conseguir convencer mais redes a concentrarem apoio de distribuição e comercialização no Kingsford e em marcas próprias. Estamos defendendo essa estratégia de "duas marcas" há algum tempo, e este poderia ser nosso ano para vê-la funcionar. Se realmente elevarmos os preços,

FIGURA 10

Dados sobre elasticidade de preço

Cenários de preço	Probabilidade de resultado estimada	Impacto estimado do volume AF 02 (Mce)*	Impacto estimado das vendas AF 02 ($ M)	Impacto estimado do lucro AF 02 ($ M)
1. Clube de compras/Centro de artigos domésticos 4% de aumento de preço				
a. Nenhuma perda de comercialização*	60%	0	$1.300	$1.080
b. Perda de 300 MCE na Costco**	25%	−300	−1.110	40
c. Perda de − 1.000 MCE na Costco**	15%	−1.000	−7.200	−2.500
2. Aumento mínimo (2,5%) no preço do pacote azul				
a. Nenhuma perda de comercialização	75%	−400	−1.200	560
b. 10% de perda de comercialização em pacotes de 4,5Kg e 9Kg	25%	−580	−3.090	−810
3. Maior aumento (5%) no preço do pacote azul				
a. Nenhuma perda de comercialização	50%	−550	−1.900	1.060
b. 7% de perda de comercialização em pacotes de 4,5Kg e 9Kg	50%	−740	−4.140	−110
4. Aumento de preço (5%) em toda a linha				
a. Nenhuma perda de comercialização	30%	−790	−2.820	1.870
b. Combinação de:	70%	−830	−4.020	1.720
7% de perda de comercialização em pacotes de 4,5Kg e 9Kg				
3% de perda de comercialização no Matchlight de 3,5Kg				
5% de perda de comercialização no Matchlight de 7Kg				

* A perda de comercialização reflete atividade promocional reduzida (por exemplo, bônus, mostruários) nas lojas.
** MCE = milhares de casos estatísticos. MCE representa uma unidade usada na Clorox para possibilitar comparações entre diferentes tipos de produtos.
N. de T.: AF = Ano Fiscal
Fonte: Estimativas dos autores do caso. Os dados não refletem dados reais da empresa.

poderemos perder todo o ímpeto de comercialização que conseguimos. Na verdade, um aumento de preços poderia nos fazer perder completamente algumas das grandes contas, em especial porque não temos uma clara justificativa para o ponto de preço mais alto.

Smith Boyle e Warren concordaram com a avaliação de Vlahos, mas Smith Boyle esclareceu que:

> A aceitação de aumentos de preços é particularmente desafiadora para o pessoal de vendas: os varejistas inevitavelmente resistem, e todos nós sabemos que a equipe de vendas estava sendo compensada com base no volume. Na realidade, nunca é um bom momento para um aumento de preço; é uma questão de encontrar o melhor dos maus momentos. Os varejistas quase com certeza não ficariam surpresos com um aumento de preços, tendo em vista o que nossos concorrentes fizeram no ano passado. No que diz respeito aos consumidores que compram Kingsford, o carvão é considerado um "produto feliz" – é associado com família e diversão –, de modo que às vezes nos dá mais liberdade de movimento nas mudanças de preços.

Propaganda

Smith Boyle e Warren acreditavam que as perdas de volume previstas a partir de um potencial aumento de preços poderiam ser restauradas por meio de aumento da propaganda. O Kingsford tinha gradualmente diminuído sua propaganda desde 1996, à medida que mais dinheiro ia sendo destinado para as promoções de vendas, e custos com redução de receita. Em fevereiro de 2001, o gasto previsto com propaganda para o Kingsford ficou abaixo de um milhão de dólares. (Ver a Figura 11 para os gastos de *marketing* do Kingsford do ano fiscal de 1997 até o previsto para o ano fiscal de 2001.) De acordo com Warren, "a crença predominante na empresa era a de que o Kingsford era um 'negócio orientado para as vendas' e que a propaganda seria um desperdício de dinheiro".

A equipe de marca discordava e procurava maneiras de construir seu caso. Começou contratando uma empresa, a *Marketing* Management Analytics ("MMA"), para analisar os efeitos da propaganda nas vendas do Kingsford nos últimos anos. A análise da MMA dos gastos de 1998 indicou que a propaganda na televisão impulsionou um aumento incremental de 7% no volume nos mercados almejados em 1998, e os benefícios também apareceram em 1999 com um aumento estimado de

FIGURA 11

Tendências de gastos com mídia e comercialização do Kingsford

	AF 97	*AF 98*	*AF 99*	*AF 00*	*AF01 (est.)*
Volume (Mce)	16.000	17.000	18.000	19.000	20.000
Despesa com mídia ($MMs)	$6,00	$6,00	$5,00	$4,00	$1,00
($ por Sc)	$0,38	$0,35	$0,28	$0,21	$0,05
Receita reduzida ($MMs)	$25,00	$26,00	$27,00	$29,00	$31,00
($ por Sc)	$1,56	$1,53	$1,50	$1,53	$1,55
Promoção de vendas ($MMs)	$6,00	$6,00	$8,00	$9,00	$8,00
($ por Sc)	$0,38	$0,35	$0,44	$0,47	$0,40

Notas: Mce: milhares de casos estatísticos. Mce representa uma unidade usada na Clorox para possibilitar comparações entre diferentes tipos de produtos. A receita reduzida capturou todos os gastos comerciais e promocionais que, com efeito, reduziram o preço bruto dos produtos Kingsford aos clientes. Em receitas da marca, receita bruta reduzida = vendas líquidas ao consumidor. Conseqüentemente, o item vendas líquidas ao consumidor tem como componentes padrão as receitas da marca, incluindo custos de mercadorias ou produtos vendidos, despesas com propaganda e patrimônio de marca, etc.
$ por Sc: gasto em dólares por unidade estatística.
Fonte: Estimativas dos autores do caso.

3-4% no volume a partir do impacto residual da propaganda.[10] Com base nos dados fornecidos pela análise do *mix* de *marketing* da MMA, Smith Boyle e Warren acreditavam que o Kingsford deveria estar gastando pelo menos sete milhões de dólares em propaganda durante o pico da temporada de churrasco, de abril a setembro. Elas sabiam que seria difícil obter esses recursos, mas achavam que o "volume básico continuaria a erodir se o Kingsford não começasse a anunciar novamente".

Gordon ofereceu-se para ajudá-las a buscar recursos de cinco a sete milhões de dólares junto a um fundo empresarial, mas queria que a equipe primeiro decidisse qual seria a mensagem publicitária pretendida. Nos anos anteriores, a equipe de marca tinha trabalhado com agências para desenvolver mensagens separadas para o carvão comum e o instantâneo. De 1991 a 1998, a mensagem para o carvão comum esteve baseada na qualidade do produto em relação com outros carvões: "Acende duas vezes mais rápido do que os outros carvões" e "Acende mais rápido, queima por mais tempo". Quase todos os estudos de eficácia da MMA basearam-se nessas campanhas de propaganda. A propaganda do Match Light partia de uma mensagem diferente, direcionando-se para clientes de nível mais alto que buscavam conveniência. De 1996 a 1998, a propaganda do Match Light centrou-se na mensagem "Pronto em 15 minutos", e em 1999 a equipe voltou a um comercial de 1991 que afirmava "Você só precisa de um fósforo".

Smith Boyle e Warren se perguntavam se deveriam voltar à propaganda de 1998, que tinha dado resultados, ou se deveriam experimentar uma mensagem diferente. Nos anos anteriores, o Kingsford tinha visto outras marcas de carvão como sua maior concorrência; agora parecia que as churrasqueiras a gás poderiam ser o produto a combater. Elas discutiram se deveriam anunciar para aumentar o número de ocasiões para churrasco em geral, concentrar-se no crescimento da categoria de carvão ou focar na ampliação da participação do Kingsford na categoria. Elas pensaram em incorporar dados de um teste cego de preferência realizado com 796 homens e mulheres com idade entre 18 e 54 anos, em Sacramento, Dallas, Tampa e Chicago em junho de 2000, que tinha pedido que os consumidores comparassem frango, bife ou hambúrguer, assados sobre o carvão Kingsford, com os mesmos alimentos assados em churrasqueiras a gás. Em todos os tipos de carne, 2 para 1 participantes preferiram o gosto do alimento assado sobre carvão. Os participantes comentaram que a carne assada sobre carvão "tem o verdadeiro gosto de churrasco", "tem um sabor defumado" e "é como se tivesse sido assada sobre um verdadeiro fogo de madeira". A equipe da marca pensava se havia execuções de propaganda específicas que pudessem alavancar esses dados de uma forma significativa.

Promoção

Enquanto a equipe de marca se concentrava no preço e na propaganda, o grupo de vendas tomava a frente para tratar da estratégia promocional do Kingsford. A Clorox trabalhava para otimizar quatro alavancas de vendas em cada ponto de distribuição: Comercialização, Variedade, Preço e Colocação.

Dentro do âmbito da Comercialização, a equipe de vendas do Kingsford trabalhou com as lojas para apresentar o produto em circulares que eram enviadas para os consumidores locais e fazer com que o Kingsford fosse colocado em mostruários visíveis no final dos corredores (*end-caps*). A Variedade refletia as diferentes unidades de manutenção de estoque ("*SKUs*") que eram oferecidas por cada loja. Aqui, a equipe concentrou-se em assegurar que as lojas individuais estocassem a combinação apropriada de *SKUs* que maximizasse o volume de vendas. A equipe de *marketing* do Kingsford usou dados de compras para desenvolver modelos quantitativos detalhados para cada mercado local que a equipe de vendas utilizou para educar a administração de lojas individuais sobre essas questões. O Preço representou os vários preços diários de cada *SKU* e os números-alvo para reduções temporárias de preços. A equipe de vendas do Kingsford ajudou os parceiros de canal a planejar a freqüência e a profundidade das reduções de preços, já que os picos de volume das promoções de vendas eram muito significativos. A Colocação relacionava-se com o local onde os produtos Kingsford eram colocados, não só em termos de corredores, como também quanto à exata prateleira onde cada *SKU* era localizada. Era importante que os produtos Kingsford fossem tratados de maneira coerente entre

---

[10] A MMA usou uma ferramenta de regressão customizada que combinava várias fontes de dados para quantificar o impacto específico da mídia.

as lojas, de forma que os membros da equipe de vendas passassem grande parte do tempo visitando os gerentes de loja e trabalhando nos detalhes de execução.

O Kingsford também trabalhou com os clientes para capitalizar com os grandes feriados, tendo como alvo as promoções do Dia dos Combatentes de Guerra, do 4 de Julho e do Dia do Trabalho. De acordo com LaMontagne:

> Em um fim de semana ensolarado de 4 de Julho, uma loja Wal-Mart pode vender 2.200 Kg de carvão em um dia. É fundamental que cada loja mantenha produto suficiente no estabelecimento em uma localização central. Isso não apenas funciona como um lembrete, como também gera o impulso de compra. De modo ideal, queremos que cada pessoa que caminha pela loja veja embalagens do carvão Kingsford, e nós trabalhamos para colocar nosso carvão em duas localizações diferentes. Quando os mostruários são combinados com o preço apresentado e a inclusão em pontos de circulação, o Kingsford se sai especialmente bem – o que é bom para nós e bom para a loja em geral. Nossa pesquisa mostrou que os consumidores que compram o carvão Kingsford tendem a gastar 30% a mais durante sua visita à loja do que os consumidores que não o compram. Fazemos o melhor possível para mostrar esses dados para as lojas, de forma que elas possam ver os benefícios de promover o Kingsford.

A equipe do Kingsford também estava trabalhando em planos para estender a temporada de churrasco para além dos meses de pico do verão, criando promoções NASCAR para março, abril, setembro e outubro, bem como estimulando eventos de *tailgating* no outono. Dawn Willoughby, gerente de comercialização de vendas, explicou: "Organizamos um plano de 12 meses para aumentar o consumo de carvão. A meta é aumentar as ocasiões para churrasco, e queremos que as lojas reforcem esse objetivo". A equipe de vendas buscou oportunidades de co-*marketing* com outras marcas, tais como a Pepsi e a Budweiser, para auxiliar a pagar pelo aumento das promoções ao longo do ano.

Enquanto a equipe de vendas trabalhava com as lojas nas diversas promoções, também continuava a pressioná-las para concentrarem apoio primário nas duas marcas – Kingsford e marcas particulares. LaMontagne explicou:

> Vemo-nos como guardiões da categoria de carvão. Nossa pesquisa mostra que o apoio a muitas marcas de carvão prejudica as receitas e os lucros dos canais. Por exemplo, com *SKUs* demais para administrar, o canal rotineiramente enfrenta falta de estoque dos produtos populares, o que pode levar à perda de vendas ou, pior ainda, à perda de clientes se os consumidores mudarem totalmente de loja. Armados com evidências contundentes sobre a perda de receitas e margens, iremos ao canal com a mensagem de que "menos é mais". Estamos dizendo a eles que as marcas intermediárias, como a Royal Oak, estão afastando os consumidores da melhor marca que foi procurada pelos consumidores que lhe são leais ou das marcas próprias lucrativas das lojas.

Produção e capacidade

A equipe do Kingsford esperava aumentar o crescimento por meio de uma combinação de propaganda e promoção e, portanto, estava trabalhando com o grupo de fornecimento da Clorox para garantir o abastecimento adequado. Com base nos números apurados pela equipe de abastecimento de produto, parecia que as fábricas no momento estavam funcionando com aproximadamente 80% da capacidade total. Conseqüentemente, só haveria problemas de suprimento se o volume crescesse mais de 5% por vários anos consecutivos.

Era difícil e caro construir capacidade adicional. Bill Lynch, vice-presidente de Fornecimento de Produto, esclareceu:

> A construção de uma nova fábrica pode custar de 30 a 50 milhões de dólares e levar pelo menos cinco anos depois que a Clorox começasse o processo de permissão. Poderia levar de dois a três anos só para conseguir todas as aprovações regulatórias necessárias. Se quisermos expandir uma de nossas fábricas atuais, ainda precisamos passar por um processo de permissão de dois anos. Além disso, algumas de nossas fábricas não podem ser expandidas – quase sempre, por razões ambientais.

Se as fábricas do Kingsford realmente ficassem aquém da capacidade, não haveria muitas fontes alternativas para a produção de carvão. A empresa poderia tentar abordar um concorrente nos Estados Unidos ou procurar entre várias opções fora do país. Se estas se mostrassem proibitivamente caras, a equipe do Kingsford correria o risco de ficar sem produto no final da temporada de verão.[11] Uma falta no abastecimento significaria que o Kingsford teria que acalmar seus clientes deslocando embalagens pelo país para onde quer que a demanda fosse maior, o que seria uma proposta muito onerosa.

■ CONCLUSÃO

Smith Boyle e Warren estavam interessadas em conhecer a perspectiva de Gordon sobre como os objetivos de crescimento do Kingsford se enquadravam no contexto mais amplo das metas de crescimento da empresa como um todo. O preço da ação da Clorox em dezembro de 2000 já estava em baixa há três anos quando a Clorox tinha alertado a Wall Street de que seu crescimento de vendas não seria tão alto quanto havia previsto anteriormente naquele ano. Em 31 de janeiro de 2001, a Clorox tinha anunciado seus ganhos do segundo trimestre, o que incluiu um declínio de 6% nas vendas para a empresa. O presidente e CEO da Clorox, Craig Sullivan, disse: "Embora esses resultados estejam de acordo com as estimativas que anunciamos em 14 de dezembro, obviamente estamos desapontados com nosso desempenho neste trimestre. Nos últimos 45 dias, aumentamos nosso foco naquelas atividades que são mais críticas para assegurar um alicerce sólido para o futuro crescimento. Estamos agindo, primeiro e principalmente, para retomar o impulso de nossos negócios mais importantes nos Estados Unidos".[12]

Smith Boyle e Warren achavam que a Clorox estava se baseando no Kingsford para melhorar as vendas e lucros, e elas não queriam decepcionar a empresa. Elas sabiam que suas recomendações sobre preço, propaganda, promoção e capacidade poderiam fazer uma grande diferença tanto para o Kingsford quanto para a Clorox como um todo. Munidas com todos os dados da pesquisa, elas estavam ansiosas para desenvolver uma estratégia para levar a marca Kingsford a um novo nível de crescimento e lucratividade. Com isso em mente, Smith Boyle e Warren saíram do prédio na quarta-feira à noite planejando conversar mais na semana seguinte. Elas se despediram com sua mensagem de partida costumeira: "Nos vemos na quarta-feira!".

---

[11] As fábricas do Kingsford funcionavam 24 horas por dia, sete dias por semana o ano todo, mas todas as quantidades estocadas começavam a escassear no outono.

[12] "Clorox Reports Second-Quarter Results", *press release* divulgado pela Clorox em 31 de janeiro de 2001.

GLOSSÁRIO DE TERMOS E CONCEITOS DE *MARKETING* SELECIONADOS

Alavancagem operacional. Até onde os custos fixos e os custos variáveis são usados na produção e no *marketing* de produtos e serviços.

Análise de custo de *marketing*. Prática de atribuir ou alocar custos a uma entidade ou atividade de *marketing* especificada ou de uma maneira que apresente com precisão a contribuição financeira de atividades ou entidades para a organização.

Análise de oportunidade. Processo de identificar oportunidades, combinando-as com a organização e avaliando-as.

Análise de ponto de equilíbrio. Volume de vendas em unidades ou dólares em que uma organização nem aufere lucros, nem incorre em prejuízo. A fórmula para determinar o número de unidades exigidas para o ponto de equilíbrio é: ponto de equilíbrio em unidades = total dos custos fixos em dólares ÷ (preço de venda por unidade − custos variáveis por unidade).

Análise de situação. Avaliação de operações para determinar as razões para a lacuna entre o que foi ou é esperado e o que aconteceu ou acontecerá.

Análise SWOT. Estrutura formal para identificar e estruturar oportunidades de crescimento organizacional. SWOT é um acrônimo para pontos fortes e pontos fracos e oportunidades e ameaças.

Auditoria de *marketing*. Exame abrangente, sistemático, independente e periódico de ambiente, objetivos, estratégias e atividades de *marketing* de uma empresa com a intenção de determinar áreas problemáticas e oportunidades e recomendar um plano de ação para melhorar o desempenho de *marketing* da empresa.

Canais de *marketing* eletrônicos. Canais de *marketing* que empregam alguma forma de comunicação eletrônica, incluindo a Internet, para colocar produtos e serviços à disposição para consumo ou uso pelos consumidores e usuários industriais.

Canal de *marketing*. Indivíduos e organizações envolvidos no processo de tornar um produto ou serviço disponível para consumo ou uso por consumidores e usuários industriais.

Canibalismo. Processo em que as vendas de um novo produto ou serviço ocorrem à custa de produtos (ou serviços) existentes já comercializados pela empresa.

Capital de giro. Valor em moeda corrente dos ativos atuais de uma organização (tais como dinheiro, contas a receber, despesas pré-pagas, estoque) *menos* o valor em dólares de passivos atuais (como contas a pagar de curto prazo por mercadorias e serviços, impostos de renda).

Capitão de canal. Membro de um canal de *marketing* com poder de influenciar o comportamento de outros membros do canal.

Ciclo de vida. A trajetória de vendas de um único produto, marca, serviço ou classe de produtos ou serviços ao longo do tempo.

Co-branding. Colocação de dois nomes de marca de dois fabricantes em um único produto.

Competência distintiva. Pontos fortes ou qualidades únicas de uma organização, incluindo habilidades, tecnologias ou recursos que a distinguem de outras organizações. Essas competências são imperfeitamente imitáveis pelos concorrentes e proporcionam valor superior ao cliente.

Comunicação integrada de *marketing*. Prática de combinar diferentes elementos do *mix* de comunicação de maneira que se reforçem mutuamente.

Conflito de canal. Situação que surge quando um membro do canal acredita que outro membro está envolvido em comportamento que impede o primeiro de atingir suas metas.

Contribuição. Diferença entre a receita total de vendas e o total de custos variáveis ou, com base em unidades, a diferença entre o preço de venda por unidade e o custo variável por unidade. A contribuição pode ser expressa em termos de porcentagem (margem de contribuição) ou em dólares (contribuição por unidade).

Controle de operações. Prática de avaliar o desempenho das atividades de *marketing* de uma organização em busca dos resultados planejados.

Controle estratégico. Prática de avaliar a direção da organização conforme evidenciado por suas metas implícitas ou explícitas, objetivos, estratégias e capacidade de desempenho no contexto de ambientes e ações competitivas em mutação.

Custo de mercadorias vendidas. Despesas com material, mão-de-obra e fabricação aplicadas diretamente na produção.

Custo de oportunidade. Usos alternativos de recursos que são abandonados quando se opta por uma alternativa em detrimento de outra. Às vezes referido como benefícios não obtidos por não se ter escolhido uma alternativa.

Custo fixo. Despesas que não flutuam com o volume produzido dentro de um período de tempo relevante (geralmente definido como ano orçamentário), mas que se tornam progressivamente menores por unidade de produção à medida que o volume aumenta. Os custos fixos dividem-se em custos programados, que resultam de tentativas de gerar volume de vendas, e custos comprometidos, que são aqueles necessários para manter a organização.

Custo irrecuperável. Gastos passados para uma dada atividade que são tipicamente irrelevantes no todo ou em parte para futuras decisões. A "falácia do custo afundado" é uma tentativa de recuperar dólares gastos gastando-se ainda mais no futuro.

Custo relevante. Despesas que (1) se espera que ocorram no futuro como resultado de alguma ação de *marketing* e (2) difiram entre alternativas de *marketing* que estão sendo consideradas.

Custo variável. Despesas que são uniformes por unidade de produção dentro de um período de tempo relevante (geralmente definido como ano orçamentário); o total dos custos variáveis flutua em proporção direta com o volume de produção de unidades produzidas. Os custos variáveis incluem custo de mercadorias vendidas e outros custos variáveis, tais como comissões de vendas.

Customização de massa. Adequação de produtos e serviços aos gostos e às preferências de consumidores individuais em grandes volumes e a um custo relativamente baixo.

Demanda efetiva. Situação em que os compradores potenciais têm tanto disposição quanto capacidade para comprar as ofertas de uma organização.

Demonstrativo de resultado *pro forma*. Demonstração de resultado contendo receitas projetadas, despesas orçadas (variáveis e fixas) e estimativas de lucro líquido para uma organização, produto ou serviço durante um período específico de planejamento, geralmente de um ano.

Desintermediação. Eliminação dos intermediários tradicionais e distribuição direta, muitas vezes por meio de canais de *marketing* eletrônicos.

Distribuição dual. Prática de distribuir produtos ou serviços em dois ou mais canais de *marketing* diferentes que podem ou não competir por compradores semelhantes.

Distribuição exclusiva. Estratégia de distribuição em que um produtor vende seus produtos ou serviços em somente uma loja de varejo em uma área geográfica específica.

Distribuição intensiva. Estratégia de distribuição em que um produtor vende seus produtos ou serviços no maior número possível de lojas de varejo em uma área geográfica.

Distribuição seletiva. Estratégia de distribuição em que um produtor vende seus produtos ou serviços em algumas lojas de varejo de uma área geográfica específica.

Diversificação. Estratégia de produto-mercado que envolve o desenvolvimento ou aquisição de ofertas novas para a organização e introdução dessas ofertas a públicos (mercados) não atendidos anteriormente pela organização.

***Downgrade* de oferta.** Processo de reduzir o número de características ou a qualidade de uma oferta e baixar o preço de compra.

Economia futura. Prática de reduzir o investimento em uma entidade comercial (divisão, produto) para cortar custos ou melhorar o fluxo de caixa.

Elasticidade cruzada de demanda. Responsividade em porcentagem da quantidade demandada de um produto ou serviço a uma mudança de preço em porcentagem em outro produto ou serviço.

Elasticidade de preço da demanda. Mudança de porcentagem na quantidade demandada em relação a uma mudança de porcentagem no preço para um produto ou serviço.

Estratégia de comunicação de "empurrar". Prática de "empurrar" uma oferta através de um canal de *marketing* de forma seqüencial, com cada canal representando um mercado-alvo distinto. A ênfase principal está na venda pessoal e nas promoções comerciais direcionadas para atacadistas e varejistas.

Estratégia de comunicação de "puxar". Prática de criar interesse inicial por uma oferta entre compradores potenciais que, por sua vez, demandam a oferta dos intermediários de *marketing*, terminando por "puxar" a oferta através do canal de *marketing*. A ênfase principal está na propaganda e promoções ao consumidor.

Estratégia de desenvolvimento de mercado. Estratégia de produto-mercado em que uma organização introduz suas ofertas para mercados que não aqueles a que está atendendo no momento. No *marketing* global, essa estratégia pode ser implementada por meio de exportação, licenciamento, *joint ventures* ou investimento direto.

Estratégia de desenvolvimento de produto. Estratégia de produto-mercado em que uma organização cria novas ofertas para mercados existentes através de inovação de produto, aumento de produto ou extensão de linha de produtos.

Estratégia de extensão de marca. Prática de utilizar um nome de marca atual para entrar em uma classe de produtos totalmente diferente.

Estratégia de marca de combate. Prática de acrescentar uma nova marca cujo único propósito é confrontar marcas competitivas em uma classe de produtos que está sendo atendida por uma organização.

Estratégia de marca de flancos. Prática de adicionar novas marcas na extremidade superior ou inferior de uma linha de produtos com base em um continuum de preço e qualidade.

Estratégia de nova marca. Desenvolvimento de uma nova marca e, freqüentemente, de uma nova oferta para uma classe de produto que não era anteriormente oferecida pela organização.

Estratégia de penetração de mercado. Estratégia de produto-mercado em que uma organização busca obter maior domínio de um mercado onde ela já tem uma oferta. Essa estratégia freqüentemente significa capturar uma participação maior em um mercado existente.

Estratégia de penetração de preço. Estabelecimento de um preço inicial relativamente baixo para um novo produto ou serviço.

Estratégia de preço de desnatação. Estabelecimento de um preço inicial relativamente alto para um novo produto ou serviço.

Estratégias de preço de custo total. Aquelas que consideram tanto os custos variáveis quanto os custos fixos (custo total) no estabelecimento do preço de um produto ou serviço.

Estratégias de preço de custo variável. Estratégias que consideram somente custos (diretos) variáveis associados com a oferta no estabelecimento do preço de um produto ou serviço.

Evolução de mercado. Mudanças na demanda primária por uma classe de produtos.

Exigências para o sucesso. Tarefas básicas que devem ser realizadas por uma organização em um mercado ou setor para competir com sucesso. Às vezes são chamadas de "fatores críticos de sucesso" ou simplesmente FCS.

Fluxos de caixa descontados. Fluxos de caixa futuros expressos em termos de seu valor atual.

Gerenciamento de *marketing* estratégico. Processo analítico de (1) definir o negócio, a missão e metas da organização; (2) identificar e estruturar oportunidades organizacionais; (3) formular estratégias de produto-mercado; (4) orçar recursos de *marketing*, financeiros e de produção; e (5) desenvolver estratégias de reformulação e recuperação.

Marca de vários produtos. Uso de um nome para todos os produtos em uma classe de produtos de uma empresa. Às vezes chamada de família de marca ou marca corporativa.

Marca global. Marca comercializada com o mesmo nome em vários países com programas de *marketing* semelhantes e centralmente coordenados.

Margem bruta (ou lucro bruto). Diferença entre a receita total de vendas e o custo total de mercadorias vendidas ou, com base em unidade, diferença entre o preço de venda por unidade e o custo por unidade de mercadorias vendidas. A margem bruta pode ser expressa em dólares ou em porcentagem.

Margem comercial. Diferença entre preço de vendas por unidade e custo unitário em cada nível de um canal de *marketing*. A margem comercial geralmente é expressa em termos de porcentagem.

Margem de lucro líquido (antes de impostos). Restante depois que o custo de mercadorias vendidas, outros custos variáveis e os custos fixos foram subtraídos da receita de vendas ou simplesmente a receita total menos o custo total. A margem de lucro líquido pode ser expressa em dólares ou em porcentagem.

***Marketing* de vários canais.** Combinação de um canal de *marketing* eletrônico e de um canal tradicional de formas que se reforçam mutuamente para atrair e reter clientes, bem como para construir relacionamentos com eles.

***Marketing* regional.** Prática de usar diferentes *mixes* de *marketing* para acomodar preferências e condições peculiares em diferentes áreas geográficas.

***Marketing* viral.** Estratégia de promoção pela Internet que estimula os indivíduos a transmitirem mensagens iniciadas por profissionais de *marketing* a outras pessoas pelo *e-mail*.

Mercado. Compradores potenciais (indivíduos ou organizações) que têm disposição e capacidade de comprar a oferta (produto ou serviço) existente ou potencial de uma organização.

Mercado atendido. Mercado em que uma empresa, produto, serviço ou marca compete pelos clientes alvo.

Missão empresarial. Descreve o propósito da organização com relação aos seus clientes, produtos ou serviços, mercados, filosofia e tecnologia.

***Mix* de *marketing*.** Atividades controláveis pela organização que incluem o produto, o serviço ou a idéia oferecida, a maneira como a oferta será comunicada aos clientes, o método para distribuir ou entregar a oferta e o preço a ser cobrado por ela.

***Mix* ou portfólio de ofertas.** Totalidade de ofertas (produtos e serviços) de uma organização.

Mudança estratégica. Mudança ambiental que afetará o bem-estar de longo prazo de uma organização.

Multimarcas. Prática de dar um nome distinto aos produtos ou às linhas de produto de uma empresa.

Oferta. Soma total de benefícios ou satisfação oferecida aos mercados-alvos por uma organização. Uma oferta consiste de um produto ou serviço tangível mais serviços relacionados, garantias, embalagem, etc.

Oportunidade de propaganda. Condições que sugerem que um produto ou serviço se beneficiaria de propaganda. São elas: (1) demanda primária favorável pela categoria do produto ou serviço, (2) o produto ou serviço a ser anunciado pode ser significativamente diferenciado de seus concorrentes, (3) o produto ou serviço tem qualidades ou benefícios ocultos que podem ser representados eficazmente por meio de propaganda e (4) existem fortes motivos emocionais para a compra do produto ou serviço.

Pacote de oferta. Prática de comercializar dois ou mais itens de produto ou serviço em um único "pacote" com um preço.

Participação de mercado. Vendas de uma empresa, produto, serviço ou marca divididas pelas vendas do "mercado" atendido, expressas em porcentagem.

Período de retorno de investimento. Número de anos necessários para que uma organização recupere seu investimento inicial em uma oferta.

Posicionamento. Ato de criar a oferta ou imagem de uma organização de modo que ocupe um lugar distinto e valorizado na mente ao cliente alvo em relação às ofertas concorrentes.um produto ou serviço pode ser posicionado por (1) atributo ou benefício, (2) uso ou aplicação, (3) usuário do produto ou do serviço, (4) classe do produto ou serviço, (5) concorrentes e (6) preço e qualidade.

Potencial de vendas do mercado. Nível máximo de vendas que podem estar à disposição de todas as organizações que atendem a um mercado definido em um período de tempo específico, tendo em conta (1) as atividades do *mix* de *marketing* e o esforço de todas as organizações e (2) um conjunto de condições ambientais.

Potencial do canal. Técnica para calcular o potencial de vendas no mercado que envolve a multiplicação de um número base por vários fatores de ajuste que se acredita influenciar o potencial de vendas do mercado.

Precificação de linha de produtos. Estabelecimento de preços para todos os itens em uma linha de produtos. Envolve determinar (1) o produto de menor preço, (2) o produto de preço mais alto e (3) diferenciais de preço para todos os outros produtos na linha.

Previsão de vendas. Nível de vendas que uma única organização espera atingir com base em uma estratégia de *marketing* escolhida e num suposto ambiente competitivo.

Redefinição de mercado. Mudanças na oferta exigidas pelos compradores ou promovidas pelos concorrentes.

Segmentação de mercado. Divisão ou reunião de compradores potenciais em grupos com base em algum tipo de característica(s) homogênea(s) (por exemplo, idade, renda, geografia) em relação à compra ou ao comportamento de consumo.

Seleção de mercado (ou mercado-alvo). Especificação do(s) segmento(s) específico(s) do mercado que a organização deseja alcançar. O *marketing* diferenciado significa que uma organização simultaneamente busca diferentes segmentos de mercado, em geral com uma estratégia diferente para os segmentos e com uma estratégia diferente para cada um. O *marketing* concentrado significa que somente um único segmento de mercado é almejado.

Submarca. Prática de combinar uma marca corporativa ou de família com um novo nome de marca.

***Upgrade* de oferta.** Prática de melhorar uma oferta acrescentando novas características e materiais de melhor qualidade ou aumentando produtos com serviços e elevando o preço de compra.

Valor. Razão dos benefícios percebidos e o preço de um produto ou serviço.

Valor da marca (brand equity). O valor agregado ao nome de uma marca confere a um produto ou serviço algo além dos benefícios funcionais oferecidos.

Valor de duração do cliente. Valor atual de futuros fluxos de caixa advindos do relacionamento com um cliente.

Índice

Abordagem de capitalização de renda, 187–188
Abordagem de margem de contribuição, 48, 387–389
Abordagem de paridade competitiva, 197
Abordagem de porcentagem de vendas em orçamento, 197
Abordagem objetivo-tarefa, em orçamento, 197
Adequação ao mercado, 433–434
Adequação entre a oportunidade e a organização, 75–77
Agência de Proteção Ambiental, 96
Alavancagem operacional, 52–53
Alocação de custo, 387–389
Alocação de orçamento
  em comunicação, 197–199
  para equipe de vendas, 197–199
Alopecia androgenética, 398
Aluguel, 44
American Civil Liberties Union, 367
American Dental Association (ADA), 157–159
American Hotel and Lodging Association, 217, 219
American Red Cross, 12–13
Ampliação de oferta ou redução de oferta, 120
Análise de canal de *marketing*, 391–393
  considerações em, 393
  controle de operações, 387–388
  estudos de caso, 395–432
  mudança estratégica, 385–387
Análise de caso, 64
  e tomada de decisão, 63
  em equipes, 70–71
  fazendo suposições em, 68–69
  informações relevantes em, 64–65
  meios de comunicação em, 70–73
  pontos a considerar, 70
  por escrito, 72–73
  preparação e apresentação, 69–73
Análise de cliente, 35
Análise de contribuição, 47–52
  e impacto sobre o lucro, 49–51
  e medida de desempenho, 50–51
  e tamanho do mercado, 50–51
Análise de custo de *marketing*, 387–388
Análise de decisão, 65–69
Análise de empresa, em exemplo de plano de *marketing*, 34
Análise de lucratividade,
  do cliente, 392–393
  para canais de *marketing*, 391
Análise de lucro para novas ofertas, 118
Análise de *mix* produto-serviço, 387–389
Análise de oportunidade, 75–77
Análise de ponto de equilíbrio, 47–48, 118, 302
Análise de posicionamento, 145–147
Análise de sensibilidade, 49
Análise de setor
  comidas mexicanas e apimentadas, 32
  distribuição de cerveja, 105–108, 114
  no exemplo de plano de *marketing*, 32
  produtos de *chili*, 34
Análise de situação, 12–13, 30, 65

Análise de vendas, 118, 389–391
Análise do valor atual, 54
Análise SWOT, 76–77
  em análise de oportunidade, 76–77
  em gerenciamento de *marketing* estratégico, 14–16
  no exemplo de plano de *marketing*, 31–32
Apresentação oral
  análise de caso em, 70–71
  educada, 72
Aquisições
  companhias aéreas, 326–327, 329, 333
  desafio, 471–472
  pipoca doce, 163–188
Assentos disponíveis por milhas, 329–330
Atacadistas, 96–97
  eliminação, 265
  grupos varejistas de compras, 294–295
Atendimento ao cliente na Southwest Airlines, 333
Ativo atual, 52
Ativos atuais, 52
Audição de músicas de sucesso, 373
Auditoria de *marketing*, 24
Avaliação de oportunidade, 75–77
  matriz, 76–77
Avaliação de oportunidade, fases qualitativa e quantitativa da, 77
Avaliação e controle, 42
Avaliações do valor do consumidor, 301

Bebidas de laranja, 205, 207–212
Bebidas não-gaseificadas. *Ver* Setor de refrigerantes
Bebidas sem cafeína, 117
Boato, 196

Café
  cupping, 440–442
  estrutura de Mercado para, nos EUA, 77–79
  sistema de porção individual, 438, 440–441
Café para escritórios (CE), 441–443
Caixas eletrônicos (ATMs), 386–387, 425–426
Calçados para vacas, 87–94
Calculadoras de mão, 82–83
Canadá
  calçados MOO no, 87–94
  mercado de anti-sépticos bucais no, 152–154
Canais de *marketing* eletrônico, 257–258, 386–387
Canal de *marketing*, 255–256, 386–387
  Ver também Estratégia e gerenciamento de canal
Canal principal, 264
Canibalismo, 19–21
  de ofertas existentes, 121–122
  e seleção de canal, 262
  efeitos, 51–52
  franquias e, 288–289
  provocado, 129–130
Capital de giro, 52
Características socioeconômicas, consumidor, 79–80

CDs (*compact discs*)
  custos, 315
  preço, 309–323
  vendas, 317
Centro para Prevenção e Controle de Doenças, 356–357
Chamada de despertar, 373
Chamada de resgate, 373
Churrasco, 470–472
Ciclamato, 158–159
Ciclo de vida de produto, 119–120
Civil Aeronautics Board, 324–325
Clientes
  classificação de, 393
  comportamento de compra, 97–99, 161, 429–431
Clinical Center do NIH, 362
Clipes divertidos, 373
Colas
  concorrência, 135–136
  diet, 117
  sem cafeína, 117
Co-marca, 128
Comidas mexicanas, 25, 28–42, 64
  congeladas, 25, 28–42
Comissões de vendas, 235
Companhias aéreas americanas, 326
Competência distintiva, 14
Comportamento de compra
  anti-sépticos bucais, 161
  clientes de lojas de conveniência, 429–431
  tintas, 97–99
Compostos orgânicos voláteis, 96
Computadores portáteis, 82–83
Comunicação
  alocação de recursos, 197–199
  atividades, 189–190
  continuidade de, 197–199
  necessidade de, 189–190
  papel da Internet na, 189–199
  tomada de decisão, 189–190
  ver também Comunicação integrada de *marketing*
Comunicação integrada de *marketing*, 190
  alocação de recursos, 197–199
  avaliação e controle, 199–200
  capacidade organizacional e, 193
  características do mercado-alvo, 192–193
  decisões de compra, 190, 191
  decisões importantes na, 190
  desenvolvimento de um *mix* de comunicação, 192–195
  estabelecimento de objetivos de comunicação, 191–192
  estratégia e gerenciamento, 189–199
  estratégias de empurrar *versus* de puxar, 194–195
  exigências de informações dos consumidores
  Internet para, 190
  oferta da organização e, 192
  sites de *marketing*, 195–196
  ver também Comunicação
Conceito de ciclo de vida, 119–120, 191
Conceitos financeiros, 43–57
  alavancagem operacional, 52–53
  análise de contribuição, 47–52

custos relevantes e afundados, 44
custos variáveis e fixos, 43–44
fluxo de caixa descontado, 53–55
liquidez, 52
margens, 44–47
preparação de um demonstrativo financeiro *pro forma*, 57
valor de duração do cliente, 55–57
Concorrência
 assistência médica, 403
 cortadores de grama, 275–276
 em exemplo de plano de *marketing*, 33–34
 escolha de *marketing* para, 433
 indústria da música, 311–314, 317
 mercado de anti-sépticos bucais, 156–157
 mercado de *chili*, 33–34
 mercado de chocolates, 247–248
 pipoca doce, 165–168
 setor de pneus, 279, 282–284
 setor de refrigerantes, 132–134, 138, 140–141, 205–212
 setor de supermercados, 345–350
 setor de tapetes e carpetes, 290–293
 setor de transporte aéreo, 326, 337–342
 tintas, 98–100
 tintas arquitetônicas, 96–98
Consumidores. *Ver* Clientes
Conta em tempo real *online*, 372
Contabilidade básica. *Ver* Conceitos financeiros
Contas do Tesouro dos Estados Unidos, 53
Contratos, 380
Contribuição, 47
Contribuição por unidade, 47
Controle
 operações, 385–386
 ver também Processo de controle de *marketing*
Controle de operações
 análise de canal de *marketing*, 391–393
 análise de custo de *marketing*, 387–388
 análise de lucratividade do cliente, 392–393
 análise de *mix* produto-serviço, 387–389
 análise de vendas, 389–391
 definição, 385–386
 meta do, 387
 trabalho para recuperação, 385–386
Controle estratégico
 definição, 385–386
 trabalho de recuperação, 385–386
Conveniência, na decisão de distribuição, 260–261
Cortador de grama de autopropulsão, 270
Criação de canal, tradicional, 256
Cupons, 39
Cupons de desconto, 39
Cupons duplos, 346
Cupping, 440–442
Curva de vendas e ciclo de vida, 119–120
Custo de aquisição (CA), 56
Custo de capital, 53
Custo de mercadorias vendidas, 43, 57
Customização em massa, 78–79
Custos
 comprometidos, 44
 de aquisição de cliente, 56, 392–393
 de atendimento de pedido, 391–392
 de obtenção de pedido, 391–392
 de retenção de cliente, 393

Custos de oportunidade, 44
Custos fixos, 43–44, 52
 conceito de, 44
Custos irrecuperáveis, 44
Custos programados, 44
Custos relevantes, 44

DECIDE
 acrônimo de, 63
 avaliação do processo de tomada de decisão, 68–69
 consideração de informações relevantes, 64–65
 definição de problema, 64
 enumeração de fatores de decisão em, 64
 identificação das melhores alternativas, 68–69
 incertezas em, 64
Decisão de compra, 191
Decisão de distribuição efetiva, 259
Decisões de distribuição exclusiva, 259
Decisões de distribuição intensiva, 259
Decisões de distribuição seletiva, 259
Decisões de modificação de canal, 264–265, 386–387
 avaliação quantitativa de, 265
 fatores qualitativos em, 265
Decisões de seleção de canal, 255–261
 abrangência do mercado-alvo, 259–261
 canais de *marketing* eletrônico, 257–258, 386–387
 criação do canal, 256–258
 distribuição direta *versus* distribuição indireta, 256–257
 e níveis de distribuição, 260–261
 satisfação de exigências do comprador, 260–261
Decisões fabricar ou comprar, 193
Declaração de contribuição direta de produto, 173–176
Delta Airlines, 326
Demanda
 eficaz, conceito de, 77–78
 elasticidade de preço, 301–302
 em estratégia de preço, 299–302
 inter-relações, no *mix* de ofertas, 117
 primária e seletiva, 191
Demanda de mudança, 305
Demanda efetiva, conceito de, 77–78
Demonstrações na loja, 39
Demonstrativo financeiro *pro forma*, 56–57, 85–86, 185–186
Descontos, 43
Desintermediação, 262–263
Despesas administrativas, 44, 57
Despesas de entrega, 43
Despesas de *marketing*, 44, 52, 57
Despesas gerais, 57
Direcionamento de *marketing*, 82–83
 comunicação de *marketing* integrada, 192–193
 no exemplo de plano de *marketing*, 37
 seleção de canal, 255–256, 259–261
Diretor de *marketing*, 11
Discussão em aula, em análise de caso, 70–72
Display de vendas, 475
Distribuição
 atacado, 290–297
 dual, 261–262, 264
 em exemplo de plano de *marketing*, 40

 graus de densidade e, 259–261
 marca particular, 267
 mercado mundial (chocolates), 241–244, 246–248
 níveis de, 260–261
Distribuição, produtos e setores
 calçados para vacas, 91–93
 cerveja, 105–108, 114
 cortadores de grama, 267, 270–273, 275–277
 lâminas, 261
 no setor de barcos, 230–233
 pipoca doce, 169, 172–173, 175, 182–183
 setor de pneus, 288–289
 setor de refrigerantes, 138, 204
 tapetes e carpetes, 292–296
 tintas, 100
 ver também Distribuição
Distribuição de cerveja, 105–108, 114
Distribuição direta, 292–297
 versus distribuição indireta, 256–257, 262, 292-297
Diversificação
 em gerenciamento de *marketing* estratégico, 20–21
 fracassada, 20–21
Downloading, 310

Economia futura, 120
Elaboração de orçamentos
 abordagem de paridade comparativa em, 197
 abordagem de todos os recursos disponíveis, 197
 com base em fórmula, 197
 como controle, 200
 em gerenciamento de *marketing* estratégico, 23–24
 mix de comunicação, 197–199
Elasticidade de preço da demanda, 301–302
Elasticidade transversal de demanda, 302
Eletrônicos, consumidor, 125
Embalagem, 39
 calçados para vacas, 91
 de chocolates, 244–245
 e imagem de marca, 244–245
 pipoca doce, 170–171
 produtos de *chili*, 39
Emenda Waxman-Hatch, 395, 397–398, 411
Empresas de música, 309, 312–313
Engarrafadores, 132, 134–135, 204, 210, 213–214,
Entrega direto na loja (EDL), 175
Equipamento de gramado e jardim, 273
Equipe de vendas, 193–194
 alocação de orçamento, 44, 197–199
 empresa, 194
 representantes independentes, 389–391, 193, 194
 resumo de desempenho para, 389–391
Espaço de mercado, 21–23
Estágio de declínio, 120
Estágio de maturidade-saturação, 120
Estratégia conceitual, no preço, 305
Estratégia de *blitz* em propaganda, 197–198
Estratégia de comunicação, 23–24
Estratégia de comunicação de empurrar e de puxar, 194–195
Estratégia de desenvolvimento de mercado, 17–20

Estratégia de desenvolvimento de produto, 19–21
Estratégia de desnatação no preço, 305, 469
Estratégia de enfrentamento de marca, 129–130
Estratégia de extensão de linha, 127–128
Estratégia de marca de flanco, 129–130
Estratégia de *marketing*, 75–86
    análise de oportunidade, 75–77
    direcionamento ao mercado, 82–83
    gerenciamento de canal, 255–256
    lucratividade, 83–86
    matriz oferta-mercado, 81–83
    mercado, definição, 77–79
    potencial de vendas do mercado, 83–86
    reformulação de processo de controle (*ver* Processo de controle de *marketing*)
    segmentação de mercado, 78–82
Estratégia de *marketing* de produto, 115
    em gerenciamento de *marketing* estratégico, 17–24
    no exemplo de plano de *marketing*, 38
Estratégia de nova marca, 128–130
Estratégia de penetração de mercado, 17–19, 23–24
Estratégia de preço, 23–24, 299–307
    análise de ponto de equilíbrio, 302
    avaliações do valor do consumidor e, 301
    clonagem de preços do setor, 379
    conceitual, 305
    de um país para outro, 244–246
    decisões de preço, 299
    demanda e custo e, 299–300
    desnatação, 305–306, 469
    efeitos de mudança de preço, 302–303
    elasticidade de preço de demanda e, 301–302
    elasticidade transversal da demanda e, 302
    em exemplo de plano de *marketing*, 39
    guerras de preços e, 306–307
    indicador de valor e, 301
    interação competitiva e, 306
    intermediária, 306
    lucros e, 299
    marcas particulares, 476–477, 479
    novas ofertas, 305–306
    novos produtos, 451–453
    orientação conceitual para, 300
    percepção de qualidade e, 301
    precificação *mark-up*, 304
    preço baixo todos os dias, 344, 353–355
    preço de custo total, 304–305
    preço de custo variável, 305
    preço de linha de produtos, 302
    preço de taxa de retorno, 304–305
    preço menor do que o da concorrência, 380
    preço orientado pela demanda, 305
    priorização de objetivos, 299–300
    redução de preço, 309, 318–323
    técnica, 305
Estratégia de preço, taxa de retorno, 304–305
Estratégia de preço para penetração, 306, 469
Estratégia e gerenciamento de canal, 255–265
    decisões de modificação de canal, 264–265, 386–387

distribuição dual, 261–262, 264
exigências de intermediários, 262–263
marketing de vários canais, 261–263
relações comerciais, 262–264
seleção de canal, 255–261
ver também Distribuição
Estratégia técnica no preço, 305
Estudo de caso
    alvo de *marketing*, 95–104
    análise de oportunidade, 75–86
    campanha nacional de propaganda, 395–411
    colocação de preço pela primeira vez, 368–383
    conhecimento de marca, 229
    controle de *marketing*, 412–421
    desenvolvimento de produto, 87–94
    direcionamento ao mercado, 75–86
    distribuição de marca particular, 267–277
    distribuição direta *versus* distribuição por atacado, 290–297
    distribuição dual, 105–108, 114, 267–289
    estratégia de entrada no mercado, 455–469
    estratégia de *marketing* de virada, 422–432
    estratégia promocional, 95–104
    estratégias de preço, 299–323
    exclusividade de *marketing*, 395–411
    exemplo de plano de *marketing*, 27–42
    extensões de marca, 368–369
    imagem de marca, 236–253
    interação competitiva, 324–343
    mercado residencial, 438
    mudanças de propaganda e promoção, 470–486
    planejamento de lucratividade, 216–228
    plano de *marketing*, 151–162
    posicionamento de marca, 131–150
    posicionamento/relançamento de produto antigo, 201–215
    preço baixo todos os dias, 344, 353–355
    processo de tomada de decisão, 63–73
    redefinição de mercado, 395–411
    redução de preço, 309–343, 356–367
    segmentação de mercado, 75–86
    ver também Análise de caso
Ética em gerenciamento de *marketing* estratégico, 25
Evolução de mercado, 386–387
Exclusividade de *marketing*, 395, 397–398, 411
Exemplo de plano de *marketing*, 27–42
Exigências para o sucesso, 14–15
Experiência passada em estatística, 66, 72–73
Exposições comerciais, 93
Extensão de marca, 128, 182–183, 368

Fabricação
    pipoca doce, 172–173, 182–183
Fabricação de equipamento original, tintas, 95
Falência, 425–426
Fazer (produzir) marca própria, 126–128
Filmes, 373
Finanças
    anti-sépticos bucais, 160–161
    operação de cerveja, 108, 114
    operações de hotéis, 216–217, 220–224
    pipoca doce, 173–176
Fluxo de caixa, 53–54, 187

Fluxo de caixa acumulado, 54
Fluxo de caixa descontado (FCD), 184–186
    ilustração, 185–186
Fluxo de caixa líquido, 53–55
Fluxos de caixa projetados, 187
Foco produto-mercado, 36
Folhetos, 93
Formato de árvore de decisão, 21–22
    exemplo de, 21–22
Fusões
    companhias farmacêuticas, 401

Gengivite, 161
Gerenciamento de marca, 115, 123–130, 472–473, 475
    em aquisições, 177, 179
Gerenciamento de *marketing*, 51, 115, 299, 435
    aspectos financeiros, 43–57
    tarefas do gerente, 189–190
Gerenciamento de *marketing* estratégico, 11–25, 24
    análise SWOT, 14–16
    definição empresarial, 12
    estratégias de produto-mercado, 17–24
    estratégias de reformulação e recuperação, 24
    ética e responsabilidade social em, 25
    exigências orçamentárias, 23–24
    plano de *marketing* em, 14–16
    processos de, 11
GRP (Gross Rating Points), 156–157n
Grupos de compra de varejo, 293–294
Guerras de preços, 306–307

Health Protection Branch (HPB), 157
Horas fora do período de pique, 383

Identificação de oportunidade, 75–77
Imagem de pequena empresa, 268
Implementação, no exemplo de plano de *marketing*, 42
Imposto sobre valor de venda, 237
Índia
    investimento e regulamentações comerciais, 458–461
    marcas registradas e patentes, 458–459
    sistemas de purificação de água, 455–458
Indicador de valor, definição, 301
Indústria da música, 309, 312–313
    concorrência na, 311–314
    downloading e, 310
    economia da música, 314–315
    mercado da música, 315–317
    tamanho da indústria e desenvolvimentos, 310–311
    tendências recentes de vendas na, 310–311
Indústria na Alemanha, 243
Indústria na França, 241–242
Informações relevantes em DECIDE, 64–65
Inovação tecnológica, 386–387
Internet
    estratégia de canal e, 255–256
    inovações tecnológicas, 386–387
    papel nas comunicações, 189–199
    para comunicação de *marketing* integrada, 190
    propaganda na, 192

Japão
    distribuição de lâminas, 261
    setor de chocolates, 237, 243–244
Jogos promocionais, 426
Joint ventures, 369, 466–469

K-Cup, 438, 440–443, 448–451
Lâminas, 261

Lei de Alimentos, Medicamentos e Cosméticos, 395, 397–398, 411
Lei de Desregulamentação de Linhas Aéreas, 324–325
Lei de Telecomunicações de 1996, 433–434
Liquidez, 52
Lojas de conveniência, 422–432
    concorrência, 427–429
    mix de atendimento e produto, 425–426
    perfil de clientes, 429–431
    setor, 427–429
    tendências e preocupações, 431
Lojas de discos, 317
Lojas *duty-free*, 237, 243–244
Lojas *duty-free* de aeroportos, 237
Lojas especializadas em tintas, 96–97
Lucratividade, 85–86
    e decisão de distribuição final, 115
Lucros, 49–51, 53

Marca
    canibalismo provocado, 129–130
    co-marca, 128
    corporativa, 125
    estratégia de enfrentamento de marca, 129–130
    estratégia de extensão de linha, 127–128
    estratégia de marca de flanco, 129–130
    estratégia de nova marca, 128–130
    estratégias de, 125–128
    estratégias de crescimento, 127–130
    família, 125
    global, 125
    multimarcas, 126–127
    multiprodutos, 125–127
    ofertas, 115
    particular, 126–128
    submarca, 126–127
Marca ou selo particular, 126–128
Marcação, 45
Margem comercial, 45–46
Margem do cliente, 56
Margens, 44–47
    brutas, 45, 57
    de contribuição, 48
    lucro líquido, 46–47
Margens de lucro, conflito de canal e, 264
Marketing
    cerveja, 108, 114
    chocolates Godiva, 244–249
    Cracker Jacks, 163
    estrutura para café, 77
    linhas aéreas, 335
    medicamentos controlados, 404–410
    medicamentos sem receita, 409–411
    pipoca doce, 168–169
    produtos de *chili*, 38
    propósito do, 11
    setor de pneus, 284

setor de refrigerantes, 133–134, 138, 205–208, 212–215
    setor hoteleiro, 225–228
    tapetes e carpetes, 290–291
    telefones celulares, 84
Marketing concentrado, 83
Marketing de eventos, 248
Marketing de vários canais, 261–263, 386–387
Marketing diferenciado, 83
Marketing direto, 410
Marketing viral, 196
Matriz oferta-mercado, 81–83
Medicamentos
    para restaurar o crescimento capilar, 400–401
    sem receita, 395
Medida de desempenho
    análise de contribuição e, 50–51
Medidas alternativas, 64
Mensageiro de música, 373
Mensagens de texto, 372
Mercado
    arena internacional, 17–20
    atendido, 78–79
    definição de, 77–79
    desenvolvimento, 17–20
Mercado afro-americano, 135–137
Mercado comercial, 441–444
Mercado de anti-sépticos bucais, 151–162
Mercado de *chili*, 25, 29–42
Mercado de chocolates
    comportamento de compra, 240–241
    consumo por país, 238–240
    estudo de imagem de marca, 241–242, 252–256
    mercado mundial de, 236–241
    pralines de chocolate, 238–239, 241, 244–245
Mercado de creme dental, 120–122
Mercado de motocicletas, 81–82
Mercado de música, 315–317
Mercado de pneus para reposição, 279–284
Mercado de salgadinhos, 163–164
Mercado do consumidor residencial, 438, 443–451
Mercado hispânico, 135–137
    oportunidade no, 146–150
Mercado jovem, 371–373
Mercadorias na prateleira, 95
Mesa de negociação, 66
Metas empresariais, 12–13
Método de razão em cadeia, 84–85
Método direto de distribuição, 262
Método indireto de distribuição, 262
Mídia de massa, 197–198
    vertical ou horizontal, 197–198
Ministério dos Transportes dos Estados Unidos, 324–325
Minoxidil, 395–397, 403–404, 407
Missão empresarial, 12–13
Mix de comunicação, 189–190, 192–195
Mix de *marketing*, 17, 21–24, 79–80, 115
    alimentos infantis, 12–13
    e mercados-alvo, 433
    formulação, 21–24
    implementação, 23–24
    ver também Ofertas
Mix de ofertas
    adições ao, 116–117

análise de negócio, 118–120
    coerência, 117
    conceito de ciclo de vida e, 119–120
    economia futura e, 120–121
    inter-relações de demanda, 117
    mercado existente para, 117–118
    modificação, 116–121
    obtenção de novas idéias, 118
    pacote de oferta, 116
    processo de desenvolvimento, 118–120
    recursos organizacionais, 117
    teste de mercado, 118–120
Modelo de processo de compra, 190–191
Mudança estratégica
    definição, 385–387
    efeitos da, 386–387
    fontes de, 386–387
    opções para lidar com, 387
Multimarcas, 126–127
Museus, 412–421

NASA, 465–466
National Cancer Institute (NCI), 358, 361
National Gay and Lesbian Task Force, 366–367
National Institute of Allergy and Infectious Disease (NIAID), 362
National Institute of Health's AIDS Clinical Trials Group, 364–365
National Pork Producers Council, 121–122
Necessidades orientadas para o desempenho, 75–76
Negócio
    definições, 32–34
    estimativa do valor justo de mercado de, 184–186
Northwest Airlines, 326
Novas ofertas, 305–306

Objetivos da comunicação, 191
Objetivos empresariais, 12–13
Oferta via mala direta, 420–421
Ofertas
    ampliação de oferta ou redução de oferta, 120
    conceito de, 115–116
    definição, 115, 387–388
    eliminação de, 120–121
    marca, 123–130
    mix de ofertas (*ver Mix* de ofertas)
    modificação, 120
    na tomada de decisão, 115, 116
    portfólio (*ver Mix* de ofertas)
    posicionamento, 115, 120–123
    produto ou serviço, 77–78
    vender por mais, 393
Opções de investimento
    joint ventures, 369, 466–469
Operações de celulares, 369
Operador de rede virtual móvel, 369
Oportunidade ambiental, 14
Orçamento baseado em fórmula, 197
Orçamento com base qualitativa, 197
Orçamento de comunicação 197–199
Orçamento financeiro, 23–24
Orçamento operacional, 23–24
Orçamentos
    setor de barcos de lazer, 235
Orçamentos especiais suplementares, 24

Organização Mundial da Saúde (OMS), 460–461
Organizações para manutenção da saúde, 401

Pacote de oferta, 116
Pan American Airlines, 327, 329
Participação de mercado, 77–78, 387–388
Passivos atuais, 52
Período de retorno, 54, 118
Pesquisa de mercado (PM)
    sobre anti-sépticos bucais, 159–160
    sobre preços de telefones celulares, 377
Pipoca doce
    categoria de, 165–169
    consumidores, 169
    ver também Cracker Jack, Frito-Lay Company
Pipoca doce pronta para consumo. *Ver* pipoca doce
Placa, 162
Plano de *marketing*
    em gerenciamento de *marketing* estratégico, 24–25, 27–42
    exemplo, 28–42
Planos de contingência, 24
Poder do canal, 264
Pontos de diferença, 37
Porcentagens de margens comerciais, 120–122
Posicionamento, 38
    elaboração de uma declaração por escrito, 121–123
    estratégias, 120–122
    marca, 61
    ofertas, 115, 120–123
    por usuário, 121–122
    reposicionamento, 123
    tomada de decisão estratégica, 123
Posicionamento de marca, 131–132
Posicionamento de produtos
    hotéis de nível médio, 220–221
    setor de refrigerantes, 141–142, 145–147, 208–209, 213–215
Potencial de vendas do mercado
    estimativa, 83–85
    previsão de vendas e lucros, 84–86
Precificação de ativos e Modelo de estratégias de preço, 185–186
Precificação *mark-up*, 45, 304
Preço
    calçados para vacas, 91
    CDs, 309–323
    chocolates, 244–246
    medicamentos, 397–398
    no setor de transporte aéreo, 324–343
    pipoca doce, 172–173
    produtos de *chili*, 39
    telefones celulares, 377
Preço de custo total, 304–305
Preço de custo variável, 305
Preço de linha de produtos, 302
Preço de varejo sugerido pelo fabricante, 315
Preço de venda, 45
Preço orientado pela demanda, 305
Pré-pago *versus* pós-pago, 381–382
Preparação de assados
    com carvão, 470–486
    com gás, 476–479
    popularidade e métodos de, 470–472
Previsão de vendas, 84–86

Principais fatores para o sucesso, 14–15
Processo de tomada de decisão, 63–69
Produtores concentrados, 132–136, 204–205, 210
Produtos alimentícios, 151–152
Produtos de beleza, 151–152
Produtos de limpeza, 152
Produtos de papel, 151–152
Produtos farmacêuticos
    com e sem receita médica, 395, 397–398, 401–413
    genéricos, 397–398
Produtos para lavar roupas, 152
Produtos para melhoria do lar, 97–98
Programa Medicaid, 358
Programas de *marketing* abrangentes, 433–437
    adequação de *marketing*, 433–434
    estudos de caso, 486
    implementação, 433, 436–437
    interações do *mix* de *marketing* e, 433–436
    questões organizacionais, 433, 436–437
Projeções financeiras, 41
    bases para, 185
    para pipoca doce, 173–176
    para produtos de *chili*, 41
    ver também Vendas e dados de vendas
Promoção, 39
    comercial, 211
    consumidor, 212
    merchandising, 210
    ver também Propaganda e promoção
Promoção de vendas, 44, 192
Promoções de PDV, 134–135, 210
Propaganda
    alocação de recursos, 197–198
    campanhas nacionais, 395–411
    como custo programado, 44
    cooperativa, 194, 295–296, 322–323
    estratégia de *blitz* em, 197–198
    folhetos, 93
    jornais, 197–198
    na rua (*outdoor*), 197–198
    opções, 197–198
    oportunidade, 195
    propósito da, 197–198
    rádio, 197–198
    revista, 93
    ver também Propaganda e promoção; Promoção
Propaganda e promoção
    anti-séptico bucal, 161
    ausência de, 476–477, 479
    calçados para vacas, 93
    carvão, 483–485
    chocolates, 248–251
    companhias aéreas, 341–342
    cortadores de grama, 270–273
    indústria de barcos, 230–231, 233–235
    medicamentos, 407, 409–410
    medicamentos controlados, 405, 407
    na Internet, 195
    pipoca doce, 168, 170–173
    produtos de *chili*, 39
    salgadinhos, 165
    setor de pneus, 281–282, 286, 288
    setor de refrigerantes, 134–135, 141–144, 148–150, 208–214
    tapetes e carpetes, 295–296
    tintas, 100–101
    ver também Propaganda; Promoção

Propaganda em jornal, 197–198
Propaganda em revista, 197–198
Propaganda na televisão, 143–144, 197–198
    campanhas nacionais, 395–411
    para refrigerantes, 143–144
Propaganda no ponto de venda, 453–454
Provedores de celulares, 373–375

Questões ambientais
    em gerenciamento de *marketing* estratégico, 14–15
    redução de compostos orgânicos voláteis, 96
Questões organizacionais em gerenciamento de *marketing* estratégico, 14–15

Receita por passageiro por milhas, 329–330
Receitas, 39
Receitas antes de Juros, Impostos, Depreciação e Amortização, 216
Receitas de vendas passadas, 40
Recording Industry Association of America (RIAA), 311, 315
Redefinição de mercado, 386–387
Relações comerciais, 262–264
Relatórios por escrito, 70–73
Renda líquida antes de impostos, 57
Reposicionamento, 123
Representantes de vendas independentes, 193, 194
Responsabilidade social, em gerenciamento de *marketing* estratégico, 25
Retenção de cliente, 56
Retorno sobre investimento, 118
Revestimentos de pisos, 295–296
RTE (*ready to eat* – pronto para comer), 163–169

Sacarina, 158–159
Salários administrativos, 44
Salgadinhos, 163–164
Segmentação de mercado, 78–82
    benefícios da, 78–80
    eficaz, exigências para, 81–82
    variáveis em, 79–80
Segmentos, 387
Seleção de canal
    no nível do varejo, 258–261
    veículos e, 197–198
Seleção de estratégia, 20–23
Selos particulares, preço, 476–477, 479
Serviço de telefonia sem fio, 369
Serviços de atendimento, como exigência do comprador, 260–261
Serviços de conserto de automóveis, 284
Setor de barcos, 229–235
    comportamento de consumidores de barcos, 233–234
Setor de barcos de lazer, 231–234
Setor de bebidas, 151–152
    bebidas gaseificadas, 131–150, 201–208
    ver também Setor de refrigerantes
Setor de briquetes de carvão, 470–486
    categoria, 470–471, 476
    enfraquecimento da categoria, 479
Setor de chocolates, Bélgica, 236, 241, 244, 247–248
Setor de chocolates na Espanha e em Portugal, 243
Setor de chocolates na Holanda, 243

Setor de chocolates no Reino Unido, 243
Setor de comunicações móveis, 369–372
Setor de fabricação de relógios, 386–387
Setor de pneus, 278–284
 história do, 284–288
 lucratividade, 284
 perfil dos compradores, 284
Setor de refrigerantes, 131, 201–208
 bebidas de laranja, 205, 207–212
 comportamento de compra e consumo, 206
 concorrência de marca e sabor, 135–136
 demografia de consumo, 135–136
 estrutura do setor, 204–205
 marketing, 133–134, 205–208
 propaganda e promoção, 134–135
 refrigerantes *diet*, 206
 ver também Setor de bebidas gaseificadas
Setor de serviços financeiros, 393
Setor de supermercados, 344–355
 pesquisa do consumidor no, 350–354
Setor de tapetes e carpetes, 290–295
 vendas e tendências, 290–291
Setor de telefonia celular, 369–372
 projeção de vendas, 375
Setor de tintas, 95–98
Setor de transporte aéreo de passageiros, 324–331
 categorias de companhias aéreas, 324–325
 conceito de companhia aérea dentro de companhia aérea, 330–331
 economia e desempenho das empresas, 329–331
 histórico, 324–330
 operações, 333–334
 problemas financeiros no, 327–329, 337–338
 tendências, 330–331
Setor de transporte aéreo. *Ver* Setor de transporte aéreo de passageiros

Setor de tratores cortadores de grama, 267, 273–276
 configuração do produto, 274–275
Setor hoteleiro, 217–220
 perfis de hóspedes, 217, 219–220, 222–224
 segmentação no, 217, 219
Setor sazonal, 232–233, 474–475, 479
Sistema de porção individual, 438, 440–441
Sistemas de purificação de água, 455–469
 concorrência, 462–467
 mercado indiano para, 455–458
 métodos de, 457–458
Sites da Web
 de transações, 195–196
 marketing, 195–196
 promocionais, 196
 ver também Internet
Sites de *marketing* na Web, 195–196
Sites de transações na Web, 195–196
Sites promocionais da Web, 196
Slides, 72
Submarca, 126–127
Subsídios para aparelhos telefônicos, 382

Tamanho do mercado, análise de contribuição e, 50–51
Taxa de desconto, 185–186
Taxa de desconto ajustada ao risco, 187
Taxa de retorno sobre investimento, 304
Taxas embutidas, 383
Telecomunicações, 368
Telefones celulares,
 mercado, 79–82
 preço, 377
Televisão de alta definição (HDTV), 83
Teste de mercado, 118–120
 pipoca doce, 177, 179–181
Teste de mercado simulado, 177, 179–181

Tintas, 95–104
 marcas de lojas, 96–99
 setor e condições, 95–99
Tintas arquitetônicas, 95–98, 100–101
Tintas especiais, 95
Todos os recursos disponíveis, abordagem de orçamento, 197
Tomada de decisão
 e análise de caso, 63
 individual e conjunta, 191
 processo, 63
Toques de telefones celulares, 373
Trans World Airlines (TWA), 326
Tratamentos para calvície, 398–401

U.S. Federal Commission, 471–472
U.S. Food and Drug Administration, 117, 118, 356–357, 359, 361–362, 367, 389, 395, 397–398, 403–404, 411
Unidades de estocagem, 170–171, 179

Vacas leiteiras, calçados para, 87–94
Valor da marca, 123–130
 com base no cliente, 124
 conhecimento, 177, 179
 criação, 124–125
 valorização, 125
Valor de duração do cliente (VDC), 55
Valor de tempo de vida, cálculo para usuários de telefones celulares, 382
Valor justo de mercado, 187
 de uma empresa, 184–186
 estimativa de, 187–188
Valor monetário esperado de informações perfeitas, 67–69
Valor residual ou terminal, 187–188
Valor terminal ou residual, estimativa, 185
Variedade como exigência do comprador, 260–261
Vendas e dados de vendas, 57
Volume de vendas, 387–388

Índice de Empresas e Marcas

A & P's WEO (Where Economy Originates), programa, 23–24
A & W Brands, 137
A & W Root Beer, 131
Abbey Carpets, 293–295
Accor North America, 218
Actifed, 360
Adriamycin, 401–403
Aleve, 128
Alfa Water Purifiers, 465–466
Almay, 119–120
Alpharma, 397–398
Always, 151–152
Amana, 126–127
Amber Inn & Suites, Inc., 216–228
    estatísticas de operação, 221–222
    finanças, 216–217, 220–224
    indústria hoteleira e, 217–220
    marketing orçamentação, 225–228
    missão, 219–221
    perfil dos hóspedes, 222–224
    posicionamento, 220–221
    uso do EBITDA, 216
    vendas, 225
American Airlines, 128, 326
American Express, 125
American Home Products Corporation (AHP), 165–166
American Yard Products, 275
Amoco Corporation, 428
Anheuser-Busch Companies, Inc., 20–21, 25, 108, 128–130, 439
AOL Time Warner, 313, 318
Apple Computer, 125, 191, 311
Apple Computer's iPod, 19–20
Aquaguard, 462–463
Aquarius purifier, 465–466
Aquatred, 285, 286
Ariens, 275
Arm & Hammer, 121–122, 125
Arrow, camisas, 64
Atlantic Blend, 77–78
Atlantic Richfield Company, 428
Attends, 151–152
Avis, 121–122
Avon Products, Inc., 256
Azidotimidina (AZT), 356, 359

Bajaj Electrical Division, 465–466
Baked Lay's®, 163–164
Baked Tostitos®, 163–164
Barbie, bonecas, 129–130
Barnes & Noble, Inc., 261
Barrett, Alexander, 95, 97–99
Barrett, Colleen, 335
Barry, David, 362
Bausch & Lomb, 397–398
Beaulieu of America, 292–293
Bell Atlantic, 433–434
Benjamin Moore, 96

Bertelsmann, AG, 314, 318
Bertelsmann BMG, 318
Best Buy, 317
Best Western International, 218
Better Homes & Gardens, 301
Beverage Digest, 135–136
Big Mow, 270
Billboard Magazine, 321–322
Bishop, Herb, 136–137
Black & Decker, 126–127, 199, 449
Blake, Janet, 416–417
BMG Entertainment, 312–314, 322–323
Bold, 152
Borden Foods Corporation, 163, 165–166, 172–175, 191
Borden Foods Corporation Chemical, 165–166
Bose Audio Systems, 124
Bounce, 152
BP America, 428
Branson, Richard, 317, 368, 376, 377
Braun, 449
Brent, Randall, 412–413, 416
Bridgestone, 285
Bristol Myers, 358
Brooks Products, 136–137
Brownlow, Larry, 105, 107
Brut, 121–122
Bumble Bee tuna, 165–166
Bunn, 449
Burroughs Wellcome Company, 356–367.
    Veja também Retrovir, B.W. Co.
Busniness Week's Global 1000, 202
Buymusic.com, 311

Cadbury, John, 202
Cadbury Beverages, Inc., 201–215
    fusão com a Sweppes, 202
    história da, 201–203
    linha de produtos, 202–203
    veja também Crush®, Cadbury Beverages, Inc.
Cadbury Schweppes PLC, 17–19, 125, 131, 136–138, 140–141, 201–202, 204
Campbell Soup Company, 125, 127–128, 238, 248, 300
    estrutura organizacional, 237
Canada Dry, 131, 202, 204
Canadian Dental Association (CDA), 157–159
Capitol Records, 317, 318
Caribou Coffee, 446
Carlson Hospitality Worldwide, 218
Carnival Cruise Lines, 123
Carpet Exchange, 293–294
Carpet One, 293–295
Carpetland USA, 294–295
CarpetMax, 293–295
Carrier, 458–459
Cartier, 301

Cascade, 152
Casio, 81–82
Cathay Pacific Airlines, 196
Cendant Corporation, 218
Cepacol, 153
Chanel perfumes, 301
Charter Marketing Group, 425–426
Chatterjee, Rahul, 455–459, 461–469
Cheer, 152
Cheetos®, 163–164
Chef Boyardee, 165–166
Chesterton, 294–295
Chevron Corporation, 428
Children's Place, 426
Chips Ahoy, 128
Chock Full o'Nuts, 449
Choice Hotels International, Inc., 218
Chrysalis Records, 317–318
Church & Dwight, 125
Cingular, 378
Circle K Convenience Stores, Inc.
    considerações estratégicas para o futuro, 431–432
    expansão de lojas e unidades, 423–426
    má situação financeira, 425–426
    mix de produtos e serviços, 425–426
    perfil do cliente, 429–431
    política de preço, 427
    receitas, 423–424
    setor de lojas de conveniência, 427–431
    sobre a empresa, 422–427
Circle K Corporation, 422–432
Circuit City, 374
Citibank, 128
Citizen, 386–387
Citizen Business Machines, 81–82
Citra, 138, 140, 142
Clarion, 151–152
Claritin, 195
Clearasil, 151–152
Cleocin, 401–403
Clinique, 262
Clorox, 470–472, 474–476, 480, 482–486
Cluett Peabody and Company, 64
Coastal Corporation, 428
Coca-Cola, 20–21, 84–85, 117, 124, 131–134, 136–137, 141
Coca-Cola Bottling Company of Southern California, 135–137
Coca-Cola Company, 132, 135–138, 140, 142, 146–147, 202, 204, 206, 207–208, 259, 436–437
Coca-Cola Enterprises, Inc. (CCE), 132
Coca-Cola North America, 135–136
Cole Haan, 264
Colgate Fluoride Rinse, 153
Comet, 152
ConAgra Foods, 116
Continental Airlines, 324, 433–434
Continental Lite, 331, 433–434

Converse, 264
Coors, Adolph, 105
Coors, Inc., 105–108, 114
  dados de investimento e operação, 108, 114
  distribuição, 105–108, 114
  estratégias de marketing, 108, 114
Corné Port Royal, 238, 248
Corné Toison d'Or, 237–238
Cortaid, 401–403
Corte Inglese, 243
Courtyard by Marriott, 217
Cover Girl Cosmetics, 21–23
Cox, Kate, 131, 146–150
Cracker Jack, Demonstrativo de contribuição direta de produto da, 173–176
Cracker Jack, Frito-Lay Company, 125, 163–188
  aquisição, 176–184
  brindes, 172–174
  categoria de pipoca doce, 165–169
  concorrência, 165–168
  desempenho financeiro/projeções, 173–184
  divisão de Novos Empreendimentos, 176–184, 183
  estabelecimento de preços, 172–173
  fabricação e garantia de produto, 172–173, 182–183
  história da marca, 165–166, 169–183
  linha de produtos, 170–172
  prática de marketing, 168–169, 180
  Projeto Bingo, 176–184
  propaganda e promoção, 168, 170–172
  teste de mercado simulado, 180–181
  unidades de estocagem, 170–171, 182–183
  vendas e distribuição, 172–173, 175, 182–183
Cracker Jack Butter Toffee, 170–172
Cracker Jack Nutty Deluxe, 170–174
Cracker Jack sem gordura, 170–174
Craft Marine Corporation, 229–235
  comportamento dos compradores de barco, 233–234
  decisões sobre orçamento, 233–235
  distribuição, 230–233
  propaganda e promoção, 229, 231, 233–235
  sazonalidade, 232–233
  setor de barcos de lazer, 231–234
  sobre a empresa, 229–231
  vendas, 230–231
Craftsman, ferramentas, 126–127
Crane, Thomas, 414
Crest, crème dental, 79–80, 121–122
Crisco, 151–152
Crunch 'n Munch, 165–166, 168–169
Crush®, Cadbury Beverages, Inc., 201–215
  concorrência, 207–212
  desenvolvimento da rede de engarrafamento, 213–214
  linha de produtos, 213

  precificação, 209–212
  programa de marketing, 213–215
  propaganda e promoção, 208–214
  questões de posicionamento, 213–215
  setor de refrigerantes, 204–205
Cuisinart, 449

DDI, 358, 359
de Bruges, Jeff, 241–242
Dearth, Robert A., Jr., 422
Del Monte Foods, Inc., 125, 127–128
Delight, 466–467, 469
Delight purifier, 460–462, 465–467, 469
Dell, Inc., 121–122, 125, 257
Dell Inclusion., 14
DeLonghi, 449
Delta Airlines, 326, 465–466
Dennison's canned chili, 165–166
Depo-Provera, 401–403
Deutsche Telekom, 369
DeWalt, 126–127
Dewey, John, 64
Diamond Shamrock, 428
Diehard car batteries, 126–127
Disney, 126–127
Divisão de Novos Empreendimentos, Frito-Lay Company, 163, 165–166, 176–184
Dole, S.R. "Dick," 428
Doritos®, 79–80, 163–164
Douglas, pneus, 288
Doxidan, 401–403
Dr Pepper/Seven Up, Inc. (DPSU), 131–132, 136–138, 140–142, 146–147, 204, 206
Draps, Joseph, 236
Drucker, Peter, 63
Dunkin' Donuts, 128, 259, 446
DuPont, 433–435
Duracell, pilhas, 124

Eagle, pneus, 128–130, 278
Eastman Kodak, 117
Ebauches S.A., 387
eBay, 125
Edison Media Research, 315
El Nacho Foods, 64–69
Electric & Musical Industries (EMI). *Veja* Emi Group, PLC
Electro-Alkaline Company, 471–472
Electrolux, 458–459, 462
Elizabeth, Kelly, 216–217, 225–228
Elizabeth Arden, 126–127
Eller, Karl, 431
Ellis, James, 344, 353–355
Elmer's, produtos, 165–166
EMI, Editora musical, 318–319
EMI, Gravadora, 318
EMI Classics, 318
Emi Group, PLC, 309–323
  desempenho operacional, 318–319
  histórico da empresa, 317–318
  mercado musical, 318–319
  resposta às iniciativas do UMG, 323
Encyclopaedia Britannica, 12

Estée Lauder Companies, 262
Ethan Allen, 195, 262
Eureka Forbes, 462–466
Exxon Mobil Corporation, 14–15

Fabergé, 121–122
Fairfield Inn, 217
Fairfield Inn by Marriott, 220–221
Fannel County Museum, 412–413
Farmorubicin, 401–403
FedEx, 121–122
Feil, Kim, 201
Fiat, 264
Fiddle Faddle, 165–166
Filenes, 243
Filmtrax, 317
Filterfresh Coffee Service, Inc., 442–443
Firestone Tire and Rubber, 199
Fisher-Price, 128
Flava, 129–130
Flavia, 443–444
FluMist, 117
Focus, 128
Folgers coffee, 77–78
Foot Locker, 264
Foote, Cone & Belding (FCB), 131, 141–142, 145–150
Forbes Campbell, 462
Ford, Henry, 78–79
Ford Motor Company, 67–68, 121–122, 128
Fortune 500, 11–12, 185–186, 267
Four Seasons, 217
Frank, Brayden, 229, 231, 233–234
Fresca, 132, 138
Frey, Murrell, 87–88
Fringos, 19–20
Frito-Lay, Inc., 129–130, 436–437
  aquisição da Cracker Jack, 163–188
  divisão de Novos Empreendimentos, 165–166
  estratégias de marketing do produto, 25, 78–79
  sobre a empresa, 163–166
  veja também Cracker Jack, Frito-Lay, Inc.
  vendas, 163–164
Frito-Lay, Inc., Sun Chips™ Multigrain Snacks, 163–164
Frito-Lay International, 163
Frito-Lay North America, 163–164
Fritos® corn chips, 163–164
Fuju, 387–388
Funyuns®, 163–164
Furman, Philip, 360
Fusion, 128

Gandhi, 457–458
Gap, 195
Garden Way/Troy-Bilt, 275
Gatorade, 17, 19–20, 123–124
Gatorade Frost, 126–127
General Electric, 116, 261, 312–313, 458–459
General Mills, 19–20, 128, 177, 179

Índice de Empresas e Marcas **499**

General Motors, 23–24, 70–71, 120–121, 196, 264
Genotropin, 401–403
Gerber Products Company, 20–21, 83, 125
Gillette Company, 14, 19–21, 117, 125, 261, 306
Gini, 202
Glastron, 232
Glaxo, 358
Glidden paints, 96
GMBuyPower.com, 192
Godiva Belgium, 236, 241, 247–248
   estudo de imagem em, 252–253
Godiva Europe, 236–253
   concorrência, 247–248
   distribuição, 246–248
   história da, 236–238
   marketing, 238–239, 244–249
   mercado mundial de chocolate, 238–241
   política de embalagem, 244–245
   preço, 244–246
   propaganda e promoção, 248–251
   vendas, 237
Godiva International, 237–238, 241, 243, 250
   imagem da, 236, 241–242, 252
Godiva Japan, 237–238, 244
Godiva USA, 237–238, 250
Goldman, Suzanne, 290, 295–297
Goldstar, 458–459
Goodrich, 281–282
Goodyear Auto Service Centers, 278, 281, 288–289
Goodyear Tire and Rubber Company, 278–289, 387–388
   concorrência, 279
   distribuição, 288–289
   linha de produtos e preço, 285–288
   mercado de pneus de reposição, 279–280
   mercado global, 285
   propaganda e distribuição, 288
   proposta da Sears, 278, 288
   setor de pneus, 279–284
Goodyear Tire Store, revendedores, 281
Gordon, Derek, 470–471, 476, 483–484, 486
Grace, Catherine, 216, 225–228
Grand American, 345–347, 349–351, 353–355
Graneer Systems, Inc., 455–469
   concorrência, 455, 465–467
   histórico, 460–461
   investimento no mercado indiano, 455–461
   mercado de purificadores de água, 462
   recomendações para entrada no mercado, 466–469
   sobre o produto, 461–462, 466–469
Green Mountain Coffee Roasters Inc. (GMCR), 438–440, 451
Groupe Michelin, 281–282, 284
Grow Group, 96
Gucci, 125

H & R Block, 259
Halcion, 401–403
Hall Consolidated, 344, 345, 350, 353–355
Hallmark, 262
Hamilton Beach, 449
Hampton Inn & Suites by Hilton, 220–221
Hampton Inn, 217, 220–221
Handler, Howard, 376
Harley-Davidson, Inc., 81–82, 125
Harrison's, 345, 347–351, 353–355
Harry and David, 165–166
Hawaiian Punch, 125, 131
Head & Shoulders, 151–152
Healon, 401–403
Health Care Financing Administration, 358–359
Hearst, Gwen, 151–154, 158–160
Heinz, 67–68
Hendison Electronics Corporation, 12–13
Hershey Foods, 17–19, 128
Hertz, 121–122
Hewlett-Packard, 82–83, 121–122
Hills Brothers, 449
Hilton Hotels corp, 218
Hires Root Beer, 201
Holdings, Genmar, 232
Holiday Inn, 220–221
Home Depot, 83, 96–99, 199, 262–263, 275, 293–295
Homestyle Bakes, 116
Honda, 275
Horowitz, Zach, 322–323
Houston Foods, 165–166
Howlin' Coyote® Chili, 29–42
Hummer, modelos, 24

I Magnin, 243
IBM, 12
Imperial Chemicals, 96
Ingram Book Group, 261
Intelligent Quisine (IQ), produtos alimentícios, 300
Inter-Continental Hotel Group, 218
International Home Foods, Inc., 165–166
Ion Exchange, 463–464
iTunes Music Store, 311

James, Joseph, 216, 227–228
Java Records, 318
Jean Naté, 121–122
Jenn-Air, 126–127
John Deere, 275
Johnson & Johnson, 119–120, 123, 128
Johnson, Randall, 344, 353–355
Jonathon A. Marshant Museum of Art and History, 412–413. *Veja também* Marshant Museum of Art
Jones • Blair Company, 95–104, 433–434
   área de atendimento, 98–100
   comportamento de compra, 97–99
   concorrência, 96–100
   condições da indústria de tintas, 95–99
   divisão de tintas arquitetônicas 12–13, 95–98
   perspectivas, 95–96
   promoções e vendas, 100–104
   reunião de planejamento, 101–104
Joseph, Casey, 165
Joy, 152

KADs, 451, 453–454
Kaopectate, 401–403
Kaufman Footwear, 87–88, 91, 93
Kearney, A.T., 21–22
Kelleher, Herb, 324, 332, 335
Kelly-Springfield Tire Company, 288
Kenmore, 126–127
Kennedy, Edward, 366–367
Kessler, David, 407
Keurig Inc., 438–454
   concorrência, 448–451
   distribuidores autorizados, 442–443, 453–454
   mercado comercial, 441–444
   mercado residencial, 443–454
   parceiras, 440–441
   pesquisa de mercado, 446–447, 452–453
   preço, 451–453
   sobre a empresa/produto, 439–442
   tecnologia da preparação da porção Individual, 440–441
Kevlar, 433–434
Kingsford, E.G., 474–475
Kingsford Charcoal, 470–486
   história, 476–480, 482
   preço, 470–471, 474–475, 480, 482–483
   promoção, 483–484
   propaganda, 479, 483–484
   vendas, 474–475
Kleenex, 124
Kmart, 96, 98–99, 169, 293–294, 317
Kodak, 387–388
Kohlberg Kravis Roberts & Co., 165–166
Kraft Foods, Inc., 448
Kroger, 126–127
Krups, 449
Kubota, 275
Kyocera, 373

L.L.Bean, 195
L'eggs, 14–15
La Quinta Inn & Suites, 218, 220–221
Lalique crystal, 301
LaMontagne, Grant, 475, 484–485
LaRoche, Hoffman, 358
Lay's low-fat potato crisps, 78–80
Lay's®, 163–164
Lazaris, Nick, 438–439, 442–445, 451, 454
Lee Tire and Rubber Company, 288
Lemmon Company, 397–398
Léonidas, 241, 244, 247–248
Levi Strauss, 128, 262–263
Levy, Alain, 309, 318
Lincoln Foods, 165–166
Listerine, 152–153
Listermint, 153
Little General Stores, 424
Loniten, 403

Lord & Taylor, 243
Louis Vuitton luggage, 124
Lowe's Companies, 83, 96, 275
LSI Logic, 392
Lucky Goldstar, 373
Luvs, 151–152
Lynch, Bill, 484–485

M & Ms, 19–20
Mach 3, sistema de barbear, , 117, 306
Magary, A.B. "Sky, " 331
Magic Chef, 126–127
Manager's Specials, 346
Mandarin Orange Slice, 204, 208–209
Manly, Dave, 453–454
Manson and Associates, 105–106
Manzana Lift, 136–137
Manzana Mía, 135–136
Mark Cross, 259
Marketing Management Analytics (MMA), 483–484
Marks and Spencer, 243
Marriott Hotel group, 129–130
Marriott International, Inc., 218
Mars Inc., 19–20, 443–444
Marshant Museum of Art (MMAH), 412–421
  acervo e mostra, 413
  finanças, 414
  história, 412–413
  marketing, 414–420
  organização, 413–414
  problema de imagem, 416
  visitação e associação, 417–420
MasterCard, 128
Masterton, 294–295
Matsushita, 458–459
Mattel, 129–130
Max Factor, 151–152
Maxim Group, 294–295
Maxwell House, 444–445, 469
Maytag Corporation, 126–127
McDonald's, 116, 132, 204, 387–388
McGlade, Pete, 324
Meadows, Robert, 290, 296–297
Mechanics Illustrated, 197–198
Media Play, 374
Memorial Drive Trust (MDT), 439–440
Mercer, Ashley, 412–414, 416–417, 419–421
Merrell Dow, 153
Merrill Lynch, 191
Merton Industries, 290–297
  atacado e varejo, 292–295
  concorrência, 290–293
  distribuição, 290–297
  indústria de carpetes e tapetes, 290–295
  marketing, 290–291
  propaganda, 295–296
  vendas, 296–297
Metamucil, 152
Metropolitan Life Insurance Company, 117, 196

MGA Entertainment, 129–130
Michelin, 124, 264, 281–282, 285
Microsoft Corporation, 264
Microsoft software, 124
Microsoft's Encarta, 12
Miller beer, 108
Minute Maid, sucos, 386–387
Minute Maid Orange, 207–209
Miramax, 126–127
Missouri Mart, 345–351, 353–355
Mobil Corporation, 428
Modern Tire Dealer, 288
Mohawk Industries, 262–263, 292–295
Mon Chéri, 238
Mondose, 248
Montgomery Ward, 282–283
Morris, Doug, 309
Motel 6, 217, 220–221
Motorola, 373
Motrin, 401–403
Mountain Dew, 136–138, 140–141, 146–147
MP3.com, 311
Mr. Clean, 152
Mr. Coffee, 261
Mr. Coffee, 449
MTD, Inc., 275
Murray, John, 435
Murray of Ohio, 275
Musicnet.com, 311
Mustang, 128

Nabisco, 128
National Convenience Stores, Inc., 425–426, 429
Neiman Marcus, 243, 264
Nespresso, 449–451
Nestlé USA, 449–451
Neuhaus, Jean, 241
Neuhaus chocolates, 241–242, 248
Neutrogena, 119–120
New Balance, 79–80
Newsweek, 197–198
Nicorette Gum, 397–398, 403
Nike, 79–80, 124–125, 264
Nike Shox NZ, 264
Nintendo, 306
Nokia, 79–80, 83–84, 373
Nordstrom, 264
Northwest Airlines, 326
Norwegian Cruise Line, 262–263
Noxzema, 151–152
Nutra Sweet, 137
Nutri-Grain bars, 386–387
Nynex, 433–434

Oil of Olay, 151–152
Olay cosmetics, 119–120
Oldsmobile, 120–121
Orange Crush®, Cadbury Beverages, Inc., 201, 204, 208–209
Orphan Drug Act, 364–365
Oxydol, 152

Pampers, 151–152, 196
Pan American Airlines, 327, 329
Pantene, 151–152
Paradise Kitchens®, Inc., 25
  exemplo de plano de marketing, 28–42
Paragon Trade Brands, Inc., 126–127
Pate, Donald, 412–413, 420–421
Patek, 387
Peissig, Lynne, 163, 165, 177, 179, 183–184
Pennzoil, 195
Pepsi Bottling Group, Inc., 132
PepsiCo, Inc., 17, 163, 183, 202, 204, 206–208
Pepsi-Cola, 84–85, 117, 131
Pepsi-Cola Company, 132–134, 136–138, 140–141
Pepto-Bismol, 152
Pert, 151–152
Pfizer, Inc., 153–154, 158–159, 364–365
Pharmacia & Upjohn, Inc., 395–411
Pharmacia AB, 401
Philips Electronics, 318
Piaget, 387
Pirelli, 285
Plax, 151–154, 158–160
Polaner fruit spread, 165–166
Porsche, 126–127
PPB Industries, 96
Pratt & Lambert, 96
Prego, 128
Pringles®, 151–152
Procter & Gamble Co. (P&G), 448–451
Procter & Gamble Co., 17, 20–21, 79–80, 119–122, 125–127, 177, 179, 196, 199, 202, 257, 301
Procter & Gamble no Canadá, 151–162
Progaine, 407–411
Propaganda cooperativa, 322–323
PureSip, 462
Puristore, 463–464

Quaker Oats, 17, 125
Quick Detachable time, 284

Radio Shack, 126–127, 259, 262–263, 426
Radisson, 217
Ralcorp, 126–127
Ralph Lauren, 264
RAM cooking spray, 165–166
Ramada Inn, 217, 220–221
Rand Corporation, 358
Ranger, 232
Rayovac, 126–127
RC Cola, 117, 131, 204
RCA, 259, 262–263
Red Roof Inn, 217, 220–221
Redbook, 197–198
Reebok International, Ltd., 75–76, 79–80
Reese's Peanut Butter Puffs, 128
Regaine, 403, 407–409
Retrovir, B.W. Co., 356–367
  custos de pesquisa e desenvolvimento, 364–365
  desenvolvimento da, 360–365

histórico, 360
marcos, 363–364
marketing, 365–367
pesquisa AIDS, 356–360
teste de laboratório, 361–362
teste em humanos, 362–365
volume de vendas, 366–367
Revlon Cosmetics, 77–78, 119–120
Revson, Charles, 77–78
Rhapsody, 311
Richard Simmons brand, 165–166, 168
Ride King, 267–269, 273, 276–277
Ridley, Dave, 324, 341–342
Ritz-Carlton, 217
Ro*Tel tomates enlatados, 165–166
Roche Holding, Ltd., 128
Rogaine, Pharmacia & Upjohn, Inc., 395–411
   desenvolvimento da, 403–404
   desenvolvimento da categoria, 410–411
   desenvolvimento do produto e do mercado, 398–401, 407–410
   exclusividade de comercialização, 395, 397–398, 411
   para mulheres, 407–409
   programa de marketing, 404–411
   programa de marketing sem receita, 395, 397–398, 400–401, 409–410
   programa de propaganda ao consumidor, 405
   propaganda e promoção, 405, 407, 409–410
   sobre a empresa , 401–404
   vendas, 395, 395–397
Rogge, Joyce, 324
Rold Gold®, 163–164
Rolls-Royce, 301
Rome, John, 105–106
Royal Oak, carvão, 476–477, 479–480, 482
Royale, 151–152
Ruby Red Squirt, 138, 142, 144
Ruekheim, F.W., 169–171
Ruffles®, 79–80, 163–164

S & S Industries, 465–466
Saks Fifth Avenue, 243
Salton, 449–451
Sam Goody, 374
Sam Group, 465–466
Sam's Warehouse Clubs, 174–175, 96–175
Samsung, 458–459
Samsung Corporation, 125, 373
Santitas®, 163–164
Sanyo, 458–459
Sara Lee, 449–451
Schick razors, 261
Schulman, Dan, 368–369, 371–373, 375, 378
Schultz, Howard, 76–77
Schweppes, 131, 202
Scope, Procter & Gamble, 151–162
   ambiente regulador, 157–159
   compras, 161

dados do mercado concorrente, 156–157
desenvolvimento do produto, 158–160
finanças, 160–161
histórico da empresa, 151–152
mercado canadense de anti-sépticos bucais, 152–155
pesquisa de mercado, 159–160
propaganda, 161
recomendações, 161–162
situação atual, 153–157
vendas, 159–160
Sears, Roebuck and Company, 96, 98–99, 126–127, 264, 278, 282–283, 288–289, 426
Sears Auto Centers, 288
Seattle's Best, 446
Secret, 151–152
Seiberling, Charles, 284
Seiberling, Frank, 284
Seiko, 386–387
Senseo Coffee Pod System, 449
Sermion, 401–403
7–Eleven, lojas, 424, 426, 429
7–Eleven, lojas, 427, 431
Seven Up, 131
Sharp, 458–459
Shaw, Robert E., 294–295
Shaw Alignment Incentive Program, 294–295
Shaw Industries, 262, 292–295
Sheppard, Sir Alfred, 367
Sherwin Williams, 96
Shoes for MOOs, Inc., 87–94
   análise do cliente, 87–91
   instruções, 92
   preço e distribuição, 92–93
   produto e desenvolvimento, 87–88
   promoção, 93
Shuttle by United. *Veja* United Airlines
SIM-GT Licensing Corporation, 165–166
Simon, Herbert, 63
Singapore Telecommunications, 369
Singer Company, 458–459, 465
Singer India Ltd., 465–466
Smith Boyle, Marcilie, 470–471, 476, 480, 482–484, 486
Smith Travel Research, 217
Snacks Saint Michael, 243
Snapper, 275
Snapple, 125
Snickers, 19–20
Solu-Medrol, 401–403
Sony Corporation, 125, 313
Sony Music Entertainment, 312–313, 322–323
Sony/ATV Music Publishing, 313
South Delaware Coors, Inc., 105. *Veja também* Coors, Inc.
Southland Corporation, 424, 427, 429
Southwest Airlines, 324–343, 433–434
   atendimento ao cliente, 333
   concorrência, 326, 337–342
   desempenho financeiro, 337–338
   equiparando-se em preço e em serviço, 324

   ligação com os funcionários, 335
   marketing, 335
   práticas de operação, 331, 333–334
   propaganda e promoção, 336, 341–342
   sobre a empresa, 332–338
Splenda, 301
Sprint, 369
Squirt®, Dr Pepper/Seven Up, Inc., 131–150
   concorrência, 132–134, 138, 140–141
   história da, 136–137
   indústria de refrigerantes, 132–137
   linha de produtos, 139
   marketing, 133–144
   mercado hispânico, 135–137, 146–150
   posicionamento, 141–142,
   propaganda e promoção, 134–136, 141, 143–144, 148–150
St. Joseph Aspirin, 123
Starbucks, 120, 441–442, 446
Starbucks Coffee, 120, 441–442, 446
Starter, 264
Starwood Hotels & Resorts Worldwide, Inc., 218
Stevens, Chris, 442–443, 449–451
Stock-keeping units (SKU), 483–484
Stollenwerck, Jaxie, 146–147
Stop & Go chain, 424
Sudafed, 360
Sullivan, Craig, 486
Sun Chips. *See* Frito-Lay, Inc. Frito-Lay, Inc., Sun Chips™ Multigrain Snacks
Sunbeam, 449
Sun-Drop, 131, 138, 140, 201
Sunkist, 123, 202, 209
Sunny Delight Beverage Company, 151–152
Superior Supermarkets, 344–355
   concorrência, 345
   iniciativas de pesquisa do consumidor, 350–351, 353
   preço baixo todos os dias, 344, 354–355
   resultado da entrevista com compradores, 352
   reunião de revisão trimestral, 351, 353–355
   sobre a empresa, 344–345, 347–348
Surfak, 403
Surge, 138, 140
Swatch Group, 387
Sweeney, Dick, 452–453
Swisher, Max, 267–268
Swisher, Wayne, 267, 276–277
Swisher Mower and Machine Company (SMC), 267–277
   concorrência e distribuição no varejo, 270–273, 275–276
   histórico da empresa, 267–273
   linha de produtos, 268–270
   propaganda e promoção, 269–273
   proposta de distribuição de marca própria, 276–277
   setor de tratores cortadores de grama, 273–276
   vendas, 274–275

T-44 Trailmower, 270–271
Taco Bell, 387–388
Taco Bell Corporation, 387–388
TAG Heuer, 301
Tantus, 125
Target, 169, 317
Taurus, 128
Taylor, Keith, 324
Ted, 126–127
Teva Pharmaceutical Industries, 397–398
Texaco, 428
Texas Instruments, 81–82
Thomson SA, 259
Thorn Electrical Industries, 317–318
Tide, 152
Time Warner's Warner Music Group, 318
Timex, 386–387
Toro, 275
Toshiba, 458–459
Tostitos®, 79–80, 129–130, 163–164
Total Cereal, 386–387
Touchstone Picture, 126–127
Tousley, Diane, 183
Tower Records, 317
Trans World Airlines (TWA), 326
Travelocity, 116
Triarc Companies, 125
Trim-Max mower, 270, 272, 277
Triton Biosciences, Inc., 358
Tums, 386–387
Tupperware, 264
Tylenol, 128

U.S. West, 433–434
Unicap, 401–403
Unilever, 126–127
Uniroyal, 281–282
Uniroyal-Goodrich, 285
United Airlines, 126–127, 324, 329–330
    Voe pela, 324, 331, 337–342

Universal Music & Video Distribution, 322–323
Universal Music Group (UMG), 309, 312–313
    catálogos de música, 312–313
    iniciativa de estabelecimento de preços, 318–323
    plano de vendas "Jump Start", 321–323
    principais selos, 312–313
    reação à iniciativa de estabelecimento de preços, 322–323
    resposta da EMI à, 323
Universal Rim, 284
Upjohn Company, 401, 403, 405, 407
Urie, Jim, 322–323
UToteM chain, 424

Valspar Corporation, 96
van der Veken, Charles, 236, 244, 246–248, 250, 251
Van Houtte Inc., 439–440
Vanity Fair, 197–198
Vernors, 131
Vicks, 152
Victoria's Secret, 262
Vidal Sassoon, 151–152, 196
Virgin Megastores, 374
Virgin Mobile USA, 368–369
    comprando o serviço, 373–375
    mercado de telefonia celular, 369–372
    pesquisa de mercado para o preço, 377–383
    propaganda, 375–377
    setor de telefonia celular, 375
    sobre o produto, 372
    Starter Packs, 374–375
    vendas, 375
    Virginxtras e, 371–373
Virgin Music Group, 317, 369
Visa, 128

Vivendi Universal, 312–313
Vlahos, Nick, 482–483
Volkswagen, 126–127
Volvo, 121–123

Wall Street Journal, 264, 288
Wal-Mart, 83, 96–99, 126–127, 169, 199, 264, 288, 293–294, 317
Warner Music Group, 312–314, 318, 322–323
    principais selos, 313
Warner-Lambert Canada, Ltd., 67–68
Warner-Lambert Company, 152–153, 261
Warren, Allison, 470–471, 476, 480, 482–484, 486
Water Doctor, 465–466
Weber, Ike, 87–88
Wellcome PLC, 356–357, 360
Wellcraft, 232
Wells, Jim, 87, 92–94
Wherehouse Entertainment, 317
Whirlpool Corporation, 127–128, 458–459
Whoriskey, John, 452–453
Willoughby, Dawn, 484–485
Wise Foods and Cracker Jack, 165–166
Wiseview, 125
World Book, 12
Wyeth Pharmaceuticals, 117

Xanax, 401–403
Xerox Corporation, 12–13

Yepp, 125

Zero, 465–466
ZERO-B, 463–465
Zovirax, 360

GRÁFICA EDITORA
Pallotti
IMAGEM DE QUALIDADE

Santa Maria - RS - Fone/Fax: (55) 3220.4500
www.pallotti.com.br